Nikolaj Mitrochin

DIE "RUSSISCHE PARTEI"

Die Bewegung der russischen Nationalisten
in der UdSSR 1953-1985

Aus dem Russischen übertragen von einem Übersetzerteam
unter der Leitung von Larisa Schippel

ibidem-Verlag
Stuttgart

Bibliografische Information der Deutschen Nationalbibliothek
Die Deutsche Nationalbibliothek verzeichnet diese Publikation in der Deutschen Nationalbibliografie; detaillierte bibliografische Daten sind im Internet über http://dnb.d-nb.de abrufbar.

Bibliographic information published by the Deutsche Nationalbibliothek
Die Deutsche Nationalbibliothek lists this publication in the Deutsche Nationalbibliografie; detailed bibliographic data are available in the Internet at http://dnb.d-nb.de.

Coverabbildung:
Leitung des Verlags "Molodaja gvardija" Anfang der 1980er Jahre. Obere Reihe: unbekannt, Ju. Verčenko, Ju. Melent'ev, V. Ganičev. Untere Reihe: V. Desjatirik, G. Gusev, V. O. Osipov.
Archiv des Autors.

∞
Gedruckt auf alterungsbeständigem, säurefreien Papier
Printed on acid-free paper

ISSN: 1614-3515

ISBN-13: 978-3-8382-0024-8

© *ibidem*-Verlag
Stuttgart 2014

Alle Rechte vorbehalten

Das Werk einschließlich aller seiner Teile ist urheberrechtlich geschützt. Jede Verwertung außerhalb der engen Grenzen des Urheberrechtsgesetzes ist ohne Zustimmung des Verlages unzulässig und strafbar. Dies gilt insbesondere für Vervielfältigungen, Übersetzungen, Mikroverfilmungen und elektronische Speicherformen sowie die Einspeicherung und Verarbeitung in elektronischen Systemen.

All rights reserved. No part of this publication may be reproduced, stored in or introduced into a retrieval system, or transmitted, in any form, or by any means (electronical, mechanical, photocopying, recording or otherwise) without the prior written permission of the publisher. Any person who does any unauthorized act in relation to this publication may be liable to criminal prosecution and civil claims for damages.

Printed in Germany

Inhalt

Vorwort 7

Einleitung 15
1 Ethnische Mythen im sozialen Kontext 39
2 Der Einfluss des Politbüros und des Apparates des ZK der KPdSU auf die Bewegung russischer Nationalisten 69
3 Russische Nationalisten im literarischen Milieu der 50er und 60er Jahre 119
4 Die Untergrundgruppen der 50er und 60er Jahre 149
5 Die Rolle des ZK des Komsomol bei der Konsolidierung der Bewegung russischer Nationalisten 191
6 Die russischen Nationalisten und die Bewegung für Denkmalschutz in den 50er und 60er Jahren 237
7 Ideologiewechsel in der Pavlov-Gruppe 1965–1969 267
8 Die "Russische Partei" 1970–1985 281
9 *Samizdat* der russischen Nationalisten 1970–1982 335
10 Die russischen Nationalisten und die Russisch-Orthodoxe Kirche 379
11 Der letzte Angriff gegen die Liberalen 409

Schlusswort 431

Vorwort

In der Zeit der Perestroika und in den 90er Jahren las ich die Memoiren einer ganzen Reihe sowjetischer Wissenschaftler, liberaler Schriftsteller, Künstler und Dissidenten. Wortgewaltig schildern sie, wie die staatlichen Organe sie in der zurückliegenden Epoche überwachten und drangsalierten und liefern damit scheinbar einen Beleg für die These der sogenannten Sechziger-Generation von einer "Gemeinschaft der Guten und der Denkenden", die der grauen Masse der konservativen Parteifunktionäre und ihrer eigenen Arbeitskollegen, die stupide den Anweisungen Suslovs und des *KGB* folge, gegenüber stehe. Dass aber diese "Rädchen" und "Transmissionsriemen" der Partei nicht nur eigene Vorstellungen und Ideen entwickeln, sondern sogar in der Lage sein könnten, diese auch gezielt umzusetzen, dass sie ihre eigenen inoffiziellen Führer und koordinierenden Organe haben könnten, darüber wollten diese liberalen Autoren lieber nicht nachdenken.

Der Grund hierfür liegt nicht nur darin, dass es den Memoirenschreibern unangenehm war, über negative Figuren, mit denen man nichts zu tun haben wollte, zu schreiben. Vielmehr standen sie nolens volens offensichtlich im Banne des mächtigen Mythos von den Liberalen, zu denen üblicherweise auch die Dissidentenbewegung gezählt wird, als der einzigen Opposition im sowjetischen Establishment zum herrschenden Regime.

In der UdSSR der 50er bis 80er Jahre stand dieser Mythos für das Gesellschaftsbild der akademisch Gebildeten in den Großstädten und Wissenschaftszentren, die nach 1945 die Hochschulen besucht hatten. Die Bezeichnung "Sechziger", die zu ihrer Beschreibung üblicherweise verwendet wird, ist zwar nicht ganz korrekt, denn den Glauben an die Möglichkeit der Humanisierung der herrschenden Ordnung teilten sie mit Vertretern der vorangegangenen und der folgenden Generation; sie scheint aber für die Charakterisierung des Phänomens hinreichend treffend zu sein. Diese zahlenmäßig starke, vor allem aber sowohl im Beruflichen als auch im Privaten festgefügte soziale Gruppe war eine der großen Gemeinschaften, aus denen sich die sowjetische Gesellschaft zusammensetzte. Ihre Sicht der aktuellen Politik und der sowjetischen Epoche in der Geschichte des Landes basierte auf einem Komplex von Glaubenssätzen. Das Schlüsselwort war "XX. Parteitag"; es stand für den bedingungslosen Glauben an die Rede Chruščevs – Stalin und Berija sind die Bösen, die die Reinheit der leninschen Lehre verzerrt haben – und für die Überzeugung von der Notwendigkeit der Entstalinisierung als Wesen und Instrument der Verbesserung des sowjetischen politischen Systems sowie für die angenommene Existenz Unbekannter, in der Regel "Stalinisten", die danach trachteten, diesen Prozess zu bremsen oder gar umzukehren.

Detailliert und umfassend ist das in der Arbeit von Petr Vail' und Aleksandr Genis *Die sechziger Jahre. Die Welt des Sowjetmenschen*[1] beschrieben. Der wesentliche Inhalt des Buchs ist mit dem Titel treffend wiedergegeben. De facto beschreiben die Autoren die Weltanschauung der liberalen Intelligenzija, halten diese jedoch für repräsentativ für die gesamte sowjetische Gesellschaft.

Eben darin liegt die Stärke des Mythos von den Liberalen. Die Koalition "der Guten", die bereits in den 60er Jahren unter dem Slogan "Fasst euch an den Händen, Freunde, um alleine nicht unterzugehen" zusammenfand, in der Folge zusammengeschweißt durch Jahrzehnte gemeinsamer Abende am Küchentisch, durch gemeinsame Ausflüge und die auf der Schreibmaschine vervielfältigten Seiten des *Requiems* von Achmatova, erschien ihren Anhängern als die einzige ideelle Kraft im Land.[2] Und dieses Selbstbewusstsein, das es ihnen einem weiteren Slogan zufolge ermöglichte, "zur festgesetzten Stunde auf die Straße zu gehen"[3], gab den Reformen des unentschlossenen Gorbačëv ihre Richtung.

Das alles ist nichts Ungewöhnliches, denn letztendlich werden alle politischen und gesellschaftlichen Prozesse entscheidend vom Kampf verschiedener sozialer Gruppen für die Durchsetzung ihrer jeweiligen Interessen geprägt. Allerdings gehörten Ende der 80er und Anfang der 90er Jahre praktisch alle, die mit der wissenschaftlichen Analyse des Soziums befasst waren, zu den liberalen Intellektuellen. Den "Sechzigern" standen lediglich die offenkundig Ungebildeten und Ewiggestrigen gegenüber, die nicht nur unfähig waren, eine auch nur ansatzweise interessante Interpretation des Zeitgeschehens zu

---

1 PETR VAIL'/ALEKSANDR A. GENIS: *60-e. Mir sovetskogo čeloveka.* – Ann Arbor, MI: Ardis, 1988.
2 Zur Entstehung des *Samizdat* und der Dissidenten- und Bürgerrechtsbewegung in Moskauer Intellektuellenkreisen in den 50er und 60er Jahren vgl. LJUDMILA M. ALEKSEEVA: *Istorija inakomyslija v SSSR.* – New York: Chronika-Press, 1984, S. 247f.
3 ALEKSANDR GALIČ: *Peterburgskij romans.* http://alexandrgalich.ru/peterburgskij-romans/, 24.01.2012 (eigene Übersetzung).

geben, sondern noch nicht einmal in der Lage waren, sich adäquat des akademischen Instrumentariums zu bedienen.

Das führte u. a. dazu, dass die liberale Intelligenzija an sich und die von ihr angesprochenen Probleme bis heute eingehender untersucht sind als viele andere Aspekte der Geschichte der sowjetischen Gesellschaft. Über die aus Sicht der "Sechziger" entscheidenden Momente der Geschichte ist vieles bekannt: über die Emigration, die Hungersnot, die innerparteilichen Diskussionen der Jahre 1920 bis 1950, die Repressionen von 1937/1938 und die Deportationen, über die Kampagnen gegen Kosmopolitismus und die Verfolgungen in Literatur- und Wissenschaftskreisen, über die einzelnen Phasen der Vorbereitungen zum XX. Parteitag, den Einmarsch in Ungarn, in der Tschechoslowakei und in Afghanistan. Waren sie aber für alle sozialen Gruppen gleich bedeutsam? Wurden doch andere, nicht weniger wichtige Ereignisse ebenfalls geheim gehalten oder in der offiziellen Presse verzerrt dargestellt. So waren beispielsweise viele Ereignisse der sowjetischen Geschichte, so die Absetzung Žukovs und die Vernichtung der Kriegsmarine durch Chruščëv, für die Angehörigen des Militärs viel wichtiger als der XX. Parteitag, wurden von den Liberalen jedoch kaum zur Kenntnis genommen. Für die Aktivisten religiöser Organisationen war der "Himmelssturm" in den Jahren 1958 bis 1964 von weitaus größerer Bedeutung als etwa die Verlegung von Stalins Leichnam aus dem Mausoleum. Folglich gibt es heute kaum Arbeiten russischer Autoren zur Wirtschafts- und Außenpolitik der Sowjetunion, genauso wenig wie zu den großen sozialen Gruppen, den Arbeitern und Kolchosbauern, den Führungskadern und Militärangehörigen, von kleineren sozialen, kulturellen, ethnischen und religiösen Gemeinschaften ganz zu schweigen. Über die Arbeit des ZK-Apparats der KPdSU und anderer zentraler Institutionen in den 50er bis 80er Jahren ist bis heute M. Voslenskijs *Nomenklatura* von 1980 das wichtigste und umfangreichste Buch.[4] Aktuelle Arbeiten zur Geschichte der einzelnen Regionen der 50er bis 80er Jahre fehlen gänzlich.

Dieses Buch befasst sich lediglich mit einem kleinen Fragment der sowjetischen Geschichte. Das Hauptaugenmerk richtet sich auf die konservativste der Alternativen zum "gemittelten" Parteikurs, und zwar auf die Bewegung russischer Nationalisten in der UdSSR oder die sogenannte "Russische Par-

---

4 MICHAIL S. VOSLENSKIJ: *Nomenklatura. Gospodstvujuščij klass Sovetskogo Sojuza.* – Moskau: MP Oktjabr', 1991.

tei", deren Anhänger sowohl im Partei- und Staatsapparat als auch in Künstlerverbänden zu finden waren.

Von der Existenz einer solchen Bewegung wussten zumeist diejenigen, die sich für die intellektuellen Tendenzen in der Sowjetgesellschaft interessierten. In den 70er und 80er Jahren wurden in den USA sogar mehrere Studien veröffentlicht, die dieses Thema auf der Grundlage der ihnen zugänglichen Quellen behandelten. Diese Bewegung verbarg ihre Arbeit vor der Regierung und der "breiten Öffentlichkeit" und war keineswegs geneigt, sich zum Gegenstand wissenschaftlicher Untersuchungen machen zu lassen. Daher behandeln die bereits erschienenen wissenschaftlichen Arbeiten anderer Autoren Erscheinungen des russischen Nationalismus vor allem in der Kultur und nicht in der Politik.

Dabei stellte die Bewegung russischer Nationalisten eine gut organisierte Gemeinschaft Gleichgesinnter dar, die in der Lage waren, ihre Ansichten nicht nur innerhalb der Künstlerverbände, sondern sogar im Staatsapparat zu propagieren. Sie genoss das Wohlwollen vieler Mitglieder des Politbüros, unter ihren Anhängern waren Dutzende Mitarbeiter des Apparats des ZK der KPdSU. Hauptaufgabe dieses Buches ist es, die Struktur und die Geschichte dieser Bewegung zu beschreiben. Auf ihre Ideologie soll weniger eingegangen werden, wenngleich der Leser auch Beschreibungen der wesentlichen ethnisch-nationalistischen Mythen vorfinden wird, deren sich die russischen Nationalisten bedienten. Ihre vehement antisemitische Haltung mag diejenigen überraschen, die glauben, die russischen Nationalisten seien ausschließlich auf die Erhaltung des kulturellen Erbes, den Einsatz für die Umwelt oder die Propagierung der "Geistigkeit" bedacht gewesen.

Die Untersuchung einer gesellschaftlichen Bewegung, die von Beginn an auf Konspiration eingestellt war, ließ sich mit den üblichen geschichtswissenschaftlichen Methoden nicht durchführen. Als viel effizienter erwies sich bei diesem Untersuchungsobjekt die Methode der *Oral History*, die seit langem erfolgreich in der Soziologie Anwendung findet. Mit anderen Worten, ein Großteil der heute noch lebenden Aktivisten der Bewegung russischer Nationalisten wurde vom Autor interviewt. Der Vergleich ihrer Aussagen ermöglichte eine zuverlässige Beschreibung der Geschichte dieser Organisation. In einem Land, in dem kein einziges Dokument ohne vorherige Abstimmung verfasst wurde und in dem daher die tatsächlichen Mechanismen der Machtausübung Außenstehenden verborgen blieben, bietet die *Oral History* eine einzigartige Chance, das Wirken lobbyistischer und clanartiger Gruppierungen im Machtapparat in ihren Einzelheiten zu rekonstruieren.

Die Veröffentlichung dieses Buches schließt die Untersuchungen zu diesem Thema nicht ab und erhebt keinen Anspruch auf exhaustive Bearbeitung des Themas. Viele Aspekte blieben nicht untersucht, Dutzende ehemaliger Aktivisten der "Russischen Partei", die interessante Details hätten erzählen können, wurden nicht interviewt, tausende Dokumente befinden sich in den geheimen Beständen der Staatsarchive, die bis heute von ehemaligen Mitarbeitern des ZK der KPdSU und des *KGB* bewacht werden. Auf viele im Zuge der Untersuchung festgestellte wichtige kulturologische und psychologische Motive dieser Bewegung konnte aufgrund fehlender verlässlicher Instrumentarien zur Beschreibung und Analyse nicht im erforderlichen Maße eingegangen werden.

In den fast zehn Jahren, die ich für die Erforschung des russischen Nationalismus in der Sowjetunion benötigte, hatte ich das Glück, in den vier wichtigsten Moskauer Zentren, die sich sowohl mit der Erforschung der poststalinistischen Zeit der Sowjetgeschichte als auch mit der aktuellen Politik beschäftigen, studieren und arbeiten zu können. Es klingt wie eine Banalität, aber dieses Buch wäre ohne die Menschen, die in diesen Zentren arbeiten, tatsächlich nicht entstanden.

Mein Dank gebührt den Mitarbeitern des Informations- und Forschungszentrums *Panorama* und seinem Präsidenten V. Pribylovskij, der mir bereits 1992 die Anregung gab, nach den Wurzeln des heutigen russischen Nationalismus zu forschen; den Mitarbeitern des Forschungsprogramms zur Dissidentenbewegung in der UdSSR am wissenschaftlichen Forschungs- und Aufklärungszentrum *Memorial*, insbesondere dessen Leiter A. Daniel' sowie N. Kravčenko, die einen großen Anteil daran haben, dass ich mich mit der Sowjetgesellschaft zu beschäftigen begann und mich auf dem Gebiet der *Oral History* spezialisierte. Des Weiteren danke ich dem Bibliothekar des Zentrums *Memorial*, B. Belenkin, für die Gespräche und seine professionelle Hilfe, die die anfängliche Idee zu dieser Arbeit von Grund auf veränderten; dem Mitglied der Akademie der Naturwissenschaften, Prof. Ju. Afanas'ev, dem wissenschaftlichen Betreuer meiner Dissertation, aus der dieses Buch entstanden ist, für die langen Jahre des geduldigen Wartens auf das Ergebnis des intellektuellen Heranreifens seines Studenten; den Dozenten und Mitarbeitern dieser Hochschule, N. Meškova und Prof. T. Gorjaeva, heute Direktorin des Russischen Staatlichen Archivs für Literatur und Kunst, und allen Mitarbeitern des Lehrstuhls für Neueste Geschichte des Historisch-Archivalischen Instituts der Russischen Staatlichen Universität für Geisteswissenschaften (RGGU) unter der Leitung von Prof. A. Bezborodov; den Mitarbeitern der Carnegie-Stiftung, bei der ich von 1997 bis 2001 Seminare besuchte, was mich wiederum bei der Auswertung der von mir gesammelten empirischen Daten voranbrachte, und besonders Prof. A. Malašenko, I. Semenov und Prof. M. Brill Olkott sowie Prof. V. Tiškov, Direktor des Instituts für Ethnologie der Russischen Akademie der Wissenschaften, der als Gastwissenschaftler der Stiftung das Seminar leitete. Große Freude und großen Nutzen schöpfte ich aus dem fachbezogenen und privaten Kontakt zu meinen Kollegen und Altersgenossen Prof. K. Roth-Ey, Prof. J. Fürst, J. Plamper, I. Čečel' und anderen Mitgliedern unserer Doktorandengruppe der Jahre 1999/2000. Unsere Gespräche gaben mir nicht nur viel Stoff zum Nachdenken, sondern ermöglichten mir auch einen breiteren Zugang zur internationalen Literatur und zur internationalen Wissenschaftlergemeinschaft. Sehr hilfreich waren die Ratschläge und die Hilfe von G. Koževnikova, A. Minaeva, N. Moskalenko, I. Towers (Heidrick), A. Trapkova, M. Edel'štejn und Dr. A. Umland.

Meinen aufrichtigen Dank möchte ich auch meinen wichtigsten Informanten Ju. Lun'kov, G. Gusev, S. Semanov und A. Ivanov (Skuratov) sagen, die ihrem hartnäckigen Interviewer sehr viel Zeit opferten und überaus wertvolle Informationen gaben, ohne die diese Untersuchung wohl kaum zustande gekommen wäre, zumindest nicht in dieser Form.

Ein besonderer Dank gilt dem studentischen Team der Studiengänge Diplom-Übersetzen und Interkulturelle Fachkommunikation der Humboldt Universität zu Berlin, das die vorliegende Arbeit im Rahmen eines Projekts ins Deutsche übersetzte, sowie Sabine Lefèvre für die Bearbeitung des Manuskripts. Die Arbeit erfolgte unter der Leitung von Prof. Larisa Schippel, der es gelungen war, ihre Studenten für dieses Projekt zu begeistern, und die durch ihre engagierte Betreuung wesentlich zum Gelingen der Arbeit beitrug. Daran beteiligt waren: Maxim Bau, Kristina Baumgardt, Tatjana Bedson, Agnieszka Copa, Stefanie Fettke, Stephanie Hensche, Julia Komarovicz, Inna Mironovskaja, Anna Neumann, Sara Roloff, Annika Schmidt-Glenewinkel.

Ebenfalls bedanke ich mich bei Erika Rondo, Studentin der Europa-Universität Viadrina, die die Hauptlast der redaktionellen Korrektur der deutschen Fassung trug, sowie eine Reihe von Neuerungen und Ergänzungen übersetzte, und schließlich bei Katja Maskaliova, Studentin der Universität Bremen, die sich ebenfalls an diesen Überarbeitungen beteiligte. Und zum Schluss möchte ich für ihre Geduld und Hilfe S. L. Timofeeva danken, die in den Jahren des Schreibprozesses an diesem Buch stets die erste Leserin, Kritikerin und Lektorin meiner Arbeiten war, sowie meinen Eltern, die mein Interesse an der Wissenschaft bereits im Kindesalter förderten.

Einleitung[5]

"Der junge, strohblonde Deutsche mit geschultertem MG–34 sah sich nicht nur als Kulturträger, sondern auch als letzter Verfechter der vom Tode bedrohten alten europäischen Zivilisation. Das Wiehern der bolschewistischen Reiterei, vermischt mit dem Klingeln des jüdischen Goldes, konnte als Begräbnismusik für die Zöglinge Baldur von Schirachs realer nicht sein – auch wenn sie immer nur dort zu hören war, wo sich die darauf geeichten Adepten des Reichsjugendführers gerade aufhielten ... Wer mit der betreffenden Methodologie vertraut ist, dem wird es nicht schwer fallen, einer jüdischen Verschwörung ebenso wie etwa einem trotzkistisch-sinowjewschen Block Realität zuzugestehen; und mag diese Realität noch so vergänglich sein, zeit ihres Bestehens ist sie ewig und unerschütterlich."

Aus: Viktor Pelevin, *Die Vergeltungswaffe*, Übers.: Andreas Tretner.[6]

Die Entwicklung der postsowjetischen Gesellschaft in Russland lässt sich zum großen Teil mit dem Erbe erklären, das ihr die vorangegangene Epoche hinterlassen hat, wovon auch die gegenwärtige Politik immer wieder zeugt. Eine der stets präsenten ideologischen Strömungen ist der russische Nationalismus.

Einige sehen im russischen Nationalismus die größte Bedrohung für die Demokratie in Russland, andere messen ihm keine besondere Bedeutung bei, insbesondere im Vergleich mit politischen Bewegungen, deren Lösungsansätze für politische Probleme vom Klassendenken geprägt sind, oder mit lobbyistischen Gruppen, deren Ideologie auf dem Verhaltenskodex der kriminellen Szene basiert. Das Interesse der Forschung verdient der russische Nationalismus allemal.

Erforscht werden sollte dabei auch die Vorgeschichte des russischen Nationalismus in der heutigen Politik. Aus bekannten Gründen konnte der Nationalismus als Bestandteil des öffentlichen Lebens in Politik, Kultur, Wissenschaft und Religion zur Zeit der Sowjetunion nur unzureichend untersucht werden. Im Inland bemühten sich weder die in Frage kommenden Wissenschaftler noch die Nationalisten selbst darum, miteinander in Kontakt zu treten, und die Politikwissenschaftler im Ausland waren gezwungen, ihre Thesen zur Ideolo-

---

5 Übersetzung des Vorworts und der Einleitung: Inna Mironovskaja.
6 Aus einer unveröffentlichten Übersetzung des Pelevin-Übersetzers Andreas Tretner.

gie und zu den Methoden der russischen Nationalisten auf der Grundlage von nur wenigen Dokumenten, die ihnen zufällig in die Hände fielen, zu konstruieren. Dass es dabei zu groben und grundsätzlichen Fehlern kam, ist leicht nachzuvollziehen.

Der russische Nationalismus als Erscheinungsform des öffentlichen Lebens lässt sich unter zwei Aspekten betrachten, dem der Ideologie und dem seiner Organisationsformen. Gegenstand dieser Untersuchung sind die Ursprünge, die Herausbildung und das Wirken der verschiedenen Organisationsformen des russischen Nationalismus oder, wie es genannt wird, der "Bewegung russischer Nationalisten". Unter der Bewegung russischer Nationalisten ist die Gesamtheit aller zu verstehen, die die Ideologie des russischen Nationalismus vertraten und im hier untersuchten geschichtlichen Zeitraum direkt oder indirekt (durch Zweite oder Dritte) in einem Netzwerk persönlicher Beziehungen miteinander verbunden waren.

Gegenstand dieser Untersuchung sind die Ursachen für die Entstehung der Bewegung russischer Nationalisten der 50er bis Anfang der 80er Jahre, ihre Struktur und Zusammensetzung, die wichtigsten Phasen ihrer Tätigkeit und ihre Führer, einzelne Aspekte ihres Einflusses auf die Innenpolitik und das gesellschaftliche Leben jener Zeit sowie die Verbindungen zwischen den heutigen russischen Nationalisten und der Bewegung der 50er bis 80er Jahre.

Dem Phänomen des russischen Nationalismus widmeten sich vorwiegend Historiker und Soziologen aus dem Westen. In fast allen Monografien zur Geistesgeschichte der sowjetischen Gesellschaft und Politik finden sich einige Abschnitte zu diesem Thema.[7] In den meisten Fällen führten die Autoren jedoch keine eigenständigen Untersuchungen zum russischen Nationalismus der 50er bis 80er Jahre durch, sondern nutzten Arbeiten der wenigen Autoren, von denen im Weiteren noch die Rede sein wird.

Die Geschichte der Forschung zur Bewegung russischer Nationalisten lässt sich klar in zwei Zeiträume unterteilen. Der erste erstreckt sich von den 70er Jahren bis Anfang der 90er Jahre und fällt teilweise mit dem Wirken der rus-

---

7 Aktuelle Arbeiten dazu u. a.: WAYNE ALLENSWORTH: *Nationalism, Modernization, and Post-Communist Russia.* – Lanham-Oxford: Rowman & Littlefield Inc., 1998; PETER J.S. DUNCAN: *Russian Messianism. Third Rome, Revolution, Communism and After.* – London: Routledge, 2001; JOHN L.H. KEEP: *Last of the Empires. A History of the Soviet Union 1945–1991.* – Oxford: Oxford University Press, 1996, hier: S. 284–306; TERRY MARTIN: Modernization or Neo-traditionalism. Ascribed Nationality and Soviet Primordinalism in Russian Modernity, Polititics, Knowledge, Practices, in: Sheila Fitzpatrick. Hg.: *Stalinism: New Directions.* – London: Routledge, 2000, S. 348–367.

sischen Nationalisten selbst zusammen. Damals wurde die Bewegung russischer Nationalisten von westlichen Forschern als eine aktuelle Erscheinung des politischen Lebens in der Sowjetunion wahrgenommen und untersucht. Für diesen Zeitraum lassen sich aus geschichtswissenschaftlicher Sicht zwei Arten von Untersuchungen feststellen. Das sind zum einen die Arbeiten von Autoren wie J. B. Dunlop, J. Ellis, W. Laqueur, die auf der Analyse von zensierten und von russischen Nationalisten kontrollierten sowjetischen Zeitschriften wie *Molodaja gvardija* (Junge Garde), *Naš sovremennik* (Unser Zeitgenosse) u. a. sowie auf Texten des *Samizdat* (Selbstverlag) russischer Nationalisten, die in den Westen gelangten, basieren. Zum anderen sind das Publikationen von Wissenschaftlern, die aus der UdSSR emigriert waren, wie L. Alekseeva, P. Vail und A. Genis, M. Kaganskaja, S. Reznik, A. Sinjavskij, W. Shlapentokh, A. Janov. Diese hatten die russischen Nationalisten noch aus eigener Anschauung erlebt und konnten das Phänomen folglich besser beurteilen.

Von denjenigen, die nicht in der Sowjetunion gelebt hatten, genießt John B. Dunlop das größte Ansehen als Experte für den russischen Nationalismus. Zu seinen Arbeiten zählen *The New Russian Revolutionaries*, *The Many Faces of Contemporary Russian Nationalism* und *The New Russian Nationalism*.[8] Darüber hinaus veröffentlichte er eine Sammlung von Dokumenten über eine der Organisationen russischer Nationalisten, die *Allrussische Sozial-Christliche Union zur Befreiung des Volkes* (russ. Abk.: VSChSON)[9]. Auch heute hat diese Sammlung nichts an Bedeutung verloren.

In seiner ersten Monografie über den russischen Nationalismus, *New Russian Nationalism*, unternimmt Dunlop eine detaillierte Analyse der VSChSON auf der Grundlage eines für den Westen ungewöhnlich breiten Spektrums von Quellentexten. In dieser Arbeit beschränkt er sich nicht auf die Beschreibung der Geschichte der VSChSON, sondern versucht, diese Organisation im Zusammenhang mit anderen Strömungen des russischen Nationalismus jener Zeit (zweite Hälfte der 60er bis erste Hälfte der 70er Jahre) zu betrach-

---

8   JOHN B. DUNLOP: *The New Russian Revolutionaries*. – Belmont, Mass.: Nordland, 1976; ders.: *The Many Faces of Contemporary Russian Nationalism*. Survey, Summer, 1979; ders.: *The Faces of Contemporary Russian Nationalism*. – Princeton: Princeton University Press, 1983; ders.: *The New Russian Nationalism*. – New York: Praeger, 1985, (russ.: DŽON DANLOP: *Novyj russkij nacionalizm*. – Moskau: Progress, 1986).
9   Ders., Hg.: *VSChSON. Programma, sud, portrety*. Paris: YMCA-Press, 1975.

ten.¹⁰ Aber so detailliert, kritisch und treffend er die Entstehungsgeschichte und die Arbeitsweise der *Allrussischen Sozial-Christlichen Union zur Befreiung des Volkes* (russ. Abk.: *VSChSON*) auch beschreibt, so unkritisch und politisierend ist seine Interpretation des russischen Nationalismus als Ganzes. Diese Schwäche zieht sich auch durch alle späteren Werke Dunlops. Sein zweites Buch, *The Faces of Contemporary Russian Nationalism*, erschien 1983. Es war die erste Forschungsarbeit, in der die Erscheinungsformen des russischen Nationalismus systematisch dargelegt wurden und das Phänomen als solches im Kontext der sowjetischen Geschichte betrachtet wurde. Zwei Jahre später veröffentlichte Dunlop eine kleinere Arbeit auf der Grundlage von neuem Material, das vorwiegend der sowjetischen Presse entstammt, *The New Russian Nationalism*.

Dunlop zufolge gab es ab der zweiten Hälfte der 60er Jahre in der UdSSR eine starke russische national-religiöse (orthodoxe) Bewegung, die alle diejenigen aufnahm, die für das Wiederaufleben der traditionellen (patriarchalischen) Werte einstanden. Er war der Auffassung, dass diese Bewegung die Unterstützung der Massen genoss. Diese Annahme sah er durch die Tatsache bestätigt, dass die *Allrussische Gesellschaft für Naturschutz* (AGN) und die *Allrussische Gesellschaft zum Schutz von Denkmälern der Geschichte und Kultur* (AGSDGK) Millionen von Mitgliedern hatten, sowie durch die große Zahl von Angehörigen der Russisch-Orthodoxen Kirche (ROK), die er mit etwa 50 Millionen Menschen ansetzte.¹¹ Er war davon überzeugt, dass eine derartige russische nationalistische Bewegung auf lange Sicht in der Lage sein könnte, an die Stelle der überlebten marxistisch-leninistischen Ordnung zu treten und dabei – was nicht unwichtig für das Verständnis seiner Konzeption ist – für den Westen weniger gefährlich sein würde als die kommunistische "Ideokratie". Die Aktivisten der Bewegung russischer Nationalisten unterteilte Dunlop in "Vozroždency" (Wiedergeburtler), zu denen er die orthodoxen Dissidenten und einen Teil der Dorfautoren zählte, und in "National-Bolschewisten". Seiner Meinung nach war für erstere die Rückkehr des orthodoxen Glaubens das Hauptziel, für letztere die Rückkehr des russischen Volkes zum Glauben. Die Wiedergeburtler, die Anhänger des "Wiederauferstehens", seien in der Überzahl gewesen, die National-Bolschewisten hingegen hätten bessere Voraussetzungen gehabt, an die Spitze der Macht zu

---

10 DUNLOP: *The New Russian Revolutionaries*, S. 199–221.
11 DANLOP: *Novyj russkij nacionalizm*, 1986, S. 8.

Schutz von Denkmälern der Geschichte und Kultur nur eine Fiktion war und dass der überwiegende Teil der Anhänger der Russisch-Orthodoxen Kirche in der Ukraine lebte.

Der grundsätzliche Fehler Dunlops wie auch vieler nachfolgender Nationalismusforscher (mit Ausnahme L. Alekseevas) bestand darin, dass er den russischen Nationalismus und den Kampf des Staates gegen ihn von der Gesamtproblematik der interethnischen Beziehungen in der Sowjetunion trennte. Es muss nicht eigens erwähnt werden, dass in der Sowjetunion der "Kampf" – wogegen auch immer – stets in Kampagnen-Form geführt wurde, die in der Regel das ganze Land erfassten. Vor diesem Hintergrund hält Dunlops Interpretation der staatlichen Politik gegen den russischen Nationalismus keiner Kritik stand. Das gilt ebenso für viele andere Autoren, die wie er methodisch auf der Grundlage einer beschränkten Anzahl von Zeitschriften und Zeitungen arbeiteten. Von den gesamtstaatlichen Kampagnen gegen den Nationalismus (1972 und 1982) konnten so von den Forschern nur einzelne Episoden ausgemacht werden, die in Beziehung zu zwei oder drei Moskauer Redaktionen standen. Sie dienten ihnen dann als alleinige Grundlage für ihre Annahmen über das Verhältnis des Machtapparats zum russischen Nationalismus.

Obwohl die von Dunlop aufgestellte Theorie durch die nachfolgenden Ereignisse widerlegt wurde, waren seine Arbeiten doch von großer praktischer Bedeutung. In seinen Büchern ist es dem Politikwissenschaftler gelungen, über einen langen Zeitraum hinweg die Bewegung russischer Nationalisten in vielen ihrer Facetten zu untersuchen. So war seine Analyse der Veröffentlichungen russischer Nationalisten in der offiziellen Presse sehr überzeugend. Viele seiner Annahmen über die Hintergründe der einen oder anderen Episode in der Bewegung russischer Nationalisten oder darüber, dass Mitarbeiter des Partei- und Staatsapparates sie unterstützten, konnten ganz oder teilweise bestätigt werden. Bereits in seinem Werk *The New Russian Nationalism* erkannte er die wachsenden Sympathien für die Monarchie und Orthodoxie, besonders bei der jungen Generation, und sah, wie diese Ideen nach und nach in die Massenkultur einflossen. Ebenfalls interessant sind seine Beobachtungen, wie die Ideen russischer Nationalisten Ende der 70er/Anfang der 80er Jahre auf die sowjetischen Leinwände gelangten.

Walter Laqueur, Experte für radikale nationalistische Ideologien, publizierte sein Hauptwerk über den russischen Nationalismus *Black Hundred*[12] (dt.: *Der*

---

12 WALTER LAQUEUR: *Black Hundred. The Rise of the Extreme Right in Russia.* – New York: HarperCollins, 1993. Die russische Übersetzung des Buches wurde 1993 im

gelangen. Beiden Flügeln sei jedoch die Sorge um das Schicksal des russischen Volkes und seines Kulturerbes gemeinsam gewesen.

Die Konzeption Dunlops, der eher Politikwissenschaftler als Historiker war – nicht zufällig erarbeitete er, beginnend mit seinem Buch *The Faces of Contemporary Russian Nationalism,* Empfehlungen, wie der russische Nationalismus für die Interessen der westlichen Länder und vor allem der USA genutzt werden könne, fand im realen Leben jedoch keine Bestätigung. Der europäische Teil der UdSSR orientierte sich in den 90er Jahren an den modernen westlichen Werten. Für Traditionalismus und Religion war im postkommunistischen Russland kein Platz. Der grundlegende Irrtum Dunlops bestand darin, dass er die von ihm akribisch analysierte *VSChSON* als prototypisch für die Bewegung der russischen Nationalisten ansah. Da er die Erklärungen der Mitglieder zu ihrer Ideologie und Tätigkeit auf alle russischen Nationalisten übertrug, begann er, jedes Interesse an traditionellen Werten und Religion, die ihm in der damaligen sowjetischen Gesellschaft begegneten, als Ausdruck eines sich formierenden einheitlichen nationalen Selbstverständnisses zu interpretieren. Seiner Meinung nach (und entsprechend seinem konstruktivistischen Ansatz) hätte sich folglich eine einzige "vom Kommunismus befreite" russische Nation herausbilden müssen. Während jedoch für Dunlop die "russische Nation" die Gesamtheit aller in Russland lebenden ethnischen Gruppen bildete, zählten die russischen Nationalisten nur die Vertreter der ethnisch-russischen Gruppe zu den Russen. Die Vertreter anderer Völker konnten nur mit großen Abstrichen als Teil der russischen Nation betrachtet werden. Bei der von Dunlop vorgenommenen Analyse öffentlich zugänglicher sowjetischer Zeitschriften wurde der große Einfluss der sowjetischen Zensur nicht berücksichtigt. Denn rassistische Äußerungen der russischen Nationalisten wie auch andere ihrer Ansichten wurden von der Zensurbehörde aus der Presse eliminiert und gelangten erst nach 1989 in die Printmedien.

Die tiefe Diskrepanz zwischen den Anhängern derartiger Ideen (im konstruktivistischen Sinne faktisch den Zerstörern der "russischen Nation") und den Anhängern traditioneller Werte in Russland, die jedoch das Russischsein im nichtrassistischen Sinne verstanden (als Musterbeispiel wäre A. Solženicyn anzuführen), bzw. mit Dunlops Terminologie den Anhängern des "Wiederauferstehens", wurde für westliche Forscher erst gegen Ende der 80er Jahre sichtbar, als in der UdSSR die Möglichkeit einer freien politischen Betätigung entstand. Zu diesem Zeitpunkt wurde klar, dass die Millionenschar in den "freiwilligen" Gesellschaften vom Typ der *Allrussischen Gesellschaft zum*

Schoß ist fruchtbar noch) erst 1993. Diese Arbeit gehört offensichtlich zu der Art von Arbeiten, die ohne direkten Kontakt mit dem Forschungsobjekt entstanden sind. Laqueur erhebt nicht den Anspruch, Licht in die Geschichte der Bewegung russischer Nationalisten zu bringen, sondern beschränkt sich weitgehend auf eine Analyse der Ideologie. In *Black Hundred* wird die Genese der Ideologie russischer Nationalisten ab der zweiten Hälfte des 19. Jahrhunderts bis Anfang der 90er Jahre des 20. Jahrhunderts beschrieben. Die Analyse von Publikationen des Zeitraumes 1987–1992 erlaubte Laqueur, das Problem hinreichend auszuloten und seine Ausführungen auf eine umfassende Datenbasis zu stellen. Laqueur beschreibt die russischen Nationalisten der poststalinistischen Epoche in den Kapiteln "Soviet Patriotism", "The Russian Party and National Bolshevism", "Judaism Without a Mask und Neopaganism and Myth of a Golden Age". Er unterteilt dabei die Bewegung der russischen Nationalisten in mehrere Blöcke: Kritiker der Russisch-Orthodoxen Kirche (von G. Jakunin bis G. Šimanov), Anhänger der russischen, d. h. der patriarchalisch-bäuerlichen Idee (von den Dorfautoren bis A. Solženicyn und I. Šafarevič), Antisemiten und Neuheiden. So ist er im Großen und Ganzen mit der Konzeption Dunlops, der alle Anhänger traditioneller Werte zur Bewegung russischer Nationalisten zählt, einverstanden. Laqueur sieht jedoch die Bewegung russischer Nationalisten der 60er bis Anfang der 80er Jahre lediglich als eine, wenngleich bedeutende, Etappe, die der Vorläufer der Rechtsradikalenbewegung in der UdSSR während der Perestroika war. Das Hauptziel seines Werks ist die Beschreibung der Ideologie und des Wirkens der russischen Nationalisten von Ende der 80er bis Anfang der 90er Jahre. Die Arbeit Laqueurs kann aber insgesamt als guter Leitfaden für ausländische Studenten, die sich mit sowjetischer Geschichte beschäftigen, und für Studenten an russischen geisteswissenschaftlichen Institutionen gelten.

Jane Ellis, Mitarbeiterin am Keston College (Oxford) und Spezialistin für Religion in der UdSSR, unternahm in ihrer ausführlichen Arbeit *The Russian Orthodox Church* eine detaillierte Analyse der orthodoxen Komponente des *Samizdat* russischer Nationalisten.[13] Wie auch Dunlop und Laqueur beschreibt sie die organisatorischen Beziehungen russischer Nationalisten mit den Geistlichen und Laien der Russisch-Orthodoxen Kirche nur unzulänglich,

---

Verlag "Problemy Vostočnoj Evropy" (Washington) veröffentlicht und 1994 vom Moskauer Verlag "Tekst" neu aufgelegt. Einzelne Kapitel des Buches wurden 1992 in der Zeitschrift *Novoe vremja* (Moskau) publiziert.

13 JANE ELLIS: *The Russian Orthodox Church. A Contemporary History.* – London: Routledge, 1988.

obwohl sie im Gegensatz zu ihren Vorgängern möglicherweise viel darüber wusste. Doch auch heute noch kann man viele Schlussfolgerungen, die Ellis hinsichtlich der Hintergründe für die Entstehung des einen oder anderen Dokuments zog, akzeptieren.

Von den westlichen Historikern, die in russischer Sprache publizieren, zählt Alexander Janov zu den angesehensten Fachleuten für den russischen Nationalismus. 1978 erschien sein erstes Buch *The Russian New Right*,[14] das sich mit der Geschichte des russischen Nationalismus in den 60er und 70er Jahren befasst. Für die Beschreibung der Bewegung russischer Nationalisten analysiert Janov, wie vor ihm bereits Dunlop und Laqueur, nicht nur programmatische Dokumente und *Samizdat*-Periodika von verfolgten russischen Nationalisten, sondern auch offizielle Zeitschriften wie *Naš sovremennik* (Unser Zeitgenosse), *Molodaja gvardija* (Junge Garde) und Bücher von I. Ševcov und V. Kočetov. Erwähnenswert ist auch die Tatsache, dass Janov viele russische Nationalisten aus seiner Zeit in der UdSSR persönlich kannte. So war er 1969 einer der Initiatoren einer Debatte über die Slavophilen in der Zeitschrift *Voprosy literatury* gewesen, an denen sich bekannte Ideologen des russischen Nationalismus wie V. Kožinov und A. Ivanov (Skuratov) mit Beiträgen beteiligten.

Janovs zweites Buch über die Bewegung russischer Nationalisten erschien 1987 unter dem Titel *The Russian Challenge and the Year 2000*.[15] Der erste Teil behandelt die Entwicklungsgeschichte der "Russischen Idee" seit ihren Anfängen in den Jahren 1830–1850. Im zweiten Teil des Buchs wird die Ideologie russischer Nationalisten der 60er und 70er Jahre des 20. Jahrhunderts beschrieben, ergänzt um Informationen aus sowjetischen Zeitungen über die wachsende Nationalistenbewegung der 80er Jahre in der UdSSR. Sowohl Janov als auch Dunlop überschätzten wahrscheinlich den "Siegeszug" des russischen Nationalismus in Russland.

Vladimir Shlapentokh, ein bekannter sowjetischer Soziologe, der in den 70er Jahren aus der UdSSR emigrierte, widmet in seinem Buch *Soviet Intellectuals and Political Power* den russischen Nationalisten einen bedeutenden Teil der Kapitel "Intellectuals at Times of Political Reaction" und "Russophile Ideo-

---

[14] ALEXANDER YANOV: *The Russian New Right. Right-Wing Ideologies in the Contemporary USSR*. – Berkeley: Institute of International Studies, University of California, 1978.

[15] ALEKSANDR JANOV: *Russkaja ideja i 2000 god.* – New York: Liberty, 1988 (engl. ALEXANDER YANOV: *The Russian Challenge and the Year 2000*. – Oxford: Basil Blackwell, 1987).

logy".¹⁶ Sieht man vom relativ geringen Umfang des Textes zum Thema ab, ist seine Arbeit m. E. der interessanteste Versuch – nach den Arbeiten von Dunlop und Brudnyj (zu Letzterem weiter unten) – einer Untersuchung zur Ideologie der russischen Nationalisten in den Jahren 1970 bis 1980. Dabei nutzt Shlapentokh als Quellen für die Beschreibung der Geschichte der sowjetischen intellektuellen Elite der Jahre 1950–1980 eben nicht die Literaturzeitschriften der ausgehenden 60er Jahre wie die meisten Wissenschaftler von Dunlop bis Brudnyj, sondern die historischen, soziologischen und philosophischen Arbeiten der Jahre 1970–1980. Dabei kommt er vielfach zu ähnlichen Schlüssen wie Dunlop und Janov. Unabhängig von Dunlop erkennt er bei den russischen Nationalisten (Russophile in seiner Terminologie) die beiden Gruppen: "Patrioten" und "Traditionalisten" ("National-Bolschewisten" und "Vozroždency", d.h. Wiedergeburtler, in der Terminologie Dunlops) und sieht in der Russophilie die dominierende Ideologie der russischen Intellektuellen der 70er und beginnenden 80er Jahre.¹⁷ Im Unterschied zu anderen, vor allem westlichen Autoren hält er die Russophilen für Antisemiten. Er behauptet durchaus zutreffend und unmissverständlich, dass beide Typen der Russophilen dem Westen und den Juden gegenüber aggressiv eingestellt sind. Zugleich vertritt er die Auffassung, nach der Russland angesichts seiner besonderen Geschichte und Kultur sowie seiner Traditionen westliche demokratische Institutionen absolut fremd seien.¹⁸ In vielen seiner Anmerkungen und Schlussfolgerungen urteilt Shlapentokh allerdings allzu kategorisch und wenig fundiert.

Michail S. Voslenskij, der als hochrangiger sowjetischer Wissenschaftler zugleich Berater des ZK der KPdSU war und 1976 die UdSSR verließ, machte in seinem 1980 erschienenen Grundlagenwerk *Nomenklatura* ebenfalls keinen Bogen um die Verbreitung von Fremdenfeindlichkeit und Antisemitismus im Partei- und Staatsapparat. In seiner Arbeit wurden zum ersten Mal einige der in diesen Kreisen kursierenden xenophoben Legenden eingehender betrachtet und die von Vertretern des Partei- und Staatsapparats praktizierte ethnische Segregation beschrieben. Obwohl der Autor die von ihm beschriebenen Phänomene nicht für eine zielgerichtete Tätigkeit hält, lässt seine Untersuchung den Hintergrund verständlich werden, vor dem sich innerhalb des

---

16 VLADIMIR SHLAPENTOKH: *Soviet Intellectuals and Political Power: The Poststalin Era.* – Princeton: Princeton University Press, 1990, hier: S. 172–223.
17 Ebd. S. 223.
18 Ebd.

Partei- und Staatsapparats die Bewegung russischer Nationalisten entwickeln konnte.[19]

Ganz anders ist der Ausgangspunkt bei Ljudmila M. Alekseeva in ihrer Untersuchung zum russischen Nationalismus, die diesem Thema ein ganzes Kapitel in ihrem Werk *Geschichte des Dissidententums in der UdSSR* widmet.[20] Die von der Staatsmacht verfolgten russischen Nationalisten gehören für sie wie selbstverständlich zu den Andersdenkenden. Deshalb konzentriert sie sich in ihrer Darstellung weniger auf die Ideologie als vielmehr auf die Organisationsformen und analysiert die Tätigkeit einzelner Gruppen. Im Gegensatz zu Dunlop trennt Alekseeva die orthodoxe Laienbewegung in der UdSSR strikt von der Bewegung russischer Nationalisten und widmet ihnen jeweils eigene Kapitel. Zweifellos kannte Alekseeva viele Fakten aus der Tätigkeit russischer Nationalisten innerhalb der Bewegung Andersdenkender einfach nicht. Dennoch ist ihre Arbeit meines Erachtens die ausführlichste Darstellung der russischen Nationalisten als gesellschaftlicher Bewegung.

Wertvolles Faktenmaterial zum Thema enthält das Buch von Semjon E. Reznik *Rot und Braun: Zum sowjetischen Nazismus*.[21] Sein Buch, das zur selben Zeit geschrieben und veröffentlicht wurde wie die Arbeiten Laqueurs und Janovs, unterscheidet sich zwar im Stil, zeigt jedoch eine ähnliche Herangehensweise. Es legt den Fokus auf die Rechtsradikalen in der Zeit der Perestroika und befasst sich in mehreren Kapiteln mit der Entstehung und Entwicklung des russischen Nationalismus im Russischen Reich und der UdSSR. Reznik beschreibt ausführlich seine Begegnungen mit russischen Nationalisten in den 70er und Anfang der 80er Jahre und beleuchtet eine Vielzahl interessanter Tatsachen. Das Buch erhebt keinen akademischen Anspruch, sondern ist ein thematischer Sammelband von Reportagen und Artikeln, die zu unterschiedlichen Zeiten geschrieben wurden.

Andrej D. Sinjavskij lehnt die Herangehensweise seiner Vorgänger von Grund auf ab. Sein Essay "Russischer Nationalismus" von 1989 betrachtet die Bewegung als kulturelles Phänomen.[22] Sinjavskij befasst sich eher mit den psy-

---

19 MICHAIL S. VOSLENSKIJ: *Nomenklatura*. – Moskau: MP Oktjabr', 1991, S. 410–415.
20 Kapitel: Russkoe nacional'noe dviženie, in: LJUDMILA M. ALEKSEEVA: *Istorija inakomyslija v SSSR*. – New York: Chronika-Press, 1984 (die zweite, ergänzte Auflage dieses Buches wurde 1993 vom Moskauer Verlag Vest'-VIMO herausgegeben). Ebd.: Inakomyslie v SSSR: opyt statističeskogo analiza, in: *SSSR. Vnutrennie protivorečija*, 8/1983, S. 39.
21 SEMJON E. REZNIK: *Krasnoe i koričnevoe. Kniga o sovetskom nacizme*. – Washington: Vyzov, 1991.
22 ANDREJ D. SINJAVSKIJ: Russkij nacionalizm, in: *Sintaksis*, 26/1989, S. 91–110.

chologischen Aspekten der Bewegung, wie etwa der Sprache ihrer Anhänger, weniger mit der Geschichte des russischen Nationalismus an sich, und er vergleicht russische Nationalisten im Establishment mit jenen in politischen Straflagern. Dieser Ansatz erweist sich als sehr ergiebig, denn der Schriftsteller Sinjavskij sieht vieles, was Politikwissenschaftler und Historiker übersehen. Vor allem schließt Sinjavskij die Orthodoxen und sogar die Dorfautoren aus der Betrachtung aus und definiert die russischen Nationalisten nach ihrem, wie mir scheint, wichtigsten Merkmal, der ethnischen Fremdenfeindlichkeit.

Ziemlich detailliert betrachten Petr Vajl' und Aleksandr Genis die Rolle des russischen Nationalismus in ihrer Arbeit *Die sechziger Jahre: Die Welt des Sowjetmenschen*.[23] In ihrem essayistischen Werk kommen sie zu einer Reihe treffender Einschätzungen zu Teilaspekten der hier zu untersuchenden Problemstellung. Zugleich führen sie, ähnlich wie Dunlop, Shlapentokh und Brudny, den Nachweis, dass sich "die Gesellschaft von einem internationalistischen zu einem nationalistischen Ideal hin bewegt".[24] Vajl'/Genis sehen im russischen Nationalismus das Leitmotiv der 70er Jahre, das die internationalistischen Tendenzen der 60er Jahre, die mit dem letztlich misslungenen Versuch der Schaffung eines sowjetischen Volkes und der Errichtung des Kommunismus verbunden waren, ablöst.

Maja L. Kaganskaja analysierte in ihrem Artikel "Der Mythos des 21. Jahrhunderts oder Russland in der Finsternis" den ideologischen Einfluss des russischen Nationalismus auf die sowjetische Science-Fiction-Literatur.[25] Mit dieser sehr speziellen Thematik hatte sich zuvor noch niemand befasst. Interessant sind die Ausführungen der Autorin zur neuen heidnischen Propaganda, wie sie von den Anhängern des *Buches von Veles* und des Phantasten I. Efremov an der Zensur vorbei in der sowjetischen Presse betrieben wurde.

Die zweite Etappe in der Erforschung der Bewegung russischer Nationalisten begann in den 90er Jahren, als das offene Sammeln von Material in Russland selbst möglich wurde, Archivmaterialien teilweise zugänglich wurden und die Mitglieder der Bewegung begannen, Erinnerungen an ihre Tätigkeit zu veröffentlichen.

---

23 PETR VAJL'/ALEKSANDR GENIS: *60-e. Mir sovetskogo čeloveka.* – Ann Arbor, MI: Ardis., 1988. (Nachdruck: Moskau: Novoe Literaturnoe obozrenie, 1996).
24 Ebd. S. 219.
25 MAJA L. KAGANSKAJA: Mif dvadcat' pervogo veka, ili Rossija vo mgle, in: *Strana i mir*, 11/1986, 1/1987 und 2/1987.

Yitzhak Brudnys *Reinventing Russia* verdient es, als wichtigste Arbeit dieser Zeit genannt zu werden.[26] Darin verbindet Brudny den Ansatz Dunlops und Laqueurs, die nicht zuletzt aus Informationsmangel im russischen Nationalismus ein ideologisches Phänomen gesehen hatten, mit den Möglichkeiten, die sich ihm nun dank der zugänglichen russischen Archive und der Memoiren von Mitgliedern der Bewegung russischer Nationalisten boten. Brudnys Hauptthese zielt darauf, dass die russischen Nationalisten, zu denen er vor allem sämtliche Dorfautoren zählt, Teil der ideologischen Fundierung von Brežnevs Wirtschaftspolitik gewesen seien. Um vor dem Volk die gigantischen Ausgaben für die Landwirtschaft zu rechtfertigen, (be)nutzte Brežnev nach Meinung Brudnys die Dorfautoren, indem er ihnen einmalige Möglichkeiten zur Veröffentlichung ihrer Werke einräumte. Daraufhin hätten die Dorfautoren die Staatsmacht mit ihrem nationalistischen Gedankengut infiziert.

Brudny, der seine Aufmerksamkeit auf die Dorfautoren konzentrierte und de facto sämtliche Erscheinungen des russischen Nationalismus mit ihnen verknüpfte, gelang dennoch eine umfassende Untersuchung dieses Phänomens. Auf der Grundlage von Publikationen in der öffentlichen Presse und Informationen aus den Archiven erstellte er eine umfassende Chronologie der ideologischen Kampagnen gegen bzw. der Diskussionen über den russischen Nationalismus in der Literatur zwischen 1960 und dem Anfang der 80er Jahre. Besonders interessant sind seine Versuche, ein soziales Portrait der Anhänger der Bewegung russischer Nationalisten zu zeichnen und die Lobbyarbeit der russischen Nationalisten für ihre wirtschaftlichen Interessen im Redaktions- und Verlagswesen darzustellen.

Das grundlegende Problem lag für Brudny ebenso wie für Dunlop in der fehlenden Kenntnis der politischen Praxis und der soziokulturellen Realien, wie sie für die Sowjetunion kennzeichnend waren. Der Verfasser analysiert zwar Hunderte von Arbeiten der Dorfautoren, die in der sowjetischen Presse veröffentlicht wurden, macht hingegen nur geringen Gebrauch von den Erinnerungen und Informationen aus Interviews mit deren Zeitgenossen, obwohl gerade diese ihm einen viel besseren Einblick in das gesellschaftliche Leben der Sowjetunion in diesem Zeitraum hätten geben können. Auch schlagen sich in

---

26 YITZHAK BRUDNY: *Reinventing Russia. Russian Nationalism and the Soviet State, 1953–1991.* – Cambridge u. a.: Harvard University Press, 1998.

dem Text die Interviews, die der Autor nach eigener Aussage mit ehemaligen Aktivisten der russischen Nationalistenbewegung geführt hat, kaum nieder.[27] Das Fehlen ernsthafter und umfassender Monografien zur Geschichte wie auch zur Ideologie der russischen Nationalisten in den Jahren 1953 bis 1985 führt dazu, dass wesentliche Publikationen zum russischen Nationalismus diesen historischen Zeitraum völlig außer Acht lassen. Viele Autoren begreifen den russischen Nationalismus als ein Phänomen der entfernteren Geschichte, der Zarenzeit etwa oder im besten Fall der ersten 35 Jahre der Sowjetunion, bzw. als ein Problem der modernen russischen Gesellschaft, das während der Perestroika entstand.[28]

Zwei weitere ernsthafte Untersuchungen entstanden außerhalb Russlands und betrachten den russischen Nationalismus als Teil des kulturellen und politischen Lebens in der UdSSR der 60er bis 70er Jahre. In den Arbeiten von Dirk Kretzschmar *Politik und Kultur zu Zeiten Breschnews, Andropows und Tschernenkos. 1953–1985*[29] und von Wolfram Eggeling *Politik und Kultur zu Zeiten Chruschtschows und Breschnews. 1953–1970*[30] werden die russischen Nationalisten als eine konservative Alternative zu den Liberalen dargestellt. Einzelne Aspekte des Kampfes der russischen Nationalisten gegen die Liberalen und die Versuche der Staatsmacht, diesen Prozess unter Kontrolle zu bringen, werden anhand eines umfangreichen Quellenmaterials untersucht, darunter auch Archivmaterial (besonders Kretzschmar macht das brillant) sowie Pressematerial und Erinnerungen. Daraus erschließen sich dem Leser viele auf Tatsachen beruhende Informationen. Allerdings lassen auch

---

27 Ausführlicher dazu: NIKOLAJ MITROCHIN: Sozdavaja Rossiju zanovo. Recenzija na knigu "Yitzhak Brudny: *Reinventing Russia. Russian Nationalism and the Soviet State*, 1953–1991", in: *Russkaja mysl'*, 4326/2000, S. 8; *Neprikosnovennyj zapas*, 3/2001, S. 130–131.

28 GEOFFREY HOSKING/ROBERT SERVICE. Hg.: *Russian Nationalism: Past and Present.* – New York: St. Martin's Press, 1998; ASTRID TUMINEZ: *Russian Nationalism since 1856. Ideology and the Making of Foreign Policy.* – Lanham: Rowman and Littlefield Publishers, 2000.

29 DIRK KRETZSCHMAR: *Die sowjetische Kulturpolitik 1970–1985. Von der verwalteten zur selbstverwalteten Kultur. Analyse und Dokumentation*. Bochum: Brockmeyer 1993. Eine russische Fassung dieser Veröffentlichung ist unter dem Titel *Politika i kul'tura pri Brežneve, Andropove i Černenko 1970–1985*, Moskau: AIRO-XX, 1997 erschienen.

30 WOLFRAM EGGELING: *Die sowjetische Literaturpolitik zwischen 1953 und 1970. Zwischen Entdogmatisierung und Kontinuität*. Bochum: Brockmeyer, 1994. Eine russische Fassung des monografischen Teils dieser Publikation wurde 1999 in Moskau im Verlag AIRO-XX unter dem Titel *Politika i kul'tura pri Chruščëve i Brežneve 1953–1970* veröffentlicht.

diese Autoren, wie bereits Brudny, die organisatorischen Formen der russischen Nationalistenbewegung außer Acht. Ihre Aufmerksamkeit richtet sich hauptsächlich auf die liberalen Fraktionen im sowjetischen kulturellen Establishment oder auf die Nonkonformisten.

Vergleichbar mit den deutschen Autoren sind die Herangehensweise und das Quellenmaterial der russischen Forscherin Marija R. Zezina in ihrem Buch *Die sowjetische künstlerische Intelligenz und der Machtapparat in den 1950ern und 1960ern*.[31] Hervorzuheben ist ihre umfassende Analyse der Anfänge von Chruščëvs Kulturpolitik (1953–1956), die von russischen wie auch von westlichen Autoren kaum untersucht wurde. Diese drei Arbeiten geben ein fast vollständiges Bild des kulturellen und künstlerischen Lebens in der Sowjetunion für den hier untersuchten Zeitraum und liefern detaillierte Beschreibungen des Kampfes verschiedener, vor allem literarischer, Gruppierungen in der Kultur sowie des Einflusses staatlicher Organe auf die Prozesse in der Welt der Kunst.

Der amerikanische Historiker Douglas Weiner beschreibt in seiner fundamentalen, vor allem auf Archivmaterial gründenden Arbeit, wie die russischen Nationalisten in den Umweltbewegungen der UdSSR agierten, hier vor allem der Schriftsteller und Journalist V. Čivilichin.[32] Bei aller Detailliertheit und Präzision seiner Beschreibung der verschiedenen Aspekte von Naturschutzprojekten und der entsprechenden Diskussionen in der sowjetischen Presse geht Weiner jedoch kaum auf den politischen Aspekt des Engagements der russischen Nationalisten ein und beschränkt sich lediglich auf die Feststellung, diese hätten Einfluss auf die Naturschützer ausgeübt.

Der Historiker und Politikwissenschaftler Vladimir Pribylovskij untersucht vorrangig die Bewegung russischer Nationalisten nach 1985, greift jedoch in einigen seiner Arbeiten auch auf den Zeitraum vor der Perestroika zurück. Besonders detailliert befasst er sich mit der Entstehungsgeschichte der Gesellschaft *Pamjat'* (Erinnerung) in den Jahren 1982 bis 1985.[33]

Die russischen Nationalisten selbst haben bisher keine gründlichen Untersuchungen der Geschichte ihrer Bewegung im Zeitraum 1953 bis 1985 vorge-

---

31 MARIJA R. ZEZINA: *Sovetskaja chudožestvennaja intelligencija i vlast' v 1950–1960-e gody.* – Moskau: Dialog – MGU, 1999.
32 DOUGLAS WEINER: *A Little Corner of Freedom. Russian Nature Protection from Stalin to Gorbachev.* – L.A.: University of California Press, 1999, S. 319–443.
33 ALEKSANDR VERCHOVSKIJ/EKATERINA MICHAJLOVSKAJA/VLADIMIR PRIBYLOVSKIJ: *Nacionalizm i ksenofobija v rossijskom obščestve.* – Moskau: OOO "Panorama", 1998, S. 22–47.

legt. Es gibt aber bereits ein Korpus von Texten, in denen sie versuchen, Teilaspekte zu untersuchen.

Der Chronist der Bewegung russischer Nationalisten ist Sergej Semanov. Seine wichtigsten Arbeiten zum Thema sind "Die 'Junge Garde' der russischen Wiedergeburt" (1982 geschrieben und 1994 unter dem Pseudonym Sergej Nikolaev veröffentlicht), "Der Russische Klub" und die Monografie *Andropov*.[34] Die Besonderheit der Arbeiten von Semanov besteht darin, dass er nur Tatsachen und Ereignisse (seit 1968) beschreibt,[35] an denen er selbst beteiligt war, wie die Tätigkeit des Verlags und der Zeitschrift *Molodaja gvardija* (Junge Garde) und die informellen Versammlungen der russischen Nationalisten im *Russkij klub* (Russischer Klub), der Moskauer Filiale der *Allrussischen Gesellschaft zum Schutz von Denkmälern der Geschichte und Kultur*. Die Artikel und das Buch basieren hauptsächlich auf seinem privaten Tagebuch, das er seit 1965 führte, und auf seiner Sammlung von Dokumenten und Materialien des *Samizdat*. In seinen Arbeiten überbewertet Semanov gern die Bedeutung der russischen Nationalisten im gesellschaftlichen und politischen Leben der Sowjetunion und ihre "Erfolge" im Kampf gegen den Liberalismus in der UdSSR. Nichtsdestoweniger ist die Sicht eines der aktivsten Vertreter dieser Bewegung, gestützt auf minutiöse Tagebucheinträge, eine sehr wichtige Quelle dieser Untersuchung. Als Popularisierer der Arbeiten Semanovs, die ohnehin in einem publizistischen Stil geschrieben sind, betätigte sich Nikolaj Kucenko mit seinem Artikel "Die Russische Partei in der UdSSR und ihre Zerschlagung" in der Zeitschrift *Russkij dom* (Das russische Haus)[36]. Eigenständigen Wert hat diese Arbeit jedoch nicht.

Der russische Nationalismus in der Sowjetgesellschaft im Zeitraum von 1953 bis 1985 wird von den Forschern als ein Phänomen beschrieben, das Ende der 60er Jahre einsetzte. Dabei geht man stillschweigend davon aus, dass es keine organisatorische Verbindung zu früheren Manifestationen des russi-

---

34 SERGEJ NIKOLAEV: "Molodaja gvardija" russkogo vozroždenija, in: *Veče* (München) 52/1994, S. 107–141; SERGEJ SEMANOV: Russkij klub, in: *Moskva*. 3/1997, S. 177–184; SERGEJ SEMANOV: *Andropov: 7 tajn Genseka s Lubjanki*. – Moskau: *Veče*, 2001.
35 Die Auszüge aus dem Tagebuch von SERGEJ SEMANOV, die von wissenschaftlicher Bedeutung sind und in der vorliegenden Arbeit mehrfach zitiert werden, sind zu finden in: SERGEJ SEMANOV: Iz našej bor'by. Dnevnik 1977, in: *Roman-žurnal 21 vek*, 10/2000, S. 54–76 sowie: Iz našej bor'by. Dnevnik 1978, in: *Roman-žurnal 21 vek*, 10/2001, S. 64–86.
36 NIKOLAJ KUCENKO: Russkaja partija v SSSR i ee razgrom, in: *Russkij dom*, 8/2001.

schen Nationalismus wie etwa der staatlich geförderten Politik des Antisemitismus in den Jahren 1938 bis 1953 oder den Schwarzhunderter-Organisationen der vorrevolutionären Zeit gab.

Diese monografischen Darstellungen betrachten den russischen Nationalismus der ausgehenden 60er bis Anfang der 80er Jahre als eine Ideologie und nicht als eine organisierte gesellschaftliche Bewegung. Zu Recht identifizieren sie viele Publizisten, Schriftsteller, Historiker und Staatsdiener als russische Nationalisten, vernachlässigen aber de facto die Beziehungen dieser Personen untereinander. Und die Autoren, die sich mit den Organisationsformen der russischen Nationalisten befassen, wie Alekseeva, Kagansaja, Pribylovskij oder Semanov, untersuchen lediglich einzelne Ereignisse in der Arbeit der Bewegung.

Die Untersuchungen zum russischen Nationalismus stützen sich auf schriftliche und damit größtenteils zensierte Quellen. Selbst Arbeiten der letzten zehn Jahre nutzen als Materialbasis Veröffentlichungen sowjetischer Zeitschriften, die in der zweiten Hälfte der 60er und in den 70er Jahren erschienen. In den besprochenen Arbeiten wird der russische Nationalismus als ideologische Richtung oder als organisierte Bewegung nicht in den Kontext anderer in der Sowjetunion vorhandener "Nationalismen", also ethnischer Bewegungen, gestellt.

Damit liegt meines Wissens bis heute keine einzige wissenschaftliche Untersuchung in Russland oder im Ausland vor, die die Geschichte der *Bewegung russischer Nationalisten* aufgearbeitet hätte. Die bislang vorliegenden Arbeiten behandeln entweder die Geschichte der russischen Nationalisten im Kontext der Geschichte anderer gesellschaftlicher Organisationen oder sie befassen sich lediglich mit der Ideologie dieser Bewegung oder sie behandeln nur Einzelaspekte.

Für die Einführung in die Problematik muss ein Wort zu den Quellen gesagt werden, denn in diesem Buch wird eine gesellschaftliche Bewegung analysiert, die bisher nicht umfassend untersucht wurde, die nicht registriert war und deren Anhänger keinen Mitgliedsstatus hatten, eine Bewegung also, die in Opposition zur Macht stand und daher gezwungen war, ihre Tätigkeit geheim zu halten oder sie unter legalem Vorwand auszuüben. Unter diesen Bedingungen können offizielle Dokumente bestenfalls Tatsachen vermitteln, die dem Forscher bereits aus anderen Quellen bekannt sind, häufig aber liefern sie nur ein verzerrtes Bild von den Vorgängen. Die unmittelbaren Beteiligten dieser Ereignisse hingegen waren erst nach dem Zerfall der UdSSR und nachdem die Angst vor möglichen Repressionen geschwunden war, bereit, Einzelheiten ihrer Tätigkeit und ihre Beweggründe preiszugeben. Folglich beruht diese Untersuchung größtenteils auf Quellentexten aus Memoiren, die als veröffentlichte und unveröffentlichte schriftliche Erinnerungen zur Verfügung standen, und auf Materialien der Oral History, die zwischen 1992 und 2000 gesammelt, ausgewertet und autorisiert wurden.

Vergleichbare Arbeiten, die mit Befragungen von Aktivisten gesellschaftlicher Bewegungen der jüngeren Vergangenheit arbeiten, sind in den Ländern der ehemaligen Sowjetunion eher selten. Es kann lediglich auf Arbeiten im Rahmen des Programms Oral History als Teil des Projektes Die Geschichte der Dissidentenbewegung am Wissenschaftlichen Informations- und Aufklärungszentrum MEMORIAL (NIPZ) in Moskau und St. Petersburg seit 1992, an dem ich beteiligt war, verwiesen werden, sowie auf das Forschungsprojekt der Zeitschrift Pčela (Die Biene; St. Petersburg) zur Archivierung der Gegenkultur für den Zeitraum 1950–1990[37] und auf das Forschungsprogramm der ukrainischen griechisch-katholischen Kirche, das vom Institut für Kirchengeschichte (Lwiw, Ukraine) betrieben wurde. Eine ähnliche Herangehensweise wurde bei der Rekonstruktion der Geschichte der sowjetischen Soziologie angewandt.[38] Die komplizierten Probleme des jahrzehntelangen Kampfes um die Anerkennung der Soziologie durch die sowjetische politische, gesellschaftliche und akademische Elite wurden hier auf der Grundlage der von den Autoren des Sammelbandes mit führenden sowjetischen Soziologen erhobenen Interviews beschrieben.

Während der Vorarbeiten zu diesem Buch wurden 40 Anhänger der Bewegung russischer Nationalisten aus verschiedenen sozialen Schichten (Mitarbeiter des Partei- und Staatsapparates, Mitglieder von Künstlervereinigungen, Dissidenten) befragt. Die gesammelten Interviews lassen sich in zwei Gruppen unterteilen, in Basisinterviews mit den Aktivsten der Bewegung, die sich zudem an eine Vielzahl von Fakten erinnern konnten, und in Interviews mit weniger bedeutenden Anhängern der Bewegung, deren Erinnerungen sich zumeist auf persönliche Aktivitäten beschränkten. Die Glaubwürdigkeit der Informationen ist recht hoch, denn fast alle Angaben ließen sich anhand meh-

---

37 Ausführlicher dazu: KIRILL JU. ROGOV: Iz archivov leningradskoj kontrkul'tury 1970ch. Semidesjatye kak predmet istorii russkoj kul'tury, in: Rossija-Russia. – Moskau: O.G.I., 1998, S. 289.
38 GENNADIJ S. BATYGIN. Hg.: Rossijskaja sociologija šestidesjatych godov v vospominanijach i dokumentach. – St. Petersburg: Russkij christianskij gumanitarnyj institut, 1999.

rerer verschiedener, darunter auch schriftlicher, Quellen verifizieren. Die wenigen widersprüchlichen Zeugnisse sind entsprechend gekennzeichnet.

Auf die Einbeziehung literarischer Arbeiten der russischen Nationalisten wurde bewusst verzichtet. Deren Auswertung wurde in den bereits vorliegenden Arbeiten geleistet, so dass im vorliegenden Buch lediglich *Tlja* (Die Blattlaus) von Ševcov und *Žëltyj metall* (Gelbes Metall) von Ivanov einbezogen werden, da sie von grundsätzlicher Bedeutung sind, will man die Ideologie der Bewegung russischer Nationalisten in der Phase ihrer Entstehung verstehen.

Die Erhebung der mündlichen Interviews fand vor dem Hintergrund der weitreichenden gesellschaftlichen und politischen Umbrüche in Russland statt, die zwischen der politisch aktiven Zeit der Befragten und der Arbeit des Autors an dem Untersuchungsgegenstand lagen. Die meisten der Befragten waren zudem *Hommes de Lettres*, d. h. sie informierten sich regelmäßig in den Medien und neuesten Veröffentlichungen, mehr noch, sie wirkten unmittelbar an den sich vollziehenden Umbrüchen mit, was nicht ohne Einfluss auf ihre Sprache und ihre Bewertung der aktuellen Ereignisse bleiben konnte. Da die Zielsetzung der Interviews aber die Erhebung tatsachenbezogener Informationen war, kann diese Aufgabe dennoch insgesamt als erfüllt betrachtet werden.[39]

Zur Motivation der Befragten wurde ihnen als Begründung für die Interviews die "Überlieferung ihrer einzigartigen Erfahrungen und der aufgrund dieser Erfahrung gewonnenen Werte an die nächsten Generationen" (gemäß der Klassifizierung von V. Nurkova[40]) genannt. Das hieß in den meisten Fällen, dass die Interviewten, insbesondere die ehemaligen Mitarbeiter des ZK des Komsomol und Mitglieder des Schriftstellerverbandes, den Interviewer als Gleichgesinnten betrachteten, der von ihren eigenen grundlegenden Wahrheiten nicht überzeugt werden musste und vor dem man Äußerungen, die negativ ausgelegt werden könnten, nicht zu verbergen brauchte. Daraus ergab sich ein relativ niedriger Grad an Selbstzensur der Interviewten.

Die Interviewten wurden in der Regel zu vier Themenkomplexen befragt. Der erste Komplex betraf die Kindheit, Familie (Erziehung) und Jugend, der zwei-

---

39 Die Methodologie für die autobiografischen Interviews wurde 1991–92 vom wissenschaftlichen Informations- und Aufklärungszentrum MEMORIAL (NIPZ) unter Leitung von Aleksandr U. Daniėl' und Natal'ja A. Kravčenko entwickelt. Literatur dazu: VIKTORIJA V. SEMËNOVA: *Kačestvennye metody. Vvedenie v gumanističeskuju sociologiju.* – Moskau: Dobrosvet, 1998.

40 VERONIKA V. NURKOVA: *Sveršennoe prodolžaetsja. Psikhologija avtobiografičeskoj pamjati ličnosti.* – Moskau: URAO, 2000, S. 64.

te die berufliche Tätigkeit und die persönliche Beteiligung an der Bewegung und der dritte betraf die Reaktion auf Ereignisse von gesellschaftlicher Bedeutung, z. B. den Tod Stalins, den XX. Parteitag der Kommunistischen Partei der Sowjetunion oder den Truppeneinmarsch in die Tschechoslowakei. Der vierte Fragenkomplex umfasste die persönlichen Beziehungen zu anderen Mitgliedern der Bewegung russischer Nationalisten. Die Antworten auf die ersten beiden Fragenkomplexe lieferten eine allgemeine Vorstellung von der Biografie der befragten Person und zum Teil auch eine Selbsteinschätzung ihrer Tätigkeit. Die Antworten auf die anderen beiden Fragenkomplexe zeichneten ein klares Bild von der tatsächlichen Rolle des Interviewten in der Bewegung und ermöglichten die umfassende Gewinnung von Tatsachenmaterial.

Die meisten dieser Interviews erstreckten sich über mehrere Sitzungen und dauerten drei Stunden und länger. Die Aufnahmen wurden transkribiert, redaktionell bearbeitet und in den meisten Fällen den Interviewten zur Autorisierung vorgelegt. Die Autorisierung führte in keinem einzigen Fall zu wesentlichen Änderungen im Interviewtext.

Umfassende Informationen ließen sich auch aus den veröffentlichten Memoiren russischer Nationalisten wie auch ihrer Zeitgenossen gewinnen. Diesen Memoiren vergleichbar sind in der Presse veröffentlichte biografische Interviews, die das hier untersuchte Thema betreffen. Weitere veröffentlichte Quellen dieser Arbeit sind:

- *Wissenschaftliche Veröffentlichungen in Zeitschriften und wissenschaftlichen Sammelbänden*, vor allem Dokumente der Partei- und Staatsorgane auf höchster Ebene. Ein Großteil dieser Dokumente sind Analysen zum Milieu der künstlerischen Intellektuellen, aber auch zu anderen Aspekten des Wirkens der russischen Nationalisten. Von Interesse waren auch Dokumente des ZK der KPdSU, des *KGB* und der Zensurbehörde *Glavlit*[41], die in den Zeitschriften *Istočnik* (Die Quelle) und *Istoričeskij arhiv* (Historisches Archiv) sowie in den Dokumentensammlungen *Die ideologischen Kommissionen des ZK der KPdSU 1958–1964. Dokumente, Geschichte der sowjetischen politischen Zensur* und *Die Selbstjustiz des Kremls*[42] veröffentlicht wurden. Wichtiges Faktenmate-

---

41   Glavlit, Glavnoe upravlenie po delam literatury i izdatel´stva), Genehmigungs- und Zensurbehörde für Druckerzeugnisse.
42   *Ideologičeskie komissii CK KPSS. 1958–1964. Dokumenty.* – Moskau: ROSSPĖN, 1998; *Istorija sovetskoj političeskoj cenzury: Dokumenty i kommentarii*. Zusammen-

rial enthält auch der Sammelband *58–10. Untersuchungsverfahren der Staatsanwaltschaft der UdSSR zu Fällen antisowjetischer Agitation und Propaganda. Annotierter Katalog. März 1953-1991.*[43] Die meisten Dokumente zum untersuchten Zeitraum wurden jedoch ohne nennenswerte begleitende Kommentare, die Aufschluss über ihren Zweck und ihre Bedeutung hätten geben können, veröffentlicht.

- *Dokumente des Samizdat (Selbstverlages), veröffentlicht im Zeitraum von 1970 bis 1990.* Die umfangreichste Sammlung von *Samizdat*-Dokumenten fand sich im Archiv des *Samizdat* (im Weiteren: AS) des Rundfunksenders *Freies Europa,* München. Das Material des AS wurde in einer mehrbändigen Sammlung von Dokumenten des *Samizdat* (SDS) und in regelmäßig erscheinenden thematischen *Materialien des Samizdat* (MS) veröffentlicht. Im vorliegenden Buch wird auf Dokumente aus diesem Archiv unter der Angabe von "SDS" bzw. "MS" und Band, "AS" (d. h. Dokument des AS, veröffentlicht in einer der beiden oben genannten Publikationen) verwiesen. Neben diesen grundlegenden Dokumenten des *Samizdat* wurde im Zeitraum von 1960 bis 1980 *Samizdat*-Material auch im Ausland in russischer Sprache veröffentlicht, in thematischen Sammelbänden (*Veče, VSChSON*), wie auch solche Periodika wie *SSSR: vnutrennie protivorečija* (Die UdSSR: Innere Widersprüche), *Strana i mir* (Das Land und die Welt), *Posev* (Die Aussaat) u. a. So wurden in den Jahren 1970 bis 1980 fast alle grundlegenden *Samizdat*-Werke russischer Nationalisten im Ausland veröffentlicht, aus denen sich ein klares Bild ihres publizistischen und literarischen Schaffens ergibt.

Wichtige Fakten über die Bewegung russischer Nationalisten und ihre Protektoren in der politischen Elite sind auch in *Samizdat*-Arbeiten von Autoren, die andere politische Ansichten vertraten, enthalten. In diesem Zusammenhang ist die Zeitschrift *Političeskij dnevnik* (Politisches Tagebuch), herausgegeben 1964–1970 von P. Medvedev, von besonderem Interesse. Dabei ist zu berücksichtigen, dass die *Samizdat*-Texte unter ständigem Druck der staatli-

---

gestellt v. TAT'JANA M. GORJAEVA. – Moskau: ROSSPĖN, 1997; *Kremlevskij samosud. Sekretnye dokumenty Politbjuro o pisatele A. Solženicyne.* Dokumentarischer Sammelband zusammengestellt v. A. KOROTKOV u. a. – Moskau: Rodina, 1994.

43 *58–10. Nadzornye proizvodstva prokuratury SSSR po delam ob antisovetskoj agitacii i propagande: Annotirovannyj katalog. Mart 1953–1991.* Hg. von V. A. KOZLOV, S. V. MIRONENKO; zusammengestellt von OL'GA V. ĖDEL'MAN. – Moskau: Meždunarodnyj fond *Demokratija,* 1999 (Reihe: Rossija. XX vek. Dokumenty), im weiteren *Katalog 58–10.*

chen Organe entstanden und daher bei weitem nicht immer exakt und glaubhaft die Ansichten des Autors widerspiegelten. Bei der Entstehung solcher, vor allem publizistischer, Arbeiten spielten die Möglichkeit, dass sie die Verfolgung, wenn nicht des Autors selbst, dann doch der im Werk genannten Personen, auslösen konnten, aber auch Erwägungen der Berufsethik und andere Faktoren eine Rolle.

Die Begriffsbestimmung von "russischer Nationalismus" und "russische Nationalisten" in dieser Arbeit stützt sich auf die konstruktivistische Theorie in der modernen Ethnologie. Demnach soll "Nationalismus" als Erscheinung verstanden werden, die von einer Gruppe der gesellschaftlichen Elite konstruiert wird, um ihre kulturellen und politischen Ziele realisieren zu können.[44] Der Direktor des Instituts für Ethnologie und Anthropologie der Russischen Akademie der Wissenschaften, Valerij A. Tiškov, schreibt unter Bezug auf Ernest Gellner:

> "Im Allgemeinen wird zwischen zwei Grundformen des Nationalismus unterschieden, dem gesellschaftlichen oder staatlichen Nationalismus (civic or state nationalism) und dem kulturellen oder ethnischen Nationalismus (cultural or ethnic nationalism). Die erstere basiert auf dem Verständnis von Nation als politischer Gemeinschaft oder Gemeinschaft der Staatsbürger; unter der zweiten versteht man die Nation als ethnisch-kulturelle Kategorie, als Gemeinschaft, die über tiefe historische Wurzeln verfügt und sozial-psychologischer oder sogar genetischer Natur ist. Die erstere wird meist mit Patriotismus gleichgesetzt, der in seiner radikalsten politischen Ausprägung die Formen staatlicher Aggression, des Chauvinismus oder gar Isolationismus annehmen kann. Die zweite dient, wenn sie über den kulturellen Rahmen hinausgeht und zu einem politischen Programm wird, den ethnischen Aktivisten als Mittel zur Übernahme von Macht und Ressourcen, unterdrückt Strategien und Interessen Einzelner und ist Nährboden für die Verwirklichung des Prinzips ethnischer staatlicher Zusammengehörigkeit mittels Usurpation der Macht durch Vertreter einer Gruppe, mittels Unterdrückung von Minderheiten oder mittels Sezession und Schaffung eines neuen "nationalen" (sprich: ethnischen) Staatswesens."[45]

Der zweite Typ des Nationalismus, mitunter auch als "Ethnonationalismus" bezeichnet, entspricht der Definition von Nationalismus im Sammelband *Ethnische und ethnosoziale Kategorien. Ein Regelwerk ethnografischer Begriffe und Termini*:

---

44 ERNEST GELLNER: *Nations and Nationalism*. – Ithaca: Cornell University Press, 1983.
45 VALERIJ A. TIŠKOV: *Očerki teorii i politiki étničnosti v Rossii*. – Moskau: Verlag Russkij mir, 1997. S. 79–80 (eigene Übersetzung).

"Die Ideologien des Nationalismus setzen voraus, dass soziale Bindung vor allem nationale, ethnische Bindung ist und der Gegenstand der Geschichte zuallererst die nationalen, ethnischen Gemeinsamkeiten der Menschen sind, die im Kampf um ihre Existenzgrundlagen zusammenwirken oder, häufiger, gegeneinander antreten; sie schreiben ihrer eigenen Nation, ihrem Ethnos, besondere Verdienste und eine historische Mission in der Existenz der Menschheit zu und rufen ihre Nation dazu auf, dieser Mission auf verschiedene Weise, nötigenfalls gegen andere, allgemeinmenschliche Interessen, zu dienen, dabei tolerieren sie auch Waffengewalt gegenüber anderen Nationen."[46]

Diese Definition des Nationalismus – und damit auch des russischen Nationalismus – meint nicht das Streben einer Gemeinschaft nach Vereinigung zu einem einheitlichen Ganzen auf der Grundlage eines gemeinsamen Territoriums, das Leben in einem einheitlichen Staatsgebiet, sondern die Mobilisierung eines Ethnos zum Kampf für etwas oder gegen ein anderes Ethnos.

In konstruktivistischer Lesart sollen als *russische Nationalisten* gelten:

1. Menschen, die sich als Russen empfinden, ungeachtet welcher ethnischen Gruppe (Volksgruppe) ihre Vorfahren angehörten;
2. Menschen, die sich, gleichgültig in welcher Form, negativ über Menschen anderer ethnischer Zugehörigkeit äußern, allein aufgrund dessen, dass ihnen diese ethnische Gruppe nicht gefällt (gleichgültig aus welchem Grund);
3. Menschen, die auf eigene Initiative und nicht in Amtsausübung handeln.

Im vorliegenden Buch wird das politische Handeln von Menschen untersucht, die diese drei Kriterien erfüllen. Im Hinblick auf diese Zielsetzung gilt es zu klären: Inwieweit ist diese oder jene Person tatsächlich ein russischer Nationalist? Lässt sich nachweisen, dass sie tatsächlich entsprechende Ansichten teilte? Bei der übergroßen Mehrheit der in diesem Buch genannten Personen ist das sicherlich der Fall, denn die für eine solche Klassifizierung erforderlichen Belege für ihre Äußerungen liegen entweder in schriftlicher oder in mündlicher Form vor. Ein Teil der genannten Personen jedoch vermied eine Festlegung in ihren Äußerungen. Sie lassen sich aber dennoch aufgrund ihrer festen Einbindung zu den Aktivisten der Bewegung russischer Nationalisten zählen. Wenn also die fragliche Person ständige Kontakte zu Aktivisten der Bewegung unterhielt, zum Freundeskreis gehörte, als "Gleichgesinnte(r)" ak-

---

46 *Ėtničeskie i ėtno-social'nye kategorii: Svod ėtnografičeskich ponjatij i terminov.* Ausgabe 6. – Moskau: IĖA RAN (Institut für Ethnologie und Anthropologie bei der Russischen Akademie der Wissenschaften), 1995. S. 73.

zeptiert wurde, ihre Arbeiten in den entsprechenden Zeitschriften veröffentlicht wurden und sie an Versammlungen teilnahm, so ist sie mit großer Sicherheit dieser Bewegung zuzuordnen.

Was ist unter der dem Begriff "Bewegung russischer Nationalisten" zu verstehen? Da die Zahl derer, die die oben angeführten Kriterien erfüllten, im gesamten untersuchten Zeitraum ziemlich groß war und mit hoher Wahrscheinlichkeit mehrere Prozente der Gesamtbevölkerung ausmachte, hätte bei der Beschreibung jeglicher Erscheinungsformen des russischen Nationalismus die Gefahr bestanden, den Soziologen das Feld streitig zu machen. Es schien daher sinnvoll, eine Beschränkung auf die Bewegung russischer Nationalisten vorzunehmen, die als Gesamtheit verschiedener Organisationen, Gruppen, Medien und einzelner Personen, die nicht nur durch eine gemeinsame ideelle Plattform, die große Interpretationsspielräume ließe, verbunden sind, sondern auch durch persönliche und organisatorische Beziehungen. Als Parallele zur Bewegung russischer Nationalisten kann für die Vergangenheit die sozialistische und für die Gegenwart die Umweltbewegung betrachtet werden.

1 Die ethnischen Mythen im sozialen Kontext[47]

Voraussetzungen für die Verbreitung der ethnisch-nationalistischen Mythen im Partei- und Staatsapparat

Der ethnische Nationalismus und insbesondere der russische Nationalismus in der UdSSR war ein durchaus verbreitetes Phänomen. Als Bewegung nahm er erst in den 60er Jahren eine organisierte, wenn zunächst auch etwas gestaltlose Form an. Ihre Begründer waren Mitglieder des Partei- und Staatsapparates sowie Intellektuelle aus Kunst und Geisteswissenschaften.

Die Transformation der Russischen Kommunistischen Partei (Bolschewiken), *RKP(b)*, von einer vor- und nachrevolutionären Partei, die an die soziale Brüderlichkeit aller Menschen unabhängig von ihrer ethnischen Zugehörigkeit glaubte, in die ethnisch-nationalistisch geprägte Partei der Jahre 1949–1953 ist ein interessanter und komplexer Prozess, der die Aufmerksamkeit vieler Historiker[48] auf sich zog. Für diese Transformation sind folgende Gründe zu benennen:

---

47 Übersetzung: Inna Mironovskaja.
48 Eine umfangreiche Monografie, die eine Zusammenfassung der bisherigen Arbeiten und einen großen Umfang neuer Information bietet, ist die Arbeit von GENNADIJ V. KOSTYRČENKO: *Tajnaja politika Stalina. Vlast' i antisemitizm.* – Moskva: Meždunarodnye otnošenija, 2001; weiterhin: MICHAIL S. AGURSKIJ: *Ideologija nacional-bol'ševizma.* – Paris: Ymca-Press, 1980; KONSTANTIN M. ASADOWSKIJ/BORIS F. EGOROV: Kosmopolity, in: *Novoe literaturnoe obozrenie* 2/1999. IAKOV AIZENŠTAT: *O podgotovke Stalinym genocida evreev.* – Jerusalem, 1994; ARLEN V. BLJUM: *Evrejskij vopros pod sovetskoj cenzuroj.* – St. Petersburg: Petersburger Jüdische Universität, 1996; NIKOLAJ F. BUGAJ/ DŽABRAIL CH. MEKULOV: *Narody i vlast': "Socialističeskij éksperiment" (20-e gody).* – Majkop: Meoty, 1994; NIKOLAJ F. BUGAJ/ASKARBI M. GONOV: *Kavkaz: Narody v éšelonach (20–60-e gody).* – Moskau: Insan, 1998; NIKOLAJ F. BUGAJ: Deportacija narodov – repressivnaja mera gosudarstvennoj politiki v sfere nacional'nych otnošenij. 20–40-e gody, in: *Krajnosti istorii i krajnosti istorikov.* – Moskau: RNISiNP (Russisches Unabhängiges Institut für Soziale und Nationale Probleme), 1997, S. 157–173; VLADIMIR P. BULDAKOV: Revoljucija i čelovek, in: *Krajnosti istorii i krajnosti istorikov.* – Moskau: RNISiNP, 1997, S. 21–40; ANATOLIJ G. VIŠNEVSKIJ: *Serp i rubl': Konservativnaja modernizacija v SSSR.* – Moskau: OGI, 1998; EVGENIJ S. GROMOV: *Stalin: Vlast' i iskusstvo.* – Moskau: Respublika, 1998; L. GUREVIČ: *Totalitarizm protiv intelligencii.* – Alma-Ata: AO Karavan, 1992; N. KIRSANOV: Nacional'nye formirovanija Krasnoj Armii v VOV 1941–1945, in: *Otečestvennaja istorija* 4/1995, S. 116–125; GENNADIJ V. KOSTYRČENKO: *V plenu u krasnogo faraona: Političeskie presledovanija evreev v SSSR v poslednee stalinskoe desjatiletie.* – Moskau: Meždunarodnye otnošenija 1994; TAMARA JU. KRASOVICKAJA: O stalinskoj formulirovke nacii v kontekste vremeni i mesta eë

- der Staatsaufbau der UdSSR, an deren Spitze eine relativ kleiner Kreis von Funktionären stand, die durch externe (Disziplin, Geheimhaltung) und interne (informelle Beziehungen hinter den Kulissen) Verpflichtungen miteinander verbunden waren;[49]
- die soziale Transformation der 20er und 30er Jahre, im Zuge deren eine große Zahl kaum gebildeter junger Arbeiter und Bauern in die Partei eintrat und später in den Partei- und Staatsapparat gelangte;[50]
- die persönlichen ethnisch-nationalistischen Ansichten des Parteiführers und Staatsoberhaupts Stalin.[51]

In den 30er und 40er Jahren beteiligten sich die in die Stadt gezogenen "Bauernkinder", die eine Verbesserung ihrer gesellschaftlichen Stellung und materiellen Lage anstrebten, an allen möglichen "Säuberungsaktionen". Die Repressionen richteten sich in erster Linie gegen Menschen, die sich aufgrund ihrer sozialen Stellung wie Herkunft, Bildung, Familienangehörige im Ausland, aufgrund ihrer politischen Einstellung, etwa Mitgliedschaft in vorre-

---

suščestvovanija, in: *Krajnosti istorii i krajnosti istorikov*. – Moskau: RNISiNP, 1997, S. 129–145; ROBERT G. LANDA: Mirsaid Sultan-Galiev, in: *Voprosy istorii* 8/1999, S. 53–70; LEONID LJUKS: Evrejskij vopros v politike Stalina, in: *Voprosy istorii* 7/1999, S. 41–59; MIHAIL M. NARINSKIJ: Kak ėto bylo, in: *Drugaja vojna. 1941–1945*. – Moskau: RGGU (Russische Staatliche Geisteswissenschaftliche Universität), 1996, S. 32–60; Nacional'naja politika Rossii: istorija i sovremennost'. – Moskau: *Russkij mir*, 1997; VLADIMIR A. NEVEŽIN: *Sindrom nastupatel'noj vojny: Sovetskaja propaganda v preddverii "svjaščennych boev", 1939–1941*. – Moskau: AIRO-XX 1997; RUDOL'F G. PICHOJA: *SSSR: istorija vlasti. 1945–1991*. – Moskau: Verlagshaus RAGS (Russische Akademie für den Staatlichen Dienst), 1998; FRANTIŠEK SILNICKIJ: *Nacional'naja politika KPSS v period 1917–1922 gg*. – München: Sučastnist', 1981, sowie: Washington: *Problemy vostochnoj Evropy*, 1990; FRANÇOIS FURET: *Prošloe odnoj illjuzii*. – Moskau: Ad Marginem 1998; SERGEJ V. CAKUNOV: NĖP (NÖP): Ėvoljucija režima i roždenie nacional-bol'ševizma, in: *Sovetskoe obščestvo: vozniknovenie, razvitie, istoričeskij final*. – Moskau: RGGU, 1997, Bd. 1, S. 57–120; SARAH DAVIES: *Popular Opinion in Stalin's Russia. Terror, Propaganda and Dissent, 1934–1941*. – Cambridge: Cambridge University Press, 1997, S. 73–93.

49 ALEKSANDR Z. VAKSER: Personal'nye dela členov KPSS kak istoričeskij istočnik, in: *Otečestvennaja istorija* 5/1992, S. 91–104; JURIJ N. ŽUKOV: Bor'ba za vlast' v rukovodstve SSSR v 1945–1952 gg., in: *Voprosy istorii* 1/1995, S. 23–39; VLADLEN S. IZMOZIK: Političeskij control' v Sovetskoj Rossii (1918–1928 gg.), in: *Voprosy istorii* 7/1997, S. 32–52; NATALJA N. KOZLOVA: Sceny iz žizni "osvoboždennogo rabotnika", in: *Socis* 2/1998, S. 108–119; MOŠE L. LEVIN: Bjurokratija i stalinizm, in: *Voprosy istorii* 3/1995, S. 16–28; IRINA V. PAVLOVA: Mechanizm političeskoj vlasti v SSSR v 20–30-e gody, in: *Voprosy istorii* 11–12/1998, S. 49–66.
50 Vgl. die oben angegebenen Werke von Buldakov, Višnevskij, Žukov, Cakunov.
51 Vgl. die oben angegebenen Werke von Agurskij, Gromov, Kostyrčenko.

volutionären Parteien oder Zugehörigkeit zur Opposition, Kontakte zu "Volksfeinden", oder aufgrund ihrer ethnischen Herkunft von der Masse abhoben.

Da im ersten nachrevolutionären Jahrzehnt der Partei- und Staatsapparat (wie auch alle anderen Bereiche, die gewisse intellektuelle Fähigkeiten erforderten) größtenteils aus Personen nichtslawischer Abstammung, v. a. aus Juden, Kaukasiern und Letten bestand, die die ausgelöschte gebildete Schicht ersetzten, ist es nicht verwunderlich, dass diese ab Ende der 30er Jahre gezielt von den einflussreichen Posten verdrängt wurden.[52] Als Rechtfertigung für dieses Vorgehen wurde eine Reihe von Mythen in die Welt gesetzt oder aus vergangenen Zeiten übernommen, die zwar unter den hohen und mittleren Funktionären weit verbreitet waren, an das Volk hingegen kaum weitergegeben wurden. Zudem wusste das Volk, das überwiegend der Propaganda vertraute, nichts von dieser "innerparteilichen Ideologie".

Der Historiker Gennadij V. Kostyrčenko stützt sich in seinem Buch *Die geheime Politik Stalins* auf Informationen aus vormals geheimen Archivbeständen des Zentralkomitees der KPdSU und des NKVD und datiert den Wechsel zur systematischen Politik der ethnischen Segregation, bei der viele allein aufgrund ihrer ethnischen Zugehörigkeit ihrer wichtigen und einflussreichen Posten im Partei- und Staatsapparat enthoben wurden, auf die Jahre 1937/1938. Im vorangegangenen Zeitraum sagte sich die Führung der VKP(b) zuweilen aus taktischen Gründen von ihren Losungen los, was seit Anfang der 20er Jahre zu einzelnen ethnisch motivierten Diskriminierungsaktionen führte.

Eine systematische Diskriminierung von Angehörigen bestimmter Ethnien gab es in vielen Republiken der UdSSR. Als eine Art inoffizieller Staatspolitik, die im gesamten Staatsgebiet angewandt wurde, existierte sie aber erst ab 1937. Zu diesem Zeitpunkt begannen die Massendeportationen aus den Grenzgebieten und die Verhaftungen in den ethnischen Minderheiten, die "außerhalb der UdSSR einen Staat hatten"; u. a. wurden 16 Prozent der im Land lebenden Polen, 30 Prozent der Letten,[53] ein Großteil der erwachsenen männlichen Bevölkerung, festgenommen und oftmals hingerichtet. Angehöri-

---

52 Folgende Einrichtungen und Bereiche wurden bis 1943 vollständig von den Juden, Deutschen und anderen "verdächtigen" Nationalitäten "gesäubert": der Parteiapparat und der zentrale Komsomolapparat, die Politische Hauptverwaltung des Verteidigungsministeriums, das Ministerium für Staatssicherheit, das Außenministerium, die Luftfahrt und der zentrale Rundfunk, der nach 1953 der einzige Bereich war, wo sich Juden wieder betätigen durften.

53 GENNADIJ V. KOSTYRČENKO: *Tajnaja politika Stalina.* S. 132.

ge dieser ethnischen Gruppen wurden auch aus dem Partei- und Staatsapparat sowie aus dem gesamten militärisch-industriellen Komplex eliminiert. Die nationalen Schulen für Minderheiten wurden geschlossen. 1938 weitete sich die Diskriminierung auch auf die jüdische Bevölkerung des Landes aus, die einen beträchtlichen Teil des Partei- und Staatsapparates bildete. Seit diesem Jahr wurden im ZK der VKP(b) und im Außenministerium keine Juden mehr eingestellt; stattdessen wurden radikale Maßnahmen ergriffen, um sie aus diesen Organen zu entfernen. Schlagartig kam es zu einer drastischen Reduzierung der Anzahl jüdischer Mitarbeiter im NKVD, im Zentralen Exekutivkomitee (CIK) der UdSSR und in den Ministerien. Im November 1938 tauchten im ZK der VKP(b) erstmals Dokumente auf, in denen die Juden als "Kader, die die Institutionen verunreinigen",[54] bezeichnet wurden. Von diesem Moment an, so Kostyrčenko, begann die Herausbildung der innerparteilichen Mythologie, der zufolge die ethnische Diskriminierung im Interesse des Staates liege. Kostyrčenko schreibt die Verantwortung für die Entstehung dieses Mythos der Abteilung Parteiorgane, d. h. der Kaderabteilung des ZK der VKP(b), und der Abteilung für Agitation und Propaganda zu, was aber eher mechanistisch zu sein scheint.[55] Umso mehr, da er als Quelle hauptsächlich Dokumente des ZK der VKP(b) anführt, während die ethnisch-nationalistischen Mythen doch größtenteils auf mündlichem Wege verbreitet wurden. So kann der Entstehungszeitpunkt der meisten ethnisch-nationalistischen Mythen im Partei- und Staatsapparat nicht genau bestimmt werden. Viel wichtiger ist jedoch, dass diese Mythen bis zum Zerfall der Sowjetunion erhalten blieben und als ideologisches Fundament dienten, auf das sich die Bewegung russischer Nationalisten stützten konnte.

Interessanterweise kommt der Historiker und Politikwissenschaftler Michail S. Voslenskij bereits 20 Jahre vor der Veröffentlichung von *Tajnaja politika Stalina* (Die geheime Politik Stalins) in vielen Punkten zu ähnlichen Schlussfolgerungen, obwohl er im Gegensatz zu Kostyrčenko keinen Zugang zu den entsprechenden Dokumenten des ZK der KPdSU hatte und lediglich die Institution analysierte. So stimmen seine Annahmen hinsichtlich des Entstehungszeitpunktes des Antisemitismus in der Politik, für die er in seinem Werk *Nomenklatura* Beweise anführt, im Wesentlichen mit den Ergebnissen von Kostyrčenko überein. Hinsichtlich der Ursachen sind dagegen deutliche Unterschiede festzustellen. Die weite Verbreitung von Fremdenfeindlichkeit und

---

54 Ebd. S. 199, 203–208.
55 Ebd. S. 203–211.

Antisemitismus im Partei- und Staatsapparat begründet Voslenskij damit, dass Vertreter verfolgter oder deklassierter sozialer Gruppen, wie die sogenannten Kulaken oder Kleinbürger, als Arbeiter und Bauern getarnt in führende Positionen aufgestiegen und für derartige Stimmungen sehr anfällig waren.[56] Ein weiterer Unterschied der Arbeit von Voslenskij besteht darin, dass er einige der in der Nomenklatura kursierenden fremdenfeindlichen Mythen, die durch viele andere Quellen bestätigt werden, in knapper Form wiedergibt.

Die Mythosbildung hatte unter den sowjetischen Funktionären, insbesondere unter denen, die an der Entstehung der Bewegung russischer Nationalisten beteiligt waren, gerade dadurch Bestand, dass die Mythen ausschließlich mündlich verbreitet wurden. Bei der mündlichen Überlieferung der Mythen kristallisierte sich aus dem Proto-Text, einer Art Grundfabel des Mythos, ein einfaches und klares Schema heraus, das von allen unnötigen Einzelheiten bereinigt war und an die jeweils neuen Realien angepasst werden konnte. Es entstand ein sehr lebendiger "Basis-Text", so die in der Volkskunde übliche Bezeichnung für eine in einer bestimmten Zeit an einem bestimmten Ort gültigen Varietät einer Legende, mit deren Hilfe ein beliebiges Ereignis – von internationalen Verhandlungen bis hin zu alltäglichen Konfliktsituationen – erklärt und eingeordnet werden konnte. Auf ähnliche Weise entstand auch ein weiteres Phänomen der Kommunikationskultur, der sowjetische politische Witz. Viele dieser Witze wurden jahrzehntelang erzählt, der Erzähler aktualisierte dabei lediglich die Namen.[57] So dienten antisemitische Witze den russischen Nationalisten häufig als Erkennungszeichen in fremder Umgebung. Die Reaktion der Zuhörer auf den erzählten Witz verriet ihre Einstellung zur ethnisch-nationalistischen Ideologie, und bei negativen Reaktionen konnte man das Gesagte einfach als schlechten Witz erscheinen lassen. Insgesamt war jedoch der antisemitische oder antikaukasische Witz lediglich eine Illustration der Basismythen (über Juden, den Russischen Staat, Stalin), die mehr oder weniger allen russischen Nationalisten gemeinsam waren. Verstärkt wurden diese Mythen durch eine Reihe präzisierender Legenden.

Einen in den Kreisen der russischen Nationalisten der 50er und 60er Jahre allgemein anerkannten Text, in dem die wichtigsten ethnisch-nationalistischen Mythen einigermaßen vollständig enthalten wären, gibt es wohl nicht. Teilweise wird diese Lücke durch zwei literarische Werke russi-

---

56 MICHAIL S. VOSLENSKIJ: *Nomenklatura*, S. 410–415.
57 Vgl. MARK DUBOVSKIJ: *Istorija SSSR v anekdotach: 1917–1992*. – Smolensk: Smjadyn, 1991.

scher Nationalisten gefüllt, die von staatlichen Verlagen herausgegeben wurden: Žëltyj metall (Gelbes Metall) von Valentin Ivanov (1956)[58] und Tlja (Die Blattlaus) von Ivan Ševcov (1963).[59] Später beteiligten sich beide Autoren an der Bewegung russischer Nationalisten und waren Mitglieder der *Russischen Partei*, die ab Ende der 60er Jahre aktiv war.

Darüber hinaus dient hier der bereits erwähnte oben annotierte *Katalog 58-10* sowohl als Quelle, in der die ethnisch-nationalistischen Mythen festgehalten sind, als auch zur Bestimmung des Verbreitungsgrades der Hauptmythen, beispielsweise in den verschiedenen sozialen Gruppen. Dieser Katalog enthält kurze Daten von etwa 60 Prozent aller Häftlinge,[60] die zwischen 1953 und 1991 wegen antisowjetischer Agitation und Propaganda verurteilt wurden. Obwohl sich die vorliegende Arbeit nur mit dem Zeitraum vom 05. März 1953 bis 01. Januar 1987 befasst, ist die Zahl der nicht berücksichtigten Akten im Vergleich zum Gesamtbestand sehr gering.

Ethnische Xenophobie in den unteren Gesellschaftsschichten als Zeichen sozialer Spannungen

An dieser Stelle ist ein kurzer Exkurs zur Frage der Abgrenzung der im Volk verbreiteten ethnischen Xenophobie von der Mythologie in der politischen und kulturellen Elite erforderlich. Die Verwirrung in dieser Frage ist groß, da eine eindeutige Terminologie und zuverlässige Informationen fehlen.

Es wäre übertrieben zu behaupten, die ethnische Xenophobie sei nur dem Parteiapparat bzw. der sowjetischen Elite eigen gewesen. Auch andere Gesellschaftsschichten taten ihre fremdenfeindlichen Ansichten deutlich kund. Angesichts fehlender soziologischer Erhebungen zur öffentlichen Meinung in Bezug auf dieses politisch brisante Problem können die Forscher heute lediglich Vermutungen darüber anstellen, in welchen sozialen Gruppen und in welcher Zeit ethnisch-nationalistische Ideologien Verbreitung fanden und wie sie beschaffen waren.

---

58 Erschienen 1956 im Verlag "Molodaja gvardija", Moskau. 1957 "musste Glavlit dieses Buch aufgrund seiner unverhohlenen Invektiven gegen Georgier und andere Sowjetvölker einziehen" (Notiz der Abteilung für Agitation und Propaganda des ZK der KPdSU und der Abteilung für Kultur des ZK der KPdSU, in: *Ideologičeskije komissii CK KPSS. 1958–1964: Dokumenty.* – Moskau: ROSSPĖN, 1998, S. 76.).

59 IVAN M. ŠEVCOV: *Tlja*. – Moskau: Sovetskaja Rossija 1963; *Tlja. Sokoly*. – Moskau: Golos, 2000. (Neuauflage mit dem Original-Vorwort).

60 *Katalog 58–10. Nadzornye proizvodstva prokuratury SSSR po delam ob antisovetskoj agitacii i propagande*, S. 6.

Die Analyse der Gerichtsakten von Personen, die aufgrund ihrer ethnisch-nationalistischen Ansichten inhaftiert wurden, liefert nun Antworten auf diese Fragen. Die sozialen Aspekte des Problems werden in diesem Kapitel behandelt, die mythologischen im folgenden Kapitel.

Die tabellarische Übersicht über Verhaftungen ethnischer Russen und im Namen des russischen Volkes auftretender Weißrussen, Ukrainer, Komi u. a. im gesamten Gebiet der ehemaligen Sowjetunion wegen ethnisch-nationalistischer Aktivitäten (Meinungsäußerungen, Auftritte, Briefe, Flugblätter u. ä.) zeigt, in welchen sozialen Schichten der russische Nationalismus besonders ausgeprägt war.

Tabelle 1. Soziale Schichten verhafteter russischer Nationalisten im Zeitraum 5. März 1953 bis 1. Januar 1987[61]

Arbeiter	40	davon vorbestraft: 9 (darunter 2 politische Häftlinge)
Strafgefangene	14	darunter Obdachlose, vorbestraft: 5
Funktionäre/ Angestellte	11	darunter: Rentner, ehem. Angehörige dieser Gruppe
Politische Häftlinge	6	darunter: Obdachlose vorbestraft: 1
Obdachlose	6	ohne Vorbestrafte
Studenten	5	
Arbeitslose/ Hausfrauen	5	
Bauern	2	beide Fälle: Kraftfahrzeugschlosser, d. h. "Landproletariat"
Intelligenzija	2	
ohne Angaben	1	
Gesamt	92	

Im Vergleich zur Gesamtmenge der Strafakten ist die im Katalog enthaltene Zahl der Strafakten über russische Nationalisten (rund 3500) relativ niedrig. Nicht alle Strafakten aber sind im Katalog gleichermaßen detailliert beschrieben. Es ist durchaus möglich, dass viele Akten zu "verleumderischen Meinungsäußerungen über Personen der Staatsführung" oder "antisowjetische

---

61 Erstellt anhand des *Katalogs 58–10. Nadzornye proizvodstva prokuratury SSSR po delam ob antisovetskoj agitacii i propagande.*

Briefe" eigentlich auch zum Thema der Untersuchung gehören würden. Dennoch bieten die fast 100 vorliegenden Fälle eine hinreichende Datenbasis auch für quantitative Aussagen.

Die Analyse der Annotationen politischer Akten aus den Jahren 1953–1986 zeigt, dass sie entgegen landläufiger Vorstellungen durchaus nicht nur die oppositionelle Intelligenzija betreffen. Eine Vielzahl von Verfahren richtete sich gegen die arbeitende Bevölkerung, Arbeiter und Bauern, die ihre "antisowjetischen Ansichten" geäußert hatten, sowie gegen Angehörige des "Lumpenproletariats". Außerhalb des Blickfeldes des Ministeriums für Staatssicherheit/KGB blieb nur eine Gesellschaftsschicht, die Mitarbeiter des Partei- und Staatsapparates, über die nach dem Berija-Prozess weder Informationen gesammelt noch Akten angelegt werden durften. Das erklärt auch, warum diese Gesellschaftsschicht in der Tabelle gänzlich fehlt, obwohl ein Großteil des sowjetischen Establishments xenophobe Ansichten vertrat. Ein weiterer beachtlicher Teil der Verfahren richtete sich gegen Angestellte (12%) und damit de facto gegen die Juniorpartner der Elite, von denen rund die Hälfte Mitarbeiter oder ehemalige Mitarbeiter von Polizei und Justiz oder Militär waren.[62]

Aus der Tabelle geht hervor, dass ethnische Xenophobie besonders in den Gruppen verbreitet war, die auf der gesellschaftlichen Leiter ganz unten standen, so unter Arbeitern (45% aller Verfahren) und Kriminellen. Bei den Bauern hingegen sind keine xenophoben Ansichten dokumentiert, obwohl sie für antisowjetische Meinungsäußerungen und Vergehen anderer Art häufig verurteilt wurden. Wie erklärt sich das?

Ein Faktor bei der Verbreitung xenophober Ansichten in der Sowjetgesellschaft war die bereits erwähnte Krise der Städte in den 30er bis 60er Jahren. Die Überbevölkerung in den Städten ging teils auf die forcierte Industrialisierung zurück, teils auf den Ausgleichsprozess, der bereits in der Zeit des Russischen Reiches begann. Die Städte konnten nicht ausreichend versorgt werden, was zu "kommunalem Hass" und sozialen Spannungen führte. Daraus resultierte eine wachsende ethnische Xenophobie vor allem in den unteren Gesellschaftsschichten, die aufgrund mangelnder Bildung und Kultur die

---

62 Darunter: ein Oberstleutnant im Ruhestand, der Leiter eines regionalen Alkoholkombinats, ein Mitarbeiter des Oberstaatsanwaltes der Republik, Ruheständler aus den Leitungen der Republiken, Mitarbeiter des Staatsanwalts des Rayons, Rentner aus dem Ministerium für Innere Angelegenheiten, ein Vorsitzender des Exekutivkomitees eines Rayons, ein ehemaliger Regimentsführer im 2. Weltkrieg, der Chef des Fuhrparks des Gefängnisses von Tagan. *Katalog 58–10*, S. 52, 92, 146, 206, 232, 249, 274, 383, 447.

Gründe für die schlechten Lebensbedingungen nicht erkennen und verstehen konnten und nicht willens waren, ihre Unzufriedenheit angesichts des Zuzugs von "Fremden" zu verbergen. Die Verschärfung der Fremdenfeindlichkeit war nicht nur eine Folge sozialer Probleme, sondern auch das Ergebnis einer gezielten Politik, die die Menschen mit Hilfe von Massenmedien und anderen Propagandainstrumenten in einem beständigen Zustand der hysterischen Erwartung einer inneren oder äußeren Bedrohung hielt, in dem jeder jeden des Verrats verdächtigte. In diesem Sinne unterschied sich der Hass auf die Juden, der in den Jahren 1948–1953 unverhohlen geschürt wurde, nicht vom Hass auf die Bourgeoisie, die Kulaken, die Entente, die Faschisten (de facto die Deutschen), die Intelligenzija, die "Rumtreiber", die Amerikaner, die *Stiljagi* (die Gestylten) [63] oder die Dissidenten. In allen diesen Fällen gab es in der breiten Bevölkerung Menschen, die der einen oder anderen Gruppe von Mitbürgern oder Ausländern mit echtem Hass, dessen Gründe in der Regel völlig irrational waren, begegneten und die in Momenten der Zuspitzung sozialer Probleme Unterstützung aus ihrem Umfeld bekamen, die bei offenkundiger oder auch heimlicher Unterstützung durch die Mächtigen vor dem Hintergrund von Propagandakampagnen pogromartige Formen annehmen konnte.

So fiel beispielsweise die Kampagne gegen die *Stiljagi,* die der Unterwürfigkeit gegenüber dem Westen bezichtigt wurden, Ende der 50er/Anfang der 60er Jahre mit dem Schock zusammen, den das Auftauchen junger Afrikaner auf den Straßen einiger Großstädte bei den Einwohnern auslöste, die in ihnen bereits die potentiellen Ehemänner ihrer einheimischen Schönheiten sahen, und führte zu regelrechten rassistischen Ausfällen. Junge Studenten oder Arbeiter, Teilnehmer freiwilliger "Einsatztrupps" und "Freier Schützen", verprügelten die Afrikaner, schnitten deren Begleiterinnen die Haare ab, und es kam sogar zu Vergewaltigungen. Für die an "Spionomanie" leidende Staatsmacht waren das private Interesse und das Wohlwollen von Seiten eines Teils der Bevölkerung gegenüber Ausländern (und seien es auch fortschrittliche) kein besonders angenehmes Geschenk. Indem die Fälle von rassistischen Übergriffen totgeschwiegen wurden und der Kampf gegen die *Stiljagi* auch mit propagandistischen Mitteln gefördert wurde, provozierte die

---

63 Sowjetische Jugendsubkultur der 2. Hälfte der 40er und in den 50er Jahren, deren Kennzeichen vor allem die amerikanische Lebensart war; sie waren erkennbar an ihrer Kleidung, ihrem Slang, ihrem Tanzstil und an ihren musikalischen Vorlieben [Anm. d. Übers.]

Staatsmacht regelrecht neue Pogrome.[64] Die Situation stabilisierte sich erst in den 70er Jahren, als weniger Afrikaner in die UdSSR kamen und man sich an sie gewöhnt hatte.

Schon bald nach dem Abflauen der ideologischen Kampagnen und mit Sicherheit nach der Beseitigung der Quelle der sozialen Spannungen, ging die Fremdenfeindlichkeit, die gegen diese Quelle gerichtet gewesen war, zurück und suchte sich ein neues Hassobjekt, um die harten Lebensbedingungen, die Minderwertigkeitskomplexe der Heranwachsenden und die beschränkten Möglichkeiten zur Selbstverwirklichung zu kompensieren. In den 70er Jahren und der ersten Hälfte der 80er Jahre tauchte in der UdSSR ein neues großes gesellschaftliches Problem auf: Die durch nichts motivierte Brutalität von Jugendgruppen, deren Hassgefühle kein konkretes Zielobjekt hatten (im Unterschied zu den sogenannten Milizhilfsbrigaden[65] der 50er–60er Jahre oder den Skinheads der 90er), zumal es in den Städten keine großen sozialen Konflikte im Zusammenhang mit einer bestimmten ethnischen oder gesellschaftlichen Gruppe gab und keine gezielten Propagandakampagnen geführt wurden. Diese Jugendlichen durchliefen eine Sozialisierung, indem sie gewöhnliche Durchschnittsbürger überfielen.

Aus eben diesen Gründen kam die ethnische Fremdenfeindlichkeit, die zwischen 1920 und 1960 wütete, bei einer der größten gesellschaftlichen Schichten, den Bauern, nicht vor. Die propagandistischen Leitlinien drangen kaum bis in die Dörfer durch oder erhielten dort eine eigene Interpretation. Später, in den 80er Jahren, formulierte das der Rock-Dichter Aleksej (Polkovnik) Chrynov ziemlich treffend: "Der Bauer ist in der Politik der Stärkere. Er züchtet auf dem Dorf den Meerrettich für's ganze Land."[66] Hinzu kam, dass diese Losungen ja nicht offen fremdenfeindlich waren, und so blieben sogar Menschen, die bereit gewesen wären, sie umzusetzen, oft von ihnen unberührt. Aufgrund sinkender Einwohnerzahlen auf dem Land kamen allerdings in den 70er Jahren viele "Fremde" in die russischen Dörfer. Das waren Gelegenheitsbauarbeiter aus dem Kaukasus, die schnell mit den Einheimischen in Konflikt gerieten und so Ausbrüche von Fremdenhass hervorriefen.

---

64 APOLLON B. DAVIDSON/SERGEJ V. MAZOV. Hg.: *Rossija i Afrika. Dokumenty i materialy. XVIII v. – 1960 g.*, Bd. 2 – Moskau: IVI RAN, 1999, S. 310–316; "Otčuždennoe ot partii sostojanie": KGB SSSR o nastroenijach učaščichsja i studenčestva. 1968–1976, in: *Istoričeskij archiv*, 1/1994, S. 183–192.

65 Brigadmil – Milizhilfsbrigade, Brigadmil'cy – freiwillige Helfer der Miliz [Anm. d. Übers.].

66 Im Original: "A krest'janin on v politike sil'nej / on v derevne chren rastit na vsju stranu".

Ein weiterer Grund für ethnische Fremdenfeindlichkeit war eine Art Umkehreffekt, was zumeist die Randgruppen betraf. Randgruppen, in erster Linie Strafgefangene bzw. *bytoviki,* d.h. einfache Verbrecher, wie sie im Gefängnis- und Justizjargon in den 50er–60er Jahren hießen, hatten, wie sich in ihren Memoiren und im *Katalog 58-10* zeigt, einen merkwürdigen und zählebigen Hang zum Faschismus und zum Antisemitismus in seiner primitiven, parolenhaften Form, was einer Erklärung bedarf.

Den Großteil der Berufsverbrecher kennzeichnete eine ausgesprochen ablehnende Haltung zur Staatsordnung (die Weltanschauung der bekanntesten prosowjetischen Gruppe *Suki* [Hündinnen] oder "polnische Diebe" überlasse ich den Kriminologen). Es gab eine ganze Schicht von Häftlingen, meist Rückfalltätern, die nur selten und nur für kurze Zeit auf freiem Fuße waren, die sogenannten "Verweigerer",[67] die jeden freiwilligen Kontakt zur Gefängnisverwaltung und zu Vertretern der Staatsmacht verweigerten. Die Abgefeimtesten unter ihnen, die meistens unter Sonderhaftbedingungen ihre Strafe verbüßten oder in der *kryt(k)a,* einem Spezialgefängnis, einsaßen, machten sich antisowjetische Tätowierungen, sog. *nakolki,*[68] wie "Sklave der KPdSU", "Lenin – der Menschenfresser" etc. Nicht selten wurden diese Tätowierungen direkt auf Stirn und Wangen platziert.

Die Verwaltung der Strafvollzugsanstalten bekämpfte eine solche demonstrative Agitation mit allen Mitteln – die Tätowierungen wurden in der *bol'nička,* der Sanitätsstelle der Haftanstalt, ohne Betäubung herausgeschnitten. Besonders hartnäckigen Häftlingen wurde der Prozess hinter verschlossenen Türen gemacht, wonach sie dann in Arbeitslager für politische Gefangene überführt oder sogar erschossen wurden.[69]

---

67 Im Original: "otricalovo, otricatel'no nastroennye osuždennye" – wörtlich: negativ gestimmte Verurteilte. [Anm. d. Übers.]
68 Nakolki: spezielle im Gefängnis übliche Tätowierungen. [Anm. d. Übers.]
69 So wurde der *bytovik,* der politische Häftling V. Chorošilov, der sich 1963 im Gefängnis Vladimir mehrmals ein Hakenkreuz und die Losungen "Sklave der KPdSU" und "Sklave der UdSSR" gestochen hatte, 1966 wegen wiederholten Verstoßes gegen die Lagerordnung und antisowjetischer Agitation als besonders hartnäckiger Wiederholungstäter verurteilt und nach Artikel 77/1 (Desorganisation in den Strafvollzugsanstalten) Strafgesetzbuch der RSFSR verurteilt und erschossen. (JU. IVANOV: Gorod Vladimir, in: *Vestnik RSChD.* – Paris, 99/1971). Dieser Artikel 77/1 wurde in den Jahren 1961–1964 häufig angewendet. Die Staatsorgane hofften, damit dem professionellen Verbrechen in der UdSSR ein Ende setzen zu können. Vajl (BORIS. VAJL': *Osobo opasnyj. Exceptionally dangerous criminal.* – London: Overseas publ. interchange Cop., 1980) und Kuznecov (E. S. KUZNECOV: *Dnevniki.* – Paris: Les Editeurs Réunis, 1973) beschreiben nicht we-

In ihrem Hass gegen die Sowjetregierung (der sich wohl auch gegen jede andere Macht gerichtet hätte, die sie unter solch unerträglichen Umständen inhaftiert hätte) suchten die "Verweigerer" nach ideologischer Legitimation für ihre Ansichten. Die *bytoviki* entstammten ausgesprochen ungebildeten gesellschaftlichen Schichten der Arbeiter- und Bauernklasse oder Randgruppen und reproduzierten entsprechend die für diese Schichten charakteristischen Stereotype. Der sowjetische Bürger, der in seinem Alltag ständig der Massenpropaganda ausgesetzt war, vertauschte in der kritischen Situation, wenn er sich in Opposition zur Staatsmacht begab, Plus und Minus in seinen ideologischen Ansichten und stellte sich auf die Seite (oder drohte zumindest damit) dessen, der nach Darstellung der Zeitungen als der größte Feind der sowjetischen Ordnung galt. Dabei wusste der neue Oppositionelle meistens nur sehr ungefähr, welche Ideen der ausländische oder einheimische Politiker vertrat, auf dessen Seite er sich stellte. Als im Jahr 1936 die Hetzkampagnen der Zeitungen gegen G. Zinov'ev und L. Kamenev auf dem Höhepunkt waren, wurden die beiden Dissidenten in den abgelegenen Dörfern des Gebietes Voronež als echte Alternative zu den aktuellen Machthabern betrachtet und dienten oft als positive Beispiele in der "antisowjetischen Propaganda".[70] Ein Jahr später erschienen im Dorf Dolgorukovo im Gebiet Saratov antisowjetische Flugblätter mit Hakenkreuz; Bekenntnisse der hungernden Landbevölkerung zu Hitler tauchten im selben Jahr auch an anderen Orten auf.[71] 1947 ging in der Ukraine das Gerücht um, die Amerikaner und Engländer würden bald kommen und die Kolchose würden abgeschafft.[72] In den Jahren 1953 und 1957 wurden einige Dutzend Menschen wegen öffentlicher Lobpreisung des "Volksfeindes Berija" bzw. der "parteifeindlichen Gruppierung von Ma-

---

niger als zehn Fälle von Häftlingserschießungen nach diesem Paragrafen im Lager 385/10 in Mordovija. Alle Lagermemoiren und die in den Interviews Befragten (die in dieser Zeit in Lagern waren) geben an, dass in den Lagern hartnäckige Gerüchte umgingen, wonach alle zu einem "Sonderregime" Verurteilten im Jahr 1962 erschossen werden sollten, aber im letzten Moment, als die Gruben schon ausgehoben waren, sei diese Entscheidung von der Staatsmacht aufgehoben worden. Bedenkt man Chruščevs impulsive Natur, seine Geringschätzung des geschriebenen Gesetzes und seine Neigung zu einfachen Entscheidungen in schwierigen Problemlagen, kann durchaus angenommen werden, dass diese Gerüchte eine reale Grundlage hatten.

70 Demokratija pod nadzorom NKVD. Obsuždenie proekta Konstitucii 1936 g., in: *Neizvestnaja Rossija: XX vek*, Bd. 2 – Moskau: Istoričeskoe nasledie, 1992, S. 276–280.
71 ELENA A. OSOKINA: *Za fasadom "stalinskogo izobilija". Raspredelenie i rynok v snabženii naselenija v gody industrializacii, 1927–1941*. – Moskau: ROSSPĖN, 1998, S. 197.
72 LAZAR' M. KAGANOVIČ: *Pamjatnye zapiski*. – Moskau: Vagrius, 1997, S. 493.

lenkov-Molotov-Kaganovič" festgenommen.[73] In den 50er und 60er Jahren gehörten "Faschisten" und "Amerikaner" zum festen Provokationsinventar unter Arbeitern, Bauern und Kriminellen. Beispiele für asoziales Verhalten in Verbindung mit derartigen Losungen gibt es zuhauf.[74] Mit der schrittweisen Verbesserung der internationalen Beziehungen verlor der amerikanische Mythos im kriminellen Umfeld, das immer das Extreme liebte, an Bedeutung, die Affinität zum Faschismus hingegen, vor allem zu seiner Ästhetik, blieb, denn der Mythos vom Faschismus als dem Erzfeind der Kommunisten war unerschütterlich.

Ein signifikantes Beispiel: Ein gewisser M. F. Žirochov (geb. 1912, Russe, geringe Schulbildung, zweimal vorbestraft, aus der Verbannung geflohen, ohne festen Wohnsitz) wurde im Mai 1957 im Kino in Čardžou[75] verhaftet. Er schaute sich im betrunkenen Zustand den Film *Urok istorii* (Lektion der Geschichte) an und begann obszöne Ausdrücke zu verwenden, sogar auf dem Revier hörte er nicht damit auf und beschimpfte die Partei, Lenin, Stalin und Dimitrov, schrie: "Es lebe Hitler! Es lebe der Faschismus! Es lebe Amerika!"[76] Ein anderes Ereignis aus dem Jahr 1974: Der Häftling J. E. Baukin aus einer Strafkolonie im Gebiet Gorkij (geb. 1953, Acht-Klassen-Schule) verfasste ein "Programm der national-sozialistischen Partei", einen "Aufruf an die freien Bürger Russlands" und zwei weitere Aufrufe.[77]

Es ist also nicht verwunderlich, dass in der sozialen Zusammensetzung der wegen Propagierung des russischen Nationalismus (siehe Tab. 1) Verhafteten die Gruppe der Strafgefangenen den zweiten Platz (15% der Gesamtzahl der Delikte) einnimmt. Hinzu kommt, dass auch in der Kategorie der Arbeiter für ein Sechstel der Gesamtzahl frühere Verurteilungen vermerkt sind.

Die große Popularität von Tätowierungen mit nationalsozialistischen Symbolen im kriminellen Milieu lässt sich mit ihrer Ästhetik und dem Mythos ihrer Opposition zur Sowjetgesellschaft erklären. Dancig S. Baldaev widmet in seiner Untersuchung der russischen Gefängniskunst den verschiedenen ethnisch-nationalistischen Tätowierungen einen ganzen Abschnitt, den er auch so überschreibt: "Russisch-nationalistische Tätowierungen". Der Großteil der

---

73   Vgl. dazu OL'GA V. ÈDEL'MAN. Hg.: *Katalog 58–10. Nadzornye proizvodstva*, Mart 1953–1991, S. 251, 282, 361, 365, 372, 378–380, 386, 389, 449.
74   Vgl. ebd. S. 286–287, 291, 293, 295, 300, 307, 408, 421, 734, 764.
75   Heute: Turkmenabad, bis 1940 Tschardschui, bis 1999 Tschardschou. [Anm. d. Übers.]
76   Ebd. S. 307.
77   Ebd. S. 307.

Tätowierungen war antisemitisch, viele allerdings auch gegen Muslime und Chinesen gerichtet.[78] Trotz allem werden jedoch in den Erinnerungen an die Straflager der Sowjetzeit keinerlei ethnische Konflikte zwischen den "Verweigerern" und Juden erwähnt. Die Juden galten offensichtlich eher als Symbol für eine verachtenswerte Kaste von Reichen und Herren oder auch als Herrscher Sowjetrusslands, dessen politische und soziale Ordnung den Kriminellen ungerecht schien.

Ein realer und dauerhafter Konflikt bestand hingegen zwischen den russisch-nationalistisch gesinnten Kriminellen und den sogenannten "Lavrušniki" – einer anderen Zunft von Dieben und Kriminellen. Diese Kategorie von Berufsverbrechern nahm ihren Anfang in Georgien, als sich in den 70er Jahren die Unterweltbosse von dem seit 1930 dominierenden Berufskodex der "Diebe im Gesetz" (Vory v sakone) lossagten und sich den Titel "Dieb" für Geld oder im Gegenzug für Freundschaftsdienste verleihen ließen und eben nicht mehr für konkrete Verdienste und die "rechte" Lebensführung erhielten. Die Verleihungszeremonie kopiert eine religiöse Tradition und der Aufstieg auf der kriminellen Erfolgsleiter konnte nur mit Zustimmung von Unterweltgrößen erfolgen. Später, in den 80er Jahren, erhielten auch Unterweltgrößen slawischer Herkunft die Diebesweihen und beharrten gegenüber den russischen "Dieben im Gesetz", die die "Lavrušniki"-Hierarchie nicht anerkannten, mit Nachdruck auf ihrem Recht, sich ebenfalls "Diebe im Gesetz" zu nennen, mit allen sich aus diesem Status ergebenden Privilegien. Daraus resultierte ein ständiger Bandenkrieg, in dem die "russische" Seite ethnisch-nationalistische Parolen benutzte und die "Lavrušniki" auf die Wirkung von Gewalt und die Macht des Geldes setzten.

Die Gründe für die ethnische Fremdenfeindlichkeit im kriminellen Milieu lassen sich nur schwer ausmachen. Weshalb sich Verbrecher und ihre organisierten Gruppierungen mit nationalistischen Losungen artikulieren, bleibt teilweise unklar. Kraftausdrücke und Parolen sind wahrscheinlich am ehesten als emotionale Ausbrüche anzusehen. Flugblätter zu erstellen und diese in Umlauf zu bringen oder gar ein Programm auszuarbeiten, dafür ist größerer Zeitaufwand erforderlich und es ist wohl auch weniger von Emotionen diktiert. Im Folgenden soll das einzige uns bekannte Beispiel einer kollektiven Aktion von Strafgefangenen zur Propagierung des russischen Nationalismus angeführt werden.

---

78 DANCIG S. BALDAEV: *Tatuirovki zaključennych.* – St. Petersburg: Limbus-press, 2001, S. 108–111.

Nach Aussage des russischen Nationalisten A. Dobrovol'skij (ausführlicher über ihn siehe unten) traf er während seiner Untersuchungshaft aufgrund einer politischen Anschuldigung in der Strafanstalt "Lefortovo" einen Dieb, dessen Spezialität Wohnungseinbrüche waren, J. I. Ožgibesov (geb. 1935, Russe, abgebrochene mittlere Schulbildung), der ihm wiederum erzählte, dass er zusammen mit N. G. Ščerbakov (geb. 1928, Russe, Grundschulbildung) 1957 in einem der Straflager mit Sonderregime im Gebiet Perm eine "nationaldemokratische Partei"[79] gegründet habe, die unter der Losung "Für ein Russland ohne Juden und Kommunisten"[80] aktiv werden sollte. Seinen Worten zufolge waren sie von einem Nationalsozialisten beeinflusst, den sie während des Gefangenentransportes kennengelernt hatten. Die Mitglieder der Gruppe verfassten im Namen der Partei Flugblätter und warfen diese durch die Schlitze des Gefangenentransporters heraus. Der Text auf den Flugblättern lautete: "Nieder mit den Kommissaren! Wie lange wollt ihr euch das noch gefallen lassen?!!". Der *Katalog 58-10* bestätigt die Existenz dieser Gruppe, enthält allerdings etwas abweichende Informationen dazu: "Ožgibesov [...] verfasste während seiner Isolationshaft im Straflager ein Flugblatt mit "antisowjetischen und verleumderischen Inhalten in Bezug auf die sowjetische Wirklichkeit", in dem er die Gefangenen dazu aufruft, sich im Kampf für bessere Haftbedingungen zusammenzuschließen" und N. Ščerbakov und V. Basov verteilten dieses Flugblatt.[81]

Im Ergebnis eines Ermittlungsverfahrens wurden laut *Katalog 58-10* Ožgibesov und Ščerbakov verurteilt und kamen in mordvinische Straflager für politische Gefangene. Ožgibesov verbüßte seine Strafe im Lager und im Gefängnis von Vladimir unter verschärften Bedingungen. Ščerbakov war zunächst in der Zone zehn inhaftiert, als typischer "Verweigerer" hatte er mehrere politische Tätowierungen im Gesicht: "Lenin ist ein Henker. Wegen ihm leiden Millionen" und "Chruščev, Brežnev und Vorošilov sind Henker". Im Oktober 1961 schnitt er sich mit einer Rasierklinge die Ohren ab und warf sie mit der Tätowierung "Als Geschenk zum XXII. Parteitag der KPdSU" dem Wärter in den Blechnapf, woraufhin er in die Krankenabteilung, ins dritte Lager, verlegt wur-

---

79 Das ist eines von vier mir bekannten Ereignissen, bei denen russische Nationalisten und vorgebliche russische Nationalisten vorkommen.
80 Interview mit A. Dobrovol'skij.
81 *Katalog 58–10. Nadzornye prozvodstva*, S. 382.

de und zwar in die Abteilung für psychisch Kranke.[82] Basov wurde 1959 rehabilitiert, anscheinend im Zusammenhang mit der Gründung der "Nationaldemokratischen Partei".[83]

Sowohl in diesem als auch in vielen anderen Fällen des Gebrauchs ethnisch-nationalistischer oder profaschistischer Parolen durch Verurteilte kann über die Beweggründe ihres Handelns nur gemutmaßt werden. Am einfachsten lassen sich solche Vorfälle mit ganz eigennützigen Interessen der Kriminellen erklären. Möglicherweise hatten sie sich vor ihren Mithäftlingen etwas zuschulden kommen lassen und versuchten nun, mit einer Verlegung in ein Straflager für politische Gefangene ihr Leben zu retten, oder aber sie versprachen sich, im Gegenteil, mehr Ansehen unter ihresgleichen. Sicherlich waren teilweise auch rein ideologische Gründe oder psychische Störungen die Ursachen. Auf jeden Fall ereignete sich die überwältigende Mehrzahl der ethnisch-nationalistischen Bekundungen Krimineller im Strafvollzug und nicht in Freiheit, wie Tabelle 1 zeigt.[84]

Das wirre, unreflektierte und häufig durch Alkohol getrübte Bewusstsein von Arbeitern und Randgruppen, das innerhalb kürzester Zeit auf ein neues bevorzugtes Hassobjekt umsteigen kann, wurde von Vladimir A. Kozlov gründlich untersucht. Am Beispiel von Straftaten während der Massenunruhen in der Sowjetunion der 50er und 60er Jahre, einschließlich der ethnisch motivierten, beschreibt Kozlov die Psyche und die Handlungsmethoden eines typischen Pogromtäters, der sich an den Ereignissen beteiligte, dabei seinen angestauten Aggressionen freien Lauf ließ und anschließend jedes Interesse am Geschehen verlor.[85] Für gewöhnlich hatten diese Menschen keine oppositionelle politische Vergangenheit und waren ihren Personalien nach zu urteilen Durchschnittsbürger der UdSSR oder gehörten zu den für die Gesellschaft nicht allzu gefährlichen Randgruppen. Die Menschenmenge fand je-

---

82   Die Informationen zum Lagerleben Ščerbakovs stammen von G. Ukurov (Brief an den Autor) und aus den Memoiren von A. Marčenko (A. MARČENKO: Živi kak vse. – Moskau: Vest'-VIMO, 1993, S. 63–66, 212).
83   Katalog 58–10, S. 382.
84   Am 1. Mai 1977 verteilte der zweifach vorbestrafte Wohnungslose S. G. Korechov (geb. 1956, Acht-Klassen-Bildung) in der Stadt Nizhnij Tagil, Sverdlovsker Gebiet, ca. 40 Flugblätter mit der Überschrift "Kampf" im Namen der "russischen Befreiungsbewegung" mit dem Aufruf, die Sowjetmacht zu stürzen und die Monarchie zu errichten. (Katalog 50–10, Nadzornye proizvodstva, S. 774) Das ist faktisch die einzige bewusste ethno-nationalistische Aktion (wie man am Datum sieht) eines früheren Strafgefangenen in der Freiheit.
85   VLADIMIR A. KOZLOV: Massovye besporjadki v SSSR pri Chruščeve i Brežneve. – Novosibirsk: Sibirskij chronograf, 1999.

doch jedes Mal neue Anführer, und die Massenunruhen hielten an, solange sie auf keinen starken Widerstand stießen oder den Pogromtätern "die Puste ausging".

So unterschied sich die ethnische Xenophobie des "Volkes" entschieden von der Xenophobie der Eliten, für deren Vertreter ethnische Mythen eine Ausdrucksform ihrer politischen und gesellschaftlichen Ansichten, ihrer Weltanschauung waren, die sich im Verlaufe ihres Lebens überaus langsam oder gar nicht veränderten. Und deshalb sind die Xenophobie des "Volkes" im Sinne der großen sozialen Gruppen, die der intellektuellen Arbeit fernstehen, einerseits und die Xenophobie im Partei- und Staatsapparat mit der von ihm initiierten Bewegung russischer Nationalisten andererseits letztlich kaum miteinander verbunden, obwohl sie nicht selten auf ähnliche Weise zum Ausdruck kommen.

Mythen und Legenden der russischen Nationalisten

Bei näherer Betrachtung erweist sich der Nationalismus des "Volkes" als eine äußerst farblose und primitive Interpretation der in der Elite etablierten Mythen und Legenden. Der Grundmythos der russischen Nationalisten im Partei- und Staatsapparat, den die Bewegung russischer Nationalisten übernahm, lautet wie folgt: Alle Juden (anstelle des Wortes "Jude" wurden oft die Euphemismen "Zionist" oder "Trotzkist" gebraucht) neigen zu Verschwörungen, haben die gleichen, vor allem negativen Eigenschaften, decken sich gegenseitig und bilden eine verschworene Gemeinschaft. Gleichzeitig stellen sie nichts Nützliches für die Gesellschaft her, aber "essen das russische Brot". Sie hassen die Russen, den Staat, in dem sie leben, und neigen zum Verrat, oft mit Hilfe oder auf Initiative ihrer Blutsbrüder im Westen. Bei der ersten Gelegenheit sind sie bereit, samt ihrem in Russland angehäuften Vermögen ins Ausland zu fliehen.

Dieser Mythos stammt offensichtlich zum großen Teil noch aus der vorrevolutionären Zeit. So veranlasste z. B. die Vorstellung von den Juden als potentiellen Verrätern die Zarenregierung im Ersten Weltkrieg, mehrere Hunderttausend Juden aus ihren Ansiedlungen nach Zentralrussland umzusiedeln. Allerdings hat sich dieser Mythos mit seiner Wiederbelebung in der politischen Elite in den 30er bis 40er Jahren und seiner Verwendung in der innenpolitischen Propaganda der Jahre 1948 bis 1953 drastisch gewandelt. Der sowjetische Grundmythos über die Juden unterschied sich wesentlich vom vorrevolutionären durch seinen rassistischen Hintergrund. Während das Judentum vor der Revolution in erster Linie an seiner Religion festgemacht wurde, wurden Juden und Judentum in der atheistischen UdSSR nach dem rassistischen "Blutsprinzip" definiert. Wer von seinen Mitmenschen, vor allem den nicht wohlgesinnten, als Russe wahrgenommen werden wollte, musste dafür nicht nur den "richtigen" Eintrag unter Punkt 5 "Nationalität" im Pass, sondern auch entsprechende Gesichtszüge, Name und Vatersname, Akzent und Lebensgewohnheiten haben. Einen noch grundlegenderen Wandel durchlief die Einstellung zu den Kaukasiern, insbesondere zu den christlichen Völkern dieser Region wie Georgiern, Armeniern und Osseten. Die russischen Nationalisten teilten nicht mehr die vorrevolutionäre positive Einstellung zu ihren "orthodoxen Glaubensbrüdern", stattdessen entstand eine tiefe Abneigung gegen alle "Schwarzen", insbesondere gegen die orthodoxen Georgier. Ihnen wurden praktisch alle negativen Eigenschaften, deren man auch die Juden bezichtigte, zugeschrieben, ausgenommen Geiz und die Bereitschaft zum Verrat an den ausländischen Feind.

Die "kaukasische" Frage spielt für diese Untersuchung keine zentrale Rolle, da die Bewegung russischer Nationalisten der 50er bis Mitte der 70er Jahre Menschen kaukasischer Herkunft nicht als ernst zu nehmende Feinde ansah. Dennoch sollen hier ein paar Anmerkungen zu diesem Thema gemacht werden. Der Mythos über die Kaukasier erlebte zwischen den 50er und 80er Jahren eine gewisse Wandlung. In der ersten Hälfte der 50er Jahre, der Zeit der Kaukasier im Politbüro (Stalin, Berija, Mikojan), wurden die Kaukasier, in der Regel zusammen mit den Juden, beschuldigt, die Macht im Land zur Ausbeutung des russischen Volkes an sich gerissen zu haben. Der Schriftsteller Konstantin M. Simonov erinnerte sich, dass schon 1933 in seiner betrieblichen Berufsschule ein Flugblatt mit der Aufschrift "Und es stritten die Slawen, wer in der Rus' herrschen solle" kursierte, auf dem auf der einen Seite eines Flusses Trockij, Kamenev und Zinov'ev und auf der anderen Seite Stalin, Enukidze und Mikojan (oder Ordžonikidze) dargestellt waren.[86] Als ein späteres Beispiel kann ein KPdSU-Mitglied genannt werden, das zwischen 1947 und 1952 in Leningrad "anonyme Briefe" (insgesamt 29 Briefe wurden gefunden) verschickte, in denen es hieß, das russische Volk werde in der UdSSR unterdrückt, "viele Bereiche werden von Juden beherrscht", "das Bündnis zwischen den kaukasischen Henkern und den Juden unterjocht die Russen", "der russische Bauer wurde von den Henkern bis aufs Hemd ausgeplündert"

---

86 KONSTANTIN M. SIMONOV: *Glazami čeloveka moego pokolenija*. – Moskau: APN, 1988, S. 44–45.

etc. In den anonymen Briefen wurde dazu aufgefordert, diese Aufrufe weiterzuleiten".[87] In seinem Roman verarbeitet V. Ivanov diesen Mythos zu der Geschichte von dem Betrüger "Fürst Cinandal'skij", der sich die Liebe der von einem "schönen Leben" träumenden Russin Dunja erschleicht und schamlos Geld von ihr erpresst.[88]

Die folgende Tabelle zeigt, gegen wen sich die ethnisch-nationalistischen Aktionen (Meinungsäußerungen, Auftritte, Briefe, Flugblätter u. ä.) im gesamten Gebiet der ehemaligen Sowjetunion, die von ethnischen Russen und im Namen des russischen Volkes auftretenden Weißrussen, Ukrainern, Komi u. a. begangen wurden, richteten.

Tabelle 2. Straftaten russischer Nationalisten im Zeitraum: 5. März 1953 bis 1. Januar 1987

Ausrichtung	Zahl	Anmerkungen
antisemitisch	32	
antigeorgisch	16	davon 5 in Georgien
antisemitisch und antigeorgisch	7	
profaschistisch	17	bezeichnete sich als Faschist, äußerte sich positiv über Hitler, stellte das Hakenkreuz dar
gegen Nichtrussen überhaupt	8	
antitschetschenisch	3	alle in Grosny
antiukrainisch	2	
antisemitisch in Verbindung mit negativen Äußerungen über andere Völker	4	
nur gegen andere Ethnien	3	
Gesamt	92	

Diese Statistik zeigt, dass über den gesamten Zeitraum betrachtet der Anteil rein antigeorgischer xenophober Invektiven an der Gesamtzahl xenophober

---

87 ALEKSANDR Z. VAKSER: *Personal'nye dela členov KPSS*, S. 97.
88 Vgl. auch die Erinnerungen von Anastas Mikojan, der sich von Chruščev beleidigt fühlt, weil Letzterer Mikojan heimlicher Verbindungen zu L. Berija verdächtigt; sein Argument – beide stammen aus dem Kaukasus, in: ANASTAS I. MIKOJAN: *Tak bylo*. – Moskau: Vagrius, 1999, S. 588.

Äußerungen bei 18 Prozent liegt, deutlich hinter einem Anteil von 35 Prozent rein antisemitischer Straftaten.[89] Grenzt man jedoch den Zeitraum ein, beginnend ab Mitte 1954, als Stalin und Berija bereits der Vergangenheit angehörten, dann ist die Zahl der belegten Fälle antisemitischer und antigeorgischer Handlungen gleich – jeweils zwölf, während die Zahl der Aktionen gegen andere ethnische Gruppen zusammen genommen elf beträgt. Seit Mitte 1954, nachdem alle georgischen Führungskader aus der Regierung und dem Gedächtnis der sowjetischen Gesellschaft verschwunden waren, richtete sich die Aufmerksamkeit russischer Nationalisten vor allem auf Juden.

In den 70er Jahren wurde der Gedanke der Ausbeutung der Russen durch die Kaukasier, in erster Linie durch die Georgier, von den russischen Nationalisten zu neuem Leben erweckt. Da die hohen Löhne, die im Norden gezahlt wurden, auf den Kolchosmärkten für Obst und Gemüse aus Georgien und Aserbaidschan – für die Einwohner im Norden Russlands und in Sibirien unentbehrliche Vitaminquellen – ausgegeben wurden und außerdem Armenier und Tschetschenen als Saisonarbeiter in den an Arbeitskräftemangel leidenden Dörfern der weniger fruchtbaren, der Nichtschwarzerdegebiete nach sowjetischen Maßstäben sehr viel Geld verdienten, warfen die Dorfautoren den Kaukasiern Profitmacherei vor, wobei sie die erwähnten Stereotype der Xenophobie des "Volkes" heranzogen, so in Viktor P. Astafjevs *Lovlja peskarej v Gruzii* (Gründelfang in Georgien) und Vasilij I. Belovs *Kanuny* (Vorabende).

Der Grundmythos der russischen Nationalisten aber blieb der antisemitische. Er zeigt sich sehr anschaulich in den Romanen von Ivanov und Ševcov, obwohl sie erst nach Stalins Tod und der Rehabilitierung der der "Ärzteverschwörung" Beschuldigten veröffentlicht wurden. In beiden Romanen ist die Hauptfigur ein junger Russe mit Fronterfahrung,[90] der gegen eine Gruppe älterer, erfahrener Juden kämpft, die erwartungsgemäß nicht im Krieg gewesen sind. Aus offensichtlichen Gründen der Zensur gab es in beiden Romanen am Rand der Handlung eine positive jüdische Figur. Ševcov, der das Zeitalter der Meinungsfreiheit noch erleben durfte, gibt im Interview mittlerweile offen

---

89 Vermutlich ist eine solche hohe Prozentzahl der Fälle (etwa ein Drittel) unmittelbar in Georgien auf die spezifische Arbeitsweise des lokalen MGB-KGB zurückzuführen. Es ist kaum vorstellbar, dass die Einheimischen russischer Abstammung in anderen kaukasischen Republiken so zurückhaltend waren im Ausdruck ihrer negativen Einstellung zur Ursprungsbevölkerung. Dies wurde jedoch offensichtlich von der Staatsmacht geduldet.
90 Einzelheiten dieser Erfahrung erfährt man allerdings nicht. Die Schilderung des Krieges wurde erst zehn Jahre später gern gesehen.

zu: "Ich habe ihn als Blitzableiter benutzt", sagt er über seine Romanfigur Jakov Kancel', einen jungen Bildhauer aus dem Roman *Die Blattlaus*, "der von einem Auto überfahren wird, weil er sich weigert, mit den Kosmopoliten zusammenzuarbeiten".[91]

Das Hauptmotiv des Romans *Gelbes Metall* von Ivanov, von Beruf Wirtschaftsprüfer und Wirtschaftsplaner, sind Juden, die ein Netzwerk zum Diebstahl von Gold aus den Goldminen Sibiriens und dessen Weiterverkauf ins Ausland entwickeln. Weitere negative Figuren sind Georgier, Altgläubige, Tataren, Kadjaren (Iraner), ein kleinrussischer (ukrainischer) Kulak und russische Alkoholiker.

Zum Bekanntenkreis des Militärjournalisten Ševcov gehörten angesehene sowjetische Bildhauer und Künstler, führende Vertreter der poststalinistischen bildenden Kunst (Aleksandr M. Gerasimov, Evgenij V. Vučetič, Nikolaj V. Tomskij, Pavel D. Korin). In seinem Roman *Die Blattlaus* brachte er ihre Sicht auf die Entwicklungen in der sowjetischen bildenden Kunst zum Ausdruck. Die wenigen jungen russischen Vertreter des Realismus sehen sich hier erfahrenen jüdischen Kunstkritikern gegenüber, die zumeist Anhänger abstrakter Kunst sind. Großes Ansehen unter den Juden genießt der Künstler Barselonskij, eine Parodie auf Il'ja G. Ėrenburg, der Kontakte zum Ausland pflegt und in der Gunst einiger Funktionäre steht. Gemeinsam organisieren sie eine "Hetze" gegen die russischen "Realisten".

Die Romane von Ivanov und Ševcov basieren nicht nur auf dem antisemitischen Mythos, sondern enthalten darüber hinaus zusätzliche diesen Mythos illustrierende und häufig verwendete Legenden, die von den russischen Nationalisten in den 30er bis 50er Jahren ersonnen wurden.

Die Legende von den "Kreml-Frauen"

Diese Legende besagt im Wesentlichen, dass, wenngleich dank Stalin keine Juden mehr im Machtapparat, vor allem in höheren Ämtern, vertreten sind (wobei einige den einen oder anderen höheren Funktionär für einen "heimlichen Juden" hielten – aber das fällt bereits unter apparat-internen "Extremismus"), die "Zionisten" nach wie vor "ihre Politik betreiben", und zwar über die Ehefrauen der Mitglieder des Politbüros, in erster Linie über Brežnevs Ehefrau. Aufgrund der Maxime des Kremls, das Privatleben seiner Führer auf je-

---

91 JURIJ VASIL'EV: Tlja masonskaja, in: *Moskovskie novosti*, 50/2000, 19–25. Dezember.

de nur erdenkliche Weise geheim zu halten, konnten die "Spezialisten" nur anhand der Namen oder des Aussehens vermuten, welcher ethnischen Herkunft die Ehefrauen waren. So wurde z. B. der Name von Brežnevs Ehefrau Viktoria Petrovna als eindeutig "jüdisch" angesehen.[92]

Mit dieser Legende über die "Kreml-Frauen" erklärten sich die Ethnonationalisten das für sie unverständliche Desinteresse vieler hoher Funktionäre an den Ideen des russischen Nationalismus. Und deshalb auch genoss in den 70er Jahren der "Chauvinist", wie Mikojan ihn nannte, Vjačeslav M. Molotov,[93] der mit der bekannten jüdischen Politikerin Polina S. Žemčužina verheiratet war, mehr Ansehen im Pantheon der Ethnonationalisten als Brežnev oder Suslov, bei denen die Herkunft ihrer Ehefrauen zwar diskutiert wurde, jedoch nie durch glaubhafte Quellen belegt werden konnte.

Die erste Erwähnung dieser Legende lässt sich auf März 1953 datieren. Im *Katalog 58–10* erscheint unter dem 07. März 1953 ein Vermerk über Tagebucheinträge eines gewissen N. I. Slezkin (geb. 1909, Russe, KPdSU-Mitglied, wohnhaft in Smolensk und, was nicht unwichtig ist, Direktor des regionalen Alkoholkombinats):

"Alle Juden sollen raus aus der UdSSR"; Molotov mochte er nicht, "weil Žemčužina [was übersetzt die Perle heißt und hier leicht verballhornt wird – Anm. d. Übers.] seine Frau war und sie einen Mordanschlag auf den Genossen Stalin geplant hatte, der aufgedeckt werden konnte. Die Politik der Juden läuft darauf hinaus, sich in die Regierung hineinzuschmuggeln, selbst auf dem Wege der Heirat mit einem Regierungsmitglied, woraufhin sie dann ihre eigenen Interessen durchsetzen können."[94]

So war die Legende von den "Kreml-Frauen" bereits zum Ende der Stalin-Ära so weit verbreitet, dass sie sich in den Köpfen der Provinzelite festgesetzt hatte.

In Ševcovs Roman wird dreimal auf die Legende von den "Kreml-Frauen" angespielt, ohne dass diese Bezeichnung explizit verwendet wird. Die Guten sollen im Roman die Bösen heiraten – jüdische Frauen. Und das einzige Mal, da dies gelingt, wird der gute, aber willensschwache Held "verdorben" und übernimmt die "Linie" seiner Frau und ihrer Familie. Falls die Behauptung des Autors, der Roman sei etwa um 1952 entstanden, stimmt, und falls die Motive sich bei der weiteren Überarbeitung des Romans tatsächlich nicht verändert

---

92   Erste Erwähnung in: MICHAIL VOSLENSKIJ: *Nomenklatura*, S. 414. Diese These wurde mehrmals z. B. in (mündlichen) Interviews mit V. Graničev, G. Gusev, S. Semanov bestätigt.
93   ANASTAS I. MIKOJAN: *Tak bylo*, S. 581.
94   *Katalog 58–10. Nadzornie proizvodstva*, S. 92.

haben, dann kann man davon ausgehen, dass die Legende von den "Kreml-Frauen" in den 40er Jahren entstand. Fest steht nur, dass Ševcov sie kannte. Er erinnerte sich an ein Treffen mit Sergej. N. Sergeev-Censkij im Jahre 1958, bei dem dieses Thema diskutiert wurde. Ševcov sagte damals: "Das Institut der Ehefrauen gehört zur Strategie der Zionisten. Und das nicht nur im Bereich von Kunst und Literatur, sondern auch ganz oben an der Machtspitze".[95] Die früheste der uns bekannten Verwendungen von "Kreml-Frauen" als fester Terminus ist in den Memoiren von Valerij N. Ganičev über seine Arbeit für die Zeitschrift *Molodaja gvardija* (Junge Garde) Mitte der 60er Jahre zu finden. Darin bekannte er, dass der Chefredakteur der Zeitschrift, Anatolij V. Nikonov, ihm einen Einblick in die Listen der "Kreml-Frauen" gewährt habe. Das lässt darauf schließen, dass die Entwicklung der Legende zu dieser Zeit bereits so weit fortgeschritten war, dass diese von der mündlichen zur schriftlichen Verbreitung übergegangen war.[96] Semanov, einer der aktivsten russischen Nationalisten, erstellte in der zweiten Hälfte der 60er Jahre eine Liste der "Kreml-Frauen". Eine Kopie seiner Liste (ohne Datum) mit den Nachnamen der "Kreml-Frauen" und den entschlüsselten Pseudonymen führender Vertreter der *RKP(b)* bzw. *VKP(b)* (Russische bzw. Allunions-Kommunistische Partei der Bolschewiki) der Jahre 1920 bis 1930 befindet sich im Archiv des Autors.

Die Mär vom schlechten Einfluss (tatsächlich oder vermeintlich) jüdischer Ehefrauen und später auch jüdischer Schwiegersöhne und -töchter auf die gesellschaftlichen und politischen Anschauungen ethnisch reiner (zumindest in der Definition der russischen Nationalisten) Russen war auch später weit verbreitet.

Die Kehrseite dieser Legende waren die Freudschen Motive im Schaffen der russischen Nationalisten selbst. In nahezu allen zwischen 1950 und 1980 entstandenen Werken kommt entweder das Motiv der russisch-jüdischen Rivalität um die Gunst einer russischen Frau oder das der russischen Frau als Opfer einer bösen jüdischen Hauptfigur vor. Im Roman von Ševcov gehört diese Konkurrenz zu den zentralen Motiven der Erzählung. Zu ähnlichen Beobachtungen gelangt Kaganskaja in ihrer Beschreibung der Science-Fiction-Literatur russischer Nationalisten der 70er und Anfang der 80er Jahre.[97] Die

---

95 IVAN M. ŠEVCOV: *Tlja*, S. 455.
96 Veličie i padenie "Molodoj gvardii", in: *Naš sovremennik*, 9/1997, S. 200.
97 MAJJA L. KAGANSKAJA: Mif dvadcat' pervogo veka, ili Rossija vo mgle, in: *Strana i mir*, 1/1987, S. 131–140.

sexuelle Rivalität zwischen Russen und Vertretern anderer Völker ist ein fester Topos in den Werken russischer Nationalisten, beginnend mit V. Ivanov, bei dem dieses Motiv so ausgeprägt war, dass er sogar die Aufmerksamkeit von Mitarbeitern des ZK der KPdSU auf sich zog.

Die Legende von der "Taschkentfront"

Der Kern der Legende behauptet, während alle Völker der UdSSR und vor allem die Russen an der Front kämpften, drückten sich die Juden im Hinterland herum und suchten sich ein warmes Plätzchen. Der Sinn dieser Legende zielt darauf, dass die Juden nur dank den Russen gerettet wurden und ihnen daher erstens ewig dankbar sein müssen und zweitens Russen (d. h. in erster Linie die russischen Nationalisten) nicht als "Antisemiten" und "Faschisten" bezeichnet werden dürfen (was im Sprachgebrauch des Durchschnittsbürgers einfach Synonyme für "schlechte Menschen" waren).

Die Legende von der "Taschkentfront" war in der Sowjetunion weit verbreitet und das durchaus nicht nur im Partei- und Staatsapparat. Wahrscheinlich ist sie aber nicht im Machtapparat selbst entstanden, obwohl dieser durchaus einiges zu ihrer Herausbildung beigetragen hat. Der Hintergrund war folgender: Während des Einmarschs der deutschen Truppen im Sommer 1941 wurden zunächst die Städte evakuiert, dabei waren fast die Hälfte der Einwohner der ukrainischen, weißrussischen und moldawischen Städte Juden.[98] An den Evakuationsorten musste die ebenso arme und halbverhungerte Bevölkerung, die ohnehin Tag und Nacht für den Staat arbeitete, den armen, hungernden Flüchtlingen und deren Kindern Obdach gewähren. Die schlecht russisch sprechenden jüdischen Flüchtlinge mit ihren markanten lokalen Gewohnheiten fielen unter der durch die Säuberungen der 20er und 30er Jahre weitgehend homogenisierten Bevölkerung des Urals, Sibiriens und Zentralasiens besonders auf. Daher rief das Auftauchen von Juden im asiatischen Teil der RSFSR und in den Städten der zentralasiatischen Republiken, die zu dieser Zeit zum Großteil von Angehörigen der slawischen Völker[99] besiedelt waren, scharfe negative Reaktionen hervor.[100] Zudem trafen die Juden in den

---

98   PAVEL POLJAN: Nakanune vojny i genocida. Sovetskie evrei v perepisi 1939 g., in: *Russkaja mysl'*. – Paris, 9.–15.9.1999.
99   Slawen waren in der Überzahl in der Bevölkerung in drei von fünf Hauptstädten der zentral-asiatischen Republiken: in Alma-Ata, Ašchabad und Frunse. Relativ groß war ihr Anteil in der Bevölkerung von Taschkent, Dušanbe und anderen Großstädten – Čikmenta, Samarkand, Fergana und Leninabad.
100 GENNADIJ V. KOSTYRČENKO: *V plenu u krasnogo faraona*, S. 15–16.

Evakuationsorten zwei bis drei Monate früher als die Flüchtlinge aus Zentralrussland ein, so dass die Juden aus der Ukraine, Weißrussland und Moldawien sowohl die freien Arbeitsplätze als auch den beschränkten Wohnraum belegen konnten. Die darauf folgenden Flüchtlingsmassen (vorwiegend Russen und Ostukrainer) fanden weitaus schlechtere Arbeits- und Wohnbedingungen vor, was wiederum Ausbrüche von Antisemitismus auslöste.

Die Verbreitung des Antisemitismus im Hinterland und aufgrund der Neuzugänge bzw. Wiedereingliederung genesener Soldaten auch in der Armee führte zur Herausbildung der heute noch kursierenden Legende von der "Taschkentfront". Die Staatsmacht ihrerseits verschwieg in ihrer seit 1942 anhaltenden antisemitischen Kampagne die bedeutende Rolle der Juden im Krieg. Denn gemessen an der Zahl der Auszeichnungen, der Zahl von Helden der Sowjetunion und der Zahl der Generäle[101] nahmen die Juden in diesem merkwürdigen Wettstreit um den höchsten Anteil der Ethnien am Sieg den vierten Platz unter den Völkern der UdSSR[102] ein, die assimilierten und den Pässen zufolge als Russen geltenden Juden nicht mitgerechnet.

Unter den russischen Nationalisten war die Legende von der "Taschkentfront" sehr beliebt. Bereits im Roman von Ševcov sagt eine jüdische Romanfigur zu einer anderen: "Du, Boris, hast in Taschkent gekämpft".[103] Ivanov ging noch weiter und unterstellte in seiner Darstellung allen Juden, dass sie sich im Hinterland vor dem Krieg versteckt, illegalen Handel getrieben und ein Agenturnetz aufgebaut hätten, das für die Faschisten arbeitete. Als dies dann aufgedeckt wurde, hätten sie jemanden aus Berijas Umgebung bestechen und sich so angeblich die Freiheit erkaufen können.

Die Legende von der "Taschkentfront" wurde von den russischen Nationalisten ferner dafür genutzt, um den realen Antisemitismus in der Sowjetunion zu leugnen und alle Anschuldigungen von sich weisen zu können. Dabei waren Verdrehungen jeder Art zulässig. Die sowjetische Armee wurde zum Retter der Juden, obwohl offensichtlich war, dass ein solches Ziel nie existiert hatte und auf der Hand lag, dass sie die territoriale Integrität des Landes und dessen politisches System verteidigte. Beispielsweise empört sich der Dichter Nikolaj K. Staršinov, Anhänger der Bewegung russischer Nationalisten, auf

---

101 Am 15.05.1945 wurden unter den Generälen der sowjetischen Streitkräfte 102 Juden gezählt, zum Vergleich: Russen – 2272, Ukrainer – 286, Weißrussen – 157, Armenier – 25 (5. Platz), Letten – 19, Polen – 17, Tataren und Georgier – jeweils 12 (*Istočnik*, 2/1996, S. 148).
102 GENNADIJ KOSTYRČENKO: *V plenu u krasnogo faraona*, S. 20.
103 IVAN M. ŠEVCOV: *Tlja*, S. 86.

entsprechende Klarstellungen Evgenij A. Evtušenkos: "Und das wird über eine Armee geschrieben, die zu drei Vierteln aus russischen Soldaten bestand und die Juden vor der völligen Vernichtung durch Hitler rettete!"[104]

Die Legende von den Pseudonymen
Der Kern der Legende: Juden sind falsch, denn sie nehmen russische Namen und neutrale Pseudonyme an, um ihre Ideen durchzusetzen. Wenn sie keine Pseudonyme verwenden würden, wüssten die Russen, was von wem kommt.

Die Legende von den Pseudonymen hat eine reale Grundlage und lässt sich auf das Ende der 30er Jahre zurückführen, als alle in den zentralen Massenmedien arbeitenden jüdischen Journalisten dazu gezwungen wurden, sich russische Pseudonyme zuzulegen.[105] Die in der zweiten Hälfte der 40er und Anfang der 50er Jahre laufende Aktion zur Entlarvung von Pseudonymen unter den Literaten zwang immer mehr Juden in den unterschiedlichsten Arbeitsbereichen, Pseudonyme zu verwenden oder für sich und ihre Kinder eine Namensänderung vorzunehmen und neutrale bzw. slawische Namen anzunehmen. Dies betraf insbesondere die assimilierten Juden oder die, die nach Assimilierung strebten, denn vom "richtigen" Namen hingen der gute Arbeitsplatz, die Studienmöglichkeit und später die Auslandsreise ab.

Die Legende von den Pseudonymen ermöglichte der Bewegung russischer Nationalisten, jeden Beliebigen, häufig hinter seinem Rücken, zu beschuldigen, ein verkappter Jude zu sein, und seinen Namen in Anlehnung an jüdische Namen zu verballhornen. So wurde der führende Architekt Moskaus, M. Posochin, *Pejsochin* genannt.[106]

---

104 NIKOLAJ K. STARŠINOV: *Čto bylo, to bylo ...* – Moskau: Zvonica-MG, 1998, S. 370.
105 BORIS E. EFIMOV: *Moj vek.* – Moskau: Agraf, 1998, S. 147. Eine vergleichbare Praxis gab es auch noch wesentlich später. Von ähnlichen Vorgängen in der "Komsomol'skaja pravda" in den 60er Jahren ist die Rede im Interview mit B. Borščov.
106 Sein Nachname Posochin, in Anlehnung an das russische Wort *posoch* (ein symbolisch verwendeter Stab), wurde zu Pejsochin, basierend auf dem Begriff *pejsy* (jüdische Schläfenlocken), umgewandelt. [Anm. d. Übers.]

Die Legende von den "Mörder-Ärzten" oder von der Vergiftung Stalins

Der Kern der Legende: eine Wiederbelebung propagandistischer Motive aus der Zeit der "Ärzteverschwörung", die auf den Tod Stalins extrapoliert wird. Im Bewusstsein der Massen wie auch der Funktionäre zog die öffentliche Verkündung der Unschuld der Ärzte und die Aberkennung der Auszeichnung derer, die die "Ärzteverschwörung aufgedeckt" hatten, einen endgültigen Schlussstrich unter diese Geschichte. In den Kreisen überzeugter russischer Nationalisten lebte die Legende jedoch weiter und machte dabei eine gewisse Transformation durch – der Akzent verschob sich vom Tod der eher weniger populären Ždanov und Ščerbakov, an dem die "Giftmörder" schuld gewesen sein sollten, auf die Ermordung des Idols der meisten russischen Nationalisten, nämlich Stalins.

In der zweiten Hälfte der 60er Jahre, als die antikommunistische und die monarchistische Fraktion in der Bewegung russischer Nationalisten deutlich stärker wurden, entstanden neue Legenden.

Die Legende von den jüdischen Revolutionären

Der Kern der Legende: Die Revolution in der UdSSR wurde von jüdischen Revolutionären vorbereitet und durchgeführt, die aufgrund ihrer mystischen und selbstsüchtigen Interessen die Vernichtung Russlands und der russischen Kultur bezweckten. Sinn der Legende: Die Verantwortung für die negativen und blutigen Momente der Revolution wird auf die Juden geschoben, während das russische Volk die Rolle des unschuldigen und betrogenen Opfers spielt.

Die Legende von den jüdischen Revolutionären speiste sich aus der russischen Exilliteratur der 30er Jahre und teilweise aus der nazistischen Propaganda. Diese Literatur, wie z.B. das Buch von Andrej Dikij *Juden in Russland und in der UdSSR,* wurde von I. Glazunov, einem Künstler, der orthodoxe und monarchistische Anschauungen predigte, aus dem Westen eingeschleust, später beteiligten sich an dieser Art "Importen" auch seine Anhänger. Eine andere Quelle der Entlehnung waren ehemalige Emigranten, die es auf verschiedenen Wegen wieder in die UdSSR und damit in Haft verschlagen hatte und die nach 1955 frei gelassen wurden, so z. B. V. Šul'gin, der in den 60er und 70er Jahren zum Idol der russischen Nationalisten wurde, oder der Anführer der Nationalistenbewegung "Mladorossy", A. Kazem-

Bek, der 1948 freiwillig in die UdSSR zurückkehrte und lange Zeit in der Redaktion der Zeitschrift *Žurnal Moskovskoj patriarchii* (Journal des Moskauer Patriarchats) arbeitete. Die nazistischen Quellen in den Bibliotheken wurden von jungen Wissenschaftlern (S. Semanov und V. Skurlatov) untersucht.

Neben dem Mythos über die Juden gab es unter den russischen Nationalisten auch Mythen, die nichts mit den Juden zu tun hatten, beispielsweise den rassistischen *Mythos über den russischen Staat*. Der Kern dieser Legende besteht darin, dass die UdSSR der rechtmäßige Nachfolger des Russischen Reiches, also des Staates, ist, der von ethnischen Russen für ethnische Russen erschaffen wurde. Der Sinn des Mythos: Nur ethnische Russen haben das Recht, diesen Staat in der Gegenwart zu regieren, und daher müssten sie zumindest die "qualifizierte Mehrheit" in allen wichtigen gesellschaftlichen Bereichen wie Staatsführung, Streitkräfte, Handel und Wissenschaft haben. Immer wenn also eine Entscheidung zu treffen sei, ob eine wichtige Position an einen Russen oder eine Person anderer ethnischer Herkunft vergeben werden soll, müsse zugunsten der "Staatsgründer" entschieden werden. Als Alternative dazu wurde auch die Möglichkeit eines Quotierungssystems nach der ethnischen Zusammensetzung der Bevölkerung diskutiert.

Zweifellos widersprach der Mythos vom "russischen Staat" nicht nur den historischen Fakten, sondern auch den im Russischen Reich herrschenden Grundsätzen, wonach die Bürger lediglich nach ihrer Loyalität und Religionszugehörigkeit beurteilt wurden. Aber in den 50er Jahren erinnerte sich kaum jemand an die polyethnische Elite und den Staatsapparat des Russischen Reiches, und die jungen Staatsfunktionäre und Intellektuellen nahmen die ihnen in der Kindheit und Jugend der Mittdreißiger bis 50er Jahre eingetrichterten Thesen der stalinschen Propaganda von der Priorität der ethnischen Russen für bare Münze.

Der Stalin-Mythos war Teil des im Kern etatistischen Bewusstseins der russischen Nationalisten. Der Kern des Mythos: Stalin war der große Anführer, der in einem historisch kurzen Zeitraum einen mächtigen Staat erschuf, das russische Volk über alles liebte und die Juden bekämpfte. Sinn des Mythos: Genau solch eine Führerpersönlichkeit braucht die Sowjetunion auch heute. Der Stalin-Mythos entstand unter den jungen Funktionären, die Ende der 40er/Anfang der 50er Jahre ins ZK der VKP(b)/KPdSU kamen, wie die Gruppe um A. Šelepin und andere, von denen noch die Rede sein wird. Stalin war ihnen sehr zugetan und sie ihrerseits bewahrten ihm gegenüber eine große Anhänglichkeit, ungeachtet der Enthüllungen Chruščevs. Sie brauchten lange, um die russischen Nationalisten, die nicht durch die Schule des Partei- und Staatsapparats gegangen waren, wie etwa die jungen Geisteswissenschaftler Mitte der 1950 Jahre und die Dorfautoren der 60er Jahre, von der Berechtigung des Stalin-Mythos zu überzeugen. Während Ševzov, der immerhin mit der stalinschen kulturellen Elite verbunden war, den Mythos Stalin in der Figur eines hohen Staatsfunktionärs darstellt, eines Vaters, der sterbend seiner Tochter aufträgt, den Kampf gegen die Abstrakten und Juden weiter zu führen, wird Stalin von dem Antikommunisten Ivanov zum "Kaukasier" herabgewürdigt und als georgisches Schlitzohr dargestellt, das die Urlauberinnen verführt. Mit der zweiten Hälfte der 50er bis Anfang der 80er Jahre verstärkte sich der Stalin-Mythos jedoch zunehmend und verdrängte schließlich die anfangs noch stark ausgeprägten antistalinistischen Ansichten eines Teils der russischen Nationalisten völlig. Dieser Mythos ließ den Staatsmann Stalin stets stärker und erfolgreicher aussehen als die, die jeweils aktuell an der Macht waren, und seine vom ZK der KPdSU und der Zensurbehörde Glavlit totgeschwiegenen "einzelnen Verfehlungen" nahmen sich winzig neben den offensichtlichen Auswüchsen der Brežnev-Ära aus.

2 Der Einfluss des Politbüros und des Apparates des ZK der KPdSU auf die Bewegung russischer Nationalisten[107]

Russische Nationalisten im Partei- und Staatsapparat

Im Unterschied zu den 20er bis 50er Jahren und zur zweiten Hälfte der 80er Jahre ist die parteienstaatliche Nationalitätenpolitik der Sowjetunion von 1953 bis 1985 durch Stabilität gekennzeichnet. In diesem relativ langen historischen Zeitraum gab es jedoch in der Nationalitätenpolitik mehrere wichtige Ereignisse, so die partielle Rehabilitierung der unterdrückten Völker (1956/1957), die Ausreiseerlaubnis für viele Juden, Deutsche, Griechen und Armenier und die antinationalistischen Kampagnen von 1972 und 1982. Wichtig ist aber vor allem die Tatsache, dass der russische Nationalismus nun nicht mehr als Grundtenor der staatlichen Nationalitätenpolitik existierte, wie in den Jahren 1941 bis 1953, sondern sich eigenständig als Ideologie und als gesellschaftliche Bewegung zu entwickeln begann.

Die Nationalitätenpolitik der UdSSR zielte im Grundsatz auf die "freiwillig-zwangsweise" Assimilierung aller nichtrussischen Völker und die Bildung einer neuen Gemeinschaft des "sowjetischen Volkes". Dabei wurden in der Nationalitätenpolitik drei wichtige Aspekte hervorgehoben.

Der erste Aspekt war das rassische Prinzip des ius sanguinis. Seit 1938 entsprach die im Pass eingetragene Nationalität eines Sowjetbürgers der nationalen Zugehörigkeit eines der Elternteile, wobei abweichend davon auch die Titularnationalität der jeweiligen Region oder die im Land dominierende Ethnie als Nationalität angenommen werden konnte. Die Wahl der Nationalität war von großer Bedeutung, besonders für den Zugang zu Hochschulen und zu prestigeträchtigen Berufen oder Ämtern. Es gab regelrecht eine Skala der Vertrauenswürdigkeit der verschiedenen Ethnien, auf der selbstverständlich die Russen und die ihnen in dieser Hinsicht gleichgestellten Ostukrainer und Weißrussen an der Spitze standen.[108] Anatolij Višnevskij, ein bekannter russischer Bevölkerungswissenschaftler, der die ethnische Zusammensetzung

---

107 Übersetzung: Steffanie Fettke.
108 GENNADIJ V. KOSTYRČENKO: *Tajnaja politika Stalina*, S.163.

im Politbüro der KPdSU, dem Machtzentrum der UdSSR, untersucht hat, schreibt Folgendes:

> "Während in den 40er bis 80er Jahren die Zahl der Russen in der UdSSR dreimal so groß war wie die der Ukrainer, schafften sechsmal so viele Russen wie Ukrainer den Sprung in den Kreml. Aber die Ukrainer und Weißrussen befanden sich noch in einer vergleichsweise günstigen Position, denn fast 84 Prozent derer, die zwischen 1930 und 1989 in die führenden Organe des ZK gelangten, waren Vertreter dieser drei slawischen Völker, und nur 16 Prozent entfielen auf die mehr als 100 anderen Völker, von denen de facto nur neun vertreten waren. [...] Genauso deutlich war die Dominanz der Russen in allen Unionsstrukturen: in der Partei, der Regierung, der Armee, der Wissenschaft u. a."[109]

Mir sind keine veröffentlichten Dokumente über die Tätigkeit des zentralen Partei- und Staatsapparats bekannt, aus denen hervorginge, dass eine geheime Nationalitätenpolitik betrieben wurde. Neben den Zahlen Višnevskijs lässt sich lediglich auf die Aussage des ehemaligen Chefs der fünften Hauptabteilung des *KGB*, Filipp Bobkov, verweisen:

> "Es lässt sich nicht bestreiten, dass es jahrelang Beschränkungen bei der Einstellung [von Juden] in solche Institutionen wie Außenministerium *(MID)*, Außenhandelsministerium *(MVT)*, *KGB* und ZK der KPdSU gab."[110]

Dazu einige Fakten, die auf der Tagung des ZK der KPdSU im Oktober 1957 vom Ersten Sekretär des ZK der KP Aserbaidschans, Imam Mustafaev, der in seiner offiziellen Rede die Direktive des Verteidigungsministeriums vom 23. Mai 1957 zitierte, bekanntgegeben wurden:

> "In die Luftlandetruppen sind nur Rekruten russischer, ukrainischer und weißrussischer Nationalität zu entsenden. [...] Im Punkt 10 dieser Direktive heißt es: Zum Militärdienst ins Ausland werden nur Russen, Ukrainer und Belorussen entsandt."[111]

Die halboffizielle Einteilung der Ethnien nach dem Loyalitätsprinzip und insbesondere die Aussonderung der "Verdächtigen", d. h. derer, die unter Stalin verfolgt worden waren oder einer "Nationalität" angehörten, die "außerhalb der Sowjetunion einen eigenen Staat hatte", untergrub die Assimilationspolitik. Derselbe Mustafaev setzte in dieser Frage klare und unmissverständliche Akzente:

> "Ein junger Mann, der die sowjetische Schule abgeschlossen hat, wurde, unabhängig von seiner Nationalität, im Komsomol, in der Schule und in der Familie kommunistisch

---

109 ANATOLIJ G. VIŠNEVSKIJ: *Serp i rubl': Konservativnaja modernizacija v SSSR*, S. 350.
110 FILIPP BOBKOV: *KGB i vlast'*. – Moskau: Veteran MP, 1995, S. 350.
111 GEORGIJ ŽUKOV: *Stenogramma oktjabr'skogo (1957 g.) plenuma ZK KPS i drugie dokumenty*. Hg.: V. NAUMOV u. a. – Moskau: Meždunarodnyj fond "Demokratija", 1999. 2001 (Rossija. XX vek. Dokumenty), S. 301.

erzogen. Für ihn macht es keinen Unterschied, welcher Nationalität er angehört, denn im Innersten spürt er, dass er zur sowjetischen Familie gehört. Und wenn dieser junge Mann nun in die Einberufungsstelle kommt und nach seiner Nationalität gefragt wird, dann könnte er das als Herabsetzung seiner Ethnie empfinden."[112]

Der zweite Aspekt ist die Einteilung in sowjetische Ethnonationalisten, gegen die ideologische Kampagnen einschließlich der Entfernung aus den staatlichen Ämtern, aber ohne Inhaftierungen geführt wurden, und antisowjetische Ethnonationalisten, die den Repressalien und der Kontrolle des *KGB* ausgesetzt waren. Bei aller Härte und Amoralität in der Verfolgung von Menschen wegen ihrer Überzeugungen war dies doch eine imperiale Politik, die keine ethnonationalistischen Beweggründe hatte. Unterdrückt wurden alle Separations- und Emigrationsbewegungen, da sie offensichtlich zu einer Schwächung des Imperiums führten.

Zu ihnen lassen sich die ukrainische nationale Bewegung, die Nachfolgerin der *OUN-UPA (Orhanizacija Ukrajins'kych Nacionalis'tiv – Ukrajins'ka Povstans'ka Armija*, dt.: Organisation Ukrainischer Nationalisten – Ukrainische Aufstandsarmee), die starken baltischen und kaukasischen Separatistenorganisationen, die jüdische und die deutsche Emigrationsbewegung sowie andere ethnonationalistische Gruppen zählen, die es praktisch in allen ehemaligen Sowjetrepubliken gab.

Der dritte Aspekt der sowjetischen Nationalitätenpolitik bestand darin, dass in den 15 Jahren relativer Liberalisierung – oder vielleicht genauer: der Auflösung der ideologischen Einheit – zwischen dem Tod Stalins und der endgültigen Etablierung Breznevs an der Spitze der Machthierarchie eine Spaltung innerhalb der Machtstrukturen und des Parteiapparates in mehrere Gruppierungen einsetzte, insbesondere in Befürworter der Liberalisierung und in Konservative, die von einer Rückkehr zur späten Stalinära träumten. Die grundsätzlichen Unterschiede in den Vorstellungen von der weiteren Entwicklung des Landes führten dazu, dass aktuelle Aufgaben in der praktischen Politik, insbesondere bei der Regelung der Beziehungen zwischen den Ethnien, in Abhängigkeit von der persönlichen Haltung des jeweiligen hochrangigen Funktionärs behandelt wurden.

Deshalb konnte der russische Nationalismus, obwohl er im betrachteten historischen Zeitraum aus den Grundsätzen der staatlichen Politik ausgeschlossen war, durchaus zum Handlungsmotiv einzelner hochrangiger Funktionäre werden, die im Namen der Regierung agierten. Diese Motive konnten in der

---

112 Ebd. S. 301–302.

Partei- und Staatsmaschinerie der UdSSR, die vor fremden Blicken abgeschottet war, Einfluss auf die inoffizielle Politik, die Politik der Geheiminstruktionen (zu denen Wissenschaftler bis heute keinen Zugang haben) und des "Telefonrechts", ausüben. Das galt besonders für die Kaderpolitik. Ein hochrangiger Parteifunktionär, der ehemalige Erste Sekretär der Moskauer Stadtleitung (*MGK*) der KPdSU, Nikolaj E. Egoryčev, gibt eine anschauliche Beschreibung:

> "Es gab dort große Meister des Spiels hinter den Kulissen und Kenner der Kaderküche. Wenn man ins Büro kam, war der Schreibtisch völlig leer, es lag nicht ein Blatt herum, als ob im Staat nichts zu tun wäre. Alles wurde per Telefon geregelt: Hier soll jemand abgesetzt, dort jemand ernannt werden und anderswo ein Dritter noch weiter weg versetzt werden."[113]

Für Wissenschaftler, die sich mit dem Ausmaß an ethnischer Fremdenfeindlichkeit in den Staatsorganen beschäftigen, ist der Apparat des ZK der KPdSU – Zentrum und Führungsstab der Partei- und Staatsmaschinerie – besonders interessant, haben doch praktisch alle hochrangigen Staatsfunktionäre irgendwann einmal eine gewisse Zeit dort gearbeitet.

Die wissenschaftliche Untersuchung Jurij Žukovs zeigt, dass die Parteiführung in den Nachkriegsjahren besorgt über das auffallend niedrige Bildungsniveau der Nomenklatura war, was zum Beschluss vom 8. Juli 1946 "Über die Ausweitung und Maßnahmen zur Verstärkung der Organisationsarbeit in der Partei" führte. Fast 70 Prozent der Mitglieder der *VKP(b)* hatten noch nicht einmal einen 10-Klassen-Abschluss, und in der Nomenklatura war die Lage nur unbedeutend besser.[114] Zur Weiterbildung der Partei- und Staatsfunktionäre wurden deshalb beim ZK der KPdSU oder in der Parteihochschule Kurse für hunderte Führungskräfte der mittleren Ebene – bspw. die Sekretäre der Gebiets- und Stadtleitungen, führende Mitarbeiter in den Ministerien – eingerichtet. Viele von denen, die zwischen 1947 und 1952 in diesen Bildungseinrichtungen ihre erste (und letzte) systematische Ausbildung genossen hatten, besetzten in den 50er bis 80er Jahren unterschiedliche, oft hohe Posten im Partei- und Staatsapparat.[115]

---

113 LEONID M. MLEČIN: *Predsedateli KGB. Rassekrečennye sud'by.* – Moskau: Centrpoligraf, 1999, S. 446.
114 JURIJ ŽUKOV: Bor'ba za vlast' v rukovodstve SSSR v 1945–1952 gg., in: *Voprosy istorii* 1/1995, S. 27.
115 S. z. B.: VLADIMIR I. IVKIN. Hg.: *Vysšie organy vlasti i upravlenija i ich rukovoditeli. 1923–1991 gg.* – Moskau: ROSSPĖN (Russische Politische Enzyklopädie), 1999.

Das Ausbildungsziel dieser Einrichtungen war natürlich nicht nur eine Hebung des allgemeinen Bildungsniveaus der Nomenklatura. In dieser Zeit vollzog Russland eine ernst zu nehmende Wende in der Innen- und Außenpolitik, forcierte die Konfrontation mit dem Westen und die Suche nach inneren Feinden. Den Studenten der Parteihochschule und den Teilnehmern der Fortbildungskurse wurden die aktuellsten vertraulichen Instruktionen vermittelt, zum Teil sogar direkt von denen, die sie erarbeitet hatten. Es ist anzunehmen, dass dies die Studenten stark beeinflusste und sich bei ihnen fremdenfeindliche Stereotype herausbildeten, und das nicht nur auf der Ebene einer getreuen Umsetzung dessen, was von höherer Instanz kam, sondern auch auf weltanschaulicher Ebene. Einzelne fremdenfeindliche Stereotype gingen in ihre mythologisierten Konstruktionen, wie oben bereits dargestellt, in das Wertesystem ein.

Das ist offensichtlich einer der Gründe, weshalb die ethnische Fremdenfeindlichkeit in den 50er bis 80er Jahren im Partei- und Staatsapparat so stark verbreitet war. Nach den Initiativen Lavrentij Berijas von 1953 zur Beendigung der Sache der Ärzteverschwörung und zur Aufhebung der Beschränkungen für Vertreter der Titularnationen bei der Besetzung von Parteifunktionen und nach der Milderung im Umgang mit den unterdrückten Volksgruppen zwischen 1953 und 1962 wurden keine weiteren ernsthaften Maßnahmen zur Beseitigung der fremdenfeindlichen Stimmung im Lande unternommen.[116] In den Erinnerungen von Augenzeugen, die im ZK-Apparat tätig waren, lassen sich zur Genüge Zeugnisse über die fremdenfeindliche Einstellung vieler Führungskräfte finden, angefangen von Nikita Chruščëv und Michail Gorbačëv[117]

---

116 Zu den unvollendeten Reformen Berijas, s.: JURIJ ŽUKOV: Bor'ba za vlast' v partijno-gosudarstvennych verchach SSSR vesnoj 1953 g., in: *Voprosy istorii*. 5, 6/1996, S. 39–57; ELENA ZUBKOVA: Malenkov i Chruščëv: ličnyj faktor v politike poslestalinskogo rukovodstva, in: *Otečestvennaja istorija*. 4/1995; ALEKSANDR KOKURIN/ A. POŽAROV: "Novyj kurs" L.P.Berii, in: *Istoričeskij archiv*. 4/1996, S.132–164; LAVRENTIJ P. BERIJA: "Čeres 2–3 goda ja krepko ispravljus'...": Pis'ma iz tjuremnogo bunkera, in: *Istočnik*. 4/1994, S. 3–14; VIKTOR B. NAUMOV: Byl li zagovor Berii? Novye dokumenty o sobytijach 1953 g., in: *Novaja i novejšaja istorija*, 5/1998, S. 17–39; MICHAIL REJMAN: N. S. Chruščëv i povorot 1953 g., in: *Voprosy istorii*, 12/1997, S. 165–168.

117 Aus den Memoiren des Assistenten Michail Gorbačëvs, Valerij Boldin, ist bekannt, dass Gorbačëv der Meinung war, Andropov sei weder von den russischen noch von den westlichen Medien "samt seiner Eingeweide verschlungen worden", weil "er von gemischten Geistern war und man die Angehörigen der eigenen Nationalität nicht kränken wollte". In einer anderen Situation gab Gorbačëv Boldin folgende Anweisung bezüglich seines Assistenten für internationale Angelegenheiten, Anantolij Černjaev: "Bei ihm in der Familie ist der fünfte Punkt im Pass nicht in Ordnung,

bis hin zu den Funktionären der verschiedenen Führungsebenen. Interessanterweise erwähnen die meisten ehemaligen Mitarbeiter des ZK, hauptsächlich solche slawischer Herkunft, die Fremdenfeindlichkeit in ihren Memoiren nur am Rande und reflektieren über dieses Thema ausgesprochen selten explizit.[118] Einer der wenigen, der versucht, diese Erscheinung einer allgemeinen Bewertung zu unterziehen, ist Georgij A. Arbatov, der in seinem Buch Folgendes feststellt:

"Es wurde nicht nur unter Duldung, sondern unter Mitwirkung offizieller Persönlichkeiten und bestimmter offizieller Stellen der Boden bereitet, die Infrastruktur für *Pamjat'*, für die Entstehung einer organisierten antisemitischen Bewegung geschaffen."[119]

Karen N. Brutenc, der 30 Jahre lang im ZK-Apparat gearbeitet hatte und auf dem Höhepunkt seiner Karriere stellvertretender Leiter der Internationalen

---

deshalb solltest Du ihm keine streng geheimen Informationen zukommen lassen, er könnte sich damit ‚auf und davon machen'", VALERIJ BOLDIN: *Krušenie p'edestala*. – Moskau: Respublika, 1995, S. 235, 376.

118 S. z. B.: ANDREJ M. ALEKSANDROV-AGENTOV: *Ot Kollontaj do Gorbačëva*. – Moskau: Meždunarodnye otnošenija, 1994; GEORGIJ A. ARBATOV: *Zatjanuvšeesja vyzdorovlenie (1953–1985). Svidetel'stvo sovremennika*. – Moskau: Meždunarodnye otnošenija, 1991; ANDREJ GRAČËV: *Kremlëvskaja chronika*. – Moskau: ĖKSMO, 1994; MICHAIL I. KODIN: *Tragedija Staroj ploščadi*. – Moskau: Fond sodejstvija razvitiju social'nych i političeskich nauk, 1999; VLADIMIR KRJUČKOV: *Ličnoe delo*. – Moskau: Olimp, TKO AST, 1997; VADIM MEDVEDEV: *V komande Gorbačëva. Vzgljad iznutri*. – Moskau: Bylina, 1994; MICHAIL NENAŠEV:*Založnik vremeni*. – Moskau: Progress, 1993; BORIS PANKIN: *Preslovutaja épocha v licach i maskach, sobytijach i kazusach*. – Moskau: Voskresen'e, 2002; VADIM PEČENEV: *Vzlët i padenie Gorbačëva*. – Moskau: Respublika, 1996; VIKTOR PRIBYTKOV: *Apparat*. – St. Petersburg: VIS, 1995; GEORGIJ L. SMIRNOV: *Uroki minuvšego*. – Moskau: ROSSPĖN,1997; VIKTOR I. SUCHANOV: *Sovetskoe pokolenie i Gennadij Sjuganov: Vremja rešitel'nych*. – Moskau: ITRK PSPP, 1999; GEORGIJ ŠACHNAZAROV: *Cena svobody. Reformacija Gorbačëva glazami ego pomoščnika*. – Moskau: Rossika, Zevs, 1993; ANATOLIJ ČERNJAEV: *1991 god: dnevnik pomoščnika Prezidenta SSSR*. – Moskau: TERRA, Respublika, 1997; ANATOLIJ ČERNJAEV: *Šest' let s Gorbačëvym. Po dnevnikovym zapisjam*. – Moskau: Progress, 1993, ALEKSANDR N. JAKOVLEV: *Gor'kaja čaša*. – Jaroslavl': Verchne-Volžskoe knižnoe izdatel'stvo, 1994. Sogar Leonid Onikov, ein ideenreicher liberaler Mitarbeiter des ZK der KPdSU, der in seinem Buch (LEONID ONIKOV: *KPSS. Anatomija raspada. Vzgljad iznutri apparata ZK*. – Moskau: Respublika, 1996) die verschiedenen Defizite dieser Institution beschreibt, benutzt den Terminus "Nationalismus" nur in Bezug auf antirussische Aussagen in mittelasiatischen Republiken. Dies ist trotzdem sonderbar, wenn man das Interesse Onikovs am Antisemitismus (dazu ausführlicher unten) berücksichtigt. Es ist interessant, dass ein Großteil der von ehemaligen Mitarbeitern des ZK-Apparats der KPdSU veröffentlichten Memoiren von relativ liberalen Mitarbeitern der Internationalen Abteilung des ZK und Assistenten der Generalsekretäre der 70er und 80er Jahre stammt (oft überschnitten sich diese beiden Kategorien). Sehr viel weniger Memoiren gibt es von Mitarbeitern anderer ZK-Abteilungen, besonders aus den 60er und 70erJahren.

119 GEORGIJ A. ARBATOV: *Zatjanuvšeesja vyzdorovlenie (1953–1985)*. S. 150.

Abteilung war, geht in seinen Memoiren ausführlicher darauf ein.[120] Brutenc, Armenier aus Baku, musste Ungleichbehandlung aufgrund seiner ethnischen Zugehörigkeit schon früh am eigenen Leibe erfahren.[121] Möglicherweise war deswegen alles, was mit ethnischer Diskriminierung zu tun hatte, für ihn ein wunder Punkt, weshalb er in seinen Memoiren entsprechende Vorfälle besonders hervorhebt, auch wenn sie nicht sein eigentliches Thema sind.

"Ich denke nicht, dass sich der ZK-Apparat durch besonderen Internationalismus auszeichnete. Die Nichtrussen (Nichtukrainer, Nichtweißrussen) werden kaum eine ausgesprochene nationale Kluft gespürt haben, aber alles in allem scheint mir das Bewusstsein der Funktionäre in dieser Hinsicht genauso wenig ausgeprägt gewesen zu sein wie beim Durchschnittsbürger. Nicht, dass der Nationalismus offen zu Tage getreten wäre – die Vorurteile äußerten sich vielmehr in Witzen über die *nacmeny* [pejorative Bezeichnung für Angehörige nationaler Minderheiten – Anm. d. Hg.] oder in schlecht getarntem Antisemitismus. Das kam nach meinen Beobachtungen und Eindrücken auch von ganz oben. Michail V. Zimjanin, Sekretär des ZK, lehnte beispielsweise die Ernennung des zu der Zeit schon bekannten Wissenschaftlers G. F. Kim zum Direktor des Instituts für Orientalistik ab, weil der Koreaner war. 'Wir brauchen dort keine Koreaner', ließ er verlauten. Auch auf Hochschulen und akademische Einrichtungen wurde vom ZK-Apparat Druck ausgeübt, die Zahl der dort tätigen Juden zu reduzieren. Schließlich wurden im Apparat selbst und in einigen staatlichen Einrichtungen keine Juden mehr eingestellt. Seit der Bekämpfung des Kosmopolitismus war der Antisemitismus de facto die zwar nicht deklarierte aber dennoch allgemein bekannte und akzeptierte politische Linie der Führung. [...] Die Verurteilung des Prozesses in der 'Ärzteverschwörung' bedeutete keine wirkliche Absage an diese politische Linie, sondern eher, dass der Antisemitismus einen unterschwelligen Charakter annahm. Die Juden waren in vielen Bereichen weiterhin Opfer unverhohlener Diskriminierung, der Antisemitismus wurde weder zur Sprache gebracht noch verurteilt."[122]

Interessant ist ein Vergleich dieser allgemeinen Einschätzung mit Auszügen aus ähnlichen Memoiren, um den Zwiespalt im Bewusstsein der ZK-Funktionäre bzw. ihr "Feingefühl" einschätzen zu können. Die Wirklichkeit im Detail erweist sich hier als deutlich drastischer als die allgemeinen Einschätzungen:

---

120 KAREN BRUTENC: *Tridcat' let na Staroj ploščadi.* – Moskau: Meždunarodnye otnošenija, 1998.
121 "Die dort [im Apparat der Stadtleitung der KPdSU in Baku – Anm. d. Autors] herrschenden Sitten, besonders in nationalen Fragen, waren abstoßend. Es erscheint paradox, dass diskriminierende nationalistische Motive dort häufiger anzutreffen waren als außerhalb. Wenn man allerdings darüber nachdenkt, erscheint es geradezu gesetzesmäßig, denn die Parteistrukturen waren eben die Träger und Instrumente einer bestimmten Form nationaler Politik" (ebd. S. 13).
122 Ebd. S. 182–183.

"Möglicherweise spielte [bei der langen Verzögerung der versprochenen Beförderung] meine 'nichtarische' Herkunft eine Rolle: Aus den vielen Jahren meiner Arbeit im ZK ist mir kein einziger Fall erinnerlich, in dem der Posten eines stellvertretenden Abteilungsleiters, insbesondere des einer Internationalen Abteilung, mit einem Nichtrussen (Nichtukrainer, Nichtweißrussen) besetzt worden wäre."[123]

"Mir scheint, dass sich die Abteilung – ebenfalls wegen der Kaderbesonderheiten und ihrer internationalen Ausrichtung – auch in der Nationalitätenfrage auf positive Weise vom übrigen Apparat abhob. Natürlich kursierten auch hier abfällige Scherze über die *nacmeny*. Und auch hier waren Personen mit einer paranoiden Einstellung anzutreffen, die in der Abteilung ständig auf der Suche nach vermeintlich getarnten Juden waren. All das war aber nicht die Regel, sondern eher eine Ausnahme. Ich nehme an, dass dabei auch der Einfluss Boris Nikolaevičs [Ponomarevs – Anm. d. Autors], dem nationale Vorurteile fremd waren, eine Rolle spielte."[124]

Den Ansichten Karen Brutenc' entgegengesetzt sind die Überzeugungen Gennadij M. Gusevs, der zwischen 1969 und 1978 als Instrukteur in der Kulturabteilung des ZK der KPdSU tätig war:

"Wir trafen uns auch weiterhin, um unter Freunden unsere Probleme zu besprechen, wobei ich so manches Mal bedrückt darüber scherzte, dass ich in der Kulturabteilung des ZK die qualifizierte russische Minderheit darstellte. Was auch der Wahrheit entsprach, denn deutlich weniger als die Hälfte dort waren Russen. Die anderen waren Angehörige unserer slawischen Brudervölker oder Juden, wie bspw. Alla Aleksandrovna Michajlova, geborene Rappoport, eine Mitarbeiterin aus dem Kreis derer, die die Richtlinien der Politik unserer Abteilung bestimmten. Igor' Sergeevič Černoucan, ehemaliger stellvertretender Abteilungsleiter, der eigentlich für das Filmwesen, aber durch seine Freundschaft zu Aleksandr N. Jakovlev praktisch auch für alle anderen Fragen zuständig war, war mit Margarita Aliger liiert. In der Abteilung arbeiteten Ukrainer und Weißrussen und, wenn es hoch kommt, 40 Prozent Russen. Aber das bedeutete noch lange nicht, dass diese auch das, was man eine 'russische' Haltung nennt, einnahmen. Im Apparat hatte die Nationalität in der Regel – und ich weiß das auch von der Propagandaabteilung und von anderen gesellschaftspolitischen Abteilungen – keinen Einfluss, weil das dort alles Leute ohne Nationalität waren."[125]

Ein weiterer Mitarbeiter des ZK der KPdSU, Viktor I. Suchanov, liegt mit seinen Überzeugungen offenbar irgendwo zwischen denen Brutenc' und Gusevs und drückt die Meinung der meisten Funktionäre der *Staraja ploščad'* (der Moskauer Alte Platz, wo sich der Sitz des ZK befand) aus. Er beschreibt in seiner Arbeit den Kampf einzelner politischer Gruppierungen und nennt als einen der Gründe des Scheiterns der Šelepin-Gruppe, über die später noch zu reden sein wird, die Tatsache, dass "Šelepin einer antisemitischen Hal-

---
123 Ebd. S. 284.
124 Ebd. S. 188.
125 Interview mit GENNADIJ GUSEV.

tung bezichtigt wurde und Suslov, der auch mit einer Jüdin verheiratet war, keinen Antisemitismus ertragen konnte"[126].

Bleiben wir einmal bei den terminologischen Nuancen dieses Zitats: Der Verfasser geht nicht darauf ein, inwieweit die Anschuldigungen gegen Šelepin gerechtfertigt waren – für ihn ist er der ehrenwerte Anführer der konkurrierenden Gruppierung, für dessen Absetzung demzufolge jeder Grund gerade recht ist. Er merkt jedoch an, dass Suslov gegen Šelepin nicht deshalb eine Antipathie hegte, weil er selbst Internationalist war, wie es die Ideologie der KPdSU verlangte, sondern allein deswegen, weil er mit einer Jüdin verheiratet war und, wie Suchanov annimmt, für ihn verwandtschaftliche Interessen wichtig waren. Im Grunde genommen haben wir es hier mit einer Variante der "Legende über die Kreml-Ehefrauen" zu tun, in der Suchanov sich ideell voll und ganz mit dem offenkundig fremdenfeindlichen Gusev solidarisiert, der in dem oben angeführten Zitat seinen Kollegen zu den Juden zählt, weil dieser mit einer Jüdin verheiratet ist. Die Aussage über Michail Suslov und Aleksandr Šelepin ist bei weitem nicht die einzige ethnonationalistische Anspielung in Suchanovs Buch:

> "In der Presse gab es Veröffentlichungen, nach denen Ševardnadzes Mutter Deutsche sei. Daraus lässt sich schließen, dass Eduard Amvrosievič [Ševardnadze] enge Verbindungen zum Geheimdienst der Bundesrepublik Deutschland hatte [...] und möglicherweise auch zu anderen westlichen Geheimdiensten. Damit ist klar, warum er Außenminister der UdSSR wurde. [...] In jedem Fall war Ševardnadze aktiv am Zerfall des sozialistischen Systems beteiligt, das bedarf keiner Beweise."[127]

Der Schritt von der deutschen Mutter zur Spionage zugunsten eines mit der Sowjetunion verfeindeten Staates ist für Suchanov offenkundig und selbstverständlich. Deutlich voreingenommen verhält sich der Autor des Zitats auch den Armeniern, Moskauer Tataren und anderen "Nichtrussen" gegenüber, die in den 30er Jahren an der Zerstörung von Kirchen beteiligt waren.[128] Aber die Krönung des Parteichinesisch in der Nationalitätenpolitik ist doch der folgende Satz über den "wahren" Urheber der Wortschöpfung "Kalter Krieg", einen New Yorker Mathematiker und Wirtschaftswissenschaftler: "Wir nennen diesen Nachnamen nicht vollständig, damit beim Leser keine falschen Assoziationen aufkommen."[129]

---

126 VIKTOR I. SUCHANOV: Sovetskoe pokolenie i Gennadij Sjuganov: *Vremja rešitel'nych*, – Moskau: ITRK RSPP, 1999, S. 201.
127 Ebd. S. 360.
128 Ebd. S. 302–303, 335, 381.
129 Ebd. S. 334–335.

Funktionäre mit solchen und ähnlichen Ansichten prägten die allgemeine Stimmung im Apparat des ZK der KPdSU. Ihrer ethnischen Fremdenfeindlichkeit lag keinerlei politisches Programm zugrunde, das gegen Juden und Deutsche gerichtet gewesen wäre und gleichzeitig die Russen oder Ukrainer begünstigt hätte. Vielmehr existierte eine Art Erkennungssystem, das nach dem Prinzip "eigen – fremd" funktionierte. Als Leon A. Onikov, ein Mitarbeiter der Propagandaabteilung des ZK der KPdSU, 1974 auf eigene Initiative ein Memorandum über die Gründe der beginnenden Massenemigration von Juden verfasste und Maßnahmen zur Liberalisierung des jüdischen Kulturlebens in der Sowjetunion vorschlug, entging er der von Michail Suslov und Ivan Kapitonov vorgeschlagenen Entlassung nur knapp. Am interessantesten dabei ist, dass er "im Apparat noch lange als Jude galt, obwohl viele wussten, dass [er] Armenier ist".[130] Der ethnische Russe Georgij L. Smirnov, stellvertretender Leiter der Propagandaabteilung des ZK der KPdSU, der sich als Experte für die inneren Widersprüche der sozialistischen Gesellschaft positioniert hatte, war während der 20 Jahre seiner Arbeit im ZK auffällig bemüht, Konflikte zwischen den Ethnien nicht zu bemerken. Erst als er sich selbst in der ungewohnten Rolle des Opfers wiederfand, wurden sie für ihn zum Thema. Als er Anfang der 80er Jahre die Leitung des Philosophischen Instituts der sowjetischen Akademie der Wissenschaften übernahm, kam ihm während einer Vollversammlung die Anschuldigung zu Ohren, dass er "die Juden unterstützt und im Herzen Chauvinist ist". Aber selbst diese Erfahrung brachte Smirnov nicht dazu, sich ernsthafte Gedanken zu machen, und den erwähnten Abschnitt seiner Biografie beendet er mit dem tiefsinnigen Fazit "es ist nicht möglich, eine Gemeinschaft so schnell zu vereinen, die seit langem durch ideelle Feindschaft, nationalistische Vorurteile und psychologische Unvereinbarkeit gespalten ist"[131].

Wie schon erwähnt, äußerte sich die ethnonationalistische Haltung der Mitarbeiter des Parteiapparats in erster Linie in der Kontrolle, die sie über die Kader der ihnen unterstellten Behörden ausübten. Die dem Druck der Mitarbeiter des ZK der KPdSU ausgelieferten Funktionäre vermeiden es sogar noch nach Jahren, deren Namen zu nennen. So lässt sich nur zwischen den Zeilen des Interviews mit Jasen Zasurskij, dem Rektor der journalistischen Fakultät der Moskauer Staatlichen Universität, herauslesen, wer ihm folgende Anweisungen erteilte:

---
130 LEONID ONIKOV: Počemu oni uezžali, in: *Trud*, 18.01.2000.
131 GEORGIJ L. SMIRNOV: *Uroki minuvšego*. – Moskau: ROSSPĖN,1997, S. 159.

"In den 80er Jahren wurde darüber gestritten, dass es bei uns Dozenten gab, deren Namen nicht ins Bild passten. Bei uns gab es zwei Professoren, die man eigentlich nicht zu Professoren ernennen wollte. Letztendlich wurden sie doch ernannt, aber ich bekam deswegen eine Rüge.

– Und was waren das für Professoren?

– Grigorij Jakovlevič Solganik und Rudolf Andreevič Boreckij, der im Übrigen nichts mit dem zu tun hatte, was man ihm zur Last legen wollte.

– Hat man ihnen ihre Nationalität zur Last gelegt?

Ja, natürlich. Und uns wurde immer gesagt, dass dies die jüdischste Fakultät sei. Warum auch sollten wir keine Juden bei uns einstellen? Wir haben diese ganze Sache nicht unterstützt. Und auch deswegen hatten sie mich so stark auf dem Kieker. Das war, ehrlich gesagt, einer der wichtigsten Gründe für jede mögliche Art von Schikane. Es war vielleicht sogar eines der Hauptmotive. [...] Aber wir haben uns immer wieder rausgeredet und nach 1986/1987 wurde es dann ruhig."[132]

In den Memoiren der ehemaligen Mitarbeiter des ZK-Apparates spiegelt sich deutlich die ethnische Fremdenfeindlichkeit, die noch viel weiter verbreitet war, nämlich im gesamten zentralen Partei- und Staatsapparat. Hier beispielsweise ein Auszug aus den Memoiren von Michail I. Kodin, einem ehemaligen Mitarbeiter des ZK des Komsomol:

"Als Leiter der Abteilung nördliche und westliche Gebiete des europäischen Teils Russlands im ZK des Komsomol habe ich mich stark [um 1975 herum – Anm. d. Autors] für die Ernennung Vladimir Bojkovs zum Ersten Sekretär des Murmansker Gebietskomitees eingesetzt, obwohl das nicht einfach durchzusetzen war. Es störte der berüchtigte 'fünfte Punkt' des damaligen Standardformulars zur Kadererfassung. Seiner deutschen Nationalität wegen erschien Vladimir Bojkov einigen Kaderleitern nicht der geeignete Kandidat für die Funktion des Leiters des Gebietskomitees des Komsomol zu sein [...] In meiner Hartnäckigkeit ging ich bis zum Sekretariat des ZK des Komsomol [...] So wurde Vladimir der erste Deutsche in der UdSSR, der eine solch hohe Funktion in unserem Jugendverband ausübte."[133]

Dabei nimmt der Autor bei anderer Gelegenheit, als es auch um seine persönlichen Interessen geht, dieselbe Position ein wie "einige Kaderleiter":

"Die nationale Zusammensetzung der Führungskader in den Betrieben und Organisationen der Stadt [Kišinëv] entwickelte sich über Jahre und Jahrzehnte willkürlich, ohne

---

132 GRIGORIJ NECHOROŠEV: Žurnaliststkij Klub na Mochovoj: interv'ju s dekanom fakul'teta žurnalistiki MGU Ja. Zasurskim, in: *NG-Figury i lica*, 8.10.1999.
133 MICHAIL I. KODIN: *Tragedija Staroj ploščadi*. – Moskau: Fond sodejstvija razvitiju social'nych i političeskich nauk, 1999, S. 228. Interessant ist, dass der Autor nichts über den Wunsch der Komsomolzen schreibt, die er als Erster Sekretär leiten soll.

die gehörige Kontrolle und den Eingriff seitens der Stadtbezirksleitungen und der Stadtleitung der Partei."[134] Eine andere Aussage über das ZK des Komsomol stammt von Vladimir J. Šainskij, einem bekannten sowjetischen Komponisten:

"Seinerzeit wurde der Komponist Jan Frenkel nur seiner Abstammung wegen nicht mit dem Leninpreis ausgezeichnet. Trotz seiner privaten Freundschaft zu Evgenij Tjažel'nikov, dem Ersten Sekretär des ZK des Komsomol, wurde ihm der Preis nicht zuerkannt, obwohl er ihn mehr als jeder andere verdient hatte. Genauso wenig erhielt ihn Oskar Felzman, der Komponist einer Vielzahl von wunderschönen Liedern. Und auch Mark Fradkin, der das Lied *Komsomolcy – dobrovol'cy* (Komsomolzen – Freiwillige) geschrieben hatte, bekam den Preis nicht. Auch Arkadij Ostrovskij, der Verfasser von *Komsomol'cy – bespokojnye serdca* (Komsomolzen – rastlose Herzen) ... wurde nicht Leninpreisträger. Ich erhielt den Leninpreis offenbar deswegen, weil es ein Vakuum an Liedern für Kinder und Jugendliche gab. Hinzu kamen einige Lockerungen im Jahr 1980, als er mir verliehen wurde."[135]

Der ethnische Nationalismus ging auch am akademischen Milieu nicht spurlos vorbei, wo die Erhitzung der Gemüter am folgenden Beispiel ersichtlich wird. Am 10. Oktober 1970 verfasste Igor' S. Narskij, Doktor der Philosophie und Professor an der Moskauer Staatlichen Universität (*MGU*), folgendes Schreiben an Mstislav V. Keldyš, den Präsidenten der Akademie der Wissenschaften der UdSSR:

"In letzter Zeit kamen mir unter den Mitgliedern der Philosophischen und Juristischen Abteilung der Akademie der Wissenschaften der UdSSR des Öfteren Behauptungen über meine Person zu Ohren, denen zufolge ich angeblich versuche, meine wahre Nationalität zu verheimlichen, da ich ja in Wirklichkeit 'polnischer Jude' sei. Ich könnte diese Gerüchte ignorieren, wenn da nicht der Umstand wäre, dass sie in direktem Zusammenhang mit meiner Ernennung zum Kandidaten für die Wahl als Korrespondierendes Mitglied der Akademie der Wissenschaften der UdSSR stehen. Diese Behauptungen und Gerüchte sind verleumderisch und entsprechen in keiner Weise den Tatsachen."

Weiter berichtet der Verfasser des Schreibens ausführlich über seine slawische Herkunft und bittet am Ende, "die Mitglieder der Philosophischen und Juristischen Abteilung der Akademie der Wissenschaften der UdSSR mit diesem Schreiben vertraut zu machen." Wenn man die Bitte des Professors in

---

134 Ebd. S. 98. Gemeint ist, dass Russen und Ukrainer leitende Funktionen einnahmen, während die Moldawier Arbeiter waren und Michail Kodin, ethnischer Russe, aufgewachsen in Moldawien, stört dies. Im Grunde schlägt er jedoch, als Rezept zur Lösung sozialer (möglicherweise auch erfundener) Probleme, eine versteckte Diskriminierung bei der Arbeit aufgrund von Merkmalen ethnischer Herkunft vor.

135 N. ZARUCKAJA/ALEKSANDR N. ŠČUPLOV: Devjanosto šest' šlagerov: Interv'ju s V. Šajnskim, in: *Subbotnik-NG*. – Moskau: 25/1.07.2000.

eine modernere Sprache übersetzt, dann wird ersichtlich, dass dieser fürchtet, dass alleine die Gerüchte über seine jüdische Herkunft negative Auswirkungen auf seine Wahl zum Korrespondierenden Mitglied der AW der UdSSR haben könnten, und er sich beeilt, den ehrenwerten Kollegen die Reinheit seines Bluts zu versichern. Nicht weniger interessant ist die Reaktion des Präsidenten der Akademie der Wissenschaften auf diesen Brief: Er wundert sich nicht, dass die Akademie des Antisemitismus verdächtigt werden könnte, und fügt dem Brief eine Resolution zur "Information der Mitglieder ..." bei.[136]

Das staatliche Fernsehen wurde vom ZK-Apparat lange Zeit nicht als wichtiges Propagandamittel betrachtet, weshalb Juden, die aus anderen ideologischen Einrichtungen ausgeschlossen worden waren, dort arbeiten konnten. Der im Juli 1970 ernannte neue Chef des Staatlichen Fernsehens und Radios (Gosteleradio) und Vertraute Brežnevs, Sergej G. Lapin, der diesen Posten bis Dezember 1985 inne hatte, führte jedoch beim Fernsehen eine umfangreiche antijüdische Säuberung durch, die insgesamt für jene Zeit nicht typisch war. Der Ende der 60er bis Anfang der 70er Jahre populäre Sänger Vadim Mulerman erinnert sich:

> "So einen Antisemiten hatte die Welt noch nicht gesehen. Er befahl Medvjakovskij, dem Leiter des Orchesters von *Gosteleradio,* alle Mitglieder 'jüdischer Nationalität' zu entlassen. Als Medvjakovskij sich weigerte, wurde er gefeuert. [...] Als ich ihn anrief, sagte er: 'Sie spielen doch ein paar jüdische Lieder, also brauchen wir keine Mulermans und Mondrus'[137]. Und als er am Ende des Jahres das Kollektiv von *Gosteleradio* beglückwünschte, wiederholte er sogar öffentlich: 'Im nächsten Jahr, 1971, kommen wir ohne Mulermans und Mondrus' aus."[138]

Anatolij Lysenko, einer der heute bekanntesten und seit 1957 im Zentralen Fernsehen tätigen Fernsehproduzenten, bezeichnet Lapin lakonisch als "zoologischen Antisemiten".[139] Der Schauspieler Vadim Tonkov erinnert sich, dass auf Lapins Initiative hin die Fernsehsendung *Teremok* (Tierhäuschen) eingestellt wurde und die Leitung von *Gosteleradio* dabei verkündete, dass es in der Sendung "zu viele Schwarze" gebe, "und nur zwei Russen – Vladimirov

---

136 ROY A. MEDVEDEV. Hg.: *Političeskij dnevnik.* – Amsterdam: Fond im. Gercena, 1972. Band 2, S. 806–807.
137 L. I. Mondrus war eine populäre Bühnensängerin in der Sowjetunion der 60er Jahre. Nach dem TV-Auftrittsverbot im Jahr 1971 emigrierte sie 1973 in die BRD, wo sie in den Jahren 1974–1978 unter dem Künstlernamen Larissa einige Platten mit ihren Liedern in deutscher Sprache veröffentlichte.
138 Interview Lev Novoženovs mit dem Sänger Vadim Mulerman bei NTV (Sendung *Staryj televizor*, 28.06.1999).
139 ANATOLIJ LYSENKO: "Bez samoironii na televidenii svichneš'sja": Interv'ju V. Potapova, in: *Profil'*, 19/26.05.1997.

und Tonkov – und selbst diese sehen wie Juden aus"[140]. Im Weiteren war *Gosteleradio* sogar bestrebt, dass Juden in den Sendungen überhaupt nicht mehr erwähnt werden, z.B. wurde die Herkunft des Komponisten Mendelssohn verschwiegen.[141]

Persönliche Ansichten von Politbüromitgliedern zu Fragen der ethnischen Zugehörigkeit

Da der Ethnonationalismus im Partei- und Staatsapparat nicht aus einem klaren einheitlichen Konzept heraus entstand, machten sich dazu in den poststalinistischen Jahrzehnten Meinungsverschiedenheiten auf der Führungsebene der KPdSU und des Staates bemerkbar. Unter anderem wurde zu verschiedenen Zeiten ein Liberalisierungsbedarf in der Nationalitätenpolitik des Landes artikuliert.

Brežnev vertrat zum Beispiel eine verhältnismäßig milde Position in Bezug auf die Juden, was auch die veröffentlichten Arbeitsaufzeichnungen des Politbüros vom 20. März 1973 überzeugend veranschaulichen.[142] Im Verlauf des zwischen ihm und Jurij Andropov, dem Vorsitzenden des *KGB*, aufflammenden Streits stellte sich heraus, dass Brežnev Anweisungen gab, die sogenannte Bildungssteuer für ausreisende Juden abzuschaffen, während Andropov diese um jeden Preis zu erhalten versuchte und den Generalsekretär zwang, alle Minister anzurufen und zu klären, warum seine Anordnungen nicht befolgt werden. In der Folge schlug Brežnev Maßnahmen zur Liberalisierung des jüdischen Kulturlebens vor, bspw. die Eröffnung eines Theaters und einer Schule, in der der Unterricht auf Jiddisch abgehalten werden sollte. Dabei verkündete er zynisch, dass der Staat von der Eröffnung eines solchen Theaters nur profitieren könne. Nicht nur, dass es ohne staatliche Subventionen auskäme, es würde sogar so viel an den Staatshaushalt zahlen, wie die Regierung verlange, obwohl es eventuell selbst nicht so viel einnehmen könne.[143] Als im Übrigen 1965 Ekaterina Furceva, Kulturministerin der UdSSR und ehemaliges Präsidiumsmitglied des ZK der KPdSU (1957–1961), vor die Frage der Eröffnung eines jüdischen Theaters in Moskau gestellt wurde, löste

---
140 VADIM TONKOV: Meždu Fëdorom Šechtelem i Veronikoj Mavrikievnoj: Interv'ju A. Ščuplova, in: *Subbotnik NG*. 26.02.2000.
141 Ebd.
142 "Kak vypustit' iz karmana evrejskij vopros", in: *Istočnik* 1/1996, S. 155–160.
143 Das Theater wurde 1975 eröffnet.

dies bei ihr eine hysterische Reaktion aus, die sogar im Stenogramm sichtbar ist:

> "Solche Fragen dürfen nicht aufgeworfen werden, wir hatten doch in Moskau bereits ein jüdisches Theater, das geschlossen wurde. Sie wissen doch unter welchen Umständen. Es gibt keine Räumlichkeiten."[144]

Nach den Memoiren Gennadij Voronovs, eines Präsidiumsmitglieds des Politbüros, waren Brežnev und Suslov noch Anfang der 60er Jahre energische Gegner der Wiederherstellung der deutschen (im Gebiet Saratov) und krimtatarischen (auf der Krim) Autonomie. 1963 entbrannte zwischen Chruščëv und Brežnev diesbezüglich ein großer Streit, bei dem "vulgäre Flüche in der Luft lagen".[145]

Auch die Aussagen über Andropovs Position zu Fragen der Nationalitätenpolitik sind äußerst widersprüchlich. Seinem Assistenten Andrej Aleksandrov-Agentov zufolge war Andropov

> "nahezu das einzige Mitglied des Politbüros, das über die Nationalitätenpolitik nachdachte und dazu verschiedene Vorschläge machte, so bspw. die Gewährung einer Art Autonomie für die Sowjetdeutschen. Auf seine Initiative hin wurde sogar beschlossen, einen deutschen autonomen Kreis in Kasachstan zu gründen, aber Kunaev war gegen den Widerstand der kasachischen nationalistischen Gruppierungen machtlos und konnte diese Entscheidung nicht durchsetzen."[146]

Nach Meinung von Anatolij F. Dobrynin, dem sowjetischen Botschafter in den USA, war Andropov

> "eine widersprüchliche Person. Seine Haltung zur Emigration der Juden war nicht vom Antisemitismus bestimmt. Unter seinen Mitarbeitern gab es nicht wenige Juden. Ich habe aus seinem Mund niemals antisemitische Witze gehört, was von einigen anderen Mitgliedern des Politbüros nicht zu behaupten ist."[147]

Den Memoiren des ehemaligen Stasi-Chefs Markus Wolf zufolge war Andropov "besessen" von der Idee, dass Anatolij N. Ščaranskij ein Spion sei, und er wollte ihn aus Angst, dass sich nach den Juden womöglich die Deut-

---

144 Die Rede Elena Furcevas und Antworten auf Fragen im Seminar für künstlerische Arbeiter vom 05.10.1965 in Moskau. Stenogramma. CAODM. F. 635. Op. 15. D. 248. L. 153.
145 V. Šelud'ko. Hg.: *Leonid Brežnev v vospominanijach, razmyšlenijach, suždenijach* – Rostow am Don: Feniks, 1998, S. 60–61.
146 Andrej M. Aleksandrov-Agentov: *Ot Kollontaj do Gorbačëva*. S. 266.
147 V. Šelud'ko. Hg.: *Leonid Brežnev v vospominanijach, razmyšlenijach, suždenijach* – Rostow am Don: Feniks, 1998, S. 278.

schen, die Krimtataren, Kalmücken und Tschetschenen erheben würden, auf keinen Fall frei lassen.[148]

Aus den oben angeführten Zitaten wird ersichtlich, dass die einflussreichsten Mitglieder des Politbüros wenig von den Beziehungen zwischen den Ethnien verstanden und sich in ihrer Tätigkeit zum Teil von ethnonationalistischen Mythen leiten ließen und eine Auferstehung des "bürgerlichen Nationalismus", unter dem man in erster Linie separatistische Stimmungen und Emigrationstendenzen verstand, fürchteten. Insgesamt waren sie mit der Politik der "internationalen Erziehung", d. h. de facto mit der sanften Assimilierung und Russifizierung der nichtrussischen Völker, völlig einverstanden.

Die Propagandakampagne zur Nationalismusbekämpfung, die im März 1972 anlief, fiel zeitlich mit der Absetzung mehrerer Mitglieder des Politbüros (Gennadij I. Voronov, Dimitrij S. Poljanskij, Pëtr E. Šelest und möglicherweise Vasilij Mževanadze), die offensichtlich ethnonationalistisches Gedankengut vertraten, zusammen. Es ist jedoch unwahrscheinlich, dass die Haltung der Betroffenen zu ethnischen Fragen der alleinige Auslöser dieser Entlassungen war. Gennadij I. Voronov und Dmitrij S. Poljanskij waren direkt am Sturz Chruščëvs beteiligt und ermöglichten die Machtübernahme durch Brežnev, obwohl sie nicht zur sogenannten Dnepropetrovsk-Gruppe gehörten, deren Mitglieder ihren Aufstieg dem Generalsekretär zu verdanken hatten.[149] Šelest gehörte dieser Gruppe an, war aber, wie Voronov und Poljanskij, Brežnev gegenüber relativ kritisch eingestellt und wollte ihn nicht als uneingeschränkten Führer anerkennen, auch wenn er dies nicht öffentlich zeigte.[150] Hinzu kommt, dass mehrere hohe Funktionäre (Jurij Andropov, Andrej Grečko, Andrej Gromyko, G. Romanov), die zwischen Ende der 60er und Anfang der 70er Jahre zur Stütze Brežnevs wurden, keine Mitglieder des Politbüros waren. Auf jener Plenarsitzung des ZK der KPdSU vom 27.04.1973, auf der über das Ausscheiden Voronovs und Šelests aus dem höchsten Machtorgan des Landes entschieden wurde, wurden sie dann zu Mitgliedern ernannt. Deshalb ist aus heutiger Sicht schwer zu beurteilen, ob die Kampagne von 1972 eine vom KBG geplante Maßnahme war und, wie Brežnev es selbst auf einer Sitzung des Politbüros formulierte, im Rahmen der Vorbereitung auf das

---

148 LEONID M. MLEČIN: *Predsedateli KGB. Rassekrečennye sud'by.* S. 499.
149 Genaueres über die Beteiligung dieser Personen am Sturz Brežnevs und besonders über "Poljanskijs Rede" s. RUDOL'F PICHOJA: *SSSR: istorija vlasti. 1945–1991.* S. 258–262.
150 S. bspw. Interview mit Pëtr Šelest: ANDREJ KARAULOV: *Vokrug Kremlja.* – Moskau: Slovo, 1993, Band 1, S. 121–124.

50-jährige Jubiläum der Sowjetunion durchgeführt wurde, oder aber, ob diese Maßnahme nur ein Vorwand für die Diskreditierung und Absetzung mehrerer Mitglieder aus dem Politbüro war.[151]

Die zweite große gesamtsowjetische Propagandakampagne zur Nationalismusbekämpfung von 1982 hatte ebenfalls nicht die komplette Zerschlagung des Ethnonationalismus zum Ziel. Sie wurde im Rahmen der Kampagne zur "Einführung von Recht und Ordnung" *(Navedenie porjadka)* im Zusammenhang mit dem Machtwechsel durchgeführt und hatte zum Ziel, die während der zweiten Hälfte der 70er Jahre in hohem Maße selbstständigen regionalen Eliten dem Machtzentrum unterzuordnen.

Die Šelepin-Gruppe und die Bewegung russischer Nationalisten

In den 60er und 70er Jahren war die Tätigkeit im Politbüro und die Ausübung hoher Staatsfunktionen in den Augen der Staatsführung durchaus vereinbar mit der Propagierung ethnonationalistischen Gedankenguts und insbesondere mit der Ideologie des russischen Nationalismus. Eine wichtige politische Vereinigung innerhalb der Machtorgane, die russisch-nationalistisches Gedankengut vertrat, war die Šelepin-Gruppe.[152]

Diese Gruppe bestand im Wesentlichen aus ehemaligen hochrangigen Komsomolfunktionären, die Ende der 40er bis in die 50er Jahre tätig waren und mit den Strafverfolgungsorganen und insbesondere mit der Staatssicherheit in engem Kontakt standen. Aleksandr N. Šelepin, Sekretär des ZK der KPdSU (1952–1958 Erster Sekretär des ZK des Komsomol, 1958 Abteilungs-

---

151 Aufzeichnungen der Rede Brežnevs auf der Sitzung des Politbüros vom 30. März 1972, s.: A. KOROTKOV u.a. Hg.: *Kremlëvskij samosud. Sekretnye dokumenty Politbjuro o pisatele A. Solženicyne. Dokumentensammlung.* – Moskau: Rodina, 1994, S. 203–206.

152 Genaueres über die "Šelepin-Gruppe", s. VIKTOR I. ALIDIN: *Gosudarstvennaja bezopasnost' i vremja.* – Moskau: Verlag "Veteran MP", 1997, S. 183–185 (zur Bezeichnung der "Šelepin-Gruppe" verwendet der Autor den Begriff "Junge Politiker"); GEORGIJ ARBATOV: *Zatjanuvšeesja vyzdorovlenie (1953–1985): Svidetel'stvo sovremennika.* S. 106–109, 117–119, 137–139; ALEKSANDR GLEZER: *Čelovek s dvoinym dnom.* – Moskau: Moskovskij rabočij, 1994, S. 58–59; ANASTAS I. MIKOJAN: *Tak bylo.* S. 602, 625–629; LEONID M. MLEČIN: *Predsedateli KGB. Rassekrečennye sud'by.* S. 431–450; RUDOL'F PICHOJA: *SSSR: istorija vlasti. 1945–1991.* S. 241–251, 256–258, 276; VIKTOR I. SUCHANOV: *Sovetskoe pokolenie i Gennadij Sjuganov: Vremja rešitel'nych.* S. 79–83, 175, 187, 197–211; SERGEJ CHRUŠČËV: *Roždenie sverchderžavy: kniga ob otce.* – Moskau: Vremja, 2000, S. 603–604 (unter Verwendung des Begriffs "Komsomolzen"); GEORGIJ ŠACHNAZAROV: S. 157 (unter Verwendung des Begriffs "Komsomoljata"); ALEKSANDR JAKOVLEV: *Omut pamjati.* S. 162, 169, 186–189 (unter Verwendung des Begriffs "Jugendgruppierung").

leiter der Verwaltungsorgane des ZK der KPdSU, 1958-1961 Vorsitzender des *KGB* beim Ministerrat der UdSSR, 31.10.61-26.09.67 Sekretär des ZK der KPdSU, 1964-1975 Mitglied des Politbüros), sein engster Freund und Mitstreiter Vladimir E. Semičastnyj, 1961-1967 Leiter des *KGB* (1950-1958 Sekretär, 1958-1959 Erster Sekretär des ZK des Komsomol, 1959 Abteilungsleiter der Verwaltungsorgane des ZK der KPdSU), Nikolaj G. Egoryčev, Erster Sekretär der Moskauer Stadtleitung *(MGK)* der KPdSU, Nikolaj N. Mesjacev, 1964-1970 Vorsitzender von *Gosteleradio* (Staatl. Fernseh- und Rundfunk) der UdSSR (von Januar bis März 1953 Assistent des Chefs der Untersuchungsabteilung für besonders wichtige Angelegenheiten im Ministerium für Staatssicherheit *(MGB)* der UdSSR, 1955-1959 Vorsitzender der Propagandaabteilung des ZK des Komsomol), Pëtr N. Demičev, 1961-1974 Sekretär des ZK der KPdSU, Nikolaj A. Michajlov, 1965-1970 Vorsitzender des Staatskomitees für Druck- und Verlagswesen (1938-1952 Erster Sekretär des ZK des Komsomol, 1952-53 Sekretär des ZK der KPdSU und gleichzeitig Leiter der Agitations- und Propagandabteilung, 1955-1960 Kulturminister der UdSSR), Pavel V. Kovanov, 1965-1971 Vorsitzender des Komitees für Volkskontrolle der UdSSR (1945-1956 führende Funktionen, meist beim Rundfunk, in der Agitations- und Propagandabteilung des ZK der KPdSU, 1956-1962 Zweiter Sekretär der KP Georgiens, 1962-1965 stellvertretender Vorsitzender des Komitees für Partei- und Staatskontrolle), Nikolaj R. Mironov, 1959-1964 Abteilungsleiter der Verwaltungsorgane des ZK der KPdSU, (Anfang der 50er Jahre Leiter der Leningrader Abteilung des Ministeriums für Staatssicherheit, starb Ende 1964 bei einem Flugzeugunglück[153]), Vladimir I. Stepakov, 1961-1962 stellvertretender Leiter der Agitations- und Propagandaabteilung des ZK der KPdSU für die RSFSR, 1962-1965 Leiter der ideologischen Abteilung für Landwirtschaft des ZK der KPdSU, 1965-1970 Leiter der Propagandaabteilung des ZK der KPdSU und 1965-1976 Chefredakteur der Zeitung *Izvestija* (Nachrichten), Lev N. Tolkunov, 1964-1967 Leiter der Presseagentur *TASS*, und Dmitrij P. Gorjunov, 1949-1957 Chefredakteur der Zeitung *Komsomol'skaja pravda* (Wahrheit der Kommunistischen Union der Jugend).[154] Nach Meinung des Wissenschaftlers Leonid Mlečin, der sich auf

---

[153] Der ehemalige hochrangige Mitarbeiter des *KGB* Filipp Bobkov hielt Nikolaj R. Mironov für ein Mitglied des "Brežnev-Kommandos", da Mironov mit dem zukünftigen Generalsekretär in einem Gebiet zusammengearbeitet hatte. S.: FILIPP BOBKOV: *KGB i vlasť.* S. 172-173.

[154] GEORGIJ ARBATOV ergänzt als wahrscheinliches Mitglied der "Šelepin-Gruppe" den Chef des Generalstabs, Marschall Sergej Birjusov, der zusammen mit Nikolaj Miro-

Interviews mit ehemaligen Mitgliedern der Šelepin-Gruppe stützt, betrug die Gesamtzahl der Mitglieder dieser politischen Organisation etwa 30–40 Personen.[155] In den Memoiren Aleksandr Jakovlevs, eines ehemaligen ranghohen Mitarbeiters des ZK der KPdSU und Mitglieds des Politbüros (1987–1990), ist die Rede davon, dass die Mitglieder der Šelepin-Gruppe Ende der 60er Jahre sogar Listen ihrer potenziellen Anhänger erstellt haben.[156] Die Šelepin-Gruppe hatte sogar Sympathisanten auf der obersten parteilichen sowie staatlichen Ebene der RSFSR. Der Apparat der ideologischen Abteilungen des ZK-Büros der KPdSU für die RSFSR entstand im Jahr 1955 und existierte bis 1965. Weitgehend bildete sich dieser aus hochrangigen Mitarbeitern des ZK des Komsomol der 50er Jahre und vollzog einen regelmäßigen Wechsel seiner Kader mit der Führungsebene des Ministerrats der RSFSR. Insbesondere diese Personen leisteten die offensichtlichste Unterstützung der russischen nationalistischen Bewegung in den 60er und 70er Jahren. Zu ihnen zählten: Gennadij I. Voronov,[157] 1962–1971 Vorsitzender des Ministerrats der RSFSR, 1961–1973 Mitglied des Politbüros, die stellvertretenden Vorsitzenden des Ministerrats der RSFSR Vjačeslav I. Kočemasov (1949–1955 Sekretär des ZK des Komsomol für ideologische Angelegenheiten)[158] und Evgenij M. Čecharin (1959–1972 stellvertretender Leiter der Abteilung Wissenschaft des ZK-Apparats der KPdSU[159]), Boris I. Stukalin, 1963–1965 Vorsitzender des Staatskomitees für Verlagswesen, Polygrafie und Buchhandel (*Goskomizdat*) der RSFSR und später der UdSSR, V. P. Moskovskij, 1957–1958 Leiter der Abteilung Propaganda und Agitation des

---

nov kurz darauf bei einem Flugzeugunglück starb. S.: GEORGIJ ARBATOV: *Zatjanuvšeesja vyzdorovlenie (1953–1985): Svidetel'stvo sovremennika.* S. 107. Nach Meinung Viktor Alidins und Viktor Suchanovs gehörte außerdem der Minister Vadim S. Tikunov der Gruppe an. S.: VIKTOR I. ALIDIN: *Gosudarstvennaja bezopasnost' i vremja* . S. 183; VIKTOR I. SUCHANOV: *Sovetskoe pokolenie i Gennadij Sjuganov: Vremja rešitel'nych.* S. 197.

155 LEONID M. MLEČIN: *Predsedateli KGB. Rassekrečennye sud'by.* S. 447.
156 ALEKSANDR JAKOVLEV: *Omut Pamjati.* S. 162.
157 IVAN ŠEVCOV nannte u. a. Gennadij Voronov "den Seinigen". S.: IVAN ŠEVCOV: *Tlja. Sokoly.* S. 585.
158 VJAČESLAV KOČEMASOV behauptete im Interview mit Leonid M. Mlečin, dass er Šelepin auch deshalb persönlich verehrte, weil er die Denunziation, die seine Karriere zerstört hätte, nicht angenommen hatte. S.: LEONID M. MLEČIN: *Predsedateli KGB. Rassekrečennye sud'by.* S. 431.
159 1959–1972 war er stellvertretender Leiter der Abteilung Wissenschaft des ZK der KPdSU, parallel dazu 1962–1963 Leiter der Abteilung Wissenschaft, Schulwesen und Kultur des ZK der KPdSU für die RSFSR, 1972–1978 Rektor der Parteihochschule des ZK der KPdSU, 1978–1983 stellvertretender Kulturminister der UdSSR, 1983–1989 stellvertretender Vorsitzender des Ministerrats der RSFSR.

ZK-Büros der KPdSU für die RSFSR, 1960–1962 stellvertretender Vorsitzender des Ministerrats der RSFSR, 1963–1965 stellvertretender Leiter der ideologischen Abteilung des ZK der KPdSU für Industrie der RSFSR, 1965–1971 Chefredakteur der Zeitung *Sovetskaja Rossija* (Sowjetrussland), Zoja P. Tumanova[160], stellvertretende Leiterin der Agitations- und Propagandaabteilung des ZK der KPdSU für die RSFSR, ab 1966 stellvertretende Leiterin der Abteilung Kultur des ZK der KPdSU und N. V. Sviridov, 1965 Leiter des Sektors für massenagitatorische Arbeit der Abteilung Propaganda und Agitation des ZK der KPdSU für die RSFSR, 1967–1970 stellvertretender Leiter der Propagandaabteilung des ZK der KPdSU. Es ist durchaus möglich, dass dieser Gruppe auch Egor K. Ligačëv angehörte, der 1949 im Komsomol als Erster Sekretär der Leitung des Gebiets Novosibirsk Karriere machte; 1961 bis 1965 war er stellvertretender Vorsitzender der Agitations- und Propagandaabteilung der RSFSR; ab 1965 (nach dem Sturz Chruščëvs) besetzte er einen höheren Posten als Erster Sekretär der Leitung des Gebiets Tomsk. Trotzdem gibt es bis heute keine Informationen über diesen Abschnitt seines Lebens und sein Verhältnis zum russischen Nationalismus. Sein reger Kontakt zu den russischen Nationalisten wurde erst ab 1983 mit seinem Umzug nach Moskau sichtbar.[161] Auf der Führungsebene des ZK des Komsomol existierte eine weitere Gruppierung, die die Šelepin-Gruppe unterstützte (siehe unten).

Die Mitglieder der Šelepin-Gruppe sowie ein beträchtlicher Teil weiterer ranghoher in den 60er und 70er Jahren tätiger Partei- und Staatsfunktionäre übernahmen schon Ende der 40er bis Anfang der 50er Jahre "verantwortungsvolle" Posten. Zu dieser Zeit wurden in der UdSSR ausgedehnte Propaganda- und Vergeltungskampagnen durchgeführt. Eines der Hauptziele dieser Kampagnen war die Bekämpfung des sogenannten Nationalismus. Die Mitarbeiter der ideologischen Abteilungen von Organen wie dem ZK der Kommunistischen Allunionspartei (Bolschewiki) *VKP(b)* und dem ZK des Komsomol waren direkt an diesen Kampagnen beteiligt. Wie Gennadij Kostyrčenko in seiner grundlegendenden Studie feststellte, war die Agitations- und Propagandaabteilung des ZK der *VKP(b)* ein Zentrum, in dem

---

160 1946–1952 Abteilungsleiterin der *Komsomol'skaja pravda* und 1952–1958 Sekretärin des ZK des Komsomol.
161 S.: VLADIMIR VOROTNIKOV: *A bylo éto tak ...* – Moskau: "Sovet veteranov knigoizdanija", 1995, S. 137–138; VITALIJ KOROTIČ: *Zal ožidanija.* – New York: Liberty publishing house, 1991, S. 131–132; STANISLAV KUNJAEV: Poèzija. Sud'ba. Rossija, in: *Naš sovremennik.* 7/1999. S. 137; ANATOLIJ S. ČERNJAEV: *Šest' let s Gorbačevym.* S. 148–149.

schon 1942 antisemitische Kampagnen und Beschlüsse über ethnische Säuberungen in verschiedenen staatlichen Einrichtungen ausgearbeitet wurden.[162] Eine überaus bedeutende Gruppe, die jahrzehntelang diverse leitende Positionen im ideologischen Einflussbereich besetzte, bestand aus ehemaligen Mitarbeitern der Abteilung Agitation und Propaganda, der Abteilung Parteiorganisatorische Arbeit und anderer Unterabteilungen des Apparats des ZK der *VKP(b)* und später des ZK der KPdSU, die sich in den 40ern und Anfang der 50er Jahre organisatorisch an antikosmopolitischen und antinationalistischen Kompagnien beteiligten. Mindestens ein Teil von ihnen demonstrierte im Weiteren unmissverständlich seine antisemitische Einstellung und unterstützte die Russische Partei.

Das Ministerium für Staatssicherheit *(MGB)* trug die Verantwortung für den Vergeltungsteil der Operationen bei der Bekämpfung des sogenannten Nationalismus und hatte nach den Memoiren Pavel Sudoplatovs, eines ranghohen Funktionärs des Volkskommissariats des Inneren *(NKVD)* bzw. Ministeriums für Staatssicherheit *(MGB)* und eines der wenigen noch lebenden Leiter dieses Organs zu Stalins Zeiten, schon 1939 die mündliche Anweisung bekommen: "... zu verfolgen, wie viel Prozent an Vertretern welcher Nationalität sich auf der Führungsebene der in Sachen Sicherheit verantwortungsvollsten Organe befinden. [So] entstand das Quotensystem."[163] Daher kann man sagen, dass die Chefs der ideologischen Strukturen und der Straforgane einen mehr oder weniger großen persönlichen Anteil an den Repressalien hatten.

Bezeichnend ist in dieser Hinsicht auch die Geschichte der "Gruppe" um den Abteilungsleiter der Partei- und Komsomolorgane des ZK der *VKP(b),* Semën D. Ignat'ev, der seit 1951 ausgedehnte, in erster Linie gegen Juden und Kaukasier gerichtete Säuberungen im Apparat des Ministeriums für Staatssicherheit durchführte und unter anderem auch den Prozess in der "Ärzteverschwörung" und in der "Mingrelischen Affäre" organisierte. Mit seiner Ernennung zum Minister für Staatssicherheit verteilte Ignat'ev die Schlüsselposten des Zentralapparats des Ministeriums an eine 10-köpfige Gruppe von Parteifunktionären aus Gebietsorganen. Diese waren A. N. Bezotvetnych, vor seiner Ernennung ein verantwortungsvoller Funktionär des ZK-Apparats der *VKP(b),* und Aleksej A. Epišev (1908–1985), der Stellvertretender Minister für Staatssicherheit für Kaderfragen wurde und vor seiner Versetzung nach Moskau Erster Sekretär der Gebietsleitung Odessa war. Die Anderen waren Sekretä-

---

162 GENNADIJ KOSTYRČENKO: *V plenu u krasnogo farona.* S. 8–14.
163 PAVEL SUDOPLATOV: *Razvedka i Kreml'.* – Moskau: Geja, 1996, S. 337.

re von Gebietsleitungen: Viktor I. Alidin aus Cherson, V. A. Golik aus Winnica, N. G. Ermolov aus Vorošilovgrad, N. K. Mažar aus Tjumen', S. N. Ljanin aus Tula, Nikolaj P. Mironov aus Kirovograd, M. P. Svetličny aus Kustanaj und A. I. Stepanec aus Čeljabinsk. Auffällig ist, dass fünf von ihnen aus der Ukraine nach Moskau kamen und weitere drei, den Nachnamen nach zu urteilen, ukrainischer Herkunft waren.[164] Bedenkt man, dass das Ausmaß der antisemitischen Kampagne in der Ukraine zu jener Zeit noch größere "Schlagkraft" hatte als in Russland,[165] kommt man wohl unvermeidlich zu der Annahme, dass das ZK diese Personen speziell für die antisemitischen Säuberungen in den Apparat des Ministeriums für Staatssicherheit (*MGB*) versetzte, ausgehend einerseits von ihren Verdiensten an dieser "Front" und andererseits vom angeblichen totalen Antisemitismus der Ukrainer. Einige dieser Personen etablierten sich für mehrere Jahrzehnte in diesen Führungspositionen. So zum Beispiel Viktor I. Alidin, der 1986 von seinem Posten als Abteilungsleiter des Moskauer *KGB* in den Ruhestand entlassen wurde.[166] S. Ljalin, der Ende der 60er Jahre Chef der Moskauer Abteilung des *KGB* war, setzte sich den Memoiren Filip Bobkovs, des Chefs der 5. Abteilung des *KGB* zufolge für die Ausweisung der Organisatoren und Aktivisten von Bürgerrechtler-Kundgebungen aus Moskau ein.[167] Nikolaj R. Mironov wurde bei seinem Eintritt ins Ministerium für Staatssicherheit stellvertretender Chef der Spionageabwehr, später leitete er die Leningrader Abteilung des Ministeriums für Staatssicherheit, wurde dann zum Leiter der Verwaltungsabteilung des ZK der KPdSU und war Aktivist der Šelepin-Gruppe. Außerdem war er 1964 an der Absetzung Nikita Chruščëvs beteiligt.[168] Aleksej Epišev war von 1962 bis 1985 Leiter der Hauptpolitabteilung der Sowjetischen Armee und unterstützte die Bewegung russischer Nationalisten. Unter Bezug auf die Memoiren des Generals Pavel Sudoplatov schreibt Leonid M. Mlečin, dass

"die Schlüsselposition des Vizeministers für Kaderfragen von Epišev besetzt wurde, [der] sich eifrig dafür einsetzte, die Sicherheitsorgane von Juden zu säubern: Sie alle

---

164 GENNADIJ KOSTYRČENKO: *V plenu u krasnogo farona*. S. 143.
165 Einzelheiten über die antisemitische Kampagne in der Ukraine, insbesondere im Gebiet Vorošilov, (aus dem übrigens auch einer der Sekretäre der Gebietsleitung ins Ministerium für Staatssicherheit versetzt wurde), s. die Memoiren des Journalisten BORIS M. ŠČARANCKIJ (Vater des bekannten Dissidenten und zeitgenössischen Politikers): *Anatolij Ščaranskij*. Hg. von F. Rosinger. – Jerusalem: Šamir. 1985.
166 Von 1956 bis 1971 war Viktor I. Alidin Chef der 7. Hauptabteilung des *KGB* der UdSSR (äußere Überwachung, Durchführung von Durchsuchungen und Verhaftungen), von 1971 bis 1986 war er Chef der Moskauer Abteilung des *KGB*.
167 FILIPP BOBKOV: *KGB i vlast'*. S. 206.
168 RUDOL'F PICHOJA: *SSSR: Istorija vlasti. 1945–1991*. S. 256.

wurden der Teilnahme an der zionistischen Verschwörung verdächtigt, an deren Spitze angeblich der ehemalige Minister Abakumov stand."[169]

In den Folgejahren bewahrte sich Epišev sein gesteigertes "Interesse" an den Juden. So stellt ein hochrangiger schwedischer Diplomat, der 1971 in häufigem Kontakt mit sowjetischen Militärs stand, fest, dass Aleksej Epišev der Einzige von ihnen war, der im Laufe der Gespräche ständig die Situation im Nahen Osten ansprach und sogar androhte, Israel zu zerbomben.[170]

Neben den zehn hochrangigen Parteifunktionären wurden auch junge Mitarbeiter des Komsomol ins Ministerium für Staatssicherheit versetzt. Unter ihnen war ein weiteres zukünftiges Mitglied der Šelepin-Gruppe, Nikolaj N. Mesjacev, der zwischen 1950 und 1952 die Funktion des stellvertretenden Abteilungsleiters der Komsomolorgane des ZK des Komsomol ausübte und zwischen 1941 und 1945 Ermittler der "Sonderabteilungen" des Volkskommissariats der UdSSR und des *SMERSCH* [Abk. für "Tod den Spionen!" – Hauptabteilung für Gegenspionage des Volkskommissariats für Verteidigung der UdSSR – Anm. d. Hg.] war. Diese Mitarbeiter der Untersuchungsabteilung für besonders wichtige Angelegenheiten des Ministeriums für Staatssicherheit wurden mit der Ermittlung in besonders wichtigen Fällen, in erster Linie in der "Ärzteverschwörung", beauftragt. Die neuen Mitarbeiter der Untersuchungsabteilung arbeiteten unter unmittelbarer Leitung Stalins. In Anlehnung an die Memoiren Mesjacevs schreibt Leonid M. Mlečin:

"Mit den jungen Mitarbeitern des Ministeriums für Staatssicherheit arbeitete Stalin zusammen wie ein guter Professor mit vielversprechenden Aspiranten. Er lud sie auf seine Datscha ein und erklärte ihnen, wie was zu tun sei. [...] Er selbst dachte sich die Fragen aus, die die Ermittler ihren Opfern während des Verhörs zu stellen hatten. Und er selbst entschied, wann wer zu verhaften war. [...] Den neuen Ermittlern wurden auf seinen Befehl hin Nomenklaturavorteile gewährt, mit denen sonst nur die höherrangigen Funktionäre ausgestattet wurden."[171]

Ein weiteres Mitglied der Šelepin-Gruppe, Nikolaj Michajlov, der zwischen 1938 und 1952 die Funktion des Ersten Sekretärs des ZK des Komsomol ausübte und ab 1952 gleichzeitig Leiter der Propagandaabteilung und Sekretär des ZK der KPdSU war, wird auf den zwölf Seiten, die Gennadij Kostyrčenko ihm in seinem Buch widmet, als aktiver und umtriebiger Antisemit beschrieben:

---

169 LEONID M. MLEČIN: *Predsedateli KGB. Rassekrečennye sud'by.* S. 308.
170 GUNNAR JARRING: *Do glasnosti i perestrojki.* – Moskau: Progress, 1992, S. 80–81, 83–87.
171 LEONID M. MLEČIN: *Predsedateli KGB. Rassekrečennye sud'by,* S. 317. – den Memoiren Nikolaj N. Mesjacevs zufolge.

"Nachdem er mit Blatin [Chefredakteur der *Komsomol'skaja pravda*, 1949 von einem weiteren Mitglied der Šelepin-Gruppe, Dmitrij P. Gorjunov, abgelöst – Anm. d. Autors] abgerechnet hatte, stand Michajlov in Stalins Gunst. Und mit seiner intuitiven Erkenntnis, dass der Antisemitismus der kürzeste Weg zum Herzen des alternden Führers ist, bewegte er sich sicheren Schrittes an die Spitze der Macht im Apparat. Dieses Kalkül [...] war auch der entscheidende Grund dafür, dass die *Komsomol'skaja pravda*, die durch das Feuer der antijüdischen Säuberungen gegangen war, im Winter 1951 die merkwürdige Diskussion über die literarischen Pseudonyme initiierte."[172]

Die Historikerin Maria Zezina merkt an, dass Michajlov am 14.01.1953 die Anordnung für die Planung der "Befreiung des Schriftstellerverbandes der UdSSR von unnötigem Ballast" erlassen hatte, was einer Ausweisung der jüdischen Schriftsteller aus diesem Künstlerverband gleichkam, deren Werke aufgrund des Veröffentlichungsverbots von Büchern auf Jiddisch in der UdSSR mehrere Jahre nicht gedruckt wurden.[173]

Die Mitglieder der Šelepin-Gruppe waren in den 60er und 70er Jahren bei weitem nicht die einzigen hochrangigen Funktionäre, die sich Ende der 40er bis Anfang der 50er Jahre an antisemitischen Kampagnen beteiligten. Der Vorsitzende von *Gosteleradio* der UdSSR, Sergej Lapin, wurde in diesem Zusammenhang bereits erwähnt. Selbst aus seiner offiziellen Biografie lässt sich schließen, dass er ein "professioneller" Antisemit war. Zeitgleich mit dem Beginn der ersten antisemitischen Massenkampagne 1942 wurde er Instrukteur der Presseabteilung des ZK der *VKP(b)*.[174] Zwischen 1944 und 1953 befand sich Lapin auf gehobenen Posten im Komitee für Rundfunk, wo zu dieser Zeit rigorose antisemitische Säuberungen durchgeführt wurden. Seine persönliche Beteiligung an dieser Kampagne bezeugte der ehemalige Mitarbeiter des Moskauer Radios Kirill Chenkin.[175] Es ist anzunehmen, dass Lapin wegen seines übermäßigen Eifers 1953 vom Posten des stellvertretenden Komiteevorsitzenden in den Apparat des Obersten Staatskommissars der UdSSR in die DDR buchstäblich verbannt wurde. Er konnte sich jedoch in

---

172 GENNADIJ KOSTYRČENKO: *V plenu u krasnogo farona*. S. 215.
173 MARIA ZEZINA: *Sovetskaja chudožestvennaja intelligencija i vlast' v 50-e – 60-e gody*. S. 87. Der Text des Briefes der Vorsitzenden des sowjetischen Schriftstellerverbandes Aleksandr Fadeev, Aleksej Surkov und Konstantin Simonov an Nikita Chruščëv vom 24.03.1953 mit dem Anhang "zur Befreiung vom Ballast" mit offenkundigen antisemitischen Zwecklügen, s. T. M. GORJAEV. Hg.: *Istorija sovetskoj političeskoj cenzury. Dokumenty i kommentarii*. – Moskau ROSSPĖN, 1997. S. 100–104.
174 GENNADIJ KOSTYRČENKO: *V plenu u krasnogo farona*. S. 8–14.
175 KIRILL CHENKIN: *Ochotnik vverch nogami*. – Moskau: Terra, 1991, S. 70. Über die Massenentlassungen von Juden aus dem Radiokomitee s. auch: ZINOVIJ S. ŠEJNIS: *Provokacija veka*. – Moskau: PIK, 1992, S. 77–80.

seiner diplomatischen Tätigkeit bewähren, oder aber der wachsende Einfluss Brežnevs zeigte seine Wirkung, so dass er 1967 von seinem Posten als Botschafter in China zum Vorsitzenden von *Gosteleradio* der UdSSR ernannt wurde.[176] Einer der Vorgänger Lapins auf dem Posten des Vorsitzenden von *Gosteleradio*, Sergej V. Kaftanov (1957–1962), zwischen 1946 und 1951 Minister für Hochschulbildung der UdSSR, nahm nicht nur rege an antisemitischen Säuberungen in den Hochschulen teil, sondern war gleichzeitig für seine Suche nach "bürgerlichen Idealisten" in der sowjetischen Physik bekannt.[177]

Obwohl Aleksandr Šelepin, Vladimir Semičastnyj und Gennadij Voronov ihre Beförderung Nikita Chruščëv persönlich zu verdanken hatten – alle drei erhielten ihre hohen Staatsposten praktisch zur gleichen Zeit, auf dem XXII. Parteitag der KPdSU oder unmittelbar danach –, unterschieden sich ihre politischen und gesellschaftlichen Ansichten grundsätzlich von denen des Staatsoberhaupts. Den Mitgliedern der Šelepin-Gruppe war durchaus bewusst, dass sie die ersten wesentlichen Etappen ihrer politischen Karriere ganz und gar nicht Chruščëv, sondern Stalin zu verdanken hatten. Als sie in der zweiten Hälfte der 40er Jahre an die Macht kamen, waren seitens des Kremloberhaupts keine Erniedrigungen oder gar Repressalien mehr zu gewärtigen, sondern Aufmerksamkeit und Fürsorge.

Die persönlichen Treffen mit Stalin und die Teilnahme an den Repressalien Ende der 40er bis Anfang der 50er Jahre übten einen starken Einfluss auf die Weltanschauung der Mitglieder der Šelepin-Gruppe aus. Trotz der Demaskierung Stalins durch Chruščëv auf dem XX. Parteitag der KPdSU hielten sie an einer Reihe ideologischer Stereotype der letzten Regierungsjahre Stalins, einschließlich der ethnischen Fremdenfeindlichkeit, des Isolationismus und des Militarismus, fest.

Die Haltung Chruščëvs, der sich, wenn auch nicht sonderlich konsequent, für die Liberalisierung der Innen- und Außenpolitik des Landes und die partielle Demilitarisierung einsetzte – obwohl diese möglicherweise nur ein äußerer Effekt war und vor der übrigen Welt die Ausmaße der einsetzenden Aufrüstung des Landes verbarg – und offen Verbohrtheit und Grobheit gegenüber

---

176 S.: VLADIMIR I. IVKIN. Hg.: *Gosudarstvennaja vlast' v SSSR. Vysšie organy vlasti i upravlenija i ich rukovoditeli. 1923–1991 gg.* – Moskau: ROSSPĖN, 1999, S. 382–383.
177 L. GUREVIČ: *Totalitarizm protiv intelligencii.* – Alma-Ata: A/O "Karavan", 1992, S. 7–8, 17.

seinem unmittelbaren Umfeld an den Tag legte, stieß in der Šelepin-Gruppe auf offene Ablehnung.[178]

Die Šelepin-Gruppe, die das Vertrauen Chruščëvs genoss, versuchte 1962 zusammen mit Leonid Il'ičev, einem Sekretär des ZK der KPdSU und Vorsitzenden der Ideologischen Kommission beim ZK der KPdSU, eine neue Kampagne zur Bekämpfung von liberalen, prowestlichen Tendenzen in der Intelligencija zu starten. Bereits 1963 aber brach die Kampagne trotz des Zorns Chruščëvs auf die abstrakten Maler ob der relativen Geschlossenheit und Hartnäckigkeit, mit der die Künstlerszene ihre Ansichten vertrat, praktisch in sich zusammen.

Im Bewusstsein der Begrenztheit ihres politischen Spielraums war die Šelepin-Gruppe unmittelbar am Sturz Chruščëvs im Oktober 1964 beteiligt. Zu diesem Zweck hatte sich die Šelepin-Gruppe mit einer anderen starken politischen Gruppierung, der Dnepropetrovsk-Gruppe vereinigt, an deren Spitze Brežnev stand und die in ihren Reihen Mitglieder des Präsidiums (des Politbüros), wie Nikolaj Podgornyj, Andrej Kirilenko, und andere hochrangige Partei- und Staatsfunktionäre vereinte, die sich mit Brežnev durch ihre gemeinsame Arbeit in der Ukraine und in Moldawien verbunden fühlten.[179] Gegenwärtig herrscht unter den Forschern keine Einigkeit darüber, wer von den Mitgliedern des Präsidiums (des Politbüros) der Initiator der Absetzung Chruščëvs war. Der Historiker Rudol'f Pichoja hatte die Möglichkeit, die für Wissenschaftler schwer zugänglichen Dokumente des ZK der KPdSU zu studieren und kam zu dem Ergebnis, dass Šelepin entgegen seinen späteren Rechtfertigungen die "treibende Kraft" dieses Komplotts war.[180]

Nach der Absetzung Chruščëvs erhielten die Anhänger Šelepins (Nikolaj N. Mesjacev, Nikolaj Michajlov, Pëtr Demičev) neue hohe Posten, was die Stel-

---

178 Genaueres s. z. B.: RUDOL'F PICHOJA: *SSSR: istorija vlasti. 1945–1991*. S. 187–271.
179 Genaueres über die "Dnepropetrovsk-Gruppe": VIKTOR I. ALIDIN: *Gosudarstvennaja bezopasnost' i vremja*, S. 182; VITALIJ VRUBLËVSKIJ: *Vladimir Ščerbickij. Pravda i vymysly*. – Kiew: Firma "Doverija", 1993, S. 40; LEONID M. MLEČIN: *Predsedateli KGB. Rassekrečennye sud'by*, S. 464; MICHAIL F. NENAŠEV: *Založnik vremeni*. – Moskau: Progress, 1993, S. 80 (zur Benennung der "Dnepropetrovsk-Gruppe" benutzt der Autor den Terminus "Junta"); VIKTOR I. SUCHANOV: *Sovetskoe pokolenie i Gennadij Sjuganov. Vremja rešitel'nych*, S. 195; SERGEJ N. CHRUŠČËV: *Roždenie sverchderžavy. Kniga ob otce*. – Moskau: Vremja, 2000, S. 603–604 (unter Verwendung des Terminus "Moskauer Ukrainer"); GEORGIJ ŠACHNAZAROV: *Cena svobody. Reformacija Gorbačëva glazami ego pomoščnika*, S. 341.
180 RUDOL'F PICHOJA: *SSSR: istorija vlasti. 1945–1991*. S. 258.

lung der Gruppe weiter stärkte.[181] Bald jedoch verhärteten sich die Gegensätze zwischen der Šelepin-Gruppe und der Dnepropetrovsk-Gruppe, denn erstere hatte ihre eigenen Vorstellungen über die künftige Entwicklung des Landes und war mit der Kaderpolitik Brežnevs nicht einverstanden. Der Aussage Semičastnyjs zufolge

"grenzte es fast an Absurdität: Kostyrgin hatte fünf Stellvertreter, die alle aus der Dnepropetrovsk-Gruppe stammten. Die Kaderpolitik Brežnevs war relativ veraltet. Dazu gab es in Moskau einen Witz über die neue Zeiteinteilung der russischen Geschichte: Erst war die vorpetrinische Zeit, dann die petrinische, und jetzt die dnepropetrinische Zeit."[182]

Der Journalist Boris Pankin, der in den 60er und 70er Jahren ein hochrangiger Mitarbeiter der sowjetischen Propagandamaschinerie war, so unter anderem Chefredakteur der *Komsomol'skaja pravda*, kann als einer der Wenigen die Ideologie der Mitglieder der Šelepin-Gruppe beschreiben.

"Šelepin fürchtete nichts mehr auf der Welt [...] als ideologische Ketzerei und war der Meinung, der Nährboden dafür sei das tatsächliche Böse, der Bürokratismus, die Korruption und die Selbstherrschaft der Partei- und Staatselite. Dagegen rief er zu kämpfen auf, auf Leben und Tod. Die an die Spitze strebende 'Dnepropetrovsk-Mafia' war für ihn [...] die Personifizierung dieser Erscheinungen des Bösen."[183]

Auf der Präsidiumssitzung des ZK der KPdSU im August 1965 versuchte die Šelepin-Gruppe mit dem Argument des wachsenden Nationalismus in der Ukraine, die Dnepropetrovsk-Gruppe in die Schranken zu weisen. Der damals gerade erst ernannte Sekretär für ideologische Fragen, Pëtr Demičev, bezichtigte den Ersten Sekretär der Kommunistischen Partei der Ukraine *(KPU)* Pëtr Šelest und den Zweiten Sekretär des Präsidiums des ZK der KPdSU, Nikolaj Podgornyj, der Förderung des ukrainischen Nationalismus. Šelepin, der die

---

181 Ein Teil der Posten wurde von den Mitgliedern der "Šelepin-Gruppe" noch vor der Plenarsitzung des ZK der KPdSU, auf der Nikita Chruščëv formal abgesetzt wurde, besetzt. Nikolaj N. Mesjacev erinnert sich später: "Ich bekam einen Posten im Radiokomitee, Vladimir Stepakov, der Leiter der Propagandaabteilung, bei der Zeitung *Izvestija*, Lev Tolkunov [ein weiterer Leiter der ZK-Abteilung der KPdSU] bei der *Pravda*. Am Morgen fuhr ich nicht nach Hause (drei Tage lang fuhr ich nicht nach Hause, ich arbeitete im Komitee), und als die Plenumssitzung zu Ende war, brachte man mir den vom Präsidium unterzeichneten Bescheid, der mich in der Funktion des Komiteeleiters bestätigte" (JURIJ V. AKSJUTIN. Hg.: *Nikita Sergeevič Chruščëv. Materialy k biografii.*– Moskau: Politizdat, 1989, S. 210). Im Gegensatz zu Nikolaj N. Mesjacev, wurden Vladimir Stepakov und Lev Tolkunov nicht als Chefredakteure der von ihnen zum Zeitpunkt des "Umsturzes" kontrollierten Zeitungen bestätigt.
182 SERGEJ ŠAPOVAL: Olimpijcy. Interv'ju s V. Semičastnym, in: *NG-Figury i lica*. 27.7.2000.
183 BORIS PANKIN: *Preslovutaja épocha v licach i maskach, sobytijach I kazusach*, S. 103.

Offensive fortsetzte, verwendete Argumente aus einem speziell für diese Sitzung angefertigten Memorandum. Brežnev und den übrigen Mitgliedern der Dnepropetrovsk-Gruppe gelang es nicht ohne Mühe, dem Angriff der politischen Gegner Einhalt zu gebieten.[184]

Nikolaj N. Mesjacev berichtete später Folgendes über diese Phase:

"Als man uns auflöste, wurde uns gesagt, es könne nicht sein, dass wir keinen organisatorischen Kopf hätten. Aber es gab ihn nicht, wir waren immer nur Freunde und Gleichgesinnte. [...] Oft trafen wir uns bei mir auf der Datscha. Aber es wurde nie darüber geredet, dass Brežnev gestürzt und durch Šelepin ersetzt werden müsse. Obwohl es unter uns auch Dummköpfe gab, die sich in angetrunkenem Zustand auf einen Stuhl stellten und riefen: 'Es lebe Šelepin!'[185] [...] Aleksandr Nikolaevič [Šelepin] mochte Gespräche unter vier Augen, aber wir sprachen nie darüber, dass er einmal den ersten Platz im Staat einnehmen soll. In unseren Gesprächen waren wir uns darüber einig, dass unser Land in der Entwicklung stehen geblieben war bzw. sich gar zurückentwickelte. Das war es, was uns Sorgen bereitete."[186]

Georgij Arbatovs Einschätzung nach

"waren Šelepin und seine Gruppe sowohl in der Innen- als auch in der Außenpolitik nach dem Oktober 1964 die größten Verfechter eines Wiederauflebens des ‚Klassenansatzes' und der ‚Klassenverbundenheit', lehnten den politischen Kurs der Verbesserung der Beziehungen zu den kapitalistischen Ländern ab und versuchten, zumindest in dieser Zeit, auf die ‚chinesische Karte' zu setzen. Das alles verband sich,

---

184 Der Anlass für diese Diskussion im Präsidium des ZK der KPdSU war eine Notiz Pëtr Šelests vom 2.8.1965, in der er vorschlug, der Ukraine das Recht des Internationalen Handels zu gewähren. Dieser Vorschlag wurde den Memoiren ANASTAS I. MIKOJANS zufolge einstimmig als "politischer Fehler" gewertet, was in der Präsidiumsentscheidung vom 21.10.1965 zum Ausdruck kam (ANASTAS I. MIKOJAN: *Tak bylo*. S. 623–629). Pëtr Šelest behauptet im Interview, dass vor allem Brežnev seinen Vorschlag ablehnte und dass seine guten Beziehungen zur "Jugend" (zu Aleksandr Šelepin, Vladimir Semičastnyj und Jurij Andropov) der Grund seiner Absetzung im Jahr 1972 waren. Über die Vorwürfe aus dem Jahr 1965, er würde die Nationalisten unterstützen, hüllt er sich in Schweigen. S.: ANDREJ KARAULOV: *Vokrug Kremlja*. Band 1, S. 121–124. Entsprechend den Beobachtungen GEORGIJ ARBATOVS wurde ab Herbst 1965 "allen demonstriert, dass Šelepin bei weitem nicht der zweite Mann in der Partei und im Staat war und erst recht nicht als Staatsführer in Frage kam" (GEORGIJ ARBATOV: *Zatjanuvšeesja vyzdorovlenie (1953–1985): Svidetel'stvo sovremennika*, S. 138).
185 Aleksander N. Jakovlev verbreitete im Apparat Gerüchte über eine Reise der von Aleksandr Šelepin angeführten Partei- und Regierungsdelegation in die Mongolei: "Eines der Essen dauerte lange und war üppig. Am Ende sprach Nikolaj N. Mesjacev einen Toast auf die Zukunft des ZK-Generalsekretärs Šelepin aus. So wurde das Schicksal des Jugendklans vorbestimmt." ALEKSANDR JAKOVLEV: *Omut pamjati*. S. 187.
186 LEONID M. MLEČIN: *Predsedateli KGB. Rassekrečennye sud'by*. S. 441.

wie man damals sagte, mit Großmachttendenzen und Chauvinismus, wobei hier Dmitrij Poljanskij als Anführer galt."[187]

Die Stärkung Šelepins wirkte sich direkt auf die Tätigkeit der russischen Nationalistengruppierung im ZK des Komsomol aus, die der Erste Sekretär des ZK des Komsomol, Sergej P. Pavlov (1930–1995), leitete. Die aktivste Zeit der Pavlov-Gruppe waren die Jahre 1965 bis 1967. Bezeichnend war die von extremen militaristischen und antiliberalen Stimmungen geprägte Plenarsitzung des ZK des Komsomol für militärpatriotische Erziehung im Dezember 1965 und Januar 1966, auf der die Zeitschriften *Novyj mir* und *Junost'* scharf kritisiert wurden. Und auch der *KGB* und das Staatliche Komitee für Druck- und Verlagswesen der UdSSR, die von Mitgliedern der Šelepin-Gruppe geleitet wurden, sendeten Berichte an das ZK der KPdSU, in denen die besorgniserregende Situation in der Literatur und Kunst dargestellt wurde. Die Staatsfunktionäre, die sich voll und ganz mit der Meinung der Komsomolführung solidarisierten, merkten an, dass "die Politikverdrossenheit der Vertreter der Intelligencija und der Hochschuljugend in den Großstädten zunimmt und sich eine ablehnende Haltung verbreitet."[188]

Im Jahr 1967 verlor die Šelepin-Gruppe den Kampf um Einfluss im Politbüro.[189] Offensichtlich unterstützten den "eisernen Schurik" zu diesem Zeitpunkt noch nicht einmal die ihm ideell nahe stehenden russischen Nationalisten Dmitrij Poljanskij und Gennadij Voronov. Šelepin selbst, der zwar Mitglied des Politbüros blieb, wurde im September vom Posten des Sekretärs des ZK der KPdSU und Leiters des von ihm reformierten Komitees für Partei- und Staatskontrolle auf den in politischer Hinsicht drittklassigen Posten des Vorsitzenden des Gesamtsowjetischen Zentralrats der Gewerkschaften *(*russ.: *Vsesojuznyj central'nyj sovet professional'nych sojuzov VCSPS)* versetzt. Vladimir Semičastnyj wurde im Mai praktisch in die Verbannung, auf den Posten des ersten stellvertretenden Vorsitzenden des Ministerrats der UdSSR, geschickt, Nikolaj Egoryčev wurde zum Vizeminister für Traktor- und Landmaschinenbau der UdSSR gemacht, Dmitrij Gorjunov wurde als Botschafter

---

187 GEORGIJ ARBATOV: *Zatjanuvšeesja vyzdorovlenie (1953–1985): Svidetel'stvo sovremennika*, S. 118.
188 MARIA ZEZINA: *Sovetskaja chudožestvennaja intelligencija i vlast' v 50-e – 60-e gody*. S. 335.
189 Nach Aussage Anastas I. Mikojans hat sich "die ‚Šelepin-Gruppe' Anfang 1967 mit dem Vorschlag an mich gewandt, an der Bekämpfung der Gruppierung um BREŽNEV teilzunehmen", um den Ersten Sekretär auszuwechseln. Anastas I. Mikojan lehnte das jedoch ab, und die Rede Nikolaj G. Egoryčevs auf dem Plenum des ZK der KPdSU war nicht sehr überzeugend (ANASTAS I. MIKOJAN: *Tak bylo*, S. 629–630).

nach Kenia geschickt und Sergej Pavlov war ab Juni 1968 Leiter des Sportkomitees beim Ministerrat der UdSSR.

Der Kampf war nicht nur auf Apparatebene, sondern auch auf ideeller Ebene verloren. Für die Šelepin-Gruppe waren Reformen de facto unabdingbar, deren Grundzüge aber waren noch nicht definiert. Der Partei- und Staatsapparat sowie ein großer Teil der Gesellschaft waren des endlosen Reformierens, das schon seit Stalins Tod andauerte, überdrüssig und nahmen das Stabilitätskonzept der Dnepropetrovsk-Gruppe bereitwillig an. Dieses Konzept sah eine Absage an die Verwaltungsreformen und die öffentliche Polemik zu politischen Themen zugunsten einer Erhöhung des Wohlstands vor.[190] Das Steckenpferd der Dnepropetrovsk-Gruppe war in ideeller Hinsicht eine neu erarbeitete Ideologie, die das Gedenken an den Zweiten Weltkrieg zur Grundlage hatte. Der Sieg im Großen Vaterländischen Krieg wurde zur Errungenschaft des gesamten sowjetischen Volks erklärt und sollte den vorhandenen Wirrwarr indirekt rechtfertigen.[191] Der Große Vaterländische Krieg wurde zum sakralen Ereignis, kritische Positionen wurden tabuisiert. Um den entstandenen Mythos bildeten sich sehr schnell entsprechende Rituale ("ewige Feuer", zahlreiche Denkmäler und feierliche Zeremonien am 22. Juni und 9. Mai). Das Konzept sicherte Brežnev und seiner Gruppe eine breite Unterstützung seitens der Veteranen des Großen Vaterländischen Kriegs, die nach der Jubiläumsfeier des Großen Siegs 1965 zu einer privilegierten Gesellschaftsgruppe wurden. Diese Unterstützung war insofern besonders wertvoll, als die Kriegsveteranen in dieser Zeit altersbedingt die mittleren Verwaltungsposten, wenn nicht gar den gesamten Verwaltungsapparat – von den Abteilungsleitern des ZK der KPdSU bis zu den Leitern der staatlichen Hausverwaltungen (ŽEK) – fast vollständig beherrschten.

Die Šelepin-Gruppe befürwortete im Großen und Ganzen die Verherrlichung des Sieges im Großen Vaterländischen Krieg – insbesondere Egoryčev und Pavlov nahmen 1965 mit großem Eifer an den Jubiläumsfeierlichkeiten teil.[192]

---

190 Die Diskussion über die Ergebnisse der Wirtschaftsreform von Aleksej N. Kosygin wie auch die Stagnation der Wirtschaft in den 70er Jahren werden hier außer Acht gelassen.
191 Genaueres über den Kult des Großen Vaterländischen Krieges ist in der Studie der amerikanischen Historikerin Nina Tumarkin nachzulesen: NINA TUMARKIN: *The Living And The Dead. The Rise And Fall Of The Cult Of World War II in Russia.* – New York: Basic Books, 1994.
192 Über die Rolle Nikolaj G. Egoryčevs bei den Jubiläumsfeierlichkeiten s.: NINA TUMARKIN: *The Living And The Dead: The Rise and Fall Of The Cult Of World War II in Russia.* S. 128. Über die Rolle des ZK der KPdSU in dieser Kampagne s. unten.

Sie schafften es damit aber dennoch nicht, genügend politisches Gewicht zu gewinnen. Das Verständnis der Šelepin-Gruppe vom Großen Sieg als Stalins Verdienst widersprach – möglicherweise auch dadurch bedingt, dass nicht ein einziges Mitglied der Gruppe in den Kriegsjahren eine auch nur irgendwie nennenswerte Stellung in der Armee hatte und dass nur wenige von ihnen überhaupt an der Front gewesen waren – dem der Dnepropetrovsk-Gruppe und insbesondere dem Verständnis Brežnevs, der persönlich am Vaterländischen Krieg teilgenommen hatte und zu Recht glaubte, dass der für die UdSSR positive Ausgang des Kriegs dem Einsatz des ganzen Volks zu verdanken war. Die Mehrheit der Veteranen des Großen Vaterländischen Krieges und die Mitglieder der Militärelite teilten Brežnevs Ansicht. Das Fazit der inoffiziellen Diskussion findet sich bei Marschall Žukov, dem lebenden Symbol des Sieges, der in seinen Bestsellermemoiren Stalin auf unmissverständliche Weise beschuldigt, katastrophale Fehler bei der Kriegsplanung begangen zu haben, und ihm die persönliche Verantwortung für die Niederlage des Jahres 1941 zuschreibt. Die pro-stalinschen Memoiren der Marschälle Ivan Konev, Ivan Bagramjan und Aleksandr Golovanov, die im Verlag *Molodaja gvardija* (Junge Garde), in der gleichnamigen Zeitschrift und in der Zeitschrift *Oktjabr'* (Oktober), die alle von der Pavlov-Gruppe kontrolliert wurden, erschienen und einen anderen Standpunkt vertraten, fielen dagegen kaum noch ins Gewicht.[193]

Großen Einfluss hatten die Mitglieder der Bewegung russischer Nationalisten jedoch auf die Herausbildung des propagandistischen Mythos des "Gedenkens an den Großen Vaterländischen Krieg". Obwohl Stalin selbst zunächst aus diesem Mythos herausgehalten wurde und erst gegen Ende der 70er Jahre gemeinsam mit Vjačeslav Molotov wieder im Zusammenhang mit dem Großen Vaterländischen Krieg erwähnt wurde, lag die Herausbildung und Aufrechterhaltung des Gedenkens an den Krieg in den Händen der Bewegung russischer Nationalisten. Schon in der zweiten Hälfte der 60er Jahre setzte die Zentrale Politabteilung der Sowjetarmee (*Glavnoe političeskoe upravlenie Glavpur*) mit Aleksej Epišev an der Spitze das Recht der totalen und de facto endgültigen Zensur aller, auch wissenschaftlicher Werke über den Großen Vaterländischen Krieg durch.[194] Der Militärverlag *Voenizdat (Voennoe izdatel'stvo)*, der von Mitgliedern der Bewegung russischer Natio-

---

193 Über die Veröffentlichung der Memoiren Aleksandr Golovanovs s.: FELIKS ČUEV: *Soldaty imperii.* – Moskau: Kovček, 1998, S. 219–276.
194 TUMARKIN: *The Living And The Dead.* S. 134–135.

nalisten, den Generälen Aleksandr I. Kopytin und Vasilij S. Rjabov geleitet wurde, hatte de facto das Monopol über die Herausgabe von literarischen Werken und Memoiren über den Großen Vaterländischen Krieg.[195] Und schließlich waren viele Schriftsteller, die den Mythos bedienten, insbesondere ehemalige Kriegsteilnehmer wie die Generation der "Leutnantsprosa", aktive russische Nationalisten (Michail Alekseev, Jurij Bondarev, Ivan Stadnjuk, Feliks Čuev, Ivan Ševcov).

Die endgültige Zerschlagung der Šelepin-Gruppe ereignete sich 1970. Wahrscheinlich war sie mit Brežnevs Kampagne verbunden, die sich gegen die Aktivitäten aller Gruppen im Machtapparat und in den zentralen Massenmedien richtete, die sich in den 60er Jahren an politischen Diskussionen beteiligten. Möglicherweise war diese Kampagne die Reaktion auf den Prager Frühling von 1968, der aufzeigte, welche Gefahr von politisch-literarischen und innerparteilichen Polemiken für das "sozialistische Schicksal" ausging. Die meisten Mitglieder der Šelepin-Gruppe wurden aus den Parteistrukturen ausgeschlossen und in staatliche Strukturen versetzt, was einem erheblichen Abstieg auf der Karriereleiter gleichkam. Nikolaj Michajlov wurde im April 1970 in den Ruhestand geschickt. Im Juli desselben Jahres wurde er in seiner Funktion als Vorsitzender des Komitees für Druck- und Verlagswesen der UdSSR durch Boris Stukalin ersetzt, der damit seiner Funktion als erster stellvertretender Chefredakteur der Zeitung *Pravda* (Wahrheit) enthoben wurde. Das war eine durchaus gängige Methode, im Slang des ZK-Apparats "offensive Wegbeförderung" genannt, bei der ein Mitarbeiter auf einen formal höheren, aber de facto unbedeutenderen Posten versetzt wurde. Nikolaj Egoryčev wurde von Moskau als Botschafter nach Dänemark geschickt, Nikolaj N. Mesjacev im Mai 1970 als Botschafter nach Australien und Vladimir Stepakov wurde zum sowjetischen Botschafter in Jugoslawien ernannt.[196] Jurij Verčenko, ein Aktivist der Pavlov-Gruppe, wurde als Leiter der Kulturabteilung der Moskauer Stadtleitung der KPdSU abgelöst und als Sekretär für organisatorische Fragen des sowjetischen Schriftstellerverbands eingesetzt.

---

195 Ganičev behauptet im Interview mit dem Autor, dass diesbezüglich im ZK der KPdSU eine Entscheidung getroffen wurde, die er als *Molodaja gvardija*-Direktor umgehen musste. Der Text einer ähnlichen Verfügung des Sekretariats des ZK, in der dem Militärverlag *Voenizdat* alle Rechte zur Herausgabe von Kriegsmemoiren übertragen werden, liegt in Veröffentlichung vor. Da diese jedoch von Mitte 1977 datiert, muss Ganičev offensichtlich ein anderes Dokument gemeint haben.

196 Ursprünglich wurde er als Botschafter nach China entsandt, wo ihm jedoch das Agrément verweigert wurde, s.: *Političeskij dnevnik* (Politisches Tagebuch). Band 1. S. 658–659.

DIE RUSSISCHE PARTEI 101

Der stellvertretende Abteilungsleiter der Agitations- und Propagandaabteilung des ZK der KPdSU, Nikolaj V. Sviridov, der die Bewegung russischer Nationalisten protegierte, wurde Vorsitzender des Komitees für Druck- und Verlagswesen der RSFSR. Außerdem vollzog sich im März 1970 ein Wechsel an der Spitze des hoch ideologisierten Schriftstellerverbands der RSFSR. Der bisherige Leiter, der Schriftsteller Leonid Sobolev, der in den 60er Jahren eng mit der Šelepin-Gruppe und anderen konservativen Gruppierungen in den Machtorganen zusammengearbeitet hatte, wurde 1970 in den Ruhestand geschickt.

Im Zuge einer zweiten Säuberungswelle wurde 1971 Pavel Kovanov seiner Funktion als Vorsitzender des Komitees für Volkskontrolle der UdSSR enthoben und in den Ruhestand geschickt. An seine Stelle trat im Juli 1971 Gennadij Voronov, der seinerseits durch die erwähnte Methode der "offensiven Wegbeförderung" von seinem Posten als Vorsitzender des Ministerrats der RSFSR entfernt und weniger als zwei Jahre später in den Ruhestand geschickt wurde. Der Chefredakteur der wichtigsten Zeitung der RSFSR *Sovetskaja Rossija* (Sowjetrussland), V. Moskovskij, wurde ebenfalls 1971 in den Ruhestand geschickt. Jurij Melent'ev, ein Aktivist der Pavlov-Gruppe wurde zur selben Zeit seiner Funktion als stellvertretender Leiter der Kulturabteilung im Apparat des ZK der KPdSU enthoben und zum stellvertretenden Vorsitzenden des Komitees für Druck- und Verlagswesen beim Ministerrat der UdSSR ernannt.

Die Ernennungen Boris Stukalins, Jurij Melent'evs, Nikolaj V. Sviridovs und Jurij Verčenkos auf verschiedene Posten im Redaktions- und Verlagswesen waren natürlich kein Zufall. Von den 12 bekannten Mitgliedern der Šelepin-Gruppe, die von den Kaderumwälzungen von 1970/1971 betroffen waren, wurden vier in den Ruhestand geschickt, wobei Gennadij Voronov im Grunde genommen auch in diese Kategorie gezählt werden kann; drei wurden ins Ausland versetzt und weitere vier arbeiteten im Verlagswesen. Möglicherweise wurde diese Entscheidung im Politbüro oder Sekretariat des ZK der KPdSU unter Berücksichtigung der engen Kontakte der Šelepin-Gruppe zum konservativen Teil der Schriftsteller getroffen, um sie in ein ihnen nahe stehendes Milieu zu "verbannen". Es ist auch möglich, dass diese Entscheidung von den Mitgliedern der Gruppe selbst durchgesetzt wurde, als sie von der bevorstehenden Ausbootung aus den Parteiorganen erfuhren.

Die endgültige Zerschlagung der Šelepin-Gruppe in den Jahren 1970/1971 hatte ohne jeden Zweifel auch mit einem anderen großen innenpolitischen

Ereignis zu tun, dem Rücktritt Aleksandr Tvardovskijs von seinem Posten als Chefredakteur der Zeitschrift *Novyj mir* (Neue Welt) im Februar 1970, was im Grunde den Tod der einflussreichsten Zeitschrift Russlands bedeutete.[197]

Im Februar 1970 begannen auch die Angriffe auf die unter der Kontrolle der Pavlov-Gruppe stehende Zeitschrift *Molodaja gvardija* (Junge Garde), den ideellen Gegenpol zu *Novyj mir*. Die Kampagne endete im November mit der Entlassung zweier Stellvertreter des Chefredakteurs Aleksandr Nikonov und mit dessen Versetzung auf den Posten des Leiters der unbedeutenden Zeitschrift *Vokrug sveta* (Rund um die Welt).

Dmitrij S. Poljanskij und weitere Förderer der russischen Nationalisten im Politbüro

Neben den Mitgliedern der Šelepin-Gruppe protegierten auch andere Mitglieder des Politbüros und hochrangige Funktionäre des Apparats des ZK der KPdSU die russischen Nationalisten. Am aktivsten war der schon in den Memoiren Georgij Arbatovs erwähnte Dmitrij S. Poljanskij (geb. 1917), Mitglied des Politbüros (1960–1976), erster stellvertretender Vorsitzender des Ministerrats der UdSSR (1965–1973), Minister für Landwirtschaft (1973–1976) und nach 1976 Botschafter in Japan.

Wie viele andere Förderer der russischen Nationalisten auch war Dmitrij Poljanskij aktiv an den antisemitischen Kampagnen der späten 40er Jahre beteiligt gewesen. Im Februar 1948 leitete er eine Kommission der Kaderabteilung des ZK der *VKP(b)*, die die Lage im Jüdischen Autonomen Gebiet inspizierte. Der Bericht Poljanskijs, der "weniger von den wirklichen als vielmehr von fingierten Fehlern, Fehlleistungen und Machtmissbräuchen der Autonomieführung"[198] handelt, wurde zur Grundlage für Überprüfungen durch das Ministerium für Staatssicherheit. Ein Jahr später wurden in Birobidžan dutzende Personen festgenommen, unter denen fast die gesamte Gebietsführung, einschließlich des Ersten Sekretärs der Gebietsleitung, war. In den 60er und

---

197 Als Mitglied der "Pavlov-Gruppe" war Jurij Melent'ev in der Position des stellvertretenden Leiters der Kulturabteilung des ZK der KPdSU eine der Schlüsselfiguren in Angelegenheiten wie der "Zerschlagung" der Redaktion der *Novyj mir*, antiliberalen Säuberungen in der Redaktion der Zeitschrift *Junost'* und dem Ausschluss von Aleksandr Solženycin aus dem sowjetischen Schriftstellerverband. S. in: *Pressa v obščestve. 1959–2000. Ocenki žurnalistov i sociologov. Dokumenty.* – Moskau: Izdatel'stvo moskovskoj školy političeskih issledovanij, 2000, S. 507–509, 517; Interview mit Gennadij Gusev.
198 GENNADIJ KOSTYRČENKO: *Tajnaja politika Stalina.* S. 168.

70er Jahren wurde die Bewegung russischer Nationalisten von Poljanskij unverkennbar begünstigt.[199] Laut Ivan Ševcov, der seinen Beziehungen zu hochrangigen Politikern ein ganzes Kapitel in seinen Memoiren widmete, knüpfte das zukünftige Mitglied des Politbüros schon Ende der 50er Jahre seine ersten Kontakte zu dem Schriftsteller und russischen Nationalisten Sergej N. Sergeev-Censkij. Poljanskij lernte 1964 auf seine Initiative hin Ivan Ševcov kennen und empfing diesen mehrmals in seinem Arbeitszimmer im Kreml.

> "Anfang Oktober 1969 traf ich mich mit Poljanskij im Kreml [...]. Ich zeigte ihm das Manuskript meines neuen Romans *Vo imja otca i syna* (Im Namen des Vaters und des Sohnes), der im Verlag *Moskovskij rabočij* (Moskauer Arbeiter) gedruckt werden sollte. Jemand hat dann aber Wind von dem Roman bekommen und 'an entsprechender Stelle' geplaudert, darauf wurde das Manuskript vom ZK angefordert, worüber mich die Verlagsleitung besorgt informierte."[200]

Nach dem Einschreiten des Politbüromitglieds erschien der Roman ohne weitere Schwierigkeiten. Nachdem dann *Vo imja otca i syna* (Im Namen des Vaters und des Sohnes) in der *Komsomol'skaja pravda* (Wahrheit der Kommunistischen Union der Jugend) kritisiert wurde, unterstützte Poljanskij die Veröffentlichung eines Artikels zur "Verteidigung" des Romans in der Zeitung *Sovetskaja Rossija* (Sowjetrussland).[201] Neben den Beziehungen zu Ivan Ševcov unterhielt Poljanskij auch Kontakte zu dem Schriftsteller Ivan Stadnjuk aus dem Kreis der russischen Nationalisten.

Wie schon erwähnt, hatte Poljanskij erheblich unter den Säuberungen im Politbüro von 1972/1973 zu leiden, die eindeutig mit der Kampagne zur Nationalismusbekämpfung in Zusammenhang standen. Am 30. März 1972 fand eine Sitzung des Politbüros des ZK der KPdSU statt, auf der

> "in den Reden von Nikolaj Podgornyj, Michail Solomencev, Viktor Grišin und Dinmuchamed Kunaev die Themen Nationalismus und Nationalitätenpolitik angeschnitten wurden. Es war eine deutliche Beunruhigung spürbar, die vorgeschlagenen Rezepte

---

199 Dazu s. z. B. Interview mit Gennadij Gusev; JOHN B. DUNLOP: *The Faces of Contemporary Russian Nationalism*. S. 38; D. KRETZSCHMAR: *Politika i kul'tura pri Brežneve, Andropove i Černenko. 1970–1985 g.*, S. 217. Aleksandr Jakovlev behauptet, dass Dmitrij Poljanskij auf der Sitzung des Politbüros, auf der sein Artikel "Gegen den Antihistorismus" diskutiert wurde, eine Schüsselrolle bei seiner Absetzung spielte. S.: ALEKSANDR JAKOVLEV: *Omut pamjati*. S. 190–191.
200 IVAN ŠEVCOV: *Tlja. Sokoly*. S. 578.
201 BORIS PANKIN: *Preslovutaja épocha v licach i maskach*. S. 150–154.

jedoch blieben die alten: Verbesserung der Propaganda, keine Renaissance ‚alter Zeiten' und Bekämpfung der bürgerlichen Ideologie."[202]

Kurz danach, am 19. Mai, wurde Boris N. Ponomarëv, einer der wenigen Kritiker des Ethnonationalismus im ZK-Apparat, zum Kandidaten des Politbüros gewählt. Im selben Monat wurde Pëtr Šelest von seinem Posten als Erster Sekretär der Kommunistischen Partei der Ukraine *(KPU)* nach Moskau versetzt; im September 1972 ersetzte Eduard Ševardnadze Vasilij Mževanadze in seiner Funktion als Erster Sekretär des ZK der Kommunistischen Partei Georgiens (letzterer verlor am 18. Dezember seinen Status als Kandidat des Politbüros.); im Februar 1973 wurde Poljanskij seiner Funktion als erster stellvertretender Vorsitzender des Ministerrats der UdSSR enthoben und am 27. April desselben Jahres wurden Gennadij Voronov und Pëtr Šelest aus dem Politbüro entfernt.

Nach 1970 und bis Mitte der 80er Jahre existierten im Politbüro und im Sekretariat des ZK der KPdSU keine Gruppierungen mehr, die wie die Šelepin-Gruppe die russischen Nationalisten begünstigten. Die Chefs des Partei- und Staatsapparats befanden sich auch weiterhin unter dem Einfluss des ethnonationalistischen Mythos, vermieden es jedoch, die Bewegung russischer Nationalisten, die sich nach 1967 endgültig herausgebildet hatte, direkt zu unterstützen. Den größten Erfolg bei den Mitgliedern des Politbüros und im ZK-Sekretariat hatten einzelne Schriftsteller aus dem Kreis der russischen Nationalisten, die den Schutz hochrangiger Funktionäre zur Lösung persönlicher Probleme nutzten, wie beispielsweise zur Veröffentlichung ihrer Arbeiten. Pëtr M. Mašerov, der ehemalige Leiter des weißrussischen Komsomol, Kandidat des Politbüros (1966–1980) und Erster Sekretär der weißrussischen KP (1965–1980), unterstützte neben Poljanskij ebenfalls die russischen Nationalisten, indem er die Veröffentlichung der Bücher des "Antizionisten" Vladimir Begun ermöglichte und diesem sogar eine Wohnung in Minsk verschaffte.[203] Vitalij Vorotnikov, Mitglied des Politbüros (1983–1990) und Vorsitzender des Ministerrats der RSFSR, und Michail Zimjanin[204], Sekretär des ZK der KPdSU

---

202 Rudol'f Pichoja: *SSSR: istorija vlasti. 1945–1991.* S. 358. Ein Teil der Arbeitsaufzeichnungen dieser Sitzung findet sich in *Kremlëvskij samosud* (S. 203–217).
203 Verweis auf die Briefe B. Beguns an Ivan Ševcov in: *Naš sovremennik.* 11/12 1994, S. 253; außerdem: Sergej N. Semanov: Dnevnik. 1977, in: *Roman-žurnal XXI vek.* 10/2000. S. 55; Interview mit Valerij Ganičev.
204 Möglicherweise war auch Michail Zimjanin Mitglied der "Šelepin-Gruppe", obwohl er in keiner Quelle über die Tätigkeit der Gruppe erwähnt wird. Anzumerken ist, dass er ein hochrangiger Mitarbeiter des Komsomol war (1940–1946 leitete er den weißrussischen Komsomol), 1953–1965 war er Botschafter (wie auch Sergej G. Lapin

(1976-1987), waren nach den Kontakten mit den *derevenščiki* (Dorfautoren) Ende der 70er bis Anfang der 80er Jahre tief von den Ideen des russischen Nationalismus geprägt. Anatolij Černjaev, Gorbačëvs Assistent, notiert Mitte 1985 in sein Tagebuch:

"Aleksandr N. [Jakovlev] erzählte mir von seinem Gespräch mit Zimjanin. Dieser hielt ihm vor: Schau doch mal, was in unseren literarischen Zeitschriften vor sich geht! Juden greifen die russischen Klassiker an und überhaupt alle nichtjüdischen Schriftsteller. Das sollte geändert werden. Darauf soll ihm Sascha geantwortet haben: Es werden nicht nur russische Schriftsteller und diese nicht nur von Juden angegriffen, sondern auch die [autochthonistische nationalpatriotische Richtung in der Tradition der] Počvenniki und die moderne Slawophilie insgesamt sind betroffen ..."[205]

Selbst ein dem Ersten Sekretär der *KP der Ukraine,* Vladimir Ščerbickij, sehr nahestehender Assistent, der mit den Sitten der Nomenklatura vertraut war, schreibt als Fazit ihrer gemeinsamen Fahrt nach Bulgarien über Michail Zimjanin:

"Zimjanin, Sekretär des ZK der KPdSU für Ideologie, war eines der Mitglieder der Delegation. Er war Choleriker, ehemaliger Partisan und konnte übel fluchen. Eigentlich war er kein bösartiger Mensch, sondern offen und einfach gestrickt. Aber allein das Bewusstsein, dass er die Führung der Sowjetunion, einer Supermacht, repräsentiert, verwandelte ihn in einen Snob und Chauvinisten."[206]

Die "untere Oberschicht" oder Einflussgruppen im Apparat des ZK der KPdSU

In den 70er Jahren und auch davor hatten die verschiedenen Einflussgruppen, unter ihnen die Bewegung russischer Nationalisten, dank der Unterstützung einflussreicher Mitarbeiter des Apparats des ZK der KPdSU breite Möglichkeiten der Lobbyarbeit. Die erwähnten Mitglieder des Politbüros und des Sekretariats des ZK der KPdSU kann man als Protektoren der Bewegung russischer Nationalisten bezeichnen, das heißt, sie drückten bei vielem, was in der Tätigkeit der Bewegung über den Rahmen der vorgeschriebenen Ideologie und Verwaltungspraxis hinausging, ein Auge zu und unterstützten sie mitunter sogar aktiv. Gleichzeitig war ein Teil der Mitarbeiter des Apparats des ZK der KPdSU und der Assistenten der Politbüromitglieder und Sekretäre des ZK der KPdSU direkt in die Aktivitäten der Bewegung involviert und un-

---

und einige andere hochrangige antisemitische Funktionäre zu Stalins Zeiten), und als die Gruppe sich dann 1965 auf dem Höhepunkt ihrer Macht befand, war er Chefredakteur der Zeitung *Pravda* und behielt diesen Posten bis 1976.
205 ANATOLIJ ČERNJAEV: *Šesť let s Gorbačëvym.* S. 54.
206 VITALIJ VRUBLËVSKIJ: *Vladimir Ščerbickij. Pravda i vymysly.* S. 184.

terhielt ständigen Kontakt zu deren "Führern", weshalb man sie genauso zu den Teilnehmern der Bewegung russischer Nationalisten zählen kann.

Sergej Semanov, eines der in den 70er Jahren bekanntesten Mitglieder der Bewegung russischer Nationalisten, der persönlich fünf Mitarbeiter von Politbüromitgliedern mit nationalistischem *Samizdat*-Material versorgte, schätzte die Situation später folgendermaßen ein:

> "Die *Molodaja gvardija* (Junge Garde)[207] setzte vor allem auf die Aufklärung der Führungsschicht, genauer der ‚unteren Oberschicht'. Diese war ein großes empfängliches Milieu, das alle einschloss, die nicht auf die Brežnev'sche Art geheiratet haben [hier wird der Mythos über die Kreml-Frauen bedient – Anm. d. Autors] und nicht unter dem Einfluss ‚der Allweisen' [ein Synonym für die Juden] standen, das heißt die große Mehrheit der Regierungsschicht, die äußerst empfänglich war für volkstümelnde Ideen, Ordnung, Traditionen und die Ablehnung des zerstörerischen Modernismus. [...] Der Großteil der russischen Intellektuellen schwamm in den 70er Jahren irgendwie im Strom des kosmopolitischen Liberalismus. Unser Hauptadressat aus politischer Sicht waren deshalb in dieser Zeit die mittleren Parteischichten, die Armee und das Volk; die Kreise der Intelligenz wurden weitgehend ignoriert."[208]

In den Memoiren ehemaliger Mitarbeiter des Apparats des ZK der KPdSU gibt es zahlreiche Zeugnisse des Wirkens dieser "unteren Oberschicht", das weit über den Rahmen der gewohnten Vorstellungen von Parteidisziplin hinausging. So erinnert sich Vadim Medvedev, ein ehemaliges Mitglied des Politbüros, dass zu Brežnevs Zeiten ein "kleines Arbeitsbüro" existierte, dem Georgij S. Pavlov, der Vorsitzende des ZK der KPdSU, Nikolaj A. Petrovičev, der erste Stellvertreter der Abteilung Organisation und Parteiarbeit, Sergej P. Trapeznikov, der Leiter der Abteilung Wissenschaft und Bildung, und Klavdij M. Bogoljubov,[209] der Leiter der Allgemeinen Abteilung, angehörten. Dieses "Büro" existierte fast zwei Jahrzehnte und wurde erst mit dem Machtantritt Jurij Andropovs abgeschafft. Hier wurden die Materialien für die Sitzungen des Politbüros und des Sekretariats des ZK der KPdSU vorbereitet, und so

---

207 Mangels einer etablierten Selbstbezeichnung der Bewegung russischer Nationalisten benutzt Sergej Semanov den Terminus *Molodaja gvardija* (Junge Garde, d.h. den Namen des Verlags und der gleichnamigen Zeitschrift, die seit der zweiten Hälfte der 60er Jahre von den russischen Nationalisten kontrolliert wurden).
208 SERGEJ SEMANOV: *Andropov. 7 tajn Genseka s Ljubjanki.* – Moskau: Veče, 2001. S. 174–175.
209 Über die Beeinflussbarkeit von Klavdij M. Bogoljubovs im Apparat des ZK der KPdSU gab es viele Legenden. S. z. B.: MICHAIL I. KODIN: *Tragedija Staroj ploščadi.* S. 120–121; VLADIMIR PRIBYTKOV: *Apparat*; VIKTOR I. SUCHANOV: *Sovetskoe pokolenie i Gennadij Sjuganov: Vremja rešitel'nych.*

war es möglich, Entscheidungen zu praktisch jeder beliebigen Frage zu beeinflussen.[210]

Aus diesem "Büro" stand zumindest Sergej Trapeznikov (1912–1984) mit der Tätigkeit der Bewegung russischer Nationalisten in enger Verbindung. Ideologisch sehr nahe stand ihm in dieser Beziehung Viktor A. Golikov (geb. 1914), einer der Mitarbeiter Brežnevs. Georgij Arbatov erinnert sich, dass Viktor Golikov und Sergej Trapeznikov

"eine Gruppe Gleichgesinnter um sich scharten und sich mit vereinten Kräften unter geschickter Ausnutzung der während des Machtwechsels herrschenden Ungewissheit und Unsicherheit und natürlich auch der Nähe zu Brežnev energisch in den Angriff stürzten. [...] Das war sozusagen die fünfte Kolonne der Stalinisten mitten im Brežnev-Milieu (dazu zählten auch Konstantin U. Černenko, Nikolaj A. Tichonov, Nikolaj A. Ščelokov, obwohl sie in ideologischer Hinsicht nicht so aktiv waren)."[211]

Aleksandr Jakovlev verdeutlicht die ideologische Position Viktor Golikovs in seinen Memoiren, in denen er von seinen Gesprächen mit ihm 1970 in Krasnodar erzählt. Das Hauptthema war die Situation im Schriftstellermilieu. Golikov war vehement gegen die Zeitschrift *Novyj mir* (Neue Welt) und die *derevenščiki* (Dorfautoren), die zu dieser Zeit als Vertreter liberaler Ansichten galten, und unterstützte die Zeitschriften *Oktjabr'* (Oktober) und *Molodaja gvardija* (Junge Garde).[212]

"Seiner Meinung nach bedurfte es einer Kriegsliteratur, die den Kampfgeist der Armee zu heben geeignet sei und nicht durch die Entsetzlichkeit des Krieges abschrecken würde. Und was die Literatur betrifft, so nannte Golikov als Bespiele für einen wahren Dienst am Vaterland die Namen Kočetov, Sofronov, Proskurin, Alekseev, Ivanov und andere, die sich durch ähnliche Verdienste auszeichneten."[213]

Der Gegenspieler von Aleksandr Jakovlev, Ivan Ševcov, stimmt mit ihm in der Einschätzung Golikovs überein. Der Autor des Buches *Tlja* (Die Blattlaus) er-

---

210 Das "Büro" im ZK der KPdSU war bei weitem nicht das einzige "Schattengebilde" im Apparat der Staatsmacht. Gennadij Smirnov, ein Mitarbeiter der Propagandaabteilung des ZK der KPdSU erinnert sich, dass die Leitungsgruppe der zentralen Medien Mitte der 70er Jahre (Michail V. Zimjanin, in dieser Zeit Chefredakteur der *Pravda*, Lew N. Tolkunov, Chefredakteur der *Izvestija*, Leonid M. Zamjatin, Generaldirektor von TASS, Ivan I. Udal'cov, Vorsitzender der Presseagentur APN, Sergej G. Lapin, Generaldirektor von *Gostelradio* der UdSSR und, wie oben schon erwähnt, überzeugter russischer Nationalist) sich regelmäßig auf informeller Basis traf, um die Informationspolitik zu koordinieren. S.: GENNADIJ SMIRNOV: *Uroki minuvšego*. S. 135.
211 GEORGIJ ARBATOV: *Zatjanuvšeesja vyzdorovlenie (1953–1985): Svidetel'stvo sovremennika*. S. 126–127.
212 ALEKSANDR JAKOVLEV: *Omut pamjati*. S. 181.
213 Ebd.

innert sich, dass er 1970 in der *Sovetskaja Rossija* (Sowjetrussland) einen Artikel zu seiner Verteidigung veröffentlichen wollte und dieser von einem Mitarbeiter der Propagandaabteilung des ZK der KPdSU verboten wurde. Daraufhin wandte er sich in einem Brief an Golikov: "[Ich] wurde sogleich empfangen. Viktor Andreevič [Golikov] sagte mir sofort, dass die in *Tlja* aufgeworfenen Probleme sehr aktuell seien und man sie in aller Öffentlichkeit ansprechen müsse."[214]

Diese Geschichte der Veröffentlichung eines Artikels von einem Mitglied der "Russischen Partei", Igor' Kobzev, zum Schutz Ivan Ševcovs ist eines der eklatantesten, in der Literatur am ausführlichsten beschriebenen Beispiele für die Konfrontation zwischen den "Liberalen" und den russischen Nationalisten. Beide Seiten beschreiben in ihren Memoiren die Kanäle, die sie sich im Parteiapparat zu Nutzen gemacht hatten.

In Reaktion auf die Veröffentlichung der Romane von Ivan Ševcov *Vo imja otca i syna* (Im Namen des Vaters und des Sohnes) und *Ljubov' i nenavist'* (Liebe und Hass), die auf Druck von Politbüromitglied Dmitrij Poljanskij erfolgte, gab es in den liberalen Zeitungen mehrere kritische Rezensionen. Die "Russische Partei" konnte die Angriffe auf die Werke eines ihrer wichtigsten Vertreter nicht unbeantwortet lassen und bereitete die Veröffentlichung des Artikels von Igor' Kobzev in der von ihnen kontrollierten Zeitung *Sovetskaja Rossija* (Sowjetrussland) vor. Aleksandr N. Jakovlev, der kommissarische Leiter der Propagandaabteilung des ZK der KPdSU erfuhr von dem Plan zur Veröffentlichung des Zeitungsartikels und verbot die Veröffentlichung. Der Chefredakteur von *Sovetskaja Rossija,* V. P. Moskovskij, schlug Ševcov, dem stark an einer Veröffentlichung des Artikels gelegen war, vor, selbst einen Weg zur Umgehung des Verbots zu finden. Sein Stellvertreter, Konstantin Morozov, der vor seiner Tätigkeit bei *Sovetskaja Rossija* in der Ideologie-Abteilung des ZK der KPdSU gearbeitet hatte, schlug vor, einen Brief an Brežnev zu schreiben und ihn Viktor Golikov zu übergeben. Während des Treffens mit dem Schriftsteller äußerte Golikov sich wohlwollend zum Schaffen von Ševcov. Er rief Aleksandr Jakovlev an und wies an, den Artikel zur Veröffentlichung freizugeben. Ivan Ševcov gab sich damit nicht zufrieden und besuchte außerdem Dmitrij Poljanskij, um sich seiner Unterstützung zu versichern. Der Artikel wurde am 14. April 1970 veröffentlicht, jedoch erst nachdem der Stellvertreter Aleksandr Jakovlevs, A.N. Dmitrjuk (geb. 1922), eine weitere Anweisung Poljanskijs nutzte und die Anordnung zur Veröffentlichung

---

214   IVAN ŠEVCOV: *Tjla. Sokoly.* S. 583.

erteilte, ohne seinen unmittelbaren Vorgesetzten davon in Kenntnis zu setzen.

Die *Komsol'skaja pravda* (Wahrheit der Kommunistischen Union der Jugend) wiederum wollte gegen diesen Artikel polemisieren, was allerdings von der Zensur verhindert wurde, da die Zeitung in der Parteienhierarchie unter der *Sovetskaja Rossija* stand, wie den Memoiren ihres damaligen Chefredakteurs Boris Pankin zu entnehmen ist. Und Kritik des Organs des ZK der KPdSU gegenüber dem Jugendblatt hätte unangenehme Folgen für die Karriere seines Chefredakteurs haben können, weshalb Pankin ein Manöver über den Parteiapparat ausheckte. Er überreichte Evgenij Samotejkin, dem Referenten Brežnevs für internationale Angelegenheiten, einen an den Generalsekretär gerichteten Brief, in dem er unter Bezugnahme auf "Stimmen" aus dem Westen, die ablehnende Reaktion der Weltöffentlichkeit beschrieb, die in der Veröffentlichung der Romane Ševcovs nicht zu Unrecht ein Symptom für die Rückbesinnung der parteipolitischen Elite auf den Stalinismus sah. Seine Assistenten wussten, dass Brežnev in den Augen des Westens nicht rückständig wirken wollte. Außerdem setzte sich Sergej Michalkov, der Vorsitzende des Schriftstellerverbands der RSFSR, für die *Komsomolskaja pravda* ein, nachdem sein Schwager Jurij S. Semënov ihn dazu gedrängt hatte. Mit seinem Anliegen stattete Sergej Michalkov dem Leiter des Literatursektors der Kulturabteilung des ZK der KPdSU einen Besuch ab. Gleichzeitig wandte sich Jakovlev an Michail Suslov, für den die ideologischen Vergehen V. Moskovskijs weniger wichtig waren als sein Verstoß gegen die Parteidiszlplln, nämlich das Umgehen des direkten Verbots seines Abteilungsleiters. Da Dmitrij Poljanskij kein politisches Gewicht mehr hatte, war seine Meinung angesichts der sicheren Positionen Brežnevs und Suslovs bedeutungslos. Am 13. Mai wurde in der *Literaturnaja gazeta* (Literaturzeitung) scharfe Kritik an den Werken Ivan Ševcovs geübt, der sich dann auch andere Zeitschriften anschlossen. In der Redaktion der *Sovetskaja Rossija* wurden ausgedehnte Säuberungen durchgeführt, im Zuge derer V. Moskovskij und Konstantin Morozov entlassen und A. Dmitrjuk aus dem ZK der KPdSU entfernt wurden.[215]

---

215 Genaueres s.: BORIS PANKIN: *Preslovutaja épocha v licach i maskach, sobytijach i kazusach.* S. 150–154, 251–254; IVAN ŠEVCOV: *Tlja. Sokoly.* S. 580–584; ALEKSANDR JAKOVLEV: *Omut pamjati.* S. 184–186.

Ein weiteres Mitglied der Bewegung russischer Nationalisten war Suslovs Assistent Vladimir V. Voroncov (1907–1980).²¹⁶ Gennadij Gusev, einer der Aktivisten der Bewegung russischer Nationalisten, heute erster stellvertretender Chefredakteur der Zeitschrift *Naš sovremennik* (Unser Zeitgenosse), äußert sich über ihn:

"Eine wichtige Rolle in der ‚Russischen Partei' spielte Vladimir Vasil'evič Voroncov. Voroncov erlaubte sich manchmal Dinge, die ihm Suslov nur wegen ihrer alten Freundschaft verzieh. Ein Beispiel war die Standpauke an die Propagandaabteilung: Ivan Stadnjuk dürfe man nichts anhaben, weil er ja der Assistent Suslovs sei. Ihm begegneten die Abteilungsleiter und sogar der ZK-Sekretär, bspw. der heute schon verstorbene Zimjanin, mit Ehrfurcht. Wenn ein Assistent eines Politbüromitglieds anruft, dann ist es sehr ernst. Ich selbst befand mich in dieser Situation, denn ich war so ein Assistent [des Politbüromitglieds Vladimir Vorotnikov] und auf meinem Schreibtisch standen die verschiedensten Geräte, und man sprach mich mit höchstem Respekt an. Es galt die ungeschriebene Regel, dass der Assistent üblicherweise ‚im Namen von und im Auftrag von' anruft. Aber keiner hielt mich davon ab, selbst einen dritten Anruf zu tätigen, um eine Situation zu klären und zu verstehen zu geben, dass dieses oder jenes bei meinem Chef möglicherweise nicht allzu gut ankommt. Keiner konnte das kontrollieren und keiner hätte Suslov anrufen können, um zu fragen: ‚Haben Sie den und den mit dem und dem beauftragt?' Na und Voroncov, der ein gerissener Untergebener war, wusste ganz genau, wen man einfach so anrufen konnte und bluffen konnte und wer Suslov nahe stand. [...] Als ich 1969 ins ZK kam, hatte Voroncov dort schon an die zehn Jahre gearbeitet und war relativ betagt. Voroncov war schon verwurzelt und nicht mehr ersetzbar. Und Ivan Ševcov rannte oft zu ihm, um mit ihm geheime Gespräche unter vier Augen zu führen und ihn um Schutz und Hilfe zu bitten. Und auch Ivan Stadnjuk hatte Kontakt zu ihm. Einmal musste auch ich mit ihm reden. Voroncov hielt sich für einen Majakovskij-Spezialisten, studierte Majakovskij und hegte für ihn eine besondere Zuneigung. Irgendwann dann schaltete er sich bei den schweren Auseinandersetzungen um den Direktorenposten des Majakovskij-Museums ein, die zwischen jüdischer und russischer Seite geführt wurden. Voroncov führte diesen Kampf gegen den Versuch, Majakovskij dem liberalen jüdischen Lager zu überlassen, verzweifelt und buchstäblich bis zur letzten Patrone. Es war ein harter Kampf, weil Vasilij Katanjan [der letzte Ehemann von Lilija Brik und Biograf von Majakovskij – Anm. d. Autors] und die damals noch lebende Lilija Brik u.a. ihren Kandidaten auf den Direktorenposten bringen wollten und ihnen ein russischer Kandidat gegenübergestellt werden musste. Und dann überzeugten meine Freunde Nikonov [Aleksandr Nikonov – 1961–1970 Chefredakteur der *Molodaja gvardija* – Anm. d. Autors], Ivan Stadnjuk und Ivan Ševcov Vladimir Vasil'evič davon, dass ich der geeignete Mann für den Direktorenposten sei. Er erwischte mich telefonisch zu Hause und redete lange auf mich ein, meine Zustimmung zur Versetzung auf diesen Posten zu geben: ‚Ihre Freunde haben mir von Ihnen erzählt. Sie werden eine große Karriere machen. Das wird ihnen hoch

---

216 Interview mit Valerij Ganičev, Gennadij Gusev und Sergej Semanov.

angerechnet. Wir müssen diesen Posten ein, zwei Jahre besetzen, bis Sie sich einen Nachfolger gesucht haben."[217]

Auch Gennadij Strel'nikov, der Assistent Pëtr Demičevs, ZK-Sekretär der KPdSU für ideologische Angelegenheiten und seit 1974 Kulturminister der UdSSR, setzte sich für die Interessen der russischen Nationalisten ein. Es ging so weit, dass Il'ja Glazunov, dem eine Hausdurchsuchung drohte, in Gennadij Strel'nikovs Wohnung *Samizdat*-Material und andere verbotene Dokumente versteckte.[218]

Aleksandr N. Jakovlev und sein Kampf gegen die russischen Nationalisten

Das anschaulichste Beispiel für die Vernetzung der Mitglieder der Bewegung russischer Nationalisten ist die Vorgeschichte zur Entlassung des kommissarischen Leiters der Propagandaabteilung des ZK der KPdSU Aleksandr Jakovlev im Jahr 1973. Jakovlevs Artikel "Gegen den Antihistorismus" wurde am 15. November 1972 in der *Literaturnaja gazeta* (Literaturzeitung) veröffentlicht und gilt als bekanntestes Beispiel für die Bekämpfung des russischen Nationalismus durch die sowjetischen Staatsorgane in den 70er und beginnenden 80er Jahren. Darin wurde deutlich die Notwendigkeit der Verstärkung dieses Kampfes angesprochen, und es wurden offen Namen russischer Nationalisten genannt.[219]

Die wahren Motive für diesen Artikel sind nebulös. Valerij Ganičev meinte während des Interviews mit dem Autor, dass Aleksandr Jakovlevs Anliegen war, seinen Status als lediglich kommissarischer Leiter der Abteilung zu verbessern. Anzunehmen ist, dass Jakovlev daran lag, den Schandfleck in seiner Biografie (die Mitgliedschaft in der Šelepin-Gruppe) zu tilgen, indem er sich 1970 zunächst aktiv an der Auslöschung der Überreste der Šelepin-Gruppe und dann an der Bekämpfung des russischen Nationalismus im Rahmen der antinationalistischen Kampagne im Jahr 1972 beteiligte. Im Prinzip bekräftigen auch andere Mitarbeiter des ZK-Apparates diese Aussage in ihren Memoiren, wie Vadim Medvedev und Georgij Smirnov, die beide zu verschiedenen Zeiten eng mit Aleksandr Jakovlev zusammenarbeiteten, so-

---

217 Interview mit Gennadij Gusev.
218 Ebd. Gennadij Gusev ist heute Herausgeber des noch nicht veröffentlichten Teils der Memoiren Il'ja Glazunovs.
219 Zu den Erinnerungen des Publizisten und Literaturkritikers Michail Lobanov (der auch im Artikel von Aleksandr Jakovlev erwähnt wird) über diese Ereignisse s.: MICHAIL LOBANOV: Iz istorii oborotnja, in: *Den' literatury*. 9,10/2000.

wie auch Viktor Suchanov.[220] Jakovlev selbst gesteht in seinen Memoiren seine Mitgliedschaft in der Šelepin-Gruppe. Zu seiner Ernennung auf den aus Sicht des Apparats des ZK der KPdSU hohen Posten des ersten stellvertretenden Leiters der Agitations- und Propagandaabteilung schrieb er: "Man sagt, dass mich die sog. Jugendgruppe (Šelepin und andere) vorgeschlagen hat. Die Wege der Vorgesetzten sind eben unergründlich."[221] Ausgehend von Dokumenten des russischen Zentrums zur Aufbewahrung von Dokumenten der Gegenwart *(Centr chranenija sovremennoj dokumentacii CChSD)* spricht auch der Historiker Semën Čarnyj[222] von einer antisemitischen Haltung Jakovlevs und seines unmittelbaren Vorgesetzten der Agitations- und Propagandaabteilung des ZK der KPdSU Vasilij Snastin. In dem Sammelband *Istorija sovetskoj političeskoj cenzury* (Geschichte der sowjetischen politischen Zensur) wurden Aufzeichnungen vom 5. März 1966 von Aleksandr Jakovlev und dem russischen Nationalisten Ivan P. Kiričenko,[223] dem Leiter des Zeitschriftenbereichs der Abteilung, veröffentlicht, in denen die Werke der Schriftsteller der wissenschaftlichen Phantastik, der Brüder Arkadij und Boris Strugackij[224], angeprangert wurden. Der Brief tauchte gerade in dem Moment auf, als die Pavlov-Gruppe[225] aktiv gegen die Strugackijs vorging. Er enthält eine versteckte, aber für ZK-Mitarbeiter unmissverständlich antisemitische Passage: die Aufzählung von Schriftstellern der wissenschaftlichen Phantastik mit offensichtlich jüdischen Familiennamen, die ideologische Fehler begangen haben sollten.[226] Eines steht aber zweifellos fest: Bis zum Zeitpunkt

---

220   VADIM MEDVEDEV: *V komande Gorbačëva: Vzgljad iznutri.* S. 19; GENNADIJ SMIRNOV: *Uroki minuvšego.* S. 127–128; VIKTOR SUCHANOV: *Sovetskoe pokolenie i Gennadij Sjuganov: Vremja rešitel'nych.* S. 313.
221   ALEKSANDR JAKOVLEV: *Omut pamjati.* S. 162. Weiter behauptet er, dass er angeblich ohne sein Einverständnis von der "Šelepin-Gruppe" in die Liste der "Jugendgruppierung" aufgenommen wurde. Davon wusste Brežnev, der ihn aus eben diesem Grunde nicht in seiner Position bestätigen wollte. – Ebd. S. 188–189.
222   SEMËN ČARNYJ: Sovetskij gosudarstvennyj antisemitism v cenzure načala1960ch godov, in: *Vestnik evrejskogo universiteta v Moskve*, 2(15)/1997, S. 76–81.
223   "Ivan Petrovič [Kiričenko] war in der gesamten Moskauer Schreiberzunft bekannt, denn in der zweiten Hälfte der 60er Jahre hatte er in der Propagandaabteilung die Funktion des Leiters der Zeitschriftenabteilung inne. <...> Ganz Moskau wusste, dass er eine ausgesprochen prorussische Linie vertrat" (SERGEJ SEMJANOV: *Andropov*, S. 269).
224   *Istorija sovetskoj političeskoij cenzury.* S. 155–159.
225   Interview mit Valerij Ganičev und Gennadij Gusev.
226   Bezüglich dieser Schriftsteller in der Liste heißt es: "Das Genre der wissenschaftlichen Phantastik wurde für einzelne Literaten zu einem sehr bequemen Deckmantel, um fremdes, ja teilweise sogar feindliches Gedankengut in unser Land einzuschleusen" *(Istorija sovetskoj političeskoij cenzury,* S. 155–156).

des endgültigen Zerfalls der Šelepin-Gruppe 1970 existieren keine Fakten, denen zufolge man Jakovlev als einen "Liberalen" hätte charakterisieren können.

Nach 1970 jedoch kämpfte Jakovlev konsequent gegen die russischen Nationalisten. Ohne seine Beteiligung wäre es 1970 auch nicht zur Absetzung Aleksandr Nikonovs (*Molodaja gvardija*) und V. Moskovskijs (*Sovetskaja Rossija*) von den Chefredakteursposten der für die russischen Nationalisten wichtigsten Publikationsorgane gekommen. Damit einher gingen Säuberungen in den Redaktionsräten der Verlage, die Kündigung zweier Mitglieder des Redaktionskollegiums der Zeitschrift *Naš sovremennik* und das Erscheinen einer Reihe von Veröffentlichungen gegen die führenden Ideologen der "Russischen Partei" (u. a. in der Zeitschrift *Kommunist*). Den Memoiren Gennadij Gusevs zufolge, eines ehemaligen Mitarbeiters der Kulturabteilung des ZK der KPdSU, wurde im gleichen Jahr der großrussische Chauvinismus (die offizielle Bezeichnung des russischen Nationalismus) zum ersten Mal seit vielen Jahren von Jakovlev in internen Dokumenten des ZK der KPdSU als die wichtigste ideologische Gefahr bezeichnet.

Darin ging er konform mit den Kampagnen von 1970 und 1972, deren propagandistischer Lärm besonders 1972 die Umverteilungen von Kadern im Politbüro und im Partei- und Staatsapparat übertönte. Für diese Arbeit ist jedoch die Reaktion der russischen Nationalisten auf das Erscheinen des oben genannten Zeitungsartikels besonders interessant.

"Wir (ich sowie Vladimir Firsov und Anatolij Ivanov, [1972 entsprechend Direktor des Verlagshauses *Molodaja gvardija* und die Chefredakteure der Zeitschriften *Družba narodov* (Völkerfreundschaft) und *Molodaja gvardija* (Junge Garde) – Anm. d. Autors]) ", erinnert sich Valerij Ganičev, "haben nach der Herausgabe des Artikels begriffen, dass wir uns wehren müssen, wir riefen Michail Šolochov an und redeten über das Geschehene. Michail Šolochov schrieb einen Brief. Aber die entscheidende Rolle spielte der Brief von Pëtr Vychodcev, dem Leiter des Lehrstuhls für russische Literatur in Leningrad [Literaturkritiker und Mitglied der Bewegung russischer Nationalisten – Anm. d. Autors], der den Artikel in seine Einzelteile zerlegte und ihn verriss. Der Brief war in Bezug auf die Ideologie des Artikels aussagekräftig und argumentativ. Die Schlussfolgerung lautete, dass Jakovlev alles in einen Topf geworfen und verdreht habe. Dieser Brief landete auch auf dem Schreibtisch Pëtr Demičevs, Kandidat des Politbüros und Sekretär für Ideologie. Gennadij G. Strel'nikov, heute erster Stellvertreter Il'ja Glazunovs, war sein Assistent. Wahrscheinlich legte er ihm den Brief auf den Tisch und Demičev schrieb drauf: 'Den Mitgliedern des Politbüros zur Kenntnisnahme.' Man hat mir gesagt, dass Viktor Golikov [den Valerij Ganičev ebenfalls kontaktierte – Anm. d. Autors] den Brief auf den Schreibtisch des Generalsekretärs legte. Dieser mochte keine Skandale und auf der Sitzung des Politbüros passierte dann Folgendes, wovon mich Vladimir Voroncov, der Assistent Suslovs, in Kenntnis setzte. (Als Verleger musste ich sein Buch *Simfonija razuma* [Symphonie der Vernunft], einen Sammelband mit Aphorismen, herausgeben.) Brežnev fragte Suslov: ‚Hier ist ein Artikel von Jakovlev. Hast Du ihn gelesen?' Dieser, ein erfahrener Untergebener, antwortete: ‚Ich hab ihn noch nicht einmal gesehen.' Daraufhin sagte Brežnev: ‚Dieser Idiot muss abgesetzt werden!' Wie mir Voroncov sagte, sollte Jakovlev eigentlich zum stellvertretenden Chefredakteur des Verlags *Profizdat* ernannt werden, aber schon am nächsten Morgen lag er in Kuncevo, im Krankenhaus."[227]

Am Ende wurde Jakovlev bekanntlich als Botschafter nach Kanada geschickt, womit die russischen Nationalisten, die ihren Feind vollkommen zerstören wollten, ziemlich unzufrieden waren.

"Hier entstand eine Situation, die dem sowjetisch-kanadischen Eishockey, das bei uns zu der Zeit sehr populär war, ähnelte. Im Prinzip sah es so aus, als würden wir das entscheidende Spiel gewinnen, aber dann schoss Phil Esposito in letzter Minute doch noch ein Tor und schaffte den Ausgleich, so dass wir am Ende summa summarum fast verloren hätten. So schien es auch hier, dass wir gewonnen haben und im letzten Moment stellte sich heraus, dass wir beinahe verloren hätten."[228]

Valerij Ganičev zieht in diesem Teil des Interviews nicht umsonst die Parallele zu dem populären Mannschaftsspiel. Bei den für sie grundlegend wichtigen Fragen konnten die russischen Nationalisten auf die Unterstützung eines großen Teils der Mitglieder der Bewegung russischer Nationalisten im ZK-Apparat bauen, vom einflussreichen ZK-Mitglied Michail Šolochov bis hin zu den nicht weniger einflussreichen Assistenten der Politbüromitglieder. Dabei traten sie als geschlossene Mannschaft auf, die ihre Aktionen gemeinschaftlich plant und konsequent ausführt. Mit Vladimir Voroncov, Viktor Golikov, Gennadij Strel'nikov, Igor' Kiričenko, Jurij Melent'ev, Zoja Tumanova und Sergej Trapeznikov ist die Liste der wichtigsten Mitarbeiter des ZK der KPdSU, die in die Tätigkeit der Bewegung der russischen Nationalisten involviert waren, noch lange nicht vollständig.

---

227 Interview mit Valerij Ganičev. Die detaillierteste Auslegung dieser Ereignisse aus Sicht Aleksandr Jakovlevs, s. in: ALEKSANDR JAKOVLEV: *Omut pamjati*. S. 189–191.
228 Interview mit Valerij Ganičev.

Die "Liberalen" im ZK-Apparat der KPdSU

Nicht nur die Sympathisanten von der *Staraja ploščad'* (Alter Platz, der Sitz des ZK) beeinflussten die Tätigkeit der Bewegung russischer Nationalisten. Die liberal gesinnten Mitarbeiter des Apparats des ZK der KPdSU und einiger akademischer Institute – aus heutiger politischer Sicht könnte man sie als Sozialisten bezeichnen – fühlten sich verpflichtet, dem "Stalinismus", zu dem auch der russische Nationalismus zählte, in allen Bereichen des öffentlichen und politischen Lebens Widerstand zu leisten.

Die Geschichte der liberalen Gruppierung im Partei- und Staatsapparat ähnelt der Geschichte der russisch-nationalistischen Gruppierung (darüber im Folgenden noch ausführlicher). In den 50er Jahren waren viele Studenten der geisteswissenschaftlichen Fakultäten der *MGU* (Moskauer Staatlichen Univeristät), *LGU* (Leningrader Staatlichen Universität) und anderer führender Hochschulen des Landes von liberalem Ideengut durchdrungen. Bei weitem nicht alle von ihnen wurden erst durch die Rede Chruščëvs auf dem XX. Parteitag zu Anhängern der Humanisierung der Gesellschaft. Inzwischen sind zahlreiche Details über die bereits Anfang der 50er Jahre aufkommende antistalinistische Stimmung unter den Studenten bekannt. So erinnert sich Jurij Karjakin an seinen Freund Leonid Pažitnov, einen Aspiranten der Philosophischen Fakultät der Moskauer Staatlichen Universität, der ganz gelassen seinen Unterricht am Todestag des "großen Führers" gab und die Reaktion derer, die ihm vorwarfen, einen Frevel zu begehen, überhaupt nicht verstehen konnte.[229] Zu diesem Zeitpunkt entstand an der Philosophischen Fakultät der Moskauer Staatlichen Universität eine jener Gemeinschaften, die mit zur Entstehung einer liberalen Gruppierung im ZK beitrugen. (Nail' Bikkenin, Boris Grušin, Aleksandr Zinov'ev, Ewal'd Il'enkov, Len Karpinskij, Jurij Levada, Merab Mamardašvili, Leonid Pažitnov, Ivan Frolov, Georgij Ščedrovickij).[230] Diese Personen begrüßten voller Begeisterung die Entstalinisierung und leisteten sowohl als Vertreter der Staatsmacht als auch als kleine Funktionäre in der Folge unermüdlich und auf jede erdenkliche Weise ihren Beitrag dazu.

Zum Kernzentrum der liberalen Gruppe wurde die in Prag befindliche Redaktion der Zeitschrift *Problemy mira i socializma* (Probleme des Friedens und

---

229 JURIJ KARJAKIN: Pamjati Leonida Pažitnova, in: *Russkaja mysl'*. – Paris, 22.1.1997.
230 S.: IVAN T. FROLOV: Žizn' i poznanie (materialy "kroglogo stola"). Vystuplenie N. Bikkenina, in: *Voprosy filosofii*. 8/2000. Genaueres über die oben erwähnte Philosophengruppe und die Redaktion der Zeitschrift *Problemy mira i socializma* zur Zeit Rumjancevs, s. auch: *Rossijskaja sociologija šestidesjatych godov*. – Moskau: Nauka, 2001. S. 45, 47.

des Sozialismus). Die jungen wissenschaftlichen Mitarbeiter der akademischen Institute, die in der ersten Hälfte der 60er Jahre von der UdSSR in diese Redaktion versetzt wurden, wurden hier in ihren Ansichten bestätigt.[231] Den Memoiren Georgij Šachnazarovs zufolge war der Chefredakteur der Zeitschrift der aus sowjetischer Sicht sehr liberale Aleksej M. Rumjancev. Zu den Mitarbeitern der Zeitschrift gehörten Evgenij Ambarcumov, Boris Grušin, Jurij Karjakin, Otto Lacis, Vladimir Lukin, Merab Mamardašvili, Leonid Pažitnov, Ivan Frolov, Anatolij Černjaev und Georgij Šachnazarov. Als sie Mitte/Ende der 60er Jahre in die Sowjetunion zurückkehrten, übernahmen sie Funktionen in den internationalen Abteilungen des ZK der KPdSU (Internationale Abteilung und Abteilung für Verbindungen mit kommunistischen und Bruderparteien) und wurden zu Assistenten von Mitgliedern des Politbüros, u.a. auch von Brežnev, wobei sie insbesondere für das Verfassen von Reden und Parteidokumenten verantwortlich waren. Mitte der 60er Jahre fühlten sich die Liberalen als eine reale Macht, die dem Prozess der Restalinisierung entgegenwirkte; unter diesem verstand man in erster Linie die Unterdrückung innerparteilicher Diskussionen, das Streben nach der Rehabilitierung Stalins und das Schüren antiwestlicher und im weiteren Sinne auch xenophober, antihumanistischer und antisemitischer Anschauungen. Die Liberalen unterstützten den Kurs der Konfrontationsvermeidung in internationalen Beziehungen, waren gegen die Besetzung der Tschechoslowakei 1968, für eine Weiterführung von Aleksej Kosygins Wirtschaftsreformen und im literarischen Bereich sympathisierten sie eindeutig mit *Novyj mir*. Die *Samizdat*-Zeitschrift *Političeskij dnevnik* (Politisches Tagebuch, erschien 1964–1970) des später bekannt gewordenen Historikers Roy Medvedev spiegelte weitestgehend die Einstellung dieses Kreises wider. Später bestätigte Medvedev, dass Georgij Arbatov, Genrich Batiščev, Aleksandr Bobin, Fëdor Burlackij, Ėrnst Genri, Evgenija Ginzburg, Len Karpinskij, Vladimir Lakšin, Otto Lacis, Jurij Ljubimov, Jurij Černičenko und Georgij Šachnazarov dem Personenkreis angehörten, der dem *Političeskij dnevnik* nahestand. Len Karpinskij und Georgij Batiščev setzten sich zudem für die Gründung von offiziellen politischen Gruppen ein.[232]

Als nicht sonderlich gelungenes Beispiel für die Tätigkeit der liberalen Gruppe gilt das *Samizdat*-Projekt *Soljaris* (Solaris), das Len Karpinskij 1973 initiiert

---

231 GEORGIJ ŠACHNAZAROV: *Cena svobody: Reformacija Gorbačëva glazami ego pomoščnika*. S. 331.
232 Interview mit Roy Medvedev und Medvedevs Brief vom 28.02.1993 an den Autor.

hatte. Wie auch einige russische Nationalisten seiner Generation wollte der ehemalige Ideologiesekretär des ZK des Komsomol das System des *Samizdat* lenken, obwohl dieses sich ohne "Chef" ganz wohl fühlte, und eine neue Expertengeneration zur künftigen Liberalisierung der Staatsmacht "aufklären" und heranbilden. Dazu sollte ihm eine Gruppe junger Journalisten dienen, die die Redaktion der Zeitschrift *Molodoj kommunist* (Junger Kommunist) beherrschte (Vladimir Glotov, Igor' Kljamkin, Georgij Celms, Lev Timofeev, Viktor Černov). Das Projekt wurde jedoch verhältnismäßig schnell (1975) vom *KGB* entdeckt. Seine Anhänger schafften es lediglich, ein Manuskript, den Artikel von Otto Lacis, zu verbreiten. Dabei verriet der Initiator des Projekts dem *KGB* alle Beteiligten und war der Einzige, der seine Tätigkeit bereute. Und nur der Unwille der Staatsmacht, Gerichtsprozesse gegen Mitarbeiter des Organs des ZK der KPdSU einzuleiten, und sehr wahrscheinlich auch die Schutzmaßnahmen ihrer Protektoren ermöglichten, dass der Skandal vertuscht und die Projektbeteiligten statt für 15 Jahre nach Mordwinien in die Redaktionen unbedeutender Verlage geschickt wurden.[233]

Die ranghöchsten Protektoren der liberalen Gruppierung waren Georgij Cukanov, der Leiter von Brežnevs Sekretariat, Andrej M. Aleksandrov-Agentov, Brežnevs Assistent für internationale Angelegenheiten und Boris N. Ponomarëv, Kandidat des Politbüros (1972–1986), Sekretär des ZK der KPdSU (1961–1986) und Leiter der Internationalen Abteilung des ZK der KPdSU.

Die sichere Position der Liberalen im ZK-Apparat der KPdSU erklärt sich aber hauptsächlich durch die Haltung des ZK-Generalsekretärs Brežnev und des Vorsitzenden des *KGB* der UdSSR (1967–1982) und Mitglieds des Politbüros (1973–1984) Jurij Andropov, die ihre liberalen Assistenten für durchaus nützlich und steuerbar hielten.[234] Natürlich bewerteten die Liberalen die Situation anders und waren der Meinung, dass sie durch ihre Tätigkeit zur Humanisierung des Regimes beitrügen.

Indem sie sich als Erzieher der Mächtigen sahen, verbauten sich die Liberalen des ZK-Apparats in den 70er und 80er Jahren die Möglichkeit, mit anderen verhältnismäßig großen ähnlich gesinnten Gruppen zusammenzuarbei-

---

233 Genaueres darüber s. in: VLADIMIR GLOTOV: Neispol'zovannyj bilet na "Soljaris". Preždevremënnye memuary, in: *Stolica*. – Moskau 51/1991, S. 51–59; außerdem das Interview mit V. Borščov, Lev Timofeev und Jurij Torsuev.
234 Über die liberale Gruppierung im Apparat des ZK der KPdSU und ihre Personalzusammensetzung s. die oben erwähnten Memoiren von Georgij Arbatov, Andrej Aleksandrov-Agentov, Karen Brutenc, Georgij Šachnazorov, Anatolij Černjaev und Aleksandr Jakovlev.

ten, nicht nur mit der Dissidentenbewegung, sondern auch mit den Gruppen liberaler Intellektueller in der Wissenschaft, in den Klubs der Liedermacher etc. Das schloss nicht aus, dass einige persönliche Kontakte bestanden. Unter anderem setzten sich die Liberalen für die Erhaltung des Theaters an der Taganka von Jurij Ljubimov und für andere innovative Projekte im Kulturbereich ein.[235] Zahlreiche Vorhaben der Bewegung russischer Nationalisten wurden wegen des verdeckten Widerstands der Liberalen nicht in die Tat umgesetzt.

Zweifelsohne ist selbst solch ein passiver Widerstand den russischen Nationalisten zum Ärgernis geworden und war unter anderem einer der Gründe, weshalb es ihnen nicht gelang, den Kultur- und Propagandabereich unter ihre Kontrolle zu bringen.

---

235 Der größte Protektor liberaler Strömungen im Kulturbereich war der stellvertretende Leiter der Kulturabteilung des ZK der KPdSU Igor' S. Černoucan. Als ehemaliger Student des Instituts für Philosophie- und Literaturgeschichte (*IFLI*) hatte er weitreichende Verbindungen in Literatur- und Künstlerkreise, s.: BORIS PANKIN: *Preslovutaja épocha v licach i maskach, sobytijach i kazusach*. S. 201–205.

3 Russische Nationalisten im literarischen Milieu der 50er und 60er Jahre[236]

Die Bildung einer Fraktion russischer Nationalisten im Schriftstellerverband der UdSSR

Die wichtigste Gruppierung russischer Nationalisten außerhalb des Partei- und Staatsapparats bildete sich innerhalb des Schriftstellerverbands der UdSSR (im Weiteren SV der UdSSR). Die Spaltung des SV der UdSSR in zwei entgegengesetzte Lager wurde für Außenstehende unmittelbar nach Stalins Tod offensichtlich. In den folgenden Jahrzehnten fand in diesem besonderen gesellschaftlichen Milieu, den literarischen Kreisen, ein harter Kampf statt, bis sich 1992, nach dem Zerfall des SV der UdSSR, zwei Schriftstellerverbände gegensätzlicher ideeller und politischer Orientierung gründeten: der liberale Schriftstellerverband Russlands und der konservative, autochthonistische Verband russischer Schriftsteller.[237] Allein die Tatsache, dass es eine solche Opposition gab, war sehr ungewöhnlich. In anderen Verbänden, wie beispielsweise dem Künstlerverband, wurden ebenfalls harte Konflikte ausgetragen, die z.B. durch einen Generationswechsel oder die Einführung neuer künstlerischer Arbeitsmethoden verursacht wurden. In keinem dieser Verbände aber gab es parallele Gruppierungen, die über Jahrzehnte hinweg existierten und sich zudem politische Aufgaben stellten.

Die in der UdSSR offiziell anerkannten Schriftsteller (Prosaschriftsteller, Lyriker und Dramatiker) oder allgemeiner – Literaten, einschließlich der Literaturkritiker, Literaturwissenschaftler und Autoren der "dicken" Literaturzeitschriften, bildeten eine besondere verschworene Gemeinschaft, die bis ins letzte Detail an mittelalterliche Zünfte erinnerte. Der sowjetische Staat trug nicht unwesentlich dazu bei, indem er die Schriftsteller einerseits in den 30er Jahren zwangsweise zu einem Leben in einer Art Kommune drängte und ihnen andererseits eine Vielzahl von Privilegien zuteil werden ließ, die den Kollektivgeist förderten.[238] Viele Schriftsteller genossen die gleiche Ausbildung, be-

---

236 Übersetzung: Kristina Baumgardt.
237 Sojuz rossijskich pisatelej (liberal'nyj) und Sojuz pisatelej Rosii (konservativnyj ili počvenničeskij). [Anm. d. Übers.]
238 S.: ALEN V. BLJUM: *Sovetskaja cenzura v epochu total'nogo terrora. 1929–1953.* – St. Petersburg: Akademičeskij proekt, 2000; EVGENIJ GROMOV: *Stalin: vlast' i iskus-*

zogen ihre finanziellen Mittel aus der gleichen Quelle, dem Literaturfonds, lebten in "Schriftstellerhäusern", erholten sich auf den Datschas in Peredelkino oder in Künstlerhäusern, speisten am gleichen Ort, im Restaurant des *Central'nyj Dom Literatorov (CDL, Zentrales Haus der Literaten)*, und sogar um die Bestattungen von SV-Mitgliedern kümmerte sich jahrelang ein und dieselbe Person.[239] Natürlich führte dieses Gemeinschaftsleben zu einer Art Korpsgeist und trug zur Festigung persönlicher Beziehungen bei. In den heute erscheinenden Memoiren der Schriftsteller (im Weiteren wird mehrfach aus ihnen zitiert werden) finden sich kaum auch nur halbwegs bedeutsame Passagen, die über das Umfeld ihrer Bekanntschaften in der künstlerischen Bohème und den Verlegerkreisen hinausgingen. Dafür erzählen die verschiedenen Schriftsteller gern immer wieder ein und dieselben Geschichten aus dem Literaturbetrieb. Von der offiziellen Ideologie angehalten, das Leben des Volkes darzustellen, hatten die Schriftsteller weder Kontakt zum sogenannten einfachen Volk noch zu Vertretern anderer sozialer Gruppen, zu Militärs, Angestellten oder Wissenschaftlern. Für die Schaffung propagandistischer Trugbilder, womit sich der Großteil der Schriftsteller beschäftigte, wären derartige Kontakte im Übrigen auch eher schädlich gewesen.

Auch auf die Mentalität der sowjetischen Schriftsteller übte der Staat einen starken Einfluss aus. Er verlangte von ihnen die Ablehnung der "reinen Kunst" oder des "l'art pour l'art" zugunsten praktisch gut bezahlter Propaganda. Die von den stalinistischen Ideologen propagierte These oder vielmehr ihre naive Vorstellung von den Schriftstellern als "Ingenieure der menschlichen Seele" führten im Verein mit der traditionellen Literaturzentriertheit der russischen bzw. sowjetischen Bildungsschicht dazu, dass die Literaten überzeugt waren, Einfluss auf Staat und Gesellschaft nehmen zu können. Dieser Glaube wurde dadurch bestärkt, dass es in Russland eine lange Tradition gibt, politische und soziale Auffassungen in literarischer Form, in Büchern oder "dicken" Literaturzeitschriften darzulegen. Die Gemeinschaft der Schriftsteller sah sich als "Gewissen der Nation" und fühlte sich berufen, die Gesellschaft zu belehren und ernste politische Forderungen an den Staat zu stellen.

---

stvo. – Moskau: Respublika, 1998; *Istorija sovetskoj političeskoj cenzury: Dokumenty i kommentarii*, zusammengestellt von TAT'JANA GORJAEVA. – Moskau: ROSSPEN, 1997; *Literaturnyj front. Istorija političeskoj cenzury. 1923–1945*, zusammengestellt von DMITRIJ L. BABIČENKO. – Moskau: Enciklodedija rossijskich derevenʹ, 1994; *"Sčast'e literatury": Gosudarstvo i pisateli. 1925–1938. Dokumenty*, zusammengestellt von DMITRIJ L. BABIČENKO. – Moskau: ROSSPEN, 1997, u. a.

239 S. z. B.: *Dom na dve ulicy. O Centr. Dome literatorov. Sbornik* [Sammelband von Dokumenten und Erinnerungen]. – Moskau: RIK "Kul'tura", 1994.

Etwas Ähnliches war übrigens in den 40er bis 60er Jahren im Wissenschaftlermilieu zu beobachten, besonders im Bereich der Entwicklung von Massenvernichtungswaffen.

Der "Innungsgeist" und die Überzeugtheit, eine eigenständige politische Kraft zu sein, ließen die Schriftstellervereinigung als Ganzes und ihre einzelnen Fraktionen als hocheffektive Lobbyisten gegenüber der Außenwelt auftreten und, wenngleich häufig unbewusst, sowohl für ihre politischen Interessen, vor allem die Freiheit des Wortes, als auch ihre wirtschaftlichen Interessen eintreten. Dank diesen Eigenschaften konnte ein Teil der Mitglieder des SV der UdSSR, der sich zu einer großen Koalition zusammengeschlossen hatte und der in dieser Untersuchung als "die Konservativen" bezeichnet wird, zu einem gleichberechtigten Partner der konservativen politischen Gruppierungen werden, die sich in den 50er und 60er Jahren der Verbreitung des russischen Nationalismus in der UdSSR verschrieben hatten, und in der Folge diesen Prozess sogar anführen.

Schriftsteller, die russisch-nationalistische Ansichten vertraten und sie in der sowjetischen literarischen Welt auch propagierten, waren eine durchaus natürliche Erscheinung. Das kulturelle Milieu ist überall auf der Welt nicht nur von Kosmopolitismus im Sinne der "Sprache der Kultur, die jeder versteht", sondern auch von Nationalismus geprägt. Romantische "Blut-und-Boden"-Theorien haben ihren Ursprung bekanntlich vor allem im deutschen literarischen Milieu und wurden erst später, nach einer längeren Evolution in den Köpfen der intellektuellen Eliten, zur politischen Plattform des Dritten Reiches, dessen Führer, daran sei hier erinnert, seine berufliche Laufbahn als Künstler begann. Die Xenophobie, besonders in ihren radikalsten und schärfsten Ausprägungen, war auch deshalb ein ständiger Begleiter künstlerischen Schaffens, weil die Welt der Kunst und der ihr verwandten Philosophie seit der Französischen Revolution mehr auf die Freiheit der Selbstentäußerung bedacht ist, als sich von dem Gefühl der sozialen Verantwortung, das den Politikern – mehr oder weniger – eigen ist, leiten zu lassen.[240]

Das kulturelle Leben der Sowjetunion war von Anfang an von Xenophobie durchdrungen. Literaten und Künstler aus den schon vom Klang her militanten Organisationen RAPP (Russische Assoziation Proletarischer Schriftsteller) und AChRR (Assoziation der Künstler der Russischen Revolution) übten eine selbst nach Maßstäben der Staatsmacht äußerst scharfe Kritik an

---

240 Vgl. FRANÇOIS FURET: *Prošloe odnoj illjuzii.* – Moskau: Ad Marginem, 1998.

Schriftstellerkollegen, die nicht sofort den Klassenstandpunkt der Arbeiterklasse einnahmen. Vereinzelt war Derartiges bis hin zum Tod Kočetovs Mitte der 70er Jahre zu beobachten. Anderthalb Jahrzehnte später begannen dieselben Leute nun mit rassisch motivierter Xenophobie über ihre Kollegen herzufallen. Die Besonderheit der Situation in der UdSSR bestand nun aber darin, dass die xenophoben Kreise, die eine sichere, wenn auch kleine Nische in der Gemeinschaft der Kulturschaffenden besetzten, der Staatsmacht, die gerade eine totale, bis ins Detail gehende Umorganisation des Kulturbetriebs in Angriff genommen hatte, zu Diensten waren. So gewannen sie das Vertrauen der regierenden politischen Oligarchie und erhielten damit eine Macht, die außerhalb der Gemeinschaft der kommunistischen Länder in diesem Jahrhundert wohl kaum einer künstlerischen Elite zuteil wurde. Wenn in Paris oder New York die Meinung des Vorsitzenden der künstlerischen Organisation A (ganz zu schweigen von der des Ministers B) über den berühmten Schriftsteller C, publiziert in der wöchentlichen Ausgabe von D, in erster Linie ein Bestandteil der Biografie von A oder B selbst ist und von der Literaturkritik erst noch bewertet werden muss, so konnte eine vergleichbare Publikation in der UdSSR in den Jahren 1918–1988 für C erhebliche Veränderungen für seine laufenden Veröffentlichungen, für seine finanzielle Lage, für sein Schicksal bedeuten, kurz, es konnte für ihn um Leben oder Tod gehen.

Man kann aber nicht die Staatsmacht allein für die Verfolgungen von Künstlern verantwortlich machen. Ein Großteil der seriösen zeitgenössischen Publikationen über die sowjetische Kulturpolitik zeigt, dass einflussreiche Literatur- oder Künstlerfunktionäre häufig auf politische Gremien und Strafverfolgungsorgane des Staates Druck ausübten, in denen es genug Sympathisanten gab, die versuchen konnten, die Ansicht eines Kollegen in eine Beschlussvorlage für höhere Partei- oder Staatsorgane zu verwandeln.[241] Die Kontrolle über den Kulturbereich in der UdSSR zwang die Künstler, sich in engen und durch gegenseitige Deckung verbundenen Gruppierungen zusammenzuschließen. Der Staat drängte den Mitgliedern der Künstlerverbände ein vergemeinschaftetes Leben auf und verstärkte damit das Phänomen des Sozialdarwinismus. Für einen noch so talentierten Einzelgänger dieser

---

241 Vgl. MARIJA R. ZEZINA: *Sovetskaja chudožestvennaja intelligencija i vlast' v 1950–60-e gody.* – Moskau: Dialog-MGU, 1999; GENNADIJ V. KOSTYRČENKO: *V plenu u krasnogo faraona: Političeskie presledovanija evreev v SSSR v poslednee stalinskoe desjatiletie.* – Moskau: Meždunarodnye otnošenija, 2001; ders.: *Tajnaja politika Stalina. Vlast' i antisemitizm.* – Moskau: Meždunarodnye otnošenija, 2001; RUDOL'F G. PICHOJA: *SSSR: istorija vlasti. 1945–1991.* – Moskau: Izdatel'stvo RAGS, 1998.

Branche war es überaus schwierig, sich allein durchzuschlagen und die ihm vom Staat zustehenden Vergünstigungen auch tatsächlich zu bekommen, zumal ein Großteil der Entscheidungen, die die verschiedensten Aspekte seines Lebens unmittelbar betrafen – vom Eintritt in den Künstlerverband bis zur Genehmigung einer Werkstatt oder eines Ateliers oder der Lebensmittelbestellung zum Feiertag – nicht öffentlich und hinter seinem Rücken getroffen wurden. Der verdeckte Lobbyismus war für die Künstlerkreise ebenso notwendig, wie er für die Welt der Politik charakteristisch war.

Am stärksten kam dieses Phänomen im Schriftstellerverband der UdSSR, einer großen und, was noch wichtiger ist, hochpolitisierten Organisation eines kulturell auf Literatur fixierten Landes, zum Tragen. Die Existenz verschiedener literarischer Gruppierungen war in unterschiedlichen Wertvorstellungen und politischen Ansichten hinsichtlich der Zukunft des Staates begründet. Die konservative Fraktion des SV als Teil der Bewegung russischer Nationalisten geht zwar auf die antisemitischen und antikosmopolitischen Kampagnen Ende der 40er/Anfang der 50er Jahre zurück, hätte aber hinter den verschiedensten Maskierungen, so etwa Anfang der 60er Jahre als "Stalinisten" oder Ende der 60er Jahre als "Dorfautoren", zu jedem beliebigen Zeitpunkt in der sowjetischen Geschichte ihren Anfang nehmen können. Die eingefleischte Fremdenfeindlichkeit eines Teils der Künstler im Verein mit der "Gruppenmentalität" als Form des Überlebens innerhalb des Verbandes, dazu die hochgradige Politisiertheit des literarischen Milieus – das war das Rezept für die Entstehung der konservativen Fraktion des SV, aus der später die "Russische Partei" hervorging.

Ende der 30er Jahre schien es, dass weder im SV noch in anderen Künstlerverbänden Platz für ideelle Diskrepanzen war. Die meisten Schriftsteller wetteiferten bei der Erfüllung und sogar der Vorwegnahme der Wünsche der Staatsmacht. Wer dazu nicht bereit war, durfte seine Werke nicht publizieren oder war Repressionen ausgesetzt. In die Fänge des Volkskommissariats für Innere Angelegenheiten (*NKVD*) gerieten auch all jene, die den Versuch unternahmen, für ihre politischen Überzeugungen, die sich nicht mit denen Stalins und seines Umfeldes deckten, einzustehen, und jene, die in den internen Machtkämpfen unterlegen waren.

Nach dem Krieg veränderte sich die Situation grundlegend. Es gab zwar weiterhin Propagandakampagnen, aber keine Massenverhaftungen in den Literaturkreisen mehr. Die Ächtung "Schuldiger" war von kurzer Dauer und führte zu keinem ernsten Abbruch der Beziehungen zum beruflichen Umfeld, weder

der institutionellen noch der privaten. In der Zeit des "Kampfes gegen die Kosmopoliten" stellte sich eine relativ kleine Gruppe von Schriftstellern, die eine "ethnische Säuberung" propagierten, gegen eine große Zahl von SV-Mitgliedern jüdischer Herkunft sowie von Halbjuden, solcher, die jüdische Familienmitglieder hatten oder einfach russischer Intellektueller, die den Antisemitismus, auch den aus politischen Erwägungen, für eine Schande für die Schriftsteller hielten. In der großen Moskauer Unterorganisation des SV machten Juden nach den Personalbögen 1953 fast ein Drittel der gesamten Mitgliederschaft aus.[242] Auf dem Höhepunkt des Konflikts jedoch, als viele Schriftsteller bereits ihre Verhaftung oder Deportation erwarteten, starb Stalin. Und im April 1953 zeigte sich dann, dass die meisten der "Kosmopoliten" in Freiheit blieben, das Ansehen und die Unterstützung ihrer Zunftkollegen behielten und sogar ihre Rehabilitierung fordern konnten. Als sie in der Zeit von 1948 bis 1953 um ihr Leben fürchten mussten und als literarische Sklaven für ihre "Entlarver" arbeiteten (was von Kreativen und Künstlern immer als besonders schmerzhaft empfunden wird), brannten sich deren Namen natürlich für immer in ihr Gedächtnis ein, und sie reagierten später besonders sensibel auf wieder aufkommende antisemitische Stimmungen.[243]

---

242 März 1953: 29,8 Prozent. Dabei ging die Zahl der Juden in der Moskauer Unterorganisation des SV in den Nachkriegsjahren aufgrund der offensichtlichen Einschränkungen bei der Aufnahme langsam aber stetig zurück. Bei der Gründung des Verbandes 1934 machten sie 35,3 Prozent aus. Betrug der Anteil an den neu Aufgenommenen in den Jahren 1935–1940 noch 34,8 Prozent, so wurden 1947–1952 nur noch halb so viele aufgenommen, nämlich 20,3 Prozent. Insgesamt sah die ethnische Zusammensetzung der Moskauer Unterorganisation des SV folgendermaßen aus: Von 1102 Mitgliedern (Stand vom 01.01.1953) waren 60 Prozent Russen, fast 30 Prozent Juden und 10 Prozent Sonstige, darunter Ukrainer (23 Mitglieder) und Armenier (21 Mitglieder). Der hohe Anteil der Juden erklärt sich vor allem dadurch, dass die Mitglieder des 1949 liquidierten "Jüdischen Literaturverbands" in die Moskauer Unterorganisation des SV eingegliedert wurden (*Istorija sovetskoj političeskoj cenzury*, S. 102).

243 So war der Dichter Nikolaj K. Staršinov, Mitglied der "Russischen Partei", sehr überrascht, als noch 1994 bei der Beerdigung seiner geschiedenen Frau, der Dichterin Julija V. Drunina, an ihren antisemitischen Auftritt gegen Pavel G. Antokol'skij während der antikosmopolitischen Kampagne erinnert wurde. Nach Staršinov hätte man nicht an dieser Geschichte rühren sollen, zumal Antokol'skij kurz zuvor von Drunina als Mann abgewiesen worden war und daraufhin gallige Rezensionen ihrer Gedichte verfasst hatte. Eine solche Sicht wäre angesichts der sensiblen poetischen Natur Druninas nachvollziehbar, hätte sich nicht zur gleichen Zeit und mit denselben Absichten ein Gegner der Kosmopoliten, Stepan P. Ščipačev, Drunina genähert, der, nachdem er ebenfalls einen Korb bekommen hatte, die Veröffentlichung ihrer Gedichte verhinderte. Gegen Antokol'skij trat Drunina öffentlich auf, gegen Ščipačev jedoch nicht. Ein weiterer Faktor, der nach Staršinov auf Druninas Verhältnis zur ethnischen Problematik eingewirkt haben könnte, war, dass Druninas Mutter "in

Da die Literaten, die die Antisemiten nicht mochten, in der Überzahl waren, bildete sich im SV und im literarischen Milieu eine Art "Bruderschaft" der Ausgestoßenen heraus.[244] Diese vereinte sowohl die Aktivisten der Anti-Kosmopoliten-Kampagne als auch Schriftsteller mit antisemitischen Ansichten, die aber öffentliche Meinungsbekundungen vermieden. Leonid S. Sobolev (1898–1971), einer der bedeutendsten Schriftsteller jener Zeit und Mitbegründer der Fraktion russischer Nationalisten im SV, sprach schon auf dem 2. Kongress des SV der UdSSR, der vom 15. bis zum 26.12.1954 stattfand, die "Gruppenmentalität" im literarischen Milieu als ernstes Problem an.[245]

Nach Angaben der Historikerin Marija R. Zezina, die entsprechende Dokumente aus dem Archiv der Moskauer Unterorganisation des SV ausgewertet hat, brach der Konflikt zwischen April 1955 und März 1956 offen aus.[8] Schriftsteller, die des Kosmopolitismus beschuldigt worden waren, erhoben ebenso wie Verwandte verfolgter jüdischer Schriftsteller die Forderung nach Rehabilitierung und sogar Ermittlung der persönlichen Schuld mehrerer Literaturfunktionäre. Die Schriftsteller, die die Kosmopolitismus-Anschuldigungen erhoben hatten, reagierten ihrerseits prompt mit dem Vorwurf, es handele sich um "Rachegelüste".[246]

1957 begann die Aufspaltung in rivalisierende Gruppierungen institutionalisierte und vom Partei- und Staatsapparat sanktionierte Formen anzunehmen. Der Beschluss über die Gründung des SV der RSFSR wurde unmittelbar nach dem Treffen der Staatsführung mit den Teilnehmern des Dritten Plenums des Vorstands des SV der UdSSR am 13. Mai 1957 gefasst. Bei diesem Treffen wandte sich der Erste Sekretär des Zentralkomitees der KPdSU gegen jenen Teil der Intellektuellen, der auf eine Liberalisierung des Landes

---

Warschau geboren wurde und hervorragend deutsch und polnisch sprach". (NIKOLAJ K. STARŠINOV: Čto bylo, to bylo.... – Moskau: Zvonnica-MG, 1998, S. 80–83).

244 Während des Kampfes gegen die Kosmopoliten waren auch viele weitere Schriftsteller mit vergleichsweise liberalen Ansichten, wie beispielsweise Konstantin M. Simonov, mit "Enthüllungsreden" hervorgetreten. Nach Stalins Tod, in einer Phase ideologischer Unbestimmtheit, mussten sie eine Wahl treffen. Denjenigen, die sich nicht auf "konservative" Positionen begaben, wurden ihre Auftritte gegen den "Kosmopolitismus" von den Liberalen und von den Schriftstellern mit jüdischen Wurzeln nicht weiter zum Vorwurf gemacht.

245 WOLFRAM EGGELING: Politika i kul'tura pri Chruščeve i Brežneve. 1953–1970. – Moskau: "AIRO-XX", 1999, S. 53–54.

246 MARIJA R. ZEZINA: Sovetskaja chudožestvennaja intelligencija i vlast' v 1950–60-e gody. – Moskau: Dialog-MGU, 1999, S. 149–150.

hoffte. Allem Anschein nach war Nikita Chruščëv zu dieser Zeit von den politischen Reformen enttäuscht und von der antikommunistischen Revolution in Ungarn und der wachsenden Unzufriedenheit unter der Jugend und den Studenten erschreckt.[247] Im Dezember desselben Jahres fand der Gründungskongress des neuen Verbandes statt, auf dem der "parteilose Bolschewik" Leonid N. Sobolev zum Vorsitzenden gewählt wurde und viele andere russische Nationalisten oder Sympathisanten in leitende Positionen gelangten. Das Presseorgan des SV der RSFSR, die Zeitung *Literatura i žizn'* (Literatur und Leben), wurde zum Gegner jeglicher liberaler Regungen in der Literatur, und der Almanach (später Zeitschrift) des Verbandes *Naš sovremennik* (Unser Zeitgenosse) wurde zu einer der beiden führenden Zeitschriften der Bewegung russischer Nationalisten. Mehrere regionale Unterorganisationen des SV der RSFSR und viele regionale Zeitschriften gerieten ebenfalls unter den Einfluss der russischen Nationalisten und wurden so zu Multiplikatoren ihrer Politik.

Das Lager der Liberalen kontrollierte ab Mitte der 50er Jahre bis zur Gorbačëv-Ära die Moskauer – mit einem Drittel der Gesamtmitgliederschaft die größte – und die Leningrader[248] Unterorganisation des SV und übte einen starken Einfluss auf die Literaturzeitungen und -zeitschriften der Hauptstadt aus. Die zentralen Presseorgane waren die Zeitschriften *Novyj mir* (Neue Welt), *Junost'* (Jugend) und *Literaturnaja gazeta* (Literaturzeitung, ab 1959). Von den übrigen Zeitschriften, die dem Vorstand des Schriftstellerverbandes unterstanden, sympathisierte außerdem die Zeitschrift *Oktjabr'* (Oktober, bis 1961) mit den Liberalen.[249]

Wenn vom Einfluss auf die Publikationsorgane des SV der UdSSR und deren Kontrolle durch die Schriftstellergruppierungen die Rede ist, darf natürlich

---

247 MARIJA R. ZEZINA: *Sovetskaja chudožestvennaja intelligencija i vlast*, S. 202–203; WOLFRAM EGGELING: *Politika i kul'tura pri Chruščeve i Brežneve*, S. 81.
248 Der Leiter der Leningrader Organisation des SV der RSFSR, A. Prokof'ev, und einige weitere Schriftsteller dieser Stadt gehörten zu den russischen Nationalisten, konnten jedoch ihre Politik in einer insgesamt liberalen Organisation nicht durchsetzen.
249 Anfang der 60er Jahre wurde die tiefe Spaltung unter den Schriftstellern auch für das ZK der KPdSU offensichtlich: "Im Januar 1962 verzeichnete die Kulturabteilung des ZK bereits zwei Gruppierungen von Literaten, die sich um *Novyj mir* und *Oktjabr'* gebildet hatten. Der ersten standen *Literaturnaja gazeta* und *Junost'* nahe, zur zweiten tendierten *Literatura i žizn'*, *Neva*, *Zvezda* und *Don*. Die erste Gruppierung wurde von der Leitung der Moskauer Abteilung des SV, die zweite vom Zentralvorstand und den regionalen Abteilungen des SV der RSFSR unterstützt" (MARIJA R. ZEZINA *Sovetskaja chudožestvennaja intelligencija i vlast*, S. 284).

nicht vergessen werden, dass sie alle den Beschlüssen des ZK der KPdSU und selbst den mündlichen Anordnungen der Mitarbeiter der zentralen Abteilungen der *Staraja ploščad*', des Sitzes des ZK der KPdSU, unterworfen waren. Bei alledem aber oblag die Ausführung dieser Anordnungen Kreativen, die ihre eigenen gesellschaftspolitischen Ansichten hatten. Sie hatten zwar kaum Möglichkeiten, diese Ansichten öffentlich kund zu tun, konnten jedoch im Rahmen des Erlaubten die Anordnungen des ZK auf ihre Art auslegen und entsprechend ihrer eigenen Überzeugungen Akzente setzen.

Die im SV der UdSSR Mitte der 50er Jahre entstandene Gruppierung russischer Nationalisten bestand zunächst aus zwei Teilen. Das waren zum einen anerkannte Schriftsteller, die sich im Kampf gegen die Kosmopoliten hervorgetan oder ihn im Stillen unterstützt hatten. Ein Teil von ihnen waren "rote" antisemitische Patrioten wie Michail A. Šolochov (1905–1984), Michail S. Bubenov (1909–1983), Anatolij V. Sofronov (1911–1990), Aleksej A. Surkov (1899–1983) und Vitalij A. Zakrutkin (1908–1984), Literaturkritiker wie Konstantin I. Prijma (1912–1991) und Michail R. Škerin (1910–1992), ein anderer Teil waren zynische, gut maskierte orthodoxe Monarchisten wie Sergej V. Michalkov (1913–2009), Leonid M. Leonov (1899–1994), Natal'ja P. Končalovskaja (1903–1988), Nikolaj P. Smirnov (1898–1978), Sergej N. Sergeev-Censkij (1875–1958) und später auch Oleg V. Volkov (1900–1996), und ein weiterer Teil bestand aus den Überresten liquidierter sozialer Gruppen, die zwar die kommunistischen Ideen vollständig übernommen hatten, aber ihre russisch-nationalistischen Überzeugungen beibehielten, Schriftstellern wie Jaroslav V. Smeljakov[250] (1913–1972), Leonid S. Sobolev[251] (1898–1971) und Marietta S. Šaginjan[252] (1888–1982).

---

250 Ausführlicher bei: STANISLAV KUNJAEV: Ternovyj venec, in: *Naš sovremennik*, 12/1997, S. 271–280.
251 Sobolev war der Sohn eines Absolventen der Akademie des Generalstabs, der im russisch-türkischen Krieg von 1877–1878 für die Befreiung Bulgariens gekämpft hatte. In einem zeitgenössischen Nachschlagewerk heißt es: "Nach der Befreiung wuchs der deutsche Einfluss in Bulgarien, als Zeichen des Protestes nahm der Vater von S. seinen Abschied und ging mit seiner Familie nach Sibirien." Leonid S. Sobolev selbst war 1917 Marinefähnrich und wechselte auf die Seite der Sowjetmacht. S.: NIKOLAJ N. SKATOV. Hg.: *Russkie pisateli, XX vek: Biobibliogr. slovar'*: Band B, 2. Teil. – Moskau: Prosveščenie, 1998. S. 370.
252 Šaginjan gehörte seit den 20er Jahren zur Gruppe der assimilierten Intelligencija, die die Ideen des "Nationalbolschewismus" unterstützte und die Zeitschrift *Rossija* herausgab (Igor' Ležnev, Vladimir Tan-Bogoraz u. a.). S.: MICHAIL AGURSKIJ: *Ideologija nacional-bol'ševizma*. – Paris: YMCA-press Cop., 1980, S. 121.

Die zweite Gruppierung bestand aus heimgekehrten Frontsoldaten, von denen die meisten in der zweiten Hälfte der 40er Jahre das Maxim-Gorkij-Literaturinstitut in Moskau besuchten. Gerade sie waren diejenigen, die ab Mitte der 50er Jahre administrative Positionen, unter anderem im SV der RSFSR, besetzten.

Über die enge private wie auch berufliche Verbundenheit der Absolventen des Literaturinstituts berichtet Michail M. Godenko in seinen Memoiren. Er beginnt seine Erzählung mit der Beschreibung der "Kolchosen" im Literaturinstitut, inoffiziellen Gruppen, die gemeinsame Lebensmittel und Kleidung hatten, und schreibt dann über seine Beziehung zu seinem Wohngenossen S. Šurtakov in solch einem "Kolchos": "Das feste Band unserer Freundschaft hinderte uns nicht daran, auch mit anderen befreundet zu sein. Vasilij Federov, Jurij Bondarev, Viktor Kočetkov [...]. Michail Alekseev und ich arbeiteten zusammen bei der Zeitschrift *Moskva* (Moskau).[253] Ivan Stadnjuk war sogar eifersüchtig. Aber ich beruhigte ihn: 'Ja, Miša und ich stehen uns nahe. Aber wenn du da bist, trete ich einen Schritt zurück. Ivan akzeptierte diese Erklärung. Mit Bondarev habe ich nicht nur studiert, sondern auch im Sekretariat der Leitung des SV Russlands zusammengearbeitet. Mit Kočetkov bin ich schon mein ganzes künstlerisches Leben verbunden. Und dennoch steht die Verbindung zu Semjon Šurtakov, Senja, an erster Stelle, da führt kein Weg dran vorbei."[254]

Benedikt M. Sarnov, der zur gleichen Zeit am Literaturinstitut studierte, erwähnt in seinen Aufzeichnungen zwar keine "Kolchosen" – wobei er auch nicht im Wohnheim wohnte –, bezeugt aber die Existenz von verschworenen Gemeinschaften. Er selbst gehörte zu einer Gruppe, der auch Jurij V. Bondarev, Grigorij Ja. Baklanov und Grigorij M. Poženjan angehörten. Des Weiteren erwähnt er noch eine andere Gruppe mit Vladimir A. Solouchin, Vladimir F. Tendrjakov, Semjon I. Šurtakov und Michail M. Godenko.[255]

Das Entstehen dieser verschworenen Gemeinschaften von ehemaligen Frontsoldaten unter den russischen Nationalisten lässt sich mit den besonderen Bedingungen am Literaturinstitut zu jener Zeit erklären. Den Erinnerungen von Konstantin Ja. Vanšenkin zufolge gab es am Institut wenig Studenten, die fünf Studienjahre umfassten insgesamt nur wenig mehr als hundert

---

253 Seit 1969 war Michail M. Godenko stellvertretender Chefredakteur.
254 MICHAIL M. GODENKO: Lobnoe mesto, in: *Naš sovremennik*, 9/1996, S. 103.
255 BENEDIKT M. SARNOV: Chodit ptička veselo, in: *Voprosy literatury*, 1/2000, S. 255.

Studenten gleichzeitig.[256] An die Schriftsteller, die ehemaligen Frontsoldaten, die in der Nachkriegszeit ans Institut kamen, stellte man keine allzu hohen Anforderungen. Die Hochschulleitung reagierte gelassen auf ihre endlosen Saufgelage. Entsprechend den "Anforderungen der Zeit" wurde eine solide wissenschaftliche Ausbildung, wie etwa die Vermittlung humanistischen Denkens, durch regelmäßige ideologische Versammlungen ersetzt, die, anders als die Vorlesungen, von den Frontsoldaten, die durchweg Partei- oder Komsomolmitglieder waren, nicht versäumt werden durften.[257]

Die Memoiren von Sarnov zeigen, welche Richtlinien zu dieser Zeit auf den Komsomol- und Parteiversammlungen am Institut gegeben wurden. So teilte der Leiter des Lehrstuhls für Marxismus-Leninismus, Prof. Leontev, auf einer Versammlung, die dem Kampf gegen den Kosmopolitismus gewidmet war, Folgendes mit:

> "'Das Präsidium hat ein Schreiben bekommen, wonach unsere Partei unter dem Vorwand des Kampfes gegen den Kosmopolitismus angeblich die Juden bekämpft.' [...] Nachdem sich der Professor davon überzeugt hatte, dass der Hörsaal bereit war, ihm Gehör zu schenken, begann er mit einer seiner klassischen Phrasen, von der er auch während seiner Vorlesungen häufig Gebrauch machte: 'Genosse Stalin lehrt uns...' – er öffnete den extra von zu Hause mitgebrachten Band über Stalin und verlas feierlich das vorbereitete Zitat – 'Das sowjetische Volk hasst die deutschen faschistischen Eindringlinge nicht dafür, dass sie Deutsche sind, sondern dafür, dass sie unserem Land so viel Leid und Elend gebracht haben.' Er hob belehrend den Zeigefinger und sagte abschließend: 'Und genau so, Genossen, verhält es sich auch mit den Juden'."[258]

Der Grund lag aber nicht in der nationalistischen Propaganda allein. Aus sozialer Perspektive waren die ehemaligen Frontsoldaten, die Ende der 40er bis 50er Jahre am Literaturinstitut studierten, junge Männer vom Lande, die das große Glück hatten, in der Hauptstadt an einer prestigeträchtigen Hochschule studieren zu können, die ihnen eine weitere Karriere sicherte. Von den genannten Studenten kehrten nur zwei oder drei in ihre alte Heimat zurück. Die anderen schwärmten lieber in der Behaglichkeit ihrer Moskauer Wohnungen von den heimatlichen Gefilden.

---

256 KONSTANTIN JA. VANŠENKIN: *Pisatel'skij klub.* – Moskau. Vagrius, 1998, S. 50.
257 Neben den o. g. Memoiren von Konstantin Ja. Vanšenkin, Michail M. Godenko und Benedikt M. Sarnov, s. auch: VLADIMIR S. BUŠIN: Erenburg mne rasskazyval, in: *Naš sovremennik*, 11–12/1994, S. 258–269; NIKOLAJ K. STARŠINOV: *Čto bylo, to bylo ...* – Moskau: Zvonnica-MG, 1998. Zur Freundschaft und Zusammenarbeit zwischen Michail N. Alekseev und Vladimir A. Solouchin in den 40er bis 60er Jahren s.: MICHAIL N. ALEKSEEV: O druge moëm (kotoromu nyne ispolnilos' by 75 ...), in: *Den' literatury.* – Moskau, 10/1999.
258 BENEDIKT M. SARNOV: Chodit ptička veselo, in: *Voprosy literatury*, 1/2000, S. 241.

Um sich aber unter den harten Bedingungen der Stalinzeit in Moskau wirklich etablieren zu können, musste man die eigene Nützlichkeit unter Beweis stellen. Niemand durfte an der hohen literarischen Qualifikation der neuen Kämpfer an der "ideologischen Front" zweifeln, wie auch die angehenden Schriftsteller selbst nicht an ihrem Talent zweifelten. In dieser Hinsicht waren die Bedingungen für die Generation der "Leutnants" außerordentlich günstig. Die sowjetischen Schriftsteller der Vorkriegszeit waren entweder vernichtet oder galten als verdächtig.[259] Die letzten vereinzelten Erben des Silbernen Zeitalters waren im Zuge der ideologischen Kampagne von 1948 vernichtet worden. Daher war der Bedarf an jungen Leuten mit unbefleckter Reputation außerordentlich groß. Und dennoch riefen die Experten, Kritiker und Bewahrer unverständlicher Traditionen, die "Richter", auf die selbst die höchsten "Schicksalslenker" im Apparat des ZK der VKP(b) und im Vorstand des SV hörten – aus Gründen, die den ehemaligen Bauern vollkommen rätselhaft waren –, großen Unmut hervor. Dabei gab es schon immer genügend Stimmen, die bereit waren, offen auszusprechen, dass alle "Kritiker" Juden sind (was zum Teil sogar stimmte) und diese die russischen Schriftsteller absichtlich niedermachen wollen. Ende der 40er, Anfang der 50er Jahre fühlten sie sich völlig unbehelligt. Ein literarisches Denkmal dieser Epoche ist der Roman Tlja (Die Blattlaus) von Ivan M. Ševcov, in dem junge Moskauer Künstler den Kampf für "realistische Kunst" gegen die jüdischen Kritiker führen, für die der bekannte Künstler der Moderne Barselonskij (eine Parodie auf Ilja Ehrenburg) steht.[260] Der Schriftsteller V. V. Gorbačëv (geb. 1941), Ende der 60er Jahre Student am Literaturinstitut, erinnerte sich an eine Legende, die unter den Studenten von Generation zu Generation weitergegeben wurde und die besagt, dass die "Russische Partei" von ehemaligen Frontkämpfer-Studenten für den Kampf gegen "die Drückeberger" im Hinterland gegründet worden ist.[261]

Ihr Wissen über die Juden bekamen die Studenten und Absolventen des Literaturinstituts in dem Salon, den der Künstler Pavel F. Sudakov in den 50er Jahren bis Anfang der 60er Jahre in seiner Werkstatt unterhielt. Dort befand sich auch das Arbeitszimmer von Ševcov und seinen Erinnerungen zufolge

---

259 S. ausführlicher: MARIETTA O. ČUDAKOVA: Zametki o pokolenijach v sovetskoj Rossii, in: Novoe Literaturnoe Obozrenie, 2(30)/1998, S. 73–91.
260 IVAN M. ŠEVCOV: Tlja. – Moskau Sovetskaja Rossija 1963; Tlja. Sokoly. – Moskau: Golos, 2000. (Neuauflage mit dem Original-Vorwort).
261 Aus einem Telefoninterview mit dem Autor vom 03.12.2000.

"kamen abends die gemeinsamen Freunde zu einem Plauderstündchen. Bei einer Tasse Tee oder Kaffee oder bei einer Flasche Wein wurden herzliche Gespräche geführt, die manchmal in heiße Diskussionen übergingen. Hier lasen Vasilij D. Fedorov, Vasilij A. Žuravlëv, Aleksej Ja. Markov, Sergej S. Smirnov oder Egor A. Isaev ihre 'noch ofenwarmen' Gedichte. Hierher kamen die Schriftsteller Vsevolod A. Kočetov, Michail N. Alekseev [Schwiegersohn Sudakovs – Anm. d. Autors], Petr L. Proskurin, Efim N. Permitin und Vladimir A. Čivilichin, aus Leningrad reiste Sergej A. Voronin an und vom Don Vitalij Zakrutkin. Man kann gar nicht alle aufzählen. Manchmal schauten auch Aleksandr Michailovič Gerasimov und Evgenij Viktorovič Vučetič vorbei."[262]

Ševcov und Sudakov hatten Kontakt zu Leonov und über Vučetič zu Šolochov. Sie waren praktisch alle auch später in der Bewegung russischer Nationalisten aktiv.

Die Weitergabe der Traditionen des russischen Nationalismus am Literaturinstitut wurde auch in der darauf folgenden Zeit gepflegt. Einige bemerkenswerte "Kämpfer der Russischen Partei" (so Gennadij Gusev) studierten bereits in der zweiten Hälfte der 50er Jahre und in den 60er Jahren an der Hochschule, etwa V. V. Gorbačëv und Nikolaj M. Sergovancev. Ein Teil der russisch-nationalistischen Studenten zeichnete sich durch deutlichen Radikalismus aus. So wurden 1958 drei Studenten des Instituts – Ju. A. Pirogov, L. P. Sergeev und D. K. Ševčenko – vom *KGB* festgenommen, da ihre Aktivitäten als offen "antisowjetisch" betrachtet wurden. Das Spektrum ihrer Ansichten reichte von der Kritik Ehrenburgs für seinen Kosmopolitismus bis zur Bildung einer "Duma des russischen Nationalismus" mit Aufrufen zur Vernichtung aller Juden.

Die russischen Nationalisten koordinierten ihre Aktionen vor allem im Kampf gegen die "Liberalen" mit einer anderen Gruppe von Schriftstellern, die "konservativen" Ansichten anhing und zu der Vsevolod A. Kočetov, Nikolaj M. Gribačëv und Semën P. Babaevskij gehörten. Diese Literaten und auch einige weitere mit ähnlichen Positionen waren zwar keine Befürworter der ethnischen Diskriminierung[263], jedoch ließen ihr extremer Etatismus und ihre Abneigung gegen den Westen, die sie mit den russischen Nationalisten teilten, sie zu dem Schluss kommen, dass alle liberalen und vor allem prowestlichen Neigungen zur Zerstörung des "ersten sozialistischen Staates der Welt" führen würden. Die in der zweiten Hälfte der 50er und in den 60er Jahren im SV

---

262 IVAN M. ŠEVCOV: *Tlja. Sokoly*, S. 316–317.
263 Gennadij M. Gusev und Sergej N. Semanov beispielsweise legen Vsevolod A. Kočetov zur Last, dass dessen erster Stellvertreter Jude war, und Nikolaj M. Gribačëv, dass dessen Söhne Jüdinnen heirateten. S. das Interview des Autors mit Gennadij M. Gusev und Sergej N. Semanov.

der UdSSR entstandene Situation trug dazu bei, dass alle Konservativen sich zurück gesetzt fühlten und in der Defensive wähnten. Nikolaj Gribačëv erinnert sich an diese Zeit folgendermaßen:

"Kočetov und ich liefen uns während der Raucherpause während einer solchen Sitzung im Flur über den Weg. Sowohl er als auch ich hatten uns zu der Zeit schon genug blaue Flecken wegen 'Dogmatismus' geholt. [...] Es fanden sich Scharfmacher, die uns aus der Frontlinie in die zweite Reihe abdrängen wollten. [...] In der zweiten Reihe schwitzt man nicht nur, sondern man lernt auch zu kämpfen."[264]

In der Einschätzung der liberalen Gegner bemerkt Kočetov durchaus zu Recht: "Sie tun so, als würden sie auf die Ästhetik zielen, das Feuer aber richten sie auf die Ideologie."[265]

Die Zusammenarbeit der russischen Nationalisten mit den "Konservativen" vom Schlage Kočetovs veranlasste viele Historiker im Gefolge von Roj A. Medvedev, die "Stalinisten" oder "orthodoxen Marxisten" als eigenständige Gruppierung auf einer Ebene mit den Liberalen und den russischen Nationalisten zu betrachten.[266] Dieser Gruppierung wurden praktisch alle Schriftsteller der Stalinära zugeordnet, die antiliberalen Ansichten anhingen, wie Michail A. Šolochov, Anatolij V. Sofronov, Leonid S. Sobolev, Vsevolod A. Kočetov und andere.[267] Das wichtigste Publikationsorgan dieser Strömung war nach Roj A. Medvedev die Zeitschrift *Oktjabr'* (Oktober), dessen Chefredakteur von

---

264 NIKOLAJ M. GRIBAČËV: *Ne mog inače // Vospominanija o Vsevolode Kočetove*. S. 95.
265 Ebd. S. 95.
266 *Političeskij dnevnik*, Band 2, S. 426–430. Roj Medvedev nahm diese Unterteilung in drei Literaturgruppierungen erstmals im November 1968 vor und entwickelte seine Theorie in der Arbeit *O socialističeskoj demokratii*, die unter westlichen Historikern große Verbreitung fand, weiter.
267 In einer der im Westen nicht veröffentlichten Ausgaben des *Političeskij dnevnik* (vom Dezember 1967) beschreibt Roj Medvedev das vielschichtige und interessante Bild der verschiedenen Fraktionen im politischen und zum Teil auch im literarischen Establishment. Er unterscheidet sieben Strömungen in der Literatur – die stalinistische, die gemäßigt-konservative, die parteidemokratische, die westliche, die des ethischen Sozialismus, die der Nationalisten, die der "Neo-Narodniki" –, nennt aber namentlich nur die Stalinisten Vsevolod A. Kočetov, Anatolij V. Sofronov, Nikolaj M. Gribačev, Michail A. Šolochov, Vladimir I. Firsov und Feliks I. Čuev – die beiden letzten waren Mitglieder der "Russischen Partei" – und die Nationalisten Vladimir I. Solouchin und den ukrainischen Nationalisten Ivan M. Dzjuba. Offensichtlich zählte der Sozialdemokrat Roj Medvedev zu den "Stalinisten" auch alle seiner Meinung nach "schlechten" Staatsfunktionäre, wie S. P. Trapeznikov, S. P. Pavlov, Aleksej A. Epišev, Aleksandr N. Šelepin, Vladimir E. Semičastnyj, Nikolaj E. Egoryčev und Pëtr N. Pospelov, ohne deren Positionen im Einzelnen zu beleuchten. Er stellt heute fest, "es gibt heute unter den Stalinisten keine auch nur halbwegs populären, keine einfach nur klugen Persönlichkeiten ..., diese Menschen sind nicht fähig und in der Lage, mit anderen als mit administrativen Methoden zu leiten ..." (*Političeskij dnevnik*, Dezember 1967, Archiv des NIPC "Memorial", F. 128, Kor. 1, S. 60–74).

1961 bis 1974 Kočetov war. Eine andere Zeitschrift der "Orthodoxen", die im Übrigen sehr populär beim "Volk" war, war die von Anatolij V. Sofronov geleitete Zeitschrift *Ogonëk* (Feuerchen). Medvedev und weitere Historiker in seinem Gefolge zählten zu den russischen Nationalisten (Autochthonisten) den Autorenkreis der *Molodaja gvardija* (Junge Garde), vor allem die erwähnten Absolventen des Literaturinstituts und anderer geisteswissenschaftlicher Hochschulen der Nachkriegszeit. Eine derartige Unterteilung ist jedoch kaum haltbar. Die Anerkennung der Verdienste Stalins beim Aufbau des sowjetischen Imperiums und im Kampf gegen die Juden war typisch für fast alle russischen Nationalisten, und hierin einen grundlegenden Unterschied zwischen, sagen wir, Valerij N. Ganičev und Anatolij V. Sofronov zu finden, dürfte schwerfallen. Der Autorenkreis der *Molodaja gvardija* unterhielt ständige Arbeitskontakte zu Schriftstellern, die als "Stalinisten" bezeichnet werden. Und Šolochov war in der Zeit von 1960 bis 1970 gleich vollends ihr geistiger "Guru", so dass aus diesem Kreis die meisten Šolochov-Forscher hervorgingen, darunter Fëdor F. Kuznecov, Vladimir O. Osipov, Pëtr V. Palievskij, Viktor V. Petelin[268] und Sergej N. Semanov. Michail N. Alekseev und Jurij V. Bondarëv beispielsweise arbeiteten im Sekretariat des SV der RSFSR unter der unmittelbaren Leitung L. S. Sobolevs, später Sergej V. Michalkovs.

Auf diese Art und Weise stellten die wahren "orthodoxen Marxisten" oder besser die konsequenten Ausleger des "Kurzen Lehrgangs der Geschichte der KPdSU(b)" eine unbedeutende Minderheit in der sowjetischen Literatur dar und waren die äußerste linke Flanke der antiliberalen Koalition. Ihr gesamtes Wirken war im Wesentlichen um die Zeitschrift *Oktjabr'* konzentriert, die aber nach Kočetovs Tod 1974 völlig ihr politisches Gesicht verlor und zu einer verhältnismäßig liberalen Linie zurückkehrte. Die Weitergabe der politischen Tradition, ein Merkmal aller existierenden Gruppierungen, der Liberalen ebenso wie der russischen Nationalisten, fand in diesem Fall nicht statt. Deshalb verlor die Rede von den "Stalinisten" im literarischen Milieu Mitte der 70er Jahre gänzlich ihren Sinn, oder aber als "Stalinisten" wurden die bekennenden russischen Nationalisten bezeichnet.

Dennoch war die Redaktion von *Oktjabr'* (Oktober) unter Kočetov eine wichtige Rekrutierungszentrale für eine neue Generation russischer Nationalisten. Für die angehenden Autoren der Zeitschrift wurden sogenannte Arbeitstreffen mit bekannten Schriftstellern wie Kočetov selbst, Aleksej A. Prokof'ev, Jurij V.

---

268 Im Jahre 1969 publizierte Viktor V. Petelin eine Monografie über Vitalij A. Zakrutkin, einen Schriftsteller, der Michail A. Šolochov besonders nahe stand.

Bondarev, Ivan F. Stadnjuk, Semën P. Babaevskij oder Arkadij A. Pervencev, die zum Teil russische Nationalisten waren, veranstaltet.[269] Enge Kontakte zu Kočetov und der Redaktion von *Oktjabr'* (Oktober) unterhielten Mitglieder und Sympathisanten der "Russischen Partei" wie Vladimir A. Čivilichin, Vasilij M. Šukšin, Marietta S. Šaginjan, N. T. Sizov und P. Strokov, der in der Zeitschrift für Kritik und Publizistik zuständig war, die Kritiker Nikolaj Sergovancev und D. Starikov, und ab und zu kamen auch Petr Palievskij und Oleg N. Michailov[270] von *Novyj mir* (Neue Welt) vorbei, die sich 1968/1969 von Aleksandr T. Tvardovskij getrennt hatten und vollständig ins konservative Lager gewechselt waren. Besonders setzte Kočetov sich für Šukšin ein. Er druckte nicht nur dessen Artikel in seiner Zeitschrift und empfahl ihn beim Verlag *Molodaja gvardija*, sondern half ihm auch bei der Wohnungssuche in Moskau.

Russische Nationalisten im literarischen Milieu in der ersten Hälfte der 60er Jahre

Die Konstellation der Kräfte, die sich im literarischen Milieu herausgebildet hatte, geriet in der zweiten Jahreshälfte 1961 ins Wanken. Auf dem XX. Parteitag der KPdSU im Oktober hatte Chruščëv Stalin scharf kritisiert, was den Prozess der Entstalinisierung und die liberalen Stimmungen in der Intelligencija und unter den Studenten deutlich verstärkte. Gleichzeitig erhöhte sich im November 1961 mit der Ernennung zum Sekretär des Zentralkomitees das politische Gewicht des Beschützers der russischen Nationalisten, Aleksandr N. Šelepins, und damit der Konservativen überhaupt. Zum Chef des *KGB* der UdSSR, der stets bestrebt war, die Stimmungen im literarischen Milieu zu kontrollieren, wurde Vladimir E. Semičastnyj, einer der engsten Vertrauten Šelepins, des "Eisernen Šurik", ernannt.

Diese Ereignisse stärkten die Positionen der Gruppierungen russischer Nationalisten im literarischen Milieu. Zudem gelang es Šelepin und dem Sekretär des ZK der KPdSU für Ideologie, Leonid F. Iljičev, Chruščëv zum Kampf gegen die moderne Kunst, eines der Ausdrucksmittel der nach dem XX. und XXII. Parteitag entstandenen liberalen Hoffnungen, zu bewegen. Ausweis dessen waren die Ausstellung in der Manege am 1. Dezember 1962, die Bildung der Ideologischen Kommission des ZK der KPdSU und ihre Tagungen im November/Dezember 1962 sowie die Zusammenkünfte mit Intellektuellen am 17. Dezember 1962 und am 7./8. März 1963. Die konservative Koalition,

---

269 *Vospominanija o Vsevolode Kočetove.* S. 167.
270 Ebd. S. 225.

in der die russischen Nationalisten zu dem Zeitpunkt bereits die führende Rolle spielten, nutzte den Umstand, dass sie vorübergehend, wenn auch nicht vollwertig, Eingang in den aktuellen politischen Diskurs gefunden hatte und versuchte, ihre ungünstige Stellung im künstlerischen Milieu auf administrativem Wege zu verändern. Denn die Intellektuellen im kulturellen Bereich sympathisierten überwiegend mit den Ideen der Meinungsfreiheit und waren für eine Verwestlichung der Gesellschaft. Die erste gemeinsame Aktion der Konservativen im Parteiapparat und im literarischen Milieu fand noch vor der berühmten Ausstellung in der Manege statt. Die an der Veröffentlichung des literarischen Sammelbandes *Tarusskije stranicy* (Tarussische Seiten) unter der Redaktion von Konstantin G. Paustovskij Beteiligten wurden einer ideologischen "Bearbeitung" und innerparteilichen Repressionen unterzogen. Der für die damalige Zeit ungewöhnliche Band enthielt Werke liberaler Autoren, die sich an der Grenze des von der Zensur Erlaubten bewegten. Schon bald nach der Veröffentlichung in der *Literaturnaja gazeta* (Literaturzeitung) verfasste der Aktivist der nationalistischen Bewegung, Evgenij I. Osetrov, eine scharfe Kritik gegen *Tarusskije stranicy*.[271] Im Februar 1962 begründeten Evgenij M. Čecharin, Abteilungsleiter für Wissenschaft, Kultur und Schulen der RSFSR im ZK der KPdSU und Anhänger der Šelepin-Gruppe, der später einer der Schutzpatrone der russisch-nationalistischen Bewegung werden sollte, sowie Egor K. Ligačëv, stellvertretender Abteilungsleiter für Agitation und Propaganda für die RSFSR im ZK der KPdSU, in einer Notiz zu dem Entwurf eines Beschlusses des Büros der RSFSR im ZK der KPdSU die Notwendigkeit von Strafmaßnahmen gegen die Verfasser und Herausgeber des Bandes.[272]

Die entscheidenden Ereignisse aber entwickelten sich Ende des Jahres. Marija R. Zezina beschreibt die Forderungen der Konservativen gegenüber der Führung des Landes bei den Zusammenkünften mit der Intelligencija nach der Ausstellung in der Manege 1962:

"'Sie' beschwerten sich über den Verlust ihrer früheren Positionen in den Moskauer Abteilungen der Schriftsteller- und Künstlerverbände. V. A. Smirnov sagte: 'Wir sind in

---

271 EVGENIJ I. OSETROV: Poezija i proza "Tarusskich stranic", in: *Literaturnaja gazeta*, 09.01.1962. Evgenij I. Osetrov war einer der wenigen bekennenden russischen Nationalisten. Selbst in einer Auskunft für den *KGB* über die Stimmungen im literarischen Milieu charakterisiert er sich selbst als "slavophil". (*Kremlevskij samosud*, S. 225). Gennadij M. Gusev erinnert sich im Interview, dass sogar Osetrovs Wohnung im "russischen Stil" eingerichtet war. S. dazu: SERGEJ N. SEMANOV: Michail Petrov syn Lobanov, in: *Naš sovremennik*, 11/1995, S. 223–224.
272 Ausführlicher dazu: *Istorija sovetskoj političeskoj cenzury*, S. 135–138.

der Moskauer Abteilung in der Minderheit. Der Fisch stinkt zuerst am Kopf, der Schriftstellerverband zuerst an der Moskauer Abteilung.' Nach Meinung Gribačevs war die Zeit reif für die Umorganisation der Moskauer Abteilung des Schriftstellerverbandes. Kočetov schlug vor, anstelle der drei Künstlerverbände (der Schriftsteller, der Maler und der Komponisten) eine einheitliche Organisation der Kunstschaffenden zu bilden und einen neuen Aufnahmemodus einzuführen. Eine solche Umorganisation, so seine Idee, würde die demokratischen Tendenzen in den Moskauer Abteilungen schwächen."[273]

Der Vorsitzende der Leningrader Abteilung des SV, Aleksandr A. Prokof'ev, verbot Evegenij A. Evtušenko 1962 alle Auftritte in seiner Stadt, was für die 60er Jahre ziemlich ungewöhnlich war, da politische Entscheidungen wie diese nur von den Parteiorganen getroffen werden konnten.[274]

Bezeichnend ist auch der Fall des bereits erwähnten antiintellektuellen, antisemitischen und frauenfeindlichen Romans *Tlja* (Die Blattlaus) des radikalen russischen Nationalisten Ivan M. Ševcov. Der im Jahre 1952, mitten im Kampf gegen die "Kosmopoliten" geschriebene Roman sollte im Verlag *Molodaja gvardija* (Junge Garde) in der Zeitschrift *Neva* (der Name des durch Leningrad fließenden Flusses) veröffentlicht werden, wozu es nach Stalins Tod aber nicht mehr kam. Ševcov erinnert sich:

"Plötzlich kamen ganz unerwartet 'bessere Zeiten': Chruščëv hatte im zentralen Ausstellungssaal der Manege die Künstler der Moderne niedergemacht [so im Text – Anm. d. Autors]. Abends rief mich Vučetič an und verkündete mir mit gehobener Stimme die 'grandiose Neuigkeit' [...] 'Einzelheiten unter vier Augen!' sagte er aufgeregt. 'Gerasimov, Laktionov und andere Genossen sind jetzt bei mir. Wir kommen gerade aus der Manege. Komm schnell her. Du hast doch diesen Roman über die Künstler geschrieben. Jetzt ist der richtige Augenblick.' [Ich] zog aus dem Archiv das Manuskript hervor, schrieb schnell einen Epilog dazu und nach drei Tagen ging ich damit zu E. Petrov, dem Direktor des Verlags *Sovetskaja Rossija* (Sowjetrussland), der die Rede von Chruščëv in der Manege gehört hatte, und bat ihn, meinen Roman persönlich zu lesen. Am nächsten Tag rief mich Petrov an, sagte, dass er meinen Roman gelesen habe und bestellte mich zu sich, um den Vertrag zu unterschreiben."[275]

Der Bildhauer Evgenij V. Vučetič, der seine schützende Hand über Ševcov und andere russische Nationalisten hielt, versuchte früher schon und auch in der Folge stets, die Gunst der Stunde zu nutzen, um politischen Druck auf die Staatsmacht auszuüben und sie zu zwingen, mit den Liberalen abzurechnen.

---

273 MARIJA R. ZEZINA: *Sovetskaja chudožestvennaja intelligencija i vlast' v 1950–60-e gody*, S. 306.
274 WOLFRAM EGGELING: *Politika i kul'tura pri Chruščeve i Brežneve. 1953–1970*, S. 137.
275 IVAN M. ŠEVCOV, *Tlja. Sokoly*, S. 5 f.

Die Historikerin Marija R. Zezina entdeckte einen vom März 1955 datierten Brief an Chruščëv, in dem Vučetič den stellvertretenden Minister für Kultur beschuldigt, dass er "mit 'demagogischen Leitsprüchen' von der individuellen künstlerischen Freiheit und der Vielfalt der Genres einen Teil der Künstler von der Arbeit an wirklich wichtigen Themen abhält."[276] Marina A. Ladynina, eine der bekanntesten Schauspielerinnen der sowjetischen Filmkunst der 30er bis 50er Jahre, erinnert sich, dass Evgenij V. Vučetič ihr und ihrem Mann Ivan A. Pyr'ev, einem der bedeutendsten Regisseure der Stalinzeit, im Jahre 1956, während der Niederwerfung des Aufstands in Ungarn, einen Brief zur Unterschrift brachte.

"Es handelte sich um einen 'Appell an die Regierung', dass es an der Zeit sei' 'die Schrauben fester anzuziehen' und die Intellektuellen härter anzufassen. Andernfalls könnte in unserem Land das Gleiche passieren wie in Ungarn und auch bei uns würde es zu Erhängungen kommen. Also alles in allem war er der Meinung, dass es bei uns zu wenig Festnahmen gab ..."[277]

Eine "große öffentliche Resonanz" fand nach Meinung des Historikers Rudol'f G. Pichoj 1965 ein Brief Vučetičs an die *Pravda,* in dem der Bildhauer "gegen die Verwendung des Ausdrucks 'Stalinscher Personenkult' protestierte. Er behauptete, dass es keine derartige Periode in der Geschichte des Landes, sondern nur einzelne Fehler des bedeutenden Staatsmannes gegeben habe."[278]

Die Versuche der russischen Nationalisten in den Jahren 1962–1963, die Gunst der Stunde zu nutzen, um in den Künstlerverbänden personelle Umbesetzungen und "Säuberungen" durchzusetzen, blieben jedoch insgesamt erfolglos. Bezeichnend ist in diesem Zusammenhang der Brief Stepan P. Zlobins, des Chefs der Prosaabteilung der Moskauer Abteilung des Schriftstellerverbandes, an Chruščëv aus dem Jahre 1963. Darin äußert er seine Verwunderung und Empörung darüber, dass der "Genosse Egorytcev auf der literarischen Aktivtagung des Moskauer Parteikomitees am 18. März des Jahres verkündet hatte, dass diese Gruppe [Leonid S. Sobolev, Aleksandr V. Sofronov, V. A. Smirnov, Nikolaj M. Gribačëv, Vsevolod A. Kočetov, Vladimir V. Ermilov – Anm. d. Autors] das höchste Vertrauen der Partei genießt."[279]

Auf diese Weise brachte Zlobin, ein wichtiger Mitarbeiter des ideologischen

---

276 Marija R. Zezina: *Sovetskaja chudožestvennaja intelligencija i vlast' v 1950–60-e gody,* S. 146.
277 Marina A. Ladynina: "Žit' nado s vostorgom": Interview mit I. Sedenkova, in: *Subbotnik NG,* 23/2001, 16.06., S. 11.
278 Rudol'f G. Pichoja: *SSSR: istorija vlasti. 1945–1991,* S. 285.
279 Stepan P. Zlobin: Iz archiva, in: *Voprosy literatury,* 4/1998, S. 315.

Bereiches, zum Ausdruck, dass er mit der Haltung seines faktischen Vorgesetzten – wenngleich nur eines von vielen –, des ersten Sekretärs des Moskauer Komitees der KPdSU, nicht einverstanden war. Das konnte nur jemand tun, der sich seiner Stellung ziemlich sicher war.

Große Resonanz in den literarischen Kreisen des Inlandes, und sogar mehr noch des Auslandes, fand die offene Diskussion über den Antisemitismus, die 1961–1963 entbrannte. Sie begann mit dem Auftritt Ilja Ehrenburgs zu seinem 70. Geburtstag im Zentralen Haus der Literaten (*CDL*). In seiner Rede, die im sowjetischen Rundfunk übertragen wurde, erinnerte er an den Kampf gegen den Kosmopolitismus und erklärte, warum er sich selbst als russischer Schriftsteller fühlt, obwohl in seinem Pass "Jude" steht. Der Auftritt eines der wichtigsten Liberalen mit einem öffentlichen Hinweis auf seine ethnische Zugehörigkeit – der Gebrauch des Wortes "Jude" war seit der "Ärzteverschwörung" überaus anstößig und rief an jenem Abend stürmischen Applaus hervor – musste bei den Konservativen für Empörung sorgen. Jedenfalls wurde er in den internen Dokumenten des ZK der KPdSU scharf verurteilt.[280] Ernsthaft entbrannte die Diskussion aber erst nach der Veröffentlichung des Gedichtes *Babij jar* [wörtl.: "Weiberschlucht" – Name des Kiewer Hohlweges, in welchem die SS im September 1941 über 33.000 Juden tötete – Anm. d. Hg.] von Evgenij A. Evtušenko in der *Literaturnaja gazeta* (Literaturzeitung), in dem von der Existenz moderner Antisemiten die Rede ist und das von Dmitrij D. Šostakovič mit anderen Gedichten Evtušenkos in der 13. Sinfonie verarbeitet wurde, die Ende 1962 ihre Uraufführung erlebte.[281] Die Aktivisten der konservativen Fraktion des SV, die rührigen russischen Nationalisten D. Starikov und A. Markov, ließen nicht lange auf eine Antwort warten. Der erste verfasste einen Artikel in der Zeitung *Literatura i žizn* (Literatur und Leben), der zweite das Gedicht *Kakoj že ty russkij...* (Was bist Du für ein Russe), das zwar nicht veröffentlicht wurde, aber in Moskauer Schriftstellerkreisen allgemein bekannt war. Die Historikerin Zezina schreibt: "Der Auftritt in *Literatura i žizn* (Literatur und Leben) wurde von der künstlerischen Intelligencija als Beginn einer neuen Welle des

---

280 Notiz des Leiters der Kulturabteilung des ZK der KPdSU, D.A. Polikarpov, und des Referatsleiters I. S. Černoucan an das Sekretariat des ZK der KPdSU vom 31.01.1961, in: *Dom na dve ulicy*, (O Centr. Dome literatorov. Sbornik) [Sammelband von Dokumenten und Erinnerungen]. – Moskau: RIK "Kul'tura", 1994, S. 44–50.

281 Zur Geschichte der Entstehung und Veröffentlichung von *Babij jar*, über die Reaktion der Staatsmacht und zum Text des Gedichtes selbst s.: EVGENIJ A. EVTUŠENKO: *Medlennaja ljubov'*. – Moskau: Eksmo-press, Jauza, 1999, S. 14–17, 301–303.

Antisemitismus gedeutet. Evtušenko wurde mit Briefen der Empörung und Besorgnis angesichts dieser Entwicklungen überhäuft."[282]

Ende 1962, möglicherweise in Voraussicht der Angriffe auf die liberalen Schriftsteller im Winter 1962-1963, gab es erneut einen öffentlichen Schlagabtausch der Parteien. Im Oktober 1962 bezeichnet der Leiter des Seminars für Poesie am Literaturinstitut unter dem Beifall des Saales die Schriftsteller Danin, Levin, Jakovlev, Simonov, Antokol'skij und Sel'vinskij als Kosmopoliten.[283] Und am 27. November 1962 erinnerte der Filmregisseur Michail I. Romm in seiner Rede auf der Konferenz "Tradition und Innovation in der Kunst des sozialistischen Realismus" an die Kampagne gegen die "Kosmopoliten", wies nachdrücklich auf ihren antisemitischen Charakter hin und sagte, dass sie letztlich auf ein Gemetzel unter den Schriftstellern hinausgelaufen sei. Als Hauptschuldige nannte er Gribačëv und Sofronov. Außerdem beschuldigte Romm Kočetov und Sofronov des Antisemitismus und der Sabotierung alles Neuen und Ausdrucksstarken in der Filmkunst. Romms Rede geriet zu einer Sensation und gelangte in den *Samizdat*. Kočetov, Sofronov und Gribačëv beschwerten sich beim ZK der KPdSU, so dass Romm gezwungen war, sich im ZK und in der Parteileitung von *Mosfil'm* (Moskauer Filmstudio) zu erklären.[284]

1963 wurden antisemitische Bücher wie der Roman *Tlja* (Die Blattlaus) von Ivan M. Ševtsov (Moskau) und *Iudaizm bez prikras* (Judaismus ohne Beschönigungen) von Trofim K. Kičko (veröffentlicht in der Ukraine), die von sowjetischen Verlagen herausgegeben wurden, weltbekannt. Diese Bücher riefen sowohl im Inland als auch im Ausland große Empörung hervor, besonders unter den kommunistischen Parteien im Ausland – und hier in erster Linie in der größten unter ihnen, der französischen –, die nach den Enthüllungen über Stalin dem Problem des Antisemitismus in der UdSSR äußerst kritisch gegenüber standen.[285] Die Staatsmacht war gezwungen, die öffentliche Diskussion darüber zu unterbinden und die Herausgabe offizieller antisemitischer Literatur für einige Jahre einzustellen. Wenn darüber hinaus als eine

---

282 MARIJA R. ZEZINA: *Sovetskaja chudožestvennaja intelligencija i vlast' v 1950–60-e gody*, S. 151.
283 Ebd.
284 VALERIJ I. FOMIN: *Kinematograf ottepeli. Dokumenty i svidetel'stva*. – Moskau: Materik, 1998, S. 314–332.
285 Zu diesem Thema gibt es eine Vielzahl von ausländischen Untersuchungen, z. B.: NORA LEVIN: *The Jews in the Soviet Union since 1917. Paradox of Survival*. – N.Y.: New York University Press, 1988. Vol. 2, S. 599–622. S. auch: *Političeskij dnevnik*, Band 1, S. 96–98.

Art Antwort auf die Solidarität, die Evtušenko nach der Veröffentlichung von *Babij jar* von den Kommunisten aus dem Ausland erfahren hatte – die Stimmen im Land interessierten kaum jemanden[286] –, ab August 1961 erstmals seit dem Ende der 40er Jahre wieder die Herausgabe einer Zeitschrift in jiddischer Sprache, die von der jiddischen Zeitung *Sovetish Heymland*, in kleiner Auflage genehmigt wurde, so war die Antwort auf die Kritik von 1963 die Veröffentlichung des bereits seit langem druckfertigen *Evrejsko-russkij slovar'* (Jüdisch-russisches Wörterbuch) von Feliks L. Šapiro, der ersten Ausgabe dieser Art seit den 30er Jahren. Zur selben Zeit wuchsen in der Provinz eigenständige "Talente" heran, die sich zwischen 1960 und 1970 der Bewegung russischer Nationalisten anschlossen. Dazu gehörte beispielsweise Valentin V. Sorokin (geb. 1936), Dichter aus Čeljabinsk und Mitglied des SV der UdSSR, der nationalistische und antisemitische Gedichte schrieb und vortrug. 1965 trat er in die KPdSU ein, fünf Jahre darauf zog er endgültig nach Moskau, übernahm dort, ohne jegliche Hochschulausbildung, den Posten des Chefredakteurs des Verlages *Sovremennik* (Zeitgenosse) und wurde damit zu einer wichtigen Persönlichkeit der Bewegung russischer Nationalisten.

Das kurze Intermezzo der "Volksdemokratischen Partei" (Narodno-demokratičeskaja partija, NDP)

Nicht jeder russische Nationalist im literarischen Milieu wollte (und konnte) in die sowjetische Literaturelite aufsteigen. Die scheinbare Vorherrschaft der Juden vernebelte manch einem die Sicht und führte zu Aktionen, die die Staatsmacht als "antisowjetisch" betrachtete. Besonders anschaulich zeigt dies die Geschichte der "Volksdemokratischen Partei".[287]

In der Gegend um die *Vagan'kovskaja ulica* (Vagankovstraße) in Moskau wohnten 1955 zwei Freunde: der Kraftfahrer Viktor S. Polenov (geb. 1928)

---

286 1957 schrieb der bekannte sowjetische Schriftsteller Boris N. Polevoj einen Brief an das ZK der KPdSU über die Notwendigkeit, das praktische Veröffentlichungsverbot für jüdische Literatur aufzuheben und begründete dies mit der falschen Reaktion der internationalen prosowjetischen Öffentlichkeit, seine Meinung wurde jedoch offensichtlich ignoriert. S.: *Političeskij dnevnik*, Band 1, S. 102–105.

287 Informationen über die Gruppe stammen aus den Interviews mit Viktor S. Polenov, Jurij A. Pirogov, Vjačeslav L. Solonev und Sergej A. Molčanov in den Jahren 1992–1994, aus Briefen von G. S. Ukurov an den Autor vom 10. Februar und 4. März 1993 und aus den Memoiren von Viktor S. Polenov aus dem Jahr 1985, veröffentlicht in: VIKTOR S. POLENOV: *Vospominanija / Memuary russkich nacionalistov*, – Moskau: IIC "Panorama", 1995 (Dokumenty po istorii dviženija inakomysljaščich, 1. Bd.), S. 224–230. S. auch: *Katalog 58-10: Nadzornye proizvodstva prokuratury SSSR po delam ob antisovetskoj agitacii i propagande*, S. 499.

und der Fernstudent des Alexander-Herzen-Literaturinstituts Jurij A. Pirogov (geb. 1931). Sie diskutierten über die Lage der Arbeiter und Bauern und äußerten ihre Unzufriedenheit mit den Parteibonzen, die den Bedürfnissen des einfachen Volkes keine Beachtung schenkten. Beide Männer kamen aus Arbeiterfamilien. Die Eltern Polenovs waren als gut situierte Mittelbauern vor der Kollektivierung in die Stadt geflohen und arbeiteten als Müllfahrer. Pirogov war in einer Dreherfamilie aufgewachsen.

Viktor S. Polenov schrieb später:

> "Unsere Gruppe war nicht bereit zu irgendwelchen Kompromissen gegenüber der kommunistischen Macht. Wir hatten nicht vor, das kommunistische Regime zu unterstützen, sondern waren für seine Liquidierung, seine gewaltsame Beseitigung."[288]

Im Herbst 1955 lernte Pirogov am Zeitungsstand den gerade aus der sowjetischen Armee entlassenen Unterleutnant Vjačeslav L. Solonev (geb. 1926), Mitglied der KPdSU seit 1953 und Fernstudent am Institut für Pädagogik, kennen. Der neue Bekannte des angehenden Schriftstellers war ein absoluter Verlierer. Sein Vater war Offizier und hatte die Familie verlassen, als Solonev zwölf Jahre alt war. Sein Bruder hatte sich bis 1958 schon zwei Strafen wegen Diebstahls eingehandelt. Solonev selbst versuchte mehrmals eine Ausbildung zu absolvieren, zuerst als Militärdolmetscher – zweimal wurde er von Militärhochschulen exmatrikuliert –, danach als Fremdsprachenlehrer. Seine Konfliktfreudigkeit, Talentlosigkeit und Verantwortungslosigkeit führten jedoch immer wieder zu einem Wechsel seines Arbeitsplatzes. Zu der Zeit, als er Pirogov kennenlernte, war er arbeitslos und musste zudem seine auf dem Sterbebett liegende krebskranke Mutter pflegen.[289]

---

288 VIKTOR S. POLENOV: *Vospominanija / Memuary russkich nacionalistov.* – Moskau: IIC "Panorama", 1995 (Dokumenty po istorii dviženija inakomysljaščich, 1. Bd.), S. 224.
289 Die Autobiografie von Vjačeslav L. Solonev, die er 1958 während seines Arrests geschrieben hatte und die ihm 1992 zurückgegeben wurde, ist ein überwältigendes Dokument, das ein genaues Bild eines sowjetischen Outsiders zeichnet. Nachdem Solonev die Nachimov-Militärschule in Baku beendet hatte, wurde er an die Kaspische Marinehochschule geschickt, wo er nach einem Jahr aufgrund mangelnder Leistungen und wegen Undiszipliniertheit relegiert wurde. Nach einem halben Jahr wird Solonev am Moskauer Militärinstitut für Fremdsprachen (VIIJa) immatrikuliert, wo er ein Jahr vor Abschluss aufgrund von Stellenkürzungen und fehlender anschließender Einsatzmöglichkeiten exmatrikuliert wird. Nach der Hälfte der Ausbildung bekommt er als KPdSU-Kandidat zusätzlich einen Verweis wegen der Verheimlichung einer negativen Beurteilung seiner vorherigen Ausbildungsstätte bei der Immatrikulation. Seine Versuche, an anderen Hochschulen unter Anerkennung der absolvierten Semester weiter zu studieren, blieben erfolglos. An der einen wurde er wegen der schlechten Beurteilung des VIIJa nicht angenommen, an der ande-

Auf Vorschlag von Pirogov und Polenov sollte der Unterleutnant der Reserve die Gruppe, deren Gründung die beiden Freunde initiiert hatten, anführen. Zu ihren Anhängern zählten die Anführer der künftigen Organisation einige ihrer Freunde und Bekannten, die ihre Ansichten vollständig oder teilweise teilten. In erster Linie war das der Freund von Pirogov, Sergej A. Molčanov (geb. 1931), Fernstudent an der Maschinenbau-Fakultät des Polytechnischen Instituts, des Weiteren zwei Bekannte Solonevs, der Arbeiter, Dichter und Student des Literaturinstituts Leonid P. Sergeev (geb. 1931) und L. B. Leonidov. Mitte 1956 schrieb Solonev das Programm der Russischen Nationalen Partei für die neue Gruppe, das selbst der radikal eingestellte Viktor Polenov als "offen nazistisch, brutal und inhuman" beurteilte. Es sah u. a. die vollständige Vernichtung aller Juden vor.[290]

Das Programm selbst war für diese Untersuchung nicht zugänglich. Es ist unklar, ob Solonev es bereits vor seiner Verhaftung vernichtete, oder erst 1992, als ihm die noch erhaltenen Dokumente aus dem Archiv des *KGB* zurückgegeben wurden. Der nunmehr in Šuja, Gebiet Ivanovo, lebende Rentner Solonev fürchtete die "Agenten Kahanes"[291] so sehr, dass er die zurück erhaltenen Unterlagen zu "korrigieren" begann. Einen Teil verbrannte er offensichtlich, in den restlichen Dokumenten machte er mit einem blauen Kopierstift alle antisemitischen Abschnitte unleserlich. Bei dieser Beschäftigung überraschte der Autor dieser Abhandlung Solonev, als er ihn 1993 in seiner Wohnung besuchte.

Ende 1956 schrieb Polenov, sichtlich enttäuscht von dem designierten Anführer der Gruppe, sein eigenes Programm der "Volksdemokratischen Partei Russlands". Grundprinzipien dieses Programms waren der Antikommunismus und der Antisemitismus. Als wichtige Ziele definierte es darüber hinaus die Einführung des Kapitalismus und des Privatunternehmertums sowie der präsidialen Demokratie. Darüber hinaus waren die Schaffung unabhängiger

---

ren, der pädagogischen Hochschule, wurde er wegen "mangelnder Fremdsprachenkenntnisse" abgelehnt. Er arbeitete als Sanitäter, Packer, Schlosser. Zwei Jahre nach seiner Exmatrikulation begann er von Null an der Fakultät für russische Sprache und Literatur des Pädagogikinstituts zu studieren, musste aber bald zum Fernstudium wechseln und wurde als Englischlehrer in die Einöde des Smolensker Gebiets geschickt. Danach wechselte er beliebig seine Arbeitsplätze. Ganz nebenbei bekommt er 1954 einen erneuten Verweis der Partei wegen "Störungen der Ordnung bei der feierlichen Versammlung im Kombinat *Pravda*". S.: Vjačeslav L. Solonev: Avtobiografija. Rukopis'. 14.06.1958, Original im Archiv des Autors.

290 Interview mit Viktor S. Polenov.
291 Meir Kahane (1932–1990), Chef der extremistischen Organisation "Kach", die in den USA und in Israel aktiv war.

gesellschaftlicher Organisationen und die vollständige Vertreibung aller Juden von russischem Boden vorgesehen.

Über das Programm von Polenov sind mehr gesicherte Fakten erhalten. Er konnte sich zumindest in seinen Memoiren und im Interview seine Grundthesen klar ins Gedächtnis zurückrufen. Die "jüdische" Frage war für den Autor des Programms die grundlegende. Auf die zaghafte Bemerkung Leonid P. Sergeevs, diesen Punkt doch vielleicht besser im Statut unterzubringen, entgegnete Polenov: "nehmt euch, was ihr wollt, aber das muss bleiben", Sergeev aber wurde unverzüglich als "Jude" gebrandmarkt. Unmittelbaren Kontakt zu Juden hatte Polenov "lediglich mit einem vorgehaltenen Stück Mullstoff".[292] Als Sergej A. Molčanov das Programm redigierte, sprach auch er sich gegen den Punkt über die Lösung der jüdischen Frage aus, doch Polenov wies auch seine Einwände ab.[293]

Im Ergebnis der Diskussionen um das Programm von Polenov spaltete sich die Gruppe. Solonev beschuldigte Polenov des Plagiats, sagte, dass er alle Gruppenmitglieder aus seiner Organisation ausschließen würde, dass er genügend Leute für die Schaffung seiner eigenen Partei habe. Verhandlungen über einen "Waffenstillstand" wurden im Juli 1957 auf der Datscha von Molčanov geführt, sie endeten jedoch praktisch ohne Erfolg. Solonev nutzte dies, um sich aus der Gruppe zurückzuziehen. Er begann Flugblätter gegen Chruščëv zu verfassen, wobei nicht ganz klar ist, ob sie irgendeine Art von Verbreitung erfuhren, oder nur reines Privatvergnügen des Autors blieben. Sein Programm schrieb er zum Manifest mit dem pompösen Titel "Gedanken eines russischen Nationalisten" um.

Der Rückzug Solonevs, dem übrigens niemand folgte, machte Polenov zum Anführer der Organisation, und sein Programm konnte als deren grundlegendes Dokument gelten. Gleichzeitig veranlasste die Annahme des Programms die Mitglieder der Partei zu weiteren Aktionen. Man beschloss, Flugblätter zu verteilen. Ein Großteil der Organisationsmitglieder wollte offensichtlich nur ungern zum aktiven Kampf übergehen, sie waren mit Versammlungen im Kreise von Gleichgesinnten vollkommen zufrieden. Polenov jedoch konnte ihre Unterstützung für seine Aktivitäten gewinnen.

Im März/April 1958 verfassten Polenov und Pirogov einen Text, in dem sie die harten Lebensbedingungen beschrieben und dazu aufriefen "die Kommunisten zu schlagen". Molčanov redigierte den Text und Pirogov tippte auf ei-

---
292 Interview mit Viktor S. Polenov.
293 Interview mit Sergej A. Molčanov.

ner aus einem Straßenbahndepot gestohlenen Schreibmaschine mehrere Hundert Exemplare als Flugblatt. Die bei der Verteilung der Flugblätter gefährlichste Arbeit übernahmen Polenov und ein Abendstudent der Fakultät für Maschinen und Ausrüstungen des Moskauer Verkehrsinstituts[294], der nebenberuflich als Straßenbauarbeiter tätige G. S. Ukurov (geb. 1936), den Polenov für seine individuellen Aktionen angeworben hatte. Wenngleich er das Programm von Polenov als "Kinderkram" bezeichnete, war er doch bereit, bei der Verteilung der Flugblätter mitzumachen.[295] Dem Rest der Gruppe wurde er gemäß den Regeln der Konspiration nicht vorgestellt.

Die Verteilung der Flugblätter – sie wurden in Briefkästen geworfen und überall angeklebt – erfolgte in Stadtbezirken, die den Anführern der Organisation vertraut waren, in Vagan'kovo, in der Gorkij-Straße, auf dem Sadovoe kol'co (dem Gartenring), rund um die amerikanische Botschaft, in der Mantulina-Straße und im Krasnopresnenskij-Park. Nachdem Polenov und Ukurov mehrere Flugblätter geklebt hatten, gingen sie zum ersten zurück und beobachteten mit Genugtuung die Reaktionen der Passanten. Polenov hatte jedoch noch Größeres vor. In monatelanger harter Arbeit gelang es ihm, eine Buchdruckerpresse Marke Eigenbau zusammenzubauen. Sie kam jedoch nie zum Einsatz.

Am 22. Mai 1958 wurde Ukurov von *KGB*-Mitarbeitern festgenommen, die ihm und Polenov aufgelauert hatten, während sie Flugblätter in einer Grünanlage der Mantulin-Zuckerfabrik verteilten. Der kräftige Polenov konnte sich aus den Händen der *KGB*-Mitarbeiter losreißen und fliehen. Auf dem Weg zu seinem Wohnheim warf er alle Flugblätter weg. Dort angekommen verbrannte er seine Tagebücher, "brachte es aber nicht übers Herz", das Programm und die von ihm geschriebenen Artikel zu vernichten Diese wurden später als Beweismaterial herangezogen. Zwei Stunden später wurde er unweit des Hauses seiner Mutter festgenommen.

Nach seiner Festnahme wurde Polenov durch zwei Ermittler einem ununterbrochenen zwölfstündigen Verhör unterzogen, bei dem er schließlich aufgab. Polenov verriet Pirogov und Solonev. Danach sagte auch Pirogov aus und nannte den Ermittlern die Namen Molčanovs und Sergeevs.[296] Polenov be-

---

294 G. S. Ukorovs Brief zufolge war er Student der Hochschule, dem *Katalog 58–10 Nadzornye proizvodstva* nach Student einer Fachschule. S.: *Katalog 58–10. Nadzornye proizvodstva*, S. 499.
295 Briefe G. S. Ukurovs.
296 Ermittler: Oberst Zotov, Hauptmann Fomin und Syščikov (letzterer tat sich in politischen Prozessen in den 70er Jahren hervor).

stätigte die Aussage Pirogovs. Diese zwei Aussagen reichten der Staatsanwaltschaft aus, um am 21. August zunächst Haftbefehl gegen Molčanov und im September dann auch gegen Sergeev zu erlassen.

Am 13. Januar 1959 wurden Vjačeslav L. Solonev, Viktor S. Polenov, Jurij A. Pirogov, G. S. Ukurov, Leonid P. Sergeev und Sergej A. Molčanov vom Moskauer Stadtgericht[297] nach Paragraf 58–10 Abs. 1 und 58–11 des Strafgesetzbuchs der RSFSR sowie Paragraf 1 des Beschlusses des Präsidiums des Obersten Sowjets vom 4. Juni 1947 in den Anklagepunkten antisowjetische Organisation und Gründung einer antisowjetischen Gruppe schuldig gesprochen. Die Anführer der Gruppe Solonev, Polenov und Pirogov wurden zu sieben Jahren, Molčanov zu vier und Sergeev zu zweieinhalb Jahren Haft verurteilt. Die Mitglieder der Gruppe mussten ihre Strafe in den politischen Lagern Mordwiniens verbüßen. Die Gruppe russischer Nationalisten, die sich im Lager um Polenov bildete, wurde wegen ihrer brutalen Art, Konflikte mit Gewalt zu lösen, *Pugačëvcy* genannt [nach Emeljan Pugačëv, dem Anführer des blutigen russischen Bauernaufstandes von 1773–1775 – Anm. d. Hg.].

Nach ihrer Freilassung ließen sich die Gruppenmitglieder in Provinzstädten[298] nieder und unterhielten mehr oder weniger regelmäßige Kontakte untereinander und zu anderen ehemaligen politischen Häftlingen. Einige der Gruppenmitglieder beteiligten sich später an Aktionen der russisch-nationalistischen Gruppierung um V. Osipov und die *Samizdat*-Zeitschrift *Veče* [so benannt nach der Bezeichnung der protodemokratischen Volksversammlung einiger altrussischer Städte – Anm. d. Hg.].

Die Geschichte der "Volksdemokratischen Partei" zeigt besonders eindrucksvoll, dass die unter den Arbeitern und den Randgruppen verbreitete Xenophobie nach einem ideologischen Format verlangte. Der "Motor" der Partei war der ungebildete Kraftfahrer Polenov. Er verfasste einen Teil der Dokumente, verteilte die Flugblätter und war der Einzige, der seine Erinnerungen über die Aktionen der Gruppe niederschrieb und dabei betonte, dass seine Partei ihren Ursprung im Arbeitermilieu hatte. Daneben hatten drei Gruppen-

---

297 Vorsitzender des Gerichtes war I. M. Klimov, Gesellschaftliche Beisitzer waren Dudnikov und Egorov, Staatsanwalt war Prošljakov.
298 Die Freunde Viktor S. Polenov und Jurij A. Pirogov ließen sich in Jaroslavl' nieder, um sich dann nach ein paar Jahren wegen der Alkoholabhängigkeit Pirogovs auf das Heftigste zu zerstreiten. Vjačeslav L. Solonev ging nach Šuja, Gebiet Ivanovo, G. S. Ukurov nach Massagal'sk, Gebiet Kaluga. Sergej A. Molčanov und Leonid P. Sergeev lebten bis Mitte der 60er Jahre in Rjazan'. Danach bekam Molčanov eine Zuzugsgenehmigung nach Moskau.

mitglieder, von denen zwei aus der Arbeiterschaft stammten, Kontakt zum literarischen Milieu. Polenovs nächster Mitstreiter Pirogov studierte zur selben Zeit am Literaturinstitut wie die zukünftigen Aktivisten der "Russischen Partei". Ein weiteres Gruppenmitglied, Sergeev, war Gasthörer am Institut und Molčanov, der die Texte der Gruppe redigierte, war angehender Dichter und ständiger Trinkgefährte des Schriftstellers Jurij K. Oleša. Dieser gehörte natürlich nicht zu den russischen Nationalisten, aber auch Molčanov war kein radikales Mitglied der Gruppe. Molčanov stammte aus einer intellektuellen Familie, die ihre Wurzeln im vorrevolutionären Mittelstand hatte. Der Vater war Ingenieur, die Mutter Studentin am Konservatorium, später Ökonomin. Sie stammte aus einer Kaufmannsfamilie, der Großvater väterlicherseits war Offizier unter dem Zaren. Sie lehnten die Sowjetmacht offen ab und waren nicht Mitglied in der *VKP(b)* bzw. KPdSU. Molčanov nahm bereits in seiner Jugend, noch vor seiner Bekanntschaft mit Polenov, an Aktionen illegaler Kreise der studentischen Jugend teil, die aber vom *KGB* nicht aufgedeckt wurden. Der drittwichtigste in der Gruppe, Solonev, Autor der "Gedanken eines russischen Nationalisten" und des ersten Entwurfs des Parteiprogramms, stammte nur seinem formalen sozialen Status nach aus der Arbeiterschicht. Er war der Sohn eines Berufsoffiziers der Vorkriegszeit, hatte selbst den Rang eines Leutnants und war trotz des offensichtlichen Mangels an Intelligenz bestrebt, einen Hochschulabschluss zu erlangen.[299] Sein Antisemitismus stammte offenbar aus dem Militärmilieu, wahrscheinlich vor allem aus der Zeit am Militärinstitut für Fremdsprachen, das der russisch-nationalistischen Bewegung einen weiteren grimmigen Antisemiten schenkte – I. V. Ovčinnikov, der ebenfalls Ende der 40er Jahre an dieser Hochschule studierte.

Selbst Polenov bekannte im Interview, dass er ein ständiger Besucher des Grabes Sergej A. Esenins, der Kultgestalt der russischen Nationalisten, war und sich dort häufig mit anderen Bewunderern des Dichters[300] austauschte. Es ist anzunehmen, dass auch die übrigen der in den Interviews befragten Mitglieder der Gruppe einen solchen "Austausch" mit derartigen "Bewunderern Esenins" in den literarischen Kreisen und in der Armee pflegten, ihr Gedächtnis war jedoch nach 40 Jahren außerstande, solche Begebenheiten zu rekonstruieren.

---

299 Interview mit Sergej A. Molčanov, Jurij A. Pirogov, Viktor S. Polenov, Vjačeslav L. Solonev.
300 Interview mit Viktor S. Polenov.

Es ist bezeichnend, dass die ehemaligen Mitglieder der "Volksdemokratischen Partei" sich an keinerlei schriftliche Quellen erinnern konnten, aus denen sie ihre Weltanschauung in jener Zeit schöpften. Der Grund dafür liegt nicht allein in der Tatsache, dass die russischen Nationalisten des Untergrunds schlecht gebildet waren. Vielmehr war der mündliche Charakter der ethnonationalistischen Mythologie in jener Zeit auch für die künftigen Mitglieder der "Russischen Partei" typisch.

Mit dem Fall der "Volksdemokratischen Partei" eng verbunden ist zweifellos der Fall D. K. Ševčenkos (geb. 1928), eines Fernstudenten des Literaturinstituts, der 1956 und 1957 in Briefen an einen Kommilitonen die "Maßnahmen der Partei zur Liquidierung der Folgen des Personenkults" kritisierte und "Ehrenburg des Kosmopolitismus beschuldigte". Im annotierten *Katalog 58–10* fanden sich keine Angaben zum genauen Datum seiner Festnahme, aber am 15. Januar 1959, zwei Tage nach der Einleitung eines ähnlichen Verfahrens gegen die Mitglieder der Gruppe Polenovs, das wie erwähnt zwei Fernstudenten des Literaturinstituts betraf, wurde von der Staatsanwaltschaft ein Aufsichtsverfahren gegen ihn eröffnet.

Neben Ševčenko waren zwei weitere Personen, Izvol'skij und Gončarov, in das Verfahren involviert, über ihre Aktivitäten ist jedoch nichts Genaueres bekannt. Ševčenko selbst wurde offenbar verurteilt, denn die Kurzdaten im Katalog enthalten Angaben zu seiner Rehabilitation im Jahr 1961.[301] Später, im Jahr 1968, wurde ein weiterer Fernstudent des Literaturinstituts, M. B. Konosov, in einem Prozess gegen eine Organisation der russischen Nationalisten, die Allrussische Sozial-Christliche Union zur Befreiung des Volkes (russ. Abk.: *VSChSON*), verurteilt.

---

301 *Katalog 58–10. Nadzornye proizvodstva prokuratury SSSR po delam ob antisovetskoj agitacii i propagande*, S. 500.

4   Die Untergrundgruppen der 50er und 60er Jahre[302]

Die "systemexterne" Opposition in der UdSSR und die russischen Nationalisten

Die "Volksdemokratische Partei" (*NDP*) war bei weitem nicht die einzige Untergrundgruppierung der russischen Nationalisten. Die russischen Nationalisten im Partei- und Staatsapparat und im literarischen Milieu bildeten de facto eine systemimmanente Opposition zur offiziellen Ideologie. Sie betrachteten sich als Teil des existierenden Gesellschaftssystems, waren in die Lenkung der Geschicke des Landes involviert und stellten seine Gesetze nicht grundsätzlich in Frage. Neben dieser Opposition, die bestrebt war, jede offene Dissidenz zu unterdrücken, existierte in der UdSSR auch eine "systemexterne" Opposition, die die Gesetze und Regeln, die der Bevölkerung des ehemaligen Russischen Reiches durch die Bol'ševiki auferlegt worden waren, ablehnte. Die Vertreter dieses Milieus hatten in den 60er Jahren einen erheblichen Anteil an der Entstehung der "Russischen Partei" im Establishment, die geschickt Untergrundmethoden im Kampf um die Macht mit der Nutzung aller Vorteile und Zugeständnisse, die sie der Partei und dem Staat abhandeln konnte, verband.

Die "systemexterne" Opposition existierte während der gesamten sowjetischen Periode der russischen Geschichte, trat jedoch auf jeweils unterschiedliche Art und Weise in Erscheinung. Besonders harte Maßnahmen der Staatsmacht gegen Andersdenkende riefen ihren bewaffneten Widerstand und den Einsatz von "Untergrund"-Methoden des Kampfes hervor, so die Arbeiter- und Bauernaufstände der 20er Jahre, die Basmatschen-Aufstände, den bewaffneten Widerstand gegen die Kollektivierung auf dem Lande; trotzkistische, sozialistische und nationalistische Untergrundbewegungen der 20er und 30er Jahre, Katakombenkirchen verschiedener Glaubensrichtungen, die Kollaboration in den Kriegsjahren und die kommunistischen und antikommunistischen Jugendgruppen der 40er und 50er Jahre. Mit der Milderung des Regimes strebte die politische Opposition zunehmend nach einer Legalisierung ihrer Tätigkeit und engagierte sich auf dem Feld des Rechts, so in den Menschenrechtsbewegungen in den Jahren 1965–1987, den Petitionskam-

---

302   Übersetzung: Kristina Baumgardt.

pagnen der Intelligencija und in inoffiziellen kulturellen und religiösen Gruppen in den 60er und 80er Jahren, die unter Einbeziehung des Westens Druck auf die UdSSR ausübten.

Die politische Aktivität der "systemexternen" russischen Nationalisten durchlief die gleichen Etappen wie die anderer Oppositioneller. Auf den Massenterror der Jahre 1918 bis 1953 reagierten die russischen Nationalisten mit ihrer Teilnahme am bewaffneten Untergrundkampf gegen die Kommunisten, erwähnt seien hier nur die Russische Befreiungsarmee (ROA) und die zahlreichen Emigrantenorganisationen, die versuchten, auf das Territorium der Sowjetunion vorzudringen.[303] Bisher gibt es keine zuverlässigen Informationen über Gruppierungen russischer Nationalisten innerhalb des Landes in den 30er Jahren bis Anfang der 50er Jahre, da es kaum möglich ist, zwischen Dichtung und Wahrheit in den Akten des Volkskommissariats für Innere Angelegenheiten (Narodnyj kommissariat vnutrennych del NKVD) zu den zahlreichen Fällen "weiß-faschistischer" Gruppen in dieser Zeit zu unterscheiden. Die Entstehung und die politische Aktivität russisch-nationalistischer Gruppen Mitte der 50er Jahre kann jedoch als bewiesen gelten.

Die Zuspitzung der sozialen Widersprüche in der Sowjetunion in der zweiten Hälfte der 50er Jahre und das steile Anwachsen oppositioneller Bewegungen v. a. unter den Jugendlichen führten zur Entstehung vieler illegaler Gruppierungen.[304] Diese Gruppen hatten zwischen ein, zwei und 15 bis 20 Mitglie-

---

303 S. z. B.: IGOR' V. DOMNIN: Russkoe voennoe zarubež'e: dela, ljudi, mysli (20–30-e gody), in: Voprosy istorii, 7/1995; WALTER LAQUEUR: Rossija i Germanija. Nastavniki Gitlera. – Washington: Problemy Vostočnoj Evropy, 1991; V. V. MALINOVSKIJ: Kto on, rossijskij kollaboracionist: patriot ili predatel'?, in: Voprosy istorii, 11–12/1996; S. V. ONEGINA: Rossijskij fašistskij sojuz v Man'čžurii i ego zarubežnye svjazi, in: Voprosy istorii, 6/1997, S. 150–160; MICHAIL I. SEMIRJAGA: Sud'by sovetskich voennoplennych, in: Voprosy istorii, 4/1995, S. 22–33; DŽON STEFAN: Russkie fašisty. Tragedija i fars v emigracii. 1925–1945. – Moskau: Ex libris, 1992, zuerst: JOHN JASON STEPHAN: The Russian Fascists. Tragedy and Farce in Exile 1925–1945. – London: H. Hamilton, 1978.

304 S.: LJUDMILA M. ALEKSEEVA: Istorija inakomyslija v SSSR, S. 240–249; VLADIMIR A. KOZLOV: Massovye besporjadki v SSSR pri Chruščëve i Brežneve. (1953 – nač. 1980-ch gg.). – Novosibirsk: Sibirskij Chronograf, 1999; NIKOLAJ A. MITROCHIN: Anarchosindikalizm i ottepel', in: Obščina 50/1997, S. 39–46; LJUDMILA V. POLIKOVSKAJA: My predčuvstvie...predteča...Ploščad' Majakovskogo 1958–1965. – Moskau: Zven'ja, 1997; VLADIMIR A. PONOMAREV: Obščestvennye volnenija v SSSR. Ot XX. s"ezda do smerti Brežneva. – Moskau, 1990; ders.: Studenčeskoe broženie v SSSR (konec 1956), in: Voprosy istorii, 1/1997, S. 3–23; S. ROŽDESTVENSKIJ: Materialy k istorii samodejatel'nych političeskich ob"edinenij v SSSR posle 1945 goda. Pamjat': Istoričeskij sbornik, Ausgabe Nr. 5. – Paris: La Presse Libre, 1982, S. 226–286.

4 Die Untergrundgruppen der 50er und 60er Jahre[302]

Die "systemexterne" Opposition in der UdSSR und die russischen Nationalisten

Die "Volksdemokratische Partei" (*NDP*) war bei weitem nicht die einzige Untergrundgruppierung der russischen Nationalisten. Die russischen Nationalisten im Partei- und Staatsapparat und im literarischen Milieu bildeten de facto eine systemimmanente Opposition zur offiziellen Ideologie. Sie betrachteten sich als Teil des existierenden Gesellschaftssystems, waren in die Lenkung der Geschicke des Landes involviert und stellten seine Gesetze nicht grundsätzlich in Frage. Neben dieser Opposition, die bestrebt war, jede offene Dissidenz zu unterdrücken, existierte in der UdSSR auch eine "systemexterne" Opposition, die die Gesetze und Regeln, die der Bevölkerung des ehemaligen Russischen Reiches durch die Bolševiki auferlegt worden waren, ablehnte. Die Vertreter dieses Milieus hatten in den 60er Jahren einen erheblichen Anteil an der Entstehung der "Russischen Partei" im Establishment, die geschickt Untergrundmethoden im Kampf um die Macht mit der Nutzung aller Vorteile und Zugeständnisse, die sie der Partei und dem Staat abhandeln konnte, verband.

Die "systemexterne" Opposition existierte während der gesamten sowjetischen Periode der russischen Geschichte, trat jedoch auf jeweils unterschiedliche Art und Weise in Erscheinung. Besonders harte Maßnahmen der Staatsmacht gegen Andersdenkende riefen ihren bewaffneten Widerstand und den Einsatz von "Untergrund"-Methoden des Kampfes hervor, so die Arbeiter- und Bauernaufstände der 20er Jahre, die Basmatschen-Aufstände, den bewaffneten Widerstand gegen die Kollektivierung auf dem Lande; trotzkistische, sozialistische und nationalistische Untergrundbewegungen der 20er und 30er Jahre, Katakombenkirchen verschiedener Glaubensrichtungen, die Kollaboration in den Kriegsjahren und die kommunistischen und antikommunistischen Jugendgruppen der 40er und 50er Jahre. Mit der Milderung des Regimes strebte die politische Opposition zunehmend nach einer Legalisierung ihrer Tätigkeit und engagierte sich auf dem Feld des Rechts, so in den Menschenrechtsbewegungen in den Jahren 1965–1987, den Petitionskam-

---

302 Übersetzung: Kristina Baumgardt.

pagnen der Intelligencija und in inoffiziellen kulturellen und religiösen Gruppen in den 60er und 80er Jahren, die unter Einbeziehung des Westens Druck auf die UdSSR ausübten.

Die politische Aktivität der "systemexternen" russischen Nationalisten durchlief die gleichen Etappen wie die anderer Oppositioneller. Auf den Massenterror der Jahre 1918 bis 1953 reagierten die russischen Nationalisten mit ihrer Teilnahme am bewaffneten Untergrundkampf gegen die Kommunisten, erwähnt seien hier nur die Russische Befreiungsarmee (*ROA*) und die zahlreichen Emigrantenorganisationen, die versuchten, auf das Territorium der Sowjetunion vorzudringen.[303] Bisher gibt es keine zuverlässigen Informationen über Gruppierungen russischer Nationalisten innerhalb des Landes in den 30er Jahren bis Anfang der 50er Jahre, da es kaum möglich ist, zwischen Dichtung und Wahrheit in den Akten des Volkskommissariats für Innere Angelegenheiten (*Narodnyj kommissariat vnutrennych del NKVD*) zu den zahlreichen Fällen "weiß-faschistischer" Gruppen in dieser Zeit zu unterscheiden. Die Entstehung und die politische Aktivität russisch-nationalistischer Gruppen Mitte der 50er Jahre kann jedoch als bewiesen gelten.

Die Zuspitzung der sozialen Widersprüche in der Sowjetunion in der zweiten Hälfte der 50er Jahre und das steile Anwachsen oppositioneller Bewegungen v. a. unter den Jugendlichen führten zur Entstehung vieler illegaler Gruppierungen.[304] Diese Gruppen hatten zwischen ein, zwei und 15 bis 20 Mitglie-

---

303 S. z. B.: IGOR' V. DOMNIN: Russkoe voennoe zarubež'e: dela, ljudi, mysli (20–30-e gody), in: *Voprosy istorii*, 7/1995; WALTER LAQUEUR: *Rossija i Germanija. Nastavniki Gitlera*. – Washington: Problemy Vostočnoj Evropy, 1991; V. V. MALINOVSKIJ: Kto on, rossijskij kollaboracionist: patriot ili predatel'?, in: *Voprosy istorii*, 11–12/1996; S. V. ONEGINA: Rossijskij fašistskij sojuz v Man'čžurii i ego zarubežnye svjazi, in: *Voprosy istorii*, 6/1997, S. 150–160; MICHAIL I. SEMIRJAGA: Sud'by sovetskich voennoplennych, in: *Voprosy istorii*, 4/1995, S. 22–33; DŽON STEFAN: *Russkie fašisty. Tragedija i fars v emigracii. 1925–1945*. – Moskau: Ex libris, 1992, zuerst: JOHN JASON STEPHAN: *The Russian Fascists. Tragedy and Farce in Exile 1925–1945*. – London: H. Hamilton, 1978.

304 S.: LJUDMILA M. ALEKSEEVA: *Istorija inakomyslija v SSSR*, S. 240–249; VLADIMIR A. KOZLOV: *Massovye besporjadki v SSSR pri Chruščëve i Brežneve. (1953 – nač. 1980-ch gg.)*. – Novosibirsk: Sibirskij Chronograf, 1999; NIKOLAJ A. MITROCHIN: Anarchosindikalizm i ottepel', in: *Obščina* 50/1997, S. 39–46; LJUDMILA V. POLIKOVSKAJA: *My predčuvstvie...predteča...Ploščad' Majakovskogo 1958–1965*. – Moskau: Zven'ja, 1997; VLADIMIR A. PONOMAREV: *Obščestvennye volnenija v SSSR. Ot XX. s"ezda do smerti Brežneva*. – Moskau, 1990; ders.: Studenčeskoe broženie v SSSR (konec 1956), in: *Voprosy istorii*, 1/1997, S. 3–23; R. ROŽDESTVENSKIJ: *Materialy k istorii samodejatel'nych političeskich ob"edinenij v SSSR posle 1945 goda. Pamjat': Istoričeskij sbornik*, Ausgabe Nr. 5. – Paris: La Presse Libre, 1982, S. 226–286.

dern und wurden in der Regel schnell vom *KGB* entdeckt.[305] Viele von ihnen waren sozialistisch orientiert, von Neostalinisten bis Anarchosyndikalisten; es gab jedoch auch einige Gruppierungen, die den Grundstein für die Bewegung russischer Nationalisten legten. Neben der bereits erwähnten *NDP* handelte es sich um verschiedene Gruppen des literarischen Milieus sowie die neu entstehenden Bewegungen zum Schutz von Denkmälern der Geschichte und Kultur.

In vielen Fällen entwickelten sich diese Gruppen nicht zu fest organisierten Bewegungen mit Programm und formaler Mitgliedschaft. Es wurden Besucher von Seminaren in Privatwohnungen und nicht öffentlichen Arbeitsgemeinschaften und Zirkeln festgenommen. Zu den enttarnten Untergrundparteien wurden manchmal auch zufällige Bekannte der Aktivisten gezählt.[306] Deshalb sind sowohl die Gruppierungen russischer Nationalisten mit registrierter Mitgliedschaft und Programm als auch Organisationen des Zirkel-Typs bekannt.

Untergrundgruppen als eine Art Massenerscheinung innerhalb der Bewegung der Andersdenkenden gab es bis zum Ende der 60er Jahre.[307] Das Ende ihres politischen Wirkens war vor allem eine Folge der neuen Möglichkeiten für Oppositionelle, sich in das sowjetische System zu integrieren, und vor allem in Literatur- und Akademikerkreisen ein Leben ohne Aufgabe ihrer Prinzipien, aber auch ohne das Risiko, "sich eine Strafe einzuhandeln", zu leben. Oppositionelle, die "nicht schweigen wollten", bekamen die Möglichkeit, ihre Forderungen laut und öffentlich gegenüber der Staatsmacht zu artikulieren. Die Mitte der 60er Jahre entstandene Dissidentenbewegung, das Verteilungsnetz des *Samizdat* und das Phänomen der "zweiten Kultur", d. h. die private Wohnung als Alternative zum Öffentlichen, boten den potentiellen Illegalen neue

---

305 S. Arbeiten von Ljudmila M. Alekseeva, Vladimir A. Kozlov, Nikolaj A. Mitrochin, S. Roždestvenskij. Eine Vielzahl von Gruppierungen, die Historikern vorher nicht bekannt waren und die in dieser Zeit vom *KGB* aufgedeckt wurden, sind aufgeführt im *Katalog 58–10. Nadzornye proizvodstva prokuratury SSSR po delam ob antisovetskoj agitacii i propagande.*

306 So wurde z. B. 1962 bei einer Lyrik-Lesung auf dem Majakovskij-Platz zu einer Gruppe, die unter Verdacht stand, einen Terrorakt zu planen und die später wegen der Gründung eines anarchistischen Untergrundvereins verurteilt wurde, ein Zuhörer der Lesung mit monarchistischer Einstellung hinzugerechnet, der nichts von dem Treffen der Anarchisten wusste. S.: LJUDMILA V. POLIKOVSKAJA: *My predčuvstvie ... predteča ... Ploščad' Majakovskogo 1958–1965.*

307 Sie entstanden erneut Anfang der 80er Jahre, aber das war bereits ein neuer Abschnitt in der Entwicklung der Bewegung der Andersdenkenden, die Reaktion der Bürgerrechtsgruppen und der Zeitschriften des *Samizdat* auf die Unterdrückung der offenen Dissidentengruppen durch die Staatsmacht.

Handlungsmöglichkeiten. Aleksandr Ju. Daniel', bekannt für seine Untersuchungen der Dissidentenbewegung, führt an, dass in Städten, in denen diese Bewegung besonders aktiv war, wie etwa in Moskau ab Mitte der 60er Jahre und in Leningrad ab Anfang der 70er Jahre, fast keine Untergrundgruppen mehr entstanden, in der Provinz hingegen gab es sie auch in den 70er Jahren.[308] Ein zweiter, nicht weniger wichtiger Grund für den plötzlichen Rückgang der Zahl der "Illegalen" war die Verringerung der sozialen Spannungen infolge der allgemeinen Verbesserung der Lebensbedingungen im Land. Dies hing mit dem Wachstum der Realeinkommen Ende der 60er Jahre und der Lösung einiger sozialer Probleme, insbesondere des Wohnungsproblems zusammen. Die Entwicklung der Untergrundgruppierungen der russischen Nationalisten unterschied sich im Wesentlichen zwar kaum von der allgemeinen Entwicklung illegaler Organisationen jener Zeit, es gab allerdings eine Reihe von Besonderheiten, von denen im Weiteren die Rede sein wird.

Die Jugend in der Untergrundbewegung

Ein Großteil der in den 50er und 60er Jahren in der Sowjetunion neu entstandenen Untergrundgruppierungen wurde von jungen Menschen gegründet. Die starke Präsenz der Jugend in der Untergrundbewegung war eine Form der Sozialisierung. Die Jugend, besonders die suchende, die kritisch gestimmte – neben der abschreckenden Wirklichkeit selbst spielte hier sicherlich auch das alterstypische Werteparadigma eine Rolle – hatte kaum Möglichkeiten, sich in der Gesellschaft außerhalb des bürokratischen Rahmens und der scharfen Kontrolle der Partei selbst zu finden. Gleichzeitig konnte sich bis dahin in der nachstalinschen Sowjetunion noch kein Milieu für eine oppositionelle Sozialisierung herausbilden, das die Staatsmacht nicht gereizt hätte. Die Klubs der Liedermacher, die "zweite Kultur", eine Quasi-Religiosität in der Verkörperung der Yoga- und der Rerich-Anhänger[309], die Gesellschaften für Denkmal- und Umweltschutz und auch eigenständige Gruppierungen von Wissenschaftlern und Lehrern als fester Bestandteil einer solchen oppositionellen Szene entstanden erst Ende der 50er Jahre und hatten eine relativ geringe Bedeu-

---

308 LARISA I. BOGORAZ/ALEKSANDR JU. DANIEL': V poiskach nesuščestvujuščej nauki (dissidentstvo kak istoričeskaja problema), in: *Problemy Vostočnoj Evropy*. – Washington, 37–38/1993.
309 Nikolaj Konstantinovič Rerich, auch: Nikolas Roerich, Maler und Schriftsteller deutscher Abstammung, Initiator des Roerich-Pakts zum Schutz von Kulturgütern. [Anm. d. Übers.]

tung.³¹⁰ Von einer Lösung des Problems der Selbstfindung und Sozialisation durch die Emigration konnte man damals sowieso nur träumen.

Wesentlich schwerer ist die Frage zu beantworten, wieso Gleichaltrige mit vergleichbarer Herkunft und Bildung und mit ähnlichen Anschauungen zu den gesellschaftlichen Problemen und dem Bestreben, sie zu lösen, dies auf so unterschiedliche Art und Weise taten: Einer wird zum Oppositionellen innerhalb des Systems, trägt Anzug und Krawatte und beginnt für das Bezirkskomitee des Komsomol zu arbeiten, um den Sozialismus von innen zu reformieren. Ein anderer holt seine Altersgenossen in illegale Organisationen, um nach zwei Jahren in einem Politlager Mordwiniens zu landen oder von der Universität exmatrikuliert zu werden oder sich von der Erfolglosigkeit der Suche nach Gleichgesinnten zu überzeugen. Bei der Untersuchung solcher Fälle kommt man zu dem Schluss, dass das entweder am sozialen Konformismus der Teilnehmer oder an den Umständen liegt.³¹¹ Warum nahm das Schicksal der Teilnehmer der inoffiziellen Lyriklesungen auf dem Majakovskij-Platz (1959–1961) so diametral entgegengesetzte Wege: Der eine wurden zu einem bekannten Dissidenten (Vladimir K. Bukovskij, Eduard Kuznecov, Vladimir N. Osipov), der andere zu einem angesehenen Schauspieler (Vsevolod Abdulov) und der nächste zum Vorsitzenden eines Staatlichen Komitees der UdSSR (V. Senčagov)? Was wäre passiert, wenn der *KGB* und die hinter ihm stehende Abteilung des ZK wegen dieser Lesungen nicht nur vieren, sondern ganzen zehn der Teilnehmer den Prozess gemacht hätte? Oder 20? Wie viele Menschen wären keine "normalen" sowjetischen Schriftsteller, Dichter, Journalisten geworden und hätten später nicht mit Begeisterung die Perestroika unterstützen können?³¹² Wenn Sergej N. Semanov, der in Leningrad zunächst zum Kreis von Revol't Pimenov gehört hatte – ein Teil des Zirkels wurde 1958 verurteilt – und später zu den Mitgliedern des *VSChSON*, die 1967 verurteilt wurden, sich dort stärker engagiert hätte, wäre er dann eine der bedeutendsten Figuren der "Russischen Partei" geworden, oder wäre er

---

310 Die Staatsmacht versuchte nie, diese Bewegungen von Andersdenkenden, im Unterschied zur Dissidentenbewegung und erst recht zum Untergrund, auszumerzen. Angriffe gab es ebenso wie Versuche der Zähmung, jedoch wurden nie umfassende und repressive Kampagnen zu ihrer Unterdrückung geführt.
311 Es gab natürlich auch einfach zynische Karrieristen, die immer Glück hatten, die ihre offen ablehnende Haltung gegenüber der existierenden Macht gut mit dem ebenso erfolgreichen und gutbezahlten Dienst an ebendieser Macht vereinen konnten: Evgenij A. Evtušenko und Il'ja S. Glazunov stechen hier besonders hervor, sind aber nicht die einzigen.
312 Ausführlicher: LJUDMILA V. POLIKOVSKAJA: *My predčuvstvie ... predteča ... Ploščad' Majakovskogo 1958–1965.*

in die Verfolgungsspirale geraten?[313] Wie hängen hier Konformismus und Zufall zusammen? Oder Jurij A. Pirogov, Student des Literaturinstituts und einer der Gründer der NDP, welchen Platz hätte er in der "Russischen Partei" eingenommen, wenn seine Mitkämpfer ihn nicht verraten hätten?

Illegale Aktivitäten der Oppositionellen, und das war vor allem unter der Jugend sehr verbreitet, wurden dadurch erleichtert, dass die offizielle Ideologie am Beispiel der Geschichte der Sozialdemokratischen Arbeiterpartei Russlands/*VKP(b)*/KPdSU die Gründung illegaler, bewaffneter, politischer Gruppierungen als die einzige Möglichkeit des Kampfes für die eigene Überzeugung geradezu propagierte. Die seit Schulzeiten eingetrichterte Erfahrung der Kommunistischen Partei im Kampf um Macht und die zu propagandistischen Zwecken popularisierten Praktiken radikaler moderner politischer Bewegungen außerhalb des "sozialistischen Lagers" führten die russischen Jugendlichen zu der Überzeugung: Um die Umwelt zu verändern, muss man "nach Lenin" handeln, eine Untergrundgruppierung schaffen, ein richtiges Programm für sie schreiben, agitieren und letztendlich eine Revolution vollbringen.

Als Beweis für diese These lassen sich die Erinnerungen Vladimir K. Bukovskijs *I vozvraščaetsja veter...* (Und der Wind kehrt zurück...) anführen, in denen er als einer der Ersten illegale Jugendgruppen der 50er Jahre beschrieb,[314] oder auch die sehr ausführlichen und zutiefst reflexiven Erinnerungen von Revol't I. Pimenov, Mitglied eines illegalen Leningrader Zirkels der gleichen Zeit, die ich Mitte der 90er Jahre herauszugeben die Gelegenheit hatte.[315] Da aber bei dieser Untersuchung die Bewegung russischer Nationalisten im Mittelpunkt steht, soll nun einer ihrer Ideologen zu Wort kommen, der bereits erwähnte Anatolij Ivanov (Skuratov), der in den 50er Jahren Aktivist illegaler sozialistischer Gruppen war:

"Die erste illegale Gruppe habe ich 1952 während der Schulzeit in der 10. Klasse gegründet. Aber die Mitglieder der Gruppe sind schnell wieder ausgetreten, weil ihnen

---

313 Dem publizierten Auszug aus *Dnevnik* von Sergej N. Semanov nach zu urteilen, war er sich im Gegensatz zu anderen Mitgliedern der "Russischen Partei" durchaus bewusst, dass er im Begriff war, eine illegale Organisation zu gründen. Höchstwahrscheinlich spielte dabei die Erfahrung aus den 50er und 60er Jahren eine Rolle. Im Interview mit dem Autor kommentierte er die Repressionen gegen sich im Jahre 1982 folgendermaßen: "Ach ja, ich hätte damals einsitzen sollen, dann hätte ich später Abgeordneter werden können."

314 VLADIMIR K. BUKOVSKIJS: *I vozvraščaetsja veter ... Pis'ma russkogo putešestvennika.* – Moskau: NIIO "Demokratičeskaja Rossija", 1990.

315 REVOL'T I. PIMENOV: *Vospominanija.* – Moskau, IIC "Panorama", 1996, 2. Band (Dokumenty po istorii dviženija inakomysljaščich, Ausgabe 6, 7).

schien, sie würden verfolgt, obwohl es keine Verfolgung gab. Uns beschäftigten damals vor allem die nationale Frage und die Probleme der verbannten Völker. Wir verglichen die geografischen Karten der 30er Jahre mit denen der 40er Jahre. Es gab eine Republik – und dann war sie weg. Darüber hinaus gab es zu dieser Zeit eine Kampagne zum Kampf gegen den Kosmopolitismus, gegen die nationalen Epen – das turkmenische Epos, das azerbajdžanische und andere. Epen wurden zu reaktionären, feudalistischen Erscheinungen erklärt. Russischen Heldenliedern wurde so etwas jedoch nicht vorgeworfen. Vladimir N. Sosjura wurde damals wegen seines Gedichts *Ljubi Ukrainu* (Liebe die Ukraine) kritisiert. Hätte er es *Ljubi Rossiju* (Liebe Russland) genannt, hätte es keinerlei Vorwürfe gegeben. All das hatte irgendwie für Unruhen gesorgt. Die Wahrheit erschlossen wir uns rein intuitiv. Zu der Gruppe gehörten meine Freunde Ju. Lejbovič, B. Cypkin und B. Špunt, mit denen ich seit der 2. Klasse befreundet war. Diese Jungs waren Juden. E. Jašiš gehörte zu der Gruppe, seinem Familiennamen nach ist er Karäer. Und dann hatte ich da noch zwei Schulfreunde, den Juden V. Rob und den Russen A. Romanov, mit denen ich ähnliche Themen diskutierte, sie wollten der Gruppe jedoch nicht beitreten. [...] Des Weiteren lernten wir Ju. Golovatenko kennen, der in die Parallelklasse ging. Wir trafen uns, tranken, trieben uns in Kneipen rum. Ich nenne diese Phase die 'Esenin-Zeit'. Scharfe antisowjetische Gedichte von Golovatenko publizierten wir im *Feniks* (Phönix). Er war von Natur aus skeptisch und wollte sich nicht hervortun. Er fand es lachhaft, dass Menschen bereit waren, für Ideen ihr Leben zu lassen. Später begann er unerwartet eine Karriere als Funktionär im Bildungsministerium, und als er 1976 starb, wurde ihm ein Nachruf in der *Učitel'skaja gazeta* (Lehrerzeitung) gewidmet. Golovatenko schrieb den Prosaroman *Mašina bezvremen'ja* (Maschine der Zeitlosigkeit) und hatte schon einige Kapitel fertig. Das erste Kapitel *Truba* (Das Rohr), in dem er Stalins Beerdigung beschreibt, nahm man mir bei der Durchsuchung weg. [...] Mein Vater besaß alle Zeitungen mit Stenogrammen der Prozesse von 1938. Ich studierte diese Zeitungen mit großem Interesse, denn ich war der Meinung, dass diese Menschen, wenn sie gegen Stalin waren, anständige Menschen sein mussten. Das war ein umgekehrtes Denken. Wenn die Zeitungen schreiben 'Das ist gut', heißt das 'Das ist schlecht'. Von dem Ausmaß der Repressionen und den Lagern wussten wir natürlich nichts. Von unseren Verwandten wurde niemand verfolgt. [...] An der Geschichtsfakultät der *MGU* (Moskauer Staatlichen Universität) bildete sich um mich herum nach und nach ein Kreis, zu dem außer V. Osipov eine Reihe anderer Studenten unseres Semesters gehörte. [...] Uns verband die kritische Haltung zur Wirklichkeit und unsere Seminarreferate begannen eine bestimmte Hintergrundfärbung anzunehmen. Das war aber auch alles, wir schrieben nichts Verbotenes und wir lasen auch nichts Verbotenes. Der *Samizdat* existierte zu dem Zeitpunkt noch nicht. [...]

Die Ereignisse in Ungarn riefen unsere helle Begeisterung hervor. Ich würdigte die ungarische Revolution später in der Arbeit *Rabočaja oppozicija i diktatura proletariata* (Arbeiteropposition und die Diktatur des Proletariats).

(Frage): Was wussten Sie darüber, außer den Veröffentlichungen in den Zeitungen?

Später kam doch der Sammelband *Kontrrevoljucionnye sily* (Gegenrevolutionäre Kräfte) über die Ereignisse in Ungarn raus. Wir kannten die Helden der Barrikaden wie Dudás. Gewisse Umrisse schimmerten ja doch durch, trotz der ganzen propagandistischen Bearbeitung. Wir hatten inzwischen gelernt, Material zu beschaffen. [...] Ende Dezember 1958 fand bei mir eine Durchsuchung statt, bei der meine unzweifelhaft antisowjetische theoretische Arbeit *Rabočaja oppozicija i diktatura proletariata* beschlagnahmt wurde, die ich nach meiner Exmatrikulation wegen eines Universitätsreferats geschrieben hatte. In dieser Arbeit schrieb ich über die Geschichte der zwei Orientierungen des Sozialismus: die eine, die schlechte und falsche, die von Marx und Lenin ausging, und die andere, entgegengesetzte – ich hatte gerade Bakunin studiert, mir gefiel, wie er Marx auseinander nahm, und ich stellte eine Verbindung über die 'Arbeiteropposition' zu den damaligen jugoslawischen Arbeiterräten bis zur ungarischen Revolution von 1956 her. Wenn das ein Referat gewesen wäre, dann wäre das alles verschleiert gewesen, so aber hatte ich nichts zu verbergen. Die Arbeit war nicht unterschrieben, da ich sie nicht verbreitet hatte, sie lag nur bei mir. Ich hatte daraus im Lesezirkel des Juristen Anatolij Ivanovič Ivanov mit Spitznamen Rachmetov gelesen. Er wohnte in der Arbeitersiedlung und bei ihm trafen wir uns – ich, Osipov und Saša Orlov."[316]

Der Werdegang vieler Mitglieder illegaler Gruppen sah ähnlich aus. Intelligente Kinder aus sowjetischen Durchschnittsfamilien erkannten die Lügen und die Primitivität der Propaganda in der Schule und noch mehr aus dem Mund der weniger intelligenten Lehrer. Die Konfrontation mit der realen Welt während des Studiums oder im Beruf verstärkte die "antisowjetische Stimmung". Der Weg zum illegalen Kreis war von da an eine Sache des Zufalls, abhängig vom Grad der Bereitschaft zum Konformismus. Je höher diese war, desto wahrscheinlicher war es, dass der Gegner der Staatsmacht eine für ihn gefährliche Konfrontation mied. Aber auch der Zufall spielte eine Rolle. Es war durchaus normal, einem Freund beim Redigieren eines Textes behilflich zu sein oder an einer Feier im privaten Kreis teilzunehmen, bei der politische Themen besprochen wurden, oder eigene Gedichte einer *Samizdat*-Zeitschrift zu geben – schon geriet der Kritiker der sowjetischen Wirklichkeit in ein oppositionelles Umfeld, dem er selbst möglicherweise skeptisch gegenüberstand. So erging es dem Vater von Revol't I. Pimonov, der im Zusammenhang mit dem politischen Verfahren gegen seinen Sohn ins Gefängnis wanderte. Von den russischen Nationalisten handelte sich z.B. Sergej A. Molčanov auf genau diese Weise seine Strafe ein. Er hatte mit der Neugier des Ästheten die Arbeit der Denker in der *NDP* beobachtet und ihre agrammatischen Texte redigiert. Oder der Chauffeur S. Malčevskij aus dem Umfeld

---

316   Interview mit Anatolij Ivanov (Skuratov).

von Nikolaj N. Braun (siehe unten), dessen Bekannter ihn zu sich nach Hause eingeladen hatte, um dort den Geburtstag von Adolf Hitler zu feiern.

Aleksej Dobrovol'skij und Genossen

Eines der markantesten Beispiele des frühen Wirkens der russischen Nationalisten im Untergrund ist die "Russische nationalsozialistische Partei", die im Dezember 1956 im Moskauer Stadtbezirk *Kalančevka* gegründet wurde. Als eine Gruppe junger Arbeiter einer Rüstungsfabrik, geboren zwischen 1937 und 1939, vom Einmarsch sowjetischer Truppen in Ungarn erfuhr, versammelte sie sich unter der Führung von Aleksej A. Dobrovol'skij, einem Verladearbeiter aus der Druckerei des Verlags *Pravda*, am Hintereingang des Bezirkskomitees der KPdSU und beschloss ein vom Anführer vorgestelltes Programm der "Russischen nationalsozialistischen Partei". Die Mitglieder der neu gegründeten Partei schworen, "Milizionäre und Kommunisten zu bekämpfen".[317]

Das gesamte Programm von Aleksej A. Dobrovol'skij passte auf einen kleinen Zettel und wurde im Nachhinein vernichtet. Ernsthaftere theoretische Arbeiten von den Mitgliedern der Organisation gab es nicht. Dobrovol'skij sagt heute: "Unser Anliegen war, die Kommunisten zu stürzen." Die Gruppenmitglieder sahen ihr Vorbild in den deutschen Nazis. Ihnen gefiel deren strenge Disziplin, die Uniformen und die Symbolik, die sie zum ersten Mal im propagandistischen sowjetischen Film *Kapitan iz Kel'na* (Der Hauptmann von Köln) zu sehen bekamen. Die jungen Männer aus Moskau hatten keinerlei Mitgefühl mit den Opfern des 2. Weltkriegs. Nach Angaben von Dobrovol'skij wollten sie die "Wiedergeburt der russischen Nation", wobei völlig unklar bleibt, was sie darunter verstanden.

Zugleich wird die xenophobe Ausrichtung der neuen "Partei" offensichtlich.

> "Wir hassten die Kommunisten für ihren Betrug. Dafür, dass sie Gerechtigkeit versprachen, in deren Genuss nur die Spitze der Nomenklatura kam. Die Ideen waren wunderbar – Gleichheit, Gerechtigkeit – aber wir sahen nur, dass die Diener des Volkes in Čajkas herumfuhren und die Herren des Landes in Gummistiefeln und Wattejacken herumliefen. Wir waren schließlich keine Ökonomen, keine Soziologen. Wir waren unserer Natur nach Zerstörer. Das Einzige, was wir wollten, war, diese Dreckskerle von ihrem Thron zu stoßen, es ihnen heimzuzahlen, dass sie uns unsere Jugend genom-

---

317 Alle Informationen stammen aus dem Interview mit Aleksej A. Dobrovol'skij von 1994. Die Informationen werden teilweise bestätigt in: *Katalog 58–10: Nadzornye proizvodstva prokuratury SSSR po delam ob antisovetskoj agitacii i propagande*, S. 464 sowie von der Kopie des Urteils, veröffentlicht im *Samizdat*-Dokumentenband der Radiostation "Svoboda" (später SDS).

men hatten. Weiter haben wir nicht gedacht. [...] An den genauen Text der Flugblätter kann ich mich nicht mehr erinnern, aber er war, wie man so schön sagt, pogromhaft oder kämpferisch: 'Schlagt die Bullen, Kommunisten und Komsomolzen nieder!'. Es waren kurze, bündige, abgehackte Sätze ohne jede Philosophie. Damals wusste ich schon ganz genau, wie man Flugblätter aufsetzen muss. Ich hatte gelesen, dass man Großbuchstaben mit großem Abstand dazwischen verwenden musste, damit man sie leicht lesen kann."[318]

Sie hätten Juden auch wegen ihres "Krämergeistes" und ihrer "Kurzwaren" nicht gemocht. Allein die Frage, warum man sie nicht mochte, verwunderte Dobrovol'skij sichtlich, und er antwortete: "Das war bei uns nicht üblich."

Dobrovol'skij zufolge, und im Prozessurteil in seinem Fall findet sich die Bestätigung, gehörten zu den Mitgliedern der sich ständig erweiternden Organisation zur Zeit der Festnahmen ca. 30 Mitglieder, darunter A. Poradek, M. Pavličenkov, N. F. Ševčenko, I. A. Kolosov, B. Kozlov, E. B. Smirnov, der die Rolle eines "Adjutanten" des Chefs spielte, und andere.

Dobrovol'skij war vom Charakter ein Abenteurer und schuf natürlich keine Untergrundpartei, als die man die *NDP* beispielsweise mit gewissen Einschränkungen ja immerhin betrachten kann. Hier handelte es sich vielmehr um eine ganz gewöhnliche Jugendclique, eine Form der Sozialisierung junger Leute ohne Bildung, die unter dem Einfluss eines energischen, um nicht zu sagen charismatischen, und gebildeten Jungen eine gewisse weltanschauliche und politische Ausrichtung annahm. Sie hätte unter dem Einfluss eines anderen Hinterhofdemiurgen genauso gut eine kriminelle Ausrichtung annehmen können.

Aleksej A. Dobrovol'skij erinnert sich:

"Die Jungs, Dreher und Schlosser aus den Rüstungsfabriken, waren meine Schulfreunde und Saufkumpane. Ich war der Ideologe, der Belesenste von uns allen. Sie hörten auf mich. Als ich noch in die 10. Klasse ging, waren sie schon Arbeiter, da sie nach der 7. Klasse die Schule geschmissen und gerade die Berufsschule abschlossen hatten."[319]

Aufschlussreich ist auch die Tatsache, dass sich die Mitglieder dieser Gruppe selbst als *Stiljagi* (Gestylte)[320] bezeichneten. Sie gingen gern ins Kino, um dort Filme aus dem Westen zu sehen, in denen Jugendliche gezeigt wurden, die "einen Ort haben, wo sie Rock'n'roll tanzen und Alkohol trinken kön-

---

318 Interview mit Aleksej A. Dobrovol'skij.
319 Ebd.
320 Vgl. Kap. 1, Fußnote 16.

nen."³²¹ Nach diesen Filmen sprachen sie darüber, dass es für die Jugendlichen "dort" Freiheit gab und hier die "Bullen" und Komsomolzen, die Mitglieder der operativen Gruppen, einem die Hosen und die Haare abschnitten. Sie versuchten das, was sie in den Filmen sahen, in die Realität umzusetzen. Sie trugen Röhrenhosen und von ihren Müttern umgenähte Hemden mit Schulterstücken im Armeestil, im Winter gingen sie auf die geschlossene Tanzveranda im Gorkij-Park und im Sommer auf die offene im Bauman-Garten, um Mädchen "anzubaggern" und sich mit den "Rowdys" und "Komsomolzen", den Mitgliedern der operativen Gruppen, zu prügeln.

Die Beschreibung des Lebens der *Stiljagi* ist wahrscheinlich einer der glaubwürdigsten Abschnitte in den Erinnerungen von Aleksej Dobrovol'skij, obwohl sie keine wirklichen *Stiljagi* waren. Die Hauptfiguren aus dem Feuilleton des *Krokodil*, die die Moskauer Gorkij-Straße den "Broadway" nannten, kamen nicht aus den Hinterhofcliquen. Ihr "Stilistentum" war das Ergebnis einer individuellen, nicht einer kollektiven Wahl. Die Parodie auf den "Stil", wie sie nicht nur in Moskau einige Hinterhofgruppen³²² trugen, verlangte keine so tief greifenden inneren Veränderungen wie bei jenen, die eine Herausforderung der Gesellschaft allein dadurch riskierten, dass sie etwa eine orange-farbene Krawatte trugen.

Die Entwicklung der "Partei"-Mitglieder erfolgte nicht auf dem Weg der Bildung, der Hebung des kulturellen Niveaus o. ä. Ganz im Gegenteil: Man konzentrierte sich auf sportliche Ausbildung und Härte. Für neue Gruppenmitglieder gab es mehrere Bewährungsetappen, von denen die letzte darin bestand, ein Gruppenmitglied fiktiv "umzubringen", an denen die Kandidaten mit großem Ernst teilnahmen.

Bei den Kinderspielen nach der Art von "Räuber und Gendarm" musste am Schluss die erste "echte" Tat vollbracht werden; es wurde zum Beispiel der Fall gesetzt, die Schießanlage der Freiwilligen Gesellschaft zur Unterstützung der Armee, der Luftstreitkräfte und der Flotte (*DOSAAF*), wo der Unterricht der Gruppenmitglieder stattfand, sei überfallen worden. Bis dahin jedoch

---

321 Interview mit Aleksej A. Dobrovol'skij.
322 Viktor K. Skorupa, ehemaliger Sekretär des Komsomol des Gebietes Vinnica, berichtete in einem Interview, dass er etwa zeitgleich mit Dobrovol'skij auf das Phänomen halbkrimineller Gruppen stieß, die sich als *Stiljagi* gerierten und die damit verbundenen Konflikte bei den Tanzveranstaltungen austrugen. Wie auch Dobrovol'skij beschreibt, griffen die Aktivisten des Komsomol, offensichtlich von der örtlichen Parteiorganisation, dabei zu strafbaren Mitteln gegen die örtlichen *Stiljagi*, veranstalteten Gruppenschlägereien, drohten mit Mord usw. S. Interview mit Viktor K. Skorupa.

mussten die zukünftigen Kämpfer sich durch Taten bewähren: Sie rissen am 1. Mai und am 7. November 1957 die Flaggen an der Novobasman-Straße herunter, zählten die Laternen entlang der anliegenden Straßen, um zu sehen, ob sie "für alle Kommunisten reichten", um sie nach "ungarischer Art" kopfüber zu erhängen und darunter ein Lagerfeuer anzuzünden und verbesserten ihre Schusstechnik mit dem Kleingewehr, indem sie auf ein Portrait von Lenin schossen, das in Dobrovol'skijs Wohnung hing. Man musste Lenins Auge treffen.

Dobrovol'skij versichert, dass es nur zwei ernst zu nehmende Aktionen der Gruppe gegeben habe: So trugen an einem Sommerabend im Jahre 1957 während des Festivals der Jugend und Studenten 20 Mitglieder jeweils zu viert fünf Plakate mit der Aufschrift *Da zdravstvuet Svobodnaja Vengrija* (Es lebe das Freie Ungarn) während des gesamten Umzugs von der Metrostation *Kirovskaja* bis zur Station *Krasnye vorota* (Schönes Tor). Obwohl die Demonstranten wie zur Hinrichtung marschierten – Dobrovol'skij hatte sogar angeordnet, vor dieser Aktion nichts zu essen, "damit der Tod, im Falle eines Bauchschusses, nicht so qualvoll ist" – blieben sie in dem feierlichen Meer von Plakaten und Parolen unbemerkt.

Die zweite Aktion war das Verteilen von Flugblättern, die auf einer Schreibmaschine, für die zusammengelegt worden war, getippt wurden. Diese Flugblätter mit der Überschrift *Smert' kommunistam* (Tod den Kommunisten) klebten die Gruppenmitglieder in von Kalančevka weiter entfernten Bezirken der Stadt. Dobrovol'skij, der nach eigenen Angaben gerade im ersten Semester Geschichte an der Moskauer Staatlichen Universität studierte (biografische Angaben aus dem Protokoll der Staatsanwaltschaft belegen das allerdings nicht), und zehn weitere Mitglieder seiner Organisation wurden am 23. Mai 1958, einen Tag nach der Festnahme der Mitglieder der Polenov-Gruppe, festgenommen. Eine Erklärung gibt es dafür momentan nicht, es ist jedoch nicht auszuschließen, dass eine vom *KGB* koordinierte Aktion stattfand, da beide Gruppierungen mehrere Monate unter Beobachtung gestanden hatten.

Die offizielle Version der Ermittlungen besagt, dass eine Anzeige zweier Freundinnen der Nationalisten, A. M. Tipcova und M. K. Rudometova, denen Mitglieder der Gruppe "in betrunkenem Zustand" von der Existenz der Organisation erzählt haben sollen, zu den Festnahmen führte. Dobrovol'skij hatte nach eigenen Angaben bei der Vernehmung nichts gestanden und auch keine Reue gezeigt, so dass er am 5. August 1958 in geschlossener Verhandlung des Moskauer Gerichts[323] nach § 58–10, Abs. 1 des Strafgesetzbuches der RSFSR (antisowjetische Propaganda) wegen "Durchführung konterrevolutionärer Agitation mit Aufruf zum Sturz der Sowjetmacht und der Androhung eines Gewaltakts gegen Kommunisten und Komsomolzen" zu drei Jahren Haft verurteilt wurde.[324] Nach Aussage Dobrovol'skijs luden die anderen Festgenommenen einmütig alle Schuld auf ihn und wurden daher einige Tage später wieder frei gelassen. Über ihr Strafmaß ist nichts bekannt. [325]

Dobrovol'skij freundete sich im Politlager schnell mit Mitgliedern der Polenov-Gruppe und mit ehemaligen Emigranten, Mitgliedern der "Russischen SS-Legion", die als Kriegsverbrecher einsaßen, an. Er wurde so sehr in seinen Ansichten bestärkt, dass er seiner Mutter Fotos von sich schickte, auf denen er in seiner Lagerkleidung zu sehen war, die zu einer Art Naziuniform umgenäht war. Vom Künstler des Lagers, R. S. Gudzenko (geb. 1931), hatte sich dieser Nationalsozialist das Georgskreuz vor dem Hintergrund der dreifarbigen russischen Flagge auf die Schulter tätowieren lassen. Auf einem Foto von 1964 aus seiner Akte der psychiatrischen Anstalt, in die Dobrovol'skij nach einer weiteren Etappe seines Untergrunddaseins geriet, ist ein junger 'Führer' (deutsch im Original) mit charakteristischer Frisur – dem Seitenscheitel – zu sehen. Es fehlte nur noch der Oberlippenbart.[326]

Im Weiteren durchlief Dobrovol'skij mehrere Phasen eines tiefgreifenden weltanschaulichen Wandels und ist heute das Oberhaupt einer kleinen aber im heutigen Russland einzigartigen heidnischen Dorfgemeinschaft im Gebiet Kirov, deren geistlicher Schirmherr in den 90er Jahren der Antizionist und Theoretiker des russischen Heidentums Valerij N. Emel'janov war.

Die jungen orthodoxen Antikommunisten

Alle uns bekannten Untergrundgruppierungen und Verbände der russischen Nationalisten wurden von Menschen der Generation gegründet, die in ihrer Kindheit den Großen Vaterländischen Krieg erlebt hatte. Einige Gruppen wie die *NDP* und die *RNSP* gründeten sich bereits in der zweiten Hälfte der 50er Jahre und wurden auch bereits in dieser Zeit vom *KGB* entdeckt. Andere, so

---

323 Vorsitzender Mikitič, Gesellschaftliche Beisitzer A. P. Ermakov und V. T. Volkov, Staatsanwalt A. N. Romanov.
324 Urteil über Aleksej A. Dobrovol'skij und die Bescheinigung über seine Freilassung s.: SDS Band 4, A, S. 245 und 246.
325 Im Urteil sind als Zeugen Smirnov, Ševčenko, Kolosov, Tipcova, Rudometova aufgeführt.
326 SDS, Band 4, A, S. 247.

die *VSChSON*, die Fetisov-Gruppe, oder Nikolaj N. Braun und Anatolij S. Berger, über die noch zu berichten sein wird, gehörten zwar zur gleichen Generation, fanden sich aber erst später, Anfang der 60er Jahre, zusammen – wurden dann aber ebenso vor Gericht gestellt. Und die Tätigkeit wieder anderer hingegen verlief völlig ungestört; umso interessanter ist es, was aus ihnen geworden ist, und wie sie sich im Laufe eines Jahrzehnts von "Zerstörern" des Systems zu seinen eifrigsten Bewahrern wandelten.

Die jungen Absolventen der geisteswissenschaftlichen Fakultäten der Moskauer Staatlichen Universität und Leningrader Staatlichen Universität der 50er Jahre wurden dem in sie gesetzten Vertrauen von Partei und Staat, die ihnen doch den Weg zu den Schatzkammern des philosophischen, literarischen, historischen und journalistischen Wissens eröffnet hatten, nicht gerecht. Anstelle einer neuen Generation von Parteipropagandisten verließen Rebellen diese Stätten, die versuchten, das nicht reformierbare System zu zerstören oder wenigstens zu verbessern. Viktor I. Suchanov, Mitarbeiter des ZK der KPdSU, der in seinen Memoiren die Funktionsweise der Kaderpolitik in der Partei beschreibt, erklärt, dass "seriöse Institutionen" bis Ende der 50er, Anfang der 60er Jahre keine Absolventen der geisteswissenschaftlichen Fakultäten der Moskauer Staatlichen Universität aufnahmen, eben wegen ihrer oppositionellen Haltung. Man ging davon aus, dass in eben diesem Milieu die Krasnopevcev-Gruppe gegründet wurde.[327] Diese Organisation junger Kommunisten unter Leitung des Vorsitzenden des Komsomolkomitees der Fakultät für Geschichte, L. Krasnopevcev, war möglicherweise eine der bestorganisierten Gruppen junger Rebellen. Aber auch ihre Liquidierung und die systematische Exmatrikulation der Studenten und Doktoranden (mit Hilfe eines sog. volč'i bilet, wörtl: Wolfsbillett – d. h. ohne Recht auf Rückkehr) konnte die Situation nicht ändern. Die Geschichte der liberalen Gruppierung im Apparat des ZK der KPdSU und der Zulauf der Jugend zur "Russischen Partei" nahmen ihren Anfang ebenfalls in den 50er Jahren in der Moskauer Staatlichen Universität.

Während ihre Altersgenossen, die jungen Nationalsozialisten der *NDP* und *NSPR*, nichts Besseres zu tun hatten, als Flugblätter zu verteilen und danach beim Verhör zu schwitzen, interessierten sich einige Studenten und Professoren der Moskauer Staatlichen Universität und Leningrader Staatlichen Universität für die Ästhetik des vorrevolutionären Russland, sahen in der Monar-

---

327 VIKTOR I. SUCHANOV: *Sovetskoe pokolenie i Gennadij Zjuganov. Vremja rešitel'nych.* – Moskau: ITRK RSPP, 1999, S. 323.

chie eine positive Alternative zum Kommunismus und versuchten, aus der russischen Philosophie vom Anfang des 19. Jahrhunderts eine Weltanschauung zu konstruieren, wofür sie jegliche verfügbare Literatur verschlangen. Hätten sie nicht unbedingt einen Platz im offiziellen Establishment gewollt, hätten sie sehr gut Aktivisten der im Entstehen begriffenen Dissidentenbewegung werden können. Direkte Kontakte zwischen Gruppierungen russischer Nationalisten und liberalen Dissidenten bestanden bis Ende der 60er Jahre. Zum endgültigen Bruch führte erst der Einmarsch der sowjetischen Truppen in die Tschechoslowakei, den die russischen Nationalisten befürworteten und die Dissidenten verurteilten.

Wenn vom Kreis der jungen orthodoxen Kommunisten die Rede ist, geht es vor allem um eine Gruppe von Absolventen der Philologischen Fakultät der Moskauer Staatlichen Universität, die ihr Studium um 1955 beendete, und die von ihr beeinflussten Personen. Sie stammten größtenteils aus gutbürgerlichen Moskauer oder Petersburger Familien, die nicht am Großen Vaterländischen Krieg teilgenommen hatten. Zentrale Figuren dieser Gruppe waren die Literaturhistoriker Vadim V. Kožinov (1930–2001; Abschluss der Philologischen Fakultät 1954) und Pëtr V. Palievskij (geb. 1932; Abschluss der Philologischen Fakultät 1955). Zur Gruppe gehörten auch der Dichter Stanislav Ju. Kunjaev (geb. 1932; Abschluss der Philologischen Fakultät 1957; heute Chefredakteur der Zeitschrift Naš sovremennik), der Literaturhistoriker Oleg N. Michajlov (geb. 1933; Abschluss der Philologischen Fakultät 1955), der Literaturhistoriker und Redakteur Viktor V. Petelin (geb. 1929; Abschluss der Philologischen Fakultät 1953) und Sergej N. Semanov (geb. 1934; Abschluss der Leningrader Staatlichen Universität 1956). In ihren Ansichten stimmten auch Feliks F. Kuznecov (geb. 1931; Abschluss der Philologischen Fakultät der Moskauer Staatlichen Universität 1953; heute Direktor des Instituts für Weltliteratur IMLI), Stanislav S. Lesnevskij (geb. 1930; Abschluss der Philologischen Fakultät 1953) und Viktor A. Čalmaev (geb. 1932; Abschluss der Philologischen Fakultät 1955) mit der Gruppe überein, sie waren allerdings konformistischer, so dass sie in ihren Aktivitäten als Mitglieder der "Russischen Partei" eher eigene Wege gingen.[328]

---

328 VADIM V. KOŽINOV: Rossija. Vek XX-j (1939–1964). – Moskau: Algoritm, 1999, S. 327. Über das Schicksal von Feliks F. Kuznecov, der im ideologischen Sinne seit den 70er Jahren zwischen den Liberalen und den russischen Nationalisten schwankte, um sich schließlich für letztere zu entscheiden, s.: FELIKS KUZNECOV: Moj vek. Interv'ju s V. Bondarenko, in: Den' literatury, – Moskau, 2/2001.

Darüber hinaus hatte jeder Gruppenchef seinen eigenen Kreis und seine eigenen Anhänger. Zu der Gruppe gehörten vor allem junge Literaten, genauer Literaturkritiker und Literaturwissenschaftler, und Historiker mit Interesse an der Schriftstellerei (wie z.B. Sergej N. Semanov). Sehr genau beschreibt diese Tendenz Vadim V. Kožinov: "Mich interessierte stets die Geschichte im Spiegel von Literatur und Sprache. Die Literaturwissenschaft an sich weckte mein Interesse nicht, obwohl sie mir leicht fiel." [329]

Als Literaturexperten, wenngleich eher als Leser denn als Schriftsteller, und als Städter, für die die Frage einer erfolgreichen Etablierung in der Gesellschaft nicht so drängend war wie für die "Frontoviki" (Frontkämpfer)-Schriftsteller, betrachteten sie bis Anfang der 70er Jahre die russisch-jüdischen Intellektuellen nicht als direkte Konkurrenten. Ihr nationalistisches Denken hatte eher ideelle und ästhetische, weniger soziale Gründe.

Folgendermaßen beschreibt die Ideologie der Gruppe beispielsweise Stanislav Ju. Kunjaev, der in den 60er Jahren einen Kreis junger Dichter, Schüler von Jaroslav V. Smeljakov, die sich um die Redaktion der Zeitschrift *Znamja* versammelt hatten und zu denen Anatolij K. Peredreev (1934–1987), Nikolaj M. Rubcov (1936–1971), Vladimir N. Sokolov (1928–1997) und Igor' I. Škljarevskij gehörten (geb. 1938), anleitete:

"1961–1963 entstand an meinem Tisch und auf dem Diwan im hinteren Teil meines Lesezimmers ein kleines, aber sehr interessantes geistiges Zentrum dessen, was später als Russische Partei bezeichnet werden sollte. Solche Keimzellen gab es an vielen Ecken Moskaus: Beim Verband für Denkmalschutz entstand der sogenannte 'Russkij klub', in dem Pëtr Palievskij, Dmitrij Žukov, Oleg Michajlov und Sergej Semanov das Wort führten, und bei der Zeitschrift *Oktjabr'* (Oktober) traten das Halbblut Dmitrij Starikov und der Jude Jura Idaškin erfolgreich für russische Interessen auf. *Oktjabr'* war nicht zufällig die erste Zeitschrift, in der 1964 in Moskau die erste Gedichtauswahl von Nikolaj Rubcov veröffentlicht wurde; in der Zeitschrift *Molodaja gvardija* (Junge Garde) konnten unter der Obhut von Nikonov Vladimir Cybin, Viktor Čalmaev, Vladimir Firsov und Anatolij Poperečnyj aufsteigen ... Aber uns gefielen die Zirkel von *Molodaja gvardija* und *Oktjabr'* nicht, da sowohl der eine als auch der andere unter der strengen Kontrolle der staatlichen entnationalisierten Ideologie standen [...], wir hingegen wollten in der reinen Atmosphäre russischer Luft und grenzenloser Freiheit leben, gewisserma-

---

329 Sejatel'. Vadim Kožinov rasskazyvaet o sebe i o epoche, in: *Zavtra*, – Moskau, 17/2000. Auf anologe Art und Weise charakterisiert sich auch Feliks Kuznecov: "Ja vse-taki bol'še istorik literatury, čem kritik." (Ich bin doch eher Literaturhistoriker als Literaturkritiker.) S.: FELIKS KUZNECOV: *Moj vek.*

ßen in einer patriotisch-poetischen Lyzeumsgemeinschaft von der Art eines Zarskoe selo ..."[330]

Diesen Lyzeumsgeist interpretierten die Gruppenmitglieder allerdings durchaus eigenwillig. So schildert Stanislav Kunjaev einen Vorfall im Restaurant des Schriftstellerverbandes, bei dem Vladimir N. Sokolov versuchte, den künftigen Kulturminister der Russischen Föderation und damaligen Literaturkritiker Evgenij Jur'evič Sidorov wegen dessen jüdischer Ehefrau aus der Runde zu vertreiben und ihn mehrmals mit "Evgenij Abramovič" ansprach.[331] Bei anderer Gelegenheit, als sich Evgenij A. Evtušenko Ende der 60er Jahre einmal selbst als "bedeutenden russischen Dichter" bezeichnete, entgegnete ihm Vadim V. Kožinov: "Was bist du schon für ein russischer Dichter, du bist doch nur ein Lakai des Weltjudentums", wohl wissend, dass die gleichfalls anwesende Ehefrau Evtušenkos Engländerin jüdischer Herkunft war. [332]

In den Jahren 1962–1964 entstand in Leningrad eine weitere große Gruppe der antikommunistischen Jugend, die die Parolen des russischen Nationalismus verbreitete. Die Mitglieder dieser Gruppe waren Absolventen der Leningrader Staatlichen Universität der Fakultät für Orientalistik und junge Absolventen technischer Hochschulen, die sich für die russischen Philosophen des Silbernen Zeitalters begeisterten und davon träumten, eine "Organisation im Geiste des Offizierstums" zu schaffen. Von Anfang an war diese Gruppe, die sich *Vserossijskij social-christianskij sojuz osvoboždenija naroda* (Allrussische Sozial-Christliche Union zur Befreiung des Volkes; VSChSON) nannte, eine straff organisierte Untergrundorganisation.

Die dritte bekannte Gruppe junger russischer Nationalisten entstand im Jahr 1962 im Umfeld von Il'ja S. Glazunov. Dieser Gruppe gehörten unter anderem der bekannte und einflussreiche Schriftsteller Vladimir A. Solouchin und der Funktionär des sowjetischen Kulturministeriums Vladimir A. Desjatnikov an, einer der aktivsten Mitglieder der Ende der 50er Jahre entstandenen Denkmalschutzbewegung, der viele Kontakte in diesem Umfeld hatte. Um den berühmten Künstler, der unermüdlich seine Ansichten propagierte, bildete sich schnell ein Kern von treuen Anhängern und Unterstützern. Dazu gehörte beispielsweise die künftige Mitherausgeberin der *Samizdat*-Zeitschrift *Veče*, Svetlana A. Mel'nikova, und der ständige Mitarbeiter dieser Zeitschrift und Autor des *Slova nacii*, Anatolij Ivanov (Skuratov). Das bekannteste Mit-

---

330 STANISLAV KUNJAEV: Poezija. Sud'ba. Rossija, in: *Naš sovremennik*, 2/1999, S. 119–120.
331 Ebd. S. 127.
332 Ebd. S. 126.

glied jedoch sollte Dmitrij D. Vasil'ev werden, der sich während der "Perestroika" als Führer der volkspatriotischen Front *Pamjat'* und einer der ersten Politiker, die öffentlich den russischen Nationalismus propagierten, hervortat.

Die Anführer dieser und anderer Gruppen russischer Nationalisten (NDP, NSPR) trugen die Erinnerungen, Vorstellungen und Hoffnungen der letzten Vertreter der vorrevolutionären Intelligencija in sich, sie hatten die stalinistischen Säuberungen überlebt und ihre Lebenszeit in Bedeutungslosigkeit verbracht. Vadim Kožinov erinnert sich an diese Zeit:

> "In den 60er Jahren vertrat ich, wenn man so sagen kann, weißgardistische Positionen. Es gab einen Kreis von Menschen, die General Kornilov oder Kolčak anbeteten. Sie fuhren sogar zur Ruhestätte der Geliebten von Kolčak, Timireva, die Ende der 70er Jahre starb."[333]

Ein weiteres Ziel der Verehrung und von Besuchen war der Monarchist und Schwarzhunderter Vasilij Šul'gin, der seit seiner Entlassung aus mehreren Lagern in Vladimir lebte. Oleg N. Michajlov war Ende der 50er Jahre der erste sowjetische Experte für die Literatur des russischen Exils der 20er Jahre (abgesehen von den "Philologen" des *KGB* natürlich). Er unterhielt einen Briefwechsel mit Gleb Struve, Boris K. Zajcev und der Witwe von Ivan A. Bunin und veröffentlichte 1960 einen Sammelband von Ivan S. Šmelev.[334]

Die jungen Antikommunisten verstanden sich als reale Opposition zur herrschenden Macht und zumindest die Gruppe von Vadim Kožinov und Petr Palievskij war, wenn nicht zu illegaler, dann zumindest zu halblegaler Tätigkeit bereit. Kožinov äußerte gegenüber dem befreundeten Philologen Andrej D. Sinjavskij etwa 1962/1963: "Du hast es gut, du wirst im Warmen sitzen und schreiben, wenn man uns nach Sibirien abtransportiert!!!"[335] Auch wenn die Wirklichkeit später anders aussah, zeigt diese historische Anekdote doch das Ausmaß der Kluft zwischen diesen jungen Intellektuellen und dem Rest der Gesellschaft. Im privaten Archiv von Sergej N. Semanov fand ich eine kurze futuristische und halb scherzhafte Erzählung, die wahrscheinlich in den Jahren 1968/1969 von dem Historiker Oleg A. Znamenskij (1927–1990) verfasst wurde. Darin geht es um die Ankunft des Anführers der politischen Organisation *Za Rossiju bez liberalov i židov* (Für ein Russland ohne Liberale und Juden), Sergej N. Semanov, aus St. Petersburg in Moskau und seinen Auftritt im Gebäude des Polytechnischen Museums vor einer Menge von Anhängern,

---

333 Ebd. S. 126.
334 OLEG N. MICHAJLOV: Ja nenaviżu intelligenciju ...: Interv'ju S. Ličutina, in: *Den' literatury.* – Moskau, 1/2001.
335 Information von Aleksandr Ju. Daniel'.

bei dem er von Polizisten vor dem Publikum abgeschirmt wird. Die Begrüßungsrede des Moskauer Generalgouverneurs und das Glas "Smirnoff"-Wodka auf dem Rednerpult (der wurde zwar in der Sowjetunion nicht verkauft, war aber im vorrevolutionären Russland bekannt), stehen bildlich für das Ideal der Gesellschaft, wie es von Absolventen führender sowjetischer Hochschulen bei ihren Küchensitzungen diskutiert wurde.[336] Doch auch diese "Weiße-Garde-Spiele" sagen wenig darüber, was die jungen Philologen und Historiker zu den Ideen des russischen Nationalismus trieb. Wahrscheinlich liegen die Gründe in der Erziehung der führenden Köpfe in ihren Familien.

Fragmente aus den Erinnerungen von Vadim V. Kožinov mögen als Beispiel dienen. Kožinovs Großvater (gest. 1926), Absolvent der Moskauer Universität, hatte sich bis zum wirklichen Staatsrat hochgedient, war radikaler Monarchist und kritisierte sogar Nikolaj II. für seine Nachsicht gegenüber den Revolutionären. "Dank dem Notizheft meines Großvaters, das ich 1946 unter alten Sachen gefunden habe, bekam ich einen Einblick in die Verhältnisse im damaligen Russland wie kaum ein anderer in der damaligen Zeit."[337] In den 80er Jahren des 19. Jahrhunderts war der Großvater Privatlehrer in der Familie des Sohnes des Dichters Fëdor I. Tjutčev und unterrichtete sogar den zukünftigen Patriarchen Aleksej I. (Simanskij); den Kožinov ebenso wie die Nachkommen Fëdor Tjutčevs 1946 kennenlernte.

"Eine große Rolle in meiner Entwicklung spielte, als ich 14 Jahre alt war, Igor Sergeevič Pavluškov. Er stammte aus einer reichen Kaufmannsfamilie, und nach der Revolution war ihm buchstäblich nichts geblieben. [...] Er erzählte viel, las Gedichte von Dichtern der Jahrhundertwende, von denen viele verboten waren."[338]

In den 50er Jahren hatten Kožinovs Interessen ein neues Niveau erreicht. Er lernte den bedeutenden russischen Philosophen Michail M. Bachtin kennen und wurde zu einem der wichtigsten Propagandisten seiner Werke. Außerdem stand Kožinov dem Kreis um den Philosophen Aleksej F. Losev (1893–1988) nahe, der sich öffentlich zu seiner orthodoxen Philosophie bekannte und unter dessen Schülern und Nachfolgern sich viele russische Nationalisten (Pëtr V. Palievskij, Valerij I. Skurlatov, Arsenij V. Gulyga und Jurij M. Borodaj) befanden.

---

336 Leider ist es mir nicht gelungen, eine Kopie oder Auszüge aus dem Text zu beschaffen.
337 Sejatel'. Vadim Kožinov rasskazyvaet o sebe i o epoche, in: *Zavtra*, – Moskau, 17/2000.
338 Ebd.

Ähnlich sieht es auch bei Il'ja S. Glazunov aus. Mütterlicherseits stammte er aus einer Familie von baltischen Dienstadeligen aus St. Petersburg/Leningrad. "In der Familie Flugov wurden die Fotografien, auf denen Verwandte neben dem Zaren Nikolaj II. und dem Zarensohn Aleksej zu sehen waren", wie Reliquien behandelt.[339] Väterlicherseits stammt Glazunov aus einer erfolgreichen, monarchistisch gesinnten Kaufmannsfamilie, die in Carskoe selo lebte[340]. Es ist bezeichnend, dass einer der Onkel väterlicherseits an der Seite der Deutschen in den Krieg zog und in der Druckerei des *Narodno-trudovoj sojuz*[341] (NTS, wörtl.: Volksarbeitsbund, auch bekannt als Bund russischer Solidaristen) arbeitete. Kontakte zwischen dem Onkel und dem Neffen waren zwar ausgeschlossen, aber in den 60er und 70er Jahren stellte Il'ja Glazunov seine eigenen Kontakte zu dieser Organisation her.[342] Seit seiner frühen Jugend interessierte er sich für "Menschen aus der Vergangenheit", und als er älter wurde, gelangte er in die elitären Kreise der Moskauer und Petersburger Intelligencija.[343] Ein alter Freund bemerkte: "Man konnte bei ihm ein Interesse an verbotener Kultur beobachten. Dieses Interesse am Verbotenen führte ihn zum Antisowjetismus und zu einigen Konflikten mit der Staatsmacht..."[344] In den Tagebucheinträgen und den später bearbeiteten Notizen von Valerij A. Desjatnikov heißt es:

"... nach seiner Rückkehr nach Leningrad hat mich Il'ja Glazunov mit seinen Studienfreunden, den Künstlern Evgenij Mal'cev, Leonid Kabaček und Rudol'f Karklin, bekannt gemacht. In dem sehr offen geführten Gespräch mit Rudol'f Karklin wurde mir vieles klar, was die Herausbildung von Glazunovs Überzeugungen und der seiner Freunde

---

339 LEV E. KOLODNYJ: *Ljubov' i nenavist' Il'i Glazunova.* – Moskau: Golos, 1998, S. 51.
340 Der Vater von Il'ja Glazunov schrieb in den 30er Jahren eine *Samizdat*-Arbeit, in der er die sowjetische Wirtschaft kritisierte und folgende Schlussfolgerung zieht: "Die zukünftige Partei muss sich als sozialistisch (nationalsozialistische Partei) verstehen." In: LEV E. KOLODNYJ: *Ljubov' i nenavist' Il'i Glazunova,* S. 85.
341 *Narodno-trudovoj sojuz,* NTS, auch Volksbund der Schaffenden, Bund russischer Solidaristen, gegründet nach der Oktoberrevolution, Fortsetzung als Emigrantenorganisation mit Kongressen in Belgrad (1930, 1932, 1934); Neugründung als *Narodno-trudovoj sojuz novogo pokoloneija* (Nationaler Arbeiterbund der neuen Generation'; NTSNP), im Zweiten Weltkrieg Zusammenarbeit mit der deutschen Besatzung. [Anm. d. Übers.]
342 Dabei arbeitete er mit den fremdenfeindlichsten Mitgliedern des NTS wie z. B. A. Stolypin zusammen, der "vom Sinn und Zweck der Oktoberrevolution erzählte und sie als Pogrom von Geheimorganisationen, nämlich der Freimaurer, gegen Russland darstellte"; in: LEV E. KOLODNYJ: *Ljubov' i nenavist' Il'i Glazunova,* S. 446–447. Zu weiteren Beziehungen Il'ja Glazunovs zum NTS und über das Schicksal seines Onkels, s.: Ebd. S. 67, 70, 72.
343 Ausführlicher zur Biografie von Il'ja S. Glazunov in der Arbeit von LEV E. KOLODNYJ: *Ljubov' i nenavist' Il'i Glazunova.*
344 Ebd. S. 264.

betrifft. Die Anfänge dafür waren in ihren Familien zu suchen, noch vor dem Krieg, als ihre Großmütter und Großväter, Tanten und Onkel, all diejenigen, die man in den strengen 30er Jahren die 'Übriggebliebenen' nannte, noch am Leben waren. Sie waren es, die nicht ausgelöschten Adligen, die 'Gestrigen', die im täglichen Umgang untereinander und in den Diskussionen um das richtige Verhalten angesichts härtester Repressionen selbst ohne es zu wollen jene verfluchten Fragen in die Köpfe und Seelen der heranwachsenden Generation pflanzten, deren Antworten lange vor unserer Zeit heranreiften, noch zu Zeiten des Vaters der Völker mit dem Spitznamen Gutalin."[345]

"Ich kenne keinen anderen Menschen, der Lenin ('Volod'ka', 'den Glatzkopf', 'Lukič', den 'Syphilitiker') und seine 'Bande', die über Russland so viel Elend gebracht hat, so scharf und unversöhnlich kritisierte wie Il'ja Glazunov. Für Glazunov waren sie alle, Lejba Bronštejn – Trockij, Jankel' Sverdlov, der Eiserne Feliks, Stalin – 'Gutalin' und der heute regierende Nikita – 'Kukuruznik' samt ihrem Führer 'Lukič' Diener des Teufels, 'Höllenbrut'. Il'ja fand, im Kampf gegen dieses Unreine und dessen Anhängsel sei jedes Mittel recht. Das Elend seiner Familie – der Tod seiner Eltern und Verwandten – und das Elend des geschmähten und gedemütigten Russlands gehörten für Glazunov zusammen. Ziel und Sinn seines Lebens wurde der Dienst am Vaterland. Seine Devise lässt sich nennen: 'Wer nicht mit uns ist, ist gegen uns'."[346]

Eine wichtige Rolle in der geistigen Entwicklung von Il'ja Glazunov spielte auch die Heirat mit Nina A. Vinogradova-Benois (1936–1986), die sich nach Meinung von Valerij A. Desjatnikov durch "extreme politische Ansichten" auszeichnete.[347] Den letzten Schliff bekamen Glazunovs Ansichten aber erst in der Familie seines Gönners Sergej V. Michalkov, des orthodoxen Adligen und bedeutenden sowjetischen Literaturfunktionärs, der mit den russischen Nationalisten sympathisierte, und dessen Frau Natal'ja P. Končalovskaja, die einen Salon unterhielt, der von russischen Nationalisten besucht wurde.

"Warum nahm Michalkov derart Anteil am Schicksal des geächteten Künstlers? Wahrscheinlich, weil er im tiefsten Inneren das Regime verachtete, das er besang. [...] er ging in die Kirche, ließ die Kinder taufen, obwohl er seinen Sohn in seinen Gedichten dazu aufrief, dem Vermächtnis der Partei Lenins zu folgen".[348]

Valerij A. Desjatnikov stammte aus einer Kosakenfamilie und lehnte die Revolution ebenfalls ab. Sein Großvater mütterlicherseits, G. Popov, Kosak der Leibgarde, diente im persönlichen Schutzgeleit von Nikolaj II. und starb, nachdem er zweimal nach § 58 verurteilt worden war, 1952 im Gefängnis. Nach seinem Armeedienst Ende der 50er Jahre studierte Desjatnikov an der Fakultät für Kunstwissenschaft der Moskauer Staatlichen Universität und ver-

---

345 VALERJ A. DESJATNIKOV: *Dnevnik russkogo*. Manuskript, Eintrag vom 23./24.08.1963.
346 Ebd.: Eintrag vom 2. 8. 1963
347 Ebd.
348 LEV E. KOLODNYJ: *Ljubov' i nenavist' Il'i Glazunova*, S. 371.

brachte viel Zeit mit Verfechtern vorrevolutionärer Traditionen wie dem Restaurator Pëtr D. Baranovskij, dem Künstler Pavel D. Korin, dem Schriftsteller Leonid M. Leonov und dem aus der Lagerhaft entlassenen Heliobiologen Aleksandr Čiževskij.

Vladimir Solouchin war vor seiner Bekanntschaft mit Il'ja Glazunov kein überzeugter Antikommunist, sondern im Gegenteil ein hoch angesehener Schriftsteller und Literaturfunktionär, der allerdings von der sowjetischen Realität leicht enttäuscht war. Glazunov und sein Umfeld zwangen ihn jedoch dazu, sich nicht nur die romantischen Bilder seiner Kindheit in Erinnerung zu rufen, sondern sich auch vor Augen zu führen, dass sein Vater und sein Großvater reiche Bauern gewesen waren und nur durch ein Wunder während der Kollektivierung nicht aus ihrer Heimat vertrieben worden waren. Später wird Solouchin ihr Andenken in seinen Memoiren *Smech za levym plečom* ehren.[349]

Auch die Mitglieder der russisch-nationalistischen Untergrundgruppierungen, die 1958 aufgedeckt wurden, hatten ähnliche Biografien. Von der Herkunft der NDP-Mitglieder war bereits die Rede. Der Anführer der Russischen Nationalsozialistischen Partei, Aleksej A. Dobrovol'skij, galt seinem sozialen Status nach als Arbeiter (vor seiner Festnahme war er Ladearbeiter), seine Eltern waren jedoch durchaus gebildete Menschen. Sein Großvater war vor und auch nach der Revolution ein anerkannter Fachmann in der Stoffherstellung, sein Vater ein bedeutender Flugzeugingenieur, der nicht in die Partei eintrat und das sowjetische Regime im Allgemeinen hasste, sein Onkel war Offizier in der Armee des Zaren und später Gefangener auf den Solovecki-Inseln. Dobrovol'skijs Umfeld, seine Peergroup in jungen Jahren waren jedoch nicht Kinder aus Intellektuellen-Familien, sondern seine Hinterhofclique. Wenn ihre Kinderspiele nicht die Aufmerksamkeit des *KGB* geweckt hätten und Dobrovol'skij wegen seiner Abenteuerlust nicht in kriminelle Machenschaften geraten wäre, dann hätte er in diesem Buch höchstwahrscheinlich eine Rolle als Geschichtswissenschaftler gespielt.

Wahrscheinlich wurde die häusliche Erziehung in antikommunistischer Tradition (die vermutlich ethnonationalistisch aufgeladen war, wofür es allerdings keine Beweise gibt) wesentlich durch die "Hirnwäsche" der stalinistischen Propaganda der 40er und der frühen 50er Jahre ergänzt. Die jungen Intellektuellen, die Mitte der 50er Jahre die Hochschulen absolvierten, bekamen eine volle Portion der ideologischen Suppe, deren wesentliche Zutaten die maßlo-

---

349 VLADIMIR A. SOLOUCHIN: *Smech za levym plečom.* – Frankfurt a. M.: Posev [Verlag des NTS – vgl. Fußnote 39; Anm. d. Übers.], 1988.

se Überhöhung des russischen Volkes und schwere Anschuldigungen gegen die Kosmopoliten waren. Möglicherweise waren einige sogar direkt an der Jagd auf Juden beteiligt, worüber sie sich jetzt lieber in Schweigen hüllen. Boris D. Pankin beispielsweise erinnert sich, dass ein heutiges korrespondierendes Mitglied der Russischen Akademie der Wissenschaften, das 1953 die Philologische Fakultät der Moskauer Staatlichen Universität absolvierte (zweifelsfrei ist der heutige Direktor des Instituts für Weltliteratur *IMLI* Feliks F. Kuznecov gemeint) Anfang der 50er Jahre versucht hatte, die Zustimmung seiner Kommilitonen für die Verurteilung und Exmatrikulation einer Jüdin zu erzwingen. Als auf der Versammlung alle Argumente erschöpft waren und die Anschuldigungen sich als unhaltbar erwiesen hatten, schlug er vor, sie aus dem Komsomol auszuschließen, weil sie einen "Ábort gemacht hat". Das Wort mit der falschen Betonung hing ihm von da an unter seinen Kommilitonen als Spitzname an.[350]

Die Rote Linie: Die Leningrader Prozesse 1967–1969

In Leningrad fanden 1967–1969 zwei Strafprozesse gegen russische Nationalisten statt: der erste gegen die weithin bekannte Allrussische sozialchristliche Union zur Befreiung des Volkes (*VSChSON*), die sich im Kern bereits 1962 formiert hatte und von 1964 bis 1967 im Umfeld der jungen geisteswissenschaftlichen und technischen Intelligencija aktiv war, und der zweite, weniger spektakuläre gegen den Kreis um den nicht anerkannten Dichter Nikolaj N. Braun. Erstmals seit zehn Jahren, nach den Verfahren gegen NDP und NSPR, wanderten russische Nationalisten in die Straflager, bevor sie den Prozess der Annäherung an die Staatsmacht hätten zu Ende bringen können.

Die bei diesen beiden Prozessen aus politischen Gründen[351] Verurteilten kamen aus den gleichen Intelligencija-Kreisen wie andere junge Antikommunisten, die in starkem Maße das Bild der Russischen Partei prägten. Das waren hauptsächlich junge Absolventen verschiedener Hochschulen; von 21 Mitgliedern, die im Verfahren gegen die *VSChSON* verurteilt wurden, hatten 18 einen Hochschulabschluss, sie waren beruflich erfolgreich und hatten Zugang zu Kommunikationsmöglichkeiten der Bewegung der Andersdenkenden wie

---

350 BORIS D. PANKIN: *Preslovutaja epocha v licach i maskach, sobytijach i kazusach.* – Moskau: Voskresen'e, 2002, S. 52–53.
351 Dieser Hinweis ist notwendig, weil bei dem Prozess um Nikolaj N. Braun – Anatolij S. Berger nach dem Willen der Untersuchungsbehörde auch Kriminelle vor Gericht standen.

dem *Samizdat*. Im *Samizdat* zirkulierten bereits Mitte der 60er Jahre zahlreiche literarische, philosophische und publizistische Arbeiten, die für die Funktionäre der Opposition eine Art intellektuelle Plattform darstellten. Im Unterschied zu den Moskauer *VSChSON*-Gruppen hatten die Leningrader in den 50er Jahren umfangreiche Kontakte zu legalen und illegalen Gruppierungen Andersdenkender. So trat beispielsweise der Großteil der Mitglieder einer dieser Gruppen, des *Sojuz zaščity demokratičeskich svobod* (Verein zum Schutz der demokratischen Rechte), der Anfang der 60er Jahre in Leningrad aktiv war, dem *VSChSON* bei.[352] Zudem konnten die *VSChSON*-Mitglieder Kontakte zum Ausland knüpfen, wie zur Redaktion der Zeitschrift *Vestnik RSChD* (Paris) oder zu polnischen Antikommunisten, von denen sie dann Literatur bezogen. Nikolaj Braun hatte noch vor seiner Festnahme Kontakt zu Vasilij V. Šul'gin (1878–1976), einem bekannten Monarchisten und ehemaligen Abgeordneten der Staatsduma, der 1956 aus der Lagerhaft entlassen wurde und sich in Vladimir niederließ.

Deshalb war die Verteilung von Flugblättern für die russischen Nationalisten in Leningrad nicht der Kern ihrer Arbeit, auch wenn Mitglieder der *VSChSON* derartige Aktionen für die Zukunft planten. Stattdessen verfassten die russischen Nationalisten fundierte und durchdachte politische Programme und professionell geschriebene, wenngleich heute wissenschaftlich bedeutungslose historische, kunstwissenschaftliche und dichterische Aufsätze und Werke. Die wichtigsten Protagonisten waren in diesen beiden wie auch in weiteren Prozessen Geisteswissenschaftler. Aufschlussreich ist die Tatsache, dass bei den *VSChSON*-Mitgliedern, die sich ja entsprechend der russischnationalistischen Untergrundtradition als "Organisation im Offiziersgeist"[353] sahen, die Zahlen der Absolventen geisteswissenschaftlicher und technischer Hochschulen die Waage hielten. Aber die Führungsschicht der Organisation, die Anführer der "Trupps", in die die Organisation unterteilt war, und die Mitarbeiter der "ideologischen Abteilung" waren ausschließlich Menschen mit geisteswissenschaftlicher Ausbildung. Die einfachen Mitglieder hingegen waren größtenteils Ingenieure. Der zweite Mann in der Organisation, Evgenij Vagin, zuständig für die Ideologie der *VSChSON*, war Mitarbeiter des Puškin-Hauses (Institut für Russische Literatur der Akademie der Wissenschaften der UdSSR) und Spezialist für den für die russischen Nationalisten wichtigs-

---

352 Interview mit Leonid I. Borodin.
353 Ebd.

ten Schriftsteller des 19. Jahrhunderts, Fëdr Michajlovič Dostoevskij. Später erinnert er sich an seine geistige Entwicklung:

"Das Jahr 1956 hat ja alle für eine Zeit aufgeschreckt und wachgerüttelt. Nach der Veröffentlichung von Chruščëvs Geheimrede auf dem XX. Parteitag veränderte sich die Atmosphäre sogar in den Seminaren zur marxistischen 'Philosophie' [...]. Für viele Studenten war das Aleksandr-Blok-Seminar von größter Bedeutung, das nach mehreren Jahren Zwangspause wiederbelebt wurde. Wir befassten uns ja nicht nur mit Blok, sondern mit der gesamten Literatur vom Anfang des 20. Jahrhunderts. Dabei lernte ich zum ersten Mal die Werke von Nikolaj A. Bedrjaev, Sergej N. Bulgakov, Michail O. Men'šikov und anderen hervorragenden Denkern des Silbernen Zeitalters der russischen Kultur kennen. Damit begriff ich den wahren Sinn der russischen Literatur des vergangenen Jahrhunderts, mit ihrer Hilfe konnte ich mich von den Vereinfachungen und Schemata befreien, die uns unsere Universitätsdozenten aufgedrängt hatten. [...] Über die Literatur gelangte ich zur Religion. Die Literatur brachte mich auch zur Politik: der Kontakt zu verbotenen Schriftstellern konnte nicht ohne Folgen bleiben. [...] Meine geistige Entwicklung würde ich der Einfachheit halber folgendermaßen darstellen: von Dostoevskij über Vladimir S. Solov'ev zu Berdjaev; danach zurück zum Lehrer von Berdjaev, Solov'ev, dann die Enttäuschung über beide und eine erneute Hinwendung zu Dostoevskij, nicht nur als Romanschriftsteller, sondern auch als Autor des *Dnevnik pisatelja*. Für mich sind Nikolaj Ja. Danilevskij, Konstantin N. Leont'ev und besonders Nikolaj F. Fedorov die wichtigsten Denker der russischen Orthodoxie."[354]

Nicht zufällig erwähnt Vagin *Dnevnik pisatelja* von Fëdr Dostoevskij, das Symbolwerk der russischen Nationalisten, das eine Vielzahl von ethnonationalistischen Passagen enthält. Zum Vergleich dazu ein Zitat aus dem Interview mit dem Mitglied der Russischen Partei Gennadij M. Gusev:

"Einige Tage vor Ju. Seleznevs Tod schloss ich als Direktor des Verlags mit ihm einen Vertrag über das Buch *Zolotoje kol'co* ab. Es war sein grandioser Plan, die goldenen Seiten der russischen Literatur – Tolstoj, Dostoevskij, Čechov und Bunin – zusammen zu bringen. Einer der Fäden, den den Band durchziehen sollten, war die Haltung zur jüdischen Frage, aber zu jener Zeit durfte man nicht darüber reden, nicht einmal Gennadij Michajlovič [Gusev]. [...] Ich nahm an, dass er das tun würde, denn bevor er für den Vorschuss unterschrieb, warnte er mich, es würden unangenehme Fragen im Zusammenhang mit dem *Dnevnik* von Dostoevskij auftauchen, und dass das Buch vom ZK wahrscheinlich nicht erlaubt würde. Ich beschloss, ihm sofort einen 25-prozentigen Vorschuss zu geben."[355]

Bezeichnend ist auch die Tatsache, dass Vagin in diesem Zusammenhang den Namen von Michail O. Men'šikov erwähnt, der nur schwer den bedeutenden Philosophen zuzuordnen ist, der aber ein begnadeter und produktiver

---

354 EVGENIJ VAGIN: Interview mit *Vestnik RChD*, in: *Vestnik RChD*. – Paris, 122/1977, S. 252–256.
355 Interview mit Gennadij M. Gusev.

Publizist war und vor der Revolution das "jüdische" Thema aus der Position der Schwarzhunderter aufarbeitete. Auf diese Weise wurden die Werke der bedeutendsten Ideologen des russischen Nationalismus des ausgehenden 19./beginnenden 20. Jahrhunderts, Nikolaj Ja. Danilevskijs, Fëdr M. Dostoevskijs, Konstantin N. Leont'evs und Michail O. Men'šikovs zur theoretischen Fundierung der Tätigkeit der *VSChSON* verwendet. Vagin übertraf mit seinem wissenschaftlichen Slawophilismus und Antisemitismus sogar die Mitglieder der Russischen Partei, die zu der Zeit gerade mal eine offizielle Rehabilitierung der Slawophilen erreichen wollten – der Staatsmacht galten sie immerhin als Teil des russischen philosophischen Erbes, während Nikolaj Ja. Danilevskij und Konstantin N. Leont'ev totgeschwiegen wurden – und dazu deren Werke im "Russischen Klub" diskutierten. Dieser Wettbewerb in absentia fand aber in einem gemeinsamen Diskurs statt. Wenn man dann noch bedenkt, dass der Ideologie der *VSChSON*, zumindest in Bezug auf ihre Programme und wichtigsten Dokumente, nicht die Philosophie der russischen Nationalisten Danilevskij und Leont'ev, sondern die des orthodoxen Liberalen Berdjaev zugrunde liegt, den die oppositionelle Intelligencija beider Hauptstädte in den 60er Jahren für sich entdeckte, ist die Übereinstimmung vollkommen.

Mit demselben Strom schwamm zu der Zeit auch der Dichter Anatolij S. Berger, der zweite politisch Verurteilte im Braun-Prozess. Er begeisterte sich für die Idee, die russische Sprache wieder auferstehen zu lassen, er träumte davon, ihr neues Leben und "Volkstümlichkeit" einzuhauchen, er las das Wörterbuch von Vladimir I. Dal' und die von ihm gesammelten Sprichwörter und die Märchen von Aleksandr N. Afanas'ev,[356] was so vollkommen zur Stimmung der Dorfprosaautoren passte und von den anderen russischen Nationalisten sehr begrüßt wurde.

Für sie war die intellektuelle Reflexion wichtiger als schnelle Aktionen zur Agitation der "Volksmassen". Der *Samizdat* funktionierte bereits als Kommunikationskanal zwischen den verschiedenen Gruppen der Bewegung Andersdenkender. Deshalb hatten die Mitglieder derartiger Gruppen mehr Möglichkeiten, ihre Werke zu verbreiten, als die Untergrundarbeiter und verfügten über eine äußerst wohlwollende Leserschaft. Allerdings schloss dies alles sporadische Entgleisungen an der Grenze der Politik, wie beispielsweise Nikolaj N. Brauns Geburtstagsfeier für Adolf Hitler oder die Diskussion über zukünftige geplante Terrorakte (*VSChSON*), nicht aus.

---

356 Interview mit Anatolij S. Berger.

Ihre Popularität und schnelle Entwicklung hatte die *VSChSON* – zum Ende ihrer Existenz zählte sie 28 Mitglieder und 30 Kandidaten, ca. 100 Menschen wurden landesweit zu ihr verhört – zum großen Teil ihrem charismatischen Anführer I. Ogurcov zu verdanken, dem es gelang, aus einem anfänglich amorphen Kreis von russischen Nationalisten eine straff durchorganisierte Organisation zu formen. Man muss wohl die *VSChSON* nicht nur als eine der größten organisierten Gruppen russischer Nationalisten der Bewegung Andersdenkender betrachten, sondern auch als die größte Untergrundgruppierung mit dezidiert politischen Zielen, die der *KGB* in der nachstalinschen Zeit auf dem Gebiet der RSFSR zerschlug. Eine Untergrundtätigkeit vergleichbaren Ausmaßes gab es nur bei den religiösen Gemeinschaften.

Im Februar 1967 wurde die Tätigkeit des *VSChSON* aufgedeckt, offiziell durch eine Denunziation, in Wirklichkeit wahrscheinlich, weil der *KGB* beschlossen hatte, dass "die Frucht reif sei". Verurteilt wurden 21 Mitglieder der Organisation. Die Anklage im Braun-Prozess wurde 1969 von der Untersuchungsbehörde konstruiert. Die Tatsache, dass von den sieben Personen auf der Anklagebank nur zwei reine "Politische" waren – zwei weitere waren Kriminelle, die zusammen mit Nikolaj N. Braun den Geburtstag von Adolf Hitler gefeiert hatten, und der Rest hatte zusammen mit zwei anderen nazistischen Kriminellen eine Wohnung mit einem gefälschten Durchsuchungsbefehl ausgeräumt – lässt wohl keine Fragen offen.

Der Fall wurde 1968 mit der Festnahme des Kraftfahrers S. A. Mal'čevskij (geb. 1935) wegen des Diebstahls von Fernsehern aus der Kozickij-Fabrik ins Rollen gebracht. Im Verlauf der Ermittlungen stellte sich heraus, dass Mal'čevskij bereits 1967 an einem Gruppendelikt beteiligt war, bei dem die Täter in die Wohnung der Witwe eines Gynäkologen, vermutlich eines Juden, eingedrungen waren und diese als angebliche Milizionäre durchsucht hatten, dabei wurde eine Urkunde über eine staatliche Anleihe in Höhe von 20 000 Rubel konfisziert.[357] Als Mal'čevskij in einer Zelle des Untersuchungsgefängnisses des Leningrader Gebiets zusammen mit Berufsstraftätern saß, gab er sich als politischer Gefangener aus. Als daraufhin Beweise von ihm verlangt

---

357 Zum Fall s.: o. g. Memoiren von Anatolij S. Berger, das Interview von S. Čujkina mit Anatolij S. Berger und E. Frolova vom 02.10.1991 (der Interviewtext befindet sich im Archiv des NIPC "Memorial"), das Interview von Nikolaj Mitrochin mit Anatolij S. Berger (1996), Leonid I. Borodin (1994–1995). Des Weiteren wurden Informationen aus *Reestr osuždënnych po političeskim motivam v 60-e gody. Specvypusk No. 9* verwendet (ohne Angaben zu Datum oder Ort, vermutlich: Frankfurt a. M.: Posev, um 1969–1970); *Katalog 58-10. Nadzornye proizvodstva prokuratury SSSR po delam ob antisovetskoj agitacii i propagande*, S. 706.

wurden, schrieb er seinem in Freiheit gebliebenen Freund, dem Geliebten seiner Schwester und Dichter Nikolaj N. Braun (geb. 1938), einige kurze Zeilen mit der Bitte um Bestätigung seiner Ergebenheit im Kampf gegen die sowjetische Macht und übergab den Zettel einem Mithäftling, der angeblich freigelassen werden sollte. Nach dieser Provokation leitete die Operativabteilung des Leningrader Untersuchungsgefängnisses *Kresty* ein Verfahren ein.

Nikolaj N. Braun war der Sohn eines bekannten Leningrader Dichters, eines Bohemiens und Abenteurers. Nach späteren Erinnerungen von Anatolij S. Berger feierte er zusammen mit Mal'čevskij (lt. *Katalog 58–10. Nadzornye proizvodstva*) und V. G. Vodop'janov (geb. 1940), der seine Haft wegen Schwarzhandels bereits abgesessen hatte, Hitlers Geburtstag, schoss mit einem Blasrohr auf eine Zielscheibe, auf der "Achtung, Juden!" stand, rief im Namen des *NTS* (Volksarbeitsbund), zu dem er ansonsten keinerlei Beziehung hatte, verschiedene staatliche Organisationen an. Er kannte viele Menschen aus unterschiedlichsten Kreisen, vom Straftäter bis zu dem Intellektuellen und Dichter Anatolij S. Berger (geb. 1938), vom Warenkundler bei *Akademkniga* bis hin zu dem Monarchisten und ehemaligen Abgeordneten der Staatsduma Vasilij V. Šul'gin (1878–1976).

Berger war seit dem ersten Semester am Bibliotheksinstitut mit Braun befreundet, der ebenfalls dort studierte. Um sie herum bildete sich ein kleiner Freundeskreis von Andersdenkenden, dem u. a. A. Babuškin angehörte. Die Mitglieder dieses Kreises trafen sich für gewöhnlich freitags, lasen sich gegenseitig ihre Gedichte vor und diskutierten über Russlands Schicksal und die Wiedergeburt der russischen Kultur. Hier wird man unwillkürlich an die linguistischen Betrachtungen von Solženicyn erinnert. Berger behauptet später, nichts von Brauns Doppelleben, seinem Kontakt zu Straftätern und seinem Antisemitismus gewusst zu haben. Er schien sehr überrascht, als er die von den Ermittlern vorgelegten Unterlagen sah.[358]

Am 15. April 1969 wurden Nikolaj N. Braun und Anatolij S. Berger unter der Anschuldigung antisowjetischer Propaganda festgenommen.[359] Berger war einige Tage zuvor vom *KGB* gefasst worden, als er gerade mit einem Einmachglas Spiritus zu Braun kam, bei dem in dem Moment gerade eine Durchsuchung stattfand. Zunächst wurde der Haftbefehl gegen beide im Zusammenhang mit dem Mal'čevskij-Fall erlassen. Auch die Wohnungen von

---

358 Interview mit Anatolij S. Berger.
359 Hauptuntersuchungsführer des Falls war A. I. Lesnikov.

Brauns und Bergers Bekannten wurden gründlich durchsucht, wobei vor allem die Gedichte der Verdächtigen unter die Lupe genommen wurden. Der Prozess fand in geschlossener Sitzung des Leningrader Stadtgerichts statt. Sechs Personen erschienen vor Gericht: N. M. Cyrul'nikov (geb. 1934), Verwandter der Witwe, die die Anzeige erstattet hatte, der Organisator der Straftat, der in der "nördlichen Hauptstadt" bekannte Gewohnheitsdieb R. E. Rozenson (geb. 1934, dreimal vorbestraft) und die Ausführenden der Tat S. A. Mal'čevskij und V. G. Vodop'janov, Nikolaj N. Braun und Anatolij S. Berger. Berger sah alle außer Braun zum ersten Mal in seinem Leben. Am 15. Dezember 1969 wurde das Urteil verkündet. Braun und Berger wurden nach Artikel 70 des Strafgesetzbuchs der RSFSR wegen antisowjetischer Propaganda verurteilt, Braun zu sieben Jahren Straflager und zwei Jahren Verbannung, Berger zu vier Jahren Straflager und zwei Jahren Verbannung. Mal'čevskij bekam eine Gesamtstrafe von sieben Jahren Straflager und zwei Jahren Verbannung gemäß den Artikeln zu politischen Straftaten und wurde in ein politisches Lager geschickt. Die übrigen Straftäter wurden nach "Alltagsartikeln" verurteilt: Zwei bekamen jeweils sechs Jahre und ein anderer drei. Als Zeuge trat unter anderem Šul'gin auf, dessen Artikel Braun regelmäßig bei seinen Besuchen in Vladimir durchgesehen hatte.

Im *Katalog 58–10: Nadzornye proizvodstva prokuratury SSSR po delam ob antisovetskoj agitacii i propagande* finden sich Angaben zu weiteren ähnlichen Gruppen. So zum Fall V. I. Černyšov und V. V. Popov aus dem Jahr 1970 in Leningrad. V .I. Černyšov (geb. 1942, Hochschulbildung, Assistent einer Filiale der Moskauer Technischen Universität) hatte seine Arbeiten, die er seit 1962 schrieb, mit V. V. Popov (geb. 1946, Student der Russischen Akademie für Kunstmalerei, Bildhauerei und Baukunst) diskutiert. Darin schreibt er unter anderem:

> "Wir sind Nationalisten. Denn wir verbinden die geistige Befreiung mit der Bildung eines russischen Nationalstaates. Die Geschichte der russischen Kultur zeigt zweifellos den großen geistigen Unterschied zwischen dem russischen Volk und anderen Völkern und die Überlegenheit über Asien, die in der UdSSR ihren Ausdruck gefunden hat."[360]

Etwa zur gleichen Zeit zeichnete Popov ein Portrait von Adolf Hitler und zeigte es in seinem Bekanntenkreis.[361]

---

360 *Katalog 58-10: Nadzornye proizvodstva prokuratury SSSR po delam ob antisovetskoj agitacii i propagande*, S. 715–716.
361 Ebd.

VSChSON (Vserossijskij social-christianskij sojuz osvoboždenija naroda) – Die Allrussische Sozial-Christliche Union zur Befreiung des Volkes

In den Untersuchungen zur Allrussischen Sozial-Christlichen Union zur Befreiung des Volkes (*VSChSON*) gibt es auf die Frage, was genau sie darstellte, zwei Meinungen. Die einen, so der erste Historiker der Vereinigung Vladimir N. Osipov[362], sehen in ihr vor allem einen organisierten Kreis von Intellektuellen um Berdjaev, der mit der eigenen Bildung befasst war, d. h. letztlich einen Teil der Russischen Partei, die anderen betrachten sie als eine Untergrundgruppe, die sich die Aufgabe der politischen Machtergreifung gestellt hatte und deshalb gerade keine Unterstützung im "Volk" hatte, wie es ihren Organisatoren vor Gericht zur Last gelegt wurde.[363]

Im Gegensatz zu allen bislang genannten Organisationen hat die *VSChSON* ein genaues Gründungsdatum. Am 02. Februar 1964 trug der Absolvent der Fakultät für Orientalistik der Leningrader Staatlichen Universität, Igor' V. Ogurcov (geb. 1937), in der Wohnung des Linguisten Michail Ju. Sado (geb. 1937) dem Hausherrn und seinen langjährigen Freunden, dem Philologen Evgenij A. Vagin (geb. 1938) und dem Jurastudenten Boris A. Averičkin (geb. 1938) das Programm der militärisch-politischen Organisation "Allrussische sozial-christliche Union zur Befreiung des Volkes" vor. Am gleichen Tag war die Union gegründet.

---

362 VLADIMIR N. OSIPOV: Berdjaevskij kružok v Leningrade, in: *Vestnik RChD*. – Paris, 104–105/1972 (ebenfalls erschienen bei: Posev: Frankfurt a. M., 11/1972).

363 Alle Materialien dazu stammen aus Publikationen über die *VSChSON*: *VSChSON*, in: *Sbornik dokumentov*. – Paris: YMCA-Press, 1975; *VSChSON. Materialy suda i programma*. – Frankfurt a. M.: Posev, 1976 (Reihe: Vol'noe slovo, *Samizdat, Izbrannoe*. Ausgabe 22); MICHAIL JU. SADO: *Moë poslednee slovo/Reči podsudimych na političeskich procesach 1968–74 godov*. – Frankfurt a. M.: Posev, 1972 (Serie: Vol'noe slovo, *Samizdat, Izbrannoe*. Ausgabe 14–15), S. 61–65; EVGENIJ A. VAGIN: Berdjaevskij soblazn, in: *Naš sovremennik*, 4/1992; M. RYŽAKIN: Russkaja novaja pravaja, in: *Naš sovremennik*, 4/1992; *Chronika Tekuščich Sobytij*. (Ausgabe 1–27). – Amsterdam: Fond im. Gercena, 1979, Ausgabe 1; LEONID I. BORODIN: *VSChSON*/anonimnyj obzor, 1969, AS Nr. 525, SDS Band 7; A. PETROV-AGATOV: Russkij poet – Leonid Borodin. – Januar 1970, AS Nr. 566, SDS Band 8; VLADIMIR N. OSIPOV: Berdjaevskij kružok v Leningrade, in: *Vestnik RChD*. – Paris, 104–105/1972 (ebenfalls erschienen bei: Posev. – Frankfurt a. M., 11/1972); ders.: Ploščad' Majakovskogo, stat'ja 70-aja, in: *Grani*, 80/1972; ders.: K čitateljam Samizdata, in: *Grani* – Frankfurt a. M. 85/1972. Und ebenfalls aus dem Interview mit Igor' V. Ogurcov (1996), Evgenij A. Vagin (1999), Boris A. Averičkin (1996) und Leonid I. Borodin (1994–1995).

Die Endfassung des Programms von 1965 bestand aus zwei Teilen, einem kritischen, der auf der Kommunismuskritik in dem Aufsatz *Die neue Klasse* von Milovan Djilas basierte, und einem konstruktiven, der sich auf die Ideen aus Berdjaevs Buch *Novoe srednevekov'e* (Neues Mittelalter) bezog. Tatsächlich begann sich die Organisation jedoch schon lange vorher zu formieren. Die Gründung der *VSChSON* verlief nach dem bereits mehrfach in diesem Buch beschrieben Standardrezept. Igor' V. Ogurcov, Student der Geisteswissenschaften, aus einer gebildeten Familie mit vorrevolutionären Traditionen stammend, kam während der Gespräche mit Freunden über die Ergebnisse des 20. Parteitags zu der Erkenntnis, dass Stalin nur die krassesten Mängel der Staatsordnung verkörpert. Mitte des Jahres 1963 gelangte Ogurcov dann zu der Überzeugung, dass ein organisierter Kampf gegen die herrschende Gesellschaftsordnung notwendig sei.

Im Dezember 1963 verfasste er einen Programmentwurf mit dem Titel *10 tezisov social-christianstva* (10 Thesen des Sozial-Christentums) und zeigte ihn Vagin und Sado. Er wurde die Grundlage des "konstruktiven Teils" des Programms der *VSChSON*. Einwände gab es keine. Nachdem die Organisation bereits gegründet war, las Vagin im Frühjahr 1964 den Artikel von Berdjaev *V zaščitu duchovnoj svobody* (In Verteidigung der geistigen/geistlichen Freiheit), er kopierte ihn und gab ihn Ogurcov zu lesen. Die Mitglieder der Organisation hatten bis dahin noch keine Arbeiten von Berdjaev gelesen. Nun stellten sie fest, dass die Ansichten des Philosophen den ihren sehr ähnlich waren. Sie machten sich auf die Suche nach anderen Werken von ihm, die für die Arbeit am Programm verwendet wurden. Die endgültige Fassung des Programms wurde erst Anfang 1965 fertig gestellt. Zur gleichen Zeit entstand das Statut der Organisation.

Neben dem Grundsatzprogramm schrieb Ogurcov eine Minimalfassung des Programms, die *Narodnaja chartija* (Volkscharta), die 36 Punkte umfasste und eine legale Arbeit der *VSChSON* in der Übergangsphase der Liberalisierung des Regimes ermöglichen sollte. Die Ermittler nahmen später die Kurzfassung nicht einmal zur Kenntnis, da sie völlig zu Recht annahmen, dass sich die Tätigkeit der Union an dem wesentlich schärferen Maximalprogramm orientierte.

Die Gründer der *VSChSON* hatten naiverweise ursprünglich vor, eine breite sozial-christliche Bewegung zu schaffen, die sowohl legale als auch illegale Kampfmethoden einsetzen sollte. Die Idee des legalen Kampfes wurde jedoch ziemlich schnell verworfen, und als das Mitglied der Organisation, der

Orientalist und Oberingenieur des Zentralen Konstruktionsbüros *Strojmaš* (Baumaschine) Georgij N. Bočevarov (1935–1987) versuchte, sie wieder zum Leben zu erwecken, fand er keine Unterstützung.[364] Zwei Monate später teilten die vier Gründer ihre Verantwortlichkeiten in der Organisation auf: Igor' V. Ogurcov wurde der Vorsitzende, Evgenij A. Vagin war zuständig für Ideologie, Michail Ju. Sado (ehemaliger Leningrader Meister im klassischen Ringkampf, hatte bei den Luftlandetruppen gedient) war verantwortlich für Personal und Spionageabwehr und Boris A. Averičkin wurde der Verwalter des Archivs und der Verzeichnisse der Organisation. Es wurde ein Eid ausgearbeitet, den jeder Neu-Eintretende ablegen musste.

Offen bleibt die Frage, ob die Mitglieder der Organisation sich in erster Linie durch Xenophopie und Ethnonationalismus auszeichneten, oder ob sie eher als "Wiedergeburtler" in der Terminologie von D. Dunlop vom Solženicynschen Typs zu sehen sind, die den Aufbau eines christlichen Staatsgemeinwesens anstrebten und den "Solidaristen" der Nachkriegszeit in der Auslandsorganisation NTS ideologisch nahe standen. Tatsächlich unterscheidet sich das Programm der *VSChSON* von den Dokumenten anderer Untergrundorganisationen der russischen Nationalisten durch das Fehlen von Parolen, die zur Vernichtung von Fremdstämmigen oder zur Einschränkung ihrer Rechte aufrufen. Aber wie weit entsprachen die tatsächlichen Ansichten der Mitglieder diesem Programm?

Urteilt man nach dem persönlichen Verhalten der Führung in den 90er Jahren, dann ergibt sich folgendes Bild: Zwei der vier Anführer der Organisation – Averičkin und der "Chefideologe" Vagin – waren als Aktivisten radikaler nationalistischer Gruppierungen bekannt. Ogurcov enthält sich zwar persönlich xenophober Äußerungen, steht jedoch Ende der 80er Jahre in ständigem Kontakt zur "volkspatriotischen" Opposition. Sado gehört zur Führung der St.

---

364 Georgij N. Bočevarov – Autor von fünf publizistischen und historischen Artikeln des *Samizdat*: "Sovremennoe položenie v kommunističeskich partijach Evropy" (Die gegenwärtige Situation in den kommunistischen Parteien Europas), "Protivorečija liberalizacii v stranach Vostočnoj Evropy" (Widersprüche der Liberalisierung in den Ländern Osteuropas), "Osuščestvlimy li celi Oktjabr'skoj revoljucii?" (Sind die Ziele der Oktoberrevolution realisierbar?), "Pričiny proischoždenija kul'ta ličnosti Stalina" (Die Gründe der Entstehung des Personenkultes um Stalin), des ersten Teils von *Kratkij očerk istorii KPSS* (Kurzer Abriss der Geschichte der KPdSU) und "Leninizm, trockizm i stalinizm" (Leninismus, Trotzkismus und Stalinismus; Januar 1967). Er übersetzte und übergab der *VSChSON* Texte der Werke von G. Mjuller: *Ispol'zovanie prošlogo* (Die Ausnutzung der Vergangenheit), D. Klarkson: *Istorija Rossii* (Geschichte Russlands) und F. Maklin: *Na podstupach k Vostoku* (An der Schwelle zum Osten).

Petersburger Abteilung der liberalen gesellschaftlichen Organisation *Memorial*.

Viele Mitglieder der *VSChSON* hatten während ihrer Haft Kontakt mit russischen Nationalisten in den lagerinternen Gruppen. Antisemitische Äußerungen von Vagin und einigen anderen Mitgliedern der Organisation wurden im Lager registriert und später veröffentlicht.[365] Manche der Kontakte zu Anhängern der Bewegung russischer Nationalisten wurden auch nach der Lagerhaft fortgesetzt. Einige Mitglieder der *VSChSON*, zu denen Georgij N. Bočevarov, V. F. Veretenov und N. Ivanov zählten, waren in den 70er Jahren an der Veröffentlichung der *Samizdat*-Zeitschrift *Veče* beteiligt oder waren ihre treuen Leser. Der Aktivist der *VSChSON* Leonid I. Borodin setzte die *Samizdat*-Tradition der russischen Nationalisten mit der Herausgabe der Zeitschrift *Moskovskij sbornik* (Moskauer Sammlung) fort und wurde in den 90er Jahren Chefredakteur der nationalistischen Zeitschrift *Moskva* (Moskau), die sich seit 1968 unter der Kontrolle der Russischen Partei befand. Unter den einfachen Mitgliedern der Organisation war nur A. Miklaševič in liberalen Organisationen aktiv; er gehörte wie auch M. Sado der Führung der St. Petersburger Sektion von *Memorial* an. So lässt sich feststellen, dass die *VSChSON* eine Organisation russischer Nationalisten war, die starke christliche Prägung jedoch oder auch die Idee eines christlichen Sozialismus ließ die Bedeutung des Ethnonationalismus für die Mitglieder der Organisation deutlich in den Hintergrund treten. Wie bereits erwähnt zählte die Organisation nach drei Jahren ihres Bestehens 28 Mitglieder in verschiedenen Städten des Landes und ungefähr 30 Kandidaten, die zum Eintritt bereit waren, ab dem zweiten Halbjahr 1966 jedoch wuchs die Zahl der Mitglieder nicht mehr weiter.

Die Führung der *VSChSON* und besonders Ogurcov selbst folgten streng den Regeln der Untergrundtätigkeit. Neuen Mitgliedern wurde gesagt, dass sie einer riesigen Organisation beitreten würden, die Tausende von Menschen im ganzen Land vereinigen würde. Selbst jemand, der die Situation der Organisation besser als manch anderer hätte einschätzen können sollen, der Schuldirektor Leonid I. Borodin (geb. 1938) im Landkreis Luga im Leningrader Gebiet, war noch zu Beginn der Ermittlungen davon überzeugt, dass in Lenin-

---

365 S.: Die o. g. Werke von A. Petrov-Agatov und V. Osipov sowie die Memoiren von ANATOLIJ S. BERGER: *Smert' živ'ëm*. – Moskau: Biblioteka der Redaktion der Zeitschrift *Gumanitarnyj fond*, 1991.

grad mindestens fünfhundert VSChSON-Mitglieder verhaftet worden sein müssten.[366]

Ein Neuling musste bei der Aufnahme einen Fragebogen mit fünfzig Fragen ausfüllen, dabei musste er v. a. den Besitz von Waffen, topografischen Karten, Druckschriften angeben. Daraufhin wurde der Fragebogen durch den Neuling selbst verbrannt, und er nahm an, dass dieser nicht mehr existiere. Eine heimlich gezogene Kopie jedoch kam ins Archiv der VSChSON und wurde von Averičkin persönlich chiffriert.

Die interne Struktur der VSChSON änderte sich, zunächst bestand sie aus Dreiergruppen, die später organisatorisch zu Zügen zusammengefasst wurden. In jeder Untereinheit gab es eine eigene Bibliothek, die dreißig Pflichtwerke für das Selbststudium besaß. Es existierten mindestens drei "Kampfgruppen". Eine von ihnen, im Mai 1966 gegründet, wurde von Georgij N. Bočevarov[367] geleitet, die zweite von Michail B. Konosov (geb. 1937)[368], Schlosser bei den Leningrader Gasbetrieben Lengas und Fernstudent am Gorki-Literaturinstitut, die dritte von dem Ökonomen und Mitarbeiter des Tomsker Polytechnischen Instituts Vladimir F. Ivojlov (geb. 1938)[369].

Unter sozialem Gesichtspunkt war die VSChSON eine recht homogene Organisation. Mitglieder wurden junge Männer, vorwiegend mit abgeschlossener oder abgebrochener Hochschulbildung und offensichtlich überwiegend ohne Wehrdiensterfahrung. Die Vertreter der geisteswissenschaftlichen und der technischen "Fraktion" hielten sich zahlenmäßig etwa die Waage: Von 23 Mitgliedern, über deren Bildung es Angaben gibt, hatten 12 eine geisteswissenschaftliche Ausbildung oder arbeiteten auf diesem Gebiet, zwei waren Ökonomen und die anderen Techniker. Die Führer der Organisation, die Zugführer und die Mitglieder der ideologischen Abteilung jedoch waren wie bereits erwähnt ausschließlich Geisteswissenschaftler (Ogurcov, Averičkin, Vagin, Sado, Konosov, Bočevarov, Platonov, Ivanov)[370], hinzu kam lediglich der Ökonom Ivojlov. Die einfachen Mitglieder hingegen waren meist Ingenieure:

---

366 Interview mit Leonid I. Borodin.
367 Dazu zählten die Mitglieder der Organisation V. Platonov, S. Konstantinov, I. S. Kločkov.
368 Zu der sogenannten "Konosov-Abteilung", die sich endgültig im April 1966 herausbildete, zählten Ju. Baranov, L. I. Borodin, A. Miklaševič, Ju. Buzin, V. Nagornyj, O. Zabak, O. Šuvalov, V. F. Petrov.
369 Die Gruppe wurde im Dezember 1965 gegründet. Zu ihr gehörten A. Sudarev, A. Ivlev und V. Kozičev.
370 Igor' V. Ogurcov, Michail Sado, Georgij N. Bočevarov, V. Platonov sind Orientalisten.

A. Miklaševič (Absolvent des Instituts für Landwirtschaft), Ju. Buzin (Absolvent des Instituts für Landwirtschaft), V. Nagornyj, O. Zabak, A. Ivlev, Ju. Baranov, O. Šuvalov, V. Kozičev, V. Petrov. Der Anteil der Geisteswissenschaftler unter den einfachen Mitgliedern der Organisation war bedeutend geringer: Leonid I. Borodin (Historiker, Lehrer), V. F. Veretenov (Ökonom), S. Konstantinov (Bibliothekar), A. Sudarev (Philologe), S. Ustinovič (Orientalist, tätig als Ingenieur).

Die wichtigste Aufgabe der Organisation war die Erschließung, die Vervielfältigung und die Verbreitung der Werke Nikolaj A. Berdjaevs und anderer Literatur. Bei den Durchsuchungen beschlagnahmten die Ermittler 50 Titel "antisowjetischer" Literatur, darunter 23 Werke Berdjaevs. Die Vervielfältigungswerkstätten mit Schreibmaschinen und Fotoausrüstungen befanden sich bei Sado, Konosov, Borodin, Ivanov, Ivojlov, Miklaševič und Platonov. Mit Fotoarbeiten waren auch viele andere Mitglieder der Organisation beschäftigt, da das eine zwar einfache aber auch sehr arbeitsaufwändige Sache war. Als die Organisation aufgedeckt war, wurden 24 Exemplare des Programms der *VSChSON*, 211 Dokumente, rund 6000 Negative, 28 im Westen herausgegebene Bücher, 58 Kopien dieser Bücher u. v. a.[371] beschlagnahmt. Dennoch konnten die Ermittler nicht alles entdecken. Sie beschlagnahmten nur einen kleinen Teil der Bibliothek von Leonid I. Borodin, die aus einigen Dutzend Exemplaren der einzelnen Ausgaben bestand. Der Rest verbrannte, während Borodin einsaß, zusammen mit der Schule, auf deren Dachboden die antisowjetischen Schriften aufbewahrt wurden.[372]

Neben der Verbreitung fremder Arbeiten widmeten die Mitglieder der Organisation sich dem Verfassen und Vervielfältigen eigener Artikel, vor allem zu historischen und publizistischen Themen. So schrieben Ogurcov, Vagin, Averičkin, Bočevarov und Konosov Arbeiten zu einer breit gefächerten Thematik, vom Jubiläum des Kronstädter Aufstandes bis zur aktuellen Lage der Kommunistischen Parteien.

In ihrer alltäglichen Tätigkeit ließen sich die Mitglieder nicht nur vom Programm, sondern auch von der Anweisung № *1* leiten, in der die praktischen Aspekte ihrer Arbeit geregelt waren. Jedes Mitglied der *VSChSON* musste mindestens eine Person für die Organisation werben und war verpflichtet, sich im Vertrieb von Literatur und im Selbststudium zu engagieren. Für Ab-

---

371 S.: *VSChSON. Materialy suda i programma*. – Frankfurt a. M.: Posev, 1976, Serie: Vol'noe slovo, Samizdat, Izbrannoe. Ausgabe 22), S. 40.
372 Interview mit Leonid I. Borodin.

trünnige und Verräter war ein Ehrengericht vorgesehen, das jedoch in den drei Jahren nicht einberufen wurde, obwohl zumindest ein Fall eines Abtrünnigen, der des Dozenten der Leningrader Staatlichen Universität I. Fachrudinov bekannt ist. Die Anführer der Organisation,liebe große Kinder aus gebildeten Familien, mochten sich offensichtlich nicht dazu durchringen, das ihnen bekannte Sujet aus Dostoevskijs Dämonen komplett zu reproduzieren. Jedes Mitglied der Organisation zahlte einen monatlichen Mitgliedsbeitrag in Höhe von zehn Prozent seines Gehalts in die Kasse der Organisation, wodurch die *VSChSON* eine für eine Untergrundgruppe vorzügliche technische Ausstattung besaß, zum Beispiel mehrere Druckmaschinen und Fotoapparate. Dem für die Vervielfältigung von Literatur zuständigen Vagin gelang es, gute Beziehungen zu einem professionellen Fotostudio aufzubauen, in dem die Bücher abfotografiert und Filmmatrizen von hoher Qualität angefertigt wurden. Damit druckten bewährte Mitglieder der Organisation weitere Exemplare bei sich zu Hause. Von diesem Studio erhielt die Organisation praktisch kostenlos Entwickler und andere Chemikalien in unbegrenzter Menge, die für die Fotoarbeiten nötig waren.

Im Herbst 1966 wurden der Orientalist und Mitarbeiter der Leningrader Staatlichen Universität N. V. Platonov (geb.1941) und der Kunstwissenschaftler und Mitarbeiter der Leningrader Staatlichen Universität N. V. Ivanov (1937– ca. 1983) Mitarbeiter der ideologischen Abteilung.[373] Wie Vagin befassten sie sich mit der Erschließung und Vervielfältigung von Literatur. Im Winter 1966/1967 wurde darüber hinaus die Herausgabe eines Bulletins und einer Zeitschrift mit dem Titel *Social-christianskoe otečestvo* (Sozial-christliches Vaterland) diskutiert und Konosov entwarf auf Bitten Ogurcovs ein Flugblatt

---

373 Laut Anklageschrift beschäftigte sich Platonov von sich aus oder auf Anweisung der Leitung mit Übersetzungen des *Tamizdat* (Kapitel aus dem Werk von NIKOLAJ A. BERDJAEV: *Istoki i smysl russkogo kommunizma* [Die Ursprünge und der Sinn des russischen Kommunismus], das in Frankreich erschienen ist, Berdjaevs Artikel *Rossija i era novogo mira*, herausgegeben in England, Kapitel aus dem Werk von D. Clarkson: *Istorija Rossii*, 1963 in den USA herausgegeben, Artikel aus der *Times* und anderen Zeitungen). Er vervielfältigte zusammen mit Kločkov das Buch von MILOVAN DJILAS: *Novyj klass* (*Nova klasa. Kritika savremenog komunizma*). Im Sommer 1966 gab er sein Einverständnis, eines der Fotolabors der Organisation bei sich zu Hause einzurichten. 1965 übergab Ivanov an Sado das Buch von RICHARD PIPES (das er vom Autor selbst bekommen hatte): *The Formation of the Soviet Union, Communism and Nationalism, 1917–1923*, zwei Bücher von IVAN L. SOLONEVIČ: *Begstvo iz Sovetskogo ada* (Flucht aus der sowjetischen Hölle), eine Teilübersetzung des Buches von NIKITA A. STRUVE: *Les chretiens en URSS*. – Paris, 1963 und andere. Er stellte das Programm der *VSChSON* den Studenten des Literaturinstituts E. P. Abramov, A. I. Osipovič und Frederiks, seinem Bruder, vor.

zum 50. Jahrestag der Oktoberrevolution mit dem Titel *50 lozungov osvoboždenija* (50 Losungen der Befreiungen). Die Mitglieder der Organisation trieben 41,5 Kilogramm typografische Lettern auf,[374] kauften auf dem Schwarzmarkt Druckfarbe und wollten gerade die Druckerpresse montieren, als die Verhaftung erfolgte. Vagin hatte gerade noch die *Metodologičeskoe rukovodstvo po ideologičeskoj podgotovke členov VSChSON* (Methodologische Anleitung zur ideologischen Schulung der *VSChSON*-Mitglieder) oder Anweisung Nr. 2 fertiggestellt.

Die *VSChSON* hatte in unregelmäßigen Abständen Kontakt zum Ausland. Ihre Führung war an Literatur und technischen Mitteln für die Vervielfältigung aus dem Westen interessiert. Durch die polnischen Staatsbürger Zawadzki, Verwandter eines polnischen Staatsfunktionärs, und B. Karavatski erhielt Ogurcov Zugang zu Tamizdat-Arbeiten, hauptsächlich philosophischen Werken, und Zawadzki wurde der Film *Krutoj Maršrut* (dt.: Gratwanderung) von Evgenija S. Ginsburg übergeben. Über K. L'vova, einer Französin russischer Herkunft, die ein Sprachpraktikum an der Leningrader Staatlichen Universität absolvierte, gelang es im Dezember 1966 der Führung der *VSChSON*, dem Leiter des russischen Verlags für christliche Literatur YMCA-Press in Paris, Nikita A. Struve, Filme mit dem darauf abfotografierten Programm der Organisation zu übergeben.[375]

Die Mitglieder der Organisation wussten genau, dass zu den Methoden ihrer Tätigkeit auch Terror gehören würde. Schon beim Eintritt in die *VSChSON* gab man ihnen unmissverständlich zu verstehen, dass der Verrat der Interessen der Organisation mit dem Tod geahndet werde. Neulinge, die den Fragebogen beim Eintritt ausfüllten, zeigten den Besitz von Waffen und Sprengstoff an, Borodin allerdings verheimlichte zum Beispiel den Besitz seiner Parabellum. Derselbe Borodin erinnert sich, dass die Organisation einmal jemanden zur ideologischen "Nachbearbeitung" zu ihm schickte, da dieser den Wunsch geäußert hatte, den General zu erschießen, der im Jahre 1962 das Gemetzel gegen die Arbeiter von Novočerkassk anführte. Eine solche Entschlossenheit erzeugte bei den Mitgliedern der Organisation einen positiven Eindruck, die

---

374 Leonid I. Borodin übergab die Drucklettern der *VSChSON*. Sie hatten der Petersburger Gruppe *Sojuz zaščity demokratičeskich svobod* gehört, die in Leningrad von 1962 bis 1964 existierte und sich selbst aufgelöst hatte. Zu der Gruppe gehörten Korolev und die zukünftigen Mitglieder der *VSChSON* Leonid I. Borodin, V. Ivojlov und V. Kozičev. S.: Interview mit Leonid I. Borodin.

375 Das war nicht der erste Versuch dieser Art. Den Ermittlungen zufolge wandten sich Vagin und Ogurcov mit der gleichen Bitte an die ausländischen Staatsbürgerinnen E. Kelli und M. Gur, die jedoch ablehnten.

Person wurde dennoch aus moralisch-ideologischen Erwägungen für nicht geeignet befunden und abgelehnt. Der Archivar der Organisation, Boris A. Averičkin, stellte gemeinsam mit Igor' O. Ogurcov im Herbst 1966 eine Liste mit den wichtigsten "Objekten" der Stadt auf. Michail Ju. Sado schlug Georgij N. Bočevarov vor, über das neue Mitglied der Organisation Kulakov die Wohnadressen von Generälen des Leningrader Militärbezirks (LVO) in Erfahrung zu bringen, um diese bei Notwendigkeit in ihren Wohnungen zu verhaften. Sado fragte A. Ivlev, ob man an seiner Arbeitsstelle, dem Wissenschaftlichen Forschungsinstitut für Erdölchemie, Bomben herstellen könne. Averičkin bewahrte den Mauser-Revolver mit neun Patronen auf, den die Organisation im März 1966 von ihrem Mitglied, dem Bibliothekar der Siedlung Valaam in der Karelischen ASSR S. V. Konstantinov (geb. 1943), erhalten hatte.[376] Bei den Verhören behauptete die Führung der Organisation, dass sie sich nicht das Ziel einer Palastrevolte gestellt habe, aber darauf eingestellt gewesen sei, die organisatorische Kraft in den bevorstehenden Massenaufstände in den 70er Jahren nach dem Vorbild von Ungarn und Novočerkassk zu sein.

Erstmals erfuhr der *KGB* Anfang 1966 durch Aleksandr G. Gidoni (geb.1936), einen ehemaligen politischen Häftling, der im Lager zum Informanten des *KGB* geworden war, von der Organisation.[377] Nach seiner Entlassung aus dem Lager kehrte er mit dem Nimbus eines Helden an die Leningrader Universität zurück, wo die *VSChSON* sofort versuchte, ihn für die Mitarbeit in der Organisation zu gewinnen. Bald bemerkte ein Mitglied der Organisation, dass es beobachtet wurde, worauf Borodin und dessen langjähriger Freund Ivojlov, die Gidoni für die *VSChSON* angeworben hatten, eine Reihe von Gegenmaßnahmen ergriffen und es noch rechtzeitig schafften, Ogurcov vor dem sich abzeichnenden Fiasko zu warnen. Den Mitarbeitern des *KGB*, die die Mitglieder der Organisation zum Verhör vorluden, wurde erklärt, dass alles Gerede über eine gewisse Untergrundorganisation Hirngespinste von Borodin seien, der Gidoni um seinen Ruf beneide. Es ist nicht klar, ob der *KGB* diese

---

376 Dieser hatte ihn laut den Ermittlungsunterlagen bei einer Gelegenheit ein Jahr vor Eintritt in die Organisation gekauft.
377 Er wurde am 21.12.1956 auf der *Ploščad' iskusstv* in Leningrad bei einem Studententreffen festgenommen und dafür verurteilt, dass er die Einhaltung des Verfassungsrechts auf Durchführung von Straßenumzügen und Demonstrationen gefordert hatte. 1958 wird er in *Dubrovlag* wiederholt wegen der Mitarbeit in einem Streikkomitee verurteilt. S.: *Nadzornye proizvodstva Prokuratury SSSR po delam ob antisovetskoj agitacii i propagande*. S. 292, 417.

Erklärungen glaubte, doch die Organisation existierte noch ein Jahr ohne Verfolgungen und Verhaftungen.[378] Letztlich flog die Organisation infolge einer Denunziation des Mitarbeiters des Leningrader Instituts für Feinmechanik und Optik (LITMO) V. F. Petrov auf, der im November 1966 in die VSChSON aufgenommen worden war. Am 4. Februar 1967 schrieb er dem Leiter der KGB-Abteilung des Leningrader Gebiets, Generalmajor Šumilov, eine Erklärung, in der er von der Existenz der VSChSON und über seine Mitgliedschaft berichtete. In der Erklärung nannte er alle ihm bekannten Teilnehmer der Organisation: M. Konosov, V. Nagornyj, O. Šuvalov und O. Zabak. Zwischen dem 5. und 7. Februar wurden sie verhaftet, wobei in der Tasche von Zabak, dem ersten Verhafteten, das Programm der VSChSON entdeckt wurde. Danach verlief alles wie auch bei anderen Organisationen der russischen Nationalisten, die in das Blickfeld des KGB gerieten. Die Romantiker des Untergrunds waren, wie sie selbst glaubten, zum Heldentod bereit, nicht aber zu den nervenzermürbenden Verhören und spalteten sich augenblicklich.[379] Am 8. Februar nannte Konosov, der durch die Aussagen von Nagornyj unter Druck geraten war, den Untersuchungsführern die Namen und Adressen von Ogurcov, Sado und Vagin.

Am 15. Februar 1967 wurden Ogurcov, Vagin und Sado verhaftet, am Tag darauf auch Averičkin. Er gab schnell auf. Er gab das gesamte Archiv der Organisation heraus, einschließlich der Kartothek mit den Aufnahmefragebögen der Mitglieder der VSChSON und dechiffrierte sie.

Innerhalb eines Monats wurden ungefähr 60 Personen in Leningrad, Petrozavodsk, Irkutsk und Tomsk verhaftet oder zeitweise festgenommen.

Im Untersuchungsverfahren bekannte sich die überwältigende Mehrheit der Organisationsmitglieder zu ihrer Schuld und legte alles offen, was ihr bekannt war. Der KGB verhaftete alle Mitglieder der VSChSON, verhörte Hunderte von Personen im ganzen Land, die auch nur irgendetwas über die Organisation gewusst haben könnten, und beschlagnahmte fast die gesamte von Mitgliedern der Organisation gedruckte Literatur.[380]

Am 2. und 3. Dezember 1967 wurde das Urteil des Leningrader Stadtgerichts über die Anführer der Organisation gefällt, die nach Artikel 64 des Strafgesetzbuchs der RSFSR wegen des Verrats der Heimat und nach Artikel 72

---

378 Interview mit Leonid I. Borodin.
379 Den Fall leitete der Ermittler für besonders schwerwiegende Fälle Movčan.
380 Durchsuchungen zu dem Fall VSChSON fanden in Leningrad, Moskau, Tomsk, Irkutsk, Krasnodar, Volgograd, Šauljae (Litauen), Valaam statt.

wegen der Gründung antisowjetischer Organisationen angeklagt waren. Ogurcov bekam 15 Jahre Lagerhaft, von denen er sieben im Gefängnis verbringen musste, und fünf Jahre Verbannung, Sado bekam 13 Jahre, davon drei Jahre Gefängnis, und Vagin und Averičkin wurden zu jeweils acht Jahren verurteilt.[381]

Vom 14. März bis zum 5. April 1968 fand am gleichen Gericht der zweite Prozess in diesem Fall statt, bei dem 17 einfache Mitglieder der Organisation zu Freiheitsstrafen verurteilt wurden: B. Platonov zu sieben Jahren; N. Ivanov, L. I. Borodin und V. Ivojlov zu jeweils sechs Jahren; M. Konosov zu vier Jahren; der Ingenieur des Leningrader Zentralen Entwicklungs- und Konstruktionsbüros S. S. Ustinovič (geb. 1938) zu drei Jahren und sechs Monaten; der Elektroingenieur des 1. Medizinischen Instituts Leningrad Ju. P. Baranov (1938–1970), der Oberingenieur des Zentralen Forschungsinstituts für Brennstoffapparaturen Ju. S. Buzin (geb. 1936), der Ingenieur des Leningrader Instituts für Präzisionsmechanik und Optik LITMO V. I. Nagornyj (geb. 1943) und der Oberingenieur des Zentralen Forschungsinstituts für Brennstoffapparaturen A. A. Miklaševič (geb. 1935) zu jeweils drei Jahren; der Ökonom und wissenschaftliche Mitarbeiter des Forschungsinstituts für Torfindustrie V. F. Veretenov (geb. 1936) und G. N. Bočevarov zu jeweils zwei Jahren und sechs Monaten; der Philologe A. I. Sudarev (geb. 1939) und der Chemiker und Oberingenieur im Allunions-Forschungsinstitut für Erdölchemische Prozesse A. G. Ivlev (geb. 1937) zu jeweils zwei Jahren; der Techniker des LITMO O. P. Zabak (geb. 1941) und der Mechaniker des LITMO O. N. Šuvalov (geb. 1938) zu jeweils einem Jahr; Konstantinov, der außerdem nach Art. 218, Abs. 1 wegen ungesetzlichen Waffenbesitzes angeklagt war, zu zehn Monaten; die letzten drei wurden im Gerichtssaal freigelassen. Einige Mitglieder der Organisation, so der aus Irkutsk stammende V. P. Gončarov, der aus Šiauliai (Litauen) stammende Jovaiša, I. S. Kločkov, V. Kozičev und der Student des Vorbereitungskurses der Leningrader Staatlichen Universität V. A. Šestakov sowie sämtliche Kandidaten der Organisation traten als Zeugen auf, da ihre Schuld nach Ansicht der Ermittler und sogar der überwachenden Parteiorga-

---

381 Der Fall Nr. 0210/67 besteht aus 44 Bänden. Gerichtspräsident – N. A. Ermakov, gesellschaftliche Beisitzer P. D. Rusalinov, N. Ja. Kuznecov, Anklage – Staatsanwalt der Stadt Leningrad, Staatl. Justizrat dritten Grades S. E. Solov'ev und der Unterstaatsanwalt der Stadt Leningrad, Oberjustizrat I. V. Katukova. S. dazu den Text: VSChSON. Materialy suda i programma. – Frankfurt a. M.: Posev, 1976, Serie: Vol'noe slovo, Samizdat, Izbrannoe. Ausgabe 22, S. 27–42.

ne zu geringfügig war.[382] Viele Mitglieder der Organisation bereuten vor Gericht ihre Taten.[383] Die Stalinära und die Chruščëvzeit, in der das Schicksal jeglicher potentieller "Terroristen" besiegelt gewesen wäre, waren schließlich vorbei. Wirkliche Strafen gemessen an der Mindeststrafe von drei Jahren, die die *Samizdat*-Leute nach dem vergleichsweise milden Paragrafen 190–1 bekommen hatten, wurden nur gegen 14 der 30 Vollmitglieder der Organisation verhängt. Eine Strafe von sieben Jahren und mehr, das übliche Strafmaß für die hartnäckigsten Dissidenten, erhielten nur fünf *VSChSON*-Mitglieder. So kann man die Strafe für die reumütigen "Terroristen" durchaus als milde bezeichnen. Das Schicksal von Ogurcov und Sado, die hartnäckig an ihren Überzeugungen festhielten, ruft zweifellos Mitgefühl hervor, und man sollte sich natürlich an ihren Heroismus erinnern, mit dem sie ihre Strafen unter unmenschlichen Bedingungen ertrugen. Aber sie saßen bestimmt nicht dafür, dass die Mitglieder der Russischen Partei, die es derweil warm und ruhig hatten, nach dem Zerfall des kommunistischen Regimes von den grauenvollen Verfolgungen der "Patrioten" durch die Behörde des Jurij V. Andropov erzählen und dabei ihre Namen als Beweis anführen konnten.

Am 9. März 1993 wurde eine Rehabilitation der *VSChSON*-Mitglieder entgegen dem entsprechenden Gesetz abgelehnt. Allerdings änderte das Präsidium des Obersten Gerichts am 26. Januar 1994 nach einer Kampagne, die von *Memorial* in Gang gesetzt worden war, das Urteil gegen die Angeklagten des Zweiten Prozesses, die nach Art. 70 und 72 des Strafgesetzbuchs der RSFSR verurteilt worden waren.[384]

Insgesamt ist der Fall der *VSChSON* das beste Beispiel dafür, wozu halbwüchsige Infantilität erwachsener Männer und weißgardistische Romantik unter sowjetischen Bedingungen führen konnten. Die *VSChSON* konnte keine einflussreiche Organisation werden. Das heldenhafte Verhalten vieler, wenn auch durchaus nicht aller Mitglieder im Lager machte die *VSChSON* in den

---

382 Richterin war die stellvertretende Vorsitzende des Leningrader Stadtgerichts, N. S. Isakova, gesellschaftliche Beisitzer waren M. L. Ivanova und I. P. Krajnov, Anklagevertreter waren der Unterstaatsanwalt der Stadt Leningrad, Oberjustizrat I. V. Katukova, und der Unterstaatsanwalt der Stadt Leningrad, Unterjustizrat E. A. Gusev. S. dazu den Text: *VSChSON. Materialy suda i programma.* – Frankfurt a. M.: Posev, 1976, Serie: *Vol'noe slovo, Samizdat, Izbrannoe*. Ausgabe 22, S. 122–144.

383 S. dazu: Zapiska KGB pri SM SSSR v CK KPSS o sude nad členami *VSChSON*, in: *Istočnik*, 6/1994, S. 106–108.

384 Gosudarstvo ne proščaet prestuplenij protiv sebja, in: *Smena*. SPb, 134/1993; Vestnik "Memorial". SPb, 3/1994, S. 8.

Augen der westlichen Gesellschaft zu einem Symbol des Widerstands gegen das kommunistische Regime. Der Mythos schwand jedoch, nachdem der Antisemitismus vieler VSChSON-Mitglieder offenbar wurde. Ogurcov war nach seiner Freilassung, obgleich er seine Strafe in den Lagern so heldenhaft abgesessen hatte, in politischer und intellektueller Hinsicht als Identifikationsfigur nicht mehr zu gebrauchen und entsprach nicht mehr der unter anderem von J. Dunlop im Westen geschaffenen Figur. Sein sozial-christliches Programm erwies sich als ebenso weltfremd wie die Träume der ungedienten "Offiziere" von einem Staatsstreich.

Den Bruch zwischen der Welt des Untergrunds und der Opposition, die durch ihre politischen Aktivitäten die Gesellschaft und die staatliche Politik beeinflusste, beschrieb der Soziologe Leonid I. Blecher, der in den 70er Jahren aus der Provinz nach Moskau kam, in einem Gespräch mit dem Autor folgendermaßen:

> "Bei uns in der Stadt war die wichtigste Aufgabe für die Dissidenten die Ausarbeitung eines geheimen Programms in geheimen Versammlungen, und ich war erstaunt darüber, dass so etwas in Moskau niemanden interessierte. Die Leute trafen sich einfach und gingen im Alltag, ohne überflüssiges Gerede und ohne sich gegenseitig grundlegende Wahrheiten zu beweisen, ihren Angelegenheiten nach. In meinem Fall war das die Arbeit an der *Chronika tekuščich sobytij*."

Und an diesem Tun für die anderen und nicht für das sinnlose Wachsen der Organisation mangelte es der *VSChSON*. Der Untergrund war eine Sackgasse, die irgendwo in der Mitte von einer roten Linie durchkreuzt war. Mit der Abfassung des Parteiprogramms und der Aufstellung von Mitgliederlisten – was die Russischen Partei, die deren Namen im Kopf hatte, niemals machte – überschritten sie diese Linie, gerieten in den Zuständigkeitsbereich des *KGB* und wurden gnadenlos von der Vergeltungsmaschinerie zermalmt.

Die *VSChSON* war der letzte uns bekannte Versuch, eine Untergrundorganisation der russischen Nationalisten zu schaffen. Die Generation des Untergrunds wurde erwachsen, gründete Familien und plötzlich zeigte sich, dass der beste Rahmen für ihre Tätigkeit, auch für die Propagierung der Ideen des russischen Nationalismus, das ZK des Komsomol darstellte.

5 Die Rolle des ZK des Komsomol bei der Konsolidierung der Bewegung russischer Nationalisten[385]

Die illegalen Jugendgruppierungen in den 50er und 60er Jahren waren der extreme Ausdruck einer für die sowjetische Führung beunruhigenden Tendenz. Bereits Anfang, deutlicher dann Mitte bis Ende der 50er Jahre wurde klar, dass die Führung die Kontrolle über die junge Generation der Sowjetbürger verlor. Sie sah die Jugend in zweierlei Hinsicht gefährdet. Als ein Risiko galt das Rowdytum, das mit inneren Ursachen erklärt wurde, wie z.b. den sozialen Problemen des Staates, der seine Wirtschaft nach dem Krieg wiederaufbauen musste, sowie mit Defiziten in der Jugendarbeit.[386] Zum anderen sah man eine Gefahr in der zunehmenden Expansion westlicher Ideologien nach Stalins Tod, besonders nachdem 1956 seine Verbrechen und damit de facto die der sowjetischen Innenpolitik enthüllt worden waren. Der politische Kurs Chruščëvs, der auf eine größere Offenheit gegenüber der Außenwelt gerichtet war, begünstigte ebenfalls das Eindringen europäisch-amerikanischer Vorstellungen von universalen Werten und globalen Problemen, von Kultur und Verhalten des Individuums in der Gesellschaft.[387]

Die Verwestlichung der sowjetischen Mentalität war wohl unausweichlich. Sie war die zwangsläufige Folge der realen Bedürfnisse der Gesellschaft, die eine beschleunigte gewaltsame Modernisierung erfahren hatte und nun eine breite Schicht hochqualifizierter Menschen für einen neuen Qualitätssprung im Zeitalter der Atombombe, der Raumfahrt und der Computertechnik brauchte. Natürlich waren die intellektuellen und materiellen Bedürfnisse dieser Schicht um ein Vielfaches größer als die der anderen gesellschaftlichen Gruppen und wenigstens teilweise befriedigt werden konnten sie nur mit Hilfe von Produkten der westlichen Kultur. Außerdem waren die Intellektuellen nur der auffälligste und "fortschrittlichste" Teil der stark anwachsenden Stadtbevölkerung. Ende der 50er Jahre hatte die Zahl der Stadtbewohner die der

---

385 Übersetzung: Anna Neumann.
386 Ausführlicher dazu s. VLADIMIR A. KOZLOV: *Massovye besporjadki v SSSR pri Chruščëve i Brežneve.* – Novosibirsk: Sibirskij chronograf, 1999.
387 Vgl. PËTR L. VAIL/ALEKSANDR A. GENIS: *60-e: Mir sovetskogo čeloveka.* – Ann Arbor: Ardis, 1998.

Landbevölkerung erreicht, ihr Lebensstandard aber unterschied sich erheblich.[388] Nun konnte die Führung die Bedürfnisse der städtischen Bevölkerung, um so mehr die der Intellektuellen, natürlich eine gewisse Zeit lang ignorieren, so wie sie es Ende der 40er bis Anfang der 50er Jahre ja auch tatsächlich tat, aber Mitte der 50er Jahre war doch klar, dass dieser Weg eine Sackgasse war, die zudem zu einer Konzentration unzufriedener Massen in den Städten führte. Die sozialen Unruhen, die Ende der 50er bis Anfang der 60er Jahre Dutzende kleine und große Städte in verschiedenen Regionen der UdSSR erschütterten, zeugten von der Notwendigkeit grundlegender Reformen.[389] Deshalb war die Führung des Landes ernsthaft bemüht, die soziale Unzufriedenheit durch eine Reihe von Maßnahmen einzudämmen, indem sie den in den langen Jahren der Stalinschen Diktatur entstandenen "Bedürfnisstau" wenigstens zum Teil abzubauen versuchte, z. B. durch den Wohnungsbau oder durch die Einführung eines allgemeinen Rentensystems.

Zugleich hoffte die Führung, die damit für die Mehrheit der Partei- und Staatselite stand, die nach Stalins Tod notwendigen Reformen wie z.b. die Modernisierung der Wirtschaft, der Wissenschaft und zum Teil auch des sozialen Systems ohne grundlegende Veränderungen in Politik und Kultur erreichen zu können. Das erwies sich jedoch als unmöglich. Die Jugend lehnte die kollektivistischen und traditionalistischen Werte ihrer in den 20er bis 40er Jahren erzogenen Väter und älteren Brüder zunehmend ab. Auch der Versuch, das Problem gewaltsam in den Griff zu bekommen, z. B. durch die Schaffung der Milizhilfsbrigaden und der operativen Komsomolgruppen, die den auffälligsten "Verirrten" den Individualismus buchstäblich aus den Köpfen prügeln wollten, führte nicht zum gewünschten Erfolg.[390] Es war offenkundig, dass der Kampf gegen die Ideologie des Westens nur mit gleichen, d. h. mit ideologischen Mitteln geführt werden konnte. Vom traditionellen Propagandaapparat aber war kaum Hilfe zu erwarten, er war dieser Aufgabe ganz offensichtlich nicht gewachsen.

---

388 Zur Mentalität der sowjetischen Gesellschaft der zweiten Hälfte der 40er bis Anfang der 60er Jahre s. ELENA JU. ZUBKOVA: *Obščestvo i reformy. 1945–1964.* – Moskau: Rossija Molodaja, 1993; vgl. auch KOZLOV, *Massovye besporjadki v SSSR.*
389 Vgl. ebd.; V. A. PONOMARËV: *Obščestvennye volnenija v SSSR. 1953–1985 gg.* – Moskau: Levyj povorot, 1989.
390 S. z. B. ALEKSANDR D. GLEZER: *Čelovek s dvojnym dnom.* – Moskau: Moskovskij rabočij, 1994, S. 15–31.

Die ideologischen Gegner der Funktionäre im Zentralkomitee des Komsomol, junge Nonkonformisten, schätzten die Situation ähnlich ein. Vladimir K. Bukovskij, einer der führenden Akteure bei den Lesungen auf dem *Majakovskij-Platz*, dem ersten legalen und öffentlichen Oppositionsforum der poststalinistischen Zeit, verfasste 1961 eine Denkschrift, die später vom *KGB* den Titel *Thesen über den Zerfall des Komsomol* bekommen sollte. In dieser Schrift stellte er fest, dass der Komsomol seine Popularität und sein Ansehen in der Jugend verloren habe. Um wieder tatsächlichen Einfluss auf die jungen Sowjetbürger zu gewinnen, bedürfe es einer Demokratisierung des Komsomol, die, so Bukovskij, nur von einer Initiativgruppe innerhalb des Komsomol selbst herbeigeführt werden könne.

"Wenn jetzt, solange der Komsomol noch existiert, innerhalb der Organisation ein Initiativkern gebildet wird, der als Katalysator in der Krise wirken kann und sich an die Spitze der Bewegung für die Demokratisierung des Komsomol stellt, und wenn diese Protagonisten der Demokratisierung die gleichen Agitationsstrategien und die gleichen Aufklärungs- und Kampfformen anwenden, die bisher von den illegalen Organisationen eingesetzt wurden, dann wird diese Tendenz auf den ganzen Komsomol übergreifen, ihn spalten und zur Herausbildung einer mächtigen Gruppe führen, die imstande sein wird, die Organisation zu erneuern und zu demokratisieren."[391]

Obwohl es unwahrscheinlich ist, dass die Führung des ZK des Komsomol den Inhalt dieses Dokument kannte, wenngleich der Chef des *KGB*, Šelepin, davon gewusst haben[392] soll, entwickelten sich die Ereignisse nach dem von Bukovskij vorhergesagten Szenario. Eine informelle, mit halblegalen Methoden operierende Gruppe innerhalb des Komsomol nahm die "Demokratisierung" der Organisation in Angriff. Allerdings kam es, statt der von Bukovskij erhofften Liberalisierung, die den Bedürfnissen der jungen Generation tatsächlich entsprochen hätte, zum Gegenteil, nämlich zur Stärkung der konservativen Tendenzen innerhalb des Komsomol.

Die Entwicklung und Propagierung einer neuen Ideologie, die der Jugend die traditionellen Werte als Gegengewicht zu den liberalen einpflanzen sollte, waren das Ziel und das Anliegen der informellen Gruppe, die sich im ZK des Komsomol um den ersten Sekretär Sergej P. Pavlov gebildet hatte.

---

391 Vgl. POLIKOVSKAJA, *My predčuvstvie*, S. 156.
392 Zumindest verhörte er persönlich die Teilnehmer der Versammlungen auf dem Majakovskij-Platz. – Ebd., S. 148.

Die Pavlov-Gruppe: Struktur und Ideologie

Was hier als Pavlov-Gruppe oder Pavlov-Anhänger bezeichnet wird, ist den Autoren, die sich mit dem Thema der Entwicklung des russischen Nationalismus in der nachstalinschen Periode befassten, hinreichend bekannt. Die Pavlov-Gruppe und ihre Beziehungen zur Šelepin-Gruppe finden sowohl in den Arbeiten jener Zeit[393] als auch in späteren Arbeiten Erwähnung.[394] Aus Mangel an zuverlässigen Informationen blieb sie für die meisten Autoren jedoch lediglich eine der Organisationen der russischen Nationalisten, deren Rolle nicht gänzlich klar war.

Die Pavlov-Gruppe hatte keine feste Eigenbezeichnung. Auch in der Forschung gibt es keine einheitliche Bezeichnung. Deshalb wird in den Interviews mit ehemaligen Mitgliedern der Gruppe umschreibend von Personen gesprochen, die der Linie Pavlovs treu waren oder ihm nahe standen.[395]

Die Pavlov-Gruppe bildete sich zwischen 1962 und 1964 im Apparat des ZK des Komsomol. Ihre wichtigsten Mitglieder waren neben dem ersten Sekretär des ZK des Komsomol, Sergej P. Pavlov (1929–1995), mehrere Sekretäre des ZK des Komsomol und Mitarbeiter der Propagandaabteilung, der Kulturabteilung, der Verwaltungsabteilung sowie der Abteilung für Verteidigung und Arbeit mit den Massen. Der Haupttheoretiker der Gruppe war Anatolij V. Nikonov (1923–1983), Redakteur der Zeitschrift *Molodaja gvardija* in den Jahren 1961 bis 1970. Ein weiterer Ideologe der Gruppe war Pëtr N. Rešetov (gest. 1998), ein persönlicher Freund Pavlovs und Leiter des Komitees der Jugendorganisationen. Aktive Mitglieder der Gruppe waren auch A. Svetlikov, Leiter der Abteilung Inneres des ZK des Komsomol, Jurij V. Torsuev, Sekretär des ZK des Komsomol, Vadim A. Sajušev, Zweiter Sekretär des ZK des Komsomol von 1961 bis 1964 (geb. 1930, 1959–1961 Erster Sekretär der Leningrader Gebietsleitung des Komsomol), die Leiter des Verlags *Molodaja gvardija* Jurij S. Melent'ev (1961–1965) und Jurij N. Verčenko (1965–1968; 1959–1963 Leiter der Agitations- und Propagandaabteilung des ZK des Komsomol), Valentin V. Čikin (geb. 1932), stellvertretender Chefredakteur der Zei-

---

393 S. GLEZER: *Čelovek s dvojnym dnom*, S. 58–59; S. NIKOLAEV (Pseudonym SERGEJ N. SEMANOVS): "Molodaja gvardija" russkogo vozroždenija, in: *Veče*, 52/1994, S. 107–141; *Političeskij dnevnik, Bd. 1, 2.* – Amsterdam: Alexander Herzen Foundation, 1970, 1972; ALEKSANDR S. CIPKO: Gorbačëv postavil na "socialističeskij vybor" i proigral. Zapiski ob ideologičeskoj kuchne perestrojki, in: *NG-Scenarii*, 8/21.11.1996.
394 YITZHAK M. BRUDNY: *Reinventing Russia. Russian Nationalism and the Soviet State, 1953–1991.* – Cambridge u. a.: Harvard University Press, 1998, S. 60–63.
395 S. das Interview mit Ganičev, Gusev, Lun'kov, Semanov, Skorupa, Torsuev, Cipko.

tung *Komsomol'skaja pravda* von 1963 bis 1971, und Vasilij D. Zacharčenko (1915–1999), Journalist und Schriftsteller, Chefredakteur der populärwissenschaftlichen Zeitschrift *Technika molodëži* (Technik der Jugend), die im Verlag *Molodaja gvardija* herausgegeben wurde. Im Weiteren werden diese Personen hier als die älteren Pavlov-Anhänger bezeichnet. Fast alle von ihnen machten in den nachfolgenden Jahren erfolgreich Karriere, nahmen hohe Positionen ein und sicherten die politische Deckung anderer Aktivisten der Bewegung russischer Nationalisten. Neben den Funktionären des ZK des Komsomol wirkten auch berühmte Persönlichkeiten wie Michail A. Šolochov, Jurij A. Gagarin, die Komponistin Aleksandra N. Pachmutova und der Maler Il'ja S. Glazunov in der Pavlov-Gruppe mit.

Als informelle politische Vereinigung, die ihre Tätigkeit auf die gesamte Arbeit des ZK des Komsomol bezog, hatte die Pavlov-Gruppe keine institutionalisierten Arbeitsformen, d. h. es gab weder offizielle Versammlungen noch eine formale Mitgliedschaft, eine Satzung oder ein Programm. Man unterhielt jedoch Kontakte untereinander. Meistens kamen dafür die älteren Pavlov-Anhänger und ihre Gäste an Wochenenden im Künstlerdorf *Peredelkino* in einem Erholungsheim des ZK des Komsomol zusammen, das ausschließlich Komsomolsekretären vorbehalten war. Diese Zusammenkünfte wurden von Pankin in seinen Memoiren ausführlich beschrieben. Er berichtet von einem programmatischen Gespräch, das Pavlov mit ihm, dem Chefredakteur der *Komsomol'skaja pravda*, in Anwesenheit Gagarins in der *Banja* des Erholungsheimes führte.[396] Darüber hinaus fanden Zusammenkünfte in der Datschen-Siedlung des ZK des Komsomol in *Nikolina Gora* statt, wo Pavlov, Torsuev, Rešetov und andere ihre Datschen hatten,[397] sowie im Atelier des Malers Glazunov in der *Kalašnyj-Gasse*. Über Glazunov unterhielten die Sekretäre des ZK des Komsomol auch Beziehungen zu nationalistisch gesinnten Vertretern untergeordneter Gliederungen, z.B. zu Jurij G. Lun'kov und Valerij I. Skurlatov, den Mitarbeitern der Moskauer Stadtleitung des Komsomol und Begründern der Universität des jungen Marxisten (*UMM*), die von 1964 bis 1965 existierte und unter dem Patronat von Torsuev stand.

Zur Gruppe gehörten neben den älteren Pavlov-Anhängern auch weitere Mitarbeiter des ZK des Komsomol, wie der Sekretär für Ideologie, Aleksandr I. Kamšalov (seit 1962), der Vorsitzende des Komitees der Jugendorganisatio-

---

396 Vgl. BORIS D. PANKIN: *Preslovutaja ėpocha v licach i maskach, sobytijach i kazusach.* – Moskau: Voskresen'e, 2002, S. 254–270.
397 Interview mit Torsuev.

nen (*KMO*), Valerij I. Jarovoj, der Vorsitzende des *KMO* (1968–1980), Gennadij I. Janaev (geb. 1937, 1990-1991 Vizepräsident der UdSSR)[398], die Mitarbeiter der Propagandaabteilung Valerij N. Ganičev (geb. 1933), Nikolaj I. Mirošničenko (stellvertretender Leiter der Propagandaabteilung 1960–1967), Gennadij M. Gusev (geb. 1933), Viktor K. Skorupa (gest. 2001) und Fëdor Ovčarenko; der stellvertretende Leiter der Abteilung für Jugendarbeit und spätere Schwiegersohn Brežnevs Jurij M. Čurbanov (geb. 1936)[399], der Leiter der Verwaltungsabteilung und spätere Sekretär des ZK des Komsomol, Gennadij P. Eliseev, die Mitarbeiterin der Abteilung für Sport und Arbeit mit den Massen, Ol'ga Vengerova (Mirošničenko), der Chefredakteur der *Komsomol'skaja pravda*, Jurij P. Voronov (geb. 1929)[400], die Journalisten der Zeitung *Komsomol'skaja pravda*, Vasilij M. Peskov (geb. 1930) und Vladimir A. Čivilichin (1928–1984), der Chefredakteur des Verlags *Molodaja gvardija*, Valentin O. Osipov (geb. 1932, Mitglied des ZK des Komsomol) und die Dichter Feliks I. Čuev (geb. 1941) und Vladimir I. Firsov (geb. 1937). Letztere mussten des Öfteren Reden für Pavlov verfassen. Der stellvertretende Vorsitzende der Abteilung Sport, Valentin L. Syč (1937–1997), der 1968 bis 1983 den Ausschuss für Wintersportarten beim Sportkomitee der UdSSR leitete und 1994 bis 1997 Vorsitzender der Eishockey-Föderation der Russischen Föderation war, wirkte möglicherweise ebenfalls in der Gruppe mit. Diese Personen werden hier als die jüngeren Pavlov-Anhänger bezeichnet. Die wenigsten von ihnen machten Karriere, dennoch waren sie ab dem Ende der 60er Jahre Schlüsselfiguren in der Bewegung russischer Nationalisten.

Die Pavlov-Gruppe hatte Unterstützung auch auf regionaler Ebene. Ein Teil der Führungsspitze der Gebietsleitungen des Komsomol in den Regionen teilte die Anschauungen der Gruppe und leistete ihr soweit wie möglich organisatorische Hilfe. Für die Kaderarbeit, die auch die Beziehungen zu den Regionen umfasste, war der Zweite Sekretär des ZK des Komsomol, Sajušev, zu-

---

398 Janaev stieg aus der Gebietsleitung des Komsomol in Gorki auf (wo er 1963 bis 1966 der Zweite, und dann der Erste Sekretär war), in der die Pavlov-Gruppe besonders aktive Sympathisanten hatte (Interview mit Gusev). In seinem Interview mit dem Autor berichtet Ganičev, dass Janaev ihn zu Zeiten der Schikanen seitens der Propagandaabteilung des ZK der KPdSU (1971–1972) offen unterstützte.
399 In seinen Memoiren berichtet Čurbanov nichts über seine Tätigkeit im ZK des Komsomol. Im Interview mit Karaulov sagt er jedoch: "das Beste, was mein Gehirn leisten konnte, verdanke ich dem Komsomol". (S. ANDREJ V. KARAULOV: *Vokrug Kremlja*, Bd. 1. – Moskau: Slovo, 1993, S. 325–326.)
400 Voronov, Redakteur der Leningrader Gebietszeitung *Smena*, war ein Protegé Šelepins, der ihn nach Moskau holte und ihm einen hohen Posten verschaffte. Vgl. PANKIN: *Preslovutaja épocha*, S. 58.

ständig. Unter den regionalen Sekretären tat sich durch seine radikalen Ansichten besonders Rostislav V. Nikolaev, Sajuševs Nachfolger auf dem Posten des Ersten Sekretärs der Leningrader Gebietsleitung des Komsomol, hervor. Später spielte er eine bedeutende Rolle bei der Bildung einer Zelle der "Russischen Partei" in Leningrad.[401] Außer ihm teilten laut Gusev auch Aleksej M. Makievskij, der Erste Sekretär der Gebietsleitung des Komsomol in Gorki[402], und viele andere regionale Sekretäre vor allem in den Gebieten Sibiriens und des Urals "die Ansichten Pavlovs voll und ganz". Diese Aussage wird zum Teil dadurch bestätigt, dass der neue Erste Sekretär des ZK des Komsomol, der Nachfolger Pavlovs Evgenij M. Tjažel'nikov, der die Ideen des russischen Nationalismus insgesamt teilte, aus Čeljabinsk im Ural stammte. Ebenfalls aus dem Ural kamen Rešetov und Melent'ev, der ehemalige Chefredakteur der Gebietszeitung des Komsomol *Na Smenu!* in Sverdlovsk. Aber auch in anderen Regionen hatte die Pavlov-Gruppe Anhänger. Der ihr nahe stehende ehemalige Mitarbeiter des ZK des Komsomol Aleksandr S. Cipko, später ein bekannter Publizist, äußerte über Gorbačëv, der sich aus den Komsomolstrukturen der 60er emporgearbeitet hatte, erstaunt, dass dieser Anhänger des "Sozialismus mit menschlichem Antlitz" sich in der Gebietsleitung des Komsomol Stavropol' entwickeln konnte, wo nach Cipkos Worten damals weit und breit kein einziger Mitarbeiter zu finden war, der die marxistisch-leninistische Ideologie mit ihrer "sozialistischen Ausrichtung" ernst genommen hätte. Cipkos Meinung nach war Gorbačëv der einzige in der Komsomolführung, der keine autochthonistische, nationalpatriotische Phase in der Tradition der Počvenniki durchgemacht hatte.

Die Gegner der Pavlov-Gruppe im ZK des Komsomol waren Boris N. Pastuchov (geb. 1933, 1962–1964 Erster Sekretär der Moskauer Stadtleitung des Komsomol, 1964–1977 Zweiter Sekretär des ZK des Komsomol, 1977–1982 Erster Sekretär des ZK des Komsomol)[403] und Boris D. Pankin (geb. 1931, zunächst Stellvertretender Chefredakteur, dann 1965–1973 Chefredakteur der *Komsomol'skaja pravda*). Eine ambivalente Stellung nahm Len V. Karpinskij (1929–1995), der 1958 bis 1962 Sekretär für Ideologie war, ein. Einerseits befürwortete er die Liberalisierung und Verwestlichung der Gesellschaft, andererseits stand er in manchen Aspekten der Pavlov-Gruppe nahe und

---

401 Interview mit Semanov und Gusev.
402 Interview mit Gusev.
403 Es ist allerdings nicht bekannt, ob Pastuchov in seinen Ansichten konsequent blieb. Er war Protegé Egoryčevs, eines Mitglieds der Šelepin-Gruppe, und spielte eine bedeutende Rolle bei der Vertuschung des Skandals um den *Ustav nrava*.

wurde von ihren Mitgliedern als Gleichgesinnter betrachtet.[404] Torsuev stellte den in Ungnade gefallenen Karpinskij später bei sich ein, und 1975 litt sogar seine Karriere leicht unter seinen Bemühungen, die Repressionen gegen Karpinskij zu mildern, die sich wegen der Organisation des Projekts *Soljaris* gegen ihn anbahnten.[405]

Pankin ist wohl der einzige unter den ehemaligen Kollegen Pavlovs, der schriftliche Zeugnisse über ihn hinterlassen hat. Bemerkenswerterweise beschreibt er Pavlov nicht als Führer einer ideologischen Opposition, sondern als einen impulsiven und beschränkten Menschen, dessen Interessen in Politik und Kultur eher von seinem Charakter als von seinen Überzeugungen herrührten. Entsprechend dem Paradigma der Sechziger nahm Pankin die ideologischen Überzeugungen der Komsomol-Funktionäre insgesamt nicht ernst und beschränkte sich bei ihrer Charakterisierung auf Epitheta wie "langweilig" und "rückwärts gewandt". Der einzige der Komsomol-Chefs, den er eines genaueren Porträts für würdig hielt, war Pavlov:

"Er liebte es, sich in Rage zu bringen. Genauso wie Chruščëv, als er noch Staatsoberhaupt und nicht Rentner war. Und das war nicht nur Nachahmung, sondern entsprang seinem Charakter. Jedenfalls behielt er seine aufbrausende Art auch in der Zeit bei, als Chruščëv politisch gesehen 'tot' und er selbst in Ungnade gefallen war, was ihm Brežnev in der ihm eigenen Manier mitteilte: 'Wenn du Verschwörungen anzettelst, mache ich Hackfleisch aus dir', knurrte er während einer offiziellen Veranstaltung, als er Pavlov die Hand gab, und ging ohne ihm eine Antwortmöglichkeit zu lassen.

Wie Chruščëv, dessen Günstling er gewesen war, konnte Pavlov zornig und lautstark über Bürokraten, Raffer und Blender herziehen. Beispielsweise unterstützte er öffentlich entsprechende Äußerungen in der *Komsomolka*[406], um im selben Moment mit demagogischem Unterton hinzuzufügen, die Vorgehensweise der Zeitung sei nicht offensiv genug. Wenn er aber einen auch nur ansatzweise Missstände anprangernden Film oder ein Theaterstück sah oder einen neuen Roman las, reagierte er augenblicklich mit einem sarkastischen Wortschwall, der mit dem obligatorischen Seitenhieb gegen die *Komsomolka* einherging, sie dulde derlei Verdrehung der Wirklichkeit, nehme die vom Westen angehauchten Versuche, die Jugend ideologisch zu zersetzen, hin und

---

404 Wie sich Karpinskij später in einem Interview erinnerte, erfolgte seine Einsetzung zum Sekretär des ZK des Komsomol nach seinen erfolgreichen Auftritten während einer Reise nach Polen mit einem der Leiter der Šelepin-Gruppe, Nikolaj N. Mesjacev, und einem Mitglied der Pavlov-Gruppe, Jurij P. Voronov. S. BATYGIN/JARMOLJUK. Hg.: *Rossijskaja sociologija šestidesjatych godov*, S. 202–203.
405 Interview mit Torsuev.
406 Komsomolka = Komsomol'skaja pravda [Anm. d. Übers.]

begünstige Schnösel und Stutzer in Literatur und Kunst. [...] Die Welt der Kunst und ihre Protagonisten nahm er ausschließlich in schwarz-weiß wahr."[407]

Vom Ausmaß der Widersprüche zwischen Pavlov und Pankin zeugen die Erinnerungen Valerij V. Borščovs, der 1965 bis 1975 Journalist der *Komsomol'skaja pravda* und 1993 bis 1999 Abgeordneter der Staatsduma der RF war. Während Pavlov ein radikaler Gegner Solženicyns war und alles tat, um zu verhindern, dass dieser 1963 den Staatspreis für Literatur bekommen würde, rief Pankin "in einer Zeit, als gegen Aleksandr Isaevič [Solženicyn] eine Hetzkampagne geführt wurde", den mit der Bürgerrechtsbewegung eng verbundenen Borščov in sein Arbeitszimmer, "schüttelte mir die Hand und sprach vom spürbaren Einfluss Solženicyns in meinen [Borščovs] Artikeln".[408] Unter Pankin bildete sich in der *Komsomol'skaja pravda* ein großes liberal gesinntes Journalisten-Team, dem Lidija I. Grafova, Boris A. Grušin, Vladimir V. Glotov, Viktor S. Lipatov, Aleksandr B. Pumpjanskij, Simon L. Solovejčik, Anatolij I. Streljanyj, Vladimir B. Černov und andere angehörten. Sie alle traten während der Perestrojka-Jahre an die Öffentlichkeit. Anfang der 70er Jahre war es in der Redaktion üblich, Geld für politische Häftlinge zu sammeln: "Das wurde damals nicht mal als Hilfsaktion betrachtet, sondern gehörte einfach zum Arbeitsalltag."[409] Die Pavlov-Gruppe sah in Pankin noch lange einen ihrer größten Feinde. Gusev, der von 1968 bis 1978 als Instrukteur im ZK der KPdSU tätig war, bedauert im Interview, dass es ihm trotz aller Anstrengungen nicht gelang, Pankin Mitte der 70er Jahre vom Posten des Leiters der Unionsagentur für Urheberrechte abzusetzen, obwohl eine Sonderkommission reichlich kompromittierende Informationen zusammentragen konnte.[410]

Ihre ideologischen Überzeugungen, d.h. die radikale antiwestliche Position, der Militarismus und der russische Nationalismus, verbanden die Pavlov-Gruppe mit anderen bedeutenden Gruppierungen in Staat und Regierung. Im Präsidium und später auch im Politbüro des ZK der KPdSU sorgte die Šelepin-Gruppe für die politische Rückendeckung der Pavlov-Anhänger. Darüber hinaus genoss Pavlov bis zum Sturz Chruščëvs im Oktober 1964 die uneingeschränkte Gunst des Parteiführers.

Auch die ethnisch-nationalistische Fraktion im Schriftstellerverband der UdSSR war mit dem ZK des Komsomol verbunden. Die umfangreiche Zusammenarbeit sowie die zahlreichen Beziehungen und Kontakte lassen da-

---

407 Vgl. PANKIN: *Preslovutaja épocha*, S. 268–269.
408 Interview mit Borščov.
409 Ebd.
410 Interview mit Gusev.

rauf schließen, dass Literaten die wichtigsten Partner der Pavlov-Anhänger im ideologischen Bereich waren. Bezeichnenderweise waren viele Angehörige der Pavlov-Gruppe in der Folgezeit, nach ihrer Vertreibung aus dem ZK des Komsomol, in der Verlags- und Literaturbranche tätig.

Die dritte Gruppierung, die mit der Pavlov-Gruppe verbunden war, bildeten die Politoffiziere der Armee mit dem Chef der Politischen Hauptverwaltung des Verteidigungsministeriums (*GlavPUR*), Aleksej A. Epišev, und seinem Stellvertreter Aleksej D. Lizičev (geb. 1928), der auch Leiter des Komsomol in der Armee war, an der Spitze. Ihnen imponierte vor allem der Militarismus der Pavlov-Anhänger, aber auch ihre anderen Ideen. Zur Gruppe gehörten auch Untergebene Epiševs, wie die beiden Leiter des Verlags der sowjetischen Streitkräfte *Voenizdat*, die Generäle Aleksandr I. Kopytin und Vladimir S. Rjabov.

Die Ideologie der Pavlov-Gruppe war nicht klar formuliert. Innerhalb der Gruppe existierte ein Fundus an Mythologemen, der natürlich nicht für die Öffentlichkeit bestimmt war. Es ist kaum vorstellbar, dass die *Protokolle der Weisen von Zion* und die Werke Nikolaj A. Berdjaevs, die in der Komsomol-Führung herumgereicht wurden, ja auch nur Verweise auf diese Schriften, und sei es auch nur in den vom ZK des Komsomol kontrollierten Druckmedien hätten veröffentlicht werden können. Das hätte sofort eine heftige negative Reaktion seitens des "großen ZK" (des ZK der KPdSU) zur Folge gehabt. Die Veröffentlichungen der Pavlov-Anhänger, so kühn sie nach sowjetischen Maßstäben auch waren, waren stark geglättet. Sie deuteten nur einen kleinen Teil der ideologischen Fragen an, die unter den Pavlov-Anhängern diskutiert wurden und konnten nur eine ungefähre Ahnung dessen vermitteln, was sich innerhalb der Gruppe abspielte.[411] Insgesamt bekannten sich die Angehörigen der Pavlov-Gruppe zu den im Staats- und Parteiapparat kursierenden ethnisch-nationalistischen Mythen.

Die Funktionäre des ZK des Komsomol und insbesondere Pavlov selbst waren sich völlig darüber im Klaren, dass die gebildete Jugend der 60er Jahre, die "die Ideen des 20. Parteitags der KPdSU" (so verschwommen diese For-

---

411 Eggeling entdeckte z.B. einige Veröffentlichungen Pavlovs und Verčenkos in der *Komsomolskaja pravda* aus dem Jahr 1961, die sich gegen die "Jugendprosa" richteten, sowie ähnliche Artikel anderer Autoren, die in derselben Zeitung publiziert wurden. Er fasste sie allerdings als Bruchstücke einer "literarischen Diskussion" zwischen den Konservativen und den Liberalen auf. S. WOLFRAM EGGELING: *Politika i kul'tura pri Chruščëve i Brežneve. 1953–1970.* – Moskau: AIRO-XX, 1999, S. 113, 115, 145, 148, 150.

mulierung auch sein mag) aufgenommen hatte, von den isolationistischen spätstalinistischen Vorstellungen, auf deren Grundlage Pavlovs Generation erzogen worden war, immer mehr Abstand nahm und eine Annäherung an die westliche Kultur in allen ihren Erscheinungsformen anstrebte. Pavlov und seine Anhänger erarbeiteten deshalb eine Reihe von Maßnahmen, die der Verwestlichung entgegenwirken sollten. Dabei wollten und konnten sie jedoch nicht verstehen, dass diese Verwestlichungstendenz, die später als *šestidesjatničestvo* [Bewegung des Geistes der 60erJahre] bezeichnet wurde, objektive Ursachen hatte. Das großangelegte Programm reichte vom permanenten Kampf gegen die Westler in der komsomoleigenen Presse und in den Korridoren der Macht über die Erarbeitung von "für den russischen Tanzstil typischen Bewegungen"[412] auf der Grundlage des Twists bis hin zu einer neuen Ideologie, die die antiwestliche Orientierung des ZK des Komsomol unterfüttern und, was noch wichtiger war, die Jugend vor "Abweichungen bewahren" sollte. Es entstand jedoch keine klare und ausgefeilte Konzeption. Ein Grund dafür mag die widersprüchliche Position des Präsidiums des ZK des Politbüros, das die offizielle ideologische Linie in der UdSSR u. a. auch in Bezug auf die Jugendarbeit bestimmte, zu Zeiten Chruščëvs und während der ersten Regierungsjahre Brežnevs gewesen sein. So wurde die Ideologie der Pavlov-Gruppe nicht offiziell, nicht offen und vor allem nicht schriftlich formuliert und ist daher lediglich als Sammlung mündlich verbreiteter Mythologeme erhalten geblieben.

Die Ideologie der Pavlov-Anhänger umfasste mehrere Komponenten: den "roten Patriotismus" des Bürgerkrieges,[413] den romantischen Militarismus aus der Zeit der *Elf Stalinschen Schläge*, den Antisemitismus der Nachkriegsjahre, die radikale antiwestliche Haltung sowie die ethnonationalistischen Träume von einer überwältigenden Vorherrschaft der russischen Ethnie in allen Bereichen der Politik und Gesellschaft in der UdSSR.

Die ideologische Formierung der Pavlov-Gruppe war 1967 im Wesentlichen abgeschlossen. Ein Teil ihrer Angehörigen vertrat nach wie vor in nostalgischer Erinnerung an das letzte Jahrzehnt der Stalinschen Herrschaft Positionen des antisemitischen "roten Patriotismus" (Pavlov, Melent'ev, Verčenko, Gusev, Firsov, Čuev), die von ihnen als eine gesetzmäßige Fortschreibung

---

412 Diesem Zweck sollte die Tanzgruppe *Lebëduška* dienen, die 1964/1965 infolge der Bemühungen der Instrukteure der Moskauer Stadtleitung des Komsomol entstand. S. dazu das Interview mit Lun'kov.
413 Ausführlicher dazu s. MICHAIL S. AGURSKIJ: *Ideologija nacional-bol'ševizma*. – Paris: Ymca-press, 1980.

der russischen Geschichte angesehen wurden. Der andere, zu dem Zeitpunkt dominierende Teil der Pavlov-Anhänger stand unter dem Einfluss nostalgisch gestimmter Monarchisten, in erster Linie Glazunovs, des von ihm beeinflussten Rešetovs und Nikonovs, und stützte sich auf ein Ideengebäude, das als rechtgläubig-monarchistisch oder weißgardistisch bezeichnet werden kann.

Das wichtigste Ziel der Pavlov-Gruppe war die Beeinflussung der Jugend, ihre Erziehung im antiwestlichen Geiste und im Respekt gegenüber den traditionellen Werten. Dafür unterstützten die Pavlov-Anhänger mit allen Mitteln prorussische Initiativen, wofür dem Komsomol ausreichend Geld zur Verfügung stand. Das beinhaltete vor allem die Förderung der Schriftsteller aus der prorussischen Fraktion im Schriftstellerverband (Šolochov, Michail N. Alekseev, Leonid M. Leonov, Leonid S. Sobolev, Jaroslav V. Smeljakov, Firsov etc). Darüber hinaus bemühte man sich um die Entwicklung und Förderung der Denkmalschutzbewegung und die Durchführung groß angelegter Propagandakampagnen. Beispielsweise wurde 1965 in der komsomoleigenen Presse eine langfristige Kampagne zur militärisch-patriotischen Erziehung begonnen, die die ideelle Kluft zwischen der Jugend und der Kriegsgeneration überwinden sollte. Mit dem gleichen Ziel rief die Propagandaabteilung des ZK des Komsomol den landesweiten Militärsport-Wettkampf *Zarnica*,[414] eine Art Pfadfinderspiele mit sowjetischer ideologischer Unterfütterung, ins Leben und begründete die Tradition, mit Jugendlichen Fahrten zu den Feldern historischer Schlachten zu unternehmen.[415] Mehrere Aufsehen erregende Aktionen sollten die Namen der im Großen Vaterländischen Krieg Gefallenen verewigen, z. B. wurde ein Denkmal an der ehemaligen Verteidigungslinie vor Moskau errichtet. In Moskau wurde auf Initiative des Ersten Sekretärs der Moskauer Stadtleitung der KPdSU, Nikolaj E. Egoryčev, der mit den nationalistischen Ideen sympathisierte, das Mahnmal *Für den unbekannten Soldaten* errichtet. Ähnliche Aktionen folgten im ganzen Land.

Den Höhepunkt ihrer Aktivität erreichte die Pavlov-Gruppe zwischen 1964 und 1967, als in der Sowjetunion die sogenannte "kollektive Führung" an der Macht war, in der Šelepin als Organisator der Absetzung Chruščëvs über großen Einfluss verfügte. Die Pavlov-Gruppe stand zwar unter dem Schutz des Politbüro-Mitglieds, war zugleich aber relativ selbstständig. Sie bildete zu dieser Zeit einen Kern, um den sich einzelne Gruppen russischer Nationalisten zusammengefunden hatten, die seit den 50er Jahren im Partei- und

---

414 Wetterleuchten [Anm. d. Übers.]
415 Interview mit Gusev und Skorupa.

Staatsapparat, im literarischen Milieu bzw. in der Zeitschrift und im Verlag *Molodaja gvardija* sowie in der vom Klub *Rodina* unterstützten Denkmalschutzbewegung existierten.

Ihre Zusammenarbeit wirkte sich spürbar auf die öffentliche Meinung aus. Vail und Genis, die Autoren der umfassendsten Studie zur Stimmung in der sowjetischen Gesellschaft der 60er Jahre, stellen fest:

"Als Jahr des Umbruchs kann das Jahr 1965 bezeichnet werden, in dem zwei Ereignisse von prinzipieller Bedeutung stattfanden: die Gründung der Allrussischen Gesellschaft zum Schutz von Denkmälern der Geschichte und Kultur (*VOOPIiK*) und die pompöse Feier anlässlich des 70. Geburtstags Sergej Esenins, der noch unlängst mit [Aleksandr] Vertinskij gleichgesetzt worden war. In diesem Jahr erschienen zum ersten Mal Klöster auf den Titelseiten populärer Zeitschriften; in den Zeitungen fand man Artikel über *prjaniki* [traditionelles Gebäck] und Spinnräder und Geschichten, in denen geschildert wurde, wie tief Rothschild (!) von Suzdal' beeindruckt war. In Gedichten tauchten wiederentdeckte alte Wörter aus dem Wörterbuch von Dal' auf: bočagi, krinicy, mokret'; alte Namen wie Gleb, Kirill und Ivan kamen in Mode; [...] in der zentralen Presse erschienen Essays von Valentin G. Rasputin, dem später bekanntesten Dorfautor Russlands. In der Gesellschaft vollzog sich ein allmählicher kultureller Paradigmenwechsel. Während die Tauwetterperiode Schlüsselwörter wie *iskrennost'* [Aufrichtigkeit], *ličnost'* [Persönlichkeit] und *pravda* [Wahrheit] in Umlauf gebracht hatte, stützte man sich nun auf Begriffe wie *rodina* [Heimat], *priroda* [Natur], *narod* [Volk], die, wie man sieht, alle vom gleichen Wortstamm, nämlich von *rod* [Stamm, Volk], abgeleitet sind. Volksgedächtnis. Stammesbewusstsein. In diesem neuen Paradigma war natürlich auch das 'Volk' ein anderes. Die vielleicht bedeutendste Konsequenz der Unruhen der 60er Jahre, bei denen die Nationalität keine Rolle spielte, ist der Nationalismus. Das Sowjetvolk, das bisher von einer gemeinsamen Idee und einem gemeinsamen Ziel zusammengehalten worden war, zerfiel in Nationen."[416]

Die Zerschlagung der Šelepin-Gruppe im Mai/Juni 1967 führte ein Jahr später zu Pavlovs Rücktritt. Er wurde von Tjažel'nikov abgelöst, der die gleichen nationalistischen Ansichten vertrat, jedoch bei weitem nicht so selbstständig war. Wahrscheinlich sollte Pavlov schon Mitte 1967 abgesetzt werden, da er jedoch die auf ihn zukommenden Schwierigkeiten voraussah, sicherte er sich die Unterstützung Šolochovs und Gagarins, die im Politbüro hohes Ansehen genossen.[417] Deshalb wurde Pavlov erst ein Jahr nach dem Zerfall der Šele-

---

416 Vgl. Vail/Genis: *60-e: Mir sovetskogo čeloveka*, S. 217.
417 Im Zusammenhang mit dem sogenannten "Treffen der Nachwuchsschriftsteller" am 13./14. Juni 1967 unternahmen Pavlov, sein Vertrauensmann Svetlikov (Geschäftsführer des ZK des Komsomol), Nikonov, Melent'ev, Gagarin, die jungen Mitglieder der Pavlov-Gruppe Ganičev und Ovčarenko sowie eine Gruppe von Autoren der *Molodaja gvardija* eine Fahrt zu Šolochov in die Kosakensiedlung Vešenskaja. Da ein dermaßen repräsentativer Besuch zum ersten Mal stattfand, und dazu noch zu

pin-Gruppe abgesetzt. Im ZK der KPdSU gab es Gerüchte, Pavlovs Absetzung habe keinen politischen Hintergrund, sondern sei in seiner "moralischen und sozialen Verkommenheit" begründet.[418] Der neue Erste Sekretär des ZK des Komsomol begann natürlich sofort, seine eigene Mannschaft zusammenzustellen, so dass die Pavlov-Gruppe in ihrer bisherigen Form nicht weiter bestehen konnte. Pavlov, Boris Mokrousov und Syč wurden Mitarbeiter des Staatlichen Sportkomitees. Rešetov, Melent'ev, Verčenko und Gusev wurden in den Apparat des ZK der KPdSU übernommen. Ein Teil der Pavlov-Anhänger betätigte sich fortan in der Redaktions- und Verlagsbranche. Ein Grund für das Ausscheiden der Pavlov-Anhänger aus dem ZK des Komsomol war auch ihr Alter. Viele von ihnen waren bereits über 35 und wurden daher für die Jugendarbeit als ungeeignet betrachtet. Einige Aktivisten der Gruppe, wie z.b. Aleksandr I. Kamšalov, Nikolaj I. Mirošničenko, Jurij V. Torsuev und Jurij M. Čurbanov, nahmen nach ihrer Entlassung aus dem ZK des Komsomol Abstand von den Ideen des russischen Nationalismus, wurden zu braven Funktionären, die jede Ideologie ihrer Vorgesetzten übernahmen, und beteiligten sich von da an nicht mehr an der Bewegung russischer Nationalisten.

Die zwischen 1964 und 1967 entstandene Bewegung russischer Nationalisten überlebte jedoch den Zerfall ihres Konsolidierungszentrums, der Pavlov-Gruppe, und existierte fortan autonom. Im Mittelpunkt der Bewegung stand nach 1970 die "Russische Partei", die weder ständige Mitglieder noch einen festen Führer hatte und sich aus den Resten der Pavlov-Gruppe sowie aus Angehörigen der ethnonationalistischen Fraktion im Schriftstellerverband der UdSSR formierte. Im Folgenden wird die Bezeichnung "Russische Partei" für

---

einem Zeitpunkt, als die Zerschlagung der Šelepin-Gruppe in vollem Gange war, kann man davon ausgehen, dass Pavlov (und mit ihm vielleicht der ganze Kern der Gruppe) bei Šolochov Hilfe suchte, die er auch zweifellos erhielt. Ein Teilnehmer erinnerte sich später: "... als jemand sagte, dass die patriotisch gesinnten Schriftsteller des Antisemitismus bezichtigt werden, rief Šolochov aus: 'Vielmehr sind sie antirussisch als wir antisemitisch!'" (Vgl. FELIKS I. ČUEV: *Soldaty imperii*. – Moskau: Kovčeg, 1998, S. 420.) Das bestätigt auch Semanov (s. SERGEJ N. SEMANOV: Vosstanovlennyj "Tichij Don", in: *Naš sovremennik* 1/1998, S. 244.) Ein weiterer Zeuge berichtete, dass Šolochov sich während des Gesprächs an Melent'ev und die anderen aus dem Verlag *Molodaja gvardija* wandte und den Chefredakteur der Zeitung *Komsomol'skaja pravda* und die damals als halbliberal geltenden populären Schriftsteller Rasputin und Belov völlig ignorierte. (Vgl. PANKIN, *Preslovutaja épocha*, S. 80.)

418 *Političeskij dnevnik*. Juni 1967. – Archiv des NIPC *Memorial* [Wissenschaftliches Informations- und Aufklärungszentrum *Memorial*], Slg. 128, Karton 1, Maschinenschrift.

die Beschreibung der Bewegung russischer Nationalisten nach 1970 verwendet.

Die Definition der "Russischen Partei" in der vorliegenden Arbeit unterscheidet sich wesentlich von der Definition Dunlops, der sich als erster diesem Thema widmete:

"Was ist die 'Russische Partei'? Weder eine Organisation noch, streng genommen, eine Bewegung. Sie bestand aus einer großen Anhängerschaft, deren Überzeugungen weit gefächert waren von einem christlichen Moralismus Solženicyn'scher Prägung bis zu einer eigenen Ausprägung des Neofaschismus."[419]

Verständlicherweise konnte diese breite Koalition der Befürworter traditionalistischer Werte, die als solche ohnehin nur in den Theorien ausländischer Forscher existierte, kaum als Partei oder Bewegung bezeichnet werden. Allerdings verstanden die Mitglieder der "Russischen Partei" selbst, die diese Eigenbezeichnung angenommen hatten, die "Bewegung" auch nicht in diesem weiten Sinne und definierten den Kreis der Dazugehörigen ziemlich streng.

Mit dem Ausscheiden der meisten Pavlov-Anhänger hörte die Verbreitung der Ideen des russischen Nationalismus im Apparat des ZK des Komsomol nicht gänzlich auf. Wie schon erwähnt, teilte auch der neue Erste Sekretär des ZK des Komsomol diese Ideen, was Ende der 70er Jahre, als Tjažel'nikov den Posten des Vorsitzenden der Propagandaabteilung im ZK der KPdSU übernahm, deutlich zum Ausdruck kam. Auch weitere Hinweise belegen, dass sich die russischen Nationalisten im Apparat des ZK des Komsomol gut aufgehoben fühlten, zumindest bis Mitte der 70er Jahre. Der Verlag des ZK des Komsomol *Molodaja gvardija*, dessen Direktor Ganičev einer der "Führer" der russischen Nationalisten war, wurde weiterhin von der "Russischen Partei" kontrolliert. Michail I. Kodin (geb. 1943), der von 1973 bis 1976 Mitarbeiter der Verwaltungsabteilung des ZK des Komsomol war, bringt in seinen Memoiren seine Sympathie für die Tätigkeit von Igor' R. Šafarevič, Valentin G. Rasputin und Vasilij I. Belov zum Ausdruck, die "sich für den Erhalt [der Natur] Sibiriens einsetzten".[420] Ein weiterer Mitarbeiter des ZK des Komsomol, Leonid A. Frolov (geb. 1937), wurde Mitte der 70er Jahre nach dem Ende

---

419 JOHN B. DUNLOP: *Novyj russkij nacionalizm.* – Moskau: Progress, 1986, S. 13.
420 Vgl. KODIN: *Tragedija Staroj ploščadi*, S. 70. Der Leiter der jüngeren Pavlov-Anhänger, Ganičev, gehört gegenwärtig dem *Intellektual'no-delovoj klub* [Intellektueller Geschäftsklub] mit Kodin an der Spitze an, in dem angesehene Anhänger der heutigen kommunistisch-patriotischen Opposition vereint sind.

seiner Karriere im Komsomol erster stellvertretender Chefredakteur der Zeitschrift *Naš sovremennik*.

Die Absetzung Pavlovs hatte neben der Auflösung der Gruppe noch einen anderen Effekt. Die jungen russischen Nationalisten, die sich um den Verlag *Molodaja gvardija* und um den sogenannten *Russischen Klub* bei der Moskauer Abteilung der Allrussischen Gesellschaft zum Schutz von Denkmälern der Geschichte und Kultur *(Vserossijskoe obščestvo zaščity pamjatnikov istorii i kul'tury VOOPIiK)* konzentrierten, hatten ihre Führerautorität verloren, die ihre hitzigen Debatten im Zaum zu halten vermocht hatte, und begannen sich nun laut und vernehmlich in Veröffentlichungen der Zeitschrift *Molodaja gvardija* zu den Vorgängen in Literatur und Gesellschaft zu äußern. Je geringer der reale Einfluss der Bewegung russischer Nationalisten im ZK der KPdSU und im ZK des Komsomol war, desto lauter wurde ihre Stimme in dieser und anderen Zeitschriften, in *Naš sovremennik*, *Ogonëk*, *Moskva* und in *Sever*.

Die intensive Polemik zwischen der liberalen, der slawophilen und der neostalinistischen Fraktion im Schriftstellermilieu löste den Unwillen der Mitglieder des Politbüros und der meisten Mitarbeiter des Apparates des ZK der KPdSU, die um innenpolitische Stabilität bemüht waren, aus. Die Ereignisse von 1968 in der Tschechoslowakei und das 1970 bereits offensichtliche Scheitern der Wirtschaftsreform Kosygins demonstrierten die Nichtreformierbarkeit des politischen Systems der Sowjetunion und die Schädlichkeit jeglicher Diskussionen zu diesem Thema. Die Jahre 1969 und 1970 waren von einer nach sowjetischen Maßstäben sehr sauberen und korrekten Kampagne geprägt, die jegliche öffentlichen politischen Diskussionen in der offiziellen Presse eindämmen sollte. Nachdem die Reste der Šelepin-Gruppe, die zu dem Zeitpunkt wahrscheinlich die einzige politische Richtung in der Partei- und Staatselite war, deren Vorstellungen über die Zukunft der Sowjetunion vom offiziellen Stabilitätskonzept abwichen, im April 1970 endgültig zerschlagen waren, war nun das wichtigste Organ der "Russischen Partei", die Zeitschrift *Molodaja gvardija*, an der Reihe. Sie nahm allerdings keinen ernsthaften Schaden, obwohl die Absetzung des Chefredakteurs und mehrerer Mitarbeiter des Redaktionskollegiums den Texten zweifellos einiges an Schärfe nahm. Neuer Redakteur wurde Fëdor Ovčarenko, ein relativ unbekannter jüngerer Pavlov-Anhänger, der 1967 an dem wegweisenden Treffen der Nachwuchsschriftsteller mit Šolochov teilgenommen hatte.

Der Verlag "Molodaja gvardija" und die Zusammenarbeit der Pavlov-Gruppe mit Schriftstellern

Anfang der 60er Jahre bildeten sich im Schriftstellerverband der UdSSR zwei rivalisierende Gruppierungen, eine konservative und eine erstarkende liberale, heraus, die jeweils die Unterstützung der Mächtigen suchten. Die Konservativen, die noch aus Stalins Zeiten Erfahrungen mit einem erfolgreichen Kampf im Apparat hatten und auch jetzt auf die gleichen Methoden setzten, waren hier besonders aktiv.

Die Pavlov-Gruppe unterstützte die Konservativen ideologisch wie finanziell, da sie ähnliche Ideen vertraten. Die Mitglieder der Gruppe beteiligten sich intensiv an der Polemik der Konservativen mit den Liberalen im literarischen Milieu, die in den komsomoleigenen Zeitungen und Zeitschriften ausgetragen wurde. Als eine Art Jugendministerium mit dem Anspruch auf absolute Kontrolle über das Denken der entsprechenden Altersgruppen war das ZK des Komsomol äußerst unzufrieden mit dem wachsenden Einfluss der besonders radikalen und populären Richtungen der liberalen Literatur, der Bekenntnisliteratur und der sozialkritischen Lyrik, vertreten durch Autoren wie Vasilij P. Aksënov, Anatolij T. Gladilin, Viktor S. Rozov, Evgenij A. Evtušenko, Andrej A. Voznesenskij und Bulat Š. Okudžava. Ausgestattet mit allen formalen Rechten, sich in den Literaturbetrieb einzumischen, fielen die "Komsomolzen" 1961 über ein "klägliches Grüppchen moralisch verkrüppelter Autoren" (Originalton Pavlov) her, die ihre Texte hauptsächlich in der Jugendzeitschrift *Junost'* veröffentlichten.[421] 1963 trat Pavlov in der *Komsomol'skaja pravda* mit einer groben Kritik gegen die Veröffentlichung der Werke von Aleksandr Ja. Jašin, Viktor P. Nekrasov, Aksënov, Solženicyn und Vladimir N. Vojnovič in der *Novyj mir* auf. Daraufhin protestierte Tvardovskij heftig beim Parteiapparat, und der Chefredakteur der *Novyj mir* drohte sogar damit, seinen Posten zu verlassen. Bei einer Diskussion um die Anwärter auf den Lenin-Preis im Frühling 1964 verleumdete Pavlov Solženicyn, der die größten Chancen auf den Preis hatte. Er behauptete, Solženicyn sei nicht wegen einer politischen Straftat, sondern wegen eines gewöhnlichen kriminellen Delikts verurteilt worden.[422] Auf dem Plenum des ZK des Komsomol im Dezember 1965 beschuldigte Pavlov *Novyj mir* und *Junost'* erneut, sie propagierten nicht die

---

421 Aus der Rede Pavlovs auf dem XXII. Parteitag der KPdSU 1962. Zitat aus EGGELING: *Politika i kul'tura pri Chruščeve i Brežneve*, S. 121.
422 Vgl. MARIA R. ZEZINA: *Sovetskaja chudožestvennaja intelligencija i vlast' v 1950-e – 60-e gody*. – Moskau: Dialog-MGU, 1999, S. 316.

wahren Helden, sondern "politisch amorphe Gestalten, die sich in ihr individuelles Seelenleben zurückgezogen haben".[423] Die Komsomol'skaja pravda weigerte sich, den Offenen Brief des liberalen Schriftstellers Konstantin M. Simonov mit einer Entgegnung auf Pavlovs Behauptungen zu veröffentlichen; auch einer entsprechenden Beschwerde Simonovs beim Sekretär des ZK der KPdSU für Ideologie, Pëtr N. Dëmičev, wurde nicht stattgegeben.

Zugleich gaben die Komsomolführung und die hinter ihr stehende Parteispitze jahrelang die Hoffnung nicht auf, die jungen und populären prowestlichen Autoren umerziehen zu können. Ihre Texte, vor allem die von Evtušenko, wurden häufig auch im Verlag des ZK des Komsomol Molodaja gvardija veröffentlicht. Möglicherweise wurden diese Veröffentlichungen auch von der Anti-Pavlov-Fraktion in der Führung des ZK des Komsomol durchgesetzt, vor allem von Pankin, der Pavlovs Protegés in der Literatur, z.B. dem Dichter Firsov, die besten prowestlichen Schriftsteller entgegenzustellen suchte.[424]

Ein weiterer Bereich, in dem die Interessen des ZK des Komsomol mit denen der konservativen Fraktion im Schriftstellerverband zusammenfielen, war das Redaktions- und Verlagswesen. Dort stellte der Komsomol den radikalsten Nationalisten der Fraktion seine umfangreichen Möglichkeiten zur Verfügung. Bei der Verflechtung der Pavlov-Gruppe mit den Ethnonationalisten im Schriftstellerverband kam dem Verlag Molodaja gvardija eine Schlüsselrolle zu. Die Allianz nahm ihren Anfang 1961, als der Vorsitzende der Presseabteilung des ZK des Komsomol, Melent'ev (1932–1997), den Posten des Verlagsdirektors übernahm. Melent'ev berichtet über den Verlag:

"In Molodaja gvardija konzentrierte sich in den 60er Jahren das ideologische, literarische und auch das finanzielle Potenzial des Komsomol. Der Verlag war der zweitgrößte im Land, auch in Bezug auf seine personelle und technische Ausstattung ..."[425]

Unter aktiver Mitwirkung Melent'evs, einer der Schlüsselfiguren der Pavlov-Gruppe, knüpfte und festigte der Verlag Kontakte zu einer Reihe einflussreicher Schriftsteller, die die Ideen des russischen Nationalismus unterstützten, unter anderem zu Šolochov, Leonov, Jaroslav V. Smeljakov und Vladimir A. Solouchin. Melent'ev berichtet:

"Die Autorenhonorare in den großen Verlagshäusern unterschieden sich nicht wesentlich, da sie durch das damalige Urheberrecht streng geregelt waren. Angesichts des-

---

423 Ebd. S. 334.
424 Zumindest behauptet das Gusev im Interview.
425 JURIJ S. MELENT'EV: Molodogvardejskije universitety, in: Boris I. Stukalin u. a. Hg.: Sejatel' i voitel': Kniga pamjati Jurija Serafimoviča Melent'eva. – Moskau: Fond im. I. D. Sytina/ Molodaja gvardija, 1998, S. 296.

sen war es verständlich, dass ein Autor sich für den Verlag entschied, der am stärksten an ihm interessiert war. Die Atmosphäre im Verlag war insofern für seine Attraktivität entscheidend".[426]

Osipov, der Chefredakteur des Verlags *Molodaja gvardija* (1962–1974), führt die maßgeblichen Veränderungen im Verlag, die vor allem auf die Jugendarbeit gerichtet waren, auf die Initiative von Pavlov und Melent'ev zurück. Es wurde eine eigene Redaktion für die Arbeit mit Nachwuchsautoren geschaffen und es wurden nun regelmäßig gesamtsowjetische Tagungen der jungen Literaten durchgeführt. Mit besonderer Ausmerksamkeit bedacht wurden die Träger des Preises des Leninschen Komsomol.[427]

Als sein persönliches, aber auch das Verdienst anderer Verlagsmitarbeiter betrachtete Melent'ev die Tatsache, dass es gelungen war, die Journalisten der *Komsomol'skaja pravda* Čivilichin und Peskov zu überzeugen, ihre ersten Bücher im Verlag *Molodaja gvardija* herauszugeben.[428] Ein wichtiges Aushängeschild für den Verlag war der Schriftsteller V. M. Šukšin. Er war Melent'ev 1962 von Vsevolod A. Kočetov, dem Chefredakteur der führenden konservativen Zeitschrift *Oktjabr'*, empfohlen worden.[429]

Šukšin bekundete seine antiwestlichen konservativen Anschauungen, die sich deutlich von denen der studentischen Mehrheit jener Jahre unterschieden, noch während seines Studiums am *VGIK*, dem Staatlichen Institut für Filmkunst. Auf der Wahlberichtsversammlung der Partei am 30. November 1956 erklärte er: "Am Institut gibt es über 70 Studierende aus den Staaten der Volksdemokratien. Insbesondere die aus Polen und Ungarn verbreiten nicht selten schädliche Informationen, denen die sowjetischen Studenten Glauben schenken."[430]

Eine Kultfigur für die Pavlov-Anhänger war Michail Šolochov. Im Februar 1962 wollte Melent'ev kurz nach seiner Ernennung zum Verlagsdirektor mit einem weiteren Aktivisten der Pavlov-Gruppe, dem Journalisten der *Komsomol'skaja pravda* Peskov, auf einer Reise nach Rostow am Don Šolochov besuchen. Wegen des schlechten Wetters konnten sie das Dorf, in dem Šo-

---

426 Ebd. S. 303.
427 VALENTIN O. OSIPOV: Vektor obnovlenija, in: Valentin F. Jurkin. Hg.: *Žizn' zamečatel'nogo izdatel'stva: "Molodaja gvardija" – 75 let.* – Moskau: Molodaja gvardija, 1997, S. 145.
428 MELENT'EV: *Molodogvardejskie universitety*, S. 304.
429 V. A. KOČETOVA. Hg.: *Vospominanija o Vsevolode Kočetove.* – Moskau: Sovetskij pisatel', 1986, S. 225.
430 Studenčeskoje broženije v SSSR (konec 1956 g.), in: *Voprosy istorii* 1/1997, S. 18.

lochov lebte, nicht erreichen, trafen sich aber mit dem engsten Mitstreiter Šolochovs, dem Schriftsteller Vitalij A. Zakrutkin.[431] Im Frühjahr kam Šolochov dann selbst nach Moskau. Bevor Melent'ev ihn im Hotel besuchte, hatte er sich mit Pavlov abgestimmt. Da der Verlag zu diesem Zeitpunkt eine Neuauflage des Romans *Tichij Don* vorbereitete, nahm Melent'ev den Finanzverwalter mit, um dem Schriftsteller einen Vorschuss zu zahlen.[432] Dass diese Begegnungen nicht rein geschäftlicher Natur waren, sondern dass auch literarische und politische Fragen diskutiert wurden, davon zeugt folgende Szene. Melent'ev hatte zum Treffen mit Šolochov auch einen Dichter eingeladen, der ein antistalinistisches Gedicht vortrug, in dem sich die Wörter *gore* [Leid] und *Gori* [Geburtsort Stalins] reimten. Šolochov reagierte ablehnend und sagte, ihm sei bei diesem Thema noch einiges unklar: "Wir sollten uns eher fragen, wo es mehr Leid gibt, in der Vergangenheit oder in der Zukunft".[433] Im Herbst 1962 verlieh Melent'ev Šolochov die höchste Auszeichnung des Komsomol, das Abzeichen *Für aktive Arbeit im Komsomol*.[434] Und als Šolochov 1965 nach Stockholm reiste, um den Nobelpreis entgegenzunehmen, gehörte Melent'ev zu seiner Begleitung.

Melent'evs Konservatismus in seiner Position als Verlagsdirektor sowie seine Ablehnung der Literatur der Sechziger beschreibt auch Osipov, der Melent'ev seit 1960 kannte. Melent'ev, so Osipov, "rief dazu auf, die besten Traditionen der Bildung und Aufklärung zu pflegen, ohne dabei den Versuchungen der Mode zu erliegen und wahllos Bekenntnisliteratur oder Avantgardismus in der Poesie und der Buchillustration zuzulassen. Zugleich forderte er, sich der zählebigen Dogmen der Vergangenheit zu entledigen, die manch einer genauso gedankenlos gern beibehalten und verbreiten würde."[435]

Das ist ein gutes Beispiel für die Demagogie des Komsomol: Osipov sagt zunächst, dass sein Vorgesetzter etwas ganz Konkretes ablehnt und fügt dann hinzu, dass er zugleich gegen alles Übel ankämpft, jedoch ohne es weiter zu präzisieren.

Offenkundig sind die Verbindungen Melent'evs zu einem anderen erbitterten Gegner der Bekenntnisliteratur, von der die Konservativen behaupteten, sie "suhle sich in privatem Gezänk", zu dem Redakteur der Zeitschrift *Oktjabr'*, V.

---

431 MELENT'EV: *Molodogvardejskie universitety*, S. 304–305.
432 Ebd. S. 307–308.
433 Ebd. S. 308.
434 OSIPOV: *Vektor obnovlenija*, S. 146.
435 VALENTIN O. OSIPOV: Tri šticha k portretu, in: Stukalin u. a. Hg.: *Sejatel' i voitel'*, S. 165.

Kočetov. Viele Autoren des Verlags *Molodaja gvardija*, wie z. B. Boris A. Možaev, Čivilichin, Šukšin und Mariėtta S. Šaginjan, veröffentlichten ihre Werke auch in *Oktjabr'*.

Jahrelang wurde die Politik von *Molodaja gvardija* von Personen bestimmt, die Melent'ev und sein Nachfolger Verčenko in den Verlag geholt hatten. Ganičev, der 1961 mit dem Vorschlag zu Melent'ev kam, ein Buch für Studenten herauszugeben, war von 1968 bis 1978 selbst als Verlagsdirektor tätig. Osipov, der Melent'ev 1960 kennenlernte, war von 1962 bis 1974 als Chefredakteur im Verlag tätig.

Melent'ev behielt seine Protegés auch später im Auge. Als Ganičev 1980 vom Posten des Chefredakteurs der *Komsomol'skaja pravda* abgesetzt worden war und als Chefredakteur einer weniger bedeutenden Zeitung, der *Roman-Gazeta,* tätig war, brachen viele seiner Bekannten den Kontakt zu ihm ab.

"Ich bin völlig isoliert, viele rufen nicht mehr an, kommen nicht mehr vorbei, Melent'ev [damals Kulturminister der UdSSR – Anm. d. Autors] aber steht zu mir. Er gibt Ratschläge, kommentiert die eine oder andere Veröffentlichung, lädt zu gemeinsamen Reisen ein, ermutigt mich. Warnt vor allzu großer Geradlinigkeit und rät zu wohlüberlegtem Handeln eingedenk der Warnungen einflussreicher Kräfte, dass die größte Gefahr von der russischen Idee ausgeht. Ich stimme ihm nicht zu, spreche von der Katastrophe, die auf uns zukommt, wenn wir uns nicht wieder auf unsere nationalen Werte besinnen. Aber das ist nur ein Streit um die richtige Taktik; Jurij Serafimovič [Melent'ev] stand selbst immer auf der Seite der wahren kulturellen Werte Russlands und teilte die Auffassungen und das Bewusstsein der wahrhaft vom Volksgeist geprägten Intelligenzija."[436]

Nach dem Wechsel Melent'evs in die Kulturabteilung des ZK der KPdSU setzte zwischen 1965 und 1968 sein Freund und Kollege, Verečenko (1930–1994), den er 1959 im Apparat des ZK des Komsomol kennengelernt hatte, als Verlagsdirektor seine Linie fort. Verčenko war zuvor als Sekretär der Moskauer Stadtleitung des Komsomol (1957–1959) und als Vorsitzender der Abteilung für Agitation und Propaganda im ZK des Komsomol (1959–1963) tätig und gehörte ebenfalls zu den Aktivisten der Pavlov-Gruppe. Und es war bezeichnenderweise Verčenko, der Ganičev einen Posten in der *Romangazeta* verschaffte.

"Als die 'allmächtigen Götter' des ZK, Michail Andreevič Suslov und Michail Vasil'evič Zimjanin, wegen meiner russophilen Einstellung und der Kritik an den korrupten Politi-

---

436 VALERIJ N. GANIČEV: Gosudarstvennik i mecenat, in: Stukalin u. a. Hg.: *Sejatel' i voitel'*, S. 255.

kern im Nordkaukasus meine Absetzung vom Posten des *Komsomolka*-Chefs veranlasst hatten, verkleinerte sich mein Freundeskreis merklich. Viele hörten auf anzurufen, zu grüßen, meldeten sich nicht mehr. Nach einigen Tagen rief Verečenko an und fragte wie selbstverständlich: 'Warum meldest du dich nicht, es gibt Probleme mit der *Roman-Gazeta*. Komm mal vorbei!'"[437]

Während Melent'ev enge Beziehungen zu Šolochov pflegte, konnte Verčenko sich nicht zu Unrecht seiner Freundschaft mit dem ersten Kosmonauten, Gagarin, rühmen. Es sei nicht zuletzt ihm zu verdanken gewesen, so Verčenko, "dass er [Gagarin] gute Beziehungen zu den Mitgliedern des Büros des ZK des Komsomol aufbauen konnte. Er kam gern zu uns."[438] Verčenko führte Gagarin in den Schriftstellerkreis des Verlags *Molodaja gvardija* ein.

"Jurij Alekseevič [Gagarin] empfand große Sympathie für Ivan Stadnjuk. [...] auf Bitten des ZK des Komsomol nahm er am Treffen der Nachwuchsschriftsteller der sozialistischen Staaten mit Michail Aleksandrovič Šolochov teil. [...] Šolochov beobachtete den Kosmonauten genau und hörte ihm sehr aufmerksam zu. [...] Beide waren mit diesem Gespräch zufrieden und freundeten sich an."[439]

Im Interview mit Gagarins Tochter in der Zeitung *Trud* wird Verčenko nicht erwähnt. Auf die Frage, wer die Familie in der schwierigen Zeit nach dem Tod des Vaters unterstützt habe, antwortete sie wie folgt:

"In erster Linie waren es Sergej Pavlovič Pavlov, der ehemalige Erste Sekretär des ZK des Komsomol und spätere Vorsitzende des Sportkomitees der UdSSR, und seine Frau. Sergej Pavlovič lebt nicht mehr, und Evgenija Michajlovna ist nach wie vor die engste Freundin meiner Mutter."[440]

Auch der Schriftsteller Alekseev, eine der einflussreichsten Persönlichkeiten der Bewegung russischer Nationalisten im literarischen Milieu, stand unter Verčenkos Einfluss. Alekseev äußert sich durchweg begeistert über Verčenko:

---

437 VALERIJ N. GANIČEV: V štabe pisatelej, in: *P'er Besuchov v dome Rostovych. Štrichi k portretu Jurija Nikolaeviča Verčenko.* – Moskau: ASKI-Fond im. I. D. Sytina/Molodaja gvardija, 1996, S. 71. Im Interview mit dem Autor schilderte Ganičev eine andere Version der Geschehnisse im Zusammenhang mit seiner Einsetzung zum Chefredakteur der *Roman-gazeta*. Er behauptete, die Stellung sei ihm vom Sekretär des ZK der KPdSU für Ideologie, Michail V. Zimjanin, angeboten worden, der ihm vorgeschlagen habe, vom Posten des Chefredakteurs der *Komsomol'skaja pravda* zurückzutreten. Dabei sei die ZK-Liste seiner Verfehlungen nicht auf die zwei im Zitat angeführten Punkte beschränkt gewesen. (Interview mit Ganičev.)
438 JURIJ N. VERČENKO: Čelovečnost' Gagarina, in: *P'er Besuchov v dome Rostovych,* S. 19.
439 Ebd. S. 20–21.
440 *Čto papa delal v kosmose?* Interview mit Elena Ju. Gagarina, in: *Tribuna,* 13. April 2001.

"Verčenko, wohl an die 15 Jahre jünger als ich, war, ohne es zu wissen, über viele Jahre hinweg mein Mentor, sowohl in Bezug auf die Redaktionsarbeit, als auch in Bezug auf mein eigenes Werk. Ich war 22 Jahre lang Chefredakteur der Zeitschrift *Moskva*, und all die Jahre war Verčenko nicht bloß ein formales Mitglied der Redaktion, wie es häufig der Fall ist, sondern arbeitete auch engagiert mit. [...] Im Grunde erschienen alle meine Bücher in *Molodaja gvardija*, und auf Verčenkos Initiative hin wurde ein sechsbändiges Gesamtwerk herausgegeben. [...] Als Mitglied der Redaktion half er uns, die Hürden der Zensur zu überwinden."[441]

Nachdem Verčenko 1968 auf den Posten des Vorsitzenden der Abteilung für Kultur in der Moskauer Stadtleitung des Komsomol gewechselt hatte, übernahm Ganičev, ein Schüler des Ideologen der Pavlov-Gruppe, Nikonovs, seinen Posten als Verlagsdirektor für die nächsten zehn Jahre. Der Zusammenhang zwischen dem Rücktritt Verčenkos und der Absetzung Pavlovs vom Posten des Ersten Sekretärs des ZK des Komsomol sowie der Ernennung Alekseevs zum Chefredakteur der Zeitschrift *Moskva*, die von der Moskauer Stadtleitung des Komsomol kontrolliert wurde, ist kaum zu übersehen. Ganičev war von 1968 bis 1978 Verlagsdirektor und übergab schließlich seinen Posten an die zweitwichtigste Person im Verlag, den Chefredakteur Osipov. Damit sicherte Ganičev die Kontinuität der Traditionen der Pavlov-Gruppe. Eine weitere einflussreiche Person in *Molodaja gvardija* zwischen 1969 und 1975 war Sergej Semanov, der von Ganičev entdeckt und zum Redaktionschef der bekannten Editionsreihe *Leben bedeutender Persönlichkeiten*[442] gemacht wurde.[443] Semanov war das Bindeglied zwischen den Pavlov-Anhängern und der jüngeren Generation der russischen Nationalisten und den Nationalisten in der Bewegung der Andersdenkenden. Zur Arbeit an der Editionsreihe zog er eine Vielzahl junger radikal und antikommunistisch gesinnter russischer Nationalisten heran, wie z.B. Pëtr G. Palamarčuk, Jurij M. Lošic, Oleg N. Michajlov und Jurij I. Seleznëv. Der Verlag setzte auch die Tradition Melent'evs fort, den Dorfautoren sowie Šolochov und seinen Mitstreitern, wie Vitalij A. Zakrutkin und Anatolij V. Kalinin, maximale Unterstützung zu gewähren. Seit Ende der 60er Jahre war *Molodaja gvardija* auch der führende Verlag für antizionistische Werke, unter anderem der bekannten antisemitischen Publizisten Vladimir Ja. Begun und Evgenij S. Evseev.

---

441 MICHAIL N. ALEKSEEV: Neskol'ko slov o bol'šom čeloveke, in: *P'er Besuchov v dome Rostovych*, S. 40.
442 Žizn' zamečatel'nych ljudej.
443 Über die Editionsreihe ŽzL [Žizn' zamečatel'nych ljudej] s. SERGEJ N. SEMANOV: Samaja znamenitaja na svete, in: Jurkin. Hg.: *Žizn' zamečatel'nogo izdatel'stva*, S. 193–201.

So blieb der Verlag *Molodaja gvardija* auch Ende der 60er und in den 70er Jahren weitestgehend seiner Linie der Förderung der russischen Nationalisten treu, auch wenn nicht alle Verlagsredaktionen in jener Zeit diese Politik zu hundert Prozent teilten. Dieser Kurs wurde auch nach dem Ausscheiden Ganičevs, Osipovs und Semanovs aus der Verlagsleitung beibehalten. Vladimir I. Desjatirik, Direktor des Verlags von 1978 bis 1985, stand voll und ganz unter dem Einfluss des Schriftstellers Leonov, eines Nationalisten, der schon unter den Pavlov-Anhängern großes Ansehen genossen hatte. Jedes Mal, wenn Leonov anrief, und das tat er häufig, legte ihm Desjatirik Rechenschaft über den Stand der Dinge im Verlag ab, wie seinen Memoiren zu entnehmen ist.[444] Zu den aktiven russischen Nationalisten gehörten auch Nikolaj Mašovec (geb. 1947), Chefredakteur des Verlags von 1979 bis 1983, und Jurij Seleznëv (1939–1984), der von 1976 bis 1981, bis zu seiner Ernennung zum ersten stellvertretenden Redakteur der Zeitschrift *Naš sovremennik*, Redakteur der Editionsreihe *Leben bedeutender Persönlichkeiten* war.[445]

Das Konzept der militärisch-patriotischen Erziehung

Mitte der 60er Jahre arbeitete die Pavlov-Gruppe unter anderem an einem Konzept des ZK des Komsomol zur militärisch-patriotischen Erziehung. Die Idee geht aber offensichtlich nicht auf Pavlov allein zurück. Die Grundlagen wurden bereits von seinen Vorgängern geschaffen, die erkannt hatten, welche Gefahren die Tendenzen der Entfremdung der Jugend und insbesondere der Studenten von den Dogmen der Partei und des Staates bergen. Die Kluft zwischen der Weltanschauung der jüngeren und der älteren Generation sowie die Sympathien der Sowjetjugend für den westlichen Lebensstil und westliche Ideen kamen 1957 während der Weltfestspiele der Jugend und Studenten deutlich zum Ausdruck. Gleichzeitig entstanden im ganzen Land unter dem Eindruck des 20. Parteitages und der Ereignisse in Ungarn 1956 illegale Jugendgruppen. Im April 1958 formulierte der Erste Sekretär des Komsomol Šelepin auf dem 23. Parteitag des Komsomol seine Besorgtheit über den Zustand der Jugend, die, so Šelepin, in behüteten Verhältnissen aufwachse und zum Gefangenen fremder Geschmäcker geworden sei.[446] So deutlich war das Problem seit den 20er Jahren nicht mehr benannt worden. Das zeigte,

---

444 VLADIMIR I. DESJATIRIK: Počemu mne ne chočetsja pisat' vospominanija, in: Jurkin. Hg.: *Žizn' zamečatel'nogo izdatel'stva*, S. 141–144.
445 S. dazu z. B. VIKTOR I. KALUGIN: Tak bylo ... K 60-letiju so dnja roždenija Jurija Selezneva, in: *Moskva* 11/1999, S. 177–186.
446 Vgl. EGGELING: *Politika i kul'tura pri Chruščeve i Brežneve*, S. 251.

dass die Führung des ZK des Komsomol die Verbreitung von Ideen und Überzeugungen unter der Jugend nicht mehr unter Kontrolle hatte.
Šelepin sah den Kern des Problems ganz richtig. Die Zusammenschweißung der Jugend zu einer ideologisch homogenen Masse, ausgerüstet mit Ideen und Überzeugungen, die dem Staat nützlich waren, war so nur in der UdSSR der 30er bis Anfang der 50er Jahre möglich.[447] Das jetzige Vorhaben, die Jugend zu Friedenszeiten in einen Mobilisierungszustand zu versetzen, ganz besonders angesichts einer im Vergleich zu Stalins Zeiten wesentlich größeren Verfügbarkeit alternativer Informationsquellen, war nach unserer Überzeugung völlig illusorisch.

Wie bereits beschrieben, ging die Komsomolführung 1958 bis 1962 mit Unterstützung des ZK der KPdSU und des Innenministeriums gegen ihre politischen Opponenten im Jugendmilieu, die Hooligans und die *Stiljagi* vor. Diese Maßnahmen zeigten noch keine offensichtliche nationalistische Färbung, eine deutliche institutionalisierte Xenophobie war jedoch unverkennbar. Nach dem Beschluss des ZK der KPdSU und des Ministerrates der UdSSR vom 2. März 1959 *Über die Mitwirkung der Werktätigen bei der Gewährleistung der öffentlichen Ordnung im Land* und dem nachfolgenden Beschluss des ZK des Komsomol *Über die Mitwirkung der Komsomolorganisationen bei der Gewährleistung der öffentlichen Ordnung im Land* kam es zur Schaffung zahlreicher operativer Komsomolgruppen und Milizhilfsbrigaden bei den Regionalleitungen des Komsomol und den örtlichen *MVD*-Einrichtungen. Die Aufgabe dieser operativen Einheiten bestand hauptsächlich darin, in den Brennpunkten, Bezirken und Plätzen zu patrouillieren, wo sich Jugendliche in großer Anzahl versammelten, und die Miliz nicht über ausreichend Kräfte verfügte oder aber sich einfach nicht zeigen wollte, um keine größeren Unruhen zu provozieren.

Gusev, Mitarbeiter des ZK des Komsomol in den 60er Jahren, berichtet dazu:

"Die Milizhilfsbrigaden waren das Lieblingskind Pavlovs. [...] Er hätschelte sie und rüstete sie ideell auf. Pavlov instruierte sie, teils direkt, teils indirekt durch uns oder durch

---

447 Selbst damals konnten weder die Ideologiewächter noch die Strafverfolgungsorgane die Ansichten der Jugend völlig kontrollieren. Im April 2001 stellte die britische Forscherin U. First auf der Konferenz *Convention of the British Association of Slavonic and East European Studies* (Cambridge) einen Bericht vor, in dem sie die Tätigkeit von über 50 illegalen Jugendgruppierungen analysierte, die sich in der UdSSR Ende der 40er/Anfang der 50er Jahre gebildet hatten. Aus der Studie, die unter anderem auf Informationen aus dem Archiv des ZK des Komsomol beruht, geht interessanterweise hervor, dass es solche Gruppierungen sowohl im studentischen als auch im Arbeitermilieu gab, in Groß- wie in Kleinstädten.

untergeordnete Strukturen: 'Man muss dieser verflixten Massenkultur und dieser Sch...-Rockmusik einen Riegel vorschieben'. Und wie bei Savonarola leuchtete in seinen Augen das Feuer des Fanatikers. Sein Hass kam aus tiefster Seele, und er wollte die Milizhilfsbrigaden für seinen heiligen Kampf begeistern. Die effektivste Lösung war, sie der Miliz anzugliedern. Der Kampf gegen die Rechtsverletzungen, gegen die moralische Verkommenheit und den Sittenverfall, das waren damals die Schlagworte in allen Dokumenten des Komsomol. Selbst wenn es um die Landwirtschaft ging, fügte man an der einen oder anderen Stelle etwas über den Kampf gegen den Sittenverfall und die Unterwürfigkeit gegenüber dem Westen ein. Der Komsomol setzte einen deutlichen Akzent auf diese Politik, auch wenn sie nicht unmittelbar vom ZK der KPdSU unterstützt wurde und auch nicht als vorrangiger Schwerpunkt der Komsomolarbeit angesehen wurde. [...] Zur Schaffung der Milizhilfsbrigaden trug der Leiter der Abteilung des ZK des Komsomol für Jugendarbeit, Jurij Čurbanov, wesentlich bei, der damals unter den Komsomolzen den Spitznamen 'Schönling' hatte. Er hatte sich schon hervorgetan, als er noch mit den Milizhilfsbrigaden auf Streife gegangen war. Čurbanov fiel Pavlov auf und gefiel ihm auf Anhieb. Es ist daher nicht von ungefähr, dass dieser noch sehr junge Mann gleich zum Leiter der Abteilung gemacht wurde. Čurbanov hatte viele Ideen und reiste viel durch das Land, um die Brigaden vor Ort zu organisieren."[448]

Pavlov, der vor dem Beginn seiner Karriere eine Sporthochschule absolviert hatte, schien eine besondere Vorliebe für Gewaltmaßnahmen zur Einschüchterung der Gegner zu haben. Skorupa, der 1962 als Erster Sekretär des Komitees des Komsomol des Gebietes Vinnica mit der sowjetischen Delegation zu den Weltfestspielen der Jugend und Studenten nach Helsinki geschickt wurde, berichtet:

"Pavlov wurde während der Weltfestspiele in Finnland 1962 auf mich aufmerksam. Dort kam es zu einer Geschichte, die später von Evtušenko in dem Gedicht *Soplivyj fašizm* beschrieben wurde. Auf dem Marsch vom Passagierdampfer *Gruzija*, wo wir untergebracht waren, zum Stadion, wurden wir wegen unserer kräftigen Statur ausgesucht, um die jungen Leute, die entlang der Route unserer Kolonne standen und unter ihren Mänteln tote Ratten, Tomaten und Eier versteckt hielten, zurückzudrängen. Wir sollten lediglich verhindern, dass sie unsere Delegation damit bewerfen. Unter uns gab es, das ist kein Geheimnis, auch erfahrene Mitarbeiter des *KGB*, die auf einzelne Demonstranten zugingen, ihre Mäntel auseinander rissen und auf sie einschlugen. Die Menge reagierte nicht, niemand setzte sich für die Betroffenen ein. Das war saubere Arbeit, Pavlov war zufrieden. Nachts wurden wir aus dem Schlaf gerissen, es kam der Befehl, die Jacken abzulegen und die Ärmel hochzukrempeln. Wir alle trugen die Uniform der Festspiele, dunkelrote Hemden und sandfarbene Hosen. Wir wurden in einen Bus gesetzt und zum Haus der russischen Kultur gefahren, das in einem Park im Zentrum Helsinkis lag.

---

448 Interview mit Gusev.

Es war Nacht, betrunkene, mit Knüppeln bewaffnete Kerle umzingelten das Haus der russischen Kultur, fingen an, Fenster zu zerschlagen. Die von uns dort über Nacht geblieben waren, hatten einiges abbekommen. Darunter auch Zacharčenko, der Leiter des Hauses, und Zoja Krasnova, die mit einer Flasche am Kopf verletzt wurde. Da durchbrachen unsere Busse die Umzingelung, und wir stiegen auf Befehl aus. Pavlov war auf dem Schiff geblieben, er hatte über ein Funkgerät Kontakt zu den Bussen. Wir berichteten ihm die Situation, er setzte sich sofort mit Kekkonen und mit Moskau in Verbindung. Entsprechend dem Befehl die Angreifer zurückzuhalten, jedoch keine Gewalt anzuwenden, hielten wir sie eine Zeit lang zurück, mussten aber den Rückzug antreten, da wir mit Steinen und Knüppeln beworfen wurden. Plötzlich hörten wir das Heulen der Sirenen, die Polizei kam angeritten und fing an die Randalierer zu verprügeln. Ich weiß nicht, von wem der Befehl zum Angreifen kam. Nun konnten wir uns mit aller Kraft austoben".[449]

In Moskau war unter der Schirmherrschaft der Stadtleitung des Komsomol eine operative Gruppe zur Bekämpfung von Kriminalität und Verstößen gegen die öffentliche Ordnung aktiv. Ähnliche Abteilungen gab es auch in den Bezirksleitungen des Komsomol. Ein charakteristisches Beispiel ist die Vertreibung der *Majak*-Veranstaltungen, der inoffiziellen Lesungen auf dem *Majakovskij*-Platz in Moskau 1959 bis 1961. Die operativen Abteilungen versuchten mit allen Mitteln, die Lesungen zu verhindern. Sie nahmen die Teilnehmer fest und übergaben sie der Miliz. Da die operativen Abteilungen sich regelmäßig abwechseln sollten, hatten die Komsomolzen aus verschiedenen Stadtbezirken (z.B. aus dem Bezirk Baumanskij, Krasnopresnenskij, Leninskij) Gelegenheit, im Kampf mit der kulturellen und ideologischen Opposition Erfahrungen zu sammeln.[450]

Einige Jahre später wurde den Partei- und Komsomolfunktionären jedoch klar, dass die operativen Gruppen sich allmählich ihrer Kontrolle entzogen. Gusev, der 1958 bis 1961 Erster Sekretär der Kreisleitung des Komsomol in Krasnodar war, berichtet, dass man 1960 die Milizhilfsbrigaden, zumindest in seinem Gebiet, auflösen musste.

"Ich hatte eine operative Komsomolgruppe, die die Arbeit der Miliz unterstützen sollte und die unmittelbar dem Büro der Kreisleitung des Komsomol, d. h. mir als dem Ersten Sekretär unterstellt war. Im Nachbarbezirk gab es eine operative Komsomolgruppe, für die die Kreisabteilung der Miliz zuständig war. Die Regionalorgane des Innenministeriums (*UVD*) koordinierten die operativen Komsomolgruppen in Abstimmung mit den Komsomolleitungen der Region. In die Komsomolabteilungen wurden nur die Besten aufgenommen, das waren eine Art Sondereinsatztruppen des Komsomol. Sie trugen zwar keine Panzerwesten und keine schwarzen Masken, aber sie kämpften furchtlos

---

449 Interview mit Skorupa.
450 Vgl. POLIKOVSKAJA: *My predčuvstvie*.

gegen die Hooligans und Kriminellen und wurden als potenzielle Mitarbeiter der Innenministeriumsorgane angesehen.

Über die Tätigkeit der Milizhilfsbrigaden wurde etwa einmal im Jahr im Büro der Regionalleitung beraten. Die Mitarbeiter der Miliz und des *KGB* nahmen ebenfalls an den Besprechungen teil. Alles verlief im üblichen Rahmen des sowjetischen Systems der Kontrolle und Überwachung. Im Übrigen [...] drang das kriminelle Milieu auch in die operativen Komsomolabteilungen vor und die gestrigen schweren Jungs, die nicht zögerten, jemandem auf die Schnauze zu hauen, erwiesen sich als furchtlose Kämpfer, die auch vor Messern nicht zurückschreckten.

Ich muss zugeben, ich fürchtete mich vor den Angehörigen der operativen Komsomolgruppen, deren Vorgesetzter ich eigentlich war. Sie fingen an, nicht genehmigte Einsätze durchzuführen. Einmal wurde jemand gestellt, ihm wurde das Geld weggenommen, das dieser Kriminelle wiederum selbst jemandem weggenommen hatte. Das sichergestellte Geld wurde in die Kreisleitung gebracht, als Beitrag für die Kasse der Kreisleitung. Damals hatten wir noch keine Ahnung vom Rechtsstaat, und ich verstand wenig vom Gesetz. Ich fragte aber, ob die Miliz Bescheid weiß und ob das schriftlich festgehalten wurde. Sie erwiderten: '*Michalyč* [Gusev – Anm. d. Übers.], wozu ein Protokoll, wozu die Miliz? Wir sind die Stärkeren und das Recht ist auf der Seite der Stärkeren.' Und als Antwort auf meine Vorhaltungen gaben sie mir unmissverständlich zu verstehen: 'Kumpel, wir wissen, wo du wohnst. Wenn du deine Nase in unsere Angelegenheiten steckst und Moralpredigten hältst, für die wir keine Verwendung haben, wirst du eines Tages mit eingeschlagenem Schädel irgendwo auf der Straße liegen.'

Trotz solcher Drohungen war ich einer von denen, die auf einer Sitzung der Regionalleitung des Komsomol, auf der auch regionale Vertreter des *MVD* anwesend waren, eine Diskussion über die schweren Verstöße gegen die Komsomol-Disziplin und gegen die Rechtsnormen durch operative Komsomolgruppen in der Region Krasnodar veranlassten. Krasnodar war dabei keine Ausnahme, das gleiche passierte in anderen Großstädten, wie z.B. Novorossijsk, Armavir und Ejsk. Zur Prüfung des Falls wurde eine Kommission eingerichtet. Es stellte sich heraus, dass bereits in viele Komsomolgruppen kriminelle Elemente eingedrungen waren, wo sie unter dem Vorwand, für die Komsomolordnung zu kämpfen, untereinander abrechneten. Im Prinzip war das nichts anderes als die Auseinandersetzungen zwischen den Kriminellen von heute, nur mit dem Unterschied, dass sie damals keine Waffen und keine Computer zur Verfügung hatten.

Ich bin stolz darauf, dass ich maßgeblich daran beteiligt war, den Verbrechen unter dem Deckmantel des Komsomol ein Ende zu setzen. Alle Sondergruppen, die unmittelbar dem Komsomol unterstanden, wurden aufgelöst. Es blieben nur die Milizhilfsbrigaden, die dem *MVD* unterstellt waren. Man war also wieder dort angekommen, wo man begonnen hatte. Fortan kümmerte sich die Miliz selbst um sie. Sie waren um keinen Deut besser, doch dem politischen Ruf des Komsomol konnten sie nicht mehr schaden.'"[451]

---

451 Interview mit Gusev.

In anderen Regionen des Landes existierten die operativen Komsomolgruppen und die Milizhilfsbrigaden etwas länger, ungefähr bis 1962/1963. Danach wurden zwar immer wieder neue Gruppen gebildet, sie stellten aber keine Massenbewegung mehr dar. Eine von ihnen war die Gruppe *Berëzka*, die in den 70er Jahren in Moskau gegen Hippies und Edelprostituierte kämpfte und als besonders brutal bekannt war.

Etwa um 1965 bekam die Idee der militärisch-politischen Erziehung dank des 20-jährigen Jubiläums des Sieges im Großen Vaterländischen Krieg einen neuen Impuls. Der Sieg, höchster ideologischer Wert und Symbol der Erfolge der Gesellschaft, wurde in einer langfristig angelegten Propagandakampagne auch als Mittel eingesetzt, um die ablehnend eingestellte Jugend wieder auf Kurs zu bringen. Die Kampagne sollte zudem die sichtbare Kluft zwischen den Generationen verkleinern und die Kriegsveteranen mit den Nachkriegsbabyboomern zusammenschweißen. Die amerikanische Historikerin Nina Tumarkin weist in ihrer Studie über den Kult des Großen Vaterländischen Krieges in der UdSSR darauf hin, dass sich die Bedeutung des Krieges etwa um 1965 von einem nationalen Trauma zu einem propagandistischen Mythos, einem Beweis des Sieges des Sozialismus über den Kapitalismus, zu wandeln begann.

Als Folge entstand ein eigener Kult, mit seinen Heiligen, Heiligtümern und sogar mit einer eigenen Art von Tourismus.[452] Das ZK des Komsomol unterstützte diesen Prozess in seinen Anfängen. Ganičev, der stellvertretende Chefredakteur der *Molodaja gvardija*, berichtet davon in einem Artikel von 1965:

> "Er [Pavlov] bestellte uns [mit Nikonov] damals, 1965, zu sich und fragte: 'Was können wir tun, damit die Jugend wieder auf ihre Väter stolz ist? Unter Nikita [Chruščëv] haben wir sie verachtet. Sie hatten schließlich schlecht gekämpft.' [...] Wir wussten im Voraus von diesem Gespräch und stellten ihm unseren Plan vor, der sich bereits in Weißrussland, in Ivanovo und in der Ukraine bewährt hatte: Schüler und Jugendliche sammelten Unterlagen und Zeugnisse über Soldaten und Gefallene, über Helden an und hinter der Front, sie pflegten Kriegsgräber, suchten die Schlachtfelder nach Überresten der Gefallenen ab und beerdigten sie auf Friedhöfen oder im Zentrum einer Ortschaft. [...] Als Mann mit feinem politischen Gespür wusste Pavlov, dass daraus eine große patriotische Jugendbewegung entstehen könnte. Millionen von Jugendlichen könnten dadurch an den Heldentaten ihrer Väter teilhaben. Und in wenigen Jahren entstand eine regelrechte Pilgerbewegung, die zu den Schauplätzen des Großen Vaterländischen Krieges führte und die von einem Stab aus bedeutenden Kriegshelden, Helden der

---

452 Vgl. NINA TUMARKIN: *The Living And The Dead: The Rise And Fall Of The Cult Of World War II in Russia.* – New-York: BasicBooks, 1994, S. 133–134.

Sowjetunion, Vertretern aus Politik und Gesellschaft, Komsomolzen und Pionierleitern geführt wurde, an dessen Spitze zu unterschiedlichen Zeiten die Marschälle Konev und Bagramjan und der Kosmonaut Beregovoj, Zweifacher Held der Sowjetunion, standen."[453]

Die Pavlov-Gruppe hoffte wie die Bewegung russischer Nationalisten insgesamt, dass der zum Symbol gewordene Sieg eine Entwestlichung und Einigung der Gesellschaft bewirken würde. Zugleich mussten sie als konsequente Ethnokraten, die fast jedes Ereignis unter ethnischem Aspekt sahen, auch dieses wichtige Symbol unter dem ethnischen Blickwinkel betrachten.

Zur Hymne der Gruppe wurde ein Gedicht Čuevs, das für ein geplantes Denkmal des Sieges gedacht war und 1969 in der Zeitschrift *Molodaja gvardija* veröffentlicht wurde:

> Pust', kto vojdët, počuvstvuet zavisimost'
> Ot Rodiny, ot russkogo vsego.
> Tam posredine naš Generalissimus
> I maršaly velikie ego.[454]

Kontakte zur Armee

Die Pavlov-Gruppe hatte enge Kontakte zur Armee, genauer gesagt zu zwei Gruppierungen innerhalb der Berufsarmee: zu bedeutenden Armeeführern des Zweiten Weltkrieges und zum Komsomol in der Armee. Diese Kontakte waren für die Pavlov-Anhänger wichtig, weil sie in ihnen eine Bestätigung ihrer militaristischen Ansichten sahen und sie ihnen das Gefühl des Rückhalts in der Armee gaben.

Die großen Heerführer der Stalin-Zeit, die fast alle unter Chruščëv in Ungnade gefallen waren und während der Regierungszeit Brežnevs keine bedeutenden Positionen mehr besetzten, wurden von den Pavlov-Anhängern als eine Art geistige Väter angesehen, als eine lebendige Verbindung zwischen der von ihnen romantisierten Periode der sowjetischen Geschichte und der Gegenwart. Besonderer Beliebtheit erfreute sich Georgij Žukov, allerdings hatten nur einige wenige ältere Pavlov-Anhänger das Privileg persönlicher Kontakte. Žukov selbst war nicht an häufigen Treffen mit den Mitgliedern des

---

453 VALERIJ N. GANIČEV: Oni vyigrali vojnu ... A vy?, in: *Naš sovremennik*, 5/1995, S. 127.
454 Zitat aus SERGEJ N. SEMANOV: *Andropov. 7 tajn Genseka s Lubjanki.* – Moskau: Veče, 2001, S. 294 (Deutsch: Wer eintritt, möge spüren unsere Verbundenheit mit der Heimat, mit allem, was russisch ist, dort in der Mitte unser Generalissimus und seine großen Generäle).

ZK des Komsomol interessiert. Seine Abneigung gegen Ideologen war allgemein bekannt. Dafür hatte die Pavlov-Gruppe Gelegenheit zu intensiveren Kontakten zu anderen Marschällen Stalins, z. B. zu Ivan S. Konev, Aleksandr E. Golovanov und besonders zu Ivan Ch. Bagramjan, dem Leiter des Stabs für die militärisch-patriotische Arbeit im ZK des Komsomol.

Das Interesse der Marschälle an der Zusammenarbeit mit dem ZK des Komsomol entstand nicht nur aus der Illusion, ihre Erfahrungen an den Nachwuchs weitergeben zu können, sondern war durchaus auch eigennützig, denn sie erhofften sich die Veröffentlichung ihrer in der Regel von unbekannten Auftragsschriftstellern verfassten Memoiren im Verlag *Molodaja gvardija* und in der gleichnamigen Zeitschrift.

Die zweite Gruppierung in der Armee, zu der die Pavlov-Gruppe Kontakte pflegte, war der Armeekomsomol. Er war Teil der Propagandamaschinerie und unterstand gleichzeitig dem ZK des Komsomol und dem Leiter der Politischen Hauptverwaltung der Armee (*GlavPUR*), Aleksej Epišev. An der Spitze des Armeekomsomol stand in den Jahren 1960–1965 Generalmajor Aleksej Liziček (1928–2006), der 1985 bis 1990 auch Leiter der *GlavPUR* war. Gusev berichtet:

"Die meisten der von mir genannten Offiziere – und ich habe nur die bekanntesten Namen genannt – unterstützten die Position Pavlovs auch in der wichtigsten Frage, der russisch-jüdischen. Liziček und seine Untergebenen in den jeweiligen Militärbezirken teilten unsere Überzeugungen und waren in diesem Sinne wahre Zöglinge des Komsomol, die genau wussten, wer den entscheidenden Beitrag zum Sieg im Zweiten Weltkrieg geleistet hatte und kannten Stalins Trinkspruch *Auf das russische Volk, seinen klaren Verstand und standhaften Charakter* auswendig."[455]

Bis heute bewahren alle Stillschweigen über die Einzelheiten der Kontakte Epišev und anderer aktiver Generäle der Sowjetarmee zu Pavlov und den älteren Pavlov-Anhängern in den 60er Jahren, so dass man nur indirekt auf sie schließen kann.

Ganičev schildert im Interview seine Beförderung zum Chefredakteur der *Komsomol'skaja pravda* 1978 wie folgt:

"Die Situation war kurios. Während ich als Patriot angeprangert wurde, wies die Armeeführung die Regierung besorgt auf den steigenden Pazifismus und sich verstärkende Stimmungen gegen die Armee sowie auf den schwindenden Kampfgeist der Soldaten hin. Es zeigte sich, dass die Partei, abgesehen vom Kult des Großen Vaterländischen Krieges, weder über Leute noch über Ideen verfügte, die in dieser Situation hätten hilfreich sein können. Die *Komsomol'skaja pravda* wurde in der Armeeführung

---

455 Interview mit Gusev.

besonders abgelehnt, weil sie angeblich die Armee und den Patriotismus verschmähte. Zu diesem Zeitpunkt bekam ich Besuch vom neuen Ersten Sekretär des ZK des Komsomol, Boris Pastuchov, der mich überreden wollte, den Posten des Chefredakteurs im Verlag *Molodaja gvardija* zu verlassen und Chefredakteur der *Komsomol'skaja pravda* zu werden."

Über die Ansichten des *GlavPUR*-Chefs Epišev gibt indirekt die Tätigkeit seines Untergebenen General Vasilij S. Rjabov Auskunft. Er war Direktor des Armeeverlages *Voenizdat*, eines der größten Verlage der Sowjetunion. Nach Aussagen von Ganičev, Gusev und Ivan M. Ševcov war Rjabov aktiver Nationalist und arbeitete mit den der Pavlov-Gruppe nahe stehenden Schriftstellern Alekseev, Anatolij S. Ivanov, Michajlov, Stadnjuk und Ševcov eng zusammen. Bezeichnenderweise ist heute der Sohn Stadnjuks Chefredakteur dieses Verlags.

Ausführliche Zeugnisse über den Alltag im *Voenizdat* hinterließ Aleksej M. Degtjarëv, der 1972 bis 1985 Parteigruppenorganisator im Verlag war. In seinen Memoiren findet sich vieles über die Arbeit Rjabovs. Degtjarëv würdigt einerseits seinen Geschäftssinn und sein Talent, mit den Vorgesetzten umzugehen, zugleich beschreibt er eingehend die im *Voenizdat* mit Rjabovs stiller Zustimmung prosperierende Korruption und den Alkoholismus, die allerdings nicht über das übliche Maß der späten Brežnev-Zeit hinausgingen.

Rjabovs Karriere wurde, so Degtjarëv, von dem vorherigen Verlagsdirektor Kopytin[456] gefördert, der "vermutlich nicht einmal eine akademische Bildung hatte und sich weder im Journalismus noch im Verlagswesen auskannte. Dafür hatte er Kontakte zur *GlavPUR*, zum *Goskomizdat* (Staatskomitee für Verlagswesen, Polygrafie und Buchhandel) und zur Administrativabteilung des ZK."[457] Er unterhielt freundschaftliche Beziehungen zum *GlavPUR*-Chef Epišev, "sie wohnten im selben Haus und besuchten sich regelmäßig."[458] Kurz nach seinem Amtsantritt

> "entledigte sich Kopytin des Chefredakteurs des Verlags, Aleksandr A. Marinov, der jüdischer Abstammung war. Marinov war fachlich bewandert und sehr gewieft, [...] aber aus gewissen Gründen passte er dem Verlagschef nicht. General Marinov wurde aus der Armee entlassen, obwohl er vom Alter her durchaus noch für den Militärdienst taugte. Abgelöst wurde er von Generalmajor Rjabov, dem Leiter der

---

456 Kopytin und Rjabov besuchten oft den nationalistischen Salon des Malers Pavel F. Sudakov und Ivan M. Ševcovs (ausführlicher über den Salon s. u.). S. Ivan M. Ševcov: *Tlja. Sokoly.* – Moskau: Golos, 2000, S. 326.
457 Aleksej M. Degtjarëv: *Dolja polkovnika.* – Moskau: MOF "Pobeda – 1945 god", 1994, S. 210.
458 Ebd. S. 212.

Presseabteilung der *Glavpur*. Kopytin und Rjabov fanden schnell zu gutem Einvernehmen."[459]

Auf einen möglichen Grund für die Entlassung Marinovs weist Ševcov hin. Er behauptet, Marinov habe sich der Veröffentlichung seiner Bücher im *Voenizdat* besonders vehement widersetzt und "seine prozionistischen Sympathien nie verheimlicht". Ševcov beschwerte sich über Marinov bei I. Vasil'ev, einem Mitarbeiter Šelepins, der ihm versprach, das Anliegen mit dem Chef zu besprechen. Daraufhin wurden Ševcovs Bücher veröffentlicht.[460] Nachdem Kopytin infolge seines unmäßigen Alkoholkonsums an einem Herzinfarkt gestorben war, übernahm Rjabov seinen Posten.

Obwohl Epišev, so Degtjarëv, keine besondere Sympathie für Rjabov empfand, gelang es Rjabov, sich auf dem Posten des Verlagschefs bis Mitte der 80er Jahre, als Epišev bereits in den Ruhestand versetzt worden war, zu halten. Entlassen wurde er dann auf Drängen des neuen *GlavPUR*-Leiters Ličev hin, der die Interessen der "Russischen Partei" ignorierte, indem er seinen Schwager zum Direktor des *Voenizdat* machte.[461]

Mit dem Ausscheiden der älteren Pavlov-Anhänger aus dem ZK des Komsomol gingen auch die Kontakte der Gruppe zur Armee zurück. Obwohl die ausgedienten Heerführer ihre Werke nach wie vor in *Molodaja gvardija* veröffentlichten (wo besonders Čuev mit ihnen zusammenarbeitete) und der *Voenizdat* unter Epiševs Leitung den nationalistisch gesinnten Schriftstellern weiterhin zur Verfügung stand, war das nicht mehr als reine Gewohnheit.

Der Rückgang der Kontakte zwischen den Pavlov-Anhängern und der Armee war zum einen die Folge eines ideologischen Wandels bei den meisten Pavlov-Anhängern, für die nun nicht mehr die stalinistischen und militaristischen, sondern die rechtgläubig-monarchistischen Werte im Zentrum standen. Dementsprechend hatten die Beziehungen zur Armee nicht mehr oberste Priorität. Darüber hinaus gaben in der Bewegung russischer Nationalisten und in der "Russischen Partei" seit Ende der 60er Jahre nicht mehr Politiker, wie eben die Komsomol-Funktionäre, sondern Schriftsteller und andere Vertreter der Redaktions- und Verlagsbranche den Ton an, was auch zu einem abnehmenden Interesse auf Seiten der Armee führte. Der Komsomol als politische Organisation war ein gleichberechtigter Partner der Armee gewesen, die Schriftsteller dagegen traten eher als Bittsteller auf. Dennoch dauerte die Zu-

---

459 Ebd. S. 210.
460 Vgl. ŠEVCOV: *Tlja. Sokoly*, S. 573.
461 Vgl. DEGTJARËV: *Dolja polkovnika*, S. 225.

sammenarbeit des *Voenizdat* mit der "Russischen Partei" bis Ende der 80er Jahre an.

Die Versuchsplattformen der Pavlov-Gruppe

Die Bemühungen des ZK des Komsomol um eine antiwestliche Jugendideologie führten zur Entstehung mehrerer Versuchsplattformen, die der Erprobung neuer Ideen dienten.

Cipko, der als Mitarbeiter des ZK des Komsomol von 1966 bis 1969 an diesem Prozess beteiligt war, berichtet:

> "Sie [Ganičev und Skorupa] kamen auf den typisch marxistischen Gedanken, dass die bestehenden Formen der politischen Bildung für die Stimmung in der Jugend nicht angemessen waren und daher reformiert werden müssten. Nicht zuletzt durch mich wurde die trügerische Idee implementiert, dass das von Stalin geprägte Lenin-Bild durch ein menschlicheres, ein 'wahres' Lenin-Bild ersetzt werden müsse. Dieses war jedoch ebenfalls ein Mythos. Wie ich später erkannte, hatte das Unterfangen im Großen und Ganzen nachteilige Folgen und ermöglichte, dass der alte Lenin-Mythos noch einige Zeit weiter bestand.
>
> Sie waren bestrebt, das gegenwärtige System zu modernisieren und seine Effizienz zu erhöhen. All das geschah ja noch vor dem Prager Frühling, doch sie waren bereits entschiedene Gegner des marxistischen Internationalismus. Ich denke, das ging von Nikonov aus, mit dem Ganičev in engem Kontakt stand. Er pflegte seinerseits Kontakte zu Leuten wie [Michail] Lobanov, [Anatolij] Lanščikov und [Viktor] Čalmaev. Jene standen mir in ihrer Ablehnung des Kommunismus bis zu einem gewissen Grad nahe, im Unterschied zu ihnen jedoch war ich immer Antistalinist. 'Stalin hat das Land gerettet' – und einen großen Staat geschaffen' – ich war immer der Ansicht, dass Stalin dieses Ziel erreicht und auch die letzten Reste des alten Russlands vernichtet hat. Sie hingegen hielten Stalin, und diese Vorstellung ist heute Teil der Ideologie der *KPRF*[462], eher für einen Mann des Staates als für einen Marxisten."

Soweit bekannt, entstanden alle Versuchsplattformen in Moskau, entweder in der Stadtleitung des Komsomol oder im ZK des Komsomol. Sie wurden von jungen Anhängern nationalistischer und sogar antikommunistischer Ideen organisiert, mag das Wort *antikommunistisch* im Hinblick auf ihre unreifen und sich ständig wandelnden Ansichten auch nur bedingt treffend sein. Sie nutzten die sich ihnen bietenden Möglichkeiten, ohne eine Ahnung von den wahren Zielen der Gönner dieser "Plattformen" zu haben, so dass sie deren Ideen mitunter auf ihre eigene Art und Weise interpretierten. Manchmal war die Steuerung durch das ZK derart subtil, dass selbst viele der Aktivisten der

---

462 Interview mit Cipko.

Versuchsplattformen nichts davon ahnten, wie das z.B. beim Jugendklub *Rodina* der Fall war.

Die auf den Versuchsfeldern gesammelten Erfahrungen wurden von der Propagandaabteilung des ZK des Komsomol als Mustervorgaben für die regionalen Komsomol-Organisationen benutzt. 1966 veröffentlichte das ZK des Komsomol im Verlag *Molodaja gvardija* die Editionsreihe *Lehrplanempfehlungen im System der politischen Jugendbildung*. Die Reihe bestand aus insgesamt 17 Broschüren, jede mit einer Auflage von 35 000 Exemplaren. In ihnen wurden die Erfahrungen dutzender Versuchsplattformen beschrieben und ausgewertet. Zwei von ihnen, der Klub *Rodina* und die *Universitet molodogo marksista* [Universität des jungen Marxisten, *UMM*], wurden von russischen Nationalisten gegründet, über die anderen gibt es keine zuverlässigen Informationen.

Die hier beschriebenen Versuchsplattformen sind chronologisch geordnet. Das älteste und bedeutendste Projekt ist die 1963 entstandene *Universität des jungen Marxisten*.

Die Universität des jungen Marxisten (UMM)

Die Idee der *UMM* stammte von Valerij I. Skurlatov, Jurij G. Lun'kov und Igor' A. Kol'čenko. Lun'kov arbeitete in der Propagandaabteilung der Moskauer Stadtleitung des Komsomol. Skurlatov und Kol'čenko gehörten zum Aktiv der Stadtleitung und waren von Kindheit an befreundet. Sie hatten beide an der Staatlichen Universität Moskau Physik studiert und am Institut für Philosophie der Akademie der Wissenschaften promoviert. Skurlatov behauptet heute, er habe bereits während seines Studiums von einer Untergrundorganisation geträumt, die die Macht übernehmen sollte. Auffällig ist dabei allerdings, dass es ihm im Interview schwer fiel, die Frage nach der ideologischen Basis einer solchen Organisation zu beantworten.

Skurlatov und Kol'čenko, unterstützt von Lun'kov, schlugen vor, unter der Ägide der Stadtleitung des Komsomol Vorlesungsreihen für alle Interessierten, vor allem für die Jugend, zu veranstalten. Diese Vorlesungsreihen wurden *Universität des jungen Marxisten* genannt. Nach den Vorstellungen von Skurlatov und Kol'čenko sollten sie als Testlauf für die Einrichtung von Propagandakursen überall im Land sowie zur Popularisierung der neuesten sowjetischen und ausländischen Forschungsergebnisse in den Geisteswissenschaften, vor allem in der Philosophie und der Soziologie, die in der Sowjetunion zunehmend in Mode kam, dienen. Die Idee fand die Zustimmung der Propagandaabteilung des ZK des Komsomol, insbesondere des Abteilungsleiters Skorupa, der an der Erneuerung und Ausgestaltung der Lehrpläne arbeitete. Er und sein nächster Mitstreiter im ZK des Komsomol, Gusev, berichten:

> "Dort arbeiteten begabte junge Männer zusammen, Lun'kov, Skurlatov, Kol'čenko und unser Liebling Al'bert Roganov, ein moralisch völlig verkommenes Subjekt. Die ersten drei sprühten vor Ideen, und wir, die wir damals an einem neuen System der politischen Bildung arbeiteten, sind dabei beinahe aufgeflogen. Wir haben damals etwas gemacht, was heute unvorstellbar scheint, ich meine die Rede- und Diskussionsfreiheit. Wir haben eine Vielzahl verschiedener Bildungsprogramme herausgegeben. Lun'kov und andere in der Stadtleitung hatten ein Programm verfasst, das mit *Mein Kampf* fast identisch war. Sie wurden jedoch verraten. Sie hatten es in der Annahme verfasst, dass man ihnen die Möglichkeit geben würde, ihre Ansichten offen zu äußern. [...] Als aber die Stadtleitung anfing, diese drei unter Druck zu setzen, haben sie sich uns ohne Bezahlung angeschlossen, denn wir haben uns für Redefreiheit eingesetzt und nach einem individuellen Herangehen an die jeweilige Jugendgruppe gesucht. [...] 1991 bin ich als Unterabteilungsleiter im Obersten Sowjet tätig gewesen [...] Skurlatov hat irgendeine Bewegung angeführt. Während des Beschusses durch die Panzer war er im Obersten Sowjet. Und er war es, der mir nachts eine Steppjacke brachte, als ich dort im Hemd und mit einem dünnen Mantel stand. Es war bitterkalt dort. Also, das waren Jungs mit sehr viel Potenzial, doch sie mussten gesteuert werden. War Roganov imstande, sie zu steuern? Höchstens zu denunzieren. Selbst Kamšalov bei all seinem Demokratismus hatte Angst. Len Karpinskij hätte keine Angst gehabt ..."

Gusev, der beim Gespräch anwesend war, fügte hinzu:

> "Er war aber ein Prowestler und durch und durch projüdisch gesinnt."

Skorupa:

> "Du kannst nicht bestreiten, dass er eine außergewöhnliche Persönlichkeit war ..."

Gusev:

> "Das tue ich auch nicht. Und an die Stelle des schillernden Len [Karpinskij] ist dann also der unscheinbare Kamšalov gekommen. Die *Universität des jungen Marxisten* war nur ein Baustein im System der politischen Propaganda. Das war keine offizielle Einrichtung, wie die Universität des Marxismus-Leninismus, die eine der besten Möglichkeiten bot, sich die marxistisch-leninistische Theorie anzueignen. Dort musste man zwei bis drei Jahre studieren und man bekam zum Abschluss ein Diplom. Die Idee der *UMM* stammte von *Viktor Kazimirovič* [Skorupa]."

Skorupa:

"Früher stützte sich die gesamte politische Bildung des Komsomol auf zwei Broschüren: *Die Geschichte des Komsomol* und die Biografie von Lenin und Stalin. Wir stellten dreiundzwanzig Programme für Jugendliche verschiedener Schichten mit unterschiedlichen politischen Interessen zusammen. Das System sah so aus: Die erste Stufe war ein *kružok* [Zirkel], eine kleine Gruppe, in der ein Propagandist die führende Rolle hatte, die nächste *beseda* [Gespräch], in der die Gespräche auf Augenhöhe stattfanden, dann folgten die *politischen Schulen*, die *politischen Universitäten*, und schließlich die *politischen Klubs*."[463]

Die von Skurlatov, Kol'čenko und Lun'kov initiierte Vorlesungsreihe fand 1964 bis 1965 statt, manchmal wurde dafür sogar der exklusive Oktobersaal des *Dom Sojuzov* [Gewerkschaftspalast] gemietet. Als Lektoren wurden junge Philosophen eingeladen, unter anderem auch Schüler des Philosophen Aleksej F. Losev, wie Piama P. Gajdenko, Genrich S. Batiščev und Ėval'd V. Il'enkov. Darüber hinaus verfassten die Begründer der *UMM* im ZK des Komsomol diverse Dokumente und Notizen zur Verbesserung der Jugendpropaganda. Diese Dokumente wurden 1966 unter dem Titel *Universitet molodogo marksista. Primernyj učebnyj plan v sisteme političeskogo prosveščenija molodeži*[464] veröffentlicht. Darüber hinaus erarbeiteten die Leiter der *UMM* eine Methodik zur Durchführung von soziologischen Umfragen im Jugendmilieu. Einige Umfragen wurden auch durchgeführt.[465]

Zur Schaffung einer Untergrundorganisation liegen widersprüchliche Aussagen vor. Lun'kov und Skorupa behaupten, es habe keine Organisation gegeben, und auch die *UMM* stellte ihrer Meinung nach keinen Versuch dar, eine solche Organisation zu gründen. Skurlatov und Kol'čenko behaupten das Gegenteil. Sie sagen, sie hätten gezielt auf die Gründung einer Organisation hingearbeitet, und es sei ihnen gelungen, in mehreren Regionen der *RSFSR* Zellen der *UMM* zu gründen.

Skurlatov, Kol'čenko und Lun'kov waren zweifellos russische Nationalisten und eng mit der Pavlov-Gruppe verbunden. Skurlatov, ihr Anführer, war schon in seiner Kindheit von nationalsozialistischen Symbolen fasziniert. Als Student las er sämtliche Werke des Nationalsozialismus. Er war, allerdings nicht lange, ein Schüler Losevs, aus dessen Kreis sehr viele russische Natio-

---

463 Interview mit Gusev und Skorupa.
464 *Universitet molodogo marksista: Primernyj učebnyj plan v sisteme političeskogo prosveščenija molodëži.* – Moskau: Molodaja gvardija, 1966.
465 Kol'čenko behauptete im Interview, die Ergebnisse dieser Umfragen seien nach wie vor in seinem Privatarchiv. Er weigerte sich allerdings, sie für die vorliegende Studie zur Verfügung zu stellen.

nalisten hervorgingen, und übersetzte für ihn sogar Auszüge aus Aufsätzen der Ideologen Hitlers.[466] Kol'čenko ging in die Milizhilfsbrigade der Komsomolleitung des Stadtbezirks Frunzenskij, um die Ideen, die er sich aus den Veröffentlichungen der Schwarzhunderter angelesen hatte, in die Praxis umzusetzen.[467] Dort lernte er auch Lun'kov kennen, der von den dreien der gemäßigste gewesen zu sein scheint. Er hatte Anfang der 60er Jahre intensive Kontakte zum Kreis des russischen Nationalisten Vadim V. Kožinov. Sein Beitrag zur Bewegung der russischen Nationalisten bestand unter anderem in dem Versuch, eine Tanzgruppe zu schaffen, die einen neuen russischen Tanzstil entwickeln sollte, um das Aufkommen des westlichen Twists zu verhindern. Zugleich gehörte Lun'kov auch zum Kreis des Malers Glazunov. In Bezug auf die *UMM* berichteten ihre Gründer, dass sich dort neben den Schülern Losevs und den Mitstreitern Kožinovs, zu denen auch Pëtr V. Palievskij und Feliks F. Kuznecov gehörten, auch einige antisemitische Autoren betätigten, darunter Evgenij S. Evseev und Valerij N. Emel'janov.

Im Oktober 1965 verfasste Skurlatov, der damals bereits als Instrukteur der Propagandaabteilung der Moskauer Stadtleitung des Komsomol arbeitete, ein Dokument, das der *UMM* ein Ende setzte und die Karriere ihrer Aktivisten im Komsomol ruinierte. Dieses Dokument, das später als *Ustav nrava* [Sittenstatut] bezeichnet wurde, gibt die "interne" Ideologie der Pavlov-Gruppe bestens wieder. Skurlatov, eigentlich eine politische Randfigur, konnte die in seinen Kreisen herrschenden Ideen äußerst präzise formulieren, was er sowohl 1965 als auch 1984 noch einmal bewies.

Der offizielle Anlass für die Schaffung des *Ustav* war der Auftrag des Leiters der Propagandaabteilung des Moskauer Komsomol, Thesen für eine Diskussion über Methoden im Kampf gegen die bourgeoise Propaganda zu erarbeiten. Skurlatov nutzte diese Gelegenheit, seine Ansichten zu präsentieren. Obwohl das Dokument Skurlatov allein zugeschrieben wird, ist die Vermutung naheliegend, dass die Leitsätze von mehreren Personen ausgearbeitet wurden. Nach Kol'čenko wurde der erste Entwurf – noch nicht unter dem Titel *Ustav ...* – mehrmals mit der Leitung der *UMM* und zahlreichen Sympathisanten besprochen, um dann in der überarbeiteten Version breite Bekanntheit zu erlangen.[468] Ein Dokument mit ähnlichem Inhalt, aber mit stärkerer Berück-

---

466 Interview mit Skurlatov.
467 Interview mit Kol'čenko.
468 Zwei Fassungen des *Ustav nrava*, die vom Autor dieser Studie im *CAODM* [Zentralarchiv der gesellschaftlichen Bewegungen Moskaus] in der Abteilung *MGK VLKSM* [Moskauer Stadtleitung des Komsomol] entdeckt wurden, untermauern

sichtigung der Umweltproblematik wurde zur selben Zeit von Lun'kov geschrieben. Es fand aber wenig Anklang, und alle Fassungen wurden später vernichtet.[469]

Der *Ustav* umfasste 10 Grundsätze:

1. "Bei der Jugenderziehung "muss man entschlossen mit dem rationalen Egoismus brechen und das Herz und die Stimme des Blutes in den Mittelpunkt stellen."
2. "Das Glück besteht im Kampf auf Leben und Tod. [...] Man muss die Jugend auf einen fortwährenden Kampf auf Leben und Tod einstellen, nicht nur für heute und morgen, sondern auch für übermorgen. Dieser Kampf muss mit der kosmischen Mission unseres Volkes verknüpft werden."
3. "An erster Stelle in einem wahren Moralkodex muss die Verpflichtung gegenüber den Vorfahren und den Nachkommen stehen, die Verpflichtung gegenüber dem eigenen Volk. [...] Es muss ein Ahnenkult geschaffen werden."
4. "Sämtliche nihilistischen Theorien müssen entschieden verurteilt werden [...] Notwendig ist eine langfristige Kampagne zur Verdeutlichung des stammesgeschichtlichen, moralischen und physiologischen Wertes der weiblichen Jungfräulichkeit und Ehre, sowie zur Verurteilung vorehelicher Beziehungen, bis hin zur Propagierung der alten bäuerlichen Sitten. [...] Frauen, die sich Ausländern hingeben, sollen körperlich gezüchtigt, gebrandmarkt und sterilisiert werden."
5. "Zur Sicherung der sittlichen Reinheit des Volkes soll die Förderung verschiedener Arten der Schichten- und Kastenbildung in Erwägung gezogen werden."
6. "Es soll keine sogenannte Geschlechtserziehung betrieben werden. Die beste Geschlechtserziehung ist die Erziehung zur Vaterlandsliebe."
7. "Es sollen körperliche Züchtigungen [für die Jugend] eingeführt werden. Maßnahmen zur Militarisierung der Jugend von der Grundschule an sind zu entwickeln."

---

[469] Kol'čenkos Aussage. Eine Fassung stellt eine kleinere Version dar und besteht aus acht Punkten, die zweite ist der eigentliche, auf zehn Punkte erweiterte *Ustav*. Interview mit Lun'kov.

8. "Es wird keine Ordnung im Volke geben, wenn nicht auf jedes Vergehen eine harte Vergeltung folgt. [...] Nur wenn jedwede Tendenz des Fremden im Keim erstickt wird, ist ein edler Ausgang möglich."
9. "Die Jugend muss von klein auf für den Sport begeistert werden."
10. "Es gibt keine niederere Beschäftigung als die eines 'Denkers', eines 'Intellektuellen' und nichts Edleres, als ein Soldat zu sein. [...] Damit das Volk nicht entartet, [...] muss man den einzig gesunden und zu wahrer Unsterblichkeit führenden Kult wieder erstehen lassen und auf ewig festigen – den Soldatenkult."[470]

Trotz der schockierend harten Formulierungen, zurückzuführen offensichtlich auf Skurlatovs Lektüre der nationalsozialistischen Literatur und auf den Einfluss des Asketen Losev, wurde damals nur eine einzige und noch dazu eher unbedeutende These, der Punkt 5, von der Leitung des ZK des Komsomol nicht öffentlich gemacht.

Die Militarisierung der Jugend, die Erziehung zur Vaterlandsliebe und die Vermittlung sportlicher Fähigkeiten (Punkte 2, 7, 9) waren die zentralen Aufgaben der Kampagne zur militärisch-patriotischen Erziehung. Die Ahnenverehrung und der Soldatenkult (Punkte 1, 3, 10) wurden zu einem Bestandteil des Kultes um den Großen Vaterländischen Krieg, der ebenfalls 1965 seinen Anfang nahm. Die Akzente wurden dabei etwas verschoben und unter *Ahnen* verstand man nur diejenigen, die im Krieg gefallen waren, doch der Sinn und Zweck der Maßnahmen stimmt mit den Ideen Skurlatovs überein. Der Kampf gegen den moralischen Verfall der Jugend, in erster Linie gegen die zunehmende Lockerung der Sitten im sexuellen Bereich (Punkte 4, 6 und zum Teil 8), gehörte ebenfalls zu den vorrangigen Aufgaben des ZK des Komsomol. Zur Sterilisation von Frauen, die eine Beziehung mit Ausländern eingingen, kam es zwar nicht, jedoch wurden diese Frauen nicht selten von Angehörigen der operativen Komsomolgruppen gedemütigt und verprügelt, wie z. B. 1957 während der Moskauer Weltfestspiele der Jugend und Studenten, bei denen Skurlatov für den Komsomol als Ordnungshüter tätig war.[471] Für die Führung des ZK des Komsomol war es selbstverständlich, den Antisowjetismus und den schädlichen Einfluss der Liberalen mit sexueller Freizügigkeit in Verbindung zu bringen. Nachstehend ein bezeichnendes Zitat aus einem Schreiben Pavlovs aus dem Jahr 1962 an das ZK der KPdSU. Nach einer umfassenden

---

470 *CAODM* [Zentralarchiv der gesellschaftlichen Bewegungen Moskaus], Slg. 4, Verzeich. 136, Akte 111, Bl. 17–19.
471 Interview mit Skurlatov.

Kritik an den Werken liberaler Autoren heißt es: "Uns sind Fälle bekannt, in denen Schüler mit antisowjetischen Äußerungen auftraten und Lasterhöhlen organisierten, in denen sie Unzucht trieben."[472] Im gleichen Schreiben plädiert er für ein "Publikationsverbot für Werke, die sich den intimen Beziehungen zwischen Mann und Frau widmen." Um den zunehmenden Abtreibungen entgegenzuwirken und Hygienekenntnisse zu vermitteln, hielt es Pavlov im Unterschied zu Skurlatov jedoch für notwendig, in den Schulen Unterricht in Geschlechtserziehung einzuführen, allerdings nach Geschlechtern getrennt.[473]

Nachstehend sind Auszüge aus der Rede des Ersten Sekretärs des ZK des Komsomol Trušin angeführt, die er am 2. Oktober 1965, einen Monat vor der Abfassung des *Ustav* auf einer Tagung von Nachwuchskünstlern hielt:

> "Wir haben heute in Moskau leider nicht wenige Skeptiker, Nörgler und Nihilisten [vgl. die "Denker" und "nihilistischen Theorien" Skurlatovs – Anm. d. Autors]. Auch das wichtige Thema der Moralerziehung der heranwachsenden Generation bereitet uns Sorgen. [...]
>
> Das zweite Problemfeld umfasst die Moralerziehung, Geschlechterfragen sowie die Rolle der Ehe. Beunruhigend ist, dass es in letzter Zeit so viele Beispiele einer leichtfertigen Einstellung gegenüber Familiengründung, Ehe und Beziehungen gibt [...]
>
> Die militärisch-patriotische Erziehung ist heute ein Thema von hoher Priorität für den Staat, ein Thema der großen Politik."[474]

An dieser Stelle kommt man nicht umhin, aus einer weiteren Tagungsrede zu zitieren, die zeigt, auf welche Schwierigkeiten die Träumer im Komsomol bei dem Versuch, ihre Theorien in die Tat umzusetzen, stießen. Der Schriftsteller K. Sarančik beschreibt seine Reise mit der neunten Klasse einer Moskauer Schule ins Dorf Petriščevo. Die Jugendlichen wollten nicht einmal die hundert Meter laufen, um die Hinrichtungsstelle von Zoja Kosmodem'janskaja, einer der Symbolfiguren des antifaschistischen Widerstandes im Zweiten Weltkrieg, zu sehen. Die Gedenkstätte war geschlossen, und der Gruppenleiter suchte anderthalb Stunden nach jemandem, der die Tür aufschließen könnte.

> "Endlich fanden wir eine Putzfrau. Ich erklärte ihr, dass wir die Jugend im Geiste des Heroismus und der Vaterlandsliebe erziehen und so weiter. Und da antwortet mir diese

---

472 *RGASPI* [Russisches Staatsarchiv der sozial-politischen Geschichte], Slg. 1, Verzeich. 32, Akte 1101, Bl. 52.
473 Ebd. Bl. 68–69.
474 *CAODM*, Slg. 635, Verzeich. 15, Akte 249, Bl. 9–10.

Putzfrau: 'Ich habe Schweine zu Hause, die muss ich füttern, und ihr steht hier rum!'"[475]

Der gebildeten Hörerschaft gegenüber musste Sarančik mit Bedauern zugeben, dass "sie [die Schüler] weder neugierig noch gewillt [sind], einen Ort zu besichtigen, an dem eine Heldentat vollbracht wurde."[476]

Der von Skurlatov unterzeichnete *Ustav* wurde am 3. November 1965 in der Moskauer Stadtleitung des Komsomol auf einem Vervielfältigungsapparat in einer Auflage von 50 Exemplaren gedruckt. Noch vor dem 7. November gelangte er in liberale Kreise und wurde bei den Festbanketten als Manifest des russischen Faschismus verlesen.[477] Auf den maschinengeschriebenen Kopien des *Ustav* ist die Auflage mit 500 Exemplaren angegeben, so dass der Eindruck entstand, es handle sich um neonazistische Flugblätter, die von der Moskauer Stadtleitung des Komsomol verbreitet wurden. Die Überschrift "*MGK VLKSM*" fehlte im Original und war von Aleksandr G. Vel'š hinzugefügt worden, über den die Flugblätter ins liberale Milieu gelangten.[478]

Obwohl der *Ustav nrava* in der ausländischen Forschung als erstes bekanntes Dokument des russischen Faschismus bezeichnet wird, wurde er in der Sowjetunion offensichtlich anders aufgefasst. Die ideologischen Tendenzen, die im ZK des Komsomol ihren Ausgangspunkt hatten, wurden den Liberalen durch Veröffentlichungen in der offiziellen Jugendpresse bekannt, so dass der *Ustav* als logischer Ausdruck dieser Tendenzen betrachtet wurde. Kurz zuvor hatte der "alte Bolschewik" I. M. Danischevskij im *Samizdat* einen Brief mit dem Titel *Über die Erziehung im Geiste des sowjetischen Internationalismus* veröffentlicht. Darin äußerte er sich empört über den Artikel *Otečestvo* [Vaterland], der von dem jüngeren Pavlov-Anhänger Peskov verfasst und am 4. Juni 1965 in der *Komsomol'skaja pravda* veröffentlicht worden war. Im folgenden Auszug wird deutlich, wie heftig die Auseinandersetzungen geführt wurden:

---

475 Ebd. Akte 248, Bl. 38.
476 Ebd.
477 Interview des Historikers Boris I. Belenkin mit den Liberalen Ju. Samsonov und Ju.Ževljuk, die für Aufruhr um den *Ustav nrava* sorgten. Privatarchiv Belenkins, 1998.
478 Vel'š sollte zum Instrukteur der Propagandaabteilung in der Moskauer Stadtleitung des Komsomol werden, anstelle von Lun'kov, für den der Posten des Ersten Sekretärs der Stadtbezirksleitung im Moskauer Bezirk Krasnopresnenskij vorgesehen war. Als Vorbereitung auf das neue Amt bekam Vel'š Einsicht in die internen Dokumente, unter anderem auch in den *Ustav nrava*. Empört über den Inhalt des *Ustav*, fertigte er davon Kopien an, die er mit der Überschrift "*MGK VLKSM*" bedruckte, und verbreitete sie mit Hilfe Samsonovs und Ževljuks in den liberalen Kreisen.

> "Das von Peskov angeregte Programm der patriotischen Erziehung, einer Erziehung durch Verzückung angesichts der majestätischen Schönheit der Kirchen und des süßen Klangs der Glocken, durch die Erhaltung und sogar Wiedereinführung von altertümelnden Benennungen wie *Ochotnyj rjad* und durch die Verherrlichung und Lobpreisung der zaristischen Satrapen und der von den Zaren kanonisierten Ahnen hätte zum vorrevolutionären Patriotismus der herrschenden Klassen gepasst, oder zu den patriotischen Seufzern der Ausgeburten aus den Reihen der Deportierten und Nichtrückkehrer und der Vlasov-Anhänger, die ja von so einem antisowjetischen Russland träumen und nicht von unserer Sowjetischen Sozialistischen Heimat, zu der ihnen der Weg versperrt ist."[479]

Da die Liberalen zu jener Zeit keine politische Unterstützung im Politbüro hatten, konnten sie den *Ustav* nicht dazu nutzen, politische Sanktionen gegen das ZK des Komsomol zu erzwingen. Bestraft wurden nur die eigentlichen Autoren des Textes. Skurlatov wurde aus der Partei ausgeschlossen, verlor jede Aussicht auf eine politische Karriere und war gezwungen, zunächst eine Tätigkeit am *INION* und später in der Redaktion der Zeitschrift *Technika molodëži*, die von dem älteren Pavlov-Anhänger Zacharčenko geleitet wurde, aufzunehmen. Lun'kovs Karriere im Komsomol war ebenfalls zu Ende. Nach einem persönlichen Gespräch mit Pavlov wurde er ins Komitee der Jugendorganisationen der UdSSR versetzt, zu Rešetov, einem weiteren Spitzenmann der Gruppe. Kol'čenko kam unbeschadet davon, da er zu dem Zeitpunkt nicht in den Komsomol-Strukturen arbeitete. Die *UMM* stellte ihre Tätigkeit ein. Lediglich ihr Name wurde als Bezeichnung eines nach damaligen Maßstäben sehr gewagten Komsomol-Programms beibehalten, in dem unter anderem empfohlen wurde, Philosophen wie Heidegger, Sartre, Jaspers und Nietzsche zu lesen.[480]

Die im *Ustav* formulierte Ideologie bzw. die ideologischen Grundsätze fanden sich jedoch weiterhin in der Komsomol-Presse. Beispielhaft mag dafür ein Artikel aus der *Komsomol'skaja pravda* stehen, der in der Zeit nach dem Skandal erschien:

> "In unserem Zirkel *Naš Leninskij komsomol* und in den politischen Jugendklubs *Rodina* und *Prometej* machen sich die jungen Männer und Frauen die Leninsche Philosophie, die bolschewistische Standhaftigkeit im Kampf für den Kommunismus und für die Festigung der Macht und der Wehrfähigkeit unseres Vaterlandes erfolgreich zu Eigen. [...] Ein unabdingbarer Teil der politischen Jugendarbeit ist die Erziehung im Geiste der Unversöhnlichkeit mit der kapitalistischen Ausbeutung und der feindlichen Ideologie. In der *UMM*, in den politischen Klubs und anderen Formen der politischen Bildung be-

---

479 *Političeskij dnevnik*, Bd. 1, S. 70.
480 *Universitet molodogo marksista*, S. 11.

greifen die jungen Männer und Frauen das Leninsche Prinzip der Parteilichkeit, lernen es, die hinter der Maske der politischen Neutralität und des Pazifismus versteckten kleinbürgerlichen und bourgeoisen Ideale sowie die Interessen der gegenerischen Klassenideologie zu erkennen und zu entlarven."[481]

Eine weitere Versuchsplattform war der Klub *Rodina*, der Jugendklub der Liebhaber der Geschichte und der altrussischen Kunst. Gegründet wurde er 1964 an der Schnittstelle gemeinsamer Interessen einer Gruppe der alten Intelligenzija, die sich unter der Leitung Pëtr D. Baranovskijs für den Erhalt von Architekturdenkmälern engagierte, und junger Nationalisten aus dem ZK des Komsomol und ihm nahe stehenden Kreisen. Ein Artikel in der *Komsomol'skaja pravda* von Peskov über den Klub *Rodina* (Heimat) machte diesen bekannt und verhalf der Denkmalschutzbewegung zur Legalisierung. 1965/1966 setzte sich das ZK des Komsomol für die Gründung der Allrussischen Gesellschaft zum Schutz von Denkmälern der Geschichte und Kultur *(Vserossijskoe obščestvo zaščity pamjatnikov istorii i kul'tury VOOPIiK)* ein.

Die dritte Plattform war der sowjetisch-bulgarische Klub der schöpferischen Jugend. Wie der Name besagt, wurde der Klub für den Austausch zwischen jungen bulgarischen und sowjetischen Künstlern gegründet. Es verwundert nicht, dass das ZK des Komsomol gerade die Beziehungen zu Bulgarien stärken wollte, denn Bulgarien galt wegen seiner slawischen Kultur und des orthodoxen Glaubens als das am stärksten mit der UdSSR verbundene Land im sozialistischen Lager und zudem als das zuverlässigste, weil es dort weder Massenproteste noch Antisowjetismus gab. Der Klub wurde von Ganičev, der zur Hälfte Bulgare war, gegründet, als die pavlovsche Epoche im ZK des Komsomol bereits ihrem Ende entgegenging. Die erste Sitzung fand im Januar 1967 in Eriwan statt. Zu Anfang, so Semanov, Mitglied des Klubs seit 1969, betätigten sich im Klub hauptsächlich die üblichen Gestalten, die auch an allen internationalen Treffen teilnahmen, d. h. ideenlose Karrieremacher und die "jeunesse dorée". Nachdem Ganičev jedoch 1968 Palievskij kennengelernt hatte, führte dieser einige Angehörige der Bewegung russischer Nationalisten in den Klub ein.[482] So sind in einer 1979 von Semanov veröffentlichten unvollständigen Liste der sowjetischen Klubmitglieder Namen wie Čuev, Belov (Vize-Präsident des Klubs), Rasputin, Kožinov, Lanščikov, Palievskij,

---

481 Idejno zakaljat' molodëž, in: *Komsomol'skaja pravda*, 21. November 1965. Der aus der *Pravda* übernommene Artikel wurde offensichtlich vom ZK des Komsomol inspiriert.
482 Interview mit Semanov, 16. April 2000.

Michajlov und Ganičev zu finden.[483] Belov, der sich in seiner Beurteilung des Klubs Semanov anschließt, schreibt heute, dass der Klub "eine verhältnismäßig große Gruppe patriotisch gesinnter junger Leute vereinte"[484]. Weiter zählt er dieselben Namen auf und fügt noch den Schriftsteller Viktor S. Sidorov hinzu. Zu nennen ist auch Cipko, der sich als geistiger Nachfolger der *Smenovechovcy* betrachtete und 1968 bis 1969 Vizepräsident des Klubs war.[485] Um die ideologische Untermauerung der brüderlichen Beziehungen zu gewährleisten, gründete das ZK des Komsomol beim Verlag *Molodaja gvardija* die sowjetisch-bulgarische Zeitschrift *Družba narodov* (Völkerfreundschaft). Ein jüngerer Pavlov-Anhänger, der Dichter Firsov, bekam den privilegierten und wenig anstrengenden Posten des Chefredakteurs, der ihm unter anderem freien Zugang zu billigem hochwertigem Alkohol verschaffte.[486]

Die Mitglieder des Klubs hatten die für damalige Verhältnisse und ganz besonders für die junge Generation seltene, wenn nicht gar einzigartige Möglichkeit, regelmäßig ins Ausland zu reisen. Nach Semanovs Aussage fanden alle Treffen in einem noblen Ambiente statt, auch Gruppenausflüge und Empfänge standen auf der Tagesordnung. Für die Mitglieder des Klubs, zumindest für die sowjetischen, hatte die ideologische Komponente der Arbeit eine große Bedeutung. Semanov erzählt:

> "Ich weiß noch, wie Vasilij Belov gerade erst in den Klub gekommen war. Er war damals ein ausgesprochener Antistalinist, fast ein Westler. Und während einer Reise bearbeiteten Viktor V. Petelin [Literaturwissenschaftler und Aktivist der "Russischen Partei" – Anm. d. Autors] und ich ihn dann von beiden Seiten, um das beschränkte Hirn dieses Provinzlers aus Vologda mit allem zu füllen, was wir wussten und begriffen hatten."[487]

Eine derartige Agitation, noch dazu während einer Reise, bei der sich die Teilnehmer zwangsläufig näher kamen, erwies sich als äußerst erfolgreich. Alle Treffen der Klubmitglieder waren ziemlich ideologisiert und vom Geist des russischen Nationalismus durchdrungen. Beispielsweise beschreibt Semanov die fünfte Sitzung des Klubs am 2. Juli 1969. Anwesend waren Šolochov, der Erste Sekretär des ZK des Komsomol Tjažel'nikov, der Kosmonaut Boris V. Volynov und der Leutnant und Grenzsoldat Jurij V. Babanskij,

---

483 Die Liste erschien 1974. S. SERGEJ N. SEMANOV: Molodost', družba, tvorčestvo, in: ders.: *Velikie uroki.* – Moskau: Pravda, 1979, S. 38.
484 VASILIJ I. BELOV: Tjažest' kresta, in: *Naš sovremennik*, 10/2000, S. 125.
485 Interview mit Cipko.
486 Firsov leitete *Družba* bis 1991, als die Zeitschrift von ihm in *Rossijane* umbenannt wurde. Er gibt sie bis heute unter diesem Namen heraus.
487 Interview mit Semanov, 16. April 2000.

der auf der Insel Damanskij heldenhaft gekämpft hatte. Šolochov, der schon lange nicht mehr schrieb, aber die zentrale Person auf dem Treffen war, hörte sich die Lobrede auf seine Person an und "kritisierte [anschließend] scharf die Eigenwilligkeit und den provokanten Voluntarismus, der im künstlerischen Milieu des Westens, aber nicht nur des Westens, so populär war. [...] Michail Aleksandrovič hob besonders die Notwendigkeit der *narodnost'* [Volkstümlichkeit; Verbundenheit mit der Kultur und den Traditionen des Volkes] in der Kunst hervor. Unsere Feinde, so Šolochov, trachten danach, die sowjetische Kunst dieses Guts zu berauben, und darum schrecken sie vor nichts zurück, um das Konzept der *narodnost'* zu beschmutzen und es mit dem Begriff des Nationalismus gleichzusetzen."[488]

Selbst aus dieser bereits zensierten Veröffentlichung ist ersichtlich, worüber und in welcher Diktion die jungen Nationalisten mit dem von ihnen hoch verehrten Schriftsteller sprachen. Šolochov wurde auf dieser Sitzung übrigens zum Ehrenmitglied des Klubs ernannt.

Die nationalistische Ausrichtung des Klubs war selbst für Außenstehende offensichtlich. Nach einem Treffen des Klubs in Bulgarien 1969 schickte deshalb der Kulturrat der sowjetischen Botschaft in Bulgarien eine Beschwerde nach Moskau. Die Beschwerde landete ausgerechnet bei Tjažel'nikov, der nach Semanovs Worten einen "prorussischen Schritt" unternahm, indem er die Beschwerde an Nikonov weiterreichte, von dem die Angelegenheit letztendlich vertuscht wurde.[489] Der Klub existierte bis Mitte der 70er Jahre und löste sich auf, als seine Mitglieder ein gewisses Alter erreicht hatten.

---

488 SEMANOV: *Molodost', družba, tvorčestvo*, S. 39.
489 Interview mit Semanov, 16. April 2000.

6 Die russischen Nationalisten und die Bewegung für Denkmalschutz in den 50er und 60er Jahren[490]

Pëtr D. Baranovskij und der Klub Rodina (Heimat)

Die Städtebau-Politik von Nikita Chruščëv führte zu einer gnadenlosen Zerstörung vieler architektonisch wertvoller Bauwerke. Zugleich ermöglichte die relative Liberalisierung des Regimes den Bürgern, den sogenannten "Vertretern der Öffentlichkeit", ihrer Empörung über den Vandalismus Ausdruck zu verleihen und Druck auf die Staatsmacht auszuüben. Nach einer Reihe von einzelnen Protesten Ende der 50er/Anfang der 60er Jahre bildete sich in Moskau eine relativ starke Bewegung, die sich den Schutz und den Wiederaufbau zerstörter historischer und kultureller Denkmäler zum Ziel gesetzt hatte. Diese Bewegung vereinte Angehörige der alten Intelligencija der Vorkriegszeit und sogar der Vorrevolutionszeit und junge Intellektuelle und wurde von Pëtr D. Baranovskij, einem bedeutenden Baurestaurator, dessen professionelle Erfahrung in die Vorrevolutionszeit zurückreichte, angeführt.

Die in der zweiten Hälfte der 50er Jahre um Baranovskij entstandene Gruppe, die später auf ein Mehrfaches anwuchs, arbeitete in drei verschiedenen Richtungen: Bestandsaufnahme und fotografische Dokumentation der bedrohten und zerstörten Denkmäler, Petitionskampagnen mit Unterstützung namhafter Persönlichkeiten aus Kultur und Wissenschaft zum Schutz dieser Objekte und die Gründung einer Organisation zur systematischen Erhaltung und Restaurierung der Baudenkmäler.

Professor A. S. Trofimov schildert in seinem Gedenkband für Baranovskij die Anfänge dieser Gruppe. 1957 wurde er zu Baranovskijs 65. Geburtstag ins Haus der Familie Lavrent'ev in Moskau eingeladen. Aus seinen Aufzeichnungen geht hervor, dass die Atmosphäre auf der Feier eher an eine konspirative Versammlung erinnerte:

> "Baranovskij sprach vom katastrophalen Zustand der Denkmäler nicht nur in Moskau, sondern auch in der Provinz: 'Die heutigen Zustände erinnern an die 30er Jahre. Es ist notwendig, alle kulturellen Kräfte zu bündeln und Moskau um jeden Preis zu erhalten. Dann werden sich auch andere russische Städte an Moskau orientieren.' [...] Einzelne

---

490 Übersetzung: Tatjana Bedson.

Versuche der Anwesenden, den Monolog in einen Dialog umzuwandeln, weil jeder Pëtr Dmitrievič [Baranovskij] ergänzen wollte, blieben erfolglos."[491] Dasselbe geschah auch auf den literarischen Abenden, die von Baranovskij organisiert wurden. Diese Versammlungen fanden jeden Mittwoch in seiner Wohnung, die sich in den Klosterzellen des Neujungfrauenklosters befand, statt und waren im Wesentlichen der altrussischen Literatur, Kunst und Geschichte gewidmet. Der Hausherr trug lange Passagen aus dem *Slova o zakone i blagodati* (Wort über das Gesetz und die Gnade) des Metropoliten Illarion und der *Poučenija Vladimira Monomacha* (Belehrung des Vladimir Monomach)[492] vor, die er auswendig kannte. Seine Zuhörer waren, wie Desjatnikov in seinem Tagebuch notierte, "Freunde und Gleichgesinnte, die sich für den Schutz historischer Denkmäler vor den eifrigen Zerstörern nationaler russischer Heiligtümer einsetzten".[493]

Die Tätigkeit Baranovskijs und seiner Mitstreiter in der Intelligencija begann zwar bereits Ende der 50er Jahre, sie fand jedoch lange Zeit keine Unterstützung bei der Staatsmacht. Im Herbst 1959 zum Beispiel gingen Pëtr Baranovskij und Nikolaj N. Voronin zu einem der einflussreichsten Förderer der russischen Nationalisten, dem Vorsitzenden des Ministerrates der UdSSR Dmitrij S. Poljanskij, um sich für den Erhalt eines Baudenkmals im Zentrum von Moskau einzusetzen. Allerdings konnte das Denkmal weder durch diese Audienz noch durch den Einsatz der Mitglieder der Kommission für den städtebaulichen Schutz historischer und architektonischer Denkmäler der Moskauer Abteilung des Künstlerverbandes sowie angesehener Vertreter der Öffentlichkeit, wie des Flugzeugkonstrukteurs Andrej N. Tupolev oder des Direktors des Moskauer Konservatoriums Alexandr V. Svešnikov, vor dem Abriss gerettet werden.[494] Im Mai 1962 erschienen in der führenden Zeitung des Landes, der *Pravda*, zwei Artikel, in denen ein im März 1962 in der Zeitschrift *Moskva* veröffentlichter und von den Anhängern der Bewegung für Denkmalschutz, darunter A. Korobov, P. Revjakin, V. Tydman und N. Čertunova, un-

---

491 PËTR D. BARANOVSKIJ: *Trudy, vospominanija sovremennikov.* – Moskau: Otčij dom, 1996, S. 183.
492 Ebd. S. 244.
493 VLADIMIR A. DESJATNIKOV: *Dnevnik russkogo. Rukopis'.* – Eintrag vom 05.10.1963, (Manuskript im Besitz des Autors).
494 PËTR D. BARANOVSKIJ: *Trudy, vospominanija sovremennikov.* – Moskau: Otčij dom, 1996, S. 184–185.

terzeichneter Brief mit dem Titel "Wie soll in Moskau zukünftig gebaut werden?" verurteilt wurde.[495]

Die Denkmalschützer stießen nicht nur und nicht so sehr auf den Widerstand einer starken Architektur-Lobby, der beträchtliche finanzielle Mittel für die Projektierung neuer Objekte zur Verfügung standen, die sich aber gleichzeitig im Großen und Ganzen der Bedeutung der Denkmäler bewusst war und diese in das moderne Stadtbild integrieren konnte. Namhafte Architekten wie Aleksej V. Ščusev, Ivan V. Žoltovskij und die Brüder Aleksandr A., Leonid A. und Viktor A. Vesnin protegierten Baranovskij sogar seit Vorkriegszeiten. Sie setzten sich für eine Wohnerlaubnis in Moskau für ihn ein und gaben ihm Arbeit.[496] Der Hauptgegner der Bewegung war vielmehr der Partei- und Regierungschef Nikita Chruščëv, der den Erhalt historischer, insbesondere religiöser Denkmäler, den er abfällig als "Eierverehrung"[497] bezeichnete, geringschätzte. Selbstverständlich bestimmte Chruščëvs Einstellung das Handeln der unterstellten Funktionäre und auch wenn einige seine Ansichten nicht teilten, so wollten sie doch ihre Karriere nicht für alte Steine aufs Spiel setzen.

Gegen Ende der Chruščëv-Ära begann sich die Situation jedoch zu ändern. Chruščëv verlor zunehmend die Kontrolle über den eigenen Apparat und einige der Funktionäre, die eine gewisse Unabhängigkeit erlangt hatten, begannen Baranovskijs Anliegen zu unterstützen. Während die einen die Idee des Erhalts der Baudenkmäler an sich unterstützten, sahen die anderen in ihr eine Möglichkeit, ihre eigenen ethnisch-nationalistischen Ansichten verwirklichen zu können.

Bereits 1963/1964 fanden Baranovskij und seine Mitstreiter Unterstützung bei Organisationen wie dem Sowjetischen Friedenskomitee, der Moskauer Abteilung des Künstlerverbandes und der Akademie der Künste der UdSSR. Aleksandr V. Belokon', ein aktiver Anhänger der Bewegung für Denkmalschutz und russischer Nationalist, erinnert sich:

---

495 Ebd. S 236; YITZAK BRUDNY: *Reinventing Russia*. – Cambridge, Mass. u.a.: Harvard University Press, 1998, S. 67, 281.
496 PËTR D. BARANOVSKIJ: *Trudy, vospominanija sovremennikov*. – Moskau: Otčij dom, 1996, S. 163, 136.
497 Vgl. LEV E. KOLODNYJ, *Ljubov' i nenavist' Il'i Glazunova*. – Moskau: Golos, 1998, S. 408. Aus Sergej Michalkovs Gespräch mit Glasunov, in dem Michalkov von Chruščëvs Reaktion auf einen Brief der Denkmalschützer berichtete, dessen Autor Kolodnyj nicht erwähnt. Aber die Tatsache, dass Michalkov den Brief von Glasunov bekam, lässt darauf schließen, dass der Brief von Baranovskij oder seinen Anhängern stammte.

"Im Kulturausschuss des Sowjetischen Friedenskomitees, der von dem Schriftsteller Vasilij D. Zacharčenko [einem der älteren Pavlov-Anhänger – Anm. d. Autors] geleitet wurde, fühlten sich die Anwesenden frei und ungezwungen [...]. Ich habe versucht, keine Sitzung der Arbeitsgruppe für Baudenkmal- und Museumsschutz zu verpassen. [...] Alle Sitzungen wurden ausnahmslos extrem kurzfristig einberufen. Ein Anruf der Sekretärin der Arbeitsgruppe Kira Rožnova konnte nur das Eine bedeuten: Man musste alles stehen und liegen lassen und unverzüglich in die *Kropotkinskaja* 10 fahren. Als erster traf Baranovskij ein. Bei ihm gingen alle Meldungen über Akte von Vandalismus aus der ganzen Sowjetunion ein, was wir alle wussten. Und diese Meldungen gab es so gut wie jeden Tag[498]".

Parallel dazu versuchte etwa seit dem Sommer 1964 eine Initiativgruppe der Bewegung von den zuständigen Behörden die Erlaubnis für die Gründung einer offiziell registrierten gesellschaftlichen Organisation für Denkmalschutz zu bekommen.

Desjatnikov erinnert sich, dass er im Sommer 1964 gemeinsam mit Baranovskij, Michail P. Kudrjavcev und dem Architekten und Restaurator Leonid I. Antropov als Gruppe von "Vertretern der Öffentlichkeit" im Büro des ZK der KPdSU für die RSFSR den Vorschlag unterbreitete, eine Gesellschaft für Baudenkmalschutz zu gründen. Hauptredner war Desjatnikov, zu dem Zeitpunkt in den Augen der Partei- und Staatsführung der respektabelste unter den Abgesandten, weil er hauptamtlich im Kulturministerium der UdSSR tätig war.[499] Außerdem stattete Baranovskij Ende 1964 der Kulturministerin der UdSSR, Elena A. Furceva, einen Besuch ab. Auch wenn dieses Treffen keinen Erfolg brachte, war doch aufschlussreich, dass Furceva nach Aussagen der Biografen Baranovskijs im Laufe des Gesprächs "nach einer kurzen Pause, wobei sie gedankenverloren zur Seite schaute, wie zu sich selbst sagte, dass, wenn es nach ihr ginge, sie alle Kirchen an das Moskauer Patriarchat zurückgeben würde – man müsse dann kein Geld ausgeben und hätte auch weniger Sorgen".[500]

Die Bewegung für Denkmalschutz vermied jegliche politischen Erklärungen, war jedoch seit Beginn ihres Bestehens weitestgehend in der Hand russischer Nationalisten. Für Baranovskij und seine Freunde und Gleichgesinnte war laut Desjatnikov der Erhalt russischer Kulturdenkmäler im engen ethni-

---

498 PĚTR D. BARANOVSKIJ: *Trudy, vospominanija sovremennikov.* – Moskau: Otčij dom, 1996, S.236.
499 Aus Desjatnikovs Rede auf der Gedenkveranstaltung für Baranovskij, gehalten am 21.02.2000 in Moskau im Haus der Journalisten. Aufzeichnung des Autors.
500 PĚTR D. BARANOVSKIJ: *Trudy, vospominanija sovremennikov.* – Moskau: Otčij dom, 1996, S. 168, 186.

schen Sinne, angefangen von der Kultur der Kiever Rus', von vorrangiger Bedeutung. Baranovskij und einige seiner Freunde waren als Experten für Erkundungs- und Restaurierungsarbeiten auch in nichtrussischen Regionen der UdSSR tätig. Diese Arbeit bildete aber offensichtlich nicht den Schwerpunkt seiner Tätigkeit. In Russland selbst kümmerte er sich ausschließlich um Denkmäler der materiellen Kultur, die von Russen geschaffen wurden. Es ist nicht bekannt, ob Baranovskij selbst sich als Ethno-Nationalisten sah, aber viele, die sich seiner Bewegung anschlossen, darunter die bereits erwähnten Glazunov, Desjatnikov und Solouchin, der Historiker Belokon', das Akademiemitglied Petrjanov-Sokolov, Experte für chemische Waffen, und später dann die Architekten Žurin, Vinogradov und Kudrjavcev, waren eindeutig russische Nationalisten und taten dies auch wiederholt kund. Für einige, so für Glazunov, war das politische Pathos offensichtlich wichtiger als der alltägliche Einsatz für den Denkmalschutz selbst. Davon zeugt beispielsweise eine Notiz im Tagebuch Desjatnikovs über seine Pilgerfahrt mit Glasunov und Solouchin zum Neu-Jerusalem- und Joseph-Wolokolamsk-Kloster im Juli 1963:

"Das Hauptthema unserer Gespräche während der Reise war die Ausrottung der jüdischen Häresie durch Joseph von Wolokolamsk. [...] Ein sehr aktuelles Thema. Fünf Jahrhunderte später haben die Judenfreunde die Oberhand gewonnen, weil 'Joseph vom Kreml' die Erfahrung und die wissenschaftliche Arbeit Josephs von Wolokolamsk ignorierte".[501]

In unserem Untersuchungszeitraum gab es in der UdSSR in der Architekturbranche und der Bauindustrie kein Berufsverbot für Vertreter diskriminierter Volksgruppen, und so gab es viele Juden unter den namhaften Moskauer Architekten, darunter auch der Verantwortliche für die Entwicklung und Umsetzung des Generalplans der städtebaulichen Entwicklung. Desjatnikov und andere russische Nationalisten, die Anhänger der Bewegung für Denkmalschutz waren, machten die jüdischen Architekten für den Verfall des historischen Zentrums von Moskau verantwortlich.[502]

"Das anwachsende öffentliche Engagement ist zum größten Teil darauf zurückzuführen, dass das Zentrale Bau- und Planungsamt der Stadt unter der Leitung von Po-

---

501 DESJATNIKOV: Dnevnik russkogo, in: *Molodaja gvardija*, 7–8/1999, S.191.
502 DESJATNIKOV zitiert in seinem Tagebuch seine eigene Aussage bei einem Treffen mit Pëtr L. Kapica, bei dem der eine Petition der Denkmalschützer unterschrieb: "Pëtr Dmitrijevič Baranovskij führt seit Ende der 20er Jahre eine Liste der eifrigsten Zerstörer des russischen Nationalerbes. Die Zeit wird kommen, da wir all diese Kaganovičs, Kolcovs, Posochins und die ihnen ebenbürtigen 'russischen Verräter' vom Schlage der Vesnins an den Pranger stellen werden" (DESJATNIKOV: *Dnevnik*, Manuskript, Eintrag vom 06.03.1967). Allerdings ist unklar, inwieweit Desjatnikov in diesem Eintrag die Akzente richtig gesetzt hat.

sochin-Pejsochin [vgl. die bereits erwähnte Vorliebe der russischen Nationalisten für die Verballhornung von Namen – Anm. d. Autors] die historischen Bauten, in erster Linie Kirchen, unter dem Vorwand, seinen gesellschaftlichen Auftrag der städtebaulichen Rekonstruktion wahrzunehmen, planmäßig abreißen lässt".[503] Deshalb standen auf der Liste der Architekten, die "sich der Zerstörung Moskaus schuldig gemacht haben", größtenteils jüdische Namen.[504] Gleichzeitig wussten die Anhänger der Bewegung sehr wohl, dass die Liste der zum Abriss bestimmten Gebäude nicht von Architekten erstellt wurde. Entscheidungen über neue Bauprojekte wurden von Parteifunktionären getroffen und die Umsetzung erfolgte auf lokaler Ebene durch die Leiter der Stadtbezirks- und der Stadtexekutivkomitees. Der Erste Sekretär des Moskauer Stadtkomitees der KPdSU von 1967 bis 1985 und Mitglied des Politbüros des Zentralkomitees der KPdSU von 1971 bis 1986 Viktor V. Grišin gab später in einem Interview zu, dass er das Recht hatte, die endgültigen Entscheidungen über die meisten städtischen Bauprojekte zu treffen, unter anderem auch die über den Erhalt oder Abriss der Gebäude, für die sich die "Öffentlichkeit" einsetzte.[505] Die Architekten waren in der Regel nur an der technischen Umsetzung der Beschlüsse beteiligt. Das Abschieben der Verantwortung auf die Architekten war lediglich die Art der Anhänger der Bewegung für Denkmalschutz, mit der Staatsmacht zu kommunizieren, ohne die Partei- und Staatsfunktionäre offen zu beschuldigen. Dass die Wahl der "Opfer" aus dem Kreis jüdischer Architekten oder russischer Architekten, die der Zugehörigkeit zu den Juden "be-

---

503 DESJATNIKOV: *Dnevnik*, Manuskript, Eintrag vom 11.04.1964.
504 Es ist mir nicht gelungen, vertrauenswürdige Informationen zu den Namen der Verfasser solcher Listen zu finden. Die Kopie einer Liste mit dem Titel "Zerstörung des Erscheinungsbildes von Moskau" (eine Liste der abgerissenen und zerstörten Kirchen, Kapellen und historischen Denkmäler in Moskau) wurde veröffentlicht (SA Nr. 381, SDS Bd. 5, ursprünglich erschienen im Juni 1970 bei Vosroždenije, Paris, S. 113–124). In diesem Dokument wird der Widerstand der Öffentlichkeit gegen den Bau des Kalinin-Prospekts 1968 erwähnt (der Held des Widerstands ist der Maler Korin, sein Kontrahent der Zerstörer Posochin). Desjatnikov sagte im Interview vom 06.07.2000, dass die erste Liste der "Zerstörer Moskaus" von Baranovskij auf Vorschlag A. Vasnecovs hin bereits Mitte der 30er Jahre erstellt wurde. Später wurden weitere Listen in Architektenkreisen erstellt. Baranovskij bestritt entschieden, etwas mit der Erstellung dieser Listen zu tun gehabt zu haben. Es ist jedoch anzunehmen, dass bei der Erstellung der Listen Anhänger der sogenannten Fetisov-Gruppe mitwirkten, dazu gehören Žurin, Vinogradov, Kudrjavcev u.a. Žurin und Vinogradov bestritten ihre Autorschaft in einem Interview 1994, vermuteten aber, dass jemand aus ihrem engeren Umkreis diese Listen erstellt hatte.
505 ANDREJ V. KARAULOV: *Vokrug Kremlja*, 2 Bde. – Moskau: Slovo, 1993; hier: Bd.2, S. 18–19.

schuldigt" wurden, erfolgte, zeugt vom großen Einfluss russischer Nationalisten in der Bewegung für Denkmalschutz.

Die erste legale Denkmalschutzorganisation war der Klub *Rodina*. Als offizielles Gründungsdatum des *Jugendklubs der Freunde der Geschichte und altrussischen Kunst* gilt der 25. Mai 1964. An diesem Tag führte eine große Gruppe von Studenten des Moskauer Instituts für chemische Technologie (MChTI), an dem der bereits erwähnte Akademiker I. Petrjanov-Sokolov lehrte, einen freiwilligen Subbotnik, eine Aufräumaktion, in dem historischen Bischofssitz *Krutickoe Podvor'e (Kruticy)* in Moskau durch. Dem war eine Reise der Studenten vom *MChTI* nach *Pereslavl-Zalesskij, Rostov Velikij* und *Uglič* im April 1964 vorausgegangen, die einen derart starken Eindruck bei den Stundenten hinterließ, dass sie am 8. Mai 1964 einen Abend der altrussischen Kunst und eine Fotoausstellung organisierten. Zu diesem Abend kamen die Aktivisten des Kulturausschusses des Sowjetischen Friedenskomitees Baranovskij, Vladislav P. Tydman sowie die Maler Glazunov, A. Korobov und Aleksej M. Laptev. Nach den Vorträgen der Gäste boten die Studenten ihre Hilfe bei Restaurierungsarbeiten an. Baranovskij schlug ihnen daraufhin vor, in Kruticy zu arbeiten. An diesem Abend fiel die Entscheidung über die Gründung des Klubs *Rodina*.[506]

Die Restaurierungsarbeiten lösten bei den jungen Leuten eine Welle der Begeisterung aus:

> "Gearbeitet wurde nahezu pausenlos, oft arbeiteten bis zu hundert Mann gleichzeitig. Der Vorstand des Klubs legte die Arbeitstage fest: Montag und Donnerstag ab 18 Uhr. Viele kamen jedoch auch an anderen Tagen. Im Klub bildeten sich verschiedene Fachbereiche: Architektur, Malerei, historische Literatur und Aufsicht. Dank Baranovskijs Bemühungen wurde dem Klub ein kleiner Raum in den *Nabereżnye Palaty* in Kruticy zur Verfügung gestellt […], eine Telefonleitung wurde freigeschaltet und umgehend erschien auch die Telefonnummer im Telefonbuch von Moskau".[507]

Am 14. Juli 1964 erschien in der Zeitung *Komsomol'skaja Pravda* ein lobender Artikel des Journalisten Vasilij M. Peskov, zur Erinnerung: einer der jüngeren Pavlov-Anhänger, und der Klub wurde landesweit bekannt, was eine offizielle Registrierung ermöglichte. Zu diesem Zeitpunkt versuchte Glazunov die Führung in der neuen Organisation an sich zu reißen, was ihm aber nicht

---

506 Ausführlicher zur Geschichte des Klubs s.: BARANOVSKIJ: *Trudy*, S. 272–276; KOLODNYJ: *Ljubov' i nenavist'*, S. 394–397. Ausführlicher zum Abend im MChTI s.: DESJATNIKOV: *Dnevnik*, Eintrag vom 08.05.1964.
507 PĖTR D. BARANOVSKIJ: *Trudy, vospominanija sovremennikov*. – Moskau: Otčij dom, 1996, S.272–273.

gelang: " Mit einem Tritt in den Hintern flog Glazunov, der die Leitung des Klubs übernehmen wollte, aus *Rodina* hinaus, man hatte gegen ihn gestimmt".[508]

Diese emotionale Beschreibung eines ehemaligen Aktivisten des Klubs zeugt von dem erbitterten Kampf, der die Wahl zum Vorsitzenden der neuen gesellschaftlichen Organisation 1964 begleitete. Denn in Wirklichkeit wurde über die Frage entschieden, ob der Klub zu einer politischen Organisation unter der Kontrolle des Zentralkomitees des Komsomol werden würde oder ob die Mitglieder sich in erster Linie dem eigentlichen Zweck, zu dem der Klub gegründet worden war, dem Wiederaufbau von Baudenkmälern, widmen würde. Igor' K. Rusakomskij und viele seiner Mitstreiter entschieden sich für den zweiten Weg und wurden später professionelle Restauratoren.

Der bereits erwähnte ehemalige Mitarbeiter des Moskauer Stadtkomitees des Komsomol, Jurij G. Lun'kov, der Mitte der 60er Jahre eng mit Glazunov zusammenarbeitete, erinnert sich:

"Glazunov war 1964 Mitbegründer des Klubs *Rodina*. Er zeigte auch mir *Krutickoje Podvor'e*. Er wurde jedoch schon bald aus der Organisation verdrängt, da sie dort ein eingeschworenes Team waren, zu dem er nicht dazugehörte. Il'ja hat sich sogar an den Komsomol gewandt, um die Streitigkeiten beizulegen, aber der Komsomol wollte sich nicht einmischen. Ich denke, dass Il'ja deshalb aus der Organisation verdrängt wurde, weil es ihm mehr um die Politik, den anderen aber um die gemeinsame Sache ging".[509]

Im Februar 1965 beschlossen die Kulturverwaltung des Moskauer Gebiets und das Gebietskomitee des Komsomol die Verordnung über den Klub *Rodina*. Im selben Jahr wurde in Leningrad beim Russischen Museum der Klub *Rossjia* gegründet, der in etwa die gleichen Ziele wie *Rodina* verfolgte. Auch in der Provinz gab es Versuche, vergleichbare Organisationen zu schaffen. So gründete zum Beispiel der Maler Jurij Kopysov in der Stadt *Kargopol'* im städtischen Kulturhaus den Klub *Lemech* (Pflugeisen). Seine Initiative fand jedoch keine Unterstützung bei der Stadtverwaltung. Kopysov sah sich gezwungen, nach Moskau zu ziehen, wo er im Klub *Rodina* auf Gleichgesinnte traf.

---

508 Aus Rusakomskijs Rede auf der Gedenkveranstaltung für Baranovskij gehalten am 21.02.2000 in Moskau im Haus der Journalisten. Aufzeichnung des Autors. Zu Glazunovs Sicht auf die Entstehungsgeschichte des Klubs s.: KOLODNYJ: *Ljubov' i nenavist'*, S 39–396.
509 S. Interview des Autors mit Lun'kov.

Ermutigt durch die Erfolge und das Ausmaß der Bewegung für Denkmalschutz, leisteten Baranovskij und seine Mitstreiter Anfang 1965 eine intensive Aufklärungsarbeit, mit dem Ziel die Öffentlichkeitswirksamkeit der Organisation weiter auszubauen. Fast wöchentlich hielten sie Vorträge in verschiedenen Organisationen über die Notwendigkeit des Denkmalschutzes und zogen immer mehr Anhänger auf ihre Seite: "Dem Klub traten Mitarbeiter des Zentralen Instituts für Technologie des Maschinenbaus, Ingenieure, Arbeiter des Automobilwerks ZIL sowie Schüler der Schulen Nr. 551 und Nr. 1000 bei."[510]

Der harte Kern des Klubs bildete sich zwischen 1964 und Anfang 1965 heraus. Über seine Zusammensetzung aber sind sich die Memoirenschreiber nicht einig. Laut Nikolaj D. Gluščenko und S. E. Dmitriev, die die Geschichte des Klubs am ausführlichsten beschrieben haben, zählten zu den Aktivisten der Organisation die Ingenieure Ju. Fatjunin, Aleksandr M. Ponomarëv, B. Labazov, N. Emel'janov, A.Guz', Rusakomskij, der Maler Boris Kirjušin, der Wirtschaftswissenschaftler A. Popov und auch einige Vertreter der älteren Generation wie der Architekt, Restaurator und Sammler von historischen Backsteinen Leonid Antropov sowie der "beeindruckende Intellektuelle" K. Sulimcev.[511] Auf Rusakomskijs Liste hingegen stehen ganz andere Namen: der Vorstandsvorsitzende des Klubs *Rodina* Aleksandr Sadov, G. Voronova, O. Žurin, Viktor Vinogradov, Vitalij Rudčenko (heute ein angesehener Baudenkmal-Fotograf), Jurij Kopysov (heute einer der Leiter der radikalen orthodoxen Organisation *Sojus pravoslavnych chorugvenoscev*, Union orthodoxer Bannerträger), T. Kopysova, N. Ščetinina, T. Blagočinnova, N. Jemel'janov, T. Dubinčina, T. Ivanova, G. Kur'jerova, V. Bobylëv, V. Kercman, N. Michnenko und T. Kiselëva.[512] Insgesamt finden sich auf diesen beiden Listen 20 Namen; interessanterweise ist die Liste Rusakomskijs aus Genderperspektive korrekter. Die meisten Aktivisten der Organisation werden als Schüler und Mitstreiter Baranovskijs auch in anderen Quellen erwähnt. Auf die Liste gehören zweifelsohne auch Desjatnikov, Trofimov, Belokon', zum Teil auch Glazunov und der erste Vorsitzende des Klubs V. Irikov, die zu der Zeit den engeren Kreis von Baranovskij bildeten und selbstverständlich an den Aktivitäten des Klubs beteiligt waren.

---

510 PËTR D. BARANOVSKIJ: *Trudy, vospominanija sovremennikov.* – Moskau: Otčij dom, 1996, S. 273.
511 Ebd. S. 274.
512 Ebd. S. 258.

Eine Art gesellschaftlicher Rat des Klubs, der ihn bei der Arbeit unterstützte und vor dem Zorn der Staatsmacht schützte, bildeten einige Vertreter des Establishments: der Bildhauer Sergej Konenkov und der Maler Pavel Korin, die Schriftsteller Leonid Leonov, Vladimir Solouchin und Oleg K. Volkov, der Flugzeugkonstrukteur Oleg Antonov, der Kosmonaut Aleksej Leonov, der Sänger Ivan Kozlovskij, die Tochter des Sängers Fëdor Šaljapin Irina Šaljapina-Bakšeeva und der Journalist Vasilij Peskov. Einige von ihnen protegierten den Klub aus religiösen Gründen – Korin, Kozlovskij und Volkov waren tiefgläubige orthodoxe Christen. Volkov war zudem ein russischer Nationalist. Andere Mitglieder des "gesellschaftlichen Rates", darunter L. Leonov, V. Solouchin, A. Leonov und V. Peskov, standen dem Zentralkomitee des Komsomol und dem Verlag *Molodaja gvardija* nahe. Für eine enge Zusammenarbeit zwischen dem gesellschaftlichen Rat und dem Klub und Baranovskij sorgte Desjatnikov.

Man kann feststellen, dass der Klub *Rodina* sehr eng mit der Bewegung russischer Nationalisten zusammenarbeitete. Die meisten Mitglieder des gesellschaftlichen Rates des Klubs, mit anderen Worten seine Schutzpatrone, waren Mitglieder der Pavlov-Gruppe. Die Mitglieder dieser Gruppe betrachteten *Rodina* als eine Art "Versuchsplattform".

Valerij Ganičev erinnert sich:

> "Zu der Zeit, als ich im Zentralkomitee des Komsomol und bei *Molodaja gvardija* gearbeitet habe, gründete Il'ja Sergeevič Glazunov den Klub *Rodina*. Auch Dmitrij Vasil'jev, der später *Pamjat'* gründete, besuchte den Klub. Sie leisteten nützliche Arbeit – halfen bei Aufräumungsarbeiten in Klöstern. Wir unterstützten sie, schrieben einen Brief mit der Bitte, sich für den Erhalt von Kulturdenkmälern einzusetzen. In dieser Zeit wuchs auch das gesellschaftliche Engagement für die Gründung von Denkmalschutzorganisationen."[513]

Die treuesten Helfer Baranovskijs waren ebenfalls russische Nationalisten, und einige Klubmitglieder wurden später stark von ihnen beeinflusst. Selbstverständlich waren die Rettung und der Wiederaufbau von Baudenkmälern der altrussischen Kultur für alle von vorrangiger Bedeutung, aber offensichtlich teilten viele Mitglieder auch die Ideologie der russischen Nationalisten.

Schon kurz nach seiner Gründung wurde der Klub jedoch von seinen einflussreichen Gönnern vernachlässigt. Genauer gesagt, konnten die "hochrangigen Persönlichkeiten" mit der von den Mitgliedern des Klubs gewählten Organisationsform einer freiwilligen selbstständigen Studentenvereinigung

---

513 S. Interview des Autors mit Graničev.

nicht viel anfangen. Nach der Gründung der Allrussischen Gesellschaft für den Schutz von Denkmälern der Geschichte und Kultur (VOOPIiK), einer offiziellen seriösen und kontrollierbaren Organisation mit vielen Mitgliedern, war der Klub nicht länger die erste offizielle gesellschaftliche Vereinigung für Denkmalschutz und wurde zu einer der vielen kleinen Laienorganisationen in Moskau. Mit der Entscheidung, Glazunov nicht zum Klubvorsitzenden zu wählen, wurde auch das direkte Diktat des Zentralkomitees des Komsomol abgelehnt. Wie bereits erwähnt, veröffentlichte die Propagandaabteilung des Zentralkomitees des Komsomol zwar die Broschüre *Rodina. Musterthemenplan eines patriotischen Jugendklubs*, in der die hauptsächliche Arbeit des Klubs derart trocken dargestellt wird, dass sie die Leser kaum dafür begeistern konnte, setzte sich jedoch im Weiteren nicht für die Gründung ähnlicher Klubs in den Regionen mit Hilfe lokaler Organisationen ein. Sicherlich brauchte Baranovskij den Klub für die Rekrutierung potentieller Schüler und als Quelle kostenloser Arbeitskräfte für die Restaurierung von Baudenkmälern, aber in der zweiten Hälfte der 60er Jahre war er schon alt und nach der Gründung der Allrussischen Gesellschaft zum Schutz von Denkmälern der Geschichte und Kultur *(Vserossijskoe obščestvo zaščity pamjatnikov istorii i kul'tury VOOPIiK)* verlor er mehr an Einfluss als er gewann.

Die Verfolgung der *Rodina*-Mitglieder begann bereits, bevor die einstigen Schutzpatrone des Klubs ihre Posten verloren, wenngleich diese beiden Tatsachen wahrscheinlich im Zusammenhang stehen. Anfang 1967 beschloss das Kulturamt des Moskauer Gebiets, sich bei den Klubmitgliedern für ihre Arbeit zu bedanken und den Klub aufzulösen, da er den gleichen Aufgaben nachgehe wie die *VOOPIiK*. Die Klubmitglieder erklärten diesen Beschluss zwar mit eigennützigen Interessen einiger Funktionäre, die das zentral liegende *Krutickoe Podvor'e* für sich beanspruchten, der Beschluss wäre aber ohne die Zustimmung oder sogar direkte Anweisung der Partei nicht möglich gewesen.

Dennoch konnte der Klub trotz seiner offiziellen Auflösung als handlungsfähige gesellschaftliche Organisation eine Zeit lang fortbestehen. Nach dem Versuch den Klub am 2. April 1968 gewaltsam zu räumen, wurde er schließlich in die Moskauer Allrussische Gesellschaft zum Schutz von Denkmälern der Geschichte und Kultur *(Vserossijskoe obščestvo zaščity pamjatnikov istorii i kul'tury VOOPIiK)* eingegliedert. Dies bot die Möglichkeit die Mitglieder des Klubs weiterhin in die Restaurierung von Baudenkmälern einzubinden und fachlich auszubilden. Gleichzeitig aber verlor der Klub als freiwillige Laienorganisation zusehends an Bedeutung. Der Maurer und Restaurator W. N Kisilëv, seit 1966 Baranovskijs Helfer, erinnerte sich:

> "Auf Pëtr Dmitrievičs Initiative hin wurde in *Kruticy* eine experimentelle Lehrwerkstatt gegründet. Für diese Idee hatte er sich schon seit Jahren eingesetzt. 1969 erschien schließlich in einer Moskauer Zeitung die Anzeige, dass eine neu gegründete Lehrwerkstatt Maurer, Stuckateure, Holzschnitzer und Vergolder ausbildet. Daraufhin meldeten sich in *Kruticy* etwa 15 junge Männer, die später den harten Kern der Werkstatt bildeten".[514]

Mit der Zeit erlosch der Enthusiasmus derjenigen, die nicht beruflich als Restauratoren arbeiteten und am 1. November 1972 wurde der Klub auf Beschluss der Moskauer Abteilung der Allrussischen Gesellschaft zum Schutz von Denkmälern der Geschichte und Kultur *(Vserossijskoe obščestvo zaščity pamjatnikov istorii i kul'tury VOOPIiK)* endgültig aufgelöst. Es ist nicht verwunderlich, dass das Datum der Auflösung in den Zeitraum der Kampagne gegen den Nationalismus von 1972 fällt (am 15. November desselben Jahres erschien der bereits erwähnte Artikel des stellvertretenden Leiters der Propagandaabteilung des ZK der KP Aleksandr N. Jakovlev). Die von russischen Nationalisten gegründete und auch kontrollierte Organisation war 1967 und 1972 mit den gleichen Problemen und dem gleichen Druck von oben wie die gesamte Bewegung konfrontiert. Ihre endgültige Auflösung 1972 zeugt von der Schwäche und vom Zerfall der Organisation. Ganz anders verhielt es sich noch 1967, als der Versuch einer direkten Auflösung von oben scheiterte. Den Klub *Rodina*, der eine nicht unbedeutende Rolle in der Anwerbung junger Menschen für die nationalistische Bewegung gespielt hatte, gab es nicht mehr.

Die russischen Nationalisten und die Gründung der Allrussischen Gesellschaft für den Schutz von Denkmälern der Geschichte und Kultur (VOOPIiK)

Im Sommer 1965 wurden Baranovskijs Bemühungen, eine einflussreiche gesellschaftliche Organisation für Denkmalschutz zu gründen, schließlich von Erfolg gekrönt. Am 28. Juli 1965 fasste der Ministerrat der RSFSR den Beschluss über die Gründung der Gesellschaft für Denkmalschutz *(VOOPIiK)*. Das Organisationskomitee der Gesellschaft setzte sich zusammen aus Baranovskij, Leonov, Glazunov, dem stellvertretenden Vorsitzenden des Minister-

---

514 PËTR D. BARANOVSKIJ: *Trudy, vospominanija sovremennikov.* – Moskau: Otčij dom, 1996, S. 168.

rates der RSFSR, zuständig für Kultur, Wissenschaft und Bildung, und Šelepin-Anhänger V. Kočemasov, dem amtierenden Vorstandsvorsitzenden von *Rodina* Sadov und dem ehemaligen Vorstandsvorsitzenden von *Rodina* Irikov.

Mindestens drei Mitglieder des Organisationskomitees – Glazunov, Kočemasov und Leonov – waren Anhänger der Bewegung russischer Nationalisten. Kočemasov, der später von 1966 bis 1983 Vorsitzender des Präsidiums des Zentralrates der *VOOPIiK* war, wurde von G. Gusev folgendermaßen beschrieben:

"Vjačeslav Ivanovič Kočemasov war der stellvertretende Vorsitzende des Ministerrates der RSFSR und zuständig für Kultur, Wissenschaft und Bildung. Er war Mitbegründer der *VOOPIiK* und setzte sich sehr für die Organisation ein. Er war auch ein russischer Nationalist, ging aber seinen Aufgaben nach, ohne viel zu sagen. Er war es, der Nikolaj Vasilevič Sviridov [Vorsitzender des *Goskomisdat* der RSFSR – Anm. d. Autors], Melent'ev [älterer Pavlov-Anhänger und seit 1970 Kulturminister der RSFSR] und Il'ja Sergeevič Glazunov in Angelegenheiten der patriotischen Bewegung zur Seite stand."[515]

Unter den einfachen Mitarbeitern des Organisationskomitees, die unmittelbar an der Gründung der *VOOPIiK* mitgewirkt hatten, gab es weit mehr russische Nationalisten. Der Folklorist D. Balašov beispielsweise, der später als Autor recht erfolgreicher historischer Romane bekannt wurde und sich aktiv an der Arbeit der *VOOPIiK* beteiligte, beschrieb ihr Verständnis der Perspektiven der neuen Organisation in einem Gespräch mit Desjatnikov [seit Dezember 1966 im Zentralapparat der Organisation] Anfang Oktober 1965:

"Historische Denkmäler könnten zu einem Mittel der Stärkung des sowjetischen Patriotismusgefühls werden und ich wünschte mir – natürlich rufe ich nicht zu Festnahmen auf –, die Partei würde die ideologische Bedeutung unserer Tätigkeit erkennen."[516]

Bei einem solchen Verständnis von Denkmalschutz ist es nicht verwunderlich, dass Balašov seinem Artikel, den er für einen von Desjatnikov geplanten Sammelband verfasste, den Titel *Die politische Bedeutung historischer Denkmäler* geben wollte. In diesem Artikel wollte er namentlich die Intellektuellen nennen, die sich in Sachen Denkmalschutz ausschweigen.[517]

Desjatnikov berichtet auch von den Themen, die Gegenstand der Gespräche unmittelbar nach einer ordentlichen Sitzung des Organisationskomitees der

---

515 S. Interview des Autors mit Gusev.
516 DESJATNIKOV: Dnevnik russkogo, in: *Molodaja gvardija*, 9–10/1999, S. 120–121.
517 Ebd.

VOOPIiK waren. In einem Gespräch mit Belokon' am 23. Oktober 1965 sprachen sie über:

> "die alte Stalinzeit [...], die Untergrundtätigkeit der jüdischen, zionistischen Organisation *Joint* in der UdSSR und über die aufsehenerregende Verschwörung der jüdischen Kreml-Ärzte Anfang 1953, die nicht ohne Grund mit dem plötzlichen und rätselhaften Tod Stalins in Verbindung gebracht wurde. Es war gewiss kein Zufall, dass Chruščëv, als er an die Macht kam, alle Veröffentlichungen über die subversive Tätigkeit von *Joint* dementierte, alle jüdischen Ärzte rehabilitierte und den Beschluss des Obersten Sowjets der UdSSR über die Verleihung des Leninordens an die Ärztin Lidija Timašuk annullieren ließ, die das Geheimnis des Herzinfarkts bei dem wahrscheinlichsten Nachfolger von Stalin, Andrej A. Ždanov, der als Kämpfer gegen den Zionismus galt, aufgedeckt hatte."[518]

Es ist offensichtlich, dass die *VOOPIiK* von Anfang an von Nationalisten-Anhängern dominiert wurde. Als Mitstreiter Baranovskijs bildeten sie die Öffentlichkeit, deren Stimme den Schutz von Baudenkmälern forderte, und als aktive Mitglieder der Šelepin-Gruppe und der Pavlov-Gruppe waren sie die Vertreter der Staatsmacht, die die *VOOPIiK* sanktionierten und organisierten. Die Dominanz der russischen Nationalisten im Zentralapparat der *VOOPIiK* war so stark, dass alle Denkmalschützer, die andere politische Ansichten vertraten, gezwungen waren, sich entweder mit der Mehrheit zu arrangieren, sich blind zu stellen und nur auf die Lösung konkreter Aufgaben zu konzentrieren oder die Organisation zu verlassen. Selbst der Gründer der Denkmalschutzbewegung Baranovskij wurde aus der Organisation, um deren Gründung er sich so sehr bemüht hatte, verdrängt.

Die russischen Nationalisten betrachteten die *VOOPIiK* als eine von ihnen vollständig kontrollierte Organisation. Vadim V. Kožinov, einer der Anführer der *Russischen Partei* in den 70er Jahren, erlaubte sich in einem Interview folgende beiläufige Aussage:

> "1963 haben Oleg V. Volkov, Pëtr V. Palievskij, Dmitrij A. Žukov, ich und noch andere beschlossen, die Gesellschaft für Denkmalschutz wiederaufzubauen und das haben wir auch erreicht".[519]

Das verwundert kaum. In der zweiten Hälfte der 60er/Anfang der 70er Jahre war die Moskauer Abteilung der *VOOPIiK* das inoffizielle Hauptquartier der Bewegung russischer Nationalisten. Ihr war auch der *Russkij klub* angegliedert. Die bekannteste Veranstaltung der *VOOPIiK* war die vom Zentralrat und der Nowgoroder Abteilung der *VOOPIiK* 1968 organisierte Konferenz *Tau-*

---
518   Ebd. S. 122–123.
519   SEJATEL': Vadim V. Kožinov rasskazyvaet o sebe i épocha, in: *Zavtra* 17/2000.

sendjährige Wurzeln der russischen Kultur, die von dem Akademiemitglied Igor' V. Petrjanov-Sokolov eröffnet wurde und auf der Palievskij, Kožinov und Volkov Vorträge hielten.[520] Zudem wandte sich die VOOPIiK, im Gegensatz zu den meisten von russischen Nationalisten gegründeten offiziellen und inoffiziellen Organisationen, einem tatsächlichen und ernsthaften Problem zu, das sowohl der Gesellschaft als auch der Staatsmacht bewusst war. Nach einer kurzen Phase der Euphorie über die Gründung der Organisation und die Möglichkeiten, die sich ihnen damit eröffneten, teilten sich die russischen Nationalisten in solche, die sich gern zusammensetzten und die vorhandenen Probleme diskutierten, und solche, die Maßnahmen zur Lösung dieser Probleme ergriffen: Sie verfassten Petitionen, in denen sie sich für den Schutz von Denkmälern einsetzten, restaurierten beschädigte Denkmäler, überprüften den Zustand von Denkmälern und suchten überall nach Mitstreitern. Für letztere, die nach der Schließung des Russkij klub die Organisation dominierten, war die ethnische Xenophobie weniger wichtig als ihr Interesse für alte Architektur. Sie waren bereit, im Denkmalschutz mit jenen zusammenzuarbeiten, die andere politische Ansichten vertraten oder anderen ethnischen Gruppen angehörten. Dies und der starke Mitgliederzuwachs der Organisation, der dazu führte, dass die wenigen "alten" Aktivisten ihre Ideologie kaum noch an neue Mitglieder[521] weitergeben konnten, liefert die Erklärung dafür, warum die VOOPIiK mit Ausnahme des zentralen Apparats der Organisation und der Leitung der Moskauer Abteilung letztlich doch nicht zum Kern der Bewegung russischer Nationalisten wurde. Die VOOPIiK konnte weder die ethnonationalistischen Ideen ihren Aktivisten in der Provinz vermitteln noch zu einer halblegalen nationalistischen Partei werden. Aber aus der Moskauer Abteilung der VOOPIiK ging eine Gruppe hervor, die später die national-patriotische Front Pamjat' mitbegründete.

Der "Russkij klub"

Von 1967 bis 1972 fanden in der Moskauer Abteilung der VOOPIiK wöchentliche Sitzungen der Kommission zum umfassenden Studium der russischen

---

520 SERGEJ N. SEMANOV: Russkij klub. – Moskva 1997, S. 178.
521 Zuwachs bei VOOPIiK: 7 Mio im Jahr 1971, 12 Mio – 1977, 15 Mio – 1985. S. YITZAK BRUDNY: Reinventing Russia, S. 70. Obwohl die wachsenden Mitgliederzahlen meist fiktive Zahlen sind (angesichts der sog. "Freiwilligkeit" der Mitgliederbeiträge), wurde die Idee an sich von großen Teilen der Bevölkerung unterstützt. Der Apparat der Organisation in der Provinz wuchs ebenfalls deutlich.

Sprache und Kultur statt, die zwar nicht offiziell *Russkij klub* hießen, jedoch üblicherweise sogenannt wurden.[522] Die Treffen des *Russkij klub* fanden dienstags in der zweiten Etage eines Gebäudes im Hof des ehemaligen Vysokopetrovskij-Klosters in der Petrovka-Straße statt. Die Mitglieder des Klubs hielten vor Gleichgesinnten Vorträge zu verschiedenen Themen aus Geschichte und Kultur, über die dann diskutiert wurde. Im Anschluss an diese Treffen setzten die Aktivisten des Klubs die Diskussionen im Restaurant "Budapest" fort. Kommissionsvorsitzender war der Literaturwissenschaftler Palievskij, die Treffen wurden jedoch häufig von dem Historiker und Chefredakteur der Reihe *Žizn' zamečatel'nych ljudej* (Das Leben bedeutender Menschen; *ŽzL*) des Verlages *Molodaja gvardija* Sergej N. Semanov geleitet. Zu den ständigen Teilnehmern dieser Treffen, die auch die Aufsicht für die Leitung der *VOOPIiK* übernahmen, gehörten der Vorsitzende der Propagandaabteilung des Zentralrates der *VOOPIiK*, Akademiemitglied Petrjanov-Sokolov und der bereits erwähnte erste stellvertretende Vorsitzende des Präsidiums des Zentralrates der Organisation Ivanov (geb. 1908, gest. in den 80er Jahren).[523]

Die Treffen des *Russkij klub* waren wahrscheinlich die ersten legalen Versammlungen von Vertretern der antikommunistisch gesinnten Intelligencija, die sich allerdings der marxistischen Diktion bedienten, seit den 20er Jahren. Semanov zitiert in seiner Arbeit aus seinem Tagebucheintrag vom 3. Juni 1968, dass es unter den 15 beim Treffen anwesenden Geisteswissenschaftlern keinen einzigen "Genossen" mit marxistischen Überzeugungen gab.[524] Mit nahezu den gleichen Worten beschrieb auch der gerade aus dem Gefängnis entlassene politische Gefangene und Monarchist Vladimir N. Osipov die Stimmung im Klub:

> "Ich kann mich noch an die berühmte Diskussion über die Spaltung der russischorthodoxen Kirche erinnern. Es gab Anhänger und Gegner von Avvakum, aber die

---

522 Im Gegensatz zu den meisten anderen Episoden in der Tätigkeit der russischen Nationalisten, wurde der Russkij klub ausführlich in der wissenschaftlichen Literatur und Presse beschrieben. S.: SEMANOV: *Russkij Klub*, S. 177–184; M. RAZORENOVA: Za dverjami russkogo kluba, in: *Naš sovremennik*, 5/1992, S. 157–161; STANISLAV JU. KUNJAEV: Poezija. Sud'ba. Rossija, in: *Naš sovremennik*, 2/1999, S. 119–120; ALESANDER JANOV: *Russkaja ideja i 2000 god*. – New York: Liberty Publishing House, 1988, S. 286–287; Interviews des Autors mit Semanov, Ivanov (Skuratov), Osipov und Šimanov.
523 Semanov bezeichnete ihn als "reinblütigen Russen ohne fremde Beimischungen oder Verwandtschaften, wenngleich nomenklaturtypisch vorsichtig". S. SEMANOV: *Russkij klub*, S. 180.
524 Ebd. S. 178.

Vertreter beider Seiten waren Patrioten. Es war eine Diskussion unter Patrioten ohne eine einzige marxistische Formel, ohne eine einzige marxistische These, als würde es den Marxismus gar nicht geben. Antisowjetische Äußerungen gab es selbstverständlich nicht".[525]

Die antikommunistische Einstellung der Aktivisten des *Russkij klub*, der russische Nationalismus und die antiwestliche Xenophobie lockten Gleichgesinnte aus allen gesellschaftlichen Schichten, überwiegend aber Geisteswissenschaftler zu den Treffen.[526] An den Treffen konnten selbst offensichtliche Dissidenten wie die ehemaligen politischen Gefangenen und *Samizdat*-Autoren Anatolij S. Ivanov (Skuratov), Osipov und F. Karelin teilnehmen (alle drei hatten in der zweiten Hälfte der 40er und in den 50er Jahren Geisteswissenschaften an der Moskauer Staatlichen Universität studiert), mit denen die Leiter des Klubs unter anderen Umständen, z. B. in den Redaktionsräumen, jeglichen Kontakt vermieden.[527] Der Klub war auch die Schnittstelle, an der es zur Verflechtung der russischen Nationalisten aus der Bewegung der Andersdenkenden mit der Russischen Partei kam, was schließlich in den 70er Jahren zur Gründung des *Samizdat* der russischen Nationalisten führte.

Der Autor konnte sich leider nicht mit den Texten der Vorträge, die auf den Treffen des Klubs gehalten wurden, vertraut machen. Vermutlich existieren sie nicht mehr. Semanov schreibt dazu:

"Leider haben wir in unserem typisch russischen Leichtsinn keine Dokumentation geführt. Selbst in meinen Notizen über die Treffen des Klubs gibt es nur fragmentarische Aufzeichnungen, die kein ganzheitliches Bild ergeben. Offensichtlich muss die Geschichte von uns allen, die wir noch am Leben sind, aus unserem lückenhaften Gedächtnis rekonstruiert werden".[528]

Die Tatsache, dass die auf den Treffen des Klubs gehaltenen Vorträge später nicht einmal in den von russischen Nationalisten kontrollierten Verlagen erschien, lässt vermuten, dass ihr wissenschaftlicher Gehalt nicht besonders hoch war und ihr publizistisches Pathos allenfalls Tagesaktualität hatte. Den-

---

525 Interview des Autors mit Osipov.
526 Hier die Liste der nicht im Text erwähnten Aktivisten des Russkij Klubs: Dmitrij A. Žukov (Schriftsteller), S. Kotenko (Mitarbeiter der Zeitschrift *Molodaja gvardija*), Igor' K. Kol'čenko (Gründer der Universität des jungen Marxisten), Anatolij P. Lanščiov (Journalist und Literat), Mark N. Ljubomudrov (Theaterwissenschaftler aus Leningrad, ein Freund Semanovs), O. Žurin, V. Vinogradov (Architekten und Restauratoren, standen Baranovskij nahe, Mitglieder der Fetisov-Gruppe), Boris L. Karpov (1936–1997, Filmregisseur).
527 Selbst um Semanov zu besuchen, der im ständigen Kontakt mit den nationalistischen *Samizdat*-Autoren stand, ließ sich Osipov den Passierschein auf einen anderen Namen ausstellen. S. Interview des Autors mit Osipov.
528 SEMANOV: *Russkij klub*, S. 180.

noch fand auf diesen Treffen ein intensiver Wissensaustausch statt, der von der offiziellen Wissenschaft aber ignoriert wurde. Es wurde beispielsweise über die russische Philosophie vom Ende des 19./Anfang des 20. Jahrhunderts, des sogenannten Silbernen Jahrhunderts, und die Tätigkeit der *RAPP* diskutiert. In vielen konkreten Fragen konnte eine gemeinsame Position erarbeitet werden. Es ist bezeichnend, dass ernsthafte Geisteswissenschaftler und Schriftsteller sich nicht für die Tätigkeit des *Russkij klub* interessierten. Ihnen genügte die einmalige Teilnahme an einem Treffen, selbst dem mit den russischen Nationalisten sympathisierenden Akademiemitglied Boris A. Rybakov, um zu begreifen, dass es sich um eine als wissenschaftliche Veranstaltung getarnte politische Versammlung handelte. Der nicht sehr gebildete Schriftsteller Ivanov hingegen, Autor des bereits erwähnten Romans *Žëltyj metall*, "war ein ständiger Teilnehmer und beteiligte sich gern an dem Erfahrungsaustausch".[529]

Anfangs bot der *Russkij klub* den Mitgliedern der Gruppe von Kožinov und Palievskij ein Forum, um Gleichgesinnte einzuladen, seine ideelle Plattform war jedoch äußerst verschwommen. Die Mitglieder des Klubs und ihre Mitstreiter waren, wie bereits dargelegt, russische Nationalisten, Antikommunisten und teilweise Monarchisten, ihre Überzeugungen waren allerdings kaum gefestigt und auch noch nicht sonderlich durch pseudowissenschaftliche Theorien untermauert. In den vier Jahren der Klubtätigkeit konnten sie nicht nur die eigenen Reihen deutlich ausbauen – an den Treffen des Klubs nahmen zeitweise bis zu 50 Personen teil –, sondern auch neue Informationen aufnehmen, um einen gemeinsamen Standpunkt in vielen politischen und gesellschaftlichen Fragen, einschließlich der Innen- und Außenpolitik, der russischen Geschichte, Kultur und Religion, der Arbeit der Medien, und der interethnischen Beziehungen, ausarbeiten. In dieser Zeit entstanden praktisch die grundlegenden Ideen für die Konzepte, die die russischen Nationalisten der Gesellschaft in der Zeit der Perstroika präsentierten. Die Treffen des *Russkij klub* vereinten antikommunistisch Gesinnte und, noch wichtiger, junge russische Nationalisten in einer organisierten nationalistischen Bewegung und führten sie darüber hinaus mit den russischen Nationalisten, die im Rahmen der Bewegung der Andersdenkenden agierten, zusammen. Gleichzeitig konnten die Mitglieder des *Russkij klub* in den 60er/70er Jahren erstmals ihre Feinde benennen. Semanov erinnerte sich:

---

[529] Ebd. S. 182.

"Wir alle waren begeisterte Patrioten, standen mit Leib und Seele für die Sowjetmacht, mit patriotischen Korrekturen, versteht sich. Ich kann mich noch daran erinnern, wie ich öffentlich zu scherzen pflegte: Lenin sagte, dass die Sowjetmacht bürokratische Auswüchse hat und heute hat sie zionistische Auswüchse. Alle lachten und kommentierten noch derber. [...] Wir haben den Westen und das Wesen und die Kultur der bürgerlichen Gesellschaft offen verachtet und genau dort befand sich ja auch der – offizielle – Feind des Staates".[530]

Sowohl die Anhänger der Šelepin-Gruppe als auch die der Pavlov-Gruppe mit ihren unbestreitbar antisemitischen Einstellungen vermieden es, die Juden zu ihren Hauptfeinden zu erklären. Sie kämpften gegen die Verwestlichung, die Liberalen und den Pazifismus, setzten aber den Kampf gegen die Juden nie offen auf ihre Prioritätenliste. Es waren schließlich die jungen Antikommunisten, die erstmals in der Geschichte der Bewegung russischer Nationalisten den totalen Kampf gegen die Juden zu ihrer Hauptaufgabe erklärten. Am 3. Februar 1970 hielt Semanov den Vortrag "Lenins Kampf gegen den Trotzkismus in Geschichte und Kultur".

"Jenes Treffen war eines bestbesuchten, an die 50 Leute kamen, alles kämpferische und aktive Menschen, das Thema war schließlich sehr brisant und brandaktuell. [...] Es gab eine sehr heftige Diskussion, da es, wie wir zu scherzen pflegten, um 'die Hauptfrage der Philosophie' ging. Nachdem der Vortrag zu Ende war, erhob sich sofort Dmitrij Žukov und fragte: 'Wie war Trotzkis Einstellung zum Zionismus?' Natürlich ist klar, worum es hier ging und wie sich die Diskussion entwickelte ..."[531]

Dem ZK der Kommunistischen Partei und dem *KGB* war der Gegenstand der Treffen des *Russkij klub* sehr wohl bekannt – bereits nach wenigen Tagen verlangte beispielsweise die Propagandaabteilung den Text von Semanovs Vortrag – aber die Staatsorgane drückten, wenn es um die Tätigkeit der Klubmitglieder ging, lange Zeit ein Auge zu. 1969 beteiligten sich die Mitglieder des Klubs sogar an einer Diskussion über die Rolle und den Platz der Slawophilen in der Geschichte, die auf den Seiten der offiziellen Zeitschrift *Voprosy literatury* entbrannt war. Ivanov (Skuratov) und Kožinov veröffentlichten Artikel zur Rehabilitierung der Slawophilen, die in der sowjetischen Historiografie als Reaktionäre gebrandmarkt waren.[532]

"Das von den Slawophilen am russischen Volk besonders geschätzte Merkmal war nicht die Demut, sondern der Gemeinschaftssinn, der Kollektivismus, wie man es heute nennen würde, als Gegensatz zum Individualismus und

---

530 Ebd. S. 180.
531 Ebd. S. 181.
532 ANATOLIJ IVANOV: Otricatel'noe dostoinstvo, in: *Voprisy literatury*, 7/1969; VADIM V. KOŽINOV: O glavnom v nasledii slavjanofilov, in: *Voprosy literatury*, 9/1969.

Egoismus der westlichen bürgerlichen Gesellschaft." Dieses Zitat aus einem Artikel von Ivanov (Skuratov) reflektiert das Verständnis des *Russkij klub* von der Slawophilie.[533]

1970 überstand der Klub nahezu unbeschadet mehrere kritische Veröffentlichungen gegen seine Aktivisten Semanov, Ivanov und Viktor A. Čalmaev. Seine Treffen stellte er schließlich aus dem gleichen Grund ein wie der Klub *Rodina*.[534] Die ehemaligen Pavlov-Anhänger, die in verschiedenen Medien Fuß gefasst hatten, ermöglichten den antikommunistisch gesinnten, aber der Staatsmacht gegenüber Loyalität demonstrierenden russischen Nationalisten, die den harten Kern des *Russkij klub* bildeten, sich in das Establishment zu integrieren, ohne ihre beruflichen oder künstlerischen Interessen aufzugeben. Sie selbst sahen das als Zeichen ihres Sieges: "Die Zeitschriften *Molodaja gvardija* und *Sovremennik* sowie die gleichnamigen Verlage sind in unserer Hand".[535] Jetzt brauchten sie die halblegalen Treffen im Vysokopetrovskij-Kloster im Grunde nicht mehr – dieselben Themen konnten von nun an genauso offen und manchmal sogar noch offener in den Redaktionsräumen und in den Restaurants des Zentralen Hauses der Literaten und des Hauses der Journalisten besprochen werden.

Die Fetisov-Gruppe bzw. Gesellschaft zum Studium der Systemtheorie

Einen ernst zu nehmenden Einfluss auf die Entwicklung des russischen Nationalismus Ende der 60er und in den 70er Jahren nahm eine Erscheinung, die ich als Parawissenschaft bezeichnen möchte. Die totalitäre Ideologie wollte ihren Führungsanspruch nicht nur in der Politik, sondern auch in der Wissenschaft, und zwar nicht nur in den Geisteswissenschaften, sondern auch in den Naturwissenschaften und selbst in den exakten Wissenschaften, geltend machen und versuchte, die Basis wissenschaftlicher Tätigkeit, die Hypothesenbildung auf der Grundlage nachprüfbarer wissenschaftlicher Beweise, zu verzerren. Der ständige grobe administrative Eingriff in den Wissenschaftsbetrieb, die strenge Regulierung und der Aufbau eines Netzes formaler und äu-

---

533 IVANOV: Otricatel'noe dostoinstvo, S. 131.
534 VALENTIN IVANOV: Socializm i kul'turnoe nasledie, in: *Kommunist* 7/1970, S. 89–100. Allgemein wird vermutet, dass JURIJ D. IVANOV, Cheflektor am Institut für Journalistik der Moskauer Staatlichen Universität, den meisten Schaden infolge dieser Publikation davongetragen hat. 1970 wurde ihm das Recht zu unterrichten entzogen und am 23. April 1971 wurde er entlassen.
535 SEMANOV: *Russkij Klub*, S. 182.

ßerst bürokratisierter Institutionen erreichten genau das Gegenteil des gewünschten Effekts. In Wissenschaftskreisen, wie auch in vielen anderen Bereichen des gesellschaftlichen Lebens, hatte sich ein ambivalentes Verhalten herausgebildet. Formal zollten die Wissenschaftler dem rituellen, offiziellen Teil ihrer wissenschaftlichen Arbeit Tribut, in ihrer praktischen Forschertätigkeit aber hielten sie sich oft an inoffizielle Autoritäten, deren Ansichten häufig vom Staat nicht anerkannt waren. Es kam aber durchaus vor, dass der Staat solche Autoritäten schließlich anerkennen musste, ein gutes Beispiel hierfür ist der Kampf für die Entwicklung der Kybernetik, der Genetik und der Soziologie.[536]

Dieses Verhalten hatte eine Kehrseite. Es führte dazu, dass sich eine Schicht von Wissenschaftlern bildete, die sich "pseudowissenschaftlicher" – auch wenn ich dieses Wort nur ungern verwende – oder halbwissenschaftlicher Theorien und Verfahren bedienten und ihre eigenen Autoritäten und Anhänger hatten. Das explosionsartige Interesse für "fliegende Untertassen", die Untersuchung des Tunguska-Ereignisses, die Begeisterung für Yoga, Hypnose und das "Buch von Veles" in den 70er Jahren sind nur besonders markante Beispiele für diesen Trend. Neben diesen Erscheinungen gab es Hunderte, wenn nicht Tausende "parawissenschaftliche" Forschungsobjekte. Nicht hinter allen standen offene wissenschaftliche Scharlatane, es beteiligten sich auch Wissenschaftler, die ihren akademischen Abschluss aber auf einem anderen Gebiet erworben hatten. Mathematiker und Physiker, die sich für Geschichte, Philosophie und Philologie interessierten und Philosophen, die für sich mathematische Verfahren und die Kybernetik entdeckten, waren der Meinung, das neue Fachgebiet ohne eine zweite systematische Ausbildung beherrschen zu können.[537]

Einen anderen Teil der Gesellschaft, der zur Förderung der Parawissenschaft beitrug, bildeten halbgebildete Studenten und Menschen mit einem akademischen Abschluss auf dem entsprechenden Gebiet, denen wissenschaftliches

---

536 Hierzu gibt es mehrere Quellen, ich verweise auf drei: (Pugačeva, M. G.) *Rossijskaja sociologija 60-ch godovv vospominanijach i dokumentach*, hg. von G. S. BATYGIN. – St. Petersburg: Russkij christianskij gumanitarnyj institut, 1999; SIMON ĖŠNOLʹ: *Geroi i zlodei rossijskoj nauki*. – Moskau: Kron-Press, 1997; VALERIJ N. SOJFER: *Vlastʹ i nauka. Istorija razgroma genetii v SSSR*. – Moskau: Lazurʹ, 1993, s. a.: VALERY N SOYFER: *Communist regime and science: Crushing of Genetics in the USSR by Communists*. – Moskau: CheRo, 2002.

537 Oft half auch eine zweite Ausbildung nicht, wurde sie doch häufig lediglich für das Zusammentragen selektiver Fakten zur Bestätigung der bereits fertigen eigenen Theorie benutzt.

Denken jedoch fremd war und die vor allem nicht fähig waren, reflektiert und selbstkritisch über ihre eigene Arbeit zu urteilen. Unter den russischen Nationalisten zählten dazu die bereits erwähnten Ivanov (Skuratov) und Evseev. Folglich nutzten diese Forscher bestimmte Formen wissenschaftlicher Darstellung wie Zitate, Anmerkungen und den Stil gezielt zur Propaganda der ihnen sympathischen Mythen, indem sie nur ausgewählte Literatur und Quellen heranzogen.

Da die Ideologie des Ethnonationalismus sich in einem Komplex von Mythen spiegelt, war es nur natürlich, dass die Anhänger der Parawissenschaft diese Mythen in ihren Arbeiten nutzten. Die von der offiziellen akademischen Wissenschaft verschmähten Pseudowissenschaftler gründeten eigene Organisationen wie z.B. die bereits erwähnte *Universität des jungen Marxisten,* den *Russkij klub,* die *Fetisov-Gruppe* oder die *Antizionisten.* Für den modernen Menschen sind nur wissenschaftlich bewiesene Tatsachen glaubhaft und die Parawissenschaft verschaffte den ethnonationalistischen Mythen eine solche falsche Glaubhaftigkeit.

Ein besonders markantes Beispiel für die Zusammenarbeit zwischen den parawissenschaftlichen Organisationen und der Bewegung russischer Nationalisten ist die Fetisov-Gruppe, die sich "Gesellschaft zum Studium der Systemtheorie" nannte.[538] Diese Gruppe gehörte der Bewegung für Denkmalschutz an, ihre Führer wollten jedoch keineswegs zur "Systemopposition" werden (ein ungewolltes Wortspiel), sie schlugen den entgegengesetzten Weg von einer halboffiziellen gesellschaftlichen Tätigkeit zu einer illegalen ein und wurden als Folge politisch verfolgt.

Die Entstehungsgeschichte der Gruppe sieht wie folgt aus: 1955 wurde in Moskau das Institut für komplexe Verkehrsprobleme an der Akademie der Wissenschaften der UdSSR gegründet. Zu den Mitarbeitern des Instituts zählten der Fregattenkapitän a. D. und ehemalige stellvertretende Kommandeur der Pazifikflotte Alexandr A. Fetisov als Experte für den Bereich Binnenschifffahrt und der Technik-Wissenschaftler Dr. Michail F. Antonov als Experte für den Bereich Eisenbahnverkehr.

Fetisov war vom Typ her ein "charismatischer Anführer". Antonov war, wie er selbst sagt, sofort von seiner Entschlossenheit, dem Mut, mit dem er die eigenen Ansichten vertrat, und seinem fundamentalen Wissen begeistert. Aber schon nach kurzer Zeit brach der Kontakt des Schülers zu seinem Lehrer ab.

---

538   S. Interviews mit Antonov, Ivanov (Skuratov), Vinogradov, Žurin, Bulgakov.

Fetisov, der nach dem XX. Parteitag kritisch gegenüber der Parteipolitik eingestellt war, kündigte im Institut (oder wurde entlassen) und nahm eine Arbeit als Dreher in einem Werk an. Im Juli 1960 verschickte er eine Reihe kritischer Flugblätter an die Gewerkschaftskomitees verschiedener Werke in Moskau und wurde dafür vom *KGB* verhaftet. Bereits im November 1961 wurde er nach einem einjährigen Aufenthalt im Leningrader Gefängniskrankenhaus für psychisch Kranke entlassen. Nach seiner Entlassung trat Fetisov eine Stelle am Zentralen Forschungsinstitut für Wirtschaft und Wasserverkehr an; aus der Partei wurde er nicht ausgeschlossen.

Ende der 50er Jahre wurde in den Wissenschaftskreisen der Sowjetunion die Allgemeine Systemtheorie des österreichischen Biologen Ludwig von Bertalanffy bekannt. Fetisov wurde ein Verfechter dieser Theorie und schrieb die wissenschaftliche Arbeit *Die Flussschifffahrt als Objekt der Systemtheorie*. Diese Arbeit wurde in kleiner Auflage von einem staatlichen Verlag veröffentlicht.[539] Ende der 50er/Anfang der 60er Jahre wurde von den Anhängern der Systemtheorie eine durchaus legale wissenschaftliche Gruppe gegründet, die "Arbeitsgruppe für Systemtheorie", zu deren Vorsitzendem Antonov gewählt wurde. Die Gruppe agierte im Rahmen der *Sektion für Systemtheorie und Systemorganisation*, die von Konteradmiral K. Bogolepov geleitet wurde und ihrerseits eine Struktureinheit des wissenschaftlichen Rates für Kybernetik unter der Leitung des Mitglieds der Akademie der Wissenschaften der UdSSR Aksel' I. Berg war.

Anfang der 60er Jahre standen die meisten Anhänger der Systemtheorie unter dem Einfluss der Arbeiten des Philosophen Georgij P. Ščedrovickij und seines *Moskauer methodologischen Zirkels*. Fetisovs Bewunderer gründeten die nicht registrierte "Gesellschaft zum Studium der Systemtheorie", die für die Systemtheorie eine praktische Anwendung im Bereich der gesellschaftlichen Beziehungen zu finden versuchte. Antonov behauptete, die Abkopplung von Ščedrovickij wurde mit Fetisovs Arbeit *Gal'vanizacija trupa logičnogo pozitivizma* (Galvanisierung der Leiche des logischen Positivismus) besiegelt, die 1963 von ihm, dem Anhänger Fetisovs, auf der Konferenz junger Wissenschaftler vorgetragen wurde.[540]

---

539 Ein weiterer Anhänger von Bertalanffy war Viktor G. Afanas'ev, Redakteur der Zeitung *Pravda* zwischen 1976 und 1989. In Anlehnung an Bertalanffy schrieb er die Arbeit *Problema celostnosti v filosofii i biologii* (veröffentlicht in: Moskau: Mysl', 1994). S.: VIKTOR AFANAS'EV: *Četvërtaja vlast i četyre genseka*. – Moskau: Kedr, 1994, S. 18–19.
540 Interview des Autors mit Antonov.

Der Unterschied zwischen den Nachfolgern von Fetisov und Ščedrovickij war genauso groß wie der Unterschied im Bildungsgrad dieser beiden Wissenschaftler. Der Absolvent der philosophischen Fakultät der Moskauer Staatlichen Universität und anerkannte Wissenschaftler Ščedrovickij versammelte junge liberale Intellektuelle um sich, diejenigen hingegen, die der ehemalige Militärangehörige Fetisov "befehligte", hielten sich an die russisch-nationalistische und vulgär-marxistische Phraseologie.

Die wenigen Informationen, die Fetisov hinterließ, lassen darauf schließen, dass er ein Befürworter der radikalsten Formen des sozialistischen "Gleichheitssystems" und gleichzeitig ein Anhänger des radikalen Antisemitismus der späten Stalinzeit war. Zudem hasste er insbesondere die Intelligencija, es ist jedoch nicht bekannt, ob Fetisov diesen Hass bereits hegte, bevor er der wissenschaftlichen Tätigkeit nachging oder ihn erst später in Folge fehlender Anerkennung entwickelte.

Das einzige bekannte Dokument, das aus Fetisovs Feder stammt, ist ein Brief an den Schriftsteller Leonid I. Lichodeev, in dem er über die ungerechte Verteilung der Mittel zwischen den Arbeitern und der Intelligencija schreibt:

> "Es zeigt sich, dass das eine Individuum [der Mensch, der sich für einen Arbeiterberuf entschieden hat] auf keine bleibenden Arbeiten verweisen kann, als hätte er diese 30 Jahre nicht gearbeitet [Dauer eines Berufslebens nach Fetisov], das andere aber verfügt sowohl über einen Titel als auch über Veröffentlichungen, die zusätzlich bezahlt werden – eine wirkliche Rente aus der früheren Arbeit und diese Rente, das muss man sagen, ist nicht gerade klein".[541]

Auch Antonov greift in seinen Arbeiten akademische Wissenschaftler ziemlich aggressiv an:

> "Die formale Wissenschaft kann auch keine Hilfe bei der Ordnung und der Schaffung einer höheren Ebene der Organisation der Gesellschaft sein. [...] Unsere Wissenschaft schwimmt im Großen und Ganzen im Fahrwasser der westlichen formalistischen, eklektischen und abstraktionistischen Wissenschaft. [...] Wahren Erkenntnissen wie der Entwicklung von Modellen, d.h. ihrer eigentlichen Aufgabe, geht unsere Wissenschaft überhaupt nicht nach".[542]

Eine nähere Betrachtung dieser Gruppe legt nahe, dass der Begriff "wissenschaftliche Gesellschaft" nicht besonders zu ihrer Beschreibung geeignet ist. Wir haben es hier eher mit einer pseudowissenschaftlichen religiösen Orga-

---

541 Predostereženie iz 1959 g., in: *Sovetskaja Kolomna* 10, 11/1995.
542 MICHAIL ANTONOV: *Učenie slavjanofilov kak vysšij vzlët narodnogo samosoznanija v Rossii v doleninskij period*, SA Nr. 1108, SDS Bd. 21a. – München: Radiostation Svoboda, ca. 1977, S. 21. Antonov verfasste die Arbeit zwischen 1966 und 1968. Veröffentlicht wurde sie in der *Samizdat*-Zeitschrift *Veče*, 1–3/1971.

nisation zu tun: Anspruch auf die absolute Wahrheit, ein charismatischer Lehrer, der nicht nur Wissen vermittelt, sondern auch über das exklusive Recht verfügt, dieses Wissen zu interpretieren, treue Schüler und Nachfolger, die bereit sind, ihrem Lehrer bis ans Ende zu folgen, Intoleranz gegenüber anderen Meinungen. Laut Ivanov (Skuratov) war Fetisovs übliche Frage an einen Opponenten: "Sind sie Russe oder Intellektueller?"[543] Die Gewinnung wissenschaftlicher Erkenntnisse, wozu die Gesellschaft ursprünglich gegründet worden war, wurde Mitte der 60er Jahre nicht weiter verfolgt, vielleicht aus Mangel an neuen Ideen, vielleicht weil die Propaganda der Lehre zu viel Kraft erforderte.[544] Eine ähnliche Entwicklung nahm auch die parawissenschaftliche Organisation von Ščedrovickij. Aber während die Fetisov-Gruppe dem Staat "den Krieg erklärte" und sehr schnell zerschmettert wurde, entwickelte sich die Ščedrovickij-Gruppe mit der Zeit zu einer starken Organisation mit einer komplexen Struktur, die sich im Gegensatz zu anderen ähnlichen Organisationen sehr gut in die Postperestroika einfügen konnte. Mittlerweile sind die "Methodologen" des bereits verstorbenen Ščedrovickij, nunmehr unter der Leitung seines Sohnes, eine einflussreiche Organisation in der PR-Branche, im Dritten Sektor (nichtkommerzielle und gemeinnützige Organisationen) und im Bereich der Bildung.

Die Fetisov-Gruppe griff zu legalen Propagandamitteln. Ihre Mitglieder hielten Vorlesungen an technischen Hochschulen und organisierten wissenschaftliche Diskussionen mit ihren Opponenten. Solche Möglichkeiten wurden 1965/1966 jedoch stark eingeschränkt – die von Chruščëv eingeleitete Liberalisierung der Gesellschaft neigte sich ihrem Ende zu, Parteikomitees und Behörden erschwerten der Gruppe die Arbeit.

Laut Antonov war Fetisov gezwungen, seine Vorgehensweise zu ändern. Er kündigte erneut seine Arbeit am Institut und nahm eine Stelle als Arbeiter in einer Fabrik für Holzbearbeitungsmaschinen an, um so als Arbeitervertreter getarnt die Verteidigungen von Dissertationen an Hochschulen zu besuchen und dort Reden als Gutachter zu halten. Seine Vorträge endeten für gewöhnlich mit der Schlussfolgerung:

---

543 Interview des Autors mit Ivanov.
544 Nach Meinung von Bulgakov und Ivanov (Skuratov), die mit den Fetisov-Anhängern im Kontakt waren.

"Hätten wir tatsächlich eine Diktatur des Proletariats, wäre es undenkbar, dass die Wissenschaft ein derart elendes Dasein fristet. Das Proletariat hätte euch, verehrte Genossen, alle mit einem Mistbesen hinausgefegt."[545]

Laut Ivanov (Skuratov) vertrat Fetisov die Idee, dass die Lehre von Karl Marx jüdisch und für Russland ungeeignet sei. Das Ideal eines Staatsmannes verkörperte für ihn Lenin, der den Marxismus an die russischen Bedingungen angepasst hatte. Es ist durchaus möglich, dass er damit eine der im Parteiapparat kursierenden Legenden an seine Schüler weitergeben wollte. In seinem Buch *Inercija stracha* zitiert der bekannte Menschenrechtler Valentin F. Turčin einen hohen Staatsfunktionär, der zu einem Mitarbeiter, der in seinem Büro das Portrait von Karl Marx aufgehängt hatte, sagte: "Wofür brauchst du diesen Juden, komm, ich gebe dir ein Portrait von Lenin".[546] Antonov deutet Fetisovs Ansichten allerdings als das Ergebnis einer eigenständigen Entwicklung:

"Wir befassten uns mit Marx und Lenin, versuchten das Wesen ihrer Methode zu begreifen. Unvermutet stießen wir dabei auf negative Äußerungen von Marx über Russland und über die Russen. Das war ein ganz schöner Schock für uns, vor allem für Aleksandr Aleksandrovič, aber später, als wir versuchten es tiefer zu begreifen, stellten wir fest, dass die Wege von Marx und den Russen auseinander gingen. Aleksandr Aleksandrovič und ich waren zu dieser Zeit beide der Meinung, dass Marx ein großer Gelehrter und Denker, für Russland aber ein fremder Typ von Wissenschaftler war. Lenin dagegen verkörperte den russischen Ansatz. Folglich mussten wir die gesamte russische Geschichte revidieren. Unverhofft stießen wir dabei auf verschüttete Aspekte in der Geschichte des russischen gesellschaftlichen Denkens, von denen wir bis dahin keine Ahnung hatten."[547]

Große Sympathie hegte Fetisov für Stalin. 1967 reichte er seine Erklärung über den Austritt aus der Partei ein, die er damit begründete, dass "die Partei 1965 dem Volk in die Seele gespuckt hat" (mit der Verurteilung des Personenkults – Anm. d. Autors).[548]

Fetisovs Biograf schrieb:

"Fetisov und seine Nachfolger akzeptierten nur das stalinistische Modell der kommunistischen Ideologie, d. h. mit Elementen des russischen Nationalismus. Fetisov zufolge ist die Entwicklung der Menschheit ein Kampf zwischen dem Chaos, das durch das Judentum verkörpert wird, und der Ordnung, die durch die germanischen und slawischen Völker repräsentiert wird. Die 'Mächte der Ordnung' brachten die historisch notwendigen Figuren Hitler und Stalin hervor, erlitten aber eine Niederlage. Fetisov kriti-

---
545 Interview des Autors mit Ivanov (Skuratov).
546 VALENTIN F. TURČIN: *Inercija stracha*. – New York: Chronika, 1978, S. 39.
547 Interview des Autors mit Antonov.
548 Ein Zitat aus der Erklärung, zitiert nach Ivanov (Skuratov).

sierte das sowjetische System seiner Zeit für dessen Zugeständnisse an die "Mächte des Chaos".[549]

Mitte der 60er Jahre zählte die *Gesellschaft zum Studium der Systemtheorie* zehn bis fünfzehn Nachfolger Fetisovs. Neben ihrem Einsatz für die Gesellschaft hatten sich viele ihrer Aktivisten auch Baranovskij angeschlossen. Fetisovs rechte Hand blieb weiterhin Antonov, der sich mehr für die "Bibliotheksarbeit" interessierte und sich in Folge seiner Auseinandersetzung mit den Arbeiten russischer Philosophen des frühen 20. Jahrhunderts zum russischorthodoxen Glauben bekannt hatte. Anfang 1968 wurde er wegen seiner religiösen Überzeugungen aus dem Institut für komplexe Verkehrsprobleme entlassen und arbeitete fortan als Briefträger.

Bis 1968 waren neben Antonov neben vielen anderen folgende Mitglieder der Gruppe beigetreten: die Architekten A. A. Mazaev (geb. 1932), V. A. Persianov (geb. 1932) und Oleg I. Žurin (geb. 1939), der Mitarbeiter des Forschungs- und Projektinstituts für den Generalplan der Stadt Moskau M. Turari, der Mitarbeiter des Instituts für Architekturgeschichte und -theorie O. G. Smirnov (geb. 1940), der Architekt Ė. Putincev (geb. 1934), der Student im Fachbereich Städtebau des Moskauer Architekturinstituts V. A. Vinogradov (geb. 1944), der Maler M. Grebenkov, V. G. Bykov (geb. 1938), das Mitglied des Journalistenverbands Ė. P. Danilova (geb. 1937) und A. A. Malonovskij. Die Gruppe traf sich für gewöhnlich in der Dreizimmerwohnung von Fetisov.

Der große Einfluss, den die Bewegung für Denkmalschutz auf die Gruppe ausübte, wird aus einer Arbeit von Antonov ersichtlich, in der es heißt:

> "Es ist notwendig, die Angriffe der heimatlosen und kosmopolitischen Elemente abzuwehren, die vorsätzlich oder aus Unwissenheit die erhaltenen historischen Kirchen, Häuser und Haine zerstören wollen, [...] und neue Gebäude und ganzheitlich gestaltete Landschaften im traditionellen russischen Stil zu errichten. [...] Die Vision von Moskau als dem Dritten Rom, dem Neuen Jerusalem, der Verwirklichung von Lenins Idee der höheren Wahrheit und Gerechtigkeit auf Erden – das sollte die Basis für den neuen Generalplan der städtebaulichen Entwicklung Moskaus bilden. [...] Ähnlich sieht es in den Bereichen Musik und Gesang aus, wo eine Welle geschmackloser, geistloser, dummer und sittenloser Jazz-Imitationen, Twists und Lieder zunehmend die traditionellen russischen Wurzeln im Alltag, in der Mode, den Bräuchen usw. verdrängt."[550]

Obwohl Fetisov seine geschlossene und aggressive "Sekte" nach wie vor leitete, war sie de facto schon seit Mitte der 60er Jahre nicht mehr nur ein Teil

---

549 Unveröffentlichte Biografie von Fetisov, vorbereitet vom Mitarbeiter des wissenschaftlichen historischen Aufklärungszentrums Memorial A. Papovjan.
550 MICHAIL ANTONOV: *Učenie slavjanofilov*, S. 37–38.

der Bewegung für Denkmalschutz, sondern auch der Russischen Partei. Der Radikalismus und die geistige Beschaffenheit der Leiter der Gruppe erlaubte es ihren wie auch den Mitgliedern des Allrussischen sozial-christlichen Bundes für die Befreiung des Volkes (*VSChSON*) nicht, sich in das bestehende System, das genügend Möglichkeiten dafür bot, zu integrieren. Die Reaktion auf die Radikalisierung der "Sekte" erfolgte in Form von Repressionen. Neben Antonovs Entlassung wurden Ende 1967 Putincev, Smirnov, Mazaev und Bykov aus der KPdSU ausgeschlossen, was wiederum die Tätigkeit Fetisovs politisierte.

Im März 1968 verfasste und verbreitete Fetisov Flugblätter in einer Gesamtauflage von 650 Exemplaren, in denen die KPdSU der Degeneration beschuldigt wurde, da sich hinter der schützenden Fassade der Partei nur noch ein kleiner Haufen von Renegaten und Karrieristen verberge. Antonov trat aus der KPdSU aus, da die Partei seiner Meinung nach keine "Leninsche" mehr war, und begann, das Programm für die "Partei des russischen Volkes" zu schreiben. Die Mitglieder der Gruppe schrieben Briefe an die Mitglieder der Akademie der Wissenschaften der Sowjetunion, in denen sie ihnen drohten: "Ein Volksgericht wird sich um euch kümmern."

Am 18. März 1968, vier Tage nach der Verbreitung der Flugblätter, wurden Fetisov, Bykov und Smirnov verhaftet. Antonov nutzte seinen Posten und schickte mehrere Telegramme mit den Worten "Lasst den treuen Leninisten Fetisov frei" an das Plenum des ZK der KPdSU und wurde selbst am 12. Mai verhaftet.[551]

Während sie in Untersuchungshaft saßen, planten naive Komplizen, einen öffentlichen Prozess anzustrengen und führende Vertreter des Partei- und Staatsapparates als Zeugen aufzurufen. Während der Erstellung eines psychiatrischen Gutachtens im Serbskij-Institut hinterließ Antonov den anderen Exploranden einen Brief, adressiert an die bekannte Menschenrechtlerin Larisa I. Bogoraz, die am 25. August 1968 für eine Protestaktion auf dem Roten Platz gegen den russischen Einmarsch in die Tschechoslowakei verhaftet wurde. In diesem Brief verlangte er im Namen der Russischen Partei (bemerkenswert, dass diese Bezeichnung schon gebraucht wird und "der zweite

---

551 Mehr zu den Verhaftungen s.: *Chronika tekuščich sobytij* 1–27/1979. – Amsterdam: Fond imeni Gercena.

Mann" in der Fetisov-Gruppe sich ihr zugehörig fühlte) von Bogoraz ihre Tätigkeit einzustellen und drohte ihr.[552]

Die Hoffnungen der Fetisov-Anhänger auf einen öffentlichen Prozess waren jedoch vergeblich. In den Gutachten wurden sie alle für unzurechnungsfähig erklärt und am 9. August 1969 vom Moskauer Stadtgericht in Abwesenheit zur Behandlung in speziellen psychiatrischen Kliniken verurteilt. Fetisov und Bykov wurden in die psychiatrische Klinik in Kazan überwiesen, die für ihre verschärften Bedingungen bekannt war. Bykov bereute bald, gab zu, dass er krank sei und wurde entlassen. Fetisov setzte auch in der Klinik die Propaganda seiner Ideen fort, er wurde einer intensiven "Behandlung" unterzogen und als er schließlich entlassen wurde, sagte selbst sein treuester Helfer über ihn, dass er "inadäquat auf seine Mitmenschen reagierte".[553] Er starb 1990 in Vergessenheit. Antonov und Smirnov wurden in die psychiatrische Klinik in Leningrad überwiesen und 1971 freigelassen.

Nach Zerschlagung des Kerns der Gruppe stellten deren Mitglieder ihre Tätigkeit aber nicht ein. Ihre Unterstützung war sowohl beim *Russkij klub* als auch bei der Russischen Partei gefragt. Besonders stark engagierten sich die Architekten Žurin und Vinogradov, die später Mitglieder der *VOOPIiK* wurden und sich an der Veröffentlichung der *Samizdat*-Zeitschrift *Veče* und an den frühen Aktivitäten der *Pamjat'* beteiligten. Nach seiner Entlassung konnte sich Antonov in den Augen der Staatsmacht rehabilitieren und seit der zweiten Hälfte der 70er Jahre veröffentlichte er in offiziellen Druckmedien, unter anderem in den Zeitschriften der russischen Nationalisten *Naš sovremennik* und *Moskva*, Artikel zu ethisch-moralischen Themen. 1989 übernahm er die Leitung einer politischen "Zwergorganisation" der russischen Nationalisten, des *Sojuz duchovnogo vozroždenija Otečestva* (Union der geistigen Renaissance des Vaterlandes).

Der Fall Antonovs, der bei seiner Freilassung bereits als Autor eines programmatischen Textes in der *Samizdat*-Zeitschrift *Veče* (der Text erschien während seines Aufenthalts in der "Irrenanstalt") bekannt war und in der Folge ein anerkannter Publizist wurde, zeugt von den großen Möglichkeiten der Russischen Partei, ehemalige Untergrundkämpfer und Mitglieder von Oppositionsgruppen mit ethnonationalistischen Ansichten in das bestehende System zu integrieren.

---

552 ALEKSANDR PETROV-AGATOV: Nevydumannaja povest' – Arestantskie vstreči, in: Grani, 82–84, SDS Bd. 22. Frankfurt.
553 Interview des Autors mit Antonov.

7 Ideologiewechsel in der "Pavlov-Gruppe" 1965–1969[554]

Die ideologischen Konstanten der "Pavlov-Gruppe" waren eine radikale antiwestliche Einstellung, die Verehrung des "Staatsmannes" Stalin, der Antisemitismus und eine romantische Sicht der russischen Geschichte. In Bezug auf den letzten Aspekt teilte sich die Gruppe in zwei unterschiedliche ideologische Richtungen.

Die erste vertrat einen "sowjetischen", oder genauer, einen "roten" Patriotismus gepaart mit radikalem Militarismus, demzufolge in der Geschichte der Sowjetunion alles wundervoll, angesichts des tückischen Westens aber eine Rückkehr zu äußerster Geschlossenheit des sowjetischen Volkes wie in der Zeit des Großen Vaterländischen Krieges unverzichtbar sei. Und dafür müsse man die Jugend zu kämpfen lehren, und zwar nicht irgendwann in der Zukunft, sondern jetzt.

Dieses Konzept entwickelte Sergej P. Pavlov seit Ende der 50er Jahre bis etwa 1965. Diese Idee verfolgte er auch bei der Schaffung der Milizhilfsbrigaden und bei der Konzeption der "militärisch-patriotischen Erziehung". Wie bereits erwähnt, unterstützten dieses Konzept u. a. die Mitglieder der "Pavlov-Gruppe" Ju. N. Verčenko, Ju. S. Melent'ev, F. I. Čuev und V. I. Firsov. Bezeichnenderweise hatte keiner von ihnen am Großen Vaterländischen Krieg teilgenommen und wahrscheinlich nicht einmal in der Armee gedient.[555] Die Befürworter des militanten "pavlovschen" Ansatzes zur Lösung der ideologischen und sozialen Probleme standen in vielen Fragen den sogenannten Stalinisten im literarischen Milieu, der konservativsten Gruppierung im Schriftstellerverband, nahe.

Il'a S. Glazunov beschreibt in seinen Memoiren die Ideologie dieser Strömung:

> "Im berühmten Haus der Literaten [...] wie auch in den langen Fluren der Zeitungs- und Zeitschriftenredaktionen hörte ich immer häufiger, dass der eine oder andere Redakteur oder Schriftsteller ein Schwarzhunderter sei. Ich spürte, dass das negativ und vernichtend gemeint ist. [...] Manche [...] sagten, dass Sofronov ein Schwarzhunderter

---

554 Übersetzung: Agnieszka Copa.
555 Ju. S. Melent'ev hatte eine der zahlreichen Suvorov-Militärschulen absolviert, aber nie in der Armee gedient.

sei, und dass unter seinem Stalin-Mantel Kosakenhosen hervorschauten. [...] Privat waren die mächtigen Vertreter des sowjetischen Journalismus A.V. Sofronov, S. Kotenko[556] und N.M. Gribačev, die Redakteure von *Ogonëk*, *Molodaja gvardija*, und *Sovetskij Sojuz*, freundschaftlich verbunden. Sie bildeten einen mächtigen Clan, den seine Gegner als nationalkommunistisch bezeichneten. [...] Dieser Kreis der sowjetischen Intelligenz, der sich um die oben genannten Zeitschriften gruppierte, fand in Michail A. Šolochov sein Idol und seinen Beschützer. Er wurde ständig in der Kosakensiedlung *Veščenskaja* angerufen und um Rat und Hilfe gebeten, und wenn er nach Moskau kam, wurde er empfangen, wie seinerzeit Lev N. Tolstoj von seinen Studenten."[557]

"Ihre Gegner versuchten, sie als Schwarzhunderter abzustempeln. Ich erinnere mich daran, dass viele dieser sowjetischen 'Schwarzhunderter' oft mit aufrichtiger Empörung und mühsam unterdrückter Wut zu mir sagten: 'lass Lenin in Ruhe! ... Das Genie Lenins und unserer Partei haben Russland zu einem führenden Land gemacht. Unter Stalins Führung haben wir die faschistischen Horden geschlagen und sind bis nach Berlin gekommen. [...] Ich hasse jeden Nationalismus und vor allem den Zionismus', schlug einer meiner Wohltäter mit der Faust auf den Tisch. 'Ohne Sowjetmacht hätte Hitler alle Juden in den Gaskammern verbrannt, und nicht von ungefähr hat Stalin auf das große russische Volk getrunken, das wir mehr als du lieben!'"[558]

Die Erinnerungen Il'a S. Glazunovs, damals Autor der Zeitschrift *Molodaja gvardija*, stellen nicht nur die Ansichten der "Nationalkommunisten" ziemlich genau dar, sondern auch den Unterschied zu den Ansichten der Befürworter des zweiten Konzeptes in der Pavlov-Gruppe, die im Grunde genommen orthodox-monarchistisch waren, sich aber als Anhänger des "Denkmalschutzes" bezeichneten. Junge Antikommunisten mit den ethnonationalistischen Anschauungen der zweiten Hälfte der 60er Jahre begannen, die roten antisemitischen Patrioten zu beeinflussen, und diese wiederum impften ihnen ihre Verehrung für den Staatsmann Stalin ein.

Der geistige Urheber der ideologischen Vereinigung des russischen Nationalismus der "Schwarzhunderter" mit dem Stalinismus war der Nachkriegsabsolvent des Instituts für Geschichtswissenschaft der Staatlichen Lomonossow-Universität Moskau, der ehemalige Militärpilot und Chefredakteur der Zeitung *Molodaja gvardija*, Anatolij V. Nikonov. G. M. Gusev erinnert sich:

"[Nikonov gehörte] zu den Leuten, denen Pavlov vertraute und die ihn tatsächlich beeinflussten. [...] Er schrieb auch Reden. Aber er war kein 'Resolutionist' oder 'Referent' [i. S. Verfasser von Erklärungen oder Berichten], dafür aber ein origineller Denker, und deshalb schätzte ihn Pavlov. Und Anatolij Vasil'evič [Nikonov] dachte wie ein Russe. Er kannte die Geschichte unseres Landes besser und umfas-

---

556 S. Kotenko war nicht Chefredakteur der *Molodaja gvardija*, sondern nur einer ihrer Mitarbeiter.
557 IL'A S. GLAZUNOV: Solouchin. Kapitel aus den Erinnerungen (Manuskript) *Rossija raspjataja*. Handschrift, S. 1–2. (Archiv des Autors).
558 Ebd. S. 4–5.

sender als wir alle, und das, obwohl ich einen vollständigen Universitätskurs dazu besucht hatte. Aber mir wurde sowjetisches Geschichtswissen beigebracht, Geschichtswissen, das von der sakralen Phrase beherrscht war, dass die neue Ära in der Geschichte Russlands am 25. Oktober 1917 begonnen habe. Für Nikonov und seine Freunde aus dem Schriftstellermilieu, die ich erst später, Ende der 60er Jahre, kennenlernte, war der Kampf gegen die bürgerliche Ideologie und Propaganda kein Kampf um irgendeine raffinierte sowjetische Ideologie und Moral ohne nationale Farbe."[559]

Derselben Meinung wie G. M. Gusev über Nikonov ist auch M. P. Lobanov, Mitglied des Redaktionskollegiums der *Molodaja gvardija* in den 60er Jahren:

"Er war Historiker und kein 'Literaturfachmann', aber er hatte einen tiefen Sinn für die Wahrheit und für das Nationale und das 'Antinationale' in ihr, wie er immer sagte."[560]

An den Einfluss Nikonovs auf Pavlov erinnert sich auch V. N. Ganičev:

"Der erste Sekretär des ZK des Komsomol, Sergej Pavlov, war ein lebhafter und energischer Mann, der unter dem Einfluss Anatolij Vasil'evič Nikonovs ein zunehmend nationalistisches Bewusstsein erlangte."[561]

Das Hauptverdienst Nikonovs in der Pavlov-Gruppe bestand darin, dass er die Zeitschrift *Molodaja gvardija* zu einem Zentralorgan der antiwestlich orientierten Kräfte machte, was sie bemerkenswerterweise bis heute, dreißig Jahre nach Pavlovs Ausscheiden, geblieben ist. Nach Ganičevs Erinnerung entließ Nikonov, als er Chefredakteur der Zeitschrift wurde, alle Andersdenkenden aus dem Redaktionskollegium und begann umgehend, Gleichgesinnte oder "Lernwillige" einzustellen. Einer von ihnen erinnert sich später:

"Ich wurde Assistent und Mitkämpfer eines wunderbaren Menschen. Er hatte großes Vertrauen zu mir, half mir, vermittelte mir Bildung und Wissen, gab mir verbotene Literatur zu lesen, wie zum Beispiel die russischen Philosophen, Emigrantenliteratur oder die *Protokolle der Weisen von Zion* und vermittelte mir völlig neue Fakten und Informationen. So habe ich dank seiner Hilfe zum ersten Mal die wahre Biografie Tuchačevskijs kennengelernt, die Dokumente der Familiengeschichte der Briks, die Liste und die Biografien der 'Kreml-Frauen' [Liste der tatsächlich oder angeblich jüdischen Ehefrauen der sowjetischen Führung – Anm. d. Autors] usw. [...] Er war ein Mensch mit dem Willen zur Macht. [...] Seine Rolle sah er darin, künstlerisches und Tatsachenmaterial in der Zeitschrift so zu konzentrieren, dass es das Bewusstsein der Menschen, auch das der Staatsführung, verändern würde. Sie sollten sehen, wer die wirklichen Feinde und Freunde Russlands sind."[562]

Viele von denen, die von Mitte der 60er bis Mitte der 80er Jahre den Kern der Bewegung russischer Nationalisten bildeten, waren unter Nikonov entweder Mitarbeiter der Zeitschrift oder schrieben für sie. Zu den Mitarbeitern gehörten: V. N. Ganičev, 1961–1966 erster Stellvertreter des Chefredakteurs; S. V.

---

559 Interview mit G. M. Gusev.
560 M. P. LOBANOV: Posleslovie. Iz vospominanij, in: *Naš sovremennik*, 4/1988, S. 154–159.
561 V. N. GANIČEV: Oni vyigrali vojnu ... A vy?, in: *Naš sovremennik*, 5/1995, S. 127.
562 Veličie i padenie "Molodoj gvardii", in: *Naš sovremennik* 9/1997, S. 200.

Vikulov (geb.1922), Stellvertreter des Chefredakteurs, seit 1968 Chefredakteur der Zeitschrift *Naš sovremennik*); A. S. Ivanov (1928–1999), 1968–1972 Stellvertreter und ab 1972 Chefredakteur der Zeitschrift *Molodaja gvardija*; S. A. Vysockij (geb. 1931), Verantwortlicher Sekretär; V. V. Petelin (geb. 1929), 1968–1971 Leiter der Abteilung Literaturkritik; V. V. Sorokin (geb. 1936), Leiter der Abteilung Dichtung; M. P. Lobanov (geb. 1925), Mitglied des Redaktionskollegiums sowie S. Kotenko (geb.1936).[563] Auf eine persönliche Initiative Nikonovs hin schrieb und veröffentlichte Glazunov 1965 seine Erinnerungen in der *Molodaja gvardija*.[564] Nach Ansicht S. Kunaevs wuchsen unter den Fittichen Nikonovs Vladimir Cybin und Viktor Čalmaev, Vladimir Firsov und Anatolij Poperečnyj[565] zu Schriftstellern heran. Der Einfluss Nikonovs als Ideologe und Verkünder des russischen Nationalismus reichte über die Zeitschrift hinaus in den Apparat des ZK des Komsomol – von den Wandlungen seiner Weltanschauung nach Gesprächen mit Nikonov berichtet beispielsweise Gusev[566] – und bis in Nicht-Komsomol-Strukturen. Nach Aussage Gusevs erwähnte Nikonov gern seine guten Beziehungen zu den Schutzpatronen der Bewegung russischer Nationalisten, wie zu den Mitgliedern des Politbüros D. S. Poljanskij und A. N. Šelepin und zu dem Mitglied der "Russischen Partei", dem Mitarbeiter Michail A. Suslovs V. V. Voroncov.[567] Ganičev bestätigte im Interview gleichfalls, dass die Beziehungen Nikonovs zu Šelepin allgemein bekannt waren.

In den Erinnerungen Ganičevs finden wir eine genaue Beschreibung der Beziehungen Nikonovs zu den anderen intellektuellen Führungspersönlichkeiten der "monarchistischen" Fraktion der Pavlov-Gruppe:

"Moskau, wohin ich 1960 gekommen war, war für mich wie eine Erleuchtung. Aufmerksame und wohlmeinende Menschen luden mich zu Ausflügen in die alten russischen Städte ein, sie erzählten mir von den Schätzen der Alten Rus' und führten mich in halbverfallene und imposante Kirchen. Zu den Büchern, die wir lasen, zählten solche über Gott, die heiligen Väter und heilige Orte. Als Historiker habe ich mir das an-

---

563 Die ehemaligen Aktivisten der Pavlov-Gruppe Ganičev, Gusev, Semanov, Kožinov und Lobanov, die unter dem Einfluss Nikonov gestanden hatten, hielten es für ihre Pflicht, sich an dem Sammelband zu Ehren seines 75. Geburtstages, der auf den Seiten von *Naš sovremennik* veröffentlicht wurde, mit Erinnerungen an ihn zu beteiligen. S.: Veličie i padenie "Molodoj gvardij", in: *Naš sovremennik* 9/1997, S. 199–212.
564 LEV E. KOLODNYJ: *Ljubov' i nenavist' Il'i Glazunova*. – Moskau: Golos, 1998, S. 298.
565 STANISLAV JU. KUNJAEV: Poezija. Sud'ba. Rossija, in: *Naš sovremennik*, 2/1999, S. 119–120.
566 Veličie i padenie "Molodoj gvardij", S. 210, sowie Interview mit G. M. Gusev.
567 Ebd.

geeignet und immer mehr verstanden, dass es hier um höhere Werte geht. [...] Ich erinnere mich, dass damals in der Zeitschrift *Molodaja gvardija* unter dem immer ruhigen und ausgeglichenen Chefredakteur Nikonov der nicht weniger ruhige und ausgeglichene Solouchin bedeutungsvoll sagte: 'Also, ja, ... über Ikonen sollte man schreiben, über Ikonen. Denn dort ist das Angesicht Gottes ... und nicht irgendein Bild.' [...] Anatojij Vasilevič [Nikonov] hörte die Belehrung [Ganičevs durch Solouchin über den Sinn der Ikonenmalerei] mit Wohlgefallen, als gebildetem Menschen und Repräsentanten der Öffentlichkeit war es ihm lieber, dass über heilige und kirchliche Angelegenheiten Leute sprachen, die kompetenter waren. [Da] kam Il'ja Glazunov ins Arbeitszimmer ... [...] Er benannte die neuen Themen in der Malerei der 60er Jahre: die vergeistigten und gebrochenen Heldengestalten Dostoevskijs, einsame Gotteshäuser und wandernde Pilger. Aber das war nur der eine Teil seiner Tätigkeit. Der andere war die Aufklärung. Unermüdlich sprach er vor großem Publikum, gab klugen Menschen vorrevolutionäre Bücher über Russland, lieferte sich ironische Wortgefechte mit den eifrigen sowjetisch-westlichen Intellektuellen und gründete den Klub *Rodina* ... Ilja Sergeevič sprach von seinen Plänen, ein Buch unter dem Titel *Put' k sebe* (Der Weg zu mir selbst) zu schreiben, in dem er von sich erzählen wollte, wie er sein Heimatland begreifen lernte und von den heiligen Stätten Russlands."[568]

Der Künstler Il'a S. Glazunov war wahrscheinlich der zweitwichtigste Ideologe in der Pavlov-Gruppe. Er war ein radikaler Antikommunist und ein gewandter Karrierist, der die Neigung seiner Landsleute, auch der hohen Funktionäre, zu halbverbotenen Früchten zu nutzen verstand. Nicht von ungefähr reichten die Themen seiner ersten Ausstellung, die ihn bekannt machen sollte, von der, gelinde gesagt, nicht eben populären Propagierung Dostoevskijs bis zum Aktmodell. Als (unfreiwilliger?) Zerstörer der traditionellen russischen Malerei des 19. Jahrhunderts, der aber ihre Methoden und Herangehensweisen für künstlerische Collagen nutzte, war Glazunov in der russischen Kunstszene ein Vorläufer der Philosophie des Postmodernismus. Aber er war sich seiner Innovativität nicht bewusst und kritisierte die moderne Kunst der Avantgarde sogar scharf, was ihm die Sympathie der sowjetischen Konservativen einbrachte, die kaum etwas von Kunst verstanden, aber regelmäßig auf die richtigen Worte anbissen. Glazunovs erste Wortmeldung zu diesem Thema erfolgte 1960 in der Zeitschrift *Molodaja gvardija*.[569] Sein öffentlicher Auftritt zum Schutz von Architekturdenkmälern auf der Konferenz der Ideologischen Kommission des ZK der KPdSU am 26. Dezember 1962 zeigte sein politi-

---

568 V. N. GANIČEV: Optina ... Moskau, 12/1998, S. 212–213.
569 ILJA S. GLAZUNOV: Kljaksa i obraz: Zametki o nekotorych voprosach sovremennoj živopisi, in: *Molodaja gvardija*, 1/1960.

sches Potenzial.⁵⁷⁰ Bemerkenswert ist, dass dieses Treffen nach Angaben des offiziellen Biografen Glazunovs von dem eng mit der Šelepin-Gruppe verbundenen Schwiegersohn Nikita S. Chruščëvs, Aleksej I. Adžubej, und dem Vertreter des konservativen Flügels im Schriftstellerverband der UdSSR, Sergej V. Michalkov, organisiert wurde.⁵⁷¹ Aber in der Zeit, als Glazunov in der Mannschaft des Sekretärs für Ideologie des ZK der KPdSU, L. F. Il'ičev, spielte, wurde er noch nicht gebraucht.⁵⁷² Sein Einfluss als Ideologe wuchs auf anderem Wege, nämlich über den Apparat des ZK des Komsomol, wo er zum Propagandisten für die Mitglieder der Pavlov-Gruppe wurde. Sein Atelier wurde zum Salon, in dem die antikommunistischen, monarchistischen und eklektisch-religiösen Ansichten des Gastgebers den Besuchern vermittelt wurden. Es ist bekannt, dass Glazunovs enge Beziehungen zu den Sekretären des ZK des Komsomol P. N. Rešetov und Ju. V. Torsuev unterhielt. Wohlwollend ihm gegenüber verhielten sich auch Sergej P. Pavlov und Anatolij V. Nikonov.⁵⁷³ Die Sympathien der beiden gingen soweit, dass Glazunov mehrmals Wohnungen aus dem Kontingent des Komsomol bekam.⁵⁷⁴

Gönner und Lobbyist Glazunovs war Vasilij D. Zacharčenko, Chefredakteur der Zeitschrift *Technika – molodëži* (Technik für die Jugend) aus dem Verlag *Molodaja gvardija*⁵⁷⁵. Sehr intensive Beziehungen hatte Glazunov auch zu Ganičev, der nicht nur an der Veröffentlichung der Artikel und der Memoiren Glazunovs in *Molodaja gvardija* beteiligt war, sondern sich bei dem Künstler auch verbotene *Tamizdat*-Literatur auslieh⁵⁷⁶, vor allem das antisemitische Buch von Andrej Dikij, *Evrei v SSSR*⁵⁷⁷. Glazunov trug wesentlich zur Verbreitung dieses radikal antisemitischen Werkes bei. So bestätigte S. V. Vikulov, dass Glazunov ihm bei einem Treffen 1976 in Paris mehrere Werke Solženicyns zum Lesen auslieh, das Buch von Dikij aber schenkte er ihm und emp-

---

570 *Ideologičeskie komissii CK KPSS. 1958 – 1964: Dokumenty.* – Moskau: ROSSPĖN, 1998, S. 323–330.
571 LEV E. KOLODNYJ: *Ljubov' i nenavist' Il'i Glazunova.* – Moskau: Golos, 1998, S. 411.
572 Obwohl Il'ičev in seinem Bericht an Chruščëv über die Ergebnisse der Konferenz Glazunov als ersten der Redner erwähnte und vermerkte, er habe auf ihn einen "angenehmen Eindruck" gemacht, war die oberste Staatsmacht offenbar anderer Meinung, und so gab es im Leben Glazunovs in dieser Zeit keine bemerkenswerten Veränderungen. S.. *Ideologičeskie komissii CK KPSS,* S. 382.
573 LEV E. KOLODNYJ: *Ljubov' i nenavist' Ilji Glazunova,* S. 395.
574 Ebd. S. 402.
575 Ebd. S. 31.
576 Ebd. S. 395; Interview mit Ganičev.
577 Vgl. ANDREJ (ANDREY IV.) DIKIJ: *Jews in Russia and the USSR.* 1967, Maine. – Madrid, wieder erschienen: *Evrei v Rossii i v SSSR. Istoričeskij očerk, izdanie 2-oe (pervoe v Rossii).* – Novosibirsk: Blagovest, 1994. [Anm. d. Übers.]

fahl, es mit in die UdSSR zu nehmen.⁵⁷⁸ Ein zweiter radikaler Antisemit war im Hause Glazunovs nicht nur geistig, sondern physisch anwesend – Vasilij Šul'gin, der "letzte Mohikaner des Russischen Reiches wohnte bei dem Künstler in Moskau, wenn [...] er aus Vladimir anreiste [...]. Vieles erfuhr der damals noch junge Künstler über die Vergangenheit Russlands, was seine Weltanschauung beeinflusste".⁵⁷⁹ "'Russland den Russen', [...] so gab Il'ja Sergeevič [Glazunov] die Idee des von ihm verehrten Vasilij Šul'gin wieder."⁵⁸⁰ Glazunovs Verehrung war so groß, dass er es für angemessen hielt, in Begleitung von Šul'gins Frau an dessen Beerdigung teilzunehmen.⁵⁸¹

In dieser Atmosphäre fand die "Umerziehung" der Menschen statt, die keine erkennbaren familiären Beziehungen mehr zur vorrevolutionären Geschichte hatten. Die Ratschläge von Leuten, die aus Sicht eines überzeugten Sowjetbürgers eindeutig antisowjetisch gesinnt waren, wurden wie umgehend auszuführende Anweisungen entgegengenommen. Ganičev beispielsweise erinnert sich:

> "Als ich zum ersten Mal in New York war, besuchte ich die bekannte russische Buchhandlung Kamkin. Als der Besitzer, ein älterer Herr, erfuhr, dass ich von *Molodaja gvardija* bin, stellte er mir die Frage: 'Warum gibt es in eurer Reihe *Žizn zamečatel'nych Ljudej* (ŽzI; Leben berühmter Persönlichkeiten) nicht die Titel *Suvorov*, *Puškin*, *Deržavin* oder *Ušakov*? Ich würde sie mit Vergnügen verkaufen.' Nach meiner Rückkehr habe ich der Mannschaft der Reihe sofort diese Aufgabe gestellt, und die Bücher wurden herausgegeben. *Ušakov* habe ich dann selbst verfasst, nachdem ich die Redaktion bereits verlassen hatte."⁵⁸²

Der russische Nationalist Ju. G. Lun'kov, 1962–1965 Mitarbeiter der Propagandaabteilung des Moskauer Stadtkomitees des Komsomol und 1965–1970 des Komitees der Jugendorganisationen der UdSSR, pflegte in den 60er Jahren engen Kontakt mit Glazunov, der zugleich sein Nachbar war, und mit anderen Mitgliedern der Pavlov-Gruppe. Lun'kov beschreibt die Atmospäre im Hause Glazunovs:

> "Bei ihm war das Hauptquartier, wo ein reges Kommen und Gehen herrschte. Obwohl es keine regulären Versammlungen gab, war fast jeden Abend jemand bei ihm. Einmal saßen wir alle bei ihm am Tisch, alle waren Mitglieder der Partei, Torsuev Sekretär des

---

578 SERGEJ V. VIKULOV: Čto ne vyrubiš' perom ... in: *Naš sovremennik* 9/1996, S. 13–14.
579 LEV E. KOLODNYJ: *Ljubov' i nenavist' Il'ji Glazunova*, S. 21; Šul'gin gibt eine Charakterisierung der Arbeit Glazunovs, 1961 verfasst, veröffentlicht: *Naš sovremennik* 11/1997, S. 2.
580 LEV E. KOLODNYJ: *Ljubov' i nenavist' Il'ji Glazunova*, S. 226.
581 Ebd. S. 381.
582 Interview mit Ganičev.

ZK des Komsomol, und Glazunov sagte: 'Ich träume von der Zeit, wenn wir alle Kommunisten an Laternen aufhängen werden' [Vgl. die "Scherze" der Mitglieder der Dobrovolskij-Gruppe – Anm. d. Autors]. In den 60ern sagte man so etwas nicht so oft. Aber alle reagierten darauf mit 'Ha ha ha'"[583]

Und so reagierte den Erinnerungen Lun'kovs zufolge der Vorsitzende des Komitees der Jugendorganisationen (KMO) V. Jarovoj, der an den Treffen im Salon Glazunovs teilnahm:

"Da er nicht aus dem Komsomol-Milieu stammte und weil er womöglich ein wenig jüdisches Blut in seinen Adern hatte, nahm er sich das sehr zu Herzen und bemühte sich der 'pavlovschen' Linie besonders streng zu folgen. Er verstand sich ausgezeichnet mit Glazunov. Er machte – wohl unter dem Eindruck der allgemeinen Atmosphäre – Witze, wie: 'Ich träume davon, eine Walze ohne Bremsen im *Afanas'evskij pereulok* loszulassen' [in der Straße befand sich unweit der Residenz des Zentralkomitees des Komsomol eine Synagoge – Anm. d. Autors]."[584]

Der Einfluss Glazunovs auf P. N. Rešetov ist auch aus den Erinnerungen des aktiven russischen Nationalisten und Monarchisten Vladimir A. Desjatnikov, der zwischen 1964–1969 zum engen Kreis Glazunovs gehörte, ersichtlich:

"Der Reviermilizionär kam zu mir und verbot mir, im Haus von E. V. Goldinger zu wohnen, weil das Haus in der Nähe der Regierungsstrecke Kreml – Kalininprospekt lag und man über einen bestimmten Grad an Zuverlässigkeit verfügen müsse, nämlich über eine polizeiliche Anmeldung. Jemand musste sich für mich einsetzen und versichern, dass ich ein ruhiger Mensch bin und nicht beabsichtige, mit der Sowjetmacht Spielchen zu treiben. [...] Mir blieb noch eine letzte Chance. Ich schrieb einen Brief ohne Adressaten und wartete auf eine Gelegenheit. Ich musste nicht lange warten. P. N. Rešetov, stellvertretender Chef der Abteilung für Internationales des ZK der KPdSU lud den Künstler Il'ja Glazunov, den Kinoregisseur Aleksej Saltykov und einen Kunsthistoriker, d. h. mich, zum Tee ein, um, wie man so sagt, in ungezwungener Atmosphäre über Gott und die Welt zu reden, vor allem über die Situation der Russen in der multinationalen sowjetischen Kunst. Das Gespräch war derart offen, dass, wenn Protokoll geführt worden wäre, man alle Gäste als höchst unzuverlässige Elemente hätte registrieren müssen. Nichtsdestoweniger nahm Rešetov mein Schreiben und bestellte mich für den nächsten Tag ins ZK. Von seinem Büro aus rief Rešetov den stellvertretenden Chef der Abteilung Verwaltungsorgane des ZK der KPdSU an. 'Ich habe hier einen Genossen. Er ist ein hervorragender Kunsthistoriker für russische und internationale Kunst. Er heißt Desjatnikov, Vladimir Aleksandrovič. Er braucht Hilfe, um eine polizeiliche Anmeldung in Moskau in der Bol'šoj Rževskij Nr. 4 zu bekommen. Die Miliz schiebt ihn hin und her ... Ob ich ihn gut kenne?' Rešetov sah mich aufmerksam an: 'Wenn ich ihn nicht gut kennen würde, hätte ich nicht angerufen. Übrigens, warst du schon bei Sergij Radonežskij? Aber nein, ich meine in Zagorsk im Sergij-Radonežskij-Kloster. Also wenn du fahren willst, empfehle ich dir Desjatnikov als Begleiter. Ja, ja vor zwei Jahren schon habe ich die Tour gemacht.' Und nachdem er

---

583   Interview mit Ju. G. Lun'kov.
584   Ebd.

noch ein paar Ahs und Ohs und Hms von sich gegeben hatte, bedankte sich Rešetov bei seinem Gesprächspartner und legte auf. 'Geh zur Meldestelle, lass Dir Deine Anmeldung geben und geh in Ruhe deinen Dingen nach. Wenn was ist, ruf an.'"[585]

In der zweiten Hälfte der 60er Jahre entwickelte sich dank dem Einfluss (oder der Propagandaarbeit) Nikonovs und Glazunovs auf den Apparat des ZK des Komsomol und besonders auf die Mitglieder der Pavlov-Gruppe ein immer liberaleres Verhältnis zum Monarchismus und zum orthodoxen Christentum. Eine wichtige Rolle bei der Verbreitung dieser Ideen spielte Valerij N. Ganičev, 1967–1968 Chef der Propagandaabteilung im ZK des Komsomol. Der ehemalige Mitarbeiter des ZK des Komsomol Aleksandr S. Cipko erinnert sich:

"Der Apparat des ZK des Komsomol war Ende der 60er Jahre in ideologischer Hinsicht deutlich 'weißer', freier als der Apparat des ZK der KPdSU, wohin mich zwanzig Jahre später Gorbačëv und Medvedev holten. [...] Meine nostalgische Neigung zur vorrevolutionären Kultur war der der Komsomol-Funktionäre, die Patrioten waren, keine Marxisten, Atheisten oder Leninisten, sehr nah. Sie trauerten dem Russland nach, das die Bolschewiken zerstört hatten. Sie alle sympathisierten mit dem orthodoxen Christentum [...] Der Tenor ihrer Gespräche im engeren Kreis war durch und durch 'weiße'. [...] Ich fühlte mich allerdings nicht wohl in meiner Haut, wenn die Rede auf Stalin kam. Ich war gegen die Vergötterung Stalins als Staatsmann und Retter des Vaterlandes usw., wie sie typisch für diese roten Patrioten war."

Weiter erinnert sich Cipko, dass er im September 1967 auf einem Abschlussbankett für die Leiter der Delegationen der Komsomol-Gebietskomitees der Nord-West-Region, die an einem Seminar auf den Soloveckij-Inseln teilgenommen hatten, bei dem auch der Betreuer aus dem ZK der KPdSU, Baklanov, der Sekretär des Gebietskomitees Archangel'sk der KPdSU, F. V. Vinogradov, und die Leitung des ZK des Komsomol[586] anwesend waren, nach dem vierten Glas Cognac "einen Trinkspruch auf Russland, 'das wir verloren haben' ausbrachte und auf die große russische Kultur, die, wie ich mich ausdrückte, 'nun unter den Trümmern linksradikaler Experimente liegt'".

Danach rief er dazu auf, sich mit N. Berdjaev, S. Bulgakov und S. Frank vertraut zu machen.

---

585 VLADIMIR A. DESJATNIKOV: *Dnevnik russkogo*. Handschrift. Eintrag vom 25.04.1967.
586 In dem Erinnerungsband für den Schriftsteller Leonid Leonov wird Vinogradov als der Funktionär erwähnt, der dem Schriftsteller steckte, dass der *KGB* beim Gebietskomitee Archangel'sk Erkundigungen über dessen Vater eingeholt hatte. In jener Zeit war die Preisgabe von internen Informationen durch einen Funktionär ein grober Verstoß gegen die Disziplin im Dienst und konnte katastrophale Folgen für den Betreffenden haben, s. *Leonid Leonov v vospominanijach i interv'ju*. – Moskau: Golos, 1999, S. 223.

"Niemand unterbrach mich, keiner widersprach und keiner fiel über die von mir angeführten 'Reaktionäre' her. [...] Um sich im ZK des Komsomol zu halten, reichte es aus, ein normaler 'weißer' Patriot zu sein. Während der Fahrt auf die Soloveckij-Inseln hörten die Komsomolchefs ganz ruhig meinen nostalgischen Reden von dem Russland, das wir verloren haben, zu. Ganičev, der Chef der Propagandaabteilung, scherzte: 'Du, Sascha, bist bei uns im ZK der 'weiße' Fachmann. Wenn Lenin 'weiße Spezialisten' beschäftigt hat, warum sollen wir uns dann nicht auch einen Vorrevolutionsnostalgiker vom Ende der 60er Jahre zur Nachzucht halten.'"[587]

An eine ähnliche Haltung Ganičevs gegenüber den Monarchisten erinnert sich auch Desjatnikov:

"Zum 50. Jahrestag der Verbannung Nikolaus II. und seiner Familie 1917 nach Tobol'sk beschloss ich zusammen mit meiner Frau, dieses Jubiläum mit einem Besuch der ehemaligen Gouvernementsstadt, der Hauptstadt Sibiriens, zu würdigen. Und dann machten wir uns auf den Weg nach Golgatha, den die verhaftete Zarenfamilie 1918 gegangen war, als sie nach Ekaterinburg gebracht wurde. Aus eigener Tasche hätten wir diese Pilgerfahrt nicht bezahlen können. Wir wandten uns deshalb an Ganičev aus dem ZK des Komsomol. Alles haben wir ihm natürlich nicht erzählt. Ich glaube, er hat auch so verstanden und gab uns den sehr praktischen Dienstreiseauftrag, den Weg der Eroberungen Ermaks (Jermaks) bis zum Irtyš zu beschreiben, damit man unsere Reise unter die Expeditionen des Komsomol zu den berühmten 'Orten des Kampfes und der Arbeit' einordnen konnte, wie es in der Begründung unseres Dienstreiseantrags hieß."[588]

V. Ganičev selbst spricht im Interview über seine Protektion der Monarchisten vorsichtig und offensichtlich nur ungern:

"Diejenigen, die heute von ihrem damaligen Monarchismus sprechen, übertreiben meiner Meinung nach ein bisschen. Ich glaube, dass damals alle in eine Richtung marschierten, für alle war der Sieg die größte Errungenschaft. Wir alle wollten ein starkes Russland, ohne manche gesellschaftlichen Fesseln vielleicht, aber der Staat sollte unbedingt stark sein.

Manche interessierten sich einfach für den Monarchismus, aber auch das nur insgeheim. Fälle offener Sympathiebekundungen für den Monarchismus kenne ich nur wenige, ich persönlich gehörte nicht dazu. So dass in dem breiten roten Strom das weiße Rinnsal kaum zu erkennen war. Glazunov ja, eindeutig. Cipko aber nicht, der war rot. Er hat in unserer Abteilung gearbeitet. Er war eigentlich nicht rot, sondern liberal, aber ein russischer Patriot."[589]

Wie aus dem obigen Zitat Cipkos hervorgeht, schlossen die Sympathien für den Monarchismus und das orthodoxe Christentum bei den Mitgliedern der Pavlov-Gruppe starke pro-stalinsche Einstellungen keinesfalls aus. In seinen späteren Äußerungen über Stalin formuliert Ganičev sie so: "Erstaunlich war diese geradezu fanatische Verteidigung der Interessen des Staates. Kaum ein Staatsmann kämpfte so für das Interesse seines Landes wie Stalin für die

---

587 ALEKSANDR S. CIPKO: Gorbačëv postavil na "socialističeskij vybor" i proigral: Zapiski ob ideologičeskoj kuchne perestrojki, in: *NG-Scenarii*, Nr. 8, vom 21.11.1996.
588 VLADIMIR A. DESJATNIKOV: *Dnevnik russkogo*. Handschrift. Eintrag vom 18.10.1967.
589 Interview mit Ganičev.

UdSSR".[590] Nach Semanovs Einschätzung, die allerdings die 70er Jahre betrifft, zeigten "O. Michajlov, A. Nikonov, S. Semanov, G. Serebrjakov, V. Čalmaev und F. Čuev [...] die stärksten pro-stalinschen Neigungen, [während] V. Ganičev, V. Kožinov, A. Lanščikov, P. Palievskij, Ju. Seleznev und V. Čivilichin sich vorsichtiger äußerten. Deutlich ablehnend hingegen äußerten sich V. Astaf'ev, V. Belov, I. Glazunov, S. Vikulov, M. Lobanov und V. Solouchin."[591]

In dieser Atmosphäre konnte die Gewinnung junger Antikommunisten für die Arbeit der ideologischen Zentrale ungestört und reibungslos vor sich gehen. Der erste Kontakt der Kožinov-Palievskij-Gruppe mit den vom ZK des Komsomol kontrollierten Strukturen lässt sich etwa 1964 feststellen. Sie begannen ihre Zusammenarbeit mit der ihnen ideologisch nahestehenden Gruppe um V. Skurlatov, Ju. Lun'kov und I. Kol'čenko, die die Universität des Jungen Marxisten (UMM) beim Moskauer Stadtkomitee des Komsomol gegründet und entwickelt hatten. Gleichzeitig wurde für die Arbeit der UMM eine Gruppe junger Philosophen – Ė. Il'enkov, P. Gajdenko und G. Batiščev, alle Schüler A. F. Losevs, – gewonnen. 1965 stand die Gruppe von Kožinov und Palievskij bereits in engem Kontakt mit dem Apparat des ZK des Komsomol und damit vor allem mit V. Ganičev. Auf seine Initiative hin wurden die Mitglieder der Gruppe zur Arbeit für die Zeitschrift *Molodaja gvardija* und den gleichnamigen Verlag herangezogen. Wahrscheinlich war es auch 1965, dass die Kožinov-Palievskij-Gruppe sich endgültig dem russischen Nationalismus zuwandte. Die Philosophengruppe hingegen ließ sich nicht auf eine enge Zusammenarbeit mit dem ZK des Komsomol ein, obwohl einige von ihnen, beispielsweise G. Batiščev, sich als orthodoxe Christen betrachteten.

So fanden seit der zweiten Hälfte der 60er Jahre mehrere antikommunistische und monarchistische Gruppen Schutz, Protektion und Arbeit unter dem Dach des ZK des Komsomol. Sie arbeiteten mit dem Verlag und der Zeitschrift *Molodaja gvardija* zusammen. Das waren vor allem S. Semanov, P. Palievskij, V. Solouchin und V. Skurlatov. Sie unternahmen Dienstreisen im Auftrag des ZK des Komsomol entsprechend ihrer Interessen, wie Glazunov und Desjatnikov. Ganicev war ihrer aller Mentor, der zu dieser Zeit der wahre Kopf der Bewegung der russischen Nationalisten geworden war. Nach seiner

---

590 VALERIJ N.GANIČEV: *Oni vyigrali vojnu*, S. 126.
591 S. SEMANOV (unter dem Pseudonym S. NIKOLAEV): „Molodaja gvardija" russkogo vozroždenija. München: Veče, 1994, Nr. 52, S. 107–141.

eigenen Bekundung kamen, nachdem er die Leitung des Verlags *Molodaja gvardija* 1968 übernommen hatte,

> "in dieser Zeit der Umorientierung des Verlags auf die Herausgabe nationaler Literatur, des Wechsel in der Arbeitsweise und im Personal ungefähr dreißig neue Leute zu mir. Sie kamen aus unterschiedlichen Bereichen, aber ihre Orientierung auf Russland war bereits gefestigt. Ich nahm niemanden von außerhalb dieser Orientierung. Das gleiche habe ich in der Propagandaabteilung versucht zu machen, aber dort war es schon schwieriger".[592]

Die Vereinigung der am Anfang kleinen und vereinzelten Gruppierungen unter den Fittichen des ZK des Komsomol führte zur Bildung einer starken und solidarisch agierenden Truppe, die weitestgehend die Besonderheiten in der Entwicklung der "Russischen Partei" Ende der 60er Jahre und Anfang der 70er Jahre bestimmte.[593]

Das Forum, in dem sich in den Redeschlachten die wesentlichen Ideen dieser Gruppe herauskristallisierten, war der von 1967 bis 1972 existierende *Russkij klub*, dessen Zusammenkünfte pro forma als Sitzungen der Kommission für das umfassende Studium der Russischen Kultur bei der Moskauer Abteilung des *VOOPIiK* deklariert wurde. Ihr wichtigstes Publikationsorgan war bis 1970 die Zeitschrift *Molodaja gvardija*.

Die Mitglieder der im Entstehen begriffenen "Russischen Partei" waren schon sehr selbstbewusst und scheuten sich nicht, öffentlich Erklärungen abzugeben, wie sie früher lediglich für halblegale Kreise typisch waren. A. P. Lanščikov (geb. 1929), Absolvent des Philologischen Fakultät der Moskauer Staatlichen Universität 1962, ein bekannter Mitstreiter der Bewegung russischen Nationalisten, Publizist und Herausgeber der *Molodaja gvardija*, sagte am 25. April 1969 in seiner Rede auf dem Seminar der Literaturkritiker, dass Russland einen besonderen Weg gehe und dass man die Rolle der Orthodoxie bei der Herausbildung der russischen Kultur ebenso wenig, wie die des Katholizismus in der europäischen Kultur negieren dürfe. Er sagte "dass in 30—40 Jahren die Menschen Berdjaev und Leont'ev entdecken werden, dass es über die Intelligencija keine normale, d. h. kritische Literatur gebe".[594]

---

592 Interview mit Ganičev.
593 Wie nah sich die Mitglieder der Gruppe standen und wie bewusst sie sich dessen waren, davon zeugt die von Solouchin 1967 initiierte Umfrage mit ca. 40 zum Teil ziemlich persönlichen Fragen unter den Mitgliedern. Die Antworten von V. Čivilichin finden sich im Artikel: E. ČIVILICHINA: O Vladimire Čivilichine, in: *Naš sovremennik* 2/1999, S. 209–210.
594 Političeskij dnevnik, Bd. 1, S. 505 – 506.

Zum Symbol des Generationswechsels der russischen Nationalisten im literarischen Milieu und der endgültigen Abkehr der orthodoxen Antikommunisten in den komsomolnahen Publikationsorganen von der Zusammenarbeit mit den Liberalen wurde ein von M. Lobanov, O. Michajlov, V. Petelin, N. Sergovancev und V. Čalmaev verfasster Brief gegen die Zeitschrift *Novyj mir.* In Abstimmung mit den Chefs der *Molodaja gvardija* A. Nikonov und A. Ivanov erschien der Brief dank der Bemühungen O. Michajlovs und N. Sergovancevs schließlich in der Zeitschrift *Ogonëk* unter dem Titel "Protiv čego vystupaet ‚Novyj mir'?" (Wogegen ist die *Novyj mir*?)[595]. Unterzeichnet aber war er von anderen, von M. Alekseev, S. Vikulov, S. Voronin, V. Zakrutkin, A. Ivanov, S. Malašinin, A. Prokof'ev, P. Proskurin, S. Smirnov, V. Čivilichin und N. Šundik. Es zeigte sich, dass die Ideen der jungen Antikommunisten sowohl mit den Ansichten der Vertreter der mittleren Generation (der Frontgeneration) der russischen Nationalisten als auch ihrer älteren Kampfgenossen, die sich bereits zur Stalinzeit hervorgetan hatten, völlig übereinstimmten.

---

595 "Protiv čego vystupaet 'Novyj mir'?", in: *Ogonëk* 36/1969, Juli, S. 26–27. Ausführlich zum Brief und seinen Autoren s. VIKTOR V. PETELIN: *Sčast'e byt' samim soboj.* – Moskau: Golos, 1999, S. 194–195. Allerdings werden die Aussagen zu seiner Urheberschaft dieser Idee im Interview von N. Sergovanec, der gemeinsam mit O. Michajlov die Unterschriften sammelte und die Veröffentlichung des Briefes betrieb, bestritten.

8 Die "Russische Partei" 1970–1985[596]

Ausgangspunkt dieser Arbeit war die Annahme, dass es im Partei- und Staatsapparat einzelne Sympathisanten und Protektoren der Bewegung russischer Nationalisten gab. Es zeigte sich aber, dass keinesfalls eine Minderheit, sondern die Mehrheit im gesamten Apparat, das Politbüro nicht ausgenommen, mehr oder weniger ausgeprägt in Kategorien der ethnonationalistischen Mythologie dachte. Wie lässt sich dieses Phänomen erklären?

Die Entscheidungsstrukturen des Partei- und Staatsapparats in der Sowjetunion waren einerseits durch eine formale Bürokratisierung, andererseits eine faktische Missachtung ihrer Regeln – erinnert sei hier an das Phänomen des "Telefonrechts"[597] – gekennzeichnet. Unter diesen Bedingungen war der Einfluss von Interessengruppen ungewöhnlich stark. Ihre Bedeutung wuchs proportional zur Intransparenz der bürokratischen Strukturen für die Außenstehenden.

Die Intransparenz der Entscheidungsstrukturen und das Verbot einer öffentlichen Diskussion der Entscheidungen erzeugten in ihrer gleichzeitigen Wirkung unter nicht eingeweihten, aber interessierten Beobachtern eine Mythologie, die es ihnen erlaubte, den "Kern" des Geschehens scheinbar zu verstehen. Das "Geschehen" im Partei- und Staatsapparat wich nämlich offensichtlich von der offiziellen Propaganda und dem Wissen der "gewöhnlichen Leute" ab.

Die doppelten Standards im ZK der KPdSU und anderen zentralen Strukturen – gegenüber den Leuten "von der Straße" einerseits, den Kollegen andererseits – waren das Ergebnis unterschiedlich verteilter Zugangsmöglichkeiten zu Informationen und erzeugten eine ambivalentes Verhältnis zu ideologischen Fragen. So nahmen sämtliche Angehörige der zentralen Machtstrukturen zwar an den vorgeschriebenen Parteiversammlungen teil, zahlten ihre Mitgliedsbeiträge und lasen die *Pravda,* hatten aber persönliche Überzeu-

---

596 Übersetzung: Stephanie Hensche.
597 Der Begriff "Telefonrecht" umfasst in seiner Bedeutung das Recht eines Beamten, für gewöhnlich eines Partei- oder Staatsbeamten in einer hohen Position, mit einem ihm nicht direkt untergeordneten Staatsbeamten, beispielsweise einem Richter, telefonisch in Kontakt zu treten, um diesen darum "zu bitten" eine Angelegenheit entsprechend der eigenen "Empfehlung" zu bearbeiten. [Anm. d. Übers.]

gungen in politischen und kulturellen Fragen, die oft den auf den Parteiversammlungen verlautbarten Positionen widersprachen.

Persönliche gesellschaftspolitische und wertbezogene Orientierungen im Zusammenwirken mit der Notwendigkeit, eine Praxis zu erklären, die den offiziellen Deutungsmustern überhaupt nicht entsprach, also de facto einem Informationsdefizit, ließen im Partei- und Staatsapparat verschiedene Mythen entstehen. Aus mehreren, vor allem sozialen, aber auch politischen Gründen erlangte der Mythos von den verderblichen Machenschaften der Juden besondere Verbreitung. Ein großer Teil des Partei- und Staatsapparats bediente sich dieses Mythos wie auch des Stalinmythos und einer Reihe mit ihnen verbundener Legenden, in erster Linie der Legende über die Kremlfrauen, um die politische Situation in der Sowjetunion zu erklären. Die ethnonationalistische Mythologie war auch deshalb so wirkungsvoll, weil sie hinreichend universell war und beliebige Aspekte des gesellschaftlichen Geschehens mit Hilfe einfacher Schemata deuten konnte.

Damit lässt sich das Phänomen erklären, dass sich der Parteiapparat, anstatt die deklarierten politischen Ziele umzusetzen und tatsächlich eine internationalistische, also ethnosunabhängige Politik im Lande zu verfolgen, gegenüber der Bewegung russischer Nationalisten insgesamt nachsichtig verhielt und sogar Dutzende Angehörige des ZK der KPdSU und anderer zentraler Strukturen zu deren aktiven Mitgliedern zählten.

Ethnische Xenophobie und Mythologie allein, wie verbreitet sie auch gewesen sein mochten, konnten jedoch keine gesellschaftliche Bewegung wie die der russischen Nationalisten begründen.

Deren Herausbildung hing vor allem mit der Entstehung mehrerer inoffizieller gesellschaftlicher Organisationen zusammen, die von den russischen Nationalisten entweder ins Leben gerufen oder kontrolliert wurden, so etwa des konservativen Flügels des sowjetischen Schriftstellerverbandes oder der Denkmalschutzbewegung in Moskau. Diese Organisationen entstanden, um spezifische Ziele zu erreichen, nämlich Interessengruppen verbundmäßig zu vereinen im ersten Fall, bedrohte Denkmäler zu schützen im zweiten.

Ein weiterer bedeutender Faktor bei der Entstehung der Bewegung war die Verbreitung nationalistischer Überzeugungen innerhalb der Studentenschaft in den geisteswissenschaftlichen Disziplinen, die sich in die Tradition des vorrevolutionären russischen Nationalismus stellte. Diese Kreise rückten im Laufe der 50er und 60er Jahre allmählich von illegalen Formen des Kampfes für ihre Überzeugungen ab und gingen den Weg des sozialen Konformismus.

Aus dem gleichen Grund, nämlich um Antworten auf die im modernen Politjargon sogenannten "Herausforderungen der Zeit" zu finden, formierte sich eine Gruppe russischer Nationalisten auch im ZK des Komsomol. Sie versuchte, das Abrücken der Jugend von den ideologischen Stereotypen der Massenpropaganda durch die Verbreitung neuer, an traditionelle Werte appellierender Stereotype zu verhindern. Dabei vollzog die Pavlov-Gruppe im ZK des Komsomol eine deutliche ideologische Wandlung. Ausgehend vom sowjetischen "roten" Patriotismus, der sich xenophobisch gegen alles richtete, was Zeichen westlicher ("bürgerlicher") Kultur trug, passte sie den Traditionalismus Schritt für Schritt den modernen Bedingungen an und endete bei der Propagierung der Werte der russischen Dorfgemeinschaft zu Beginn des 20. Jahrhunderts und der Ideologie der Slawophilen des 19. Jahrhunderts.

Dieser Wandel vollzog sich aus zwei Gründen. Erstens erwiesen sich die nacheinander von der Pavlov-Gruppe favorisierten ideologischen Modelle als wenig oder zumindest nur begrenzt effektiv, zweitens machte innerhalb der Gruppe eine Fraktion bekennender Antikommunisten und Antisemiten, die im slawophilen Ideengut des 19. und beginnenden 20. Jahrhunderts ein Rezept zur "Wiedergeburt Russlands" und Machtkonzentration der Sowjetunion sahen, ihren Einfluss geltend.

Von besonderer Bedeutung war die Verbindung zwischen der Pavlov-Gruppe im ZK des Komsomol und der konservativen Fraktion im sowjetischen Schriftstellerverband, denn der Komsomol besaß einen großen Verlag und kontrollierte mehrere Medien, mit denen die Schriftsteller zu kooperieren versuchten.

Wie weit gelang es der Pavlov-Gruppe, ihre Ideen umzusetzen? Konnte sie den Riss zwischen den Generationen wieder zusammenschweißen? Was wurde aus diesem für die Nachstalinzeit beispiellosen, wohl geplanten und im Wesentlichen uneigennützigen konservativen Projekt?

Der wesentliche und offensichtliche Effekt war die Bewegung russischer Nationalisten, die seit 1970 in der "Russischen Partei" organisiert war und der sich sowohl Angehörige der Pavlov-Gruppe, konservative Mitglieder des sowjetischen Schriftstellerverbandes, der *Allrussischen Gesellschaft zum Schutz historischer und kultureller Denkmäler (VOOPIiK)* und anderer Organisationen als auch Angehörige des ZK der KPdSU anschlossen.

Die Bewegung löste in den Jahren 1965–1970 in der jungen Generation großes Interesse an russischer Geschichte, am Schutz historischer und kultureller Denkmäler, in bestimmten engeren Kreisen auch an der russisch-orthodoxen Kirche und staatstheoretischen Konzepten zur Rechtfertigung der Monarchie aus. Die ethnonationalistischen Motive der Publikationen in den Zeitschriften *Molodaja gvardija* und *Naš sovremennik* wurden allerdings häufig nicht erkannt, denn sie waren der Zensur und Selbstzensur unterworfen. Die Jugend fasste somit das Engagement für den Denkmalschutz eher als modische Erscheinung ihrer Zeit auf. Mitte der 70er Jahre erlischt der Effekt der Kampagnen zur Propagierung der russischen kulturellen Werte. Die Mitgliederzahlen in der *Allrussischen Gesellschaft zum Schutz historischer und kultureller Denkmäler* steigen zwar, das reale Interesse an ihrer Arbeit aber geht zurück.

Das Hauptziel der Bewegung russischer Nationalisten der 60er Jahre, das darin bestand, den westlichen Einfluss auf die sowjetische Jugend zurückzudrängen, war somit nicht erreicht. An dieser Stelle soll ein Zeitzeuge zitiert werden, ein kluger und aufmerksamer Beobachter, der mit den russischen Nationalisten sympathisierte und daher bereit war, seine Beobachtungen, die er im studentischen Milieu machte, an den *KGB* weiterzugeben. Begeben wir uns also in die russifizierte Provinzstadt Odessa des Jahres 1968:

"Die Studenten hören regelmäßig Radio, wobei westliche Sender bevorzugt werden, denn diese bringen die Nachrichten früher als unsere und die Sendungen sind interessanter. [...] In studentischen Gesprächen wird unbekümmert geäußert: 'Übrigens habe ich bei *Golos* gehört, dass ...' [...] Das Bestreben, politisch zu provozieren, geht so weit, dass westliche Radiosender auf öffentlichen Plätzen gehört werden. Der Verfasser dieses Berichtes war Zeuge einer Situation, in der eine Gruppe von Studenten der Universität im Eiscafé *Veterok* einiges auf's Spiel setzte, indem sie öffentlich *Golos Ameriki [Voice of America]* hörte. [...] Studenten scheuen sich nicht, in Gesprächen untereinander das Parteibuch 'rote Angelpose' zu nennen. [...] Die berühmt-berüchtigte Wendung vom 'Leninschen Zentralkomitee' weckt nur ein müdes Lächeln oder Erbitterung, wenn sie nicht überhaupt überhört wird, was noch schlimmer ist. [...] Vor ein paar Jahren wäre es noch undenkbar gewesen, einen zweideutigen Witz über Lenin zu reißen. Heute dagegen ist das Repertoire solcher Witze sehr breit und in studentischer Runde äußerst populär. [...] Die Veränderungen in der Leitung des ZK des Komsomol hat fast niemand bemerkt, der durchschnittliche Student weiß kaum etwas über die Organisation und ihre Arbeit. [...] An den Komsomol wendet sich der Student nur dann, wenn er ins Ausland reisen möchte. [...] Die Studenten nehmen den Unterschied zwischen ihrer Zukunft und der Zukunft der ausländischen Studenten sehr genau wahr und das überzeugt sie noch mehr von der Richtigkeit diesbezüglicher westlicher Propaganda. [...] Die Jugend ist beeindruckt von der 'Meinungsfreiheit' in kapitalistischen Ländern. Manchmal hört man zynische Äußerungen der Art: 'Die Amerikaner sind klug, daher haben sie keine kommunistische Partei.' Die Hälfte der männlichen Studenten ging, nachdem sie sich die 'Glorreichen Sieben' angesehen hatten, wie Chris Adams durch die Gegend. [...] Es ist nicht übertrieben, wenn man sagt, dass der westliche Lebensstil nirgends so viel Einfluss hat, wie beim Sex. In Tischgesprächen geht es dauernd um Frauen aus dem Westen, die im Gegensatz zu unseren 'Kühen' auf ihr Äußeres achten, um freie Liebe usw. [...] Die Tatsache, dass Studenten aus anderen Städten keine eigene Wohnung haben, die permanenten öffentlichen Kontrollen der Wohnheime mit dem Ziel, Liebespaare zu überraschen, die ständigen Besuche der Eltern in Odessa haben dazu geführt, dass man über die Notwendigkeit spricht, Bordelle einzurichten und diese Idee mit unerhörtem Nachdruck verteidigt. [...] Nicht selten sind mehrere Paare in einem Zimmer zusammen. Daher kommt es oft zum 'Tausch' und zum 'Ausspannen' der Frauen unter den Männern."[598]

Man könnte dieses vielsagende Dokument weiter zitieren, die angeführten Textfragmente jedoch verdeutlichen hinreichend, dass die Aufgaben, die sich die russischen Nationalisten gestellt hatten, im Moment des Auseinanderfallens der Pavlov-Gruppe einer Lösung nicht näher gerückt waren, wenn nicht sogar unlösbar scheinen mussten. Die Jugend in den großen Städten, insbesondere die studentische, stellte sich immer deutlicher in Opposition zu den ideologischen und moralischen Forderungen der Partei- und Komsomolorgane. Diese hatten dem objektiv voranschreitenden Prozess der Verwestlichung der Gesellschaft nichts entgegenzusetzen. Bezeichnenderweise erkannten sogar die engagiertesten Mitglieder der Pavlov-Gruppe in den Jahren 1967–1968 die Vergeblichkeit ihrer Versuche, diese Entwicklung zu stoppen. Auf die Frage: *Wie schätzten Sie die Effektivität der Arbeit des ZK des Komsomol ein?* antwortete V. Ganičev im Interview, als er über die militärisch-patriotische Erziehung sprach:

"Punktuell, unter aufrichtigen Leuten, Militärausbildern, Kriegsveteranen, die ihr Hirn bewegten, tat sich etwas. Wo es aber nur darum ging, die Aufgaben irgendwie abzuhaken, gingen unsere Initiativen schnell ein."[599]

V. Skorupa, dem Mitglieder der Pavlov-Gruppe die Erfindung der Militärsportwettkämpfe *Sarnica* (Wetterleuchten) und einige andere Komsomolinitiativen zuschreiben, sagt dazu:

"Unseren Erfolg maßen wir an den steigenden Mitgliedszahlen unserer Organisation. Vielerorts war das natürlich nur ein zahlenmäßiges Wachstum, es gab aber auch Leute, die sich wirklich engagierten."[600]

Die subjektiven Wahrnehmungen der Mitglieder der Pavlov-Gruppe wurden durch Umfragen des Instituts zur Erforschung der öffentlichen Meinung, das

---

598 "... Otčuždennoe ot partii sostojanie": KGB SSSR o nastroenijach učaščichsja i studenčestva 1968–1976, in: *Istoričeskij archiv* 1/1994, S. 183–192.
599 Interview mit V. Ganičev.
600 Interview mit V. Skorupa.

1960–1967 unter der Leitung von B. A. Grušin der Tageszeitung *Komsomolskaja pravda* angegliedert war, bestätigt. Eine im Jahr 1967 durchgeführte Befragung zum Thema "Die Jugend über den Komsomol" ergab, dass "die Jugendlichen den Komsomol überhaupt nicht wertschätzen".[601] Enttäuscht zerschlug Sergej P. Pavlov buchstäblich den Spiegel, der ihm dieses schmähliche Bild zeigte, und löste das seit Jahren tätige Soziologenteam auf. Gleichzeitig eröffneten sich den angestammten Mitgliedern der Pavlov-Gruppe Ende der 60er Jahre neue Perspektiven im Verlags- und Redaktionsbereich. Ab 1969 verlor das ZK des Komsomol seine Bedeutung als organisatorisches Zentrum der Bewegung russischer Nationalisten. Diese Rolle übernahm nun eine Gruppe von Mitgliedern des Schriftstellerverbandes und anderer Akteure aus angrenzenden Bereichen, die sich den Namen "Russische Partei" gaben.

Die Sprache der "Russischen Partei" von 1970 bis Mitte der 80er Jahre

Zwischen 1965 und 1971 vollzog sich ein Wandel innerhalb der Pavlov-Gruppe und einzelner anderer Gruppen russischer Nationalisten. Aus einer weitgehend formlosen Bewegung wurde die gut koordinierte "Russische Partei" mit anerkannten Führergestalten. Ein Hinweis darauf, dass die zuvor zersplitterte gesellschaftliche Bewegung einen Prozess der Vereinheitlichung vollzogen hatte, war die Etablierung eines spezifischen Sprachkodes, der von den Mitgliedern der Bewegung verwendet oder zumindest "richtig" verstanden wurde.

Die erste Kategorie sprachlicher Kodes betraf das Selbstverständnis der Bewegung. Ihre Teilnehmer verwendeten seit dem Ende der 60er Jahre bevorzugt den Namen "Russische Partei", einen Parteigenossen bezeichneten sie als *rusak* oder als *nastojaščij russkij človek* (wahrer russischer Mensch). Zur positiven Kennzeichnung des Verhaltens oder der gesellschaftlichen Anschauungen verwendete man auch den Begriff *Rusopjatost'* (etwa: Russentum).

Daneben gab es weitere Termini, die die "Russische Partei" aus der Außenperspektive bezeichneten. Il'ja Glazunov merkt in den oben zitierten Erinne-

---

601 BORIS A.GRUŠIN: Gor'kij privkus nevostrebovannosti, in: *Rossijskaja sociologija šestidesjatych godov v vospominanijach i dokumentach*, hg. von G. S. Batygin. – St. Petersburg: Russkij christianskij gumanitarnyj insitut, 1999, S. 210.
Volltext: http://www.unlv.edu/centers/cdclv/archives/lnterviews/grushin.html.

rungen an, dass in Bezug auf A. Sofronov und andere der Ausdruck "Schwarzhunderter" üblich war. Die Literaturwissenschaftlerin Marietta O. Čudakova gibt in einem veröffentlichten Ausschnitt aus ihrem persönlichen Tagebuch ein Gespräch mit zwei Redaktionsmitarbeitern der Zeitschrift *Novyj mir* vom 1. Februar 1970 wieder:

"Ich bat sie, den häufig von ihnen verwendeten Ausdrucks *balalaečnik* zu erklären. Sie antworteten: 1) eine karrierebewusste Person, die nach Macht strebt; 2) eine Person, die in dieser Absicht offiziell nicht genehmes, aber nicht besonders riskantes, dabei massenwirksames, allgemein verständliches Gedankengut vertritt.[602]

Ju. M. Loščic berichtet von Beschuldigungen gegen seine Person aus dieser Zeit:

"In der Reihe ŽzL [Žizn znamenitych Ljudej – Das Leben berühmter Menschen] haben sich počvenniki und Slawophile ihr Forum geschaffen, da haben wir das ganze moderne patriarchale Denken, die Tändelei mit dem Christentum und den großrussischen Chauvinismus! Dort blüht die Liebäugelei mit allem Vorrevolutionären, werden die Prinzipien der Parteilichkeit und des Klassendenkens preisgegeben.[603]

Sergej N. Semanov stellt fest, dass

"die bescheidene und nicht sonderlich interessante Komsomolzeitschrift *Molodaja gvardija* der Ausgangspunkt war, aus dem jene gesellschaftliche Bewegung hervorging, erstarkte und sich machtvoll ausbreitete, deren Anhänger von unseren Gegnern 'Russisten', 'Russophile' u. ä. genannt wurden."[604]

Er erwähnt, dass man ihn 1975, als er Chefredakteur der Zeitschrift *Čelovek i zakon* wurde, otten als "Russophilen" bezeichnete.[605]

Die Mitglieder der "Russischen Partei" hatten keine einheitliche Position zu diesen Bezeichnungen. Zwar lehnten sie Bezeichnungen ihrer Bewegung durch "Fremde", die eindeutig politisch gefärbt und im Russischen negativ konnotiert sind, etwa "Faschisten", "Schwarzhunderter" oder "Antisemiten" grundsätzlich ab. Bezeichnungen mit weniger starken politischen Konnotationen hingegen wurden von den Teilnehmern der Bewegung teilweise abgelehnt, teilweise aber auch verwendet: "Im 'Bericht' [an das ZK der KPdSU, veröffentlicht Mitte der 90er Jahre] wird anstelle von 'Patriot' und 'Nationalist' durchgehend das Wort 'Russist' verwendet. [...] Wir haben uns selbst nie so-

---

602 MARIÈTTA O. ČUDAKOVA: Mež ottepel'ju i zastoem. Rannie semidesjatye, in: *Semidesjatye kak predmet istorii russkoj kul'tury*. Bearb. von K. J. Rogov, Serija Rossija/ Russia, hg. von N. G. Ochotin. – Moskau: OGI, 1998, S. 98.
603 JU. LOŠIC: Kniga, stavšaja sud'boj, in: *Žizn' zamečatel'novo izdatel'stva: <Molodaja gvardija> – 75 let*, hg. von V. F. Jurkin. – Moskau: Molodaja gvardija, 1997, S. 123.
604 Veličie i padenie "Molodoj gvardij", in: *Naš sovremennik* 9/1997, S. 204.
605 Ebd.

genannt,[606] es ist richtig zu stellen, dass die erwähnten Kritiker [in der Zeitschrift *Molodaja gvardija*] ihrem Selbstverständnis nach keine 'Slawophilen' waren, so wurden sie lediglich durch unsere 'Opponenten' getauft."[607] Semanov wiederum schrieb nach dem Erscheinen eines kritischen Artikels über ihn und die Arbeiten von Ju. Ivanov und Viktor A. Čalmaev im Jahr 1970 ein Gedicht, in dem er eine Fremdbezeichnung zwar mit ironischem Unterton, aber in einem für ihn positiven Kontext verwendete[608] (sinngemäß):

> Vertriebene Russophile,
> die Russophilen verstreut,
> dem Zoilos zuliebe,
> den Zionisten zur Freud.

Die zweite Kategorie der von den Mitgliedern der "Russischen Partei" verwendeten sprachlichen Kodes betraf die sogenannte "Grundfrage oder Hauptfrage der Philosophie" (manchmal auch nur als Grundfrage oder Hauptfrage bezeichnet), mit der die Beziehung zu den Juden gemeint war. Der Antisemitismus, der praktisch allen Mitgliedern der "Russischen Partei" eigen war (sie nannten das "die richtige Orientierung in der Grundfrage")[609] und ein wichtiges Kennzeichen dieser Organisation darstellte, verbarg sich hinter bestimmten sprachlichen Wendungen, die für den öffentlichen Gebrauch vorgesehen waren, so etwa "Zionisten", "Trotzkisten" und "russisch-jüdische Beziehungen".[610] Verbreitet waren auch Euphemismen wie "unsere Leute", "sie" "ihre Angelegenheit" usw.[611] In öffentlichen Diskussionen mit ihren Gegnern benutzten die russischen Nationalisten, wie Shlapentokh vermerkt, Namen von jüdischen Künstlern als negative Symbole dafür, was in dem einen oder anderen konkreten Fall entlarvt werden sollte.[612] Kritisierte man den Modernismus im Theater, so bezog man sich auf Vsevolod Mejerchol'd, Abram Efros oder Aleksandr Gel'man, bezeichnenderweise aber nicht auf Jurij Lju-

---

606 MARK N. LJUBOMUDROV: Slovo i delo, in: *Tjumen' literaturnaja* 2/1997, vom 22.04.1997
607 M. P. LOBANOV: Posleslovie. Iz vospominanij, in: *Naš sovremennik* 4/1988, S. 126.
608 SERGEJ N. SEMANOV: Russkij klub, S. 182.
609 "Sergej Semanov sagt, der Sohn von Zimjanin ist überhaupt ein rechtgläubiger russischer Mensch von festen Ansichten und Überzeugungen und mit einer klaren Orientierung in der Grundfrage" (Interview mit G. Gusev).
610 Es gab auch Ausdrücke, die nur von einer einzigen Person oder einem sehr kleinen Kreis verwendet wurden. Nach Informationen aus einem Interview mit G. Gusev bezeichnete der Schriftsteller L. Sobolev Juden als "Odessiten".
611 Weitere Beispiele in großer Zahl in: SERGEJ N. SEMANOV: Iz našej bor'by. Dnevnik 1977, in: *Roman-žurnal 21 vek*, 10/2000, S. 54–76.
612 VLADIMIR SHLAPENTOKH: *Soviet Intellectuals*, S. 221.

bimov. War von den "Attacken" auf die klassische Kunst in den 20er Jahren die Rede, so sprach man von Leopold Averbach, nicht aber von Vladimir Ermilov oder Vladimir Majakovskij.

In dem bereits erwähnten Bericht von Semanov mit dem Titel "Der Kampf V. I. Lenins gegen den Trotzkismus in Geschichtswissenschaft und Kultur", den dieser auf einer Sitzung des *Russkij klub* vortrug, wurde der Ausdruck "Trotzkismus" in eben dieser Bedeutung verwendet.

Das folgende Beispiel stammt aus der zweiten Hälfte der 80er Jahre:

> "(A. N.) Jakovlev zeigte mir eine Anzeige, die der anerkannte Prosaschriftsteller und Volksdeputierte Vasilij Belov gegen mich erstattet hatte und in der er forderte, mich zu bestrafen und aus der Redaktion der Zeitschrift [*Ogonëk*] zu entlassen, weil ich ein *Trotzkist* sei. Was Belov unter Trotzkismus verstand und versteht, weiß ich nicht. Ich glaube, nichts. Aber er versteht, dass man ein Schreiben an die Partei verfassen muss, um dort für Unruhe zu sorgen und eine bestimmte Reaktion auszulösen."[613]

Es ist anzunehmen, dass Korotič selbst nicht verstand, wessen man ihn eigentlich beschuldigte. Belov wiederum, der sich eines in der "Russischen Partei" üblichen Ausdrucks bediente, kam offensichtlich gar nicht auf den Gedanken, dass man ihn außerhalb seines eigenen Kreises nicht verstehen würde.

Die Mitglieder der Gruppe stützten sich auf die Legende von den "Kremlfrauen", um Personen zu stigmatisieren, die verdächtigt wurden, mit den Juden zu sympathisieren. Dabei wurde manchmal nur der Name oder Vatersname der betreffenden Ehefrau genannt, der nach dem Verständnis dessen, der den Verdacht äußerte, verräterisch war.

> "Er war ein ganz normaler Počvennik und Antisemit. Ein echter russischer Patriot, was man von Verčenko nicht behaupten kann, dessen Frau eine gewisse Mirra Alekseevna war und der sich in dem entsprechenden Umfeld bewegte."[614]

Die innere Struktur der "Russischen Partei"

Die publizistische und literarische Bedeutung der Zeitschriften *Molodaja gvardija* und *Naš sovremennik* am Ende der 60er Jahre wurde bereits ausführlich beschrieben und bedarf keiner weiteren Darstellung.[615] Ihre Bedeutung für die Entstehung der Bewegung russischer Nationalisten war eher ge-

---

613 Vitalij A. Korotič: *Zal ožidanija*. – New York: Liberty Publishing House, 1991, S. 33–34.
614 Interview mit G. Gusev.
615 Vgl. Y. Brudny, J. Dunlop, W. Eggeling, A. Janov.

ring. Die von der Zensur gefilterten Texte gaben nur entfernt die wahren Überzeugungen der Autoren wieder. Die Redaktionsmitglieder hatten sich bereits Anfang der 60er Jahre zusammengefunden, auch ihr politischer Einfluss festigte sich in dieser Zeit auf einem bestimmten Niveau. Die Entfernung Anatolij V. Nikonovs vom Posten des Chefredakteurs der *Molodaja gvardija* kann zwar als Abstrafung der von ihm verfolgten politischen Linie gewertet werden (oder auch als Versuch, eine Eskalation von Konflikten im literarischen Milieu zu verhindern), nicht weniger entscheidend war aber wohl der Umstand, dass er der Pavlov-Gruppe zuzurechnen war (oder im weiteren Sinne zu den Anhängern Šelepins zählte), die, wie bereits beschrieben, 1970 endgültig aus dem System der großen Politik verdrängt waren. Die Absetzung Nikonovs und zweier weiterer Redaktionsmitglieder veränderte die Redaktionspolitik nicht wesentlich, wenngleich die Zeitschrift danach spürbar blasser wurde. Die Funktion von Nikonov übernahm der konsequente Befürworter der Pavlov-Linie F. Ovčarenko, der den Kern der Redaktion beibehielt. Ein ähnlicher Prozess vollzog sich im Schriftstellerverband. An die Stelle des "parteilosen Kommunisten" und russischen Nationalisten Leonid S. Sobolev, der Verbindungen zu sämtlichen konservativen Gruppierungen hatte, trat der diplomatischere und moderatere Sergej V. Michalkov. Verschont von personellen Veränderungen blieben im Jahr 1970 die beiden weiteren Organe der "Russischen Partei", die Zeitschriften *Naš sovremennik* und *Moskva*, sowie die Verlage *Molodaja gvardija* und *Sovremennik*, dort blieben die 1968 ernannten Redaktionsleitungen erhalten.

Nach dem Ausscheiden der Mitglieder der Šelepin- und der Pavlov-Gruppe aus den politischen Machtstrukturen kam es zu einer neuen Kräfteverteilung, die maßgeblichen Einfluss auf die Entwicklung der Bewegung russischer Nationalisten in den 70er Jahren und in der ersten Hälfte der 80er Jahre hatte.

Nach 1970 waren die Aktivisten der Bewegung russischer Nationalisten zum größten Teil aus den Unionsstrukturen des ZK der Partei und des Komsomol vertrieben und fanden sich in den Machtstrukturen der Russischen Föderation wieder. Das Zentrum der Bewegung verlagerte sich aus dem ZK des Komsomol in den Schriftstellerverband der RSFSR, an dessen Spitze S. Michalkov (neben den "Arbeitssekretären" M. Aleksejev und Ju. Bondarev) stand. Die Zeitschrift *Naš sovremennik* unter dem Chefredakteur S. V. Vikulov, die dem russischen Schriftstellerverband angegliedert war, wurde zum wichtigsten Organ der Bewegung. Außerdem kontrollierten die russischen Nationalisten die Zeitungen *Sovetskaja Rossija* (Chefredakteur 1978–1986:

M. F. Nenašev, geb. 1929; erster stellvertretender Chefredakteur 1971–1984 und Chefredakteur ab 1986: V. Čikin) und *Literaturnaja Rossija* (Chefredakteur: J. T. Gribov, geb. 1925), den Verlag des russischen Schriftstellerverbands *Sovremennik* (Direktor 1970?–1978?: J. L. Prokušev, geb. 1920; Chefredakteur in dieser Zeit: V. V. Sorokin, geb. 1936; Direktor 1978–1980: N. E. Šundik, geb. 1920; Direktor 1980–1984: G. Gusev, Mitglied des Redaktionskollegiums des Staatsverlages *Goskomizdat* der RSFSR; Chefredakteur seit 1981 und Direktor seit 1984: L. Frolov) sowie, in geringerem Maße, den Verlag *Sovetskaja Rossija* (Chefredakteur: N. Sergovancev). Unter den völligen Einfluss der Bewegung gerieten die staatlichen Strukturen im Kulturbereich. Der bekennende russische Nationalist N. Sviridov leitete das Staatliche Pressekomitee der RSFSR, der ältere Pavlov-Anhänger J. Melent'ev war 1974–1990 Kulturminister der RSFSR, die Šelepin-Anhänger V. Kočemasov und E. Čecharin waren nacheinander Stellvertretende Vorsitzende des Ministerrats für humanitäre Angelegenheiten. Ein Förderer und Beschützer der russischen Nationalisten war auch V. I. Vorotnikov, Stellvertretender Vorsitzender des Ministerrats 1975–1979, Vorsitzender des Ministerrats 1983–1988, Vorsitzender des Präsidiums des Obersten Sowjets der RSFSR 1988–1990 und Mitglied des Politbüros 1983–1990. Eine wichtige Rolle kam G. Gusev zu, der 1984–1990 Mitarbeiter für Kultur, dann Leiter des Sekretariats des Vorsitzenden des Ministerrats war. Die bekannte und angesehene *Allrussische Gesellschaft zum Schutz historischer und kultureller Denkmäler VOOPIiK* war von russischen Nationalisten gegründet worden und stand unter deren Leitung.

Auf Unionsebene waren die verbliebenen russischen Nationalisten wie folgt vertreten: Im Schriftstellerverband der RSFSR arbeitete der ältere Pavlov-Anhänger Ju. Verčenko, der 1970–1990 das Amt des Sekretärs für künstlerisches Schaffen bekleidete und großes Gewicht bei Personalentscheidungen im Verlags- und Literaturwesen hatte. Unter direkter Kontrolle der Bewegung standen auch die im Lande sehr populäre Zeitschrift *Roman-Gazeta*, die der Leitung des Schriftstellerverbands der UdSSR unterstand und in einer Auflagenhöhe von über zwei Millionen erschien (Chefredakteur 1978–1980: Gennadij M. Gusev, seit 1980: Valerij N. Ganičev), die Zeitschrift *Ogonëk* (Chefredakteur: Anatolij V. Sofronov), der Verlag *Vojenizdat* (Direktor: V. S. Rjabov) sowie die Zeitschrift *Molodaja gvardija* (Chefredakteur seit 1972: A. S. Ivanov, der seit 1965 auch Leitungsmitglied des sowjetischen Schriftstellerverbandes war und seit 1981 Sekretär der Leitung) und der gleichnamige Verlag (Direktor 1968–1978: Valerij N. Ganičev, 1978–1985: V. Desjatirik).

Das Bollwerk der russischen Nationalisten innerhalb dieses Verlages waren die Reihe ŽŽl, deren Redaktion 1969–1975 von Sergej N. Semanov und 1976–1981 von Ju. I. Seleznjev geleitet wurde, sowie die Zeitschrift *Technika-molodëži* unter dem Chefredakteur V. D. Zacharčenko. Der Vorsitzende des Staatsverlages der UdSSR *Goskomizdat* B. I. Stukalin war ebenfalls russischer Nationalist und Sympathisant der Bewegung und ein enger Freund Leonid M. Leonovs.

Politische Rückendeckung bekamen die russischen Nationalisten, wie oben bereits dargestellt, von dem Mitglied des Politbüros D. S. Poljanskij und anderen Mitgliedern der Bewegung, etwa von dem Mitarbeiter Michail A. Suslovs V. V. Voroncov, dem Mitarbeiter des Sekretärs des ZK der KPdSU für Ideologiefragen, Kandidaten des Politbüros und späteren Kulturministers der UdSSR P. M. Demičev, G. G. Strel'nikov, und dem Leiter des Referats Naher Osten der Internationalen Abteilung des ZK der KPdSU, I. V. Milovanov (gest. etwa 1973)[616].

Eine besonders große Gruppe, die die Russische Partei politisch unterstützte, existierte in der Kulturabteilung des ZK der KPdSU bereits seit ihrer Gründung in den Jahren 1965/66. Die Leitfigur dieser Gruppe war die stellvertretene Abteilungsleiterin Z. P. Tumanova (geb. 1922), Absolventin der Moskauer Hochschule für Philosophie, Literatur und Geschichte (MIFLI), wo sie vermutlich auch A. Šelepin kennenlernte, der zu dieser Zeit als Komsomolorganisator an der Hochschule tätig war. Während des Krieges war Tumanova Sekretärin des Bezirkskomitees des Komsomol in Moskau, 1952-1958 Sekretärin des ZK des Komsomol. Im ZK der KPdSU betreute sie den Bereich Kultur in der russischen Provinz. Ihre Protegés unter den Abteilungsleitern waren seit der zweiten Hälfte der 60er bis mindestens Mitte der 80er Jahre außer dem bereits erwähnten Ju. S. Melent'ev (stellvertretender Abteilungsleiter, der aus dem Apparat nicht nur aufgrund seiner Zugehörigkeit zur Šelepin-Gruppe entsorgt wurde, sondern auch als Folge der im Arbeitsalltag entstandenen Meinungsverschiedenheiten mit Tumanova), E. V. Zajcev, von Oktober 1965 bis 1969 Leiter des Referats Darstellende Kunst (wie Tumanova und

---

616 In seinen Erinnerungen erwähnt Z. Šejnis einen gewissen Instrukteur in der Agitations- und Propagandaabteilung des ZK der VKP(b) mit Namen Milovanov, der seine gegen Stalin erhobene Beschwerde wegen seiner ungesetzlichen Entlassung auf dem Höhepunkt der antisemitischen Kampagnen im Jahr 1949 und der daraus resultierenden Unmöglichkeit, eine seiner Qualifikation entsprechende Arbeitsstelle zu finden, bearbeiten sollte. Milovanov nahm sich dieser Angelegenheit gar nicht erst ernsthaft an, sondern forderte, Šejnis solle seine Klage zurückziehen (s. ŠEJNIS: s. o. S. 81)

viele andere russische Nationalisten gelang auch er in den ZK nach seiner Tätigkeit in der Abteilung Propaganda und Agitation für die RSFSR, wo er, wie auch Tumanova, stellvertretender Abteilungsleiter war, später hatte er die Position des ersten Stellvertreters des Kulturministers der RSFSR inne), Ju. S. Kurpekov, Leiter des Referats Musik, P. A. Apostolov, Instrukteur desselben Referats (ehemaliger Militärmusiker, Mitarbeiter von Glavpur der Nachkriegszeit, von 1949 bis zu seinem Tod 1969 Mitarbeiter der Propagandaabteilung des ZK, wodurch er mit großer Wahrscheinlichkeit persönlich an antisemitischen Säuberungen teilnahm), G. A. Ščepalin, Leiter des Referats Dramaturgische Theater, G. P. Berdnikov, Konsultant (er zeichnete sich durch herausragende Organisation der antikosmopolitischen Kompagnie des Jahres 1948 an der philologischen Fakultät der Leningrader Staatlichen Universität aus;[617] Anfang der 60er Jahre war er erster Stellvertreter des Kulturministers der RSFSR[618]), G. M. Gusev, Instrukteur des Referats Literatur. Offensichtlich hielt V. F. Šauro, Leiter der Kulturabteilung des ZK der KPdSU, es für angebracht, beide Gruppen in der Abteilung zu beschäftigen, sowohl diejenigen, die die Russische Partei begünstigten bzw. direkt aktiv waren (wie Gusev), als auch eine bedeutende Gruppe Liberaler (A. A. Beljaev, stellvertretender Abteilungsleiter, Leiter des Bereichs Literatur, der Konsultant I. S. Černoucan, der Instrukteur A. A. Michajlov, N. S. Kosareva, S. P. Potemkin, u. a.). Den Ansichten Šauros ehemaliger Mitarbeiter zufolge ermöglichte ihm diese Vorgehensweise einerseits ein Gleichgewicht zwischen den Einflüssen, die von unterschiedlichen Gruppen des Kulturbereichs ausgingen, herzustellen, andererseits stand für diese Gruppen in der Abteilung jeweils ein Mitarbeiter für einen Dialog bereit, der ihre Ansichten teilte und aufrichtiges Inte-

---

617 E. MELETINSKIJ: *Izbrannye stat'i, vospominanija.*– Moskau: RGGU, 1998, S. 518–520; VIKTOR ŽIRMUNSKIJ: *Zolotoj vek Leningradskogo filfaka – v vospominanijach L. Arinštejna* – Transkript einer Radiosendung [Internetauftritt des Radiosenders Svoboda],14.08.2011.
http://www.svobodanews.ru/content/transcript/24297007.html, 15.08.2011. In seinen Memoiren behauptet Arinštejn, dass Berdnikov zu dieser Zeit die Position eines Parteiorganisators an der Philologischen Fakultät innehatte. Seine Beteiligung an der antikosmopolitischen Kompagnie war seinen Arbeitskollegen in der Abteilung bekannt, was ihn selbst beim konservativen Flügel nicht im besten Licht erscheinen ließ (S.: Interview mit Ju. Barabaš).

618 Seine Tätigkeit in dieser Position wird erwähnt in: K. EFENDIEV: *Gody, sobytija, ljudi.* – Nal'čik: izdatel'stvo M. i V. Kotljarovych, 2010, S. 216.

resse an ihren Anliegen erkennen ließ, wodurch er bei ihnen Vertrauen hervorrief.⁶¹⁹

In den anderen ideologischen Abteilungen, der Propagandaabteilung und der Abteilung Wissenschaft, waren Anhänger der Russischen Partei nach der Säuberungsaktion in der zweiten Hälfte der 60er Jahre, die sich gegen die Šelepin-Gruppe richtete, eine Seltenheit. Eine Ausnahme bilden in dieser Hinsicht I. Kiričenko, Leiter des Referats Zeitschriften der Propagandaabteilung, F. Ovčarenko, Instrukteur desselben Referats (beide waren bereits Anfang der 70er Jahre gezwungen, die Abteilung zu verlassen, und fanden Anstellung im Bereich der Massenmedien) und M. F. Nenašev, stellvertretender Leiter der Propagandaabteilung in den Jahren 1975-1978. Erst Ende der 70er Jahre kam eine größere Gruppe von Komsomolfunktionären in die Propagandaabteilung, innerhalb derer ein Teil die Ansicht ihres Vorgesetzten, des neuen Abteilungsleiters E. Tjažel'nikov, über den notwendigen Erhalt des "Patriotismus" teilte, was an anderer Stelle näher erläutert wird.

Eine kleine, jedoch aktive Gruppe, die für die Aufrechterhaltung des "russischen Nationalismus" war, bildete sich um A. Ja. Sucharev, erster Stellvertreter des Justizministers der UdSSR in den Jahren 1970-1984 und Vorsitzender der Freundschaftsgesellschaft UdSSR-Arabische Länder. Sucharev, der ausgehend von dem Posten eines stellvertretenden Abteilungsleiters des ZK des Komsomol bis zum Jahr 1970 die Position eines Referatsleiters der Abteilung für administrative Organe des ZK der KPdSU erreichte, war ein typisches Mitglied der Šelepin-Gruppe. Nach seiner Versetzung aus dem Partei- in den Staatsapparat formierte sich um seine Person eine kleine Gruppe Gleichgesinnter. Unter seiner Regie entstand die Zeitschrift *Čelovek i zakon*, deren Hauptredakteur S. Semanov, eine der führenden Persönlichkeiten der Russischen Partei und ehemaliger hochrangiger Mitarbeiter des Verlags des ZK des Komsomol, wurde. Neben einer Reihe Beamter und Experten des Justizministeriums unterhielt auch der Journalist der Zeitung *Izvestija*, V. Novikov, der über juristische Themen berichtete, Kontakte zu dieser Gruppe.⁶²⁰

Auf Moskauer Ebene waren die russischen Nationalisten in der Moskauer Abteilung des Schriftstellerverbands durch F. F. Kuznecov vertreten, sie kontrol-

---

619 Interviews mit ehemaligen Mitarbeitern der Abteilung: Ju. Barabaš, G. Gusev, N. Kosareva, V. Nesterov.

620 Interviews mit V. Novikov und S. Semanov. A. Sucharev trat in der Interviewsammlung mit ehemaligen Mitarbeitern der Abteilung für administrative Organe mit einem spezifischen "patriotischen" Wortschatz hervor. S.: V. NEKRASOV: *Apparat CK KPSS v pogonach i bez.* – Moskau: Kučkovo pole, 2010, S. 168–175.

lierten die Zeitschrift *Moskva*, deren Chefredakteur 1968–1990 M. M. Alekseev war, den Verlag *Moskovskij rabočij* unter der Leitung von N. Elisov sowie die Moskauer Abteilung der *VOOPIiK*. Nach Aussage von S. N. Semanov war auch V. N. Jagodkin (1928–1985)[621], der 1969–1976 das Amt des Sekretärs für Ideologiefragen im Moskauer Stadtkomitee der KPdSU bekleidete, ein überzeugter Nationalist.

In den Regionen gab es Filialen der "Russischen Partei" in Leningrad, Petrozavodsk (im Umfeld der Zeitschrift *Sever* und ihres Chefredakteurs D. Ja. Gusarov), Vologda (im Umfeld von V. I. Belov und O. A. Fokina), in Saratov (in der Redaktion der Zeitschrift *Volga*, vor allem im Umkreis ihres Chefredakteurs N. E. Šundik), Irkutsk[622] und Tscheljabinsk.

Das Organisationszentrum der "Russischen Partei" wurde von zwei Gruppen gebildet, die sich in der Regel aufeinander abstimmten. Die eine, im Umfeld des Verlages *Molodaja gvardija* und des *Russkij klub* in der *VOOPIiK* entstanden, war ein Freundeskreis junger orthodoxer und antikommunistisch gesinnter Geisteswissenschaftler (Historiker, Philologen und Literaturwissenschaftler), deren politischer Kopf der jüngere Pavlov-Anhänger Valerij N. Ganičev war, Leiter des Verlages *Molodaja gvardija*, dann Chefredakteur erst der *Komsomol'skaja pravda* (1978–1980), danach der *Roman-Gazeta*. Intellektuell führend waren in diesem Kreis V. V. Kožinov, P. V. Palievskij und V. A. Čivilichin. Die Anerkennung Ganičevs als politischer Führer ging so weit, dass er einmal bei Tisch mit einem Toast geehrt wurde, der eines zukünftigen Generalsekretärs würdig gewesen wäre. Nach Ansicht Stanislav Ju. Kunjaevs war dies der Anlass für die Entlassung Ganičevs 1980 als Chefredakteur der *Komsomol'skaja pravda*.[623] Ganičev selbst deutete im Interview den Vorfall als Intrige seiner Widersacher, die den Toast falsch ausgelegt und damit Michail A. Suslov verärgert hätten, was schließlich zu seiner Entlassung geführt habe.[624] Semanov nannte Ganičev auf typisch russische Weise in seinem

---

621 SERGEJ N. SEMANOV: Andropov. 7 tajn Genseka s Lubjanki. – Moskau: *Veče*, 2001, S. 112–114.
622 Es gibt einige Hinweise auf eine kleine Gruppe russischer Nationalisten in Irkutsk, wahrscheinlich im Umfeld der Zeitschrift *Bajkal* und der Zeitung *Literaturnyj Irkutsk*. Vgl. insbesondere die Interviews mit dem Erzbischof von Belgorod und Starooskol' Ioann (Popov) sowie auch mit dem Klostervorsteher Innokent (Jakovlev). In den 70er Jahren gab es außerdem in Irkutsk eine Stammleserschaft der *Samizdat*-Zeitschriften *Veče* und *Moskovskij sbornik*, die ebenfalls in Moskau von russischen Nationalisten herausgegeben wurden (Interview mit L. Borodin).
623 STANISLAV JU. KUNJAEV: Poezija. Sud'ba. Rossija, in: *Naš sovremennik*, 2/1999, S. 120.
624 Interview mit Valerij N. Ganičev.

Tagebuch einfach "der Chef". Die Gruppe hatte Verbindungen zu anderen ehemaligen Pavlov-Anhängern, etwa zum Umfeld von Glazunov (V. A. Solouchin, V. D. Zacharčenko, V. A. Desjatnikov) und zu nationalistisch gesinnten Stalinisten wie F. I. Čuev und V. I. Firsov.

Die Arbeitsweise dieser Gruppe schloss auch organisierte Versammlungen ein. Das belegt eine Tagebuchaufzeichnung Semanovs vom 12. Juli 1978:

"Gestern haben sich bei Mašovec Š., PS, Desjatirik, Sorokin, Svinnikov, Seleznev, Vladimirskij und Loščic[625] versammelt. Wir haben über laufende Sachen gesprochen und vor allem über Kaderfragen, wer aufrücken soll in wichtigere Stellungen, wessen Texte gedruckt werden sollen und wer belobigt werden soll. Das ist sehr nützlich. Nach der Vorstellung von Š. soll auf unseren Versammlungen nicht gegessen und erst recht nicht getrunken werden, und er hat Recht. Wir haben uns aber nicht daran gehalten: der Tisch war gut gedeckt, und unser Gastgeber hat dann doch auch ein Fläschchen Wodka dazugestellt, den wir gerne getrunken haben. Das war aber nicht die Hauptsache."[626]

Die Mitglieder der Gruppe führten ihre Diskussionen allerdings meist spontan, entweder in persönlichen Gesprächen oder am Rande offizieller Versammlungen oder auf gemeinsamen Reisen.

Die zweite Gruppe entstand im Umfeld des Sekretärs des russischen Schriftstellerverbands und Chefredakteurs der Zeitschrift *Moskva* M. N. Alekseev. Sie setzte sich aus Vertretern der älteren Generation zusammen, aus ehemaligen Frontkämpfern, die nun Ämter im staatlichen Verwaltungsapparat innehatten, sowie Pavlov-Anhängern, die an der Schaffung des Mythos über den Großen Vaterländischen Krieg mitgewirkt hatten. Die ehemaligen Frontkämpfer trafen sich regelmäßig als *Kolchoz*, eine Bezeichnung, die offensichtlich auf das Literaturinstitut der Nachkriegsjahre zurückgeht, im Hotel *Ukraina*. Auf diesen monatlichen Treffen, die nachweislich mindestens 1973–1984 abgehalten wurden, wurden aktuelle Informationen und Standpunkte ausgetauscht, Entscheidungen über die Förderung "russischer" ("unserer") Schriftsteller getroffen und sogar die Auflagenhöhe ihrer später erscheinenden Bücher festgelegt. Valerij N. Ganičev erinnert sich an diese Zusammenkünfte:

---

625 N. Mašovec – Journalist, Š – "Chef", Ganičev, PS – Palievskij, V. Desjatirik – Direktor des Verlags *Molodaja gvardija*, V. Sorokin – Direktor des Verlags *Sovremennik*, V. Svinnikov – Mitarbeiter des Verlags *Molodaja gvardija*, folgte V. Ganičev zur *Komsomol'skaja pravda*, Ju. Seleznev – Leiter der Reihe ŽzL, Vladimirskij – ?, Ju. Loščic – Schriftsteller, Buchautor in der Reihe ŽzL.

626 SERGEJ N. SEMANOV: Iz našej bor'by, in: *Dnevnik*, 1978, S.75.

"Das waren Tischgespräche, bei denen alle möglichen Ereignisse diskutiert, Positionen abgestimmt, Fragen aufgeworfen wurden. Das alles hatte nichts mit Direktiven zu tun, sondern geschah in der Art eines Meinungsaustausches."[627] Ständige Teilnehmer dieser Versammlungen waren Anatolij V. Sofronov, Chefredakteur der Zeitschrift *Ogonëk*, Gennadij M. Gusev, zunächst Instrukteur der Kulturabteilung des ZK der KPdSU, dann Direktor der Zeitschrift *Roman-Gazeta* und des Verlages *Sovremennik*, Vasilij S. Rjabov, Direktor des Verlages *Voenizdat*, Semën M. Borzunov (geb. 1919), stellvertretender Chefredakteur der Zeitschrift *Roman-Gazeta* 1981–1991, Frontkämpfer und Erforscher des literarischen Werkes von Michail N. Alekseev, die Schriftsteller S. Krutilin (1921–1985), I. F. Stadnjuk, G. A. Semenichin (1919–1984), V. A. Čivilichin und V. N. Ganičev sowie der Dichter G. G. Ėl'-Registan, einer der Schöpfer der Sowjethymne.[628] Der gesellschaftliche Einfluss der ehemaligen Frontkämpfer war bereits Anfang der 60er Jahre groß, er nahm jedoch noch beträchtlich zu, als nach 1965 der Kult um den Großen Vaterländischen Krieg einsetzte und die Kriegsteilnehmer zu einer tragenden Säule der bestehenden Machtordnung wurden. Es ist erstaunlich, dass die ehemaligen Frontkämpfer sich bei all ihrer Macht und ihrem Einfluss von feindlichen Kräften umstellt sahen. Gennadij M. Gusev bezeugt dies:

"Nachdem ich Direktor des Verlags geworden war, fand nicht eine 'Sitzung' mehr ohne mich statt. Schließlich mussten sie mich doch beeinflussen und entsprechend meine Entscheidungen hinsichtlich der Fragen zu lenken, wer gefördert werden sollte und welche Auflagenhöhe festzulegen war. Das war eine Art kleine Partisanenabteilung im Herzen von Moskau, direkt gegenüber dem Sitz des Ministerrats der RSFSR."[629]

Eine Art Kaderreserve sowohl für die Gruppe um Ganičev, Kožinov und Palievskij, als auch für die um Alekseev bildete der als *Radonež'e* bekannte Kreis um den Schriftsteller Ivan M. Ševcov, dessen Sommerhaus in dem Dorf *Semchoz* im Moskauer Gebiet im Laufe der 60er Jahre zum Zentrum einer Siedlung von russisch-nationalistischen Schriftstellern wurde. Ševcov kaufte seine Datscha in *Semchoz* 1964, bereits 1965 siedelte sich dort sein Freund V. I. Firsov an und bald folgten bekannte russische Nationalisten wie I. I. Kobzev, G. V. Serebrjakov, F. I. Čuev, V. V. Sorokin, I. I. Akulov, V. A. Čalmaev, S. A. Vysockij, N. Kambilov sowie B. Orlov, S. A. Podelkov und V. Osinin. Beweise ihrer Zugehörigkeit zur Bewegung russischer Nationalisten

---

627 Interview mit Valerij N. Ganičev.
628 Über die Versammlungen im Hotel *Ukraina* und ihre personelle Zusammensetzung vgl. die Interviews mit Ganičev, Gusev und auch die Aussagen von Semanov.
629 Interview mit Gusev.

liegen nicht vor, Ševcov allerdings erwähnt sie als Gesinnungsgenossen. Südlich von *Semchoz*, in der Siedlung *Abramcevo*, erwarb A. S. Ivanov, Chefredakteur der Zeitschrift *Molodaja gvardija*, ein Sommerhaus und nördlich von *Sergiev Posad*, dem damaligen Sagorsk im Moskauer Gebiet, siedelten sich S. Ju. Kunjaev und V. M. Šugaev an. Die Mitglieder des Radonež'e-Kreises hatten einen ständigen "Gönner" in Gestalt des *Gesellschaftlichen Rates bei der Hauptverwaltung für Innere Angelegenheiten des Moskauer Gebiets*, der regelmäßig "künstlerische Abende" für sie in den Bezirksabteilungen der Miliz organisierte. Vorsitzender dieses Rates war über zehn Jahre lang Ševcov selbst, seine Stellvertreter waren Sorokin und Čuev, einfache Mitglieder waren Akulov, Serebrjakov und Kunjaev.[630] Obwohl Ševcov selbst aufgrund seines Radikalismus und der daraus resultierenden öffentlichen Skandale nicht hinzugezogen wurde, wenn es um die Entscheidung "ernsthafter" Fragen innerhalb der erwähnten Gruppen ging, so waren doch die ihm Nahestehenden beteiligt und nutzten dabei die weitreichenden Verbindungen Ševcovs.

Die Gruppen um Valerij N. Ganičev und Michail N. Alekseev bildeten den aktiven Organisationskern der Bewegung russischer Nationalisten in den 70er Jahren und der ersten Hälfte der 80er Jahre. Ganičev beschreibt diese Zeit später mit den Worten:

> "Es verdichtete sich in der Gesellschaft eine geistige Strömung, der russische Widerstand nahm Gestalt an, es bildete sich ein Kern, der den Lauf der Ereignisse bestimmen sollte."[631]

Eine neue Generation von Ideologen und Kommunikatoren

Ende der 60er, zu Beginn der 70er Jahre formierte sich die "Russische Partei" organisatorisch als eigenständige politische und gesellschaftliche Kraft. Es entstanden zentrale Entscheidungsstrukturen und Leitungsfunktionen ("Führer"), es gab sogar "Kämpfer der Parteibasis", um es mit den Worten Gusevs auszudrücken. Die "Russische Partei" blieb dennoch weiterhin ein inoffizielles, oppositionelles und verhältnismäßig gestaltloses Gebilde, in dem eine Vielzahl von Anschauungen unvermittelt nebeneinander existierte. Menschen, die in den beiden Grundthesen der Partei übereinstimmten, nämlich der "Liebe zu Russland (den Russen)" sowie dem "richtigen Standpunkt zur Grundfrage" (Judenhass), zeigten in anderen, in politischen, sozialen, ästhe-

---

630 Vgl. IVAN M. ŠEVCOV: *Tlja. Sokoy*. – Moskau: Golos, 2000, S. 412–413, 425.
631 VALERIJ N. GANIČEV: *Optina* ... – Moskau: 12/1998, S. 216.

tisch-künstlerischen und auch in religiösen Fragen eine überraschende Meinungsvielfalt. Das Fehlen der üblichen Strukturmerkmale und Funktionsweisen der Partei, wie sie für die KPdSU typisch waren, etwa das Abhalten von Parteikomiteesitzungen, Mitgliedsbücher oder ritualisierte Abstimmungen, ließ eine echte innerparteiliche Demokratie entstehen und brachte echte Führungspersönlichkeiten im Umfeld der "Russischen Partei" hervor. Die Autorität der "Führer" wurde durch "wöchentliche Befragungen" bestätigt, wobei diese ihr politisches Gewicht gewöhnlich lange halten konnten und streng genommen von 1972 bis 1985 nur einer die Position des unangefochtenen Parteiführers errang, nämlich Stanislav Ju. Kunjaev. Um in die Liga der Parteiführer aufzusteigen, war es nicht erforderlich, eine hohe gesellschaftliche Stellung innezuhaben (wenngleich diese Tatsache positiv bewertet wurde). V. V. Kožinov und P. V. Palievskij, beide allgemein geachtete führende Köpfe des *Russkij klub*, waren lediglich Mitarbeiter eines akademischen Instituts, der Kulturminister J. S. Melent'ev hingegen genoss weit weniger Vertrauen und Autorität. Eigentlich wählte jedes Mitglied der "Russischen Partei" sich seine eigenen Führungspersönlichkeiten, an deren Standpunkten es sich orientierte, wenngleich die Gesamtliste dieser Persönlichkeiten im Prinzip bei allen die gleiche war. Strebte jemand nach einer Führungsposition, entsprach aber aus Sicht der übrigen Parteimitglieder nicht den geltenden Anforderungen (wie etwa der Fall D. A. Žukov im *Russkij klub* demonstriert), so gingen die übrigen Parteimitglieder ihm einfach aus dem Weg und "vergaßen", ihn zu den allgemeinen Versammlungen einzuladen.

Eine nicht weniger wichtige, wenn nicht sogar für das Bestehen der "Russischen Partei" unter den spezifischen sowjetischen Bedingungen deutlich bedeutendere Gestalt soll hier mit der Bezeichnung "Kommunikator" umschrieben werden. Der "Kommunikator" vernetzte einzelne Gruppen von Mitgliedern der "Russischen Partei", sorgte mittels direkter Kommunikation für den Transfer von neuen Informationen, Ideen, Standpunkten und kümmerte sich um die Verbreitung von Veröffentlichungen des *Samizdat* und *Tamizdat*. Diese Rolle, die in der Regel von kommunikativen und geschmeidigen Persönlichkeiten ausgefüllt wurde, ersetzte im Laufe der 70er Jahre die Figur der in den 60er Jahren noch wichtigen "Ideologen". Ende der 70er und Anfang der 80er Jahre wurden "Ideologen" nicht mehr benötigt, denn in dieser Periode war der Mitgliedsbestand der "Russischen Partei" stabil, die Akteure der Bewegung hatten ihre Orientierungen gefestigt und entwickelten praktisch keine neuen Ideen mehr (eine Ausnahme bildete das Neuheidentum, dessen aktive Anhängerschaft sich allerdings auf einen kleinen Kreis beschränkte). Unter den "Kommunikatoren" sind, was die Menge ihrer Kontakte und dementsprechend ihren Erfolg betrifft, in der Reihenfolge ihrer gesellschaftlichen Bedeutung folgende Personen hervorzuheben: Valerij N. Ganičev (unangefochtenes Oberhaupt der "Russischen Partei"), Il'ja S. Glazunov (Initiator eines bekannten "Salons" in seiner eigenen Werkstatt), Ivan M. Ševcov, Sergej N. Semanov (der über vielfältige Kontakte verfügte – von der Bewegung der Andersdenkenden bis zu Gesinnungsgenossen im Politbüro), Gennadij M. Gusev (Vermittler zwischen den ehemaligen Pavlov-Anhängern und den Literatenkreisen), V. N. Osipov (Verleger und Redakteur der *Samizdat*-Zeitschrift *Veče*, Verbindungsmann zwischen den russischen Nationalisten in der Bewegung der Andersdenkenden und den Mitgliedern des *Russkij klub*), V. I. Skurlatov (Propagandist des *Velesova Kniga*, Mitglied verschiedener neuheidnischer Gruppen).

Besondere Beachtung verdienen Ganičev, Ševcov und Semanov: Valerij Nikolaevič Ganičev (geb. 1933) war ein engagierter Teilnehmer und Mitorganisator der an die Jugend adressierten pavlovschen ideologischen Initiativen. Er ist seit Ende der 60er Jahre bis in die Gegenwart der prominenteste Vertreter aus dem Kreis der jüngeren Pavlov-Anhänger. Anfang der 60er Jahre hatte er die Position des Stellvertreters von Anatolij V. Nikonov in der Zeitschrift *Molodaja gvardija* inne, danach war er Leiter der Propagandaabteilung im ZK des Komsomol am Ende der Pavlov-Ära. Er wurde von E. V. Tjažel'nikov protegiert. Nachdem dieser zum Ersten Sekretär des ZK des Komsomol gewählt worden war, wurde er Direktor des Verlages *Molodaja gvardija*, nach dem Wechsel Evgenij M. Tjažel'nikovs in die Funktion des Leiters der Propagandaabteilung im ZK des Komsomol im Jahr 1977 wurde er zum Chefredakteur einer der auflagenstärksten Zeitungen des Landes, der *Komsomolskaja pravda* ernannt. Er blieb in dieser Position bis 1980. Als die politische Karriere Tjažel'nikovs endete, wurde er Chefredakteur der Zeitschrift *Roman-Gazeta*. Seit 1994 ist er Vorsitzender des russischen Schriftstellerverbandes und stellvertretendes Oberhaupt des *Vsemirnij russkij narodnyj sobor* (russisches Weltvolkskonzil), eines jährlich abgehaltenen Forums, das vom Moskauer Patriarchat ins Leben gerufen wurde und unter dessen Schirmherrschaft steht.

Bereits Anfang der 60er Jahre stand Ganičev unter dem antikommunistischen und orthodox-monarchistischen (wenn auch mit gewissen Relativierungen)

Einfluss Il'ja S. Glazunovs und Vladimir A. Solouchins. Er setzte sich für ihre Interessen und die ihrer Gesinnungsgenossen aus der Gruppe von Pëtr V. Palievskij und Vadim V. Kožinov ein. In dieser Zeit pflegte er enge Verbindungen zu allen Schriftstellergruppen der nationalistischen Szene, mit russischen Nationalisten, professionellen "Antizionisten", nationalistisch gesinnten Militärs und Veteranen. Er schaffte ihnen allen ein Forum in seinem Verlag *Molodaja gvardija,* in dem ihre Texte erschienen. Ganičev war an Intrigen beteiligt, die mit dem Apparat des ZK der KPdSU verbunden waren. Sein persönlicher Mittelsmann war V. A. Golikov, der persönliche Mitarbeiter Brežnevs, außerdem unterhielt er Kontakte zu dem bereits erwähnten V. V. Voroncov und zu G. G. Strel'nikov. Er beteiligte sich auch an der politischen Arbeit des inoffiziellen *Kolchoz*-Kreises unter Leitung von M. N. Alekseev.

Ivan Michajlovič Ševcov war im Zweiten Weltkrieg und in der Nachkriegszeit Armeejournalist. Er spezialisierte sich auf sowjetische Gegenwartskultur und schrieb über namhafte Künstler und Bildhauer der Stalinära, mit denen er persönlich bekannt war und deren Abneigung gegenüber der abstrakten und modernen Kunst er teilte. Ševcov war Ende der 50er und Anfang der 60er Jahre stellvertretender Chefredakteur der Zeitschrift *Moskva.* In der Folgezeit hatte er keine höheren Positionen mehr inne. Bekannt wurde er durch die Veröffentlichung seines Romans *Tlja.* In den 60er und 70er Jahren war er die Leitfigur des "Neostalinismus" in der Literatur. Aus diesem Grund verweigerte man ihm bis Ende der 70er Jahre die Aufnahme in den Moskauer Schriftstellerverband. Persönliche Förderung erfuhr er in den 60er Jahren und Anfang der 70er Jahre durch das Mitglied des Politbüros Dmitrij S. Poljanskij. Er verkehrte in verschiedenen Kreisen russischer Nationalisten, stand aber jenen unter ihnen, bei denen die Stalin-Verehrung aus antisemitischer Überzeugung die patriarchalische Verklärung der Dorfgemeinschaft überwog. Er pflegte auch Beziehungen zu russischen Nationalisten des Moskauer Patriarchats, insbesondere des Dreifaltigkeits-Sergius-Klosters. "Im Gegensatz zu seinen langweiligen Büchern ist Ševcov als Person sehr lebendig und interessant."[632]

Sergej Nikolaevič Semanow war in jungen Jahren ein liberaler Historiker. 1969–1975 leitete er die Redaktion der Reihe *ŽzL;* 1979–1981 war er Chefredakteur der Zeitschrift *Čelovek i zakon.* Aus dieser Stellung wurde er wegen seiner Beziehungen zu russischen Nationalisten und Akteuren der Bewegung der Andersdenkenden entlassen. Er kaufte von ihnen *Samizdat-*

---

[632] Interview mit Sergej N. Semanov.

Literatur und verbreitete sie unter den Mitgliedern der "Russischen Partei". Semanov sammelte Materialien über die Geschichte der Bewegung russischer Nationalisten und war einer der führenden Köpfe des *Russkij klub*. Er war befreundet mit Ganičev und stand in engem Kontakt mit der Gruppe der "Antizionisten". In den 70er Jahren und zu Beginn der 80er Jahre verfügte er über weit verzweigte Verbindungen zum politischen Establishment, beschaffte seinen Vertretern *Samizdat*-Literatur und beriet (nach eigener Behauptung) Mitarbeiter von Politbüro-Mitgliedern, unter anderem I. P. Kiričenko (Mitarbeiter K. U. Černenkos), I. E. Sinicyn (Mitarbeiter Ju. V. Andropovs) sowie den stellvertretenden Generalstaatsanwalt der UdSSR, A. Terebilov, und andere. Er war neben Ganičev der wichtigste Akteur bei der Organisierung der politischen Rückendeckung für die "Russische Partei".

Beim Kampf um Einfluss auf die große Politik im Land musste die "Russische Partei" eine fast vollständige Niederlage einstecken, in der Literaturszene und im Verlagswesen jedoch war es ihr Anfang der 70er Jahre gelungen, sich feste Positionen zu sichern. Ihr wichtigstes Anliegen war hier in den 70er und 80er Jahren die Vertretung der politischen, d. h. der die Zensur betreffenden und der wirtschaftlichen Interessen von Autoren aus ihren Kreisen sowie der Kampf gegen die Liberalen.

Wirtschaftliche Interessen der "Russischen Partei" im Schriftstellerverband

Die Herausbildung der Fraktion der russischen Nationalisten im Schriftstellerverband, genau genommen aber wohl der gesamten "Russischen Partei", war nicht nur vom Antiliberalismus und den ideologischen Überzeugungen ihrer Mitglieder gesteuert. Eine nicht zu unterschätzende Bedeutung hatten auch wirtschaftliche Interessen.

Die Beziehungen des sowjetischen Staates zur kulturellen Elite waren so gestaltet, dass Kulturprodukte zwar einer bisweilen deutlichen Korrektur unterzogen wurden, deren Maßstäbe der Auftraggeber definierte, dafür aber eine uneingeschränkte und massenhafte staatliche Nachfrage erfuhren, für die viel Geld und Subventionen zur Verfügung standen. Die Kulturproduzenten waren so praktisch unabhängig vom Markt und von den Verbrauchern, die unter den Bedingungen einer offenen Gesellschaft mit dem Geldbeutel abstimmen und auf diesem Wege die reale Nachfrage nach Kunsterzeugnissen bestimmen. Aus diesem Grund war der Kampf zwischen den verschiedenen Schriftstellergruppierungen nicht nur durch politische oder ästhetische Differenzen bestimmt, sondern auch durch finanzielle Interessen. Die russischen Nationalisten und andere "Dogmatiker" waren alles in allem an dem Erhalt des Systems starker staatlicher Kontrolle und staatlicher Aufträge interessiert. Da sie in das System der Überwachungsbürokratie im Bereich der Literatur und des künstlerischen Schaffens insgesamt eingeweiht waren und häufig sogar Schlüsselpositionen darin besetzten, konnten sie ungehindert gewaltige Finanzressourcen zu ihren Gunsten umverteilen. Dass die Aktivitäten der Nationalisten in dieser Hinsicht regelmäßig von Erfolg gekrönt waren, vermerkt Y. Brudny, wenn er auf die enorme Auflagenhöhe der Bücher, deren Autoren der Bewegung russischer Nationalisten angehörten, und auf die Staatspreise, die ihnen verliehen wurden, verweist.[633]

Die Anhänger liberaler Anschauungen nutzten zwar ebenfalls das System staatlicher Aufträge, strebten aber nichtsdestotrotz seine Abschaffung an. Die Freiheit des künstlerischen Schaffens hatte für sie zweifellos einen höheren Stellenwert als für die "Orthodoxen". Ein Beweis dafür sind die nonkonformistische Haltung und die Emigration so populärer und erfolgreicher liberaler Schriftsteller, wie etwa Vasilij P. Aksënov, Georgij N. Vladimov, Vladimir N. Vojnovič, Aleksandr A. Galič, Anatolij V. Kuznecov, Vladimir E. Maksimov und Viktor P. Nekrasov, sowie der Regisseure Jurij P. Ljubimov, Andrej S. Končalovskij und Andrej A. Tarkovskij und einer Reihe weiterer namhafter Künstler. Sie hofften außerdem bewusst oder unbewusst darauf, dass der künstlerische Erfolg ihrer Werke beim Leser und die Nachfrage den verlorenen Staatsauftrag einmal hundertfach aufwiegen würden. Diese Hoffnungen erwiesen sich in der Phase der Perstroika, die durch die Liberalisierung des Verlagswesens gekennzeichnet war, als vollkommen berechtigt, während über die Mitglieder der "Russischen Partei" bittere Stunden der Wahrheit hereinbrachen – in moralischer wie auch in materieller Hinsicht.

Die im sowjetischen Verlagswesen übliche Praxis einer von der Auflagenhöhe abhängigen Vergütung der Autoren war ganz offen im Grundsatz defekt. Die Tantiemen bemaßen sich nicht nach der Menge der verkauften Bücher, sondern nach der Höhe der Auflage. So bestand nach Maßgabe des finanziellen Interesses das Hauptziel eines Autors nicht darin, ein gutes und nachgefragtes Buch zu schreiben, sondern eine möglichst hohe Auflage zu erreichen. V. Desjatirik führt in seinen Erinnerungen ein Beispiel an, das diese Praxis illustriert:

---

633 Vgl.: YTZHAK BRUDNY: *Reinventing Russia*, S. 105–106.

"Du triffst Dich mit einem Dutzend Autoren, deren Manuskripte die Redaktion nicht in das Verlagsprogramm aufgenommen hat. Telefonate, Briefe ... [...] Der erste ist von Evgenij Aleksandrovič Evtušenko. Der Verlag hat sein neues Buch angenommen und er erinnert den jungen Direktor: Ich hoffe, sie halten mich nicht für schlechter als Andrej Voznesenskij, dem Ihr Vorgänger eine Auflage von 150 000 gewährt hat. Ich rechne mit der gleichen Größenordnung ..."[634]

Selbst wenn man in Rechnung stellt, dass V. Desjatirik, ein Angehöriger der "Russischen Partei", Evtušenko hier als eigennützigen Strategen, als "Westler" und schon deshalb schlechten Schriftsteller diffamieren will, ist doch naheliegend anzunehmen, dass auf diese Weise auch andere Autoren ihre Bücher bei einem Verlag durchzudrücken versuchten. Gusev ist beispielsweise der Ansicht, der Grund für seine Ernennung zum Direktor des Verlags *Sovremennik* sei ein völliger Zusammenbruch der verlagsinternen Arbeitsorganisation gewesen. Die früheren Verlagsleiter hatten als Mitglieder der "Russischen Partei" eine Art *Samizdat*-Praxis[635] etabliert. Sie veröffentlichten ihre eigenen Bücher in befreundeten Verlagen und räumten im Gegenzug deren Leitern und Chefredakteuren Vorzugsbedingungen bei der Publikation im *Sovremennik* ein. Unter solchen Umständen kann es nicht überraschen, dass die als Schriftsteller völlig unbedeutenden Direktoren des *Sovremennik* Jurij L. Prokušev und Nikolaj E. Šundik in einer von Y. Brudny aufgestellten Liste nationalistischer Autoren im Zeitraum 1971–1982 der Auflagenhöhe nach den 18. bzw. 21. Platz einnahmen und damit weit bekanntere Schriftsteller, so etwa Vladimir A. Čivilichin (Platz 19), Aleksandr Ja. Jašin (Platz 22), Viktor A. Lichonosov (Platz 26) und Boris A. Možaev (Platz 27) übertrafen.[636]

Vor dem Hintergrund dieser Praxis ist Brudnys These von dem bedeutenden gesellschaftlichen Einfluss der russischen Nationalisten, die sich auf Daten über gigantische Auflagen der Dorfautoren und anderer Aktivisten der "Russische Partei" stützt, nicht haltbar. Die Bücher erschienen zwar tatsächlich, verstaubten dann allerdings jahrelang in den Regalen, bis sie eingestampft wurden. Ein großer Teil landete in den Zig- wenn nicht Hunderttausenden kleiner Bibliotheken der Wohnraumverwaltungen, Kasernen und Ferienanlagen, die bestimmte Budgets für "Kulturelles" hatten, die ausgeschöpft werden

---

634 V. DESJATIRIK: Počemu mne ne chočetsja pisat' vospominanija, in: *Žizn' zamečatel'nogo izdatel'stva [Molodaja gvardija] 1922 – 1997*, hg. von V. F. Jurkin. – Moskau: *Molodaja gvardija*, 1997, S. 143.
635 Gennadij M. Gusev verwendet den etablierten Terminus zur Bezeichnung von Literatur, die der Zensur nicht zugänglich war, in vollkommen anderer Bedeutung, die aber möglicherweise im Verlags- und Verwaltungsbereich verbreitet war.
636 YITZHAK BRUDNY: *Reinventing Russia*, S. 105–107.

mussten. Dieses System konnte sogar zu einem Defizit an manchen Büchern führen, die auf dem realen Markt nur eine geringe Nachfrage erfuhren. Der Einsatz für die finanziellen und andere korporative Interessen der Fraktion der russischen Nationalisten im Schriftstellerverband nahm einen bedeutenden, wenn nicht gar den größten Teil der Zeit in Anspruch, die die Aktivisten der Gruppe für ihre "Arbeit für Russland" aufzuwenden bereit waren. Dafür lassen sich viele Beispiele anführen. Der Chefredakteur des Verlages *Molodaja gvardija* Vladimir N. Osipov berichtet, wie er Anfang der 60er Jahre *Literatura i vremja* herausbrachte, einen Sammelband mit publizistischen Texten von Leonid M. Leonov. Der Vertriebsmonopolist *Sojuzkniga* bestellte insgesamt aber nur sechstausend Exemplare.

> "V. Čivilichin [der als Schriftsteller ein Schüler L. Leonovs war – Anm. d. Autors] hat mir als Chefredakteur mehrmals unter vier Augen und auch in Anwesenheit anderer Vorwürfe gemacht und geschimpft: 'Schande! Ein Hohn für Sie und Leonov!' Es gelang trotz allem nicht, die Bestellung zu erhöhen."[637]

Der Publizist und Literaturkritiker Michail P. Lobanov, eines der bekanntesten Mitglieder der "Russischen Partei", schreibt:

> "Ich habe nie irgendetwas wegen des Geldes gemacht und mich im Übrigen auch niemals den Verlagen aufgedrängt, normalerweise bot man mir an, etwas zu schreiben (so war es unter anderem mit den Büchern über Aleksandr N. Ostrovskij und Sergej T. Aksakov, die in der Reihe *ŽzL* des Verlags *Molodaja gvardija* veröffentlicht wurden)."[638]

Nachfolgend sei aus einem typischen Briefwechsel zwischen Dmitrij Ja. Gusarov, dem Chefredakteur der Zeitschrift *Sever*, und Evegenij I. Nosov (geb. 1925), einem einflussreichen Mitglied der "Russischen Partei", Dorfautor aus Kursk, der 15 Jahre Sekretär des russischen Schriftstellerverbands war, zitiert:

> "Kürzlich habe ich gehört, wie Du Dich für meinen Roman auf der Redaktionssitzung der *Roman-Gazeta* eingesetzt hast. [...] Als ich Dir im November schrieb, rechnete ich nur damit, Dich für ein 'ja' zu gewinnen, aber Du hast nicht nur für mein Buch gestimmt, sondern eine flammende Rede auf der Redaktionssitzung gehalten. Der Vertrag ist inzwischen schon abgeschlossen. Er bereitet mir zweifache Freude – mein Roman erscheint in einer Auflage von zwei Millionen Exemplaren, aber nicht geringer ist mein Glück darüber, dass es in unserer verkommenen Buchwelt noch Menschen gibt, die mit Würde und Ehrgefühl für die Arbeit eines Kameraden einstehen ... Auch ich bekenne mich nach Kräften nun schon 30 Jahre zu diesem Prinzip, aber einen so

---

637 PĚTR F. ALEŠKON. Hg.: *Leonid leonov v vospominanijach, dnevnikach i interv'ju.Sbornik*. – Moskau: Golos, 1999, S. 357.
638 MICHAIL P. LOBANOV: Iz pamjatnogo, in: *Naš sovremennik* 8/1999, S. 131.

bewegenden Moment erlebte ich das erste Mal. [...] Das Stück von Vasja Belov *Bessmertnyj Kaščej* konnten wir leider nicht durchbringen, obwohl ich seinetwegen in Moskau an hohe Türen geklopft habe und man mir im Gespräch Unterstützung zugesichert hatte."[639]

Literarische Auftragsarbeiten für die Reihe *ŽzL* oder die *Roman-Gazeta* ließen sich relativ leicht den eigenen Leuten zuschanzen, in anderen Fällen aber mussten die russischen Nationalisten sich gegen eine zahlenstarke Konkurrenz aus einfallslosen Trendautoren (prominentester Vertreter dieser Kategorie war G. Markov) und Literaten aus dem liberalen Lager behaupten. Gekämpft wurde um Geld aus der Veröffentlichung von Werken in Massenmedien, einschließlich Zeitschriften, in Größenordnungen, die für sowjetische Verhältnisse beträchtlich waren, um die auflagenabhängigen Tantiemen bei Buchveröffentlichungen, um den Verkauf von Rechten im Ausland und um Staatspreise. Die Schriftsteller konnten dieses Geld kaum ausgeben, wenngleich ein beträchtlicher Teil in Alkohol, Restaurantbesuche und Sammelleidenschaften floss. Das Geld wurde überwiegend auf Konten gespart und schmolz letztendlich durch die galoppierende Inflation Ende der 80er und zu Beginn der 90er Jahre einfach weg, was die Sympathien der Schriftsteller für die neuen Machthaber nicht gerade erhöhte.

Der bereits erwähnte Michail P. Lobanov beschreibt seine finanzielle Situation so:

"Ich wusste bis jetzt überhaupt nicht, was Armut ist, ich war frei von der 'Macht des Geldes'. [...] Das Geld kam wie von selbst zu mir. Ich hatte ein solides Gehalt als Dozent am Literaturinstitut (ich arbeite dort seit 1963), zusätzliche Einkünfte (interne Buchrezensionen in Verlagen, Gutachten als Mitglied der Aufnahmekommission des Schriftstellerverbands etc.) und außerdem eine Invalidenrente als Kriegsveteran. Im Monat kam da nicht selten ein erkleckliches Sümmchen zusammen. Gespart habe ich davon nie etwas, denn ich gab das Geld aus, ohne es zu merken. [...] Die Honorare für meine Bücher aber brachte ich aufs Sparkonto, am Vorabend der 'Reformen' hatten sich so im Laufe der Jahrzehnte 90 000 Rubel angesammelt."[640]

Seine gegenwärtige ärmliche Lage erklärt er in letzter Konsequenz mit Intrigen der Juden, die die Russen absichtlich an den Rand der Verarmung trieben und demütigten.

Besondere Missbilligung der "Russischen Partei" fand die politisch motivierte Praxis der staatlichen Förderung der Literatur kleiner Ethnien. Minderwertige,

---

639 E. Spasskaja: *Kniga o mastere. Cholma i berega Evgenija Nosova. Očerki tvorčestva.* – Kursk: Krona, 1998, S. 788.
640 Michail P. Lobanov: Iz pamjatnogo, in: *Naš sovremennik* 8/1999, S. 131.

aber ideologisch "korrekte" Werke von Autoren, die als "nationale Schriftsteller" galten, wurden zahlreich ins Russische übersetzt und von den großen Verlagen herausgebracht. In diesen Prozess waren professionelle Übersetzer in großer Zahl involviert, darunter viele Mitglieder des Schriftstellerverbandes. Teilweise schrieben sie sogar angefangene Bücher für den betreffenden Autor zu Ende. Das Übersetzen und die redaktionellen Arbeiten waren für die Beteiligten äußerst lukrativ, sie brachten bares Geld ein, aber auch alle möglichen Geschenke, Einladungen zu Festessen, Gratisreisen in die jeweiligen Regionen und anderes. Als Übersetzer arbeiteten über viele Jahre dieselben Personen, von denen ein beträchtlicher Teil dem liberalen Lager der sowjetischen Intelligenzija angehörte. Die Einkünfte aus den Übersetzungen erlaubten es ihnen, sich ungestört ihren eigenen Arbeiten, die aus ideologischen Gründen in der Sowjetunion nicht veröffentlicht werden konnten, zu widmen.

In den 70er Jahren und Anfang der 80er Jahre ergriffen die russischen Nationalisten Initiativen, um die tatsächlich zweitklassigen unter den "Vertretern der nationalen Literaturen" und ihre politisch liberal gesinnten Kollegen aus den Verlagsprogrammen – zumindest denen der russischen Verlage – zu verdrängen. Als jedoch klar wurde, dass dieses Vorhaben angesichts der von der offiziellen Propaganda deklarierten Gleichberechtigung der Völker einschließlich des gleichberechtigten Zugangs zu den Printmedien[641] realitätsfern und höchstens ein taktischer Sieg denkbar war, versuchten sie, den von den Liberalen dominierten Übersetzermarkt zu erobern.

Die Klagen von Mitgliedern der "Russischen Partei" über die überflüssigen Veröffentlichungen "nationaler Kader" wurden von vielen russischen Nationalisten geteilt. Es sind allerdings kaum Beispiele eines offensiven Einsatzes gegen den beklagten Missstand bekannt. Kunjaev betont, dass speziell die Übersetzerfrage Gegenstand seiner Auftritte 1973 und 1977 gewesen sei. Er berichtet von den Vorbereitungen für die Diskussionsrunde "Die Klassik und wir" im Dezember 1977, auf der die "Russische Partei" gegen die Liberalen

---

641 Die Provinzschriftsteller in den autonomen Republiken und Gebieten waren noch stärker als die Moskauer Autoren in die örtlichen Partei- und Staatsstrukturen eingebunden, sie gehörten der gesellschaftliche Elite an und galten als eine Art "Kulturgut der Republik". Wäre es den Moskauern tatsächlich gelungen, im Arrangement mit den Kultur- und Propagandaabteilungen des ZK der KPdSU "nationale" Autoren aus den Programmen russischer Verlage zu verdrängen, hätte das ZK der KPdSU zweifellos mit einem Sturm der Entrüstung regionaler Parteiführer rechnen müssen. Einen Skandal solcher Größenordnung allein wegen kommerzieller Interessen der Moskauer hätte man nicht riskiert.

auftrat, und begründet im Nachhinein seinen Wunsch, "in die Schlacht zu ziehen", folgendermaßen:

> "Man kann der Übersetzermafia einen Schlag versetzen und einen Teil des Veröffentlichungskontingents und der Mittel zugunsten russischer Schriftsteller, vor allem der in der Provinz, umverteilen."[642]

Ein wichtiges finanzielles und politisches Anliegen der "Russischen Partei" war es, sich für die Verleihung von Literaturpreisen an die eigenen Leute stark zu machen. Ein Preis stellte in der Sowjetunion nicht nur die Anerkennung hoher schriftstellerischer Leistungen verbunden mit einer großen Geldsumme dar, sie war auch ein Zeichen der Aufmerksamkeit der politischen Machtelite für den Autor und die gesamte künstlerische Richtung. Aus diesem Grund nahm etwa die Kontroverse über die Verleihung des Leninpreises an A. Solženicyn im Jahr 1963 die bekannten Dimensionen an. Es ging erstens um die Frage der staatlichen Anerkennung der Lagerprosa bzw. der Lagerthematik überhaupt in der sowjetischen Literatur als solcher und zweitens um die Aufnahme des Schriftstellers in die Reihen des Establishments.

Für die Bewegung russischer Nationalisten war die Frage der Literaturpreise sehr bedeutend, real beeinflussen konnten sie jedoch die Prämierungen erst seit Beginn der 70er Jahre.[643] Eine große Zahl staatlicher Preise festigte den Status der "Dorfprosa" als legale und anerkannte literarische Gattung und eröffnete auch einzelnen Vertretern dieses Genres administrative Aufstiegsmöglichkeiten. Von nicht geringerer Bedeutung war der finanzielle Aspekt. Eine Aufstellung von Y. Brudny zeigt, dass im Zeitraum 1971–1982 zwölf Schriftsteller, die als russische Nationalisten gelten müssen, den Gorki-Literaturpreis des Ministerrats der RSFSR erhielten, elf den Staatspreis der UdSSR, drei den Leninpreis und zwei den Preis des ZK des Komsomol. Einige Autoren wurden mehrmals ausgezeichnet, so dass insgesamt 20 Preise an russische Nationalisten verliehen wurden.[644]

Mit der Organisierung der "richtigen" Preisvergabe befassten sich hauptsächlich der russische Schriftstellerverband, aber auch hochgestellte Funktionäre im Apparat der russischen Regierung und im Staatlichen Komitee für das Presse- und Verlagswesen. Im Interview berichtet Gusev, damals Mitarbeiter für Kultur beim Vorsitzenden des Ministerrats der RSFSR, Vitalij I. Vorotnikov:

---

642 STANISLAV JU. KUNJAEV: S. Poėzija. Sud'ba. Rossija, in.: *Naš sovremennik.* 3/1999. S. 178.
643 Preise des ZK des Komsomol wurden natürlich auch schon in den 60er Jahren in Abstimmung mit der Pavlov-Gruppe verliehen.
644 Yitzhak BRUDNY: *Reinventing Russia,* S. 104–105.

"1987 stimmte die Komission für Staatspreise einstimmig gegen den Publizistik-Band *Ogon', mercajuščij v sosude* von Stanislav Ju. Kunjaev, der auch einen kritischen Beitrag über das künstlerische Schaffen von Vladimir Vysockij enthielt. Er gilt auch heute noch als sehr polemisch, aber damals, in der Hitze der Perstroika, erschien er als regelrechter Bannfluch. Vysockij wurde damals gerade zum Helden stilisiert, zu einer Art Galionsfigur der Generationen. Die Kommission ließ Kunjaev also durchfallen. Da entschloss ich mich zu einem unkonventionellen Schritt. Da ich Vitalij Ivanovič [Vorotnikov] kannte, bat ich ihn, vor der Unterzeichnung des Beschlusses über die Prämierung *Ogon', mercajuščij v sosude* zu lesen. Am nächsten Tag trug er in die Liste, in der Kunjaev nicht enthalten war, dessen Namen an vierter oder fünfter Stelle ein. [...] Man kann sagen, dass er, was das System der staatlichen Preise betrifft, behutsam, aber konsequent die Linie der Unterstützung russischer Schriftsteller, Dramatiker, Komponisten und anderer Kulturschaffender verfolgte. Wenn sich im Theater oder im Film kein echter russischer Regisseur fand, dann nahm man natürlich irgendeinen Heifitz, aber die erste Wahl waren immer Leute wie Maslenikov oder Nikita Michalkov. Man merkte das immer – ohne Heulen, Treten und Geschrei."[645]

Die "Dorfprosa"

Die wichtigste Eroberung der russischen Nationalisten auf dem Feld der Kunst in den 60er Jahren, die es ihnen erlaubte, sich in der 70er Jahren als vernehmlichste und bedeutendste Strömung in der sowjetischen Literatur zu präsentieren, waren die Autoren der "Dorfprosa". Die Tradition der "Dorfprosa" geht natürlich nicht auf "konservative", sondern auf liberale Schriftsteller zurück. Einige Literaturwissenschaftler zählen zu ihren Anfängen die *Rajonnye budni* (1952) von Valentin V. Ovečkin oder *Ryčagi* (1957) und *Vologodskaja svad'ba* (1962) von Aleksandr Ja. Jašin, andere lassen sie mit *Matrenin dvor* (1963) von Aleksandr I. Solženicyn beginnen. Sergej P. Pavlov und viele seiner Mitstreiter betrachteten die Dorfautoren als Liberale und standen ihnen unverhohlen kritisch gegenüber. So veröffentlichte beispielsweise die *Komsomol'skaja pravda* als erste einen betont kritischen Artikel über *Vologodskaja svad'ba*.[646] Die Pavlov-Anhänger waren aber ideologisch keineswegs homogen. Ein Teil der Gruppe hatte sich unter der Führung von Anatolij V. Nikonov und Il'ja S. Glazunov die Wiedergeburt des vorrevolutionären Russland auf die Fahnen geschrieben; sie teilten die Sehnsucht der Dorfautoren nach der untergehenden Welt des traditionellen russischen Dor-

---

645 Interview mit Gennadij M. Gusev.
646 Svad'ba s degtem. Otkrytoe pis'mo, in: *Komsomol'skaja pravda* vom 31.03.1963, S. 7.

fes und erkannten die Wichtigkeit der ökologischen Themen, die von der Dorfprosa häufig aufgegriffen wurden.

Noch vor der Formierung der Pavlov-Gruppe im ZK des Komsomol hatte Vladimir A. Solouchin seine Bücher *Vladimirskije proselki* (1957) und *Kaplju rosy* (1959) veröffentlicht. Stilistisch nahe stand ihm Vasilij M. Šukšin, dessen erstes Buch *Sel'skie žiteli* 1962 im Verlag *Molodaja gvardija* erschien. Der massive Zuwachs an Dorfautoren in der Literatur setzte aber erst etwas später ein. Mitte der 60er Jahre, als die traditionalistische und monarchistische Fraktion innerhalb der Pavlov-Anhänger erstarkte, wurde die Suche nach jungen Talenten der "dörflichen Richtung" systematisiert und ausgeweitet. Rekrutiert und für die Bewegung russischer Nationalisten angeworben wurden die zukünftigen Dorfautoren auf Veranstaltungen für junge Schriftsteller, die das ZK des Komsomol gemeinsam mit dem russischen Schriftstellerverband in der Provinz durchführte. So entdeckten Autoritäten der Moskauer Literaturszene und führende Komsomolfunktionäre 1965 auf einer Konferenz im Gebiet Čita Autoren wie Valentin G. Rasputin (geb. 1937), Aleksandr V. Vampilov (1937–1972) und Vjačeslav M. Šugaev (geb. 1938). Die Verstetigung der Kontakte zwischen der Bewegung russischer Nationalisten und den Dorfautoren besorgte ein Schüler Jašins und Protegé Fëdor I. Panferovs, der stellvertretende Chefredakteur der Zeitschrift *Molodaja gvardija*, Sergej V. Vikulov, der im August 1968 auf Vorschlag des Vorsitzenden des russischen Schriftstellerverbandes Leonid S. Sobolev Chefredakteur der unbedeutenden Verbandszeitschrift *Naš sovremennik* wurde.

Vikulov stellte nach eigener Aussage Mitarbeiter ein, die er "kannte und mochte: E. Nosov (Kursk), V. Astaf'ev, A. Znamenskij (Krasnodar), V. Lichinosov, F. Abramov und G. Troepol'skij und vergaß auch meine Landsleute Vasilij Belov, Aleksandr Romanov und Ol'ga Fokina nicht."[647]

Recherchen von Brudny ergaben, dass von den zwölf alten Redaktionsmitgliedern der Zeitschrift lediglich zwei blieben. Dafür wurden 13 neue Mitarbeiter eingestellt.[648]

Nachdem Andrej A. Tvardovskij seine Funktion als Chefredakteur der Zeitschrift *Novyj mir* niedergelegt hatte, wechselte eine große Gruppe von "Dorfautoren", die dort publiziert hatten, zur *Naš sovremennik*. Damit wurde die Zeitschrift eindeutig in ihrer Popularität aufgewertet. Viktor P. Astaf'ev, der vielleicht bekannteste Schriftsteller aus diesem Kreis, erinnert sich:

---

647 SERGEJ V.VIKULOV: Čto napisano perom .., in: *Naš sovremennik* 9/1996, S. 7.
648 Yitzhak BRUDNY: *Reinventing Russia*, S. 66.

"Die Zeitschrift *Naš sovremennik* war von den Toten wieder auferstanden dank einigen russischen Schriftstellern, die begriffen hatten, dass die stetig wachsende Gruppe russischer Autoren, vor allem solcher aus der Provinz, nach der Zerschlagung der *Novyj mir* irgendwo einen Ort brauchte, wo sie publizieren, einander kennenlernen und sich geistig zusammenschließen konnten. Sergej Vikulov [...] erwies sich als guter Organisator und moderater Zensor."[649]

Manche Gepflogenheiten der Zeitschrift *Naš sovremennik* schockierten allerdings selbst die Autoren der "Dorfprosa", die zuvor in der Zeitschrift *Novyj mir* publiziert hatten. Selbiger Astaf'ev, der wegen seiner großen Produktivität in das Redaktionskollegium aufgenommen worden war, hatte Vikulov noch Anfang 1970 auf einer Sitzung damit gedroht, im Falle antisemitischer Tendenzen die Redaktionsgruppe zu verlassen.[650] Später dann war er selbst so weit von ethnonationalistischem Gedankengut durchdrungen, dass er Mitte der 80er Jahre zur zentralen Figur mehrerer handfester Skandale wurde, erinnert sei nur an die Proteste von Mitgliedern des georgischen Schriftstellerverbands gegen seine Erzählung *Lovlja peskarej v Gruzii* und den darauf folgenden "Briefwechsel mit Natan Ja. Ėjdel'man" und schließlich an seine öffentliche Unterstützung der *Pamjat'*-Bewegung.[651]

Naš sovremennik gewann dank der Dorfautoren zunehmend an Bedeutung. Im Zeitraum 1971–1982 stieg die monatliche Auflagenhöhe der Zeitschrift auf mehr als das Dreifache, nämlich von 100 000 auf 336 000, und erreichte damit ein Wachstumstempo, das weit über dem anderer großer Literaturzeitschriften lag.[652] Bei alledem blieb sie um ein Vielfaches hinter der dem Umfang nach vergleichbaren großen liberalen Zeitschrift *Junost'* zurück, die ihre Auflagenzahl von 1 800 000 Exemplaren im Jahr 1971 auf 3 150 000 im Jahr 1982 erhöhen konnte. Ebenfalls ins Hintertreffen geriet sie gegenüber ihrer heimlichen Konkurrentin im gesellschaftlichen und politischen Bereich, der deutlich umfangreicheren *Novyj mir*, die ihre Auflagenhöhe von 178 000 im Jahr 1971 auf 350 000 im Jahr 1982 steigern konnte.

Der hier angestellte Vergleich ist insofern nur begrenzt aussagekräftig, als *Naš sovremennik* als russische Ausgabe im Wesentlichen in Russland vertrieben wurde, *Junost'* und *Novyj mir* dagegen unionsweite Ausgaben waren. Der regionale Charakter hinderte allerdings andere Literaturzeitschriften

---

649 VIKTOR P. ASTAF'EV: Pozdravlenie, in: *Naš sovremennik* 11/1996, S. 3.
650 SERGEJ V. VIKULOV: Čto napisano perom ..., S. 18.
651 Vgl. STANISLAV JU. KUNJAEV: Poėzija. Sud'ba. Rossija, in: *Naš sovremennik* 8/1999, S. 98–112. Dort ist der Briefwechsel zwischen Astaf'ev und Ėjdel'man veröffentlicht.
652 Zahlen über die Auflagenhöhe nach Yitzhak M. Brudny.

nicht, ihre Auflagenhöhe zu steigern und offensiv die Grenzen ihrer Nische zu überschreiten. So erhöhte die Zeitschrift der Moskauer Schriftstellerorganisation *Moskva* ihre Auflage von 240 000 im Jahr 1971 auf 500 000 Exemplare im Jahr 1982, die Leningrader Zeitschrift *Neva* erweiterte im gleichen Zeitraum ihre Auflage von 270 000 auf 333 000 Exemplare. Natürlich konnte selbst in so großen Städten wie Moskau oder Leningrad eine monatlich erscheinende Literaturzeitschrift keine halbmillionenköpfige Käuferschar finden.

Die erwähnte Zeitschrift *Moskva*, die von der Moskauer Sektion des Schriftstellerverbandes herausgegeben wurde, war die zweite Zeitschrift, die offensiv um die Dorfautoren warb. Zum Chefredakteur wurde 1968 der Schriftsteller Michail N. Alekseev ernannt, eine der führenden Persönlichkeiten in der literarischen Fraktion der Bewegung russischer Nationalisten. Nach Aussage von Roj A. Medvedev wurde seine Ernennung "ohne Rücksicht auf die Einwände des Parteikomitees der Moskauer Schriftsteller vollzogen".[653] Es ist anzunehmen, dass dabei der Pavlov-Anhänger und geistige Mentor Michail N. Alekseevs, Jurij N. Verčenko, seinen Einfluss geltend gemacht hatte.

Unter den regionalen Literaturzeitschriften war *Sever* aus Petrozavodsk am deutlichsten auf Texte von "Dorfautoren", die das Leben der Bauern, meist im Norden Russlands und in Sibirien, darstellten, orientiert. Ihr Chefredakteur Dmitrij Ja. Gusarov und mehrere Angehörige des Redaktionskollegiums waren überzeugte russische Nationalisten. Von den Autoren, die die *Sever* entdeckte, wurden folgende in der Bewegung russischer Nationalisten bekannt: Vasilij I. Belov (geb. 1932), Dmitrij M. Balašov (1997–2000) und Vladimir G. Bondarenko, Mitarbeiter der Zeitschrift *Sever* in den 70er Jahren, gegenwärtig Chefredakteur der Zeitung *Zavtra* und Chefredakteur der Zeitung *Den' literatury*.

Unter starkem Einfluss der "Russischen Partei" standen auch die in *Saratov* erscheinende Zeitschrift *Volga* (vor allem unter der redaktionellen Leitung von Nikolaj E. Šundik 1965–1976) und die Zeitschrift *Don* aus *Rostov*, in der sich der Einfluss Michail A. Šolochovs und seiner Freunde Vitalij A. Zakrutkin, Anatolij V. Kalinin und Konstantin I.Prijma deutlich bemerkbar machte.[654]

---

653 *Političeskij dnevnik 1964–1970.* – Amsterdam: Fond im. Gercena, T 1, S. 339.
654 Der Einfluss russischer Nationalisten auf einen Teil der regionalen Literaturzeitschriften war auch für Außenstehende wahrnehmbar. So zählt V. Shlapentokh neben *Naš sovremennik* und *Ogonëk* auch *Moskva*, *Neva*, *Don* und *Volga* zu den Zeitschriften mit "russophilen Tendenzen". Vgl. VLADIMIR SHLAPENTOKH: *Soviet Intellectuals and Political Power: The Poststalin Era.* – Princeton: Princeton University

Zwischen den Provinzzeitschriften der russischen Nationalisten und dem Zentralorgan der russisch-nationalistischen Gruppierung im Schriftstellerverband, das seit 1970 die Zeitschrift *Naš sovremennik* war, gab es enge Kontakte. Die besten der von *Sever*, *Volga* und *Don* "entdeckten" Autoren konnten mit der Zeit in der angeseheneren Moskauer Zeitschrift veröffentlichen, den Provinzzeitschriften wurden Texte überlassen, die aus verschiedenen Gründen (unzureichende Qualität, Unterdrückung durch die Moskauer Zensur) in der Hauptstadt nicht erscheinen konnten.

Gennadij M. Gusev, in den 70er Jahren und der ersten Hälfte der 80er Jahre Mitarbeiter der Kulturabteilung des ZK der KPdSU, Chefredakteur der *Roman-gazeta* und Leiter des Verlags des russischen Schriftstellerverbandes *Sovremennik*, in den 90er Jahren und der ersten Hälfte der 2000er erster stellvertretender Chefredakteur der Zeitschrift *Naš sovremennik*, beschreibt die Verhältnisse folgendermaßen:

> "Der Ablauf war so: Ein junger Autor bildet sich ein, dass seine Arbeit in einer gesamtrussischen Ausgabe erscheinen sollte und schickt sie an die Redaktion von *Naš sovremennik*. Vikulov liest sie und stellt fest, dass sie das nicht sollte, findet sie aber interessant. Er ruft Gusarov an und sagt: 'Ich habe hier aus *Vologda* (oder *Tajmyr* oder *Archangel'sk*) ein Manuskript. Es ist immerhin von lokaler Bedeutung und ich empfehle Dir, es aufmerksam zu lesen'. Der liest den Text und bringt ihn heraus. Es kam auch gelegentlich vor, dass die Redaktion der Zeitschrift *Sever* uns etwas anbot, aber das waren Einzelfälle. [...] Normalerweise halten sich die Redaktionen ihre Autoren. Belov, der am Anfang, im Jahr 1964, in *Naš sovremennik* nicht erscheinen konnte, weil der damalige Chefredakteur Boris Zubavin davor zurückschreckte, wurde von eben jener *Sever* entdeckt, ich erinnere mich noch, wie damals das Heft mit *Privyčnoe delo* hektografiert (es gab noch keine Kopierer) und als *Samizdat*-Ausgabe in Umlauf gebracht wurde.
>
> Eine Möglichkeit der 'Russischen Partei', den Kontakt zur Provinz zu halten und sich miteinander abzustimmen, waren die auswärtigen Sitzungen der Sektionen oder sogar des Büros des russischen Schriftstellerverbandes in den Gebietsstädten. Zu diesen Anlässen wurden Vertreter befreundeter Zeitschriften (lokaler wie überregionaler) eingeladen. Aus der Provinz waren das natürlich *Sever* (Petrozavodsk), *Sibirskie ogni* (Novosibirsk), *Sibir'* (Irkutsk), *Dal'nij vostok* (Vladivostok), *Volga* (Saratov) und *Pod''ëm* (Voronež), die es heute noch gibt, die aber überhaupt nicht mehr russisch ist, sowie *Don* (Rostov-na-Donu). Das waren russische Provinzzeitschriften, deren Redaktionen sich größtenteils zu unseren Ansichten bekannten. Mir fällt gerade kaum eine ein, die nicht zu uns gehörte. Da hat sich bis heute auch kaum etwas geändert, wenn man von der Zeitschrift *Volga* absieht. [...] Auf diesen Versammlungen wurde ent-

---

Press, 1990, S. 188. Die gleiche Einschätzung findet sich auch bei Y. Brudny. Vgl. YITZHAK BRUDNY: *Reinventing Russia*, S. 10.

schieden, welche Autoren beachtet, unterstützt und gleichzeitig veröffentlicht werden sollen, um für Aufmerksamkeit zu sorgen. So war es auch im Fall Belov, seine Begabung hätte sich natürlich auch selbst ihren Weg gebahnt, aber unsere Beratungen waren in organisatorischer Hinsicht sehr hilfreich. Solche legalen Kanäle zwischen der zentralen Leitung des Schriftstellerverbandes und der Provinz wurden sehr breit genutzt, ich habe nie wieder einen so patriotischen Sergej Pavlovič Zalygin gesehen (der so schlimm endete – als Liberaler und müder Demokrat) wie 1975 auf der auswärtigen Sitzung des Prosarates [des Schriftstellerverbandes] in Petrozavodsk. [...] Für die organisatorische Seite dieser Versammlungen war natürlich der Schriftstellerverband der RSFSR zuständig. Formal unterzeichnete S. Michalkov alles, aber tatsächlich hatte sein erster Stellvertreter J. Bondarev die Fäden in der Hand, er bestimmte die Zusammensetzung des Prosarates und die Tagesordnung, er lenkte die Diskussion. Dafür zog er Zalygin, Alekseev, Proskurin oder den in seiner Bedeutung gewachsenen Jegor Isaev hinzu."[655]

Der bekannteste Beleg dieser Art von Zusammenarbeit ist der Artikel *Osvoboždenie*, den der Moskauer Literaturkritiker Michail P. Lobanov, einer der engagiertesten Teilnehmer der Bewegung russischer Nationalisten, im Oktober 1982 in der Saratover Zeitschrift *Volga* veröffentlichte. Er propagierte in seiner Arbeit die Theorie des "einheitlichen Stroms", die auf der Annahme beruhte, dass sich in allen bedeutsamen Ereignissen der russischen Geschichte der Wille des russischen Volkes manifestierte. Der Artikel stieß auf Widerspruch in der Propagandaabteilung des ZK der KPdSU, der Chefredakteur der Zeitschrift *Volga*, N. J. Pal'kin, wurde im Januar 1983 seiner Funktion enthoben, Lobanov selbst drohte man auf einer Sitzung des Sekretariats des russischen Schriftstellerverbandes mit der Entlassung aus dem Literaturinstitut, an dem er als Dozent tätig war.[656]

Die Popularität der "Dorfthematik" in der sowjetischen Literatur, Ausdruck einer nostalgischen Rückbesinnung der zweiten Generation von Stadtbewohnern auf die von den Eltern verlassene "kleine Heimat", auf das heimatliche Dorf, wurde von den russischen Nationalisten organisatorisch gestärkt, indem sie die "Dorfschriftsteller" in den von ihnen kontrollierten Zeitschriften und Verlagen veröffentlichten und propagierten. Im Ergebnis erlebte die "Dorfprosa", der sich Dutzende, insbesondere provinzielle Schriftsteller, zuwandten, in

---

655 Interview mit Gennadij M. Gusev.
656 DIRK KREČMAR: *Politika i kul'tura pri Brežneve, Andropove i Černenko. 1970 – 1985 gg.* – Moskau: AIRO-XX, 1997, S. 158–159; (s. a.: DIRK KRETZSCHMAR: *Die sowjetische Kulturpolitik 1970–1985. Von der verwalteten zur selbstverwalteten Kultur. Analyse und Dokumentation*. Bochum: Brockmeyer, 1993.*)*.
SERGEJ V. VIKULOV: Čto napisano perom ..., in: *Naš sovremennik* 11/1996, S. 16–17.

den 70er Jahren einen regelrechten "Boom". Viele dieser Schriftsteller, wenn nicht die meisten, übernahmen durch den Kontakt zu den Redaktionen die Standpunkte des russischen Nationalismus. Dennoch darf man nicht alle Dorfautoren mit der "Russischen Partei" und der Bewegung russischer Nationalisten assoziieren, wie etwa Brudny das tut. Wichtige und bekannte Dorfprosa-Autoren wie Sergej P. Zalygin, Boris A. Možaev, Gavriil N. Troepol'skij, der früh verstorbene Aleksandr Ja. Jašin und selbstverständlich Aleksandr I. Solženicyn schlossen sich der Bewegung russischer Nationalisten nicht an, obwohl sie unstrittig an manchen Aktionen der "Russischen Partei" teilnahmen, deren weiterreichende Bedeutung sie allerdings nicht begriffen.

Nicht haltbar scheint auch die verbreitete These zu sein, der zufolge die Popularität der Dorfautoren, aber auch das in der zweiten Hälfte der 60er Jahre zu Tage getretene und in den 70er Jahren fortdauernde Interesse der gebildeten Schichten an der Erforschung russischer Alltagsbräuche, die berüchtigten Bastschuhe an der Wand oder die Ikonensammlerei, entscheidenden Einfluss auf gesellschaftspolitische und weltanschauliche Haltungen der Menschen gehabt hätten. Praktisch allen Arbeiten, die dem russischen Nationalismus gewidmet sind, liegt diese These zugrunde.[657] Tatsächlich aber sind die angeführten Erscheinungen nichts anderes als Ausdruck einer Mode. Weder in der Hochphase der Dorfautoren noch später konnten die von ihnen bemühte Nostalgie und erst recht ihre archaischen Moralvorstellungen das Weltbild größerer Gruppen der Gesellschaft ideologisch beeinflussen oder diese gar zu aktivem Handeln bewegen.

"Antizionisten" und Neuheiden

Eine maßgebliche Rolle innerhalb der Bewegung russischer Nationalisten fiel einer Gruppe von Publizisten zu, die professionell darauf spezialisiert waren, die proarabische und antiisraelische Politik der Sowjetunion im Nahen Osten propagandistisch gegenüber der sowjetischen Öffentlichkeit zu begründen. Diese Gruppe, die später als "antizionistischer Kreis" bekannt wurde[658], begann sich Anfang der 60er Jahre herauszubilden. Manche ihrer Aktivisten,

---

657 Vgl. Yitzhak Brudny, Pëtr Vajl' und Aleksandr Genis., John B. Dunlop, Vladimir Shlapentokh.
658 ALEKSANDR VERCHOVSKIJ/VLADIMIR PRIBYLOVSKIJ/EKATERINA MICHAJLOVSKAJA: *Nacionalizm i ksenofobija v rossijskom obščestve.* – Moskau: Panorama, 1998, S. 39.

unter ihnen J. S. Ivanov (1930–1980) und J. S. Evseev (1932–1990), hielten bereits 1963 und 1964 Vorlesungen an der *Universität des jungen Marxisten*, die darauf abzielten, den "Zionismus"[659] zu entlarven. Im Zeitraum 1966–1968 arbeitete Evseev bereits eng mit dem ZK des Komsomol zusammen. So unternahm er Dienstreisen für die Propagandaabteilung und beriet den Verlag *Molodaja gvardija*.[660] Der "antizionistische" Kurs in der sowjetischen Propaganda verstärkte sich zweifellos Ende der 60er Jahre, als im Zusammenhang mit dem Sechs-Tage-Krieg 1967 die Sowjetunion ihre diplomatischen Beziehungen zu Israel abbrach.[661] Sergej N. Semanov zufolge, der viele "Antizionisten" gut kannte, war der politisch mächtigste unter ihnen I. V. Milovanov, Leiter der Abteilung Naher Osten in der internationalen Abteilung des ZK der KPdSU. Diese Einschätzung teilt auch Ganičev:

> "Im ZK der Partei gab es einen gewissen Ivan Vasil'evič Milovanov, Leiter der Abteilung Naher Osten. Er vertrat diese Linie und stellte sich vor uns, ich weiß nicht, wie er das schaffte. Er erlaubte uns, den Zionismus zu kritisieren, während Leute wie Sevruk und Beljaev [Mitarbeiter der Propaganda- und der Kulturabteilung im ZK der KPdSU – Anm. d. Autors] unsere Arbeit ständig durch Zensur überwachten und behinderten."[662]

Nach Aussage von Semanov soll Milovanov nicht selten seine politische Funktion "zur Verhinderung zionistischer Umtriebe" genutzt haben, angeblich "auf Bitten unserer arabischen Freunde". In einigen Fällen setzte er sich wegen solcher Bitten direkt per Regierungstelefon mit dem Vorsitzenden des *KGB* Andropov in Verbindung, der "gezwungen war, ihn anzuhören, denn er wusste nicht, ob die Initiative nur vom Leiter der Abteilung Naher Osten kam, oder ob der sie bereits mit jemandem aus der Führung abgesprochen hatte."[663] Milovanov gab auch den Anstoß zu dem in nationalistischen Kreisen populären Buch des Instrukteurs der Abteilung Naher Osten Ju. S. Ivanov *Ostorožno: sionizm!*.[664] Mit den Worten Ganičevs war das "eine Pionierarbeit, ein sehr wichtiges Buch."[665] Ein anderer russischer Nationalist verstieg sich zu der verallgemeinernden Behauptung, dass alle "Zionismusforscher" in der

---

659 Interview mit Jurij G. Lun'kov.
660 Interview mit Gennadij M. Gusev.
661 Zu den Motiven der antiisraelischen und proarabischen Politik der Internationalen Abteilung des ZK der KPdSU vgl.: KAREN N. BRUTENC: *Tridcat' let na Staroj ploščadi*. – Moskau: Meždunarodnye otnošenija, 1998, S. 384–387.
662 Interview mit Valerij N. Ganičev.
663 Interview mit Sergej N. Semanov vom 16.04.2000.
664 JURIJ S. IVANOV: *Ostorožno: sionizm! Očerki po ideologii, organizacii i praktike sionizma*. – Moskau: Politizdat, 1969, 2-e izd. -1971.
665 Interview mit Valerij N. Ganičev.

Sowjetunion aus diesem Buch hervorträten, wie aus "Gogols Mantel".[666] Milovanov und Ivanov standen im Austausch und in freundschaftlichem Kontakt mit dem Übersetzer und Lehrer des Maurice-Thorez-Instituts für Fremdsprachen V. N. Emel'janov (1929–1999, 1952 Abschluss am Orientalischen Institut der Historischen Fakultät der Lomonossow-Universität), mit dem Historiker Evgenij S. Evseev und mit dem Journalisten Anatolij A. Agaryšev (1937–1989).[667] Diesem Kreis gehörten auch Ganičev und Semanov an, sie zeigten aber keine Ambitionen, den "Zionismus" pseudowissenschaftlich zu erforschen, sie beschränkten sich auf die Lektüre, Kritik und Herausgabe von Büchern des "antizionistischen Kreises".

Das größte intellektuelle Potenzial dieses Kreises wurde Evseev nachgesagt, dessen "wissenschaftliche Tätigkeit" ihre Krönung im Jahr 1978 mit einer 400 Seiten umfassenden Dissertation am Institut für Philosophie der Akademie der Wissenschaften der UdSSR fand. Der Titel dieser Arbeit "Zionismus im System des Antikommunismus" trug den Zusatz "Für den amtlichen Gebrauch".[668] Die Monografie wurde unter den Mitgliedern der "Russischen Partei" zum Bestseller – im Interview äußerten sich insbesondere Gusev, Lun'kov und Semanov äußerst anerkennend über diese Arbeit – in akademischen Kreisen löste sie allerdings Proteste aus, die nach mündlicher Auskunft von Gusev bewirkten, dass ein beträchtlicher Teil der 500 Exemplare starken Auflage vernichtet wurde. Semën E. Reznik gibt an, dass einige Exemplare an Gebietskomitees der Partei versendet wurden.[669]

Evgenij S. Evseev, der als Verwandter des Sekretärs des ZK der KPdSU für internationale Fragen Boris N. Ponomarëv galt, war der wichtigste Informant über die familiären Verbindungen innerhalb der politischen Machtelite im Land und maßgeblich an der Entstehung der Legende über die "jüdischen

---

666 V. BABINCEV: O chorošich chasidach i plochich ravvinach, in: *Molodaja gvardija* 4/1998, S. 228.
667 EVGENIJ S. EVSEEV: *Fašizm pod goluboj zvezdoj*. – Moskau: Molodaja gvardija, 1971; *Sionizm, ideologija i politika*; *Satrap* (über L. Kaganovič). – Moskau: Moskovitjanin, 1993. Anatolij A. Agaryšev arbeitete lange als Korrespondent der "Komsomol'skaja pravda" im Nahen Osten und ist Verfasser eines Buches über den ägyptischen Präsidenten Gamal Abdel Nasser in der Reihe ŽzL: *Gamal' Abdel' Nasser*. – Moskau: Molodaja gvardija, 1981; erschienen auch bei: Progress, 1983.
668 Das offizielle Erscheinungsjahr der Monografie war 1977, es ist allerdings davon auszugehen, dass sie erst 1978 veröffentlicht wurde, wieder verlegt: *Sionizm v sisteme antikommunizma*. – Moskau: Obščestvo družby i sotrudničestva s zarubežnymi stranami, 2003.
669 SEMËN E. REZNIK: *Krasnoe i koričnevoe. Kniga o sovetskom nacizme*. – Washington: Vyzov, 1991, S. 78.

Kremlfrauen" beteiligt. Gusev erwähnt im Gespräch über Evseev eine interessante Episode, die die Motive des "Antizionisten" teilweise erhellt:

"Ich erinnere mich noch, dass jemand zu mir sagte, dieser Mann weiß sehr viel über Juden. Ich guckte ihn an und stutzte: Ženja [Evseev] selbst hatte ein sehr semitisches Äußeres, dazu der Vatersname Semënovič. Der sagte dann später von sich aus: 'Gena, du traust dich wohl nicht, mir zu sagen, dass ich aussehe wie ein Jude? Stimmt, ich sehe aus wie ein Jude, vielleicht habe ich auch jüdisches Blut, aber eigentlich bin ich Russe, habe ich das nicht mit meinen Arbeiten bewiesen?'"[670]

Möglicherweise ließ Evseev sich auch deshalb nicht gern fotografieren, wie Semanov sich erinnert. Die politischen Aktionen des "antizionistischen Kreises" gingen im Jahr 1970 etwas zurück. Hier kann ein Zusammenhang mit dem Ende der antiisraelischen Propagandakampagne vermutet werden, die durch den Sechs-Tage-Krieg im Jahr 1967 ausgelöst worden war. Eine andere Erklärung könnte darin bestehen, dass die radikalsten russischen Nationalisten im Zuge der erwähnten "Anti-Šelepin"-Kampagne aus dem Parteiapparat entfernt wurden. So wurde Jurij S. Ivanov, dessen Buch *Ostorožno: sionizm!* skandalträchtige Berühmtheit erlangt hatte, genau im Jahr 1970 als Mitarbeiter der sowjetischen Vertretung bei der UNESCO nach Paris versetzt. Von dort kehrte er erst 1975 nach dem Tod Milovanovs zurück. Schwer alkoholkrank wurde er mit dem ehrenvollen, aber unbedeutenden Amt des Leiters der Abteilung für Beziehungen zu den kommunistischen Parteien Australiens, Neuseelands und Ozeaniens betraut. Damit sollte nach Auffassung Semanovs "eine Provokation der 'arabischen Freunde', die ihn für sein Buch verehrten, verhindert werden."[671]

In der zweiten Hälfte der 60er Jahre schloss sich ein Aktivist des *Russkij klub*, der Schriftsteller und Publizist Dmitrij A. Žukov dem "antizionistischen Kreis" an. Bekannt war er unter den Mitgliedern der "Russischen Partei" als Drehbuchautor des Dokumentarfilms *Tajnoe i javnoe. Celi i dejanija sionizma.* (Verdecktes und Offenes. Ziele und Aktionen des Zionismus). Regisseur dieses Filmes war Boris L. Karpov, der ebenfalls im *Russkij klub* verkehrte, als einer der offiziellen Berater wiederum fungierte Evgenij S. Evseev. Der pseudodokumentarische Streifen, der unter Bezugnahme auf eine Filmchronik der Nazis detailliert die Rolle jüdischer Verschwörer beschreibt, die angeblich hinter allen Schlüsselereignissen des 20. Jahrhunderts standen, wurde 1973

---

670 Interview mit Gennadij M. Gusev.
671 Interview mit Sergej N. Semanov vom 16.04.2000.

wahrscheinlich im Auftrag des *KGB* gedreht.[672] Welche Bedeutung die Auftraggeber diesem Film beimaßen, ist daran erkennbar, dass die Filmemacher zur Materialbeschaffung in drei europäische Hauptstädte reisen durften. Das Staatliche Komitee für Filmkunst verzögerte ein Jahr lang die offizielle Abnahme von *Tajnoe i javnoe*, denn die ambivalenten Reaktionen auf sein Erscheinen waren vorhersehbar. Derweil veranstalteten Dmitrij A. Žukov und Boris L. Karpov "technische" Vorführungen in ihren Kreisen. Das zog sich bis August 1973 hin, als schließlich ein Kameramann des Zentralen Dokumentarfilmstudios einen Brief an seinen alten Frontkameraden Leonid I. Brežnev verfasste, in dem er ihn bat, das Erscheinen dieses antisemitischen Filmes zu verhindern. In den Monaten August bis Oktober 1973 formulierte das Komitee für Filmkunst Vorschläge zu seiner Umarbeitung, die darauf abzielten, *Tajnoe i javnoe* in den üblichen "ideologischen Einheitsbrei" zu verwandeln, der von der Öffentlichkeit nicht zur Kenntnis genommen wurde.[673]

Im Laufe der 70er und in der ersten Hälfte der 80er Jahre stießen mehrere neue Mitglieder zu dem immer noch existierenden inoffiziellen Kreis der "Antizionisten" hinzu. Dazu zählten der Journalist aus Minsk Vladimir Ja. Begun (1929–1989)[674], Valerij I. Skurlatov, Autor des Buches *Ustav nrava*, G. V. Ryžikov (1927–1995), Übersetzer und Arabist[675] und L. Korneev. Dem Kreis

---

672 Die belletristische Version der Filmereignisse findet sich in dem Roman von IGOR' A. MINUTKO: *Bezdna. (Mif o Jurii Andropove).* – Moskau: Armada, 1997, S. 161–166. Dort wird u. a. behauptet, dass A. Epišev, der bereits mehrfach erwähnte Chef der politischen Hauptverwaltung (GlavPur), D. Žukov (unter dem Namen S. D. Žakovskij) mit Andropov zusammengebracht habe.
673 Näheres über die Entstehungsgeschichte des Filmes in: VALERIJ I. FOMIN. Hg.: *Kinematograf ottepeli.* – Moskau: Materik, 1998, S. 350–358; SEMËN E. REZNIK: *Krasnoe i koričnevoe*, S. 57–58; JURIJ TJURIN: Roždennyj Rossiej, in: *Molodaja gvardija* 4/1998, S. 313–339.
674 Vladimir Ja. Begun begann sich mit dem Zionismus im Jahr 1974 zu beschäftigen. 1976 schloss er eine Dissertation ab und wurde wissenschaftlicher Oberassistent am Institut für Philosophie und Recht der Akademie der Wissenschaften der BSSR. Autor der Bücher: *Vtorženie bez oružija.* – Moskau: Molodaja gvardija, 1978; *Rasskazy o "detjach vdovy".* – Minsk: Nauka i technika, 1983; Nachruf auf Begun in: *Strana i mir* 4/1989.
675 G. V. Ryžikov war Arabist und ein guter Kenner europäischer Sprachen, arbeitete bei der GRU (Hauptverwaltung für Spionage). Er war stark beeinflusst von Evseev, auf dessen Betreiben Semanov ihn in seine Zeitschrift *Čelovek i zakon* als Leiter der internationalen Abteilung holte. Nach Aussage von Semanov war er ein "dunkler und unglücklicher Mensch, ein Psychopath in jeder Hinsicht, unter anderem auch, was seine Lebensweise betraf". Nachdem Semanov seine Stelle als Chefredakteur eingebüßt hatte, wurde auch Ryžikov aus der Redaktion entlassen; vgl. Interview mit Sergej N. Semanov vom 16.04.2000.

standen auch A. M. Ivanov (Skuratov) und Ivan M. Ševcov nahe.[676] Aus der zweiten Generation des "antizionistischen Kreises" erlangte Begun, dessen Buch *Vtorženie bez oružija* allein 1978/1979 eine Auflage von 250 000 Exemplaren erreichte, die größte Bekanntheit.[677] Er selbst beschreibt seine politische Arbeit in einem Brief aus dem Jahr 1984 so: "Die letzten zehn Jahre habe ich gegen 'Gottes auserwähltes Volk' gekämpft. Diesen 'Beruf' werde ich wohl nicht mehr wechseln müssen."[678] Wie bereits erwähnt, genoss Begun das Wohlwollen des Ersten Sekretärs der Kommunistischen Partei Weißrusslands P. M. Mašerov. Ganičev betrachtete die Veröffentlichung und Verbreitung der Schriften Beguns, Evseevs, Agaryševs und anderer "Antizionisten" als eine seiner wichtigsten Aufgaben in seiner Rolle als Verlagsdirektor von *Molodaja gvardija*.

Mit dem "Wissen" aus den "antizionistischen" Veröffentlichungen rüsteten sich die übrigen Aktivisten der "Russischen Partei", ohne es kritisch zu überprüfen. Bezeichnend in diesem Zusammenhang ist eine von Semën E. Reznik beschriebene Situation:

"1979 erschien in der Zeitschrift *Moskva* ein von I. Bestužev gezeichneter Artikel, der sich selbst vor dem Hintergrund der damals normalen 'antizionistischen' Publikationen durch besonders bösartige Verzerrungen auszeichnete. Es wurde unter anderem behauptet, dass sich der Judaismus zum Hass auf Nichtjuden bekennt und dazu anleitet, die Besten unter ihnen zu töten (das hatte bereits der Priester Pranaitis im Bejlis-Prozess behauptet und wurde der Lügenhaftigkeit seiner Aussagen überführt) [...] Ich analysierte Bestužev Artikel und zeigte in einer Gegendarstellung, die ich an die *Moskva* schickte, dass seine Anschuldigungen gegen die Juden im Bejlis-Prozess bereits vollständig widerlegt worden waren. In einem Antwortschreiben warf man mir selbst Zionismus vor. Ich bestand weiterhin darauf, den Artikel zu veröffentlichen, erwirkte aber nur ein Treffen mit dem Chefredakteur der *Moskva* Michail Alekseev. [...] Als Beweis dafür, dass der Artikel von Bestužev 'richtig' sei, las er mir Zitate des Propheten Isaak vor, allerdings nicht aus der Bibel (...), sondern aus dem Buch von Vladimir Begun *Vtorženie bez oružija*."[679]

Die meisten "Antizionisten" waren offiziell der sowjetischen Macht gegenüber loyal eingestellte Publizisten und hielten die von der Zensur auferlegten Grenzen ein, standen aber privat offen zu ihrem oppositionellen Selbstver-

---

676 Zum Briefwechsel zwischen Vladimir Ja. Begun und Ivan M. Ševcov vgl.: My pomnim: Pis'ma V. Beguna I. Ševcovu, in: *Naš sovremennik* 11–12/1994, S. 252–257.
677 SEMËN E. REZNIK: *Krasnoe i koričnevoe*, S.90–91; das Buch wurde 1980 in Minsk neu aufgelegt.
678 Briefwechsel My pomnim, S. 253.
679 SEMËN E. REZNIK: *Krasnoe i koričnevoe*, S. 44–45.

ständnis. Begun etwa schrieb am 16. August 1979 dem Chefredakteur der *Naš sovremennik:*

"Wir brauchen die historische Wahrheit. Wir wollen wissen, wer die Verderber Russlands sind. Und man darf nichts darüber schreiben, dass unter ihnen nicht nur Russen waren, sondern auch jüdische Menschenschänder."[680]

Ihr Status als "loyale" und legal arbeitende Schriftsteller ermöglichte es ihnen, in Briefen an Organe der politischen Macht auf "zionistische Intrigen" hinzuweisen. Manchmal allerdings zogen diese Initiativen gerichtliche Untersuchungen gegen die betreffenden Autoren selbst nach sich, beispielsweise 1977, als das ZK der KPdSU auf einen von Evseev verfassten, aber vom Sohn Ryžikovs unterzeichneten Brief über "zionistische Auswüchse in der Sowjetunion" negativ reagierte.[681] Oft jedoch wurden ihre Anliegen berücksichtigt. So erinnert sich Reznik, dass Emel'janov 1975 die Entfernung eines Freimaurersymbols von einer Ausstellung über die Dekabristen veranlasste und Semanov hielt in seinem Tagebuch fest, dass 1977 selbiger Emel'janov in einem Brief an das ZK der KPdSU gegen einen in Umlauf gebrachten Jubiläumsrubel protestierte, auf dem das Freimaurersymbol der drei verschränkten Satellitenbahnen zu erkennen war. Der Verfasser des Briefes führte ein Gespräch mit Michail V. Zimjanin, dem Sekretär für Ideologiefragen, der den Beschluss des Politbüros erwirkte, die Münze aus dem Umlauf zu nehmen und umzuschmelzen.[682]

Als programmatisches Dokument, das die Standpunkte des "antizionistischen Kreises" umfassend darlegt, kann man das "Programm der Vorlesungsreihe 'Kritik der Ideologie des Zionismus'" betrachten, das von V. Skurlatov erarbeitet und in einer Auflagenhöhe von 2 000 Exemplaren veröffentlicht wurde.[683] In den Veranstaltungen sollten u. a. folgende Punkte beleuchtet werden:

"Die Strategien des Zionismus zur Entfachung von Russophobie und Antisowjetismus. Zionistische Geschichtsfälschungen auf dem Gebiet der russisch-jüdischen Beziehungen. Die geschichtsklitternde und chauvinistische Perspektive auf die Geschichte der sowjetischen Gesellschaft. Zionistische Versuche, die nationale Würde des russischen Volkes herabzusetzen und ihm historische Verbrechen anzulasten. Die zionistische

---

680 SERGEJ V. VIKULOV: Čto ne vyrubiš' perom .., in: *Naš sovremennik,* 9/1996, S. 28.
681 SERGEJ N. SEMANOV: *Dnevnik.* 1977, S. 70, 73.
682 Ebd. S. 75.
683 VALERIJ I. SKURLATOV. Hg.: *Programma speckursa "Kritika ideologii sionizma".* – Moskau: Universitet družby narodov im Patrisa Lumumby, 1984, 60 S. Die Broschüre enthält im Anhang eine Liste von etwa 240 "antizionistischen" Veröffentlichungen in der sowjetischen Presse sowie in der Sowjetunion auf Russisch erschienener Bücher zum Thema.

Entstellung der nationalen russischen Geschichte und Versuche, in Literatur und Kunst den verlogenen Stereotyp des 'typischen Russen' zu etablieren. [...] Gemeinsamkeiten der zionistische Betrachtung des russischen Volkes und seiner Geschichte mit nationalsozialistischen und anderen rassistischen Verunglimpfungen der Slawen. [...] Der offene Aufruf zionistischer Extremisten zum Genozid am russischen Volk. Die Verachtung aller anderen nationalen Kulturen unter dem Deckmantel 'objektiver Geschichts- und Wirklichkeitsauslegung'. [...] Zionistische Versuche, führende ideologische Positionen in Ländern des sozialistischen Lagers für sich zu vereinnahmen. [...] Strategien, in die Massenmedien einzudringen und das Massenbewusstsein zu manipulieren. Die Diskreditierung der marxistisch-leninistischen Lehre, indem einzelne ihrer wahren Lehrsätze ad absurdum geführt werden. [...] Die Installation aufgeblasener Autoritäten. Das Totschweigen der Kritik an der zionistischen Ideologie, die Ablenkung der allgemeinen Aufmerksamkeit vom Zionismus, die Verzerrung der Wirklichkeit [...] Die Diskreditierung und Verleumdung von Personen, die die zionistische Gefahr enthüllen."[684]

Obwohl die ideologische und organisatorische Randfigur Skurlatov Mitglied des "antizionistischen Kreises" war und den respektablen Vertretern der "Russischen Partei" im russischen Schriftstellerverband oder gar im Apparat des ZK der KPdSU und anderen staatlichen Institutionen relativ fern stand, liefern seine Thesen, wie bereits 1965, erneut eine genaue Beschreibung der Ideologie und Mythologie der russischen Nationalisten in einer neuen Phase ihrer Entwicklung. Nahezu alle angeführten Thesen lassen sich in der derzeitigen russisch-nationalistischen Propaganda wiederfinden.

In den 70er Jahren konzentrierten Valerij N. Emel'janov, Dmitrij A. Žukov, Valerij I. Skurlatov und A. M. Ivanov (Skuratov) ihre politische Arbeit weitgehend auf die Propagierung neuheidnischen und rassistischen Ideengutes. In dieser Hinsicht demonstrierten die russischen Nationalisten wieder einmal die Nähe in den Anschauungen und vielfach sogar die Einheit in den Ausdrucksformen der "offiziellen" Publizisten und der *Samizdat*-Autoren der nationalistischen Richtung. Zum Neuheidentum führte sie der theoretische Schluss, dass, sofern alles von den Juden Kommende per se schlecht ist, auch das Christentum nur eine jüdische Erfindung zur Unterjochung anderer Völker sein kann. Als Gegengewicht zum Christentum sollte nun die Hinwendung zur "ursprünglichen" Religion der Urslawen, die die "Neuheiden" zu den alten Ariern mit einer Kultur und Religion von Indien bis Spanien rechneten, dienen.[685]

---

684 Ebd. S. 28–30.
685 Näheres über das russische Neuheidentum s.: V. PRIBYLOVSKIJ: Russkoje neo-jazyčestvo – kvazireligija nacionalizma i ksenofobii, in: *Dia-logos: Religia i obščestvo. 1998–1999. Al'manach.* – Moskau: Istina i žizn', 1998, S. 147–159.

Diese Ideen entwickelten unabhängig voneinander Valerij I. Skurlatov, Mitglied des "antizionistischen Kreises", der Samizdat-Publizist A. Ivanov (geb. 1935), der unter dem Pseudonym "Skuratov" schrieb, und der damals wenig bekannte Künstler aus Kazan' K. A. Vasil'ev (1942–1976) bereits Ende der 60er Jahre.

Skurlatov, der eine wissenschaftliche Aspirantur am Institut für Philosophie der Russischen Akademie der Wissenschaften abgeschlossen und ein Physikstudium an der Moskauer Lomonossow-Universität absolviert hatte, entwickelte das personifizierte Konzept des "rechten Glaubens". Der von ihm angeblich aus dem Nichtsein wieder erschaffene Glaube der alten Arier vereinte nach seiner Auffassung in sich das Beste aus den bekannten Religionen der Welt. Seinem geschichtsphilosophischen Konzept lag das *V(e)lesova kniga* zugrunde, eine Fälschung, die wahrscheinlich im 19. Jahrhundert fabriziert wurde und die von den tiefen arischen Wurzeln des russischen Volkes erzählt. Bis zu diesem Zeitpunkt nur in einigen Emigrantenkreisen bekannt, wurde es durch die Arbeiten von Skurlatov, Emel'janov und Žukov, der sich übrigens als orthodoxen Christen betrachtete, zum Diskussionsgegenstand in der sowjetischen Presse.[686] Die Theorien Skurlatovs, der in den 70er Jahren als wissenschaftlicher Redakteur der populären Zeitschrift des ZK des Komsomol *Technika – molodeži* arbeitete, und das von ihm propagierte *Vselova kniga* fanden auch bei dem Chefredakteur der Zeitschrift Vasilij D. Zacharčenko, bei dem der Redaktion nahestehenden Il'ja S. Glazunov und dem Schriftsteller der wissenschaftlichen Phantastik Ivan A. Efremov, die sich ebenfalls für die "arische Vergangenheit" des russischen Volkes interessierten, Zustimmung.[687]

Gusev erinnert sich an diese Personen:

"Zacharčenko führte ständig, trotz seines ukrainischen Familiennamens, das Wort 'russisch' im Munde. Er war stolz darauf, Russe zu sein. Aber ich erinnere mich nicht, dass er jemals davon gesprochen hätte, die Russen würden zurückgesetzt oder ähnliches. Obwohl er ein überzeugter russischer Patriot war, war für ihn das unionsüber-

---

686 Der erste der dem *Vlesova kniga* gewidmeten Artikel erschien im Mai 1976: Valerij I. Skurlatov, N. Nikolaeva. Tainstvennaja letopis'. Vlesova kniga – poddelka ili bescennyj pamjatnik mirovoj kult'tury? in: *Nedel'ja*, Mai 1976. Ähnliche Artikel veröffentlichte Dmitrij A. Žukov: z. B.: Iz glubiny tysjačeletij, in: *Novyj mir* 4/1979.
687 Die "arischen" Ideen Valerij I. Skurlatovs finden auch in den veröffentlichten Memoiren von Il'ja S. Glazunov ihren Niederschlag, der einige Seiten der Entwicklung dieser Theorie widmet, s. Il'ja S. Glazunov: Rossija raspjataja. Kniga pervaja, in: *Roman-gazeta*, 22–24/1996. Skuratov selbst berichtete im Interview ausführlich über seine Beziehungen zu Il'ja S. Glazunov und Ivan A. Efremov.

greifend-kosmische Empfinden das wichtigste. Dieses Empfinden war auch der Boden, auf dem sich seine enge Freundschaft mit Ivan Antonovič Efremov entwickelt hatte. [...] Vasilij Dmitrievič verehrte Efremov und hielt ihn zu Recht für einen wirklichen Klassiker der sowjetischen wissenschaftlichen Phantastik. Zacharčenko interessierte sich sehr für die 'Tiefengeschichte'. Vasilij Dmitrievič und seine Frau Zinaida Aleksandrovna Tkaček (Zacharčenko) waren die ersten, die die Ergebnisse der Arier-Forschungen von Il'ja Sergeevič Glazunov zu hören bekamen. Wie jeder wissenschaftliche Phantast war er sehr von dem Stoff angezogen, denn man kann einen phantastischen Stoff auch in tiefer Vergangenheit spielen lassen. Vom riesigen Land Ariana erzählen, seinen Palästen und so weiter ... Efremov hing diesen Ideen, glaube ich, schon an, bevor er Zacharčenko kennenlernte. Nach seiner Theorie bildeten die Slawen den stärksten und fruchtbarsten Zweig der arischen Rasse. Zacharčenko sagte mir, die Etrusker, das waren Russen."[688]

Die Anschauungen Efremovs verdienen besondere Aufmerksamkeit, denn er hatte als Autor wissenschaftlicher Phantastik die Möglichkeit, sie zu veröffentlichen und, verpackt in das literarische Genre, einer breiten Leserschaft nahe zu bringen. Majja Kaganskaja, die dem Werk Efremovs einen eigenen Artikel gewidmet hat, schreibt:

"Die Anthropologie und Geschichtsphilosophie I. Efremovs tragen deutliche Züge eines manichäischen Rassismus. Die Prinzipien von Gut und Böse, die in seinem Denken die weltgeschichtliche Entwicklung bestimmen, sind nach kulturell-ethnischen Regionen verteilt: Die griechisch-indische Ökumene verkörpert das Gute [...], der nah- und fernöstliche (semitische und chinesische) Raum das Böse. Daraus speisen sich der Antijudaismus und das Antichristentum von Efremov, die typologisch mit der protonazistischen theosophischen Gnosis zusammenfallen."[689]

Der moderne Science-Fiction-Autor Eremej I. Parnov, ein Schüler Efremovs, beschreibt dessen Anschauungen freundlicher, meint aber faktisch dasselbe: "Er hatte drei große Lieben: Hellas, das alte Indien und das alte Slawentum."[690] Die heidnische Grundlage des Werkes von Efremov stellen auch die bekannten Literaturwissenschaftler Pëtr Vajl' und Aleksandr Genis heraus und konstatieren:

"Efremovs wissenschaftlicher Mystizismus begründete eine überkritische Beziehung zur jüdisch-christlichen Welt, (und) daher trennte er Russland vom übrigen Europa ab,

---

688 Interview mit Gennadij M. Gusev.
689 MAJJA L. KAGANSKAJA: Mif dvadcat' pervogo veka, ili Rossija vo mgle, in: *Strana i mir*, 11/1986, 1/1987 und 2/1987, hier: Nr. 11/1986, S. 79.
690 EREMEJ I. PARNOV: My nachodmisja v kritičeskoj zone: interv'ju J. Čirkova, in: *Segodnja* vom 26 01.1996.

weil er davon ausging, dass Russland prädestiniert sei für eine Synthese von Religion und Wissenschaft, die dem Westen fremd sei."[691]

Hinsichtlich der Kontakte Efremovs zur "Russischen Partei" ist außer der Freundschaft zu Zacharčenko und der daraus resultierenden ständigen Präsenz in der von diesem redigierten Zeitschrift *Technika-molodeži* zu erwähnen, dass er seinen letzten zu Lebzeiten erschienenen Roman *Čas byka* im Verlag *Molodaja gvardija* veröffentlichte und Gusev als Instrukteur der Kulturabteilung ihn vor dem Zorn des ZK der KPdSU abzuschirmen versuchte. Efremovs Roman ließ zu viele, im Parteijargon gesprochen, "unkontrollierbare Assoziationen" entstehen, und Gusev war nahe gelegt worden, eine negative Rezension über den Roman zu verfassen. Nachdem er das Buch gelesen hatte, schrieb er aber eine positive Rezension und beendete damit, wie er heute meint, seine Parteikarriere (er arbeitete aber noch weitere acht Jahre im Parteiapparat). Die Veröffentlichung eines Romanfragments aus *Čas byka* in der Zeitschrift *Molodaja gvardija* war eine der wesentlichen Anschuldigungen, die gegen den Chefredakteur Anatolij V. Nikonov bei seiner Entlassung im Jahr 1970 vorgebracht wurden.[692]

In einer Untersuchung von Texten einiger sowjetischer Autoren der wissenschaftlichen Phantastik, die in den 70er Jahren und Anfang der 80er Jahre veröffentlicht wurden und Rassismus und "arische Mythologie", eine Idealisierung des Slawentums und der Russen und/oder kaum verhüllten Antisemitismus beinhalten, zeigt Majja L. Kaganskaja offensichtliche ideelle Verbindungen zu den Arbeiten Efremovs auf.[693] Ein Hinweis auf diese Verbindung

---

691 Pětr Vail'/Aleksandr Genis: *Šest'desjatye*. S. 246.
692 Interview mit. Gennadij M. Gusev; s. a.: Majja L. Kaganskaja: *Mif dvadcat' pervogo veka*.
693 Jurij M. Medvedev: Kuda spešiš', muravej? NF povest', in: *Enisej* 6/1981, 2–23. über den Kampf eines russischen Romantikers gegen einen jüdischen Positivisten; Vjačeslav A. Nazarov (1979): *Silajskoe jabloko. Naučno-fantastičeskie povesti*. – Krasnojarsk: Kn.-izd., 1985 – über den Kampf eines Inspektors des Geheimdienstes aus Sibirien gegen den Orden der Scharfsinnigen, eine außerirdische zionistisch-freimaurerische Verschwörung (vgl. das oben erwähnte Zitat aus dem Brief Beguns über die "Allweisen", "das auserwählte Volk"); ders. (1978): *Zelënye dveri Zemli*. – Moskau: Molodaja gvardija, 1985 – über den wissenschaftlichen Streit zweier Professoren, eines Russen (der positiven Figur) und eines Juden; Vladimir I. Ščerbakov: *Čaša bur'*. – Moskau: *Molodaja gvardija*, 1985. – Russen und Etrusker sind ein Volk und kämpfen gegen Atlantiden-Juden. Ihnen nahe stehen auch die pseudogeschichtswissenschaftlichen Abhandlungen, die in Sammelbänden der wissenschaftlichen Phantastik veröffentlicht wurden: L. Žukova: *O svežij duch berezy!* (1981); dies.: *Prošu tebja, pripomni ...* (1982); Aleksandr P. Kazancev: *Faéty*. – Moskau: Detskaja literatura, 1984; Andrej I. Serba: *Nikakomu vorogu*. – Moskau:

ist auch die Tatsache, dass einige dieser Autoren im Verlag *Molodaja gvardija*, u. a. in der Zeitschrift *Technika-Molodeži* arbeiteten. Vladimir I. Ščerbakov (geb. 1938)[694] war 1961–1964 Vorsitzender einer literarischen Vereinigung beim Verlag *Molodaja gvardija*, 1976–1979 war er stellvertretender Chefredakteur von *Technika-Molodeži* und Jurij M. Medvedev (geb. 1937) leitete 1964–1975 die Abteilung wissenschaftliche Phantastik des Verlages *Molodaja gvardija*.[695] Außerdem arbeitete Medvedev, wie auch der "Antizionist" Anatolij A. Agaryšev, während Ganičevs Zeit als Chefredakteur 1978–1980 in der Redaktion der *Komsomol'skaja pravda*, wo er die Abteilung *Ethik* leitete und im Redaktionskollegium mitarbeitete (nachdem Ganičev den Posten verlassen hatte, wurde er sofort entlassen). Sergej N. Semanov schreibt in seinem Tagebuch ausführlich über die antisemitischen Motive der Arbeit von Medvedev und auch darüber, dass die Mitglieder der "Russischen Partei" die in seinen Texten verwendeten "kulturellen Kodes" gut verstanden:

"Š. [V. Graničev] war gerade da, sagte, dass ihn wegen der 'Erzählung' von J. Medvedev in der *Technika-Molodeži* Nr. 3 (die über Žilevin, das heißt, den Juden Levin) Verčenko, Ermaš und Sizov angerufen hätten: Das sei eine neue *Tlja*, usw."[696]

Ganičev selbst erzählt über Jurij M. Medvedev Folgendes:

"Er arbeitete bei uns im Verlag *Molodaja gvardija* und leitete da die Abteilung *Abenteuer und wissenschaftliche Phantastik*. Russische Phantastik gab es bei uns praktisch nicht und er entwickelte diesen Bereich, in der *Molodaja gvardija* wurden Bücher über die russische Phantastik und Phantastik-Romane verlegt. Er wurde wüst attackiert, unter anderem schrieben Arkadij und Boris Strugackij einen Beschwerdebrief über ihn, er ersticke die wissenschaftliche Phantastik. Er dagegen holte junge Schriftsteller aus der Provinz. [...] Ich holte [ihn 1978] als Leiter der Abteilung *Ethik* in das Redaktionskollegium der *Komsomol'skaja pravda*. Solange ich dort arbeitete, kam es auf jeder zweiten Sitzung zu Streitereien mit den übrigen Mitgliedern des Redaktionskollegiums, die an andere Sichtweisen auf Fragen der Ethik gewöhnt waren. Das Wort 'russisch' oder

---

Granica, 1992 – über den Kampf des Zaren Igor' gegen die Hasaren. Näheres vgl. MAJJA L. KAGANSKAJA: *Mif dvadcat' pervogo veka*, hier: 1/1987, S. 131–140.

694 Kandidat der technischen Wissenschaften, Absolvent des Moskauer Energieinstituts (1961), Absolvent der philosophischen Fakultät der Universität für Marxismus-Leninismus (1965), betrachtet sich als einen Schüler des Schriftstellers Leonid M. Leonov, den er in den Jahren 1960–1970 mehrmals traf und der ihm eine Empfehlung für den Schriftstellerverband ausstellte. Ščerbakov selbst beschreibt seine Position folgendermaßen: "Ich werde der sogenannten Efremov-Schule zugeordnet, ich stimme dem nicht zu, widerspreche aber auch nicht." (Aufzeichnung eines Telefongesprächs mit V. Ščerbakov am 03.02.2001. Archiv des Autors).

695 Eine andere Studie beleuchtet ebenfalls die herausragende Rolle Vladimir I. Ščerbakovs bei der Verbreitung des "Arier-Mythos", vgl.: V. ŠNIREL'MAN: *Toska po arijstvu: Mify russkovo neojazyčestva*, in: *NG-Religii* vom 31.01.2001, S. 7.

696 SERGEJ N. SEMANOV: *Dnevnik*, 1977, S. 59.

'russische Probleme' überschritten den Horizont dessen, was sie sich vorstellen konnten.[697]

Die religiös-politische Weltanschauung von A. Ivanov (Skuratov), Absolvent der geschichtswissenschaftlichen Fakultät der Moskauer Staatlichen Universität, unterschied sich von den Überzeugungen anderer "Neuheiden". Er bestritt, wie auch Semanov, der ebenfalls Historiker war, die Echtheit der *Vlesova kniga* und veröffentlichte 1981 sogar im *Samizdat* zu dem Thema eine Arbeit mit dem Titel *Istorija kak orudije genocida. Neskol'ko slov v zaščitu venedov.* (Geschichte als Werkzeug des Völkermords. Einige Worte zur Verteidigung der Veneti) Im Unterschied zu Semanov aber sah er sich nicht als "orthodoxen Christen", er war im Gegenteil Anhänger der Idee, das Christentum müsse bekämpft werden. A. Ivanov (Skuratov) entwickelte sein bereits in der Jugend ausgeprägtes Interesse an Friedrich Nietzsche weiter und widmete sich einem gründlichen Studium des Erbe des Zarathustra. Von dort war der Weg nicht weit zu arischen Ideen und zum Zoroastrismus als Glaubenskonzept. Als professioneller Übersetzer und Kenner mehrerer europäischer Sprachen fand er Zugang zu zahlreichen Arbeiten über Geschichte, Philosophie, Philologie und Religionen. Abhandlungen aus dem alten Indien und dem alten Persien bildeten weitere Quellen für seine Untersuchungen. Auf dieser Basis verfasste er seine pseudowissenschaftlichen Werke. Sie zeichneten sich durch eine lebendige Sprache aus und präsentierten Unmengen an Fakten, zu denen breitere Leserkreise sonst keinen Zugang hatten. Das verlieh seinen Arbeiten in den Reihen der russischen Nationalisten große Popularität. Die grundlegenden "neuheidnischen" Schriften von A. Ivanov (Skuratov) waren vor allem zwei Themen gewidmet: einerseits der Entlarvung des Christentums, so in der Arbeit über die Entstehung des Christentums *Tajna dvuch načal* (Das Geheimnis der zwei Anfänge; erschienen 1971) und der Arbeit *Christianskaja čuma* (Die Pest des Christentums), andererseits der Verbreitung der Weltanschauung arischer Völker in *Zaratustra govoril ne tak* (mit einer Kritik Friedrich Nietzsches) und *Osnovy arijskovo mirovozzrenija* (über die Religionen arischer Völker, erschienen 1981).

Ariertheorien, wie sie etwa in den Arbeiten von Skurlatov und Ivanov (Skuratov) zu finden sind, wurden auch deshalb mit regem Interesse rezipiert, weil es in der zweiten Hälfte der 60er Jahre und in der ersten Hälfte der 70er Jahre unter Angehörigen der Intelligenzija in den großen Städten sehr verbreitet war, sich der östlichen, insbesondere der indischen Kultur zuzuwenden.

---

697 Interview mit Valerij N. Ganičev.

Geistliche Übungen und Heilverfahren aus Indien und Tibet wurden zu Formen eines quasireligiösen Lebens, auch wenn den "Yoga-Schülern" das nicht immer bewusst war. Nicht von ungefähr wandten sich die Anhänger östlicher Lehren später häufig den traditionellen Religionen, vor allem der Russisch-Orthodoxen Kirche zu.[698] Die Anhänger der Bewegung russischer Nationalisten, die verbal der russischen Orthodoxie huldigten, begeisterten sich nicht nur für das Neuheidentum, sondern gerieten über die Ariertheorien auch in die Einflusssphäre östlicher oder pseudoöstlicher religiöser Organisationen wie der der Rerich-Jünger. Ivanov (Skuratov), der daran arbeitete, dieser Tendenz eine ideologische Basis zu schaffen, veröffentlichte in der Zeitschrift *Veče* einen speziell diesem Thema gewidmeten Brief mit der Überschrift *O russkom nacional'nom mirovozzrenii* (Über die russisch-nationale Weltanschauung):

> "Viele Menschen fühlen sich heute im christlichen Glauben nicht mehr beheimatet, sie bewahren aber einen religiösen Kern in ihrer Weltanschauung und versuchen daher, diese in neue Formen zu kleiden. Zu nennen sind hier das Aufkommen einer Art 'Neuheidentum', das große Interesse an indischer Religionsphilosophie und eine Reihe weiterer vergleichbarer Erscheinungen. Wer weiß, vielleicht wird diese Sinnsuche von Erfolg gekrönt und es offenbart sich eine neue Wahrheit? Jedenfalls, diese Menschen aus der Gemeinschaft des russischen Volkes auszuschließen und mit einem Bann zu belegen, wäre nicht akzeptabel."[699]

Ende der 60er Jahre begann Konstantin A. Vasil'ev arische Ideen in der Malerei umzusetzen. Der in Moskau ausgebildete Künstler lebte in der tiefen Provinz der Wolgaregion. Über die Ursprünge seines Schaffens gibt es lediglich eine einzige, dafür aber sehr überzeugende Untersuchung, die zeigt, dass Vasil'ev in seinen Arbeiten heidnische Traditionen der Mari mit dem Pathos normannischer und slawischer Sagen und Heldenepen verband. Die grundlegenden "Arier"–Mythen waren ihm vertraut.[700] Obwohl sein Schaffen sich im engen Kreis seiner Gesinnungsgenossen in der Provinz vollzog, gewann das Werk Vasil'evs größere Bedeutung, denn es veranschaulichte die abstrakten Theorien der russischen Neuheiden und füllte sie mit Leben. Erste Bekanntheit erlangte Vasil'ev durch seinen Kontakt mit den Herausgebern der *Veče*, einer *Samizdat*-Zeitschrift der russischen Nationalisten, die seine

---

698 Interviews mit dem Archimandriten Ioann (Šeklašvili), I. Rusakomskij und G. Šimanov.
699 A. S.: O russkom nacional'nom mirovozzrenii, in: *Veče*, Nr. 5. – München: SDS. T. 21a AS Nr. 1230, S. 149–150.
700 ANATOLIJ I. DORONIN: Konstantin Vasil'ev. – Moskau: *Molodaja gvardija*, 1999.

Arbeiten den Mitgliedern der "Russischen Partei" vorstellten, etwa Il'ja S. Glazunov, Ju. S. Melent'ev und anderen.[701] Die in der *Vlesova kniga* enthaltenen arischen Ideen, das antichristliche Pathos der Arbeiten von Ivanov (Skuratov) und auch die Malerei Konstantin A. Vasil'evs führte Valerij N. Emel'janov, der in den 70er Jahren in engem Austausch mit Skurlatov und Ivanov (Skuratov) stand, in einer allgemeinen Theorie zusammen. Emel'janov zählte zu den prominentesten "Antizionisten". Relativ lange versuchte er gleichzeitig als öffentlich anerkannter Publizist und als *Samizdat*-Autor zu arbeiten und diese Doppelrolle verlieh ihm in der Bewegung russischer Nationalisten eine Sonderstellung. Seine offiziellen Publikationen waren im Fahrwasser der "antizionistischen" Propaganda angesiedelt und sind für diese Untersuchung wenig interessant. Sein erster Auftritt im *Samizdat* fiel in das Jahr 1973, als er seine "Kritischen Anmerkungen eines Russen über die patriotische Zeitschrift *Veče*", in denen er die Zeitschrift als "zionistische Vorsauna" bezeichnete, der Redaktion präsentierte. Um "wahrhaft" russisch zu sein, müsse die Zeitschrift Materialien veröffentlichen, die die Untauglichkeit der Arbeiten der zionistischen Pseudowissenschaftler aufdecken würden oder den staatsanwaltschaftlichen Organen die Frage stellen, von welchen Geldern sich die Zionistenfreunde ihre Datschen und Autos[702] kaufen. Einem anderen Ansatz Emel'janovs zufolge seien das Christentum und der Islam "Tochtergesellschaften des Judaismus", von listigen Juden ergedacht, um die "Gojim" zu unterwerfen. In seinen öffentlichen Vorträgen vertrat er gleichzeitig die These, die Juden seien ein Stamm Krimineller. Im *Samizdat* kursierten Aufzeichnungen von Vorlesungen, die er im Rahmen einer Vortragsreihe der sowjetischen Gesellschaft *Znanie* (Wissen) gehalten hatte. Sie enthielten nicht nur die erwähnte pseudowissenschaftliche These, sondern ein ganzes Sammelsurium in den Kreisen der russischen Nationalisten mündlich verbreiteter Mythologeme – er kritisierte u. a. den "jüdischen" Einfluss von Lilija Brik auf Vladimir Majakovskij und den Film "Andrej Rublev" von Andrej Tarkovskij – die der Autor ungebremst bis ins Äußerste trieb. So behauptete er über den unter russischen Nationalisten verhassten Il'ja G. Ėrenburg, der Aufruf des Schriftstellers "Töte den Deutschen" habe Zigtausende sowjetische Soldaten in den Tod getrieben, denn der Feind sei nach

---

701 Bald nach seinem erfolgreichen Debüt in Moskau kam Konstantin A. Vasil'ev tragisch ums Leben. Für die weitere Verbreitung seines Werkes sorgten danach wenig bekannte Enthusiasten der "Russischen Partei".
702 Ebd.

der Lektüre des übersetzten Artikels um keinen Preis zur Kapitulation bereit gewesen.[703]

Sein theoretisches Schaffen verband Emel'janov mit praktischen Aktionen zur Bekämpfung der "Zionisten". Einige wurden bereits oben beschrieben. In der Arbeit von Semën E. Reznik, der das Wirken Emel'janovs aus nächster Nähe verfolgen konnte, lassen sich noch weitere Belege der "aktiven Lebenshaltung" dieses Antizionisten finden.[704]

Der publizistische Höhepunkt im Schaffen Emel'janovs war das Ende der 70er Jahre verfasste Buch "Desionizacija" (Entzionisierung), das er mit Hilfe von Freunden und Mitstreitern auf Rotaprint-Maschinen druckte. Das Buch trug das Signum des Verlages der *Organisation zur Befreiung Palästinas* (PLO) Free Palestina Press (Paris, 1979).[705]

Neben der Darstellung der Geschichte, Struktur und Funktionsweise des "zionistisch-freimaurerischen Konzerns" enthält das Buch die Satzung einer *Antizionistischen und antifreimaurerischen Weltfront* (VASAMF), die im Abschnitt "Prinzipien und Ziele der Front" ihre Etablierung als "weltweite Organisation zum Schutz vor jüdischem Nazismus-Zionismus" sowie eine Befreiung aller Völker der Welt, vor allem aber der slawischen, von der "Okkupation" fordert.

Anfang der 80er Jahre schickte Emel'janov sein Buch an die Mitglieder des Politbüros. Aus Sicht des ZK der KPdSU war die eigenmächtige Herausgabe des Buches, noch dazu von einem Parteimitglied, eine kriminelle Handlung. Als Emel'janov sich auf einer Sitzung der Parteikontrollkommission beim ZK der KPdSU am 26. März 1980 weigerte, die Namen derer zu nennen, die ihm geholfen hatten, das Buch zu drucken, wurde er aus der Partei ausgeschlossen, was das Ende seiner politischen und gesellschaftlichen Karriere bedeutete. Nach Informationen von Ivanov (Skuratov) war es Evgenij S. Evseev, der das Buch *Desionizacija* begutachtete. Er bewertete es als antisowjetisch und antisemitisch. In dieser Zeit begannen sich die theoretischen Widersprüche zwischen den beiden Hauptideologen des Antizionismus, die in einer Se-

---

703 "Sionizm na službe antikommunizma". Izloženie lekcii Emel'janova iz serii "Sovremennyj antikomunizm", sostajavšejsja v Malom zale lektorija Vsesojuznovo obščestva "Znanie" 7 fevralja 1973 goda. – München: SDS. t. 28. AS Nr. 1558.
704 SEMËN E. REZNIK: *Krasnoe i koričnevoe*, S. 55–56.
705 VALERIJ N. EMEL'JANOV: *Desionizacija*. – Paris: Free Palestina Press, 1979. Emel'janov behauptete bis zu seinem Tod, das Buch sei 1979 auf persönliche Weisung von Hafiz-al-Assad in 25 Nummern des zentralen Parteiorgans Syriens al-Baath auf Arabisch erschienen.

rie von Publikationen dieser beiden und ihrer Anhänger im *Samizdat* ihren Niederschlag fanden, zuzuspitzen. Am 10. April 1980 wurde Emel'janov verhaftet und im Prozess des Mordes an seiner Ehefrau schuldig gesprochen. Er wurde in die Leningrader Klinik für Psychiatrie eingewiesen, wo er sechs Jahre blieb. Ein Prozessbeobachter berichtete später, der Verdacht, seine Frau arbeite mit den Zionisten zusammen, habe Emel'janov nach dessen Worten keine andere Wahl gelassen, als sie mit einer Axt in Stücke zu zerteilen und auf einer Baustelle zu verbrennen.[706] Nach seiner Entlassung aus der Psychiatrie galt Emel'janov kurze Zeit als einer der führenden Köpfe der *National-Patriotischen Front* (NPF) *Pamjat*[707], doch selbst für diese Bewegung war er zu bedeutungslos geworden und so beschloss er sein Leben als "geistiger Vater" in Moskauer Kreisen der neuheidnischen Bewegung.[708] An einer Einweisung in die Psychiatrie kam übrigens auch sein Feind-Freund Evseev nicht vorbei. Unser Archiv enthält ein Dokument eines unbekannten Verfassers. Es ist überschrieben mit *Spravka po delu Evseeva E. C.* (Fakten zum Fall E. S. Evseev) und protestiert gegen Pläne, den bekannten antizionistischen Kämpfer 1976 für Ermittlungen in die Psychiatrie einzuweisen. Dieser hatte offensichtlich zu rechtswidrigen Mitteln gegriffen, um seine ohne Erlaubnis gebaute Datscha zu verteidigen. Die Verfasser des Textes begründen die Forderung, Evseev zu entlassen, damit, dass seine Vorgesetzten im Institut für Philosophie und "die Betreiber der Sache des Zionismus", die bereits viele Jahre eine "Hetzjagd" auf den Wissenschaftler veranstalteten, davon erfahren könnten.[709]

Die Leningrader Gruppe der "Russischen Partei"

Leningrad galt seit den 60er Jahren bei den Mitgliedern der "Russischen Partei" als "jüdische Stadt", in der ihre Ideen äußerst geringe Popularität genossen. Sergej V. Vikulov etwa schrieb in seinen Erinnerungen, "als ich das lite-

---

706 A. Ivanov (Skuratov) sagte im Interview, dass er in dem *Samizdat*-Text mit dem Titel *Tridcat' voprosov k sledstviju* eine Bilanz des Prozesses gezogen habe, in der er die Ergebnisse des Gerichtsverfahrens anzweifelte. Der Text sei ihm allerdings abhanden gekommen. Näheres über das Gerichtsverfahren s. SEMĒN E. REZNIK: *Krasnoe i koričnevoe*, S. 50–70.
707 Diese Rolle beleuchtet beispielsweise WALTER LAQUEUR: *Black Hundred*. – New York: Harper Collins Publisher, 1993.
708 Vgl.: MARK DEJČ/LEONID ŽURAVLEV: *"Pamjat'" kak ona est'*. – Moskau: MP "Cunami", 1991.
709 Spravka po delu Evseeva E. S. B.d.B.m. (Moskau, November 1976?), maschinenschriftl. Kopie, drei Seiten.

rarische Leben in Leningrad kennenlernte, wurde mir klar, dass in dieser Stadt *Naš sovremennik* nicht überleben würde ...".[710] Daher kannten sich die wenigen Mitglieder der "Russischen Partei" untereinander gut und suchten Schutz und Unterstützung vor allem in Moskau. Eine Zelle der "Russischen Partei" entstand bereits Ende der 60er Jahre in Leningrader Literaturkreisen. Ihr gehörten der Vorsitzende des Leningrader Schriftstellerverbandes A. Prokof'ev, der Schriftsteller und Publizist P. S. Vychodcev (1923–199?) und der Literaturwissenschaftler A. I. Chvatov an. Auch der bekannte Leningrader "Dorfautor" F. Abramov stand diesem Kreis nahe.

Verstärkt wurde die Gruppe im Folgenden durch den Leiter des Leningrader Komitees für Radio und Fernsehen R. Nikolaev, Erster Sekretär des Leningrader Gebietskomitees des Komsomol, Erster Sekretär des Bezirkskomitees der KPdSU im Leningrader Smolny-Bezirk und Leiter der Abteilung Kultur des Gebietskomitees; den Schriftsteller M. Ljubomudrov, Mitglied des *Russkij klub*; den Chirurgen F. G. Uglov, Akademiemitglied, Träger des Leninpreises, in den Jahren der Perstroika bekannt geworden als Kämpfer für eine Linie der Besonnenheit, der großen Einfluss auf E. Ligačov hatte; und den Leiter der Prosaredaktion im Verlag *Lenizdat* N. Utechin (geb. 1947). Die wichtigsten Vertreter der "Leningrader" in Moskau waren der gebürtige Leningrader Semanov sowie Ganičev und Gusev. Auf die engen Verbindungen der Leningrader Gruppe mit den anderen Organisationseinheiten der Bewegung deutet die Tatsache hin, dass Semanov 1982 einer drohenden Verhaftung entkam, indem er in der Klinik F. Uglovs untertauchte.

> "Als ich von meiner Arbeitsstelle entlassen wurde, begannen Bespitzelungen und andere Formen der Verfolgung, da ging ich zu ihm hin und sprach offen über mein Problem. Er sagte: 'Ich nehme dich auf und selbst ein Romanov könnte mich nicht dazu bringen, dich zu entlassen.' Ich fand sehr komfortable Bedingungen vor, und obwohl in der Klinik rigide Vorschriften herrschten, hatte ich in meinem Kühlschrank sogar Wein."[711]

Das in der Leningrader Zelle der "Russischen Partei" herrschende geistige Klima bezeugt sehr anschaulich ein Brief, den das Akademiemitglied F. Uglov 1979 anlässlich der Publikation des Romans von V. Pikul' *U poslednej čerty* (Beim letzten Streit) an die Redaktion von *Naš sovremennik* sandte. Vikulov erinnert sich in diesem Zusammenhang:

---

710 SERGEJ V. VIKULOV: Čto ne vyrubiš perom ... in: *Naš sovremennik* 9/1996, S. 15.
711 Aufzeichnung des Gesprächs mit Sergej N. Semanov am 23.04.2000. (Archiv des Autors)

"Die Leser von *Naš sovremennik* schickten ihre Briefe nicht an die *Pravda* und sprachen ihre Gedanken daher ungefiltert aus, ohne Rücksicht auf die ungeschriebenen Tabus des Zionismus-Diskurses."

Das direkte Zitat aus dem Brief von F. Uglov lautet folgendermaßen:

"Noch nie wurde die Bedeutung des Zionismus am Hof des Zaren so prägnant und überzeugend gezeigt ... Aber uns hat etwas anderes erstaunt. Im Roman ist die Rede von dem abstoßenden und menschenverachtenden Gesicht des russischen und des internationalen Zionismus. Warum sind dann die sowjetischen Juden so einstimmig über Pikul' hergefallen [...] und zwar ausnahmslos alle, egal, mit wem wir gesprochen haben?"[712]

---

712 SERGEJ V. VIKULOV: Čto ne vyrubiš perom ... in: *Naš sovremennik* 9/1996, S. 26.

9 Samizdat der russischen Nationalisten 1970–1982[713]

Die Anfänge: Die Lager für politische Häftlinge

Seit Ende 1958 wurden die verurteilten Mitglieder der Untergrundgruppen der russischen Nationalisten in Lagern für politische Häftlinge inhaftiert. Bis 1962 gab es solche Lager in der kleinen Ortschaft *Tajšet* im Rayon *Bratsk* im Gebiet *Irkutsk* und in der Ortschaft *Javas* in der Autonomen Sowjetischen Republik Mordwinien. Ein Teil der politischen Häftlinge verbüßte die Haftstrafe in anderen Lagern, sie wurden aber nach und nach entweder freigelassen oder in die zwei oben genannten Lager verlegt. 1962 wurden die Lager in *Tajšet* liquidiert und die dortigen Insassen nach Mordwinien verlegt.

Ende der 50er Jahre waren in den Lagern für politische Häftlinge etwa 10 000 Menschen inhaftiert, die in unzählige zumeist nach ethnischen bzw. religiösen Kriterien straff organisierte Gruppen eingeteilt waren. Die größten Gruppen waren: die "Balten" und die "Ukrainer", zu denen die *Lesnye brat'ja* (Waldbrüder) und Mitglieder des antikommunistischen Untergrunds gehörten, die 1944–1957 verurteilt wurden; die "Kollaborateure", zu denen die Kämpfer der Vlasov-Armee und die Angehörigen der deutschen Hilfspolizei in den besetzten Gebieten, die *Policaj*, gehörten; verschiedene Gruppen von "Svjatye" (Heilige), die wegen religiöser Tätigkeit verurteilt waren; "Zionisten", d. h. jüdische Aktivisten, die zum größten Teil 1953–1958 inhaftiert wurden; "Bytoviki", d. h. "gewöhnliche" Kriminelle, die aus verschiedenen Gründen zu politischen Häftlingen wurden; "Berievcy" i. S. Berija-Leute, also die 1953–1955 verurteilten ehemaligen Mitarbeiter des NKVD/MGB. Den größten Einfluss im Lager, auch bei internen Konflikten, hatten verschiedene ethnonationalistische Gruppierungen, deren Mitglieder vor der Verhaftung zumeist der bewaffneten Untergrundbewegung und der antikommunistischen Partisanenbewegung angehört hatten. Der innere Zusammenhalt und die gegenseitige Hilfe und Unterstützung machten diese ethnonationalistischen Gruppierungen zu durchaus "kampffähigen" Formationen.[714]

---

713 Übersetzung: Julia Komarowicz.
714 Zu den politischen Lagern jener Zeit vgl. die Arbeiten von ANATOLIJ T. MARČENKO: *Živi kak vse*. – Moskau: Vest'-MIMO, 1993, zuerst in: New York, Problems of Eastern Europe 1987; JU. IVANOV/BORIS B. VAJL': *Osobo opasnyj*. [Memoirs] – London: Overseas Publications Interchange, 1980; EDUARD S. KUZNECOV: *Dnevniki*. – Paris:

Neuankömmlinge, die seit Ende 1957 zu einem erheblichen Teil Jugendbewegungen des Untergrunds entstammten und daher im Lagerjargon "Studenten" genannt wurden, stießen im Lager auf strikte ethnische Abgrenzungen und ethnische Feindschaften, die sie zu einer schnellen Identifikation in der lagerinternen Kommunikation zwangen: Entweder schlossen sie sich einer ethnonationalistischen bzw. religiösen Gruppe an, was ihnen bedeutende materielle Unterstützung und Schutz sicherte, oder sie suchten sich Lagergenossen nach gemeinsamen Interessen und gleichem Bildungsniveau und waren damit weitgehend auf sich allein gestellt.

Für viele Verurteilte waren die Lager für politische Häftlinge nicht nur eine Strafvollzugsanstalt, sie erweiterten dort vielmehr den eigenen Horizont und machten eine deutliche intellektuelle Entwicklung durch. Zur damaligen Zeit gab es unter den "Kollaborateuren" viele russische Nationalisten: Das waren Angehörige der russischen Intelligencija aus dem Ausland, Menschen, die im Großen Vaterländischen Krieg mit den Deutschen – häufig ideell – kollaboriert hatten, und Geistliche.

Diese Menschen gaben sich nicht den Erinnerungen an die Vergangenheit hin, sondern rekrutierten gezielt die "Studenten" für ihre Ideen und agierten damit nicht nur als "Ideologen", sondern auch als Organisatoren russischer nationalistischer Gruppierungen. Bezeichnend hierfür war der Prozess gegen den "Bund russischer Solidaristen"[715], den *NTS*, der bereits Anfang der 50er Jahre in den Lagern in *Inta* (in den *Intinskie lagerja*) eine Gruppe gegründet hatte. Mehrere ehemalige Mitglieder dieser Emigrantenorganisation, die bis Mitte der 40er Jahre eher gemäßigte russisch-nationalistische Ansichten vertrat, waren vom Geheimdienst *NKWD* und vom militärischen Nachrichtendienst *SMERSCH* in Europa, so E. I. Divnič (1907–1967) und B. Ja. Oksjuz (1915–?), und in China, etwa I. K. Koval'čuk-Koval' (1913–1984), verhaftet worden. In der Haft gründeten sie eine illegale *NTS*-Abteilung, für die sie auch einige Mitinsassen anwarben, u. a. die sowjetischen Staatsbürger L. K. Sitko (geb. 1925, politischer Häftling), A. I. Okolesnov (geb. 1926), N. D. Žitkov (geb. 1922, Krimineller) und V. A. Bulgakov (geb. 1935, politischer Häft-

---

Les Editeurs Réunis, 1973; OLEKSIJ H. MURŽENKO: *Obraz sčastlivogo čeloveka, ili Pis'ma iz lager'ja osobogo režima.* (An image of the happy man, or Letters from the strict-régime camp). – London: Overseas Publ. Interchange, 1985; D. BRUK: Ideologičeskaja bor'ba za koljučej provolokoj, in: *Novyj kolokol.* – Moskau: Vest'-VIMO, 1994, S. 120–131, sowie die Interviews mit: V. Polenov, S. Molčanov, V. Solenev, A. Dobrovol'skij, L. Sitko, I. Ovčinnikov, V. Osipov u. a.

715 Vgl. Kap. 4, Fußnote 39 [Anm. d. Übers.].

ling). Die Mitglieder des *NTS* verfassten antikommunistische Appelle und literarische Werke, vervielfältigten sie, verteilten sie an vertrauenswürdige Personen und organisierten Verstecke. Nach der Entlassung aus dem Lager blieben sie miteinander in Kontakt, bis ihre Organisation im Februar 1959 vom NKWD aufgedeckt wurde. Am 26. September 1959 wurden die meisten Mitglieder des *NTS* vom Moskauer Stadtgericht zu langjährigen Haftstrafen (E. Divnič – 10 Jahre Haft, I. Koval'čuk-Koval' – 10 Jahre, B. Oksjuz – 10 Jahre, L. Sitko – 7 Jahre, A. Okolesnov – 3 Jahre auf Bewährung und N. Žitkov – 3 Jahre Haft)[716] in Lagern für politische Häftlinge verurteilt. Obgleich der ethnische Nationalismus für die Mitglieder dieser Organisation nicht das entscheidende ideologische Kriterium war – L. Sitko und V. Bulgakov waren sogar überzeugte Liberale –, knüpften einige von ihnen, insbesondere E. Divnič und I. Koval'čuk-Koval', im Lager Kontakte zu aktiven russischen Nationalisten, die sie auch nach ihrer Freilassung weiter pflegten.[717]

In einem anderen Fall aus dem Jahr 1955/1956 versuchte der politische Häftling I. G. Alešin (geb. 1923, mittlere Reife, Teilnehmer des Großen Vaterländischen Krieges), in einem Lager im Gebiet *Molotov* eine Filiale einer mystischen "nationaldemokratischen Partei" mit Hauptsitz angeblich in der Bundesrepublik Deutschland zu gründen. Für diese Partei warb er fünf andere Häftlinge an. Sie fertigten einen Stempel und ein Parteisiegel mit Hakenkreuzen an, verbreiteten etwa 40 Flugblätter und waren dabei, eine illegale Druckerei einzurichten und eine Botschaft anlässlich des Jahrestages der Oktoberrevolution zu drucken.[718]

1957 wurde in der Stadt *Roslavl'* im Gebiet *Smolensk* der im Dezember 1956 aus dem Lager entlassene politische Häftling P. I. Krotov (geb. 1914, Weißrusse, Hochschulbildung, Bauingenieur) erneut verhaftet. Er hatte Dokumente der *Narodno-osvoboditel'noe dviženie Velikoj Rossii* (Volksbefreiungsbewegung Großrusslands; *NDVR*) aus dem Lager gebracht und verwahrt, unter anderem den Mitgliedseid und das Statut der *NDVR*, das Protokoll einer Mit-

---

716 Zum Text des Urteils und den Erinnerungen an den Fall vgl. I. K. KOVAL'ČUK-KOVAL': Svidanie s pamjat'ju (Vospominanija), in: *Dokumenty po istorii dviženija inakomysljaščich*, Band 5, hg. von A. Istogina und N. A. Mitrochin. – Moskau: IIC "Panorama", 1996 sowie: Kat. 58 – 10, S. 129.
717 I. V. OVČINNIKOV: Na pereput'jach Rossii, in: *Memuary russkich nacionalistov*, Dokumenty po istorii dviženija inakomysljaščich, Band 1, hg. von NIKOLAJ A. MITROCHIN, S. 170–171.
718 *Kat. 58 – 10*, S. 321.

gliederversammlung, einen Auszug aus dem Beschluss des Zentralkomitees der *NDVR* und einen Beschluss des Terrororganisationskomitees.[719]

V. Polenov, der bereits erwähnte Gründer einer russischen nationalistischen Gruppierung, schildert in seinen Memoiren ein Beispiel für lagerinterne Agitation, die der Absolvent der Priesterakademie in Leningrad B. N. Kir'janov (geb. 1924, gegenwärtig als freier Priester in der St. Petersburger Diözese tätig) betrieb:

> "Ich war gerade [aus der verschärften Isolationshaft] entlassen, da kam Ukurov auf mich zu und sagte, die Gläubigen und die Politischen hätten uns mit Einladungen und Vorschlägen überschüttet. [...] Der Kreis bestand aus mehreren Mitgliedern, alle beteten Kir'janov an. Der setzte sich bequem ins Gras, schlug einen Weltatlas auf und begeisterte sich an dem vielen Rot auf der Karte. 'Das gehört alles uns', sagte er mit der Hand über die Karte fahrend."[720]

Ein besonderer Akzent in der ethnonationalistischen Agitation wurde auf den Antisemitismus gelegt, wobei die Agitatoren den Mythos über die Arglistigkeit der Juden mit Beispielen aus dem Alltag zu untermauern suchten. Als überzeugendstes Beispiel galten die Aktivitäten der sogenannten Krasnopevcev-Gruppe. Viele Mitglieder dieser Gruppe waren assimilierte Juden. Sie hatten führende Positionen in der Komsomol-Organisation an der geschichtswissenschaftlichen Fakultät der Moskauer Lomonossow-Universität inne und gründeten gleichzeitig eine große "revisionistische" (d. h. sozialistische) Untergrundorganisation, die im August 1957 aufgedeckt wurde. Zu langjährigen Haftstrafen verurteilt, entschlossen sich die Mitglieder der Krasnopevcev-Gruppe, mit der Lagerverwaltung zu kooperieren. Mit deren Unterstützung wurde ein Komitee gegründet, das für Ordnung im Lager sorgte, den Lagerleiter über Verstöße informierte und sogar Strafen verhängen durfte. Die Tätigkeit des Komitees fand aber bald ein Ende. Nach Beschwerden über die Willkür der Krasnopevcev-Leute wurde das Komitee von einer Sonderkommission aus Moskau 1959 liquidiert. Dieser Fall diente der antisemitischen Propaganda aber noch lange als Paradebeispiel.

Im Unterschied zu anderen ethnonationalistischen Gruppierungen in den Lagern für politische Häftlinge waren die russischen Nationalisten sowohl in "kämpferischer" als auch in ideologischer Hinsicht recht heterogen. Die meisten waren zwar Antikommunisten, es gab unter ihnen aber auch Anhänger

---

719 *Kat. 58 – 10*, S. 336–337.
720 V. S. POLENOV: Vospominanija, in: *Memuary russkich nacionalistov*, Dokumenty po istorii dviženija inakomysljaščich, Band 1, hg. von NIKOLAJ A. MITROCHIN, S. 224–230, hier: S. 225, 228.

der kommunistischen Ideologie. V. Polenov, der bereits erwähnte überzeugte Antikommunist, erinnert sich an seine Auseinandersetzungen mit Ju. T. Maškov (1937–1981), einem anderen russischen Nationalisten:

"Jura hat den Westen verflucht, sein Lieblingsspruch war: 'Wie im verfaulten Westen!' Im Streit griff ich sogar zu üblen Schimpfwörtern. Ich habe versucht ihm zu beweisen, dass wir, Russland, gerade verfaulen, dass wir bis zum Hals in der Scheiße sitzen und bald ganz darin versinken. Erst dann würden wir wohl zur Besinnung kommen. Jura dagegen behauptete, die Kommunisten würden Russland vor dem verderblichen Einfluss des Westens bewahren. Er begrüßte auch, dass die Kommunisten angeblich die Juden zu bekämpfen versuchten."[721]

Trotz aller Meinungsverschiedenheiten unter den russischen Nationalisten konnten sie ziemlich lange einen merklichen Einfluss auf die neu ankommenden "Studenten" ausüben. Viele "Studenten", insbesondere Mitglieder verschiedener sozialistischer und kommunistischer Gruppen, die vor ihrer Verhaftung noch keine festen ideologischen Überzeugungen hatten, wurden im Lager zu überzeugten Nationalisten. Zu russischen Nationalisten wurden allein im Zeitraum von 1959 bis 1964 nach unvollständigen Angaben die Anarcho-Syndikalisten V. Osipov, V. Sadovnikov und V. Il'jakov, die revisionistischen Kommunisten B. Hajbullin, Ju. Maškov und A. Plužnikov sowie der Sozialist I. Avdeev.

Aus organisatorischer Sicht gab es unter den russischen Nationalisten in den Lagern für politische Häftlinge mehrere Gruppen. Genauer gesagt, es gab zu verschiedenen Zeiten in verschiedenen Lagerabteilungen Anführer, um die sich Schüler und Anhänger scharten.

Folgende Gruppen sind zu erwähnen:

- Die Gruppe um V. Konovalov (geb. 1935) existierte Anfang der 60er Jahre, zu ihren Hauptaktivitäten gehörten Schlägereien mit "Juden" und Sozialisten.[722]
- Die Gruppe um B. Kir'janov war ebenfalls in der ersten Hälfte der 60er Jahre aktiv. Zu dieser Gruppe gehörten B. H. Chajbullin (geb. 1937), G. Ukurov, Ju. Maškov, Ju. Pirogov, V. G. Janjuškin (geb. 1939), später auch G. Petuchov und V. Konovalov. Mindestens zwei ehemalige Mitglieder dieser Gruppe, B. Chajbullin und G. Petuchov, wurden nach ihrer Entlassung christlich-orthodoxe Priester und wirkten Anfang der 70er Jahre im *Samizdat* mit. Die Hauptaktivität dieser Gruppe bestand

---

721 Ebd. S. 230.
722 Interview mit B. B. Vajl' (1997).

in nationalistischer und religiöser Propaganda. Bekannt ist eine Aktion der Gruppe, eine Schlägerei mit den "Balten" im Winter 1961/62.[723]

- Zur "Pugačev-Gruppe" um V. Polenov gehörten u. a. Ju. Pirogov, A. I. Plužnikov (geb. 1938, Arbeiter, verhaftet wegen des Versuchs, einen "Kampfverband zur Befreiung der Arbeiterklasse" zu gründen), Ju. Maškov und V. K. Nikolaev (geb. 1928, Arbeiter). Die Gruppe existierte von 1959 bis Mitte der 60er Jahre; zu ihren Hauptaktivitäten gehörten Selbstunterricht und Machtdemonstrationen zum Schutz der Interessen ihrer Mitglieder.[724]
- Die Gruppe um Ovčinnikov (geb. 1929, verhaftet wegen Flucht in den Westen und Arbeit bei einem westlichen Funksender) war Mitte der 60er Jahre aktiv. Hauptaktivitäten: Selbststudium und ideologische Diskussionen.
- Die Gruppe um V. N. Osipov (geb. 1938, verhaftet wegen Mitgliedschaft in einem anarcho-syndikalistischen Zirkel) war in der zweiten Hälfte der 60er Jahre aktiv. Hauptaktivitäten: Selbststudium und ideologische Diskussionen.

In der zweiten Hälfte der 60er Jahre ging die Aktivität der russischen Nationalisten in den Lagern deutlich zurück. Dafür gab es zwei Gründe: Erstens ging die Gesamtzahl der Häftlinge deutlich zurück, was einerseits an einem abrupten Rückgang politisch motivierter Verhaftungen in den 60er Jahren, insbesondere nach dem Ende der Chruščëv-Ära, und andererseits an der Freilassung einer großen Zahl Lagerinsassen, die Opfer der Repressionen vor 1953[725] waren, lag. Der zweite Grund bestand in der veränderten Zusammensetzung der Häftlinge. Die kaum gebildeten russischen Nationalisten ("Ideologen" mit ausländischen bzw. vorrevolutionären Erfahrungen waren zur damaligen Zeit bereits überwiegend aus der Haft entlassen) vermochten es nicht, die ethnonationalistischen Mythen und Legenden auf überzeugende Weise den "Neulingen", von denen sich viele an der Bewegung der Andersdenkenden beteiligten und dank dem *Samizdat* und ausländischen Funksen-

---

723 V. POLENOV: *Vospominanija*, S. 228–229; Briefe G. Ukurovs; Interview mit I. Filonenko (2000), sowie *Kat. 58 – 10*, S. 473, 508.
724 V. POLENOV: *Vospominanija*, S. 224–230; *Kat. 58 – 10*, S. 465, 523.
725 Während in den Jahren 1959–1962 noch 1 601 Menschen wegen antisowjetischer Agitation und Propaganda durch den *KGB* zur Verantwortung gezogen wurden (ohne die Massenrepressionen von 1958), waren es in den Jahren 1971–1974 nur 348, vgl. R. G. PICHOJA: *SSSR. Istorija vlasti. 1945–1991*. – Moskau: Izd. RAGS, 1998, S. 365.

dern Zugang zu deutlich breiteren und differenzierteren Informationen und daher auch festere Überzeugungen hatten, als das bei den spontanen Rebellen und Untergrundkämpfern Ende der 50er/Anfang der 60er Jahre der Fall gewesen war, nahe zu bringen. Darüber hinaus war ihre Ignorierung, ja sogar Ablehnung der Untergrundtätigkeit – man denke nur an den Titel der Memoiren von General P. Grigorenko *V podpol'e možno vstretit' tol'ko krys* (Im Untergrund gibt es nur Ratten) – dem Glauben an die Wirksamkeit von Verschwörungen, auf dem der Grundmythos der russischen Nationalisten basierte, nicht gerade förderlich. Mit der Freilassung der meisten ehemaligen Mitglieder der Sozialchristlichen Union zur Befreiung des russischen Volkes (*VSChSON*) in der ersten Hälfte der 50er Jahre waren die russischen Nationalisten als eigenständige Gruppierung in den Lagern Geschichte.

Die Lager für politische Häftlinge waren nun Treffpunkte für die zuvor verstreuten Untergrundgruppen der russischen Nationalisten. Dort lernten sie sich kennen und konnten nach ihrer Freilassung deutlich koordinierter agieren. Das zeigte sich besonders in den 70er Jahren, als diese Generation ehemaliger politischer Häftlinge den *Samizdat* der russischen Nationalisten schuf und dessen wichtigstes Verbreitungsmilieu wurde.

Der Samizdat als Kommunikationsmittel

In den 70er Jahren erreichte das Wirken der russischen Nationalisten außerhalb des Systems eine neue Qualität. Die Zeit des Untergrundkampfes war vorbei. Die russischen Nationalisten betrieben eine intensive zensurfreie Verlagstätigkeit, den *Samizdat*.

Der *Samizdat* in der UdSSR war nicht so sehr ein Phänomen der Parallelkultur, eine getarnte Form des Widerstands des oppositionell gestimmten Teils der Bevölkerung, sondern vielmehr ein Mittel der Kommunikation. Verschiedene Gruppen von Andersdenkenden tauschten mit Hilfe des *Samizdat* Informationen über ihre Tätigkeit aus, die sie weder in Zeitungen oder als Flugblätter noch auf öffentlichen Versammlungen und Demonstrationen und schon gar nicht im staatlichen Rundfunk und Fernsehen hätten verbreiten können.

Der *Samizdat* der Andersdenkenden durchlief bereits vor den 70er Jahren mehrere Entwicklungsphasen.

Die Anfänge des literarischen *Samizdat* fallen in die Jahre 1955 bis 1965. In diesem Zeitraum wurden zum größten Teil Gedichte ehemals verbotener, vergessener bzw. offiziell nicht anerkannter Dichter veröffentlicht. Ab Mitte der 60er Jahre wurden im Samizdat auch und bald sogar überwiegend Prosawerke herausgegeben. Manche der im Samizdat kursierenden Texte wurden in der Zeit der Liberalisierung unter Chruščëv veröffentlicht, was auch auf die Herausgabe anderer Samizdat-Publikationen hoffen ließ.

1965–1968 war die Zeit des Samizdat der Bürgerrechtler. Zum Ende der Regierungszeit Chruščëvs hoffte die liberale Intelligencija, die eine große Unterstützung bei Akademikern und Studenten genoss, auf eine Fortsetzung der Reformen und die weitere "Entstalinisierung". Die neue sowjetische Führung ergriff jedoch Maßnahmen, die auf die "Einfrierung" des politischen Engagements im Lande abzielten und machte den Liberalen nicht zuletzt durch die Prozesse gegen die Schriftsteller Andrej D. Sinjavskij und Jurij M. Daniėl' in den Jahren 1965 und 1966 klar, dass sie nicht willens war, auf deren Forderungen einzugehen. Durch ihre ablehnende Haltung gegenüber den Hoffnungen der politisch und gesellschaftlich engagierten Intelligencija auf eine konstruktive Zusammenarbeit – endgültig klar war dies nach der Niederschlagung des Prager Frühlings 1968 – zwang die Staatsmacht die Liberalen in die Opposition. Sie, die sich selbst früher als Teil des gesellschaftlichen Systems gesehen hatten, distanzierten sich nun vom Staat und seiner Politik. Eine Konsequenz dieser Haltung war die Entstehung des Samizdat der Bürgerrechtler, dazu zählten Stenogramme der Gerichtsverfahren gegen Andersdenkende und Petitionen zur Verteidigung politisch Verfolgter. Wichtige Meilensteine aus organisatorischer Sicht waren die Entstehung der ersten regelmäßig erscheinenden Samizdat-Zeitschrift Chronika tekuščich sobytij (Chronik der laufenden Ereignisse, ChTS)[726], die sich dem Schutz der Bürgerrechte in der Sowjetunion widmete und eine große Verbreitung erfuhr, sowie die Installierung eines gut funktionierenden Netzes, das den Veröffentlichungen aus dem Samizdat ("Selbstverlag") den Weg in den Tamizdat ("Dort-Verlag"), also zu russischsprachigen Publikationen im Ausland ermöglichte.

Die Etablierung des Samizdat als funktionsfähiges Kommunikationssystem hatte zur Folge, dass Vertreter verschiedenster gesellschaftlicher Gruppen, darunter auch politischer und religiöser Organisationen, ihre Texte im Sa-

---

726 Streng genommen war die erste regelmäßig erscheinende Samizdat-Zeitschrift mit klarem Bürgerrechtsakzent die Zeitschrift Političeskij dnevnik von Roj Medvedev, die ab Ende 1964 bis 1970 erschien. Ihr Leserkreis war jedoch so klein, dass sie keinen ernsthaften Einfluss auf die Entwicklung des Samizdat nehmen konnte.

mizdat veröffentlichten. Das war zugleich die Entstehungszeit des *Samizdat* der russischen Nationalisten.

Natürlich läßt sich nicht behaupten, dass die einzelnen Phasen in der Entwicklung des *Samizdat* sich durch eine Reinheit des Stils und der Genres ausgezeichnet hätten. Flugblätter mit politischen Erklärungen gab es auch Ende der 50er Jahre, und Anfang der 70er wurden im *Samizdat* auch Gedichte und Prosatexte herausgegeben. Seit Anfang der 70er war eine neue Tendenz zu beobachten. Der zunehmende Einfluss des (ausländischen) *Tamizdat* auf den *Samizdat* innerhalb der Sowjetunion spornte viele potentielle Autoren zum Schreiben an, in der Hoffnung nicht nur veröffentlicht, sondern auch bezahlt zu werden, und erzeugte zugleich immer höhere Qualitätsanforderungen an die *Samizdat*-Autoren.

Obwohl es im *Samizdat* kein einheitliches Koordinierungszentrum gab und die Verbreitung jedes einzelnen Textes in erster Linie von der Zahl derer, die bereit war, ihn zu lesen und zu vervielfältigen, abhing, bildete sich in den Intelligencija-Kreisen in Moskau, Leningrad und Odessa bereits Anfang der 60er Jahre ein professionelles Netzwerk für den Vertrieb von *Samizdat*-Publikationen. Die Aktivisten dieses Netzwerkes sorgten für die Vervielfältigung der interessantesten und wichtigsten Texte, oft auf kommerzieller Basis, stellten inoffizielle Literaturalmanache zusammen und gründeten illegale Bibliotheken. Seit Mitte der 60er Jahre schickten sie *Samizdat*-Veröffentlichungen ins Ausland und erhielten von dort Publikationen des *Tamizdat*. Dieses dezentrale Netz professioneller Herausgeber und Verbreiter von *Samizdat*-Publikationen (einige Aktivisten dieses Netzwerkes, wie B. Belenkin, V. Igrunov, A. Roginskij und G. Superfin, widmeten ihr ganzes Leben erst dem *Samizdat* selbst und später seiner Erforschung) ohne eine formale Leitung wurde zu einer wichtigen Einflussgröße in der Entwicklung der Bewegung der Andersdenkenden.

Die Gründe für die Entstehung des Samizdats der russischen Nationalisten

Der *Samizdat* der russischen Nationalisten als eigenständige Sparte entstand erst 1970. Natürlich veröffentlichten und verbreiteten die russischen Nationalisten bereits früher nicht zensierte Publikationen, wie z. B. Flugblätter und Erklärungen verschiedener Untergrundgruppen, die bereits erwähnten Dokumente des "Partei"-*Samizdat*, u. a. die Listen der "Kreml-Frauen", die "Protokolle der Weisen von Zion", Artikel von Mitgliedern der *VSChSON*, Appelle zum Denkmalschutz usw. Diese Texte waren jedoch lediglich einem sehr eingeschränkten Leserkreis zugänglich und konnten noch nicht einmal innerhalb der "Russischen Partei" als Mittel der Kommunikation fungieren. Voraussetzung für die Entstehung eines eigenen *Samizdat* der russischen Nationalisten waren ein gesellschaftliches Bedürfnis und bestimmte Organisationsstrukturen zu seiner Befriedigung, d. h. eine potentielle Leserschaft, Schriftsteller und Herausgeber und Vertreiber. Der Leserkreis formierte sich in der zweiten Hälfte der 60er Jahre aus den Anhängern der "Russischen Partei", insbesondere aus den Aktivisten des *Russkij klub*. Die ersten "Schriftsteller" traten Ende der 60er Jahre in Erscheinung, als die Mitstreiter des *Russkij klub* die nicht ganz unbegründete Hoffnung hegten – erinnert sei hier an die Diskussion in der Zeitschrift *Voprosy literatury* über die Kunst der Slawophilen –, dass die Machthaber in nächster Zukunft auch die Veröffentlichung von offen nationalistischen Texten zulassen würden. In den Jahren 1969–1970 kam es aber eher zu einer Verschärfung der Verlagspolitik und zahlreiche Texte blieben schließlich ohne Aussicht auf eine Veröffentlichung in den Schubladen liegen.

Eigene Herausgeber und Verteiler im *Samizdat* der russischen Nationalisten traten in dem Moment auf den Plan, als junge und engagierte russische Nationalisten, die in sozialer Hinsicht nichts zu verlieren hatten, in größerer Zahl aus den Lagern für politische Häftlinge freigelassen wurden; sie wussten, dass sie ohnehin auf Jahre hinaus in ihren Rechten eingeschränkt bleiben würden und konnten sich daher ohne Schaden für eine ohnehin nicht mehr mögliche eigene Karriere einer zweifellos gefährlichen Sache widmen. Der bedeutendste Vertreter dieser Generation war Vladimir N. Osipov (geb. 1938), der 1962 für seine Teilnahme an den Lesungen auf dem Majakovskij-Platz verurteilt worden war und zahlreiche Kontakte zu anderen Andersdenkenden unterhielt.

Diese Umstände waren für die Form der Veröffentlichungen im *Samizdat* der russischen Nationalisten entscheidend. Es waren vor allem umfangreiche literarisch-politische Zeitschriften wie *Veče* (1971–1974, Chefredakteur V. N. Osipov, später I. V. Ovčinnikov), *Zemlja* (1974–1975, Chefredakteur V. N. Osipov), *Moskovskij sbornik* (1975–1976, Chefredakteur L. I. Borodin) und *Mnogaja leta* (1980–1982, Chefredakteur G. M. Šimanov).[727]

---

[727] Von *Veče* erschienen von 1971 bis 1974 insgesamt zehn Ausgaben, davon neun unter dem Chefredakteur V. N. Osipov und eine unter I. V. Ovčinnikov. Die Ausgaben sind veröffentlicht: Nr. 1: *Sobranie dokumentov samizdata* (SDS), Bd. 21, AS

Für den *Samizdat* insgesamt waren das eher untypische Publikationsformen. Typisch waren eher literarische Texte, Artikel zu gesellschaftspolitischen Themen oder Dokumente der Bürgerrechtler. Im "liberalen" *Samizdat* wurde im Zeitraum Mitte der 60er bis Anfang der 80er Jahre lediglich eine "dicke" literarisch-politische Zeitschrift, die *Poiski*[728], die von 1976 bis 1978 erschien, herausgegeben. Anzumerken ist aber, dass im Ausland einige umfängliche Zeitschriften mit dem Schwerpunkt auf russischen Gegenwartsautoren herausgegeben wurden, so dass die Liberalen durchaus kalkulieren konnten, dass ihre im *Samizdat* vervielfältigten Artikel ein, zwei Jahre später veröffentlicht werden[729]. Auch die oben erwähnte Zeitschrift *Poiski* wurde schon bald nach ihrer Ersterscheinung in Paris, wohin ein Mitglied des Redaktionskollegiums emigriert war, komplett nachgedruckt.

Den russischen Nationalisten standen derartige Möglichkeiten nicht zur Verfügung. Ausländische russischsprachige Zeitschriften, allen voran der Pariser *Vestnik RSChD* (Bote der Russischen Christlichen Studentischen Bewegung im Ausland) und der Frankfurter *Posev* sympathisierten mit V. Osipov, den verurteilten Mitgliedern der *VSChSON* und dem Priester D. Dudko (1922–2004) – andere russische Nationalisten waren im Westen kaum bekannt –, weil sie sie für christlich-orthodoxe Traditionalisten hielten. Diese westlichen Zeitschriften waren bereit, Artikel zu veröffentlichen, die sich mit christlich-orthodoxen Themen beschäftigten, wollten aber keineswegs fremdenfeindli-

---

Nr. 1013; Nr. 2: SDS, Bd. 21, AS Nr. 1020; Nr. 3: SDS, Bd. 21a, AS Nr. 1108; Nr. 4: SDS, Bd. 21a, AS Nr. 1140; Nr. 5: SDS, Bd. 21a, AS Nr. 1230; Nr. 6: SDS, Bd. 28a, AS Nr. 1599; Nr. 7: SDS, Bd. 28v, AS Nr. 1775; Nr. 8: SDS, Bd. 28v, AS Nr. 1665, Nr. 9: SDS, Bd. 21b, AS Nr. 2040, sowie *Veče* Nr. 5: FELIKS KARELIN: *Po povodu pis'ma o. Sergija Želudkova A. Solženicynu*. – Frankfurt: Posev, 1972 (Serie: *Vol'noe slovo*, vyp. 9–10); Aus der Zeitschrift *Veče* Nr. 7–10. – Frankfurt: Posev, 1975 (Serie *Vol'noe slovo*, vyp. 17–18).
Von *Zemlja* erschienen 1974 zwei Ausgaben, die veröffentlicht sind: MS 25/72. AS Nr. 2060; Aus der Zeitschrift *Zemlja*, Nr. 1–2. – Frankfurt: Posev, 1975 (Serie *Vol'noe slovo*, vyp. 17–18).
Von *Moskovskij sbornik* erschienen 1974–1975 drei Ausgaben. Es liegen keine Informationen zu Veröffentlichungen vor.
Mnogaja leta. Es liegen keine Informationen zu Veröffentlichungen außerhalb des *Samizdat* vor.

728 In Leningrad und Moskau gab es noch weitere regelmäßig erscheinende Zeitschriften der "zweiten" oder der Gegen-Kultur (*Časy*, *37* und andere), sie befassten sich aber nicht mit Fragen der Politik oder der Bürgerrechte.
729 Die wichtigsten und bekanntesten ausländischen Zeitschriften waren *Grani* (Deutschland), *Vestnik RSChD* (Frankreich), *Novyj žurnal* (USA), später dann, in den 70er bis 80er Jahren: *Kontinent* (Deutschland), *Vremja i my* (USA), *22* (Israel), der Sammelband zur Geschichte *Pamjat'*, der in Moskau zusammengestellt und in Paris veröffentlicht wurde.

che Inhalte auf den eigenen Seiten haben. Eine Zeitschrift der russischen Nationalisten mit Verbindungen nach Russland erschien erst Anfang der 80er Jahre. Sie legte sich den in der Folge sehr populären Namen *Veče* zu. Zu ihren Gründern gehörte E. Vagin, ein nach Italien emigrierter Ideologe der *VSChSON*.

Daher blieb den russischen Nationalisten keine andere Wahl als ihren *Samizdat* in der ihnen vertrauten und für sie praktikablen Form herauszugeben, nämlich als eine de facto unzensierte Version der staatlichen Zeitschriften *Molodaja gvardija* und *Naš sovremennik*. Nicht nur die Formen der Arbeit, sondern auch die Einstellung zum herrschenden System wurden dabei von der "Russischen Partei" übernommen.

Von Anfang an bekundete die Redaktion der *Samizdat*-Zeitschrift *Veče* ihre Loyalität gegenüber der Regierung und druckte auf dem Titelblatt sogar den Namen und die Adresse des Chefredakteurs. Die Zeitschrift hielt sich mit scharfer Kritik am sowjetischen Staat, zu der V. Osipov persönlich ansonsten durchaus fähig war, wie sein im Frankfurter "antisowjetischen" *Posev*-Verlag[730] der Untergrundbewegung *NTS* erschienener Erzählband beweist, tatsächlich zurück. Es ist bezeichnend, dass die meisten dieser Erzählungen nicht in der Zeitschrift *Veče* veröffentlicht wurden. Dieselbe Strategie verfolgten I. Ovčinnikov, L. Borodin und G. Šimanov. Es reichte die kleinste unmissverständliche Drohung von offizieller Seite, und sie brachen ihr jeweilig aktuelles Projekt ab und stellten die Herausgabe ihrer Zeitschriften unverzüglich ein. Im Unterschied dazu wurde die Redaktion der Zeitschrift *Poiski*, ganz zu schweigen von der *ChTS*, erst nach der Inhaftierung ihrer Chefredakteure und mehreren Durchsuchungen bei den Beteiligten geschlossen.

Die Ideologie der russischen Nationalisten in der Bewegung der Andersdenkenden in den 70er Jahren

Die Ideologie der russischen Nationalisten innerhalb der Bewegung der Andersdenkenden wies keine prinzipiellen Unterschiede zur Ideologie der gesamten Bewegung der russischen Nationalisten auf. Genauso wie die Mitglieder der "Russischen Partei" neigten sie zur Mythologisierung der russischen Geschichte, vertraten eine kritische Haltung zu der aktuellen Situation in Russland und hatten einen Hang zur Xenophobie in ihren verschiedensten Erscheinungsformen, unter anderem gegenüber den Juden und dem Westen.

---

730   VLADIMIR N. OSIPOV: *Tri otnošenija k rodine.* – Frankfurt/Main: Posev, 1978.

In der kleinen Welt der russischen Nationalisten, die sie in der Bewegung der Andersdenkenden bildeten, waren nahezu alle ideologischen Strömungen, die es auch in der "Russischen Partei" gab, vertreten: orthodoxe Priester und Neoheiden, gläubige christlich-orthodoxe Kommunisten und Denkmalschützer. Das Eingebundensein in die Bewegung der Andersdenkenden verlieh der Ideologie der russischen Nationalisten darüber hinaus aber besondere Merkmale.

Wie bereits dargelegt, versuchten die russischen Nationalisten sowohl in der "Russischen Partei" als auch in der Bewegung der Andersdenkenden, ihre ethnische Xenophobie vor Außenstehenden zu verstecken. Das hatte eine Selbstzensur in den literarischen und publizistischen Arbeiten sowie die Verwendung spezieller, nur für Eingeweihte verständlicher Begriffe zur Folge. Auch in ihren Publikationen im *Samizdat* waren die russischen Nationalisten nicht völlig frei. Wurden Fremdenhassappelle im nationalistischen *Samizdat*, beispielsweise in der Zeitschrift *Veče*, innerhalb der Sowjetunion eher positiv aufgenommen, so war die westliche Öffentlichkeit, die die russischen Nationalisten in positivem Licht, als Ableger der russischen Dissidenten sah, auf derartige Bekundungen völlig unvorbereitet.

Ein wesentlicher Unterschied zwischen den russischen Nationalisten in der Bewegung der Andersdenkenden und den Mitgliedern der "Russischen Partei" bestand in der Einstellung zum Westen, genauer: in der Art der Beziehungen zum Westen. Innerhalb der Sowjetunion hatten die Aktivisten der "Russischen Partei" keine Kontakte zu westlichen Journalisten, Diplomaten, Fachleuten und Mitgliedern von Emigrantenorganisationen, und zwar nicht nur, weil sie die liberale Ideologie hassten, sondern auch, weil es äußerst unangenehme Folgen für ihre Karriere haben konnte.[731]

Die nationalistisch gesinnten *Samizdat*-Betreiber hingegen, zumindest die Chefredakteure, pflegten sehr enge Beziehungen zum Westen. Das erste Dokument der russischen Nationalisten, das größere Bekanntheit erlangte, war das *Slovo nacii* (Wort an die Nation). Um ihm eine größere Öffentlichkeit zu verschaffen, wurde es gezielt durch die Liberalen V. Bukovskij und V. Tel'nikov[732] in den Westen gebracht. Mehr noch, die Chefredakteure der russischen nationalistischen Zeitschriften stellten ihre Publikationstätigkeit als

---

731 Ausnahmen waren hier I. Glazunov, S. Michalkov und einige andere Künstler, deren Werke außerhalb der Sowjetunion bekannt waren. Ihre Kontakte zu Ausländern riefen kaum Misstrauen hervor.
732 Interview mit A. Ivanov (Skuratov).

rein kulturwissenschaftlich und christlich-orthodox motivierte Arbeit dar, die in keinerlei Beziehung zum russischen Nationalismus stehe und folgten damit einer von Osipov begründeten Tradition, der sich von seinem fremdenfeindlichen Vorwort in der ersten Veče-Nummer distanzierte, nachdem seine Zeitschrift von westlichen Rundfunksendern für chauvinistisch[733] erklärt worden war, und aus den Exemplaren, die zur Veröffentlichung in den Westen geschickt werden sollten, die besonders skandalträchtigen[734] Beiträge entfernte. Dafür bekamen sie:

- die Möglichkeit ihre Artikel im Westen, überwiegend im Posev-Verlag des NTS, wo ein Buch mit publizistischen Arbeiten von Osipov, vier Prosawerke Borodins und drei Sammelbände mit Predigten von Dudko[735] erschienen, zu veröffentlichen;
- Honorare für ihre Arbeiten und finanzielle Unterstützung aus dem Westen;
- die Aufmerksamkeit westlicher Korrespondenten;
- breite Verteidigungskampagnen im Falle politischer Repressionen und Unterstützung, auch finanzieller Art, für die in Freiheit verbleibenden Familien.

Selbst G. Šimanov, der unter Sowjetunion-Experten als Symbol des Nationalkommunismus galt und die Vernichtung der westlichen Zivilisation anstrebte,[736] bekam über längere Zeit Päckchen mit humanitärer Hilfe von westlichen christlichen Wohltätigkeitsorganisationen.[737] Das gab ihm die Möglichkeit, für den Unterhalt seiner Familie zu sorgen, ohne seinen miserabel bezahlten Job als Fahrstuhlführer aufzugeben, der ihm viel freie Zeit für die Arbeit an seinen gegen den Westen gerichteten Texten ließ.

---

733 Erklärung der Redaktion der Zeitschrift Veče, in: Veče, Nr. 2. SDS Bd. 21, AS Nr. 1020.
734 A. Ivanov (Skuratov) berichtete im Interview, dass in dem Exemplar der ersten Nummer der Zeitschrift, das in den Westen geschickt wurde, in einem Gedicht von I. Avdeev die Zeile "Ja – šovinist" (Ich bin Chauvinist) ersetzt wurde durch die Zeile "Ja – slavjanin" (Ich bin Slawe). In dem Exemplar für den Westen der dritten Ausgabe waren nur die Fragmente "nicht lesbar", in denen es um die Einstellung der Redaktion (nicht der Autoren) zum Zionismus ging. S. SDS, Bd. 21a, AS Nr. 1108, S. 56.
735 Izdatel'stvo "Posev". 1945–1985: Katalog, zusammengestellt von A. N. und A. N. Artemov. – Frankfurt/Main: Posev, 1985. Die Titelseiten der drei Bücher Borodins erschienen sogar auf dem Umschlag des Verlagskatalogs.
736 Vgl. John B. Dunlop, Aleksandr Janov.
737 Interview mit G. Šimanov.

Es wäre überzogen zu behaupten, die Chefredakteure hätten ihre oppositionelle Tätigkeit um dieser doch sehr relativen Vorteile willen ausgeübt. Es steht aber außer Zweifel, dass die russischen Nationalisten in ihren Beziehungen zum Westen durchaus "taktisch manövrierten". Diese Selbstzensur hatte allerdings zur Folge, dass die westliche Sowjetunion-Forschung zum Teil inadäquate Vorstellungen von der Rolle dieser Menschen im gesellschaftlichen Leben der Sowjetunion, von ihrem Einfluss und ihrer wahren Ideologie hatte.

Aber noch bevor die künftigen Chefs des nationalistischen *Samizdat* in eine gewisse materielle Abhängigkeit vom Westen geraten sollten, verfassten einige von ihnen das anonyme "Wort an die Nation", das *Slovo nacii*. Darin stellten die russischen Nationalisten in der Bewegung der Andersdenkenden unverhohlen und ohne Scheu ihre tatsächlichen Ansichten zu wichtigen Fragen der Innen- und Außenpolitik dar.

Das *Slovo nacii* war nach dem *Ustav nrava* das zweite politische Dokument der russischen Nationalisten, das sowohl innerhalb als auch außerhalb der Sowjetunion breite Resonanz fand.[738] Es war die Antwort der russischen Nationalisten auf das anonyme *Programma Demokratičeskogo dviženija Sovetskogo Sojuza* (Programm der Demokratischen Bewegung der Sowjetunion, *DDSS*), das 1969[739] im *Samizdat* erschienen war. Das Programm wurde von S. Soldatov, einem ethnischen Russen, der Mitglied einer estnischen Untergrundorganisation war, verfasst. Die internationale Gruppe von Soldatov wurde 1975 vom Obersten Gericht der Estnischen Sowjetrepublik für das Abfassen, die Vervielfältigung und den Vertrieb von *Samizdat*-Publikationen verurteilt. Der ambitionierte Versuch der Soldatov-Gruppe, ein Programm der liberalen Opposition zu verfassen, löste in der Dissidentenbewegung, vor allem im Zentrum des sowjetischen Dissidententums in Moskau, ambivalente Reaktionen aus. Von den Emigrantenorganisationen aber wurde es bejubelt, weil sie derartigen rituellen Texten, die den *NTS*-Mitgliedern und den offiziellen amerikanischen Stellen, die die Aktivitäten der sowjetischen Opposition unterstützten, gleichermaßen verständlich waren, große Bedeutung beimaßen. Interessanterweise wechselte S. Soldatov Ende der 80er Jahre seine im

---

738 Veröffentlicht in: SDS Bd. 8, AS Nr. 590; *Russkaja mysl'*, Paris, 26.11.1971; *Veče* Nr. 3, Frankfurt/Main, 1982. Resonanz im *Samizdat*: Chronika Tekuščich Sobytij, vyp. 1–27. Amsterdam: Fond im. Gercena, 1979, vyp. 1, S. 87; V. Gusareov: Slovo o svobode, nicht veröffentlicht, liegt im *Samizdat*-Archiv des Radiosenders Svoboda, AS Nr. 688.
739 Text des Programms DDSS s. SDS Bd. 5, AS Nr. 340.

Untergrund erworbenen Überzeugungen. Er lebte in England und veröffentlichte seine nationalistisch-patriotische Publizistik in Russland.

Das *Slovo nacii* erschien am 31. Dezember 1970 und war unterzeichnet mit "Russische Patrioten". Hauptautor des Textes war A. Ivanov (Skuratov). Den Inhalt stimmte er mit den ehemaligen politischen Häftlingen, die sich im Lager zu russischen Nationalisten entwickelt hatten, V. Osipov, I. Avdeev und V. Il'jakov, sowie mit dem christlich-orthodoxen Priester D. Dudko und dem ehemaligen Mitglied der Fetisov-Gruppe V. Vinogradov, der enge Beziehungen zu den Denkmalschützern und zur "Russischen Partei" hatte, ab.

Das *Slovo nacii* war mit 23 Schreibmaschinenseiten ziemlich umfangreich, inhaltlich äußerst widersprüchlich und gab vor allem die Gedanken A. Ivanovs (Skuratovs) selbst wieder. Es enthält eine längere, fast ein Viertel des Gesamtumfangs einnehmende historiografische Skizze über Demokratie und Diktatur, von den Nietzsche-Ambitionen des Autors inspirierte abschätzige Passagen über den "kleinbürgerlichen Sumpf" und die ihm gegenüberstehenden Menschen starken Willens, Betrachtungen über die positive Rolle von "Arbeiterräten" in den Betrieben[740], Anmerkungen zu den künftigen Grenzen Russlands im Falle, dass sich die nationalen Randgebiete vom Kernland abtrennen, und vieles mehr.

Die eigentlichen Kernaussagen sind jedoch im Schlusskapitel formuliert, das mit Sicherheit von allen gelesen und gebilligt wurde, mit denen A. Ivanov (Skuratov) dieses Dokument besprochen hatte und die in den folgenden Jahren die wichtigsten Akteure im *Samizdat* der russischen Nationalisten werden sollten.

"Uns droht die biologische Entartung. Vor dieser Bedrohung stehen nicht nur wir, sondern die gesamte weiße Rasse. Wenn wir nicht rechtzeitig Maßnahmen ergreifen, kann es uns passieren, dass wir zu Marionetten degradieren oder, im besten Falle, zu passiven Beobachtern im Kampf der schwarzen und der gelben Rasse um die Weltmacht.

Demokratische Einrichtungen bringen keine Heilung, sie verschlimmern die Krankheit sogar. Daher ist für uns nicht so sehr der Sieg der Demokratie über die Diktatur von Bedeutung, sondern vielmehr eine ideologische Umorientierung der Diktatur, eine Art ideologische Revolution. So eine Revolution kann auch ohne Blutvergießen verwirklicht werden, so wie der Sieg der Christen im Römischen Reich, das Hauptziel wird diesmal jedoch ein völlig anderes sein. Die antike Welt ging im Chaos der sich verbreitenden kosmopolitischen Ideen unter. Wir hingegen streben nach der Wiederbelebung der nationalen Gefühle in einer sich verwirrenden Welt; danach, dass jeder sich seiner Verantwortung vor der eigenen Nation und der eigenen Rasse bewusst wird. Die nationale Revolution fängt bei dem Einzelnen an. Und

---

740 Über die "linken" Träume A. Ivanovs (Skuratov) und V. Osipovs in den 50er Jahren s. NIKOLAJ A. MITROCHIN: Anarcho-sindikalizm i ottepel', in: *Obščina* 50/1997, S. 39–46.

sie endet bei der Herausbildung eines mächtigen Nationalstaates, der ein Gravitationszentrum für die gesunden Elemente aus den Bruderländern sein wird. In solch einem Staat wird das russische Volk tatsächlich – und nicht im Sinne einer lügenhaften Beschuldigung, nicht zur Unterdrückung anderer Völker – die herrschende Nation sein, und sei es nur dazu, dass die Russen selbst nicht Opfer von Diskriminierung oder gar Terror in Teilen ihres eigenen Landes werden. Wenn wir sagen: 'das russische Volk', meinen wir die echten, die vom Blut und von der Seele her russischen Menschen. Schluss mit der chaotischen Hybridisierung. Mögen Phasen des Niedergangs auch gesetzmäßig sein, eine vom Schicksal bestimmte Unausweichlichkeit der Entartung gibt es nicht, solange der gesunde Kern der Nation erhalten bleibt, solange es in den Menschen ein tiefes Verständnis des vor ihnen stehenden Zieles und den Willen zu seiner Verwirklichung gibt.

Es lebe der Sieg der christlichen Zivilisation über das gegen sie rebellierende Chaos!

Es lebe das große, das einige und unteilbare Russland!

Gott ist mit uns!"[741]

Die im *Slovo nacii* dargestellten Themen wurden von allen Mitarbeitern des *Samizdat* der russischen Nationalisten diskutiert. Aus den erwähnten Gründen geschah dies jedoch in versteckter und geglätteter Form. Rassistische und fremdenfeindliche Ideen wurden sowohl unter den Aktivisten der "Russischen Partei" als auch unter den russischen Nationalisten in der Bewegung der Andersdenkenden lediglich in mündlicher Form diskutiert. Sie durchtränkten die Zeitschriften *Veče* und *Moskovskij sbornik*, wurden aber kaum klar erkennbar in schriftlicher Form bekundet. Der *Samizdat* der russischen Nationalisten unterlag zudem starken Einflüssen zum einen des allgemeinen Diskurses, in dessen Rahmen sich die Ideologie der gesamten Bewegung der russischen Nationalisten, insbesondere aber der "Russischen Partei" entwickelte, und zum anderen des christlich-orthodoxen Glaubens in der Ausprägung, wie er von den monarchistischen und fremdenfeindlichen Gruppen innerhalb der Russisch-Orthodoxen Kirche vertreten wurde.

Die Gemeinsamkeiten in den Fragestellungen, die in der "Russischen Partei" und im *Samizdat* der russischen Nationalisten diskutiert wurden, stehen außer Zweifel. Schon die Entstehung des *Samizdat* der russischen Nationalisten im Jahre 1970 war eine direkte Reaktion auf die Zerschlagung der Redaktion der *Molodaja gvardija*, wie V. Osipov im Interview unmissverständlich erklärte. In einem anderen Dokument schildert er, wie die Idee, eine Zeitschrift zu gründen, geboren wurde:

"Die Idee, eine Schreibmaschinenzeitschrift zu gründen, hatte ich zum ersten Mal im Lager für politische Häftlinge, wo ich meine erste Freiheitsstrafe verbüßte. [Nach der Amtsenthebung A. Nikonovs] ließen meine Freunde den Kopf hängen. Besonders intensiv habe ich darüber mit Michail Kudrjavcev diskutiert [...] Seinen Mitstreitern habe ich vorgeschlagen, eine unabhängige christlich-orthodox und patriotisch orientierte

---

741 SDS Bd. 8, AS Nr. 590, S. 22 f.

maschinenschriftliche Zeitschrift herauszugeben. Der Name entstand in zahlreichen Gesprächen mit einem anderen Mitkämpfer für die russische Sache, dem Priester Dmitrij Dudko.[742] Schauen wir nur einmal auf die Beiträge in *Veče* zur Verdeutlichung dieser Gemeinsamkeiten. Die Diskussion über die Slawophilen, die 1969 in der offiziellen Zeitschrift *Voprosy literatury* begonnen wurde, ging samt einem ihrer Teilnehmer, A. Ivanov (Skuratov), nahtlos zu *Veče* über. Die Aktivisten der "Russischen Partei", die in den 70er Jahren leidenschaftlich über das Erbe der Slawophilen diskutierten und deren Werke bei staatlichen Verlagen unterzubringen suchten, konnten nun in *Veče* den Artikel des bereits erwähnten Mitglieds der Fetisov-Gruppe M. Antonov mit dem Titel *Učenie slavjanofilov – vysšij vzlet narodnogo samoznanija v Rossii v doleninskij period* (Die Lehre der Slawophilen – Höhepunkt des nationalen Bewusstseins in Russland in der Zeit vor Lenin) oder den Artikel von A. Ivanov (Skuratov) *General M. D. Skobelev kak polkovodec i gosudarstvennyj dejatel'* (General M. D. Skobelev als Feldherr und Staatsmann) lesen und in der Zeitschrift *Moskovskij sbornik* erschienen Artikel der bekannten Philosophiehistoriker R. Galceva und S. Chorunžy über N. Berdjaev bzw. L. Karsavin (beide unter Pseudonym). Andere Artikel in den *Samizdat*-Zeitschriften der russischen Nationalisten waren dem Denkmalschutz bzw. der aktuellen Literaturszene gewidmet, verfasst in einem ebenso leidenschaftlichen Stil und mit ähnlichen Antihelden versehen, wie früher in der staatlichen Zeitschrift *Molodaja gvardija*, bis hin zur Kritik an dem Dichter A. Voznesenskij als dem Barden der sexuellen Revolution.[743] Dem Pfad der "Russischen Partei" folgend unternahm V. N. Osipov sogar eine Pilgerfahrt zu M. Šolochov, wurde aber wie viele "Wallfahrer" ohne bekannte Namen nicht empfangen.

Die russischen Nationalisten des *Samizdat* fühlten sich weiter eng mit der "Russischen Partei" verbunden. In der fünften Ausgabe der *Veče* vom Mai 1972 erschien eine redaktionelle Erklärung im Zusammenhang mit der Festnahme V. Osipovs und der Durchsuchung seiner Wohnung, die einen Zusammenhang zwischen dem Vorfall und den generellen Problemen, die alle russischen Nationalisten beschäftigten, herstellt:

"Der Wechsel in der Redaktion der *Molodaja gvardija*, die zunehmenden Schikanen gegen christlich-orthodoxe Gläubige, die Hetze gegen Solženicyn wegen seiner positiven (wenn auch nach Ansicht von *Veče* viel zu zurückhaltenden) Schilderung einiger Aspekte des Lebens im vorrevolutionären Russland des Jahres 1914, vernichtende Ar-

---

742 VLADIMIR N. OSIPOV: Iz istorii russkich mal'čikov, in: *Moskva* 10/1999, S. 186 f.
743 SDS Bd. 21, AS Nr. 1020.

tikel in der offiziellen Presse wegen geringster Bekundungen von Sympathien für die russischen nationalen Traditionen, das Gezerre um den Verlag *Moskovskij rabočij* und schließlich die Milizrazzia in der *Veče*-Redaktion – all das sind Glieder einer Kette."[744]

Ein weiterer Faktor, der die Ideologie der Autoren und Herausgeber im *Samizdat* der russischen Nationalisten beeinflusste, war der christlich-orthodoxe Glaube, und zwar in der von den xenophoben Kirchenkonservativen praktizierten Form. Religiöse Themen nahmen einen großen Raum in den Zeitschriften *Veče*, *Zemlja* und *Moskovskij sbornik* ein, und das Redaktionsgremium von *Mnogaja leta* war sogar vollends der Meinung, eine religiöse Zeitschrift herauszugeben.

Für die russischen Nationalisten, die aus dem Kreise der ehemaligen politischen Häftlinge stammten, war der christlich-orthodoxe Glaube ein fester Bestandteil ihrer Weltanschauung, sie unterhielten rege und offene Kontakte zu Vertretern der Russisch-Orthodoxen Kirche und fanden sogar Arbeit in der Kirche. So waren Ende der 60er und in den 70er Jahren viele ehemalige politische Häftlinge, sowohl russische Nationalisten als auch andere Andersdenkende, inoffiziell in der Verlagsabteilung des Moskauer Patriarchats beschäftigt.[745] L. Borodin und V. Rodionov arbeiteten nach ihrer Freilassung als Wächter bzw. Gemeindevorsteher in Kirchen. Ein ganzer Bautrupp russischer Nationalisten, ehemaliger politischer Häftlinge, war mit der illegalen Restaurierung von Kirchen beschäftigt.

Die russischen Nationalisten innerhalb der Bewegung Andersdenkender waren also auf engste Weise mit verschiedenen Strukturen der Russisch-Orthodoxen Kirche verbunden. Besondere Bedeutung für den *Samizdat* der russischen Nationalisten hatte der Priester D. Dudko, der unter der Moskauer Intelligencija sehr bekannt war. Über seine Beteiligung an nahezu allen *Samizdat*-Initiativen, angefangen vom *Slovo nacii* bis hin zum *Moskovskij sbornik*, berichten viele interviewte Personen.[746] Der *Moskovskij sbornik* war sogar gänzlich das Werk einer christlich-orthodoxen Gruppe junger Leute um V. Burdjug, die sich selbst als "geistliche Kinder" D. Dudkos sahen. Im Vergleich zu anderen christlich-orthodoxen Priestern, die unter der Moskauer Intelligencija bekannt waren, zeichnete sich Dudko nicht durch besondere Bildung aus, er war aber ein begnadeter Prediger und mutig genug, die kleinlichen Beschränkungen der Behörden, die die Tätigkeit der Priester ausschließlich auf

---

744 SDS Bd. 21a, AS Nr. 1230, S. 4.
745 Interview mit V. Kejdan und I. Ovčinnikov.
746 Trotz mehrmaliger Versuche kam ein Interview mit D. Dudko nicht zustande.

Gottesdienste und Hilfe in seelischer Not[747] reduzieren wollten, zu ignorieren. D. Dudko stand den russischen Nationalisten auch darin nahe, dass er im vertrauten Kreis kein Hehl aus seinen monarchistischen Überzeugungen machte und ein "einfacher" Mensch war. Das schätzten die halbgebildeten Intelligenzler, die den überwiegenden Teil der im Samizdat engagierten ehemaligen Polithäftlinge ausmachten.

Struktur und Finanzierung des Samizdat der russischen Nationalisten

Der Samizdat der russischen Nationalisten wäre ohne die Initiative der ehemaligen politischen Häftlinge nicht möglich gewesen. Sie waren es, die die Verantwortung für die Herausgabe umfangreicher Zeitschriften auf sich nahmen, die meisten Publikationen verfassten, für die Verbreitung und Popularisierung der Zeitschriften sorgten und Kontakte mit Emigrantenorganisationen und westlichen Rundfunksendern vermittelten.

Der Beitrag der ehemaligen politischen Häftlinge im Samizdat war jedoch recht uneinheitlich. Besonders sichtbar war die Arbeit der Chefredakteure der "dicken" Zeitschriften, deren Herausgabe wie eine Stafette organisiert war: Wurde eine Zeitschrift geschlossen, trat an ihre Stelle sofort die nächste. Nach der Verhaftung des Veče-Gründers V. Osipov im Jahr 1974 wurde das ehemalige VSChSON-Mitglied L. Borodin "Chef" des Samizdat der russischen Nationalisten, später war es G. Šimanov, ein ehemaliger Insasse der geschlossenen Psychiatrie, in der man ihn 1969 vom christlich-orthodoxen Glauben zu heilen versuchte.[748]

Eine andere Gruppe ehemaliger politischer Häftlinge aber fürchtete sich vor Repressionen. I. Ovčinnikov erzählt in seinen Memoiren, dass nach der Spaltung in der Veče-Redaktion (wovon noch zu berichten sein wird) und dem Rauswurf Osipovs, der fortan seine eigene Zeitschrift Zemlja herausgab, jede neue Nummer der Zeitschrift zur Vermeidung von Repressionen von einem anderen Chefredakteur verantwortlich gezeichnet werden sollte. Nachdem aber I. Ovčinnikov für die 10. Ausgabe der Zeitschrift, die die letzte werden sollte, als Chefredakteur verantwortlich gezeichnet hatte, gab es trotz der bestehenden Vereinbarung niemanden mehr, der das Risiko eingehen wollte.

---

747 Eine relativ vollständige Ausgabe seiner Arbeiten s. D. DUDKO: *Na rekach Vavilonskich.* – Moskau: Izd. Chrama sv. Nikolaja, 1997.
748 Interview mit G. Šimanov.

Einer der Kandidaten war L. Borodin gewesen, der später eine eigene Zeitschrift herausgab.

Meistens beteiligten sich die Vertreter dieser Kategorie der russischen Nationalisten von Fall zu Fall am *Samizdat*: Sie gaben ihre Texte zur Veröffentlichung in den *Samizdat*, tauschten Erfahrungen aus, vermittelten Kontakte zu potentiellen Autoren und Lesern und redigierten Texte. Zu ihnen zählten A. Ivanov (Skuratov), der produktive Publizist, Historiker und Philosoph, der seine Werke sowohl in *Veče* als auch im *Moskovskij Sbornik* veröffentlichen ließ, der Priester D. Dudko, F. Karelin, der Ideologe der Zeitschrift *Mnogaja leta*, P. Gorjačev, der die Zeitschrift *Veče* in Leningrad vervielfältigte und viele andere.

Und schließlich gab es noch eine dritte Kategorie von ehemaligen politischen Häftlingen, die – um es mit einem soziologischen Terminus zu sagen – Referenzgruppe der Leser, deren Meinung für Redakteure wie V. Osipov und L. Borodin besonders wichtig war[749]. An sie ging der größte Teil der Auflage dieser Zeitschriften. Manchmal schickten sie auch selbst Texte und Materialien an die Redaktion, die aber nur einen geringen Anteil am Gesamtumfang

---

749 Auf der Grundlage des Urteils gegen Osipov (1975), des Interview-Materials und anderer Quellen ist es gelungen, eine Liste der Empfänger der Zeitschrift *Veče* zu rekonstruieren. (Nicht alle hier genannten Personen waren russische Nationalisten. Diejenigen, deren Wohnort nicht in Klammern angegeben ist, wohnten im Gebiet Moskau oder Vladimir): die Mitglieder der "Russischen Partei" V. Kožinov, S. Semanov, I. Glazunov, D. Žukov, M. Kudrjavcev, V. Šukšin, die Geistlichen D. Dudko, V. Chajbullin, G. Petuchov (Gebiet Kursk), die Mitglieder der NDP V. S. Polenov und Ju. A. Pirogov (beide Jaroslavl'), A. A. Dobrovol'skij, V. A. Anochin (1938–1971, Barnaul, erschlagen im Zug von Barnaul nach Novokuzneck während einer Reise im Auftrag von V. Osipov, der im Interview dazu sagte, das sei eine Aktion des *KGB* gewesen), I. V. Ovčinnikov, V. V. Sadovnikov (geb. 1940), V. S. Rodionov, U. G. Zajcev (V. B. Frajner) (geb. 1913, Gebiet Perm), G. A. Bogoljubov (Magadan), P. P. Dudočkin und S. M. Djakonov (beide Kalinin, heute Tver'), V. A. Repnikov (geb. 1935), M. P. Rogačev (geb. 1943), I. A. Čerdyncev (1938–1994), K. Vasil'ev (Kazan'), V. N. Tel'nikov (geb. 1937), V. I. Michalev (Botkinsk, Udmurtische ASSR), G. F. Dudnikov (1900–?, Nal'čik), S. F. Seryj (geb. 1939, Tljustenchabl', Region Krasdodarsk), V. F. Starikov (Magnitogorsk), S. K. Pirogov (geb. 1931, Archangel'sk, 1974 mehrfach verurteilt wegen Verbreitung von *Samizdat*), I. V. Pogorelov (geb. 1932), V. F. Gorlopanov (geb. 1926, Krasnodar), V. V. Il'jakov (Kiev), I. V. Avdeev (Nikolaev), L. K. Sitko, V. E. Konkin (Leningrad), die Mitglieder der *VSChSON* G. Bočevarov, N. Ivanov (Leningrad bzw. Gebiet Leningrad), L. Borodin, V. Ivojlov (Irkutsk). Die Daten stammen aus dem Text der Anklageschrift im Prozess gegen V. Osipov 1974 und aus dem Interview. Überprüft anhand des Kat. 58–10. Alle Personen mit angegebenem Geburtsdatum hatten Haftstrafen in politischen Lagern in den 60er Jahren zu verbüßen. Der größte Teil derjenigen, deren Geburtsjahr nicht bzw. im laufenden Text angegeben ist, war ebenfalls in der gleichen Zeit dort.

der Publikationen im *Samizdat* der russischen Nationalisten hatten. V. Osipov berichtet:

> "Die Zeitschrift wurde an russische Patrioten geschickt, die idealerweise auch christlich-orthodox waren und monarchistische Ansichten vertraten, aber das war nicht Bedingung, Hauptsache russische Patrioten."[750]

Die verteilten Exemplare wurden im weiten Bekanntenkreis weitergegeben, so dass man durchaus davon ausgehen kann, dass die Zeitschrift *Veče* bei einer Auflage von 50 Exemplaren etwa 200–300 Leser hatte. Sie wurde in 14 Städte Russlands geschickt, die Gebiete Moskau und Vladimir nicht mitgerechnet, sowie nach Kiev und Nikolaev in der Ukraine. Aus diesen und anderen Regionen, darunter aus Leningrad, dem Gebiet Archangelsk, aus Karelien, Tver', Tscherkassk und dem Gebiet Tschernigov erhielt die Redaktion Briefe und Beiträge. Auffallend zahlreiche Korrespondenz, überwiegend zu Verfolgungen christlich-orthodoxer Aktivisten, kam aus Irkutsk.

Neben ehemaligen politischen Häftlingen waren an der Entstehung und Verbreitung des *Samizdats* der russischen Nationalisten auch viele Menschen, die eher zum weiteren Umfeld der "Russischen Partei" gehörten, d. h. nicht zu ihren Aktivisten zählten, beteiligt. Im *Samizdat* der russischen Nationalisten spielten sie eine wesentliche Rolle, sie übernahmen dort verschiedene organisatorische Aufgaben: Sie sammelten, redigierten und korrigierten Manuskripte und waren zum Teil auch an der Vervielfältigung beteiligt. In sozialer Hinsicht waren das ganz normale "sowjetische" Menschen mit "unbeflecktem" Lebenslauf, die auf keinen Fall Probleme mit dem *KGB* oder dem Parteikomitee am Arbeitsplatz wollten und daher bemüht waren, sich im Hintergrund zu halten und ihre Beteiligung an illegalen *Samizdat*-Aktivitäten um jeden Preis zu verheimlichen. Zu ihnen gehörten die Physikdozentin S. A. Mel'nikova (geb. 1936), die 1965–1970 dem Kreis um den Maler I. Glazunov angehörte und praktisch die Funktion der "verantwortlichen Sekretärin" in der Zeitschrift *Veče* ausübte, die ehemaligen Mitglieder der Fetisov-Gruppe, der Architekt V. Vinogradov und der Historiker M. Kudrjavcev, die Texte zum Denkmalschutz für *Veče* lieferten, die Mitglieder der bereits erwähnten Burdjug-Gruppe, die die Zeitschrift *Moskovskij sbornik* herausgaben und zu den "jungen Fachkräften" zählten – so war V. Burdjug Bauleiter auf sogenannten "geschlossenen" Baustellen des Ministeriums für Maschinenbau, war also an der Errichtung von Kernkraftwerken beteiligt –, sowie der Arzt V. Pri-

---

750 Interview mit V. Osipov.

luckij, der seine Werke unter dem Pseudonym V. Ibragimov publizierte und einer der drei Gründer der Zeitschrift *Mnogaja leta* war.

Die Zusammenstellung einer neuen Nummer der *Samizdat*-Zeitschriften der russischen Nationalisten lief folgendermaßen ab: Der Chefredakteur bzw. andere Redaktionsmitarbeiter nahmen von potentiellen Autoren Manuskripte, größtenteils in Schreibmaschinenform, entgegen, bzw. gaben sie in Auftrag oder baten sie um bestimmte Beiträge. Die Manuskripte wurden, wenn nötig, abgetippt, redigiert und korrigiert. S. Mel'nikova, eine Redakteurin der Zeitschrift *Veče*, berichtet im Interview von ihrer Suche nach geeigneten Texten: Von V. Šukšin wollte sie eine negative Rezension zu dem Film von Andrej Tarkovskij *Andrej Rubljov*, der der *Veče*-Redaktion sehr missfiel, bekommen. Russland war in diesem Film durchaus nicht von seiner besten Seite dargestellt, und Andrej Rubljov war angeblich viel zu modern. V. Šukšin sagte aber ab und begründete seine Entscheidung damit, dass er seinen Kindern nicht schaden wolle. Die beiden lernten sich aber kennen, und bis zum Tod des Schriftstellers 1974 brachte S. Mel'nikova ihm regelmäßig *Samizdat*-Veröffentlichungen und philosophische Literatur.[751] S. Mel'nikova gelang es auch, von dem damals noch nicht allgemein anerkannten Schriftsteller Venedikt Jerofeev das Essay *Vasilij Rozanov – glazami ekscentrika* (Vasilij Rozanov mit den Augen eines Exzentrikers gesehen) für ihre Zeitschrift zu bekommen. Dafür durfte der obdachlose Jerofeev 1973 neun Monate in Mel'nikovas Datscha wohnen. Von ihrem Bekannten, dem Dichter und Mitglied der "Russischen Partei" A. Markov, bekam sie die Skizze *S ustatka* (Vom Lande) über den Alkoholismus in den russischen Dörfern, die er unter seinem eigenen Namen publizieren ließ. Gemeinsam mit dem Komponisten J. Michalkin schrieb S. Mel'nikova eine Reportage über die Sängerin L. Ruslanova, die in der dritten Ausgabe der *Veče* erschien. Der Arzt V. I. Priluckij, ein Schulfreund S. Mel'nikovas, der später ein bekannten *Samizdat*-Autor wurde, verfasste einen großen Artikel zum Thema Umweltschutz *Skol'ko nam ostalos' žit'* (Wie lange wir noch zu leben haben) und ließ ihn in der dritten *Veče*-Ausgabe veröffentlichen.

Sobald die Redaktionsmitarbeiter alle Texte für eine Ausgabe erhalten bzw. verfasst hatten, ordneten sie sie nach verschiedenen Themenbereichen, was meistens in den Küchen der Privatwohnungen ablief. Dabei wurde auch entschieden, ob es politisch zweckmäßig war, bestimmte Texte zu veröffentlichen. Entscheidungskriterien waren die mögliche Reaktion der Staatsmacht,

---

751 Interview mit S. Mel'nikova und A. M. Ivanov.

die der Referenzgruppe der Leser sowie die innen- und außenpolitische Lage. G. Šimanov erzählte im Interview von einem Streit in der Veče-Redaktion, bei dem es um die angemessene Reaktion auf die Eheschließung A. Solženicyns mit der "Jüdin" N. Svetlova ging.[752] Im Ergebnis wurde offenbar beschlossen, sich hinter die erste Frau des Schriftstellers, N. Rešetovskaja, zu stellen und in Veče einen Auszug aus ihren Memoiren zu veröffentlichen.[753] Allerdings gibt es auch eine andere Sicht der Dinge. Mel'nikova berichtete im Interview, dass sich Veče-Redaktionsmitglieder nach dem Erscheinen der ersten zwei Ausgaben an A. Solženicyn gewandt hätten mit der Bitte um Beiträge für ihre Zeitschrift. Nach mehreren Treffen mit V. Osipov aber lehnte A. Solženicyn die Zusammenarbeit mit Veče ab und begründete dies mit dem niedrigen Niveau der Zeitschrift. Es ist also durchaus denkbar, dass die Veröffentlichung der Rešetovskaja-Memoiren in der fünften Veče-Ausgabe und anderer für den Schriftsteller unangenehmer Beiträge, beispielsweise in der vierten Nummer, eine Rache der Redaktion war.

Nachdem eine Ausgabe endgültig zusammengestellt war, wurde die Endredaktion vorgenommen und der Text wurde den Maschinenschreiberinnen, meistens Verwandten oder Vertrauten der Redaktionsmitglieder, zur Vervielfältigung übergeben. In der Zeitschrift Veče, dem größten Samizdat-Projekt der russischen Nationalisten, war das Verfahren etwas komplizierter. Es gab de facto zwei Redaktionen. Die erste befand sich in Aleksandrov im Gebiet Vladimir, wo sich V. Osipov nach seiner Freilassung aufhielt, da ihm die Rückkehr nach Moskau verboten war. Bei ihm zu Hause wurden die Texte gesammelt und redigiert, die von ihm selbst bzw. von anderen in der Nähe wohnenden ehemaligen politischen Häftlingen zusammengetragen wurden, bei ihm befand sich auch ein Teil des Redaktionsarchivs. Die zweite Redaktion befand sich in Moskau, in der Wohnung S. Mel'nikovas, wo die Texte von Mitgliedern der "Russischen Partei" eingingen, die letzten Korrekturen gemacht wurden und die endgültige Zusammenstellung der einzelnen Ausgaben erfolgte. Die Vervielfältigung der Zeitschrift war ebenfalls zweigleisig organisiert: Den Teil der Auflage, der für die Leser im Moskauer Establishment bestimmt war, ließ S. Mel'nikova von ihren Schreibkräften vervielfältigen, und die übrigen Exemplare, die für die ehemaligen politischen Häftlinge außerhalb Moskaus bestimmt waren, vervielfältigte und verschickte der Leningrader P.

---

752 Interview mit G. Šimanov.
753 SDS Bd. 21a, AS Nr. 1230.

Gorjačev, der eigens zu diesem Zweck von V. Osipov "angestellt" worden war.

Der Vertrieb der Zeitschriften erfolgte in drei Richtungen. Ein Teil der Auflage wurde bis zu seiner Verhaftung von V. Osipov bzw. von A. Ivanov (Skuratov) an Mitglieder der "Russischen Partei" geschickt, vor allem an Ilja Glazunov und Sergej Semanov, die für die weitere Verbreitung der Zeitschrift sorgten, bis hin zu Mitarbeitern des ZK der KPdSU. Ein Teil der Auflage wurde gezielt in den Westen gebracht. Am Anfang erledigten das liberale Bürgerrechtler wie A. Amal'rik, V. Bukowski und P. Jakir, später bedienten sich die russischen Nationalisten aber auch eigener Kanäle. Ein großer Teil der Auflage wurde im Bekanntenkreis der Redaktionsmitarbeiter und an die Referenzgruppe verteilt, an deren Meinung sich die Chefredakteure orientierten. So wurden die umfänglichen *Samizdat*-Zeitschriften der russischen Nationalisten, deren Auflagen nach der Vervielfältigung kaum mehr als 25 Exemplare[754] umfassten, ziemlich gleichmäßig zu je 5–6 Exemplaren an alle erwähnten Lesergruppen verteilt. Die *Veče*-Auflagen betrugen bis zu 50 Exemplare und wurden nach demselben Prinzip verteilt.

Die zunehmende verlegerische Professionalisierung führte Ende der 70er Jahre zur Gründung eines eigenen *Samizdat*-Verlages. V. Burdjug, der wie die meisten Mitglieder seiner Gruppe die Philologische Fakultät der Moskauer Staatlichen Universität absolviert hatte, schuf in Moskau einen unzensierten Untergrundverlag, der etwa vier Jahre existierte und auf kommerzieller Basis die Vervielfältigung und den Vertrieb tausender Veröffentlichungen des religiösen *Samizdat* betrieb.[755] Zu dieser Zeit brach die Gruppe, die harte antisowjetische Positionen vertrat, jeden Kontakt zu dem Priester D. Dudko, der zu einem öffentlichen Schuldbekenntnis gezwungen worden war, zu L. Borodin, der aus Angst vor der Verhaftung aus der Redaktion der Zeitschrift *Moskovskij sbornik* ausgestiegen war und sich ausschließlich der literarischen Tätigkeit widmete, was ihn aber letztlich nicht vor dem Gefängnis bewahren sollte, und zu G. Šimanov, der zu den Nationalkommunisten übergelaufen war, ab. Die Burdjug-Gruppe bewahrte sich ihre Sympathien für den russischen

---

754 Die redaktionelle Auflage des *Moskovskij sbornik* betrug 25 Exemplare, *Mnogaja leta* hatte 15 Exemplare. Man kann annehmen, dass im weiteren *Samizdat* die Zeitschriften von Enthusiasten und professionellen Verteilern noch einmal vervielfältigt wurden. Bislang ist aber nur eine derartige Initiative bekannt. G. Šimanov zufolge wurde seine Zeitschrift *Mnogaja leta* im *Troice-Sergiev-Kloster* noch einmal vervielfältigt, vgl. Interview mit G. Šimanov.

755 Interview mit V. Burdjug.

Nationalismus,⁷⁵⁶ obwohl er für sie weniger wichtig war als der christlich-orthodoxe Glaube, und arbeitete auch dank ihrer guten Kontakte in der orthodoxen Moskauer Intelligencija mit christlich-orthodoxen Liberalen zusammen, wie mit den Priestern G. Jakunin und V. Borščov, Mitgliedern des Christlichen Komitees zum Schutz des Gewissens, die kompromisslos antisowjetisch waren. Anfang der 80er Jahre arbeiteten in dieser illegalen Manufaktur, die auf mehrere angemietete Wohnungen verteilt war, christlich-liberale Dissidenten, die ihre offizielle Arbeit verloren hatten. Die Mitglieder der Burdjug-Gruppe hatten Kontakte zum Bund Russischer Solidaristen *NTS* und erhielten von dieser Organisation Literatur, die sie an Mittelsmänner des *Samizdat* weiterleiteten. 1981/1982 bereitete V. Borščov, ein professioneller Journalist, in Zusammenarbeit mit der Burdjug-Gruppe zwei Ausgaben der christlich-orthodoxen Zeitschrift *Russkoe soglasie* (Russische Eintracht) vor, die in einer für *Samizdat*-Verhältnisse relativ großen Auflage von 100 Exemplaren⁷⁵⁷ vervielfältigt werden sollten. Die Verhaftung der Gruppe am 6. April 1982 setzte diesen Plänen jedoch ein Ende. Ende 1982 wurden die meisten Mitglieder der Burdjug-Gruppe wegen illegaler privater unternehmerischer Tätigkeit verurteilt.

Für die Vervielfältigung ihrer umfänglichen, jeweils 300–400 Seiten starken Zeitschriften brauchten die russischen Nationalisten natürlich viel Geld, vor allem, um die Schreibkräfte zu bezahlen. Die meisten Exemplare wurden schließlich kostenlos verteilt. Hinzu kamen Repräsentationsaufwendungen, und sei es nur ganz elementar für Tee, Wodka und einen Imbiss für die Redaktionssitzungen. Dabei muss man bedenken, dass die meisten *Samizdat*-Mitarbeiter miserabel bezahlte Arbeitsplätze hatten: V. Osipov arbeitete als Feuerwehrmann, L. Borodin als Wachmann und G. Šimanov war Fahrstuhlführer.

Die erforderlichen finanziellen Mittel bezogen die russischen Nationalisten aus verschiedenen Quellen. Ein Teil jeder Ausgabe wurde zu einem definitiv überhöhten Preis an die wohlhabenden Mitglieder der "Russischen Partei" verkauft. S. Semanov berichtete: "Die *Veče* war damals nicht teuer, die Zeitschrift kostete etwa so viel, wie eine Flasche guten Cognacs."⁷⁵⁸

---

756 N. BLOCHIN: Demokratii v žizni ne byvaet, in: *Russkij vestnik*, 41–42/2000, S. 12; Interview mit V. Burdjug.
757 Im Interview erklärte Borščov, dass die Zeitschrift eigentlich *Soglasie* (Eintracht) heißen sollte.
758 Aufzeichnung des Interviews mit S. Semanov (Archiv des Autors).

Die wichtigste Geldquelle war aber offenbar die Emigrantenorganisation *NTS*, die den russischen Nationalisten seit Anfang der 70er Jahre Mittel über die Moskauerin A. Topeškina (Syčeva), die erste Ehefrau V. Osipovs und Betreiberin eines Kunstsalons für nonkonformistische Künstler in ihrer eigenen Wohnung,[759] zukommen ließ. Einem hochrangigen *NTS*-Mitarbeiter zufolge, der in den Transfer der Mittel in die Sowjetunion involviert war, erhielt V. Osipov von dieser Organisation zwei- bis dreimal jährlich je 1.000 Rubel[760] für die Herausgabe seiner Zeitschrift. Es ist darüber hinaus anzunehmen, dass die Zeitschrift von sympathisierenden Priestern, die über große vom Staat nicht kontrollierte Barmittel verfügten, mitfinanziert wurde. Konkrete Zeugnisse für diese Mutmaßung liegen aber nicht vor.

Die Zeitschrift Veče – Versuch einer virtuellen Redaktion

Die Zeitschrift *Veče* war das größte und bekannteste Projekt im *Samizdat* der russischen Nationalisten. Historikern, die sich mit der sowjetischen Gesellschaft der Poststalin-Ära beschäftigen, ist sowohl der Titel dieser Zeitschrift als auch der Name ihres Chefredakteurs gut bekannt, obwohl nur die wenigsten von ihnen Gelegenheit hatten, die Zeitschrift selbst zu lesen.

1970 kam der ehemalige politische Häftling V. Osipov nach *Aleksandrov*. *Aleksandrov* war die von Moskau aus nächstgelegene Rajon-Stadt im Gebiet *Vladimir*, in der sich ehemalige politische Häftlinge niederlassen durften. Deshalb wurde die Stadt auch *gorod bez fraerov*[761] – Stadt ohne Freier[762] – genannt. "Gefallene Engel", d. h. vorbestrafte sowjetische Staatsbürger, durften sich nicht in Großstädten niederlassen, daher ließen sich alle, die noch Beziehungen zu Moskau, ihrem ehemaligen Wohnort, pflegten, in der Stadt *Borovsk* im Gebiet *Kaluga* oder in *Aleksandrov* im Gebiet *Vladimir* nieder, von wo aus man problemlos mit der Vorortbahn nach Moskau gelangen konnte.

V. Osipov, der neue Bewohner von *Aleksandrov*, war in der Tat kein *fraer*. Aus einer typischen sowjetischen Familie stammend – sein Stiefvater war

---

759 Interviews mit A. Topeškina, V. Bukovskij (1991) und A. Mel'nikova (1994).
760 Interview mit einem hochrangigen Mitarbeiter des *NTS* (Schweiz 2001), der aber ungenannt bleiben möchte.
761 Erstmals wurde die Bezeichnung im Interview mit A. Dobrovol'skij erwähnt, später bestätigten weitere ehemalige politische Häftlinge diesen Namen.
762 Der aus dem Deutschen stammende Begriff taucht in der russischen Sprache sinnverändert im Vokabular krimineller Subkulturen auf. Hier hat es die Bedeutung einer gut angezogenen, nicht zum kriminellen Milieu gehörenden Person, die für einen Verbrecher ein potentielles Opfer darstellt. [Anm. d. Übers.]

Redakteur verschiedener Kreiszeitungen im Moskauer Gebiet – hatte er wegen "antisowjetischer Versammlungen" 1959–1961 auf dem Majakovskij-Platz in Moskau eine siebenjährige Freiheitsstrafe im verschärften Vollzug in einer Strafkolonie abgesessen. Zuvor war er bereits wegen der öffentlichen Verteidigung seines Freundes A. Ivanov (Skuratov), der aus politischen Gründen verhaftet worden war, und wegen Hausarbeiten mit einer kritischen Bewertung der sowjetischen Geschichte sowie für den Versuch, eine kleine anarcho-syndikalistische Organisation zu gründen, und sogar für die Beteiligung an den Vorbereitungen an einem nicht zu Stande gekommenen Attentat auf Chruščëv im dritten Studienjahr von der Geschichtsfakultät der Moskauer Universität verwiesen wurde. Im Lager für politische Häftlinge in Mordwinien wechselte V. Osipov zu den christlich-orthodoxen russischen Monarchisten und dachte, wie er selbst später berichtete, bereits über die Herausgabe einer russischen patriotischen Zeitschrift nach.[763]

Nach seiner Freilassung erneuerte er die Kontakte zu seinen Bekannten, vor allem zu den ehemaligen Aktivisten vom Majakovskij-Platz und zu bereits früher entlassenen politischen Häftlingen, vor allem zu russischen Nationalisten.

Nach seinen eigenen Angaben entschloss sich V. Osipov endgültig zur Herausgabe einer Zeitschrift nach Gesprächen mit seinem engsten Mitstreiter und Studienfreund A. Ivanov (Skuratov), dem christlich-orthodoxen Priester und überzeugten Monarchisten Dmitrij Dudko (geb. 1922) und dem Architekten und Restaurator M. Kudriavcev.[764] Alle Texte zu christlich-orthodoxen Themen, die später in der Zeitschrift erschienen, wurden von D. Dudko zensiert.[765]

Diese Personen waren alle eng mit der "Russischen Partei" und dem *Russkij klub* verbunden. A. Ivanov (Skuratov) stellte dem künftigen *Veče*-Chefredakteur Osipov 1969–1970 viele einflussreiche monarchistisch gesinnte Mitglieder der "Russischen Partei", wie V. Kožinov, D. Žukov und M. Kudrjavcev, vor:

"Ich ließ mich oft von dem Kritiker V. V. Kožinov beraten. Der bekannte russische Maler I. S. Glazunov hat uns auch geholfen. Ich kann mich noch daran erinnern, wie ich nach einer Milizrazzia den Schriftsteller D. A. Žukov aufgesucht und zu ihm gesagt ha-

---

763 Alle Angaben zum *Veče*-Kreis stammen aus den Interviews mit V. Osipov, S. Mel'nikova, A. Ivanov (Skuratov), I. Ovčinnikov, L. Borodin, G. Šimanov sowie S. Markova und S. Mel'nikova: Tem i utešajus', in: Put' 6–7/1993.
764 Interview mit V. Osipov.
765 V. OSIPOV: 28 nojabrja 1974 goda u menja bylo zaurjadnoe dežurstvo ..., Manuskript (maschinenschriftl.) (Archiv des Autors).

be: 'Der *KGB* hat Ihren Artikel über die Spaltung. Entschuldigen Sie, dass ich es nicht verhindern konnte' und ihn sogleich um eine Kopie gebeten habe. Dmitrij Anatoljevič aber war keinesfalls böse auf mich, er gab mir sofort ein anderes Exemplar und sagte nur: 'Aber ich bitte Sie, seien Sie etwas vorsichtiger'".[766]

Die ersten zwei *Veče*-Ausgaben sind den offiziellen sowjetischen Zeitschriften *Naš sovremennik* und *Molodaja gvardija* thematisch verblüffend ähnlich.

In der ersten Ausgabe erschienen folgende Materialien: der Artikel *U istokov russkogo samosoznanija* (Die Ursprünge des russischen Selbstbewusstseins) von A. Skuratov; der bereits erwähnte für die Zeitschrift programmatische Text *Učenie slavjanofilov – vysšij vzlet narodnogo samosoznanija v Rossii v doleninskij period* von M. Antonov, der sich zu jener Zeit in einer psychiatrischen Klink befand (die Fortsetzung dieses Textes erschien in den beiden folgenden Ausgaben); der umfangreiche anonyme Artikel *Sud'ba russkoj stolicy* (Das Schicksal der russischen Hauptstadt) über die Zerstörung Moskaus durch Architekten mit jüdischen Namen von Kudrjavcev; die anonymen *Zapiski russkogo christianina* (Aufzeichnungen eines russischen Christen); der polemische Artikel *K voprosu o sfinkse* (zur Frage der Sphinx) von V. Osipov, in dem er Bezug nimmt auf die im *Samizdat* erschienene Geschichtsstudie *O specifike istorii Rossii* (Zur Spezifik der russischen Geschichte) von L. Rendel', einem Liberalen und ehemaligen politischen Häftling aus der Krasnopevcev-Gruppe; mehrere Gedichte von I. Avdeev, darunter das Gedicht *Ja – šovinist* (Ich bin ein Chauvinist)[767], von M. Vološin *Vladimirskaja Bogomater'* (Muttergottes von Vladimir) und von O. Bulatov *Iz cikla "Rossija"* (Aus dem Zyklus *Russland*); eine Rezension von G. Šimanov über die religiöse *Samizdat*-Tätigkeit des ehemaligen politischen Häftlings Ju. Belov mit dem Titel *Religija i sovremennoe soznanie* (Religion und modernes Bewusstsein); ein Überblick über die Inhalte der Zeitschrift *Novyj mir* der vergangenen zwei Jahre; die Rubrik *Chronika* mit Berichten und Mitteilungen vom Tod des Patriarchen Aleksij I. und über die Amtsenthebung des Chefredakteurs der *Molodaja gvardija*, A. Nikonov.

Im Editorial der zweiten Ausgabe findet sich eine Erklärung der *Veče*-Redaktion mit einer Widerlegung der Mitteilung von United Press International, die die *Veče* als äußerst chauvinistisch bezeichnet hatte.[768]

---

766 Ebd.
767 In dem Exemplar, das in AS publiziert worden ist, ist das Wort *šovinist* durch *slavjanin* ersetzt.
768 Die Ausgabe ist veröffentlicht in SDS Bd. 21, AS Nr. 1020.

Danach folgten: die Fortsetzung des programmatischen Artikels von M. Antonov; ein anonymer Beitrag mit dem Titel *Mysli-prožektory* (Scheinwerfer-Gedanken) − "Gedanken, die ein fremdes Flugzeug mit fremdartigen Bombengedanken aufspüren"[769]; eine Auswahl an Briefen von Geistlichen und Laien anlässlich der bevorstehenden Landessynode; der bereits erwähnte umfangreiche Artikel *General M. D. Skobolev kak polkovodec i gosudarstvennyj dejatel'* von A. Ivanov (Skuratov); das Gedicht *Toska tatarskaja* (Tatarische Sehnsucht) der aus politischen Gründen verurteilten Lyrikerin A. Barkova; *Neskol'ko zamečanij o sovremennom literaturnom processe* (Einige Anmerkungen zur Gegenwartsliteratur) von M. Morozov mit Bemerkungen wie: "Man kann sogar behaupten, dass der Erfolg von *Novyj mir* von kurzer Dauer war und keine dauerhaften Spuren hinterließ"[770]; ein Feuilletontext mit dem Titel *Mal'čik-s-pal'čik ili bard "seksual'noj revoljucii"* (Der Däumling oder der Barde der "sexuellen Revolution") über den neuen Lyrikband von A. Voznesenskij; eine Rezension von N. Bogdanov mit dem Titel *Mistika pered sudom Šachnoviča* (Die Mystik vor dem Gericht Šachnovičs) über das Buch des Schriftstellers Šachnovič, in dem dieser Mystik, Yoga u. ä. entlarvte; die Rezension *Vo mgle zamorskoj* (Im überseeischen Nebel) von Osipov zu dem in der UdSSR erschienenen Buch eines weißgardistischen Generals und Emigranten; der Artikel A. Ivanovs (Skuratovs) *Vospominanija meteora* (Erinnerungen eines Meteors); die Rubrik *Chronika* mit Mitteilungen zum Schicksal von Mitgliedern der "Russischen Partei", neu hinzugekommen ist die Rubrik *Naša počta* mit Leserbriefen.

Ähnlich war auch der Inhalt der acht weiteren *Veče*-Ausgaben. Mehr als die Hälfte waren pseudogeschichtliche, publizistische und literaturwissenschaftliche Artikel, die unter günstigeren Bedingungen durchaus auch in der *Molodaja gvardija* und im *Naš sovremennik* hätten erscheinen können. Die übrigen Artikel waren religiösen und religionsphilosophischen Themen gewidmet, daneben gab es auch Rezensionen über andere *Samizdat*-Veröffentlichungen. Natürlich war es unmöglich, diese Artikel unter sowjetischen Zensurbedingungen offiziell zu publizieren, unabhängig davon konnten sie aber auch an sich keine Ausgabe tragen, wie es im Redaktionsjargon heißt. Anders gesagt, ihre Anzahl war zu gering und ihre Qualität zu zweifelhaft, als dass Osipov als echter Herausgeber und Redakteur einer unabhängigen gesellschaftspolitischen Zeitschrift hätte gelten können.

---

769 Ebd. S. 28.
770 Ebd. S. 70.

Die erste *Veče*-Ausgabe erschien am 19. Januar 1971. Kennzeichnend für die ursprünglichen Zielsetzungen der Zeitschrift war sowohl die Tatsache, dass auf dem Titelblatt Name und Adresse V. Osipovs angegeben waren, als auch die Erklärung der *Veče*-Redaktion[771] in der zweiten Ausgabe vom 1. März 1971, die auf eine Mitteilung im Rundfunksender *Svoboda* über die erste Ausgabe dieser Zeitschrift reagierte. In der Erklärung hieß es:

> "Wir weisen die Bezeichnung unserer Zeitschrift als 'chauvinistisch' auf das Entschiedenste zurück [...] wir sind weit entfernt von jedem Chauvinismus. Wir wollen keineswegs die Würde und die Werte anderer Nationen gering schätzen. Wir wollen nur das Eine: die russische nationale Kultur, die patriotischen Traditionen im Geiste der Slawophilen und Dostoevskijs und das Bewusstsein für die Einzigartigkeit und Größe Russlands festigen. Was politische Fragen betrifft, so werden sie in unserer Zeitschrift nicht thematisiert."[772]

Im Grunde waren die Adresse auf dem Titelblatt und die Erklärung der Redaktion ein Signal, dass die *Veče*-Redaktion jede Konfrontation mit der Staatsmacht vermeiden wollte.

Die Erklärung war das Ergebnis eines Skandals: Osipov, der die Verhaftung der Redaktionsmitglieder und die Beschlagnahmung der gesamten Auflage befürchtete, gab dem bekannten Bürgerrechtler V. Bukovskij ein Exemplar, das der in einem Versteck aufbewahrte, das er sich mit einem anderen bekannten Bürgerrechtler, mit P. Jakir, teilte. Es handelte sich, wie Osipov bereits 1990 im Interview erklärte, um eine experimentelle Ausgabe mit Ausführungen zur Ausrottung des "geistigen Trotzkismus"[773], obwohl diese Behauptung angesichts der nachfolgenden Selbstzensur in der Redaktion kaum glaubwürdig erscheint. P. Jakir fand in dem Versteck die Zeitschrift mit dem antisemitischen Leitartikel und teilte westlichen Journalisten die Herausgabe einer neuen chauvinistischen Zeitschrift mit. Diese leiteten die Nachricht über russischsprachige Rundfunksender an die sowjetischen Zuhörer weiter. Der Skandal beeinträchtigte jedoch die Beziehungen zwischen V. Osipov, V. Bukovski und P. Jakir kaum. Bis zu ihrer Verhaftung – V. Osipov wurde 1971 verhaftet, V. Bukovski und P. Jakir 1972 – leiteten die Bürgerrechtler die aktuellen *Veče*-Ausgaben in den Westen weiter, danach übernahmen die Ex-Ehefrau Osipovs A. Topeškina (Chmeleva) und ihr neuer Ehemann, der Fotograf V. Syčev, die Vermittlerfunktion.

---

[771] Der Artikel *Na Veče* findet sich in Osipovs Buch *Tri otnošenija k rodine*.
[772] Veröffentlicht in SDS Bd. 8, AS Nr. 586.
[773] Interview mit V. Osipov sowie V. OSIPOV: *28 nojabrja 1974 goda u menja bylo zaurjadnoe dežurstvo ...*, Manuskript (maschinenschriftl.) (Archiv des Autors).

Da V. Osipov von seinem neuen Wohnort *Aleksandrov* aus die Kontakte zu den Mitgliedern der "Russischen Partei" nicht ausreichend pflegen und dementsprechend auch keine neuen Artikel für seine Zeitschrift gewinnen konnte, entstand 1971 in Moskau die zweite *Veče*-Redaktion. Deren Gründer waren A. M. Ivanov und die Physikdozentin S. Mel'nikova. A. Ivanov verfasste nahezu ein Viertel aller Artikel, die in *Veče* veröffentlicht wurden. Er schrieb unter verschiedenen Pseudonymen, meistens aber unterzeichnete er seine Werke mit dem Namen *Skuratov*. Heute wird dieser Deckname meistens in Klammern nach seinem eigentlichen Familiennamen angegeben. Trotz der naheliegenden Assoziation mit dem Anführer der Opričnina, der grausamen Leibgarde Ivans des Schrecklichen, Maljuta Skuratov, beharrt A. Ivanov darauf, dass er für seinen Decknamen den Familiennamen seiner Großmutter wählte.

S. Mel'nikova gehörte seit Mitte der 60er Jahre zum Kreis des berühmten Malers Il'ja Glazunov und unterhielt Kontakte zu zahlreichen Mitgliedern und Sympathisanten der "Russischen Partei". Daher war sie nicht nur eine Mitredakteurin, sondern ihr Name stand in der Moskauer Intelligencija für die Zeitschrift *Veče*. Mel'nikova machte Osipov u. a. mit den Schriftstellern A. Solženicyn[774] und L. Gumilëv und mit dem Maler I. Glazunov, der seitdem die Herausgabe der Zeitschrift mitfinanzierte und nach der Verhaftung V. Osipovs dessen Ehefrau finanziell unterstützte, bekannt.

S. Mel'nikova hatte die Unterstützung zahlreicher Freunde. Das Hirn dieses Freundeskreises war A. Kuznecov, promovierter Physiker aus *Kazan'*, ein guter Bekannter S. Mel'nikovas aus dem Klub *Rodina*, der ihr auch Texte für die Veröffentlichung zur Verfügung stellte. So wurde in der achten *Veče*-Ausgabe sein großer apologetischer Artikel über L. Gumilëv (unter Pseudonym) veröffentlicht.

Auch die Autoren des orthodoxen *Samizdat* standen der Moskauer *Veče*-Redaktion nahe, so z. B. das ehemalige Mitglied der *VSChSON* L. Borodin, der Anfang 1973 als reifer Schriftsteller nach Moskau kam und sich aktiv an der Redaktionsarbeit beteiligte, sowie G. Šimanov. Ein Artikel von L. Borodin über die russische Intelligencija erschien in der achten Ausgabe der Zeitschrift. Artikel und Rezensionen von G. Šimanov wurden von der ersten *Veče*-Ausgabe an veröffentlicht.

---

774 Mel'nikova verlor wegen dieser Treffen ihren Arbeitsplatz.

Heute behauptet V. Osipov, dass es in der *Veče* ein mehr oder weniger festes Redaktionskollegium gegeben habe, zu dem neben ihm selbst L. Borodin, D. Dudko, A. Ivanov (Skuratov) und S. Mel'nikova gehörten[775]. Andere Interviewpartner erwähnten jedoch nichts von einem solchen Gremium und erinnerten sich ausschließlich an eine leitende redaktionelle Trojka V. Osipov, S. Mel'nikova und A. Ivanov (Skuratov). L. Borodin konnte sich der Redaktion erst nach seiner Freilassung im Jahr 1973 anschließen und D. Dudko hatte zwar Kontakte zu Osipov, zu den anderen Redaktionsmitgliedern aber wahrscheinlich nicht.

S. Mel'nikova stammte aus einer ethnisch recht gemischten Familie. Ihre Mutter war eine assimilierte Polin, ihr Vater war – wie auch bei vielen anderen russischen Nationalisten – Akademiker in der ersten Generation, ein durch und durch "sowjetischer" Militär aus einer Bauernfamilie, der Marxismus-Leninismus an einer Panzerakademie unterrichtete. Im Interview reflektiert sie über die Ursprünge ihres eigenen Interesses an der ethnischen Problematik:

> "Meine Mutter hat mich natürlich im internationalen Geiste, sehr sowjetisch, im Geiste einer allgemeinen Gleichheit, erzogen, ich hing aber sehr an meinem Vater, und er [die Eltern waren geschieden – Anm. d. Autors] war ein sehr russischer Mensch. Zum ersten Mal habe ich über Russland nachgedacht, als ich ihn davon reden hörte und sah, dass er dabei Tränen in den Augen hatte. Er hat oft und gern Ziehharmonika gespielt, er war ein sehr musikalischer Mensch, hat alle Musikinstrumente gespielt und immer, wenn sich bei ihm zu Hause Bekannte und Freunde zum Geburtstag versammelt und etwas getrunken haben, wurde dort gesungen, alle haben da russische Lieder gesungen. Mein Vater hat selbst wunderbar gesungen und diesen Chor dirigiert, seine Frau hat zauberhaft gesungen, eine sehr schöne Stimme hatte sie, da haben sie *Večernij zvon* [Ö Abendklang] und *Step' da step'* [Steppe rings umher] gesungen. Ich war noch klein, habe sie dann besucht, zu Hause bei mir gab es so etwas nicht, und da habe ich alles bewundert, mit großen Augen zugeguckt, und mein Vater hat schon wieder zu seiner Ziehharmonika gegriffen, gesungen und selbst dabei geweint – "Russland" – und da laufen ihm schon die Tränen über die Wangen. "Was ist das, *Russland*, wieso weint er denn?"
> Also hat mein Vater in dieser Hinsicht einen enormen Einfluss auf mich gehabt. Zuerst waren wir sowjetische Menschen, dann habe ich von meinem Vater "Russland" gehört. Ich habe einen russischen Familiennamen, einen russischen Vornamen und das prägt die Identität. Hätte ich einen polnischen Nachnamen gehabt, so hätte ich mich auch völlig anders gefühlt. Adel' Najdenovič [die zweite Ehefrau V. Osipovs, aus politischen Gründen verurteilt, ebenfalls eine assimilierte Polin – Anm. d. Autors] fühlt sich in

---

775 V. OSIPOV: *28 nojabrja 1974 goda u menja bylo zaurjadnoe dežurstvo ...*, Manuskript (maschinenschriftl.) (Archiv des Autors).

Russland anders als ich, Mel'nikova Svetlana, obwohl wir beide ähnliches Blut haben. [...]
Bereits als Jugendliche hatte ich viele Freunde unter der alten Generation der Intelligencija, ich könnte sogar etwas pathetisch behaupten, dass diese alte Moskauer Intelligencija mich erzogen hat, sie waren für mich immer ein Vorbild, so bin ich auch aufgewachsen, sehr vom alten System geprägt.

Es waren Fëdor Nikolaevič Dmitriev, Boris Dmitrievič Komarov, dann hatten wir noch Lehrer aus der alten, vorrevolutionären Schule, mit ihnen war ich sehr befreundet, unter der Jugend hatte ich wenig Freunde, eher unter den älteren Menschen: Zum Beispiel Boris Ivanovič Raevskij, der Vater eines unserer gefallenen Mitschüler. Er war ein bedeutender Ingenieur, war Repressionen ausgesetzt; er war Intellektueller in der ersten Generation, aber sein Vater war ein verfolgter Priester. [...] Boris Ivanovič Raevskij hat mir so ein russisches Bewusstsein anerzogen, weil es bei ihm selbst so stark ausgeprägt war. [...]

Sie hatten noch die alte Lebensart bewahrt, das Leben von vor 1917, und dieses Leben war viel farbenprächtiger als das unsere, das sowjetische, und das hat man sehr wohl gespürt. Und außerdem waren alle Menschen, mit denen ich befreundet war, weiß Gott keine Kleinbürger, es waren Menschen mit ihrer eigenen Weltsicht. Fëdor Nikolaevič Dmitriev war ein ehrwürdiger Mann, ein Adliger aus einer unehelichen Linie der Naščokins. Ein feinfühliger, kluger, bettelarmer Mensch. [...]

Sie waren alle antisowjetisch, antikommunistisch, einige von ihnen haben gesagt, dass die Juden die Revolution gemacht haben und dass die ganze Macht jetzt in ihren Händen liegt, bei den Juden also. Man hat das nur im Flüsterton gesagt, alle haben eine große Gefahr empfunden, das haben sie am meisten gefürchtet. Sie wagten sich viel entschiedener gegen die sowjetische Macht aufzutreten als gegen die Juden. Sie haben gesagt, dass es vor dem Krieg eine jüdische Vorherrschaft gab: Die Juden haben alle Zeitungen kontrolliert und alle Orden und Auszeichnungen verliehen bekommen. Man war der Meinung, dass nur der Sieg im Krieg das russische Volk vor der Vernichtung durch die Juden gerettet hat. Das ist mir ganz klar und deutlich gesagt worden.

Ich konnte ihre Worte nicht anzweifeln, weil es ehrliche und anständige Menschen waren, und sie waren auch älter als ich. [...] Diese Worte haben meine Einstellung [zu den Juden] in keiner Weise beeinflusst, es waren für mich einfach historische Berichte."[776]

S. Mel'nikova, die wie I. Glazunov, V. Kožinov, V. Desjatnikov und viele andere Mitglieder der "Russischen Partei" von vorrevolutionären Angehörigen der Intelligencjia erzogen worden war, korrigierte und redigierte seit der dritten Veče-Ausgabe alle Texte, die veröffentlicht werden sollten, die Entwürfe jeder einzelnen Ausgabe wurden auch bei ihr zu Hause vorbereitet. Darüber hinaus war sie für die Vervielfältigung und Verbreitung von etwa 20–30 Exemplaren der Zeitschrift zuständig, also ca. für die Hälfte jeder Ausgabe. Zum Teil wur-

---

[776] Interview mit S. Mel'nikova.

den die Zeitschriften an wohlhabende Patrioten zum Einzelpreis von fünf Rubel verkauft, und so gibt es vollständige Veče-Ausgaben bei Glazunov und Semanov.[777]

Am 25. Februar 1974 kam es in der Redaktion zur Spaltung und damit zum Ende der Zeitschrift Veče. Laut Osipov, der diese Version bis heute vertritt, wurde S. Mel'nikova als KGB-Agentin entlarvt und löste nach ihrer Bloßstellung einen heftigen Streit aus. Laut Mel'nikova gab es zwei Gründe für diese Spaltung – die kreative Impotenz Osipovs und die heimliche Annahme von Geldern des NTS[778], die er vor den anderen Redaktionsmitgliedern geheim gehalten hatte. Außenstehende Beobachter bezeichnen diesen Streit zynisch als "Weibergezänk", dessen Auslöser die Eheschließung Osipovs mit der aus politischen Gründen verurteilten V. Maškova und die entsprechende Reaktion S. Mel'nikovas, die sich selbst als inoffizielle Frau des Chefredakteurs sah, war.[779]

1981 erschien in den Ausgaben 27 und 28 der Münchener Emigrantenzeitschrift Kontinent die Reportage des Leningrader Schriftstellers M. Chejfec Russkij patriot Vladimir Osipov (Der russische Patriot Vladimir Osipov). Der Verfasser hatte 1975–1979 mit Osipov im Lager gesessen und beschrieb nach seiner Freilassung – wenngleich nicht ohne faktische Fehler – das Leben seines Haftgenossen, unter anderem auch die Gründe des Konflikts in der Veče-Redaktion, natürlich aus Sicht Osipovs. Ehemalige Veče-Mitarbeiter fühlten sich durch diesen Artikel verletzt und die Auseinandersetzung zwischen ihnen, Osipov und Chejfec, zog sich bis Mitte der 90er Jahre hin. A. Ivanov (Skuratov) wurde 1981 verhaftet, als er auf dem Weg zu S. Mel'nikova war, um seine "Antwort ..." an M. Chejfec mit ihr abzustimmen. V. Repnikov, der damals bereits in die USA emigriert war, trat mit einer eigenen Entgegnung auf. Im Dezember 1989 veröffentlichten S. Mel'nikova, I. Ovčinnikov und A. Ivanov im Samizdat den Anti-Osipov-Sammelband K istorii žurnala 'Veče' (Zur Geschichte der Zeitschrift Veče). Er enthielt neben eigenen Beiträgen auch Texte von V. Repnikov, V. Chajbullin und anderen. A. Ivanov (Skuratov) kam auf das Thema noch zwei Mal in seinen Artikeln für die Zei-

---

777 Interviews mit V. Osipov, S. Mel'nikova und S. Semanov.
778 Interviews mit V. Osipov und S. Mel'nikova.
779 Eine ausführliche und m. E. objektive Darstellung des Skandals gibt V. REPNIKOV: Otkrytoe pis'mo Michailu Chejfecu. Samizdat, Anfang der 80er Jahre. (Archiv des Autors). Einzelheiten auch in den Interviews mit V. Osipov, S. Mel'nikova, A. Ivanov (Skuratov) und G. Šimanov.

tung *Russkij vestnik* (Russischer Bote) zurück.[780] Schließlich reichten A. Ivanov, S. Mel'nikova und I. Ovčinnikov im Dezember 1993 beim Gericht des Moskauer Stadtbezirks Baumanskij Klage gegen die Zeitschrift *Kontinent* wegen Verleumdung ein. Die Klage wurde jedoch wegen Verjährung und mehrerer vorheriger Amnestien abgewiesen. Unstrittig ist nur, dass der gesamte Streit um vermeintliche *KGB*- und *NTS*-Agenten die Dokumentensammlung zur Geschichte der Zeitschrift *Veče* erheblich bereichert hat.

Der Streit zwischen den *Veče*-Herausgebern hatte einen großen Skandal zur Folge: V. Osipov teilte westlichen Journalisten mit, die *Veče*-Redaktion sei von *KGB*-Agenten durchsetzt, diese berichteten darüber in russischsprachigen Sendern für die sowjetische Zuhörerschaft, Freunde S. Mel'nikovas dementierten diese Mitteilung usw.[781] Die *Veče*-Redaktion zerbrach in zwei Teile, in die Moskauer Redaktion und in die Gruppe der ehemaligen politischen Häftlinge, Freunde Osipovs, wenngleich auch diese nicht unisono den Chefredakteur unterstützten.

Der *KGB* leitete inzwischen ein Ermittlungsverfahren in der Sache der Zeitschrift *Veče* ein, das Verfahren Nr. 38. Ursprünglich war vorgesehen, in einem Sammelverfahren, dem Verfahren Nr. 15, eine ganze Gruppe *Samizdat*-Aktivisten zu verurteilen: die Schriftsteller E. G. Etkind, V. R. Maramzin und M. R. Chejfec und die Redaktions- und Vertriebsmitarbeiter V. Osipov, P. Goračev, G. Bočevarov und V. E. Konkin. Alle außer Osipov lebten in Leningrad bzw. im Leningrader Gebiet. Dieses Verfahren wurde jedoch im Juni 1974, drei Wochen nach der Verhaftung von M. Chejfec, in zwei Einzelverfahren geteilt, da sich zwischen den beiden Gruppen keine Verbindung nachweisen ließ, abgesehen von einer *Veče*-Ausgabe, die bei der Wohnungsdurchsuchung bei M. Chejfec gefunden wurde. M. Chejfec, E. Etkind und V. Maramzin wurden in Leningrad vernommen und verurteilt, das *Veče*-Verfahren hingegen wurde von der zuständigen *KGB*-Abteilung in *Vladimir* weiter geführt.[782]

---

780 A. Ivanov (Skuratov): Pravda ostalos' za kadrom, in *Russkij vestnik* 10/1991; ders. Vnošu utočnenija, in: *Russkij vestnik* 6/1993.
781 V. Osipov: Ėkstrennoe zajavlenie dlja pečati. 07.03.1974. MS 23/74, AS Nr. 1705, O vychode 10 nomerov žurnala *Veče*. MS 23/74, AS Nr. 1706; Po povodu vystuplenija V. Osipova protiv žurnala *Veče*. 17.04.1974, MS 32/74, AS 1787; Zajavlenie po povodu vychoda t.n. 10 nomera *Veče*. 25.05.1974. MS 32/74, AS Nr. 1790; Ot redakcii žurnala *Veče* o eë otnošenii k V. Osipovu. 12.06.1974. MS 32/74, AS Nr. 1791.
782 S. M. Chejfec: Russkij patriot Vladimir Osipov, in: *Kontinent* Nr. 27-28/1981, Frankfurt/Main, hier Nr. 27, S. 160.

Gleich nach den ersten Vernehmungen im Verfahren Nr. 38 schickten A. Ivanov (Skuratov) und L. Borodin einen Unterhändler an V. Osipov, den ehemaligen Studenten des Staatlichen Instituts für Kinematografie und "geistlichen Sohn" D. Dudkos A. I. Ogorodnikov (geb. 1950), der wegen eines Films über die geistige Sinnsuche der Jugend exmatrikuliert worden war. V. Osipov ließ ihnen jedoch mitteilen, da das Verfahren gegen die Zeitschrift "*Veče*" gerichtet sei, mit der er nichts mehr zu tun habe, sollten die aktuellen Redakteure die Geschichte allein ausbaden.[783]

Letztlich schadete der Skandal beiden Seiten. Nach dem Rauswurf/Weggang Osipovs aus der *Veče*-Redaktion ging die Zeitschrift sehr schnell ein. In der Moskauer Redaktion war niemand bereit und willens, die Verantwortung für dieses gefährliche Vorhaben zu übernehmen, und Osipov, der in *Aleksandrov* saß, konnte von dort aus keine neuen Artikel für die Zeitschrift einwerben und die Beziehungen zur "Russischen Partei" pflegen. S. Mel'nikova und I. V. Ovčinnikov (geb. 1929), ehemaliger politischer Häftling, Übersetzer und illegaler Mitarbeiter in der Verlagsabteilung des Moskauer Patriarchats, ein pathologischer Antisemit, gaben am 19. April 1974 zwar noch die zehnte *Veče*-Ausgabe heraus, aber knapp drei Monate später, am 9. Juli 1974, schlossen sie die Redaktion "wegen der Gefahr der Verhaftung der Mitglieder des Redaktionskollegiums".[784] Es gab aber noch einen weiteren Grund für die Schließung: Als die zehnte Ausgabe in Vorbereitung war, hatte die Redaktion beschlossen, zur Vermeidung von Repressionen jede weitere Ausgabe von einem neuen Chefredakteur verantworten zu lassen. Nachdem aber der *KGB* I. Ovčinnikov vorgeladen und ihn vor die Wahl gestellt hatte, entweder eine neue – für ihn bereits die dritte – Freiheitsstrafe oder Schließung der Zeitschrift, entschied er sich für die Freiheit.[785] Es fanden sich auch keine anderen Freiwilligen, die Rolle des Chefredakteurs dieser patriotischen Zeitschrift zu spielen. Mündliche Proteste A. Ivanovs (Skuratovs) und L. Borodins gegen die Schließung der Zeitschrift blieben ebenfalls wirkungslos, und die Protestierenden selbst hatten keine Lust, zum dritten bzw. zweiten Mal hinter Gitter zu gehen. Heute behauptet S. Mel'nikova, dass, selbst abgesehen von der Verhaftungsgefahr, die Qualität der Zeitschrift so unverbesserlich mangelhaft war, dass eine weitere Herausgabe keinen Sinn gehabt hätte. Die Verantwor-

---

783 Interview mit L. Borodin.
784 Soobščenie redakcii *Veče* o zakrytii žurnala. 9. Ijulja 1974. MS 3/74, AS Nr. 1792.
785 Interview mit I. Ovčinnikov und S. Mel'nikova. S. auch I. V. OVČINNIKOV: Na pereput'jach Rossii, in: *Memuary russkich nacionalistov*. (Dokumenty po istorii dviženija inakomysljaščich, vyp. 1). – Moskau: IIC Panorama, 1995, S. 4–229.

tung für das Scheitern der Zeitschrift wurde natürlich den Juden angelastet. In der "Mitteilung der Redaktion der Zeitschrift *Veče* über deren Schließung" schreiben S. Mel'nikova und I. Ovčinnikov:

"Die Einleitung eines Strafverfahrens gegen eine russische patriotische Zeitschrift [...] kann nur das Ergebnis geheimer russophober Bestrebungen sein, das große Volk, die große Kultur dieses Landes zu vernichten".[786]

V. Osipov war derweil der Meinung, die "Marke" erhalten zu müssen. Obwohl er kaum Texte hatte, weil alles in der *Veče*-Redaktion geblieben war und sein alter Freund und leidenschaftlicher Textautor A. Ivanov (Skuratov) ihn verraten hatte, veröffentlichte er gemeinsam mit dem ehemaligen politischen Häftling V. S. Rodionov (geb. 1947) eine Ausgabe der neuen Zeitschrift *Zemlja*. Die Hälfte der Artikel waren die im *Samizdat* beliebten Predigten des Priesters D. Dudko, außerdem fand sich ein Artikel von V. Osipov mit dem Titel *Poslednii den' Moskvy* (Der letzte Tag Moskaus) über die anhaltende Zerstörung historischer Baudenkmäler sowie mehrere unbedeutende Beiträge.

Dem *KGB* reichte der Weggang Osipovs aus der *Veče*-Redaktion nicht. Die Behörde wollte nicht nur eine oppositionelle Zeitschrift schließen, sondern auch einen übermäßig aktiven und politisch engagierten Dissidenten, der allzu viele Kontakte ins Ausland hatte, ruhig stellen. Am 28. November 1974 wurde Osipov verhaftet und am 26. September 1975 vom Gebietsgericht in *Vladimir* wegen der Herausgabe der Zeitschriften *Veče* und *Zemlja* nach Art. 70 StGB der RSFSR zu acht Jahren Freiheitsentzug in einer Strafkolonie verurteilt. Während des Strafverfahrens gegen V. Osipov veröffentlichten V. Rodionov und V. Maškova am 25. November 1974 die zweite *Zemlja*-Ausgabe, womit aber die Zeitschrift ihre Existenz auch schon beendete.[787]

Die Zeitschrift Moskovskij sbornik und die Burdjug-Gruppe

Kurz nach der Schließung der Zeitschriften *Veče* und *Zemlja* im Jahr 1974 veröffentlichte L. Borodin, ehemaliges Mitglied der *VSChSON*, zwei Ausgaben seiner Zeitschrift *Moskovskij sbornik* (Moskauer Sammelband) unter dem Motto *Problemy nacii i religii* (Probleme der Nation und der Religion). Dabei wurde L. Borodin von mehreren jungen Christen aus der Gemeinde des Priesters D. Dudko unterstützt. Die markanteste Persönlichkeit unter ihnen

---

786 Mitteilung der Redaktion *Veče* zur Schließung der Redaktion.
787 Die Zeitschrift wurde veröffentlicht MS 25/75, AS Nr. 2060. Ein Teil des *Zemlja*-Materials wurde im Westen veröffentlicht: Iz žurnala *Zemlja*, Nr. 1–2. – Frankfurt/Main: Posev, 1975 (Serie Bol'noe slovo).

war der Bauleiter V. V. Burdjug (geb. 1946), dessen beruflicher Werdegang typisch für die meisten christlich-orthodoxen *Samizdat*-Aktivisten war. Sein Vater war Oberst in der Innenverwaltung und Gefängniswärter. V. Burdjug wurde an der Moskauer Staatlichen Universität immatrikuliert, studierte drei Jahre an der Fakultät für Geschichte, war mit vielen Philologiestudenten befreundet und schloss sich dort Dissidenten an. Aus familiären Gründen musste er sein Studium aufgeben und auf dem Bau arbeiten. Er begeisterte sich für orientalische Philosophie und pflegte enge Beziehungen zur Gemeinde des Priesters Aleksandr Men'. Infolge der Radikalisierung seiner Ansichten und nach der Bekanntschaft mit den Priestern G. Šimanov und D. Dudko entschied er sich für einen konservativen und gemäßigt nationalistischen "kirchlichen Weg". So beschreibt er selbst seine Entwicklung:

> "Ein großer Teil [der jungen christlich-orthodoxen Intellektuellen] hat sich als Teil der russischen Geschichte erkannt und neigte sich von dem rosafarbenen Gutmenschen-Christentum Dostoevskijs nach rechts, d. h. hin zur Überlieferung vom heiligen Vaterland, und da entstand sofort eine nationale Basis, und die Themenauswahl veränderte sich etwas. Mit den Politikern konnte uns etwa die Ablehnung des Kommunismus, die Ablehnung dieses Systems als eines Antisystems, verbinden, die Methoden aber waren vollkommen unterschiedlich, da sich die demokratischen Politiker eher nach Westen ausrichteten, die Vertreter der kirchlichen Richtung aber eher auf den inneren russländischen Zensus orientierten. Mein Weg in den Schoß der Kirche verlief über die russische Literatur zur russischen Religionsphilosophie, von der russischen Religionsphilosophie zur Kirche. In meinem Fall hat sich diese Entwicklung sehr schnell vollzogen, zumindest was die Zeit der Auselnandersetzung mit der russischen Religionsphilosophie betrifft. Die Überwindung aller möglichen Versuchungen und rein philosophischer Ausschweifungen hat dagegen jahrelang gedauert."[788]

Ende der 60er Jahre verließ V. Burdjug die Gemeinde des Priesters Aleksandr Men' und wechselte zur Gemeinde des Priesters Dmitrij Dudko, bewahrte und pflegte aber weiterhin zahlreiche Beziehungen zur Moskauer christlich-orthodoxen Intelligencija. An seiner Entwicklung orientierten sich junge christliche Intellektuelle, wie der Dichter S. A. Budarov (geb. 1946), V. A. Budarov (geb. 1942), N. V. Blochin, der Psychiater Černyšov und A. K. Rozanov (Sidorov; geb. 1946). N. Blochin erinnert sich:

> "Pater Dmitrij (Dudko) hatte eine riesige Gemeinde, in ganz Russland waren es etwa Tausend Menschen. [...] Das Zentrum seines Wirkens befand sich in der Ortschaft *Grebnevo*, dahin sind wir jeden Sonntag vom Jaroslavskij-Bahnhof gefahren, dann

---

788 Interview mit V. Burdjug.

mussten wir uns noch ein Stück im überfüllten Bus drängeln, aber wir haben das freudig auf uns genommen, in Erwartung des Gottesdienstes mit unserem Beichtvater."[789]

Die Burdjug-Gruppe hatte eine Zwischenstellung zwischen den christlich-orthodoxen Laien-Gemeinden der Großstädte, wie z. B. der Gemeinde des Priesters A. Men', und der Bewegung russischer Nationalisten. Die geistige Führung des russischen Nationalisten D. Dudko, der in den 90er Jahren Beichtvater in den Zeitungen *Den'* (Tag) und *Zavtra* (Morgen) war, sowie G. Šimanovs und L. Borodins und auch die Kontakte zu V. Šul'gin konnten für die Weltanschauung der Gruppe nicht spurenlos bleiben.

V. Burdjug selbst beschreibt seine Ansichten in den 70er Jahren folgendermaßen:

"Ich bin zum Christentum als naiver Liberaler gekommen, und erst nach etwa zwei Jahren hat sich mein gesellschaftspolitisches Ideal geformt: Ein monarchistisches Ideal. Seitdem hat es sich nicht geändert, weil ich mir nicht vorstellen kann, dass ein christlich-orthodoxer Mensch ein anderes gesellschaftspolitisches Ideal haben könnte."[790]

N. Blochin, der heute behauptet, "es gibt keine Demokratie, das ist alles eine einzige jüdische Lüge", erinnert sich, wie er bereits Ende der 70er Jahre "Bilder des Märtyrer-Zaren druckte, als sie noch von niemandem gedruckt wurden. [...] Stellen Sie sich vor, da kommt jemand zu Besuch und fragt: 'Wer ist denn das?' An der Wand hängt das Bild des Zaren Nikolai II. 'Ist das etwa Nikolaschka?' Und ich antworte dann: 'Das ist nicht Nikolaschka, das ist der Landesherr Nikolai der Zweite.' Und alle kommen herein und sehen etwas, was gar nicht sein konnte."[791]

Mitte der 70er Jahre, als G. Šimanov sich für national-kommunistische Ideen begeisterte, brach die Burdjug-Gruppe die Kontakte zu ihm ab. V. Burdjug selbst sagte im Interview nichts Genaues über diesen Konflikt und beschränkte sich lediglich auf die Behauptung "der hat uns rausgeschmissen". G. Šimanov jedoch erklärte, dass er den Kontakt zu V. Burdjug abbrach, nachdem dieser erklärt hatte, man müsse die *Russische Befreiungsarmee* (ROA) wieder gründen. L. Borodin, der konsequente Antikommunist, der die Untergrundtätigkeit weiter befürwortete, stand der Burdjug-Gruppe ideologisch viel näher. Die Burdjug-Gruppe unterschied sich allerdings deutlich von den bekannten Untergrundorganisationen der 50er–60er Jahre. Diese Gruppe versammelte "Macher" und keine "Phantasten". Es war ein geschlossener

---

789 N. BLOCHIN: Demokratii v žizni ne byvaet, in: *Russkij vestnik* 41–42/2000, S. 12.
790 Interview mit V. Burdjug
791 N. BLOCHIN: Demokratii v žizni ne byvaet, in: *Russkij vestnik* 41–42/2000, S. 12.

Freundeskreis, dem Familienväter und beruflich erfolgreiche Leute angehörten. Sie hatten ihren eigenen Spiritus Rector, anfangs Pater Aleksandr Men', später D. Dudko, und ihr Oberhaupt V. Burdjug. Die Mitglieder dieser Gruppe entschieden sich eher unbewusst für den Weg der zunehmenden Abwendung vom Sowjetstaat. Derartige "Kommunen", die bestimmte politische und soziale Ansichten mit deutlich höheren als im System vorgesehenen Verdienstmöglichkeiten verbanden, entstanden zunehmend in den 70er Jahren. In der Gemeinde des Priesters A. Men' äußerte sich diese Tendenz in der Strategie der "kleinen Gruppen". Mindestens zehn solcher Gruppen bildeten sich je nach beruflichen und privaten Interessen der Mitglieder, die sich zur gemeinsamen Messe in privaten Wohnungen versammelten und nicht in der Gemeindekirche am Rande von Moskau, die vom *KGB* regelmäßig kontrolliert wurde.

Die festgefügte und aktive Burdjug-Gruppe kam in der Gemeinde des Priesters A. Men' auch mit der Verbreitung von *Samizdat*-Literatur in Berührung. Später wirkte sie selbst bei der Vorbereitung mehrerer *Veče*-Ausgaben mit. Dabei übernahm sie eher technische Arbeiten, wie etwa Schreibkräfte zu besorgen. Im *Moskovskij sbornik* stellten Mitglieder dieser Gruppe bereits das Redaktionskollegium und L. Borodin, der sich inzwischen zu einem überzeugten "Dorfautor" entwickelt hatte, dessen literarische Tätigkeit allerdings erst in den 80er Jahren in der Sowjetunion anerkannt wurde, war der Chefredakteur. Mit der Zeitschrift arbeiteten anerkannte Wissenschaftler wie R. Gal'ceva und S. Chorunžij zusammen.

Wie bereits die Zusammensetzung des Redaktionskollegiums zeigt, verfolgte der *Moskovskij sbornik* in deutlich geringerem Maße Interessen der "Russischen Partei" und unterschied sich damit deutlich von der Zeitschrift *Veče*. Die Anzahl der pseudohistorischen und literaturwissenschaftlichen Beiträge wurde auf ein Minimum reduziert, stattdessen wurden überwiegend Artikel zu religionsphilosophischen Themen veröffentlicht.

Die bemerkenswertesten Artikel in der ersten Ausgabe des *Moskovskij sbornik* vom September 1974 waren: Erinnerungen an N. Berdjaev von seinem Sohn; ein Artikel von R. Galceva, die Fortsetzung einer Arbeit A. Ivanovs (Skuratovs) als eine Art Erbe aus der *Veče* unter dem Titel *Triumf samoubijc* (Triumph der Selbstmörder) sowie zahlreiche Beiträge des Chefredakteurs L. Borodin: seine Polemik mit dem Historiker der Russisch-Orthodoxen Kirche

A. Krasnov-Levitin, ein Artikel unter dem Pseudonym "Borisov" über nationale Probleme sowie einige Kapitel seines Romans "Schwanengesang".[792]

In der zweiten Ausgabe erschienen ebenfalls zwei Artikel von L. Borodin, davon einer unter dem Pseudonym "Koršunov", und ein Beitrag von S. Chorunžij unter dem Pseudonym "Glebov" mit dem Titel *L. Karsavin. Biografičeskij očerk* (L. Karsavin. Biografische Skizze). In der dritten Ausgabe erschienen u. a. ein anonymer Artikel von dem *VSChSON*-Mitglied E. Vagin über den Philosophen Fedorov, ein Artikel zur Psychiatrie von Černyšov und ein literaturwissenschaftlicher Beitrag von S. Budarov. Auch G. Šimanov wurde im *Moskovskij sbornik* gedruckt, bevor die Beziehungen zur Burdjug-Gruppe endgültig abbrachen.

Die Auflage der Zeitschrift betrug 20–25 Exemplare. Die zweite und die dritte Ausgabe wurde auf einer von L. Borodin extra angeschafften elektrischen IBM-Schreibmaschine getippt, so dass die Zeitschrift fast wie eine normale Printausgabe aussah. Es gab keine Autorenexemplare, die Zeitschrift ging ausschließlich an besonders wichtige Leser bzw. an solche, die zumindest die Druckkosten bezahlen konnten, in Moskau, Leningrad (wie etwa an L. Gumilëv, den Kopf einer großen christlich-orthodoxen Jugendgemeinde, V. Poreš und Mitglieder der *VSChSON*) und in Irkutsk (V. Ivojlov).

Bei einer Hausdurchsuchung in der Wohnung S. Budarovs wurde im April 1975 der Entwurf der dritten Ausgabe entdeckt. L. Borodin musste zur Staatsanwaltschaft und bekam dort eine "Verwarnung entsprechend dem Erlass des Präsidiums des Obersten Sowjets der UdSSR von 1972".[793] Diese Verwarnung bewegte ihn dazu, die Verantwortung für die Herausgabe der Zeitschrift an V. Burdjug, A. Rozanov und S. Budarov abzugeben. Er selbst ging nach Sibirien zurück, widmete sich seiner literarischen Tätigkeit und veröffentlichte mehrere seiner Werke im Westen. 1982 wurde er verhaftet und für die Veröffentlichung seiner Werke im Westen nach Art. 70 des StGB der RSFSR zu zehn Jahren Lagerhaft und fünf Jahren Verbannung verurteilt.

---

792 AS Nr. 2050.
793 Eine Verwarnung, der zufolge die Handlungen der entsprechenden Person als schädlich für die sowjetische Gesellschaft betrachtet wurden, erhielten entsprechend dem Erlass des Präsidiums des Obersten Sowjets der UdSSR engagierte *Samizdat*-Mitstreiter und Vertreter der Bewegung der Andersdenkenden (Sacharov, Medvedev u. a.). Stellte der so Verwarnte seine Tätigkeit nicht ein oder emigrierte nicht (was recht selten der Fall war), folgte nach ein bis eineinhalb Jahren die Verurteilung nach § 70.

V. Burdjug, A. Rozanov und S. Budarov bereiteten die vierte Ausgabe des *Moskovskij sbornik* vor. Da sie aber nicht den Segen des Priesters D. Dudko für die Veröffentlichung dieser Ausgabe bekamen, ließen sie als brave orthodoxe Christen das Vorhaben fallen.[794]

Den russischen Nationalisten gelang es nicht, größere Bedeutung in der Bewegung der Andersdenkenden zu erlangen. Sie gründeten lediglich einige Untergrundgruppen. In den Lagern für politische Häftlinge konnten die Anführer dieser Gruppen mit der Unterstützung von jeweils etwa fünfzig Menschen rechnen, was sehr wenig war. Im "patriotischen" *Samizdat* wirkte eine kleine Gruppe von Aktivisten mit, die in den 70er Jahren nicht nur keine neuen Mitglieder gewinnen konnte, sondern auch einen deutlichen Rückgang der Mitgliederzahl verzeichnen musste, was sich nachhaltig im Rückgang der Auflagenhöhe niederschlug. Für die angesehenen Mitglieder der "Russischen Partei" waren – von wenigen Ausnahmen abgesehen – ethnonationalistische Dissidenten eher uninteressant und unter Umständen sogar gefährlich.

Die soziale Nische, die die russischen Nationalisten innerhalb der Bewegung der Andersdenkenden besetzten, wurde so zu einer sozialen Falle, die die Entwicklung einer sektiererischen Denkweise beförderte und unzählige private Konflikte hervorrief. Als die russischen Nationalisten Ende der 80er Jahre endlich die Möglichkeit freien Handelns erlangten, konnten sie sich dennoch nicht als öffentlich anerkannte Politiker etablieren. Ihr inoffizieller Anführer V. Osipov verlor alle Wahlen, bei denen er seit 1990[795] kandidierte, und seine Partei *Sojuz christianskogo vozroždenija* (Union der christlichen Wiedergeburt) blieb eine kleine und marginale politische Gruppierung ohne jeden Einfluss auf die "große Politik". Von den anderen Aktivisten aus dem *Samizdat* der russischen Nationalisten wurde lediglich L. Borodin bekannt, und zwar dank seiner außergewöhnlichen literarischen Begabung und seines exotischen Lebenslaufes. 1994 wurde er Chefredakteur der Zeitschrift *Moskau*.

---

794 Später machten sie dann Dudko Vorwürfe wegen seiner öffentlichen Reue unter dem Druck der drohenden dritten Verhaftung (Interview mit V. Burdjug).

795 Im Januar 1990, als ich mich noch nicht für die Geschichte der Bewegung der Andersdenkenden interessierte, aber Mitglied im *Rossijskij sojuz molodych demokratov* (Russländische Vereinigung junger Demokraten) war, wurde ich nach einer Versammlung der Organisation Zeuge, wie Osipov versuchte, auf Stimmenfang zu gehen. Am Metrodurchgang *Novye čerëmuški* hüpfte ein mittelgroßer breitschultriger Mann mit Bart in der Kälte, umringt von zwei oder drei ebenfalls durchgefrorenen Damen aus der Gruppe seiner Unterstützer. Allerdings war weit und breit niemand zu entdecken, der die Bekanntschaft des Kandidaten (wofür auch immer) machen wollte.

10 Die russischen Nationalisten und die Russisch-Orthodoxe Kirche[796]

Die Bewegung russischer Nationalisten hatte ihre Anhänger in der Russisch-Orthodoxen Kirche, da das "Kirchenvolk" mehr als andere soziale Gruppen fremdenfeindlich war, auch wenn es seine Überzeugungen besser zu verbergen wusste. Gleichzeitig versuchte der weltliche Teil der "Russischen Partei" – allerdings ohne besonderen Nachdruck – Kontakte zur Geistlichkeit zu knüpfen, um die Zustimmung der Kirche für ihre Tätigkeit zu bekommen.

Der russische Nationalismus in der Russisch-Orthodoxen Kirche

Das Problem des Nationalismus in der Russisch-Orthodoxen Kirche (ROK) ist, vorsichtig ausgedrückt, nicht neu. Vor der Oktoberrevolution war die Kirche eine wichtige Inspirationsquelle für die "Schwarzhunderter" und beteiligte sich an Aktivitäten radikal-nationalistischer Organisationen, woran national-patriotische und monarchistische Publikationen heute immer wieder erinnern. Dutzende Bischöfe, Hunderte, wenn nicht Tausende Geistliche waren damals im "Schwarzen Hundert", in der "Union des Erzengels Michael" und ähnlichen Gruppierungen vertreten. Gleichzeitig entstand in der ROK ein liberaler Flügel, der sich für eine Modernisierung der Kirche einsetzte, um die in der tausendjährigen Geschichte der russischen Orthodoxie bereits mehrfach veränderten kirchlichen Rituale mit dem Zeitgeist in Übereinstimmung zu bringen, damit die ROK ihre Kirchgänger nicht etwa aufgrund ihrer Rückständigkeit verliert. Dieser Flügel aus aufgeklärten Professoren kirchlicher Bildungseinrichtungen, Theologen und Geistlichen aus den großen Städten war weniger von ethnischer und religiöser Fremdenfeindlichkeit geprägt.

Aus dem Landeskonzil von 1917/18 gingen die "Liberalen" bekanntlich als Sieger hervor. Allerdings hatte sich der Staat in den Gang der Ereignisse eingemischt. Geleitet von ihrem Interesse, eine gesellschaftliche Institution, die nicht willens war, sich als Ganzes dem Staat unterzuordnen, zu zerstören und sich eines Konkurrenten im religiösen Bereich zu entledigen, unterstützten die *Bolševiki* (*VKP (b)*) die verwegenen Pläne der liberalen "Reformer", die praktisch von der Staatspolizei (*GPU*) vorangetrieben wurden, und dis-

---

796 Übersetzung: Maxim Bau.

kreditierten damit die in den Beschlüssen des Landeskonzils enthaltenen Ideen.

Die moralischen Sieger waren die Konservativen der Kirche, denen es gelungen war, die Mehrheit der verbliebenen Gläubigen hinter sich zu scharen. Bekanntlich wurden in den 20er und 30er Jahren fast alle Priester, ob konservativ oder liberal, liquidiert, doch im Endeffekt erhielten die Konservativen 1944 bei der Strukturierung der neuen ROK den Zuschlag für die Neuformierung. Im Gegenzug für die Anerkennung des neuen Sowjetstaates und die Zusicherung der Kooperation wurde der Geistlichkeit vom Politbüro die volle Macht über die Gläubigen übertragen. Der Priester wurde zum uneingeschränkten Gemeindeoberhaupt. Damit wurde die auf dem Landeskonzil von 1917/18 angestrebte Demokratisierung der Kirche de facto widerrufen.

Es stellte sich allerdings bald heraus, dass sich auch die Gläubigen in den ersten 30 Jahren der Sowjetmacht stark verändert hatten. Von dem Volk mit einer ausgeprägten religiösen Kultur, das regelmäßig in die Kirche ging, die Beichte ablegte, die Kommunion empfing, die Priester ehrte und ihre Ratschläge befolgte, waren der Kirche nur noch die "alten Mütterchen" geblieben. Unter sowjetischen Bedingungen war der Kirchgang zu einer "sozialen Rolle" von Frauen im Rentenalter geworden. Daneben gab es noch eine recht kleine Schicht kirchentreuer Menschen aus Familien, die eng mit der ROK verbunden waren und gemeinsam mit ihr die Zeit der Verfolgungen durchlebt hatten. Aus dieser Schicht rekrutierten sich die Geistlichen, Ministranten und "Mütterchen", die den Rückhalt der Kirche bildeten; sie war das "Kirchenvolk", das die kirchliche Hierarchie praktisch in allen ihren Vorhaben unterstützte.

Natürlich gab es unter den Geistlichen verschiedene ideelle Ausrichtungen. Am konservativsten und fremdenfeindlichsten waren die Mönche. Als sie in der zweiten Hälfte der 40er Jahre mit Erlaubnis der Machthabenden den Untergrund verließen, brachten sie viele Mythen aus den ersten Jahren des Jahrhunderts in die sowjetische Gegenwart mit. Da diese Mythologie überwiegend in mündlicher Form existierte, lässt sich nur vermuten, dass die Kombination von antisowjetischen Überzeugungen und vorrevolutionären Erfahrungen den Grund für die "Auflösung" der ersten Mönchsgeneration des Dreifaltigkeitsklosters von *Sergiev Posad* im Jahr 1946 lieferten. Damals wurde der Vorsteher des Klosters, Gurij (Egorov), nach der im ZK beliebten Methode der "offensiven Wegbeförderung" (Versetzung auf ein formal höheres, aber de facto unbedeutendes Amt) auf außerordentlichem Wege nach

Taschkent versetzt. Vom Archimandriten, dem Oberhaupt des geistlichen Zentrums der gesamten Kirche, wurde er zum Bischof befördert und auf den abgelegenen Bischofssitz in der Provinz, der auch heute noch als Ort der Verbannung für Hierarchen, die sich etwas haben zu Schulden kommen lassen, gilt, zwangsversetzt. Der Grund für die Vertreibung des verdienstvollen und einflussreichen Kirchenmannes war sein entschlossener Einsatz für die konservativen Mönchstraditionen. Nach Aussagen eines seiner geistlichen Nachfolger leitete Metropolit Gurij bis zu seinem Tod ein großes Netz legaler und illegaler Gemeinden sowie Klöster, die sich während des "Himmelssturms"[797] Chruščëvs zur scheinbaren Auflösung gezwungen sahen, um allerdings in Wahrheit in den Untergrund zu gehen.

Sein Nachfolger am Bischofssitz in Taschkent wurde ab 1953 sein Schüler Bischof Ermogen (Golubëv, 1896–1978), der sich Ansehen in der Kirche nicht nur dadurch erwarb, dass er gegenüber den lokalen Behörden hartnäckig ihre Interessen verteidigte – u. a. gelang es ihm unter dem Vorwand von Renovierungsmaßnahmen, eine Kathedrale zu sanieren und zu erweitern, was ihn 1960 seinen Posten kostete –, sondern auch durch seinen Kampf gegen die Beschlüsse des Bischofskonzils von 1961. Dort war das Episkopat auf Druck der Behörden gezwungen gewesen, Beschlüsse zur Einschränkung der Rechte der Geistlichkeit zu fassen, die eine "Pseudodemokratie" in das Leben der Kirche einführten. Nach der neuen Kirchenverfassung hatte das von den Behörden kontrollierte "Kirchengremium der Zwanzig" die gesamte Macht in den Gemeinden inne, während der Priester zum rechtlosen Angestellten degradiert wurde. Die Abschaffung dieser Regelungen und die Rückgabe der Haushalts-, Verwaltungs- und Finanzhoheit der Kirche an die Geistlichkeit war Hauptgegenstand der Petitionskampagne im *Samizdat* in der zweiten Hälfte der 60er Jahre, in der die Priester Gleb Jakunin und Nikolaj Ešliman – die ersten, die sich nach langer Zeit offen gegen die stille Politik des staatlichen Drucks auf religiöse Konfessionen äußerten – zu Bekanntheit gelangten.

Wie aus den Unterlagen des Rats für die Angelegenheiten der ROK hervorgeht, erhob die Staatsmacht seit den 50er Jahren weitere Vorwürfe gegen Bischof Ermogen. Nach Meinung des *KGB* weihte er zahlreiche Personen mit zweifelhafter Vergangenheit zu Priestern: zurückgekehrte Emigranten, ehemalige politische Häftlinge und andere "Sowjetfeinde", die aus allen Teilen des Landes nach Taschkent kamen.

---

[797] Interview mit der Klostervorsteherin Evgenija (Vološčuk), Mogilëv 1998.

Trotz der Verbannung von Gurij (Egorov) und seinem Umfeld aus dem ideellen und organisatorischen Zentrum der ROK, dem Dreifaltigkeitskloster von *Sergiev Posad*, lebte die von ihm begründete bzw. wiederhergestellte geistige Tradition fort. Russische Ethnonationalisten mit monarchistischen Ansichten prägten nach wie vor die Politik des Klosters.[798] In den 60er Jahren erlebte die Bewegung der Renaissance des Mönchtums einen neuerlichen Aufschwung, der dem Wirken des charismatischen Archimandriten Tichon (Vasilij P. Agrikov, 1916–2000) zu verdanken war. Er studierte von 1946 bis 1953 an der Moskauer Geistlichen Akademie (*MDAiS*) und trat dann in das Dreifaltigkeitskloster von *Sergiev Posad* ein.[799] Seine Schüler, die Archimandriten Kirill (Pavlov) und Naum (Bajbarodin), waren seit Anfang der 70er Jahre hoch angesehene Geistliche des Klosters, deren Aufgabe es war, die Beichte abzunehmen. Pater Kirill (Pavlov) war auf die geistliche Betreuung der Priester, Seminaristen und Studenten der Akademie – die *MDAiS* befindet sich auf dem Territorium des Dreifaltigkeitsklosters von *Sergiev Posad* – spezialisiert, während Pater Naum (Bajbarodin) sich hauptsächlich um die Künstler und Intellektuellen kümmerte, die sich an die Kirche wandten. So vollzog sich im Laufe der 70er und 80er Jahre innerhalb der Kirche unter den Gläubigen und Laien die Herausbildung einer ethnonationalistischen, fremdenfeindlichen, monarchistischen und religiös-fundamentalistischen Gruppierung, die die Rückkehr der Kirche zur Wirklichkeit des 19. Jahrhunderts forderte und sich gegen andere kircheninterne Strömungen abgrenzte.

Die Stimmung innerhalb der Gruppierung lud sich so weit auf, dass sich ein Teil der Anhängerinnen des charismatischen Priesters in den 70er Jahren *tichonovki* nannte und Metallabzeichen in Form des Buchstaben "T" trug. Unter ihnen kam das Gerücht auf, der Archimandrit sei die lebende Verkörperung Christi, und er müsse daher getötet, sein Leib zerteilt, getrocknet und für die Kommunion verwendet werden. Nachdem die geistig verwirrten Anhängerinnen mehrere Versuche unternommen hatten, ihre Idee zu verwirklichen, war Tichon gezwungen, das Kloster zu verlassen und sich bis an sein Lebensende "in Klausur zurückzuziehen". Der letzte meinen Interviewpartnern bekannte Aufenthaltsort Tichons war Suchumi, doch auch von dort musste er

---

798 Vgl. die wohlwollenden und alle politischen Themen vermeidenden (da in den 70er–80er Jahren geschriebenen) Biografien von Klostermönchen der 1950er–60er Jahre: ARCHIMANDRIT TICHON (AGRIKOV): *U troicy okrylënnye*. – Moskau: Svjato-Troickaja Sergieva lavra; Perm': PO "Panagija", 2000.
799 SERGEJ A. GOLUBCOV: *Troice-Sergieva Lavra za poslednie sto let*. – Moskau: Pravoslavnoe bratstvo sporučnicy grešnych, 1998, S. 205.

nach einem Attentatsversuch fliehen. Seine Mitbrüder aus dem Dreifaltigkeitskloster waren sich im Übrigen sicher, dass die Aktionen der *tichonovki* vom *KGB* inspiriert waren, der auf diese raffinierte Weise versuchte, den inoffiziellen geistigen Führer aus dem Kloster zu vertreiben.[800]

Von Beginn an waren die Kloster-Fundamentalisten gezwungen, sich mit einer die gesamte Kirche bewegenden Frage auseinanderzusetzen. Nachdem die Geistlichkeit der ROK Mitte der 60er Jahre die letzte Welle von Verfolgungen überstanden hatte, stand sie plötzlich einem bislang unbekannten Phänomen gegenüber. Während man es inzwischen gewohnt war, "im eigenen Saft zu schmoren" und von einer bestimmten sozialen und Altersklientel zu leben, stellte man nun in den Kirchen einen Zulauf von engagierten intelligenten jungen Leuten aus atheistischen Familien fest. Die meisten wussten nichts vom Leben der Kirche, wollten jedoch "richtige" orthodoxe Christen werden. Auf diese Art von Gläubigen waren die Priester nicht vorbereitet. Deshalb konzentrierten sich diese gebildeten jungen Leute in den Gemeinden jener wenigen Priester, die den Mut aufbrachten und willens waren, sich mit ihnen zu befassen. Heute sind ihre Namen hinlänglich bekannt: Vsevolod Špiller, Aleksandr Men', Dmitrij Dudko, Valerian Krečetov, Archimandrit Ioann (Krestjankin) und andere. Ihre zumeist in Moskau und im Moskauer Umland gelegenen Gemeinden hatten in den 70er Jahren jeweils einige tausend Mitglieder.

Der anhaltende Zulauf von jungen Leuten und ihr Bestreben, aktiv am kirchlichen Leben teilzunehmen, missfielen der Geistlichkeit, den Strenggläubigen und den "Mütterchen". Es zerstörte das fest gefügte System der Beziehungen, es drohten durchaus ernst zu nehmende Konflikte mit der Staatsmacht und es untergrub die der Kirche so heilige Atmosphäre der "Glückseligkeit". Die Neophyten begannen schon nach wenigen Monaten des Kirchenbesuchs die Priester mit oder ohne Grund zu belehren und sich in das Verhältnis zur Staatsmacht und zu den angestammten Gemeindemitgliedern sowie in Fragen des Gottesdienstes und des Haushalts einzumischen. Oft war ihr Glaube unbeständig, und nachdem sie einige Zeit in einer Gemeinde verbracht hatten, wechselten sie zu einer anderen oder verließen die Kirche vollends. Und

---

800 Interview mit dem ehemaligen Klosterdiener von Patriarch Pimen (Izvekov), Archimandrit Anatolij (Kuznecov). Weitere Details zur Tätigkeit dieser Gruppe enthalten die Interviews mit dem Erzbischof von Homel (Gomel') Aristarch (Stankevič), dem Bischof von Vladivostok und Primorsk Veniamin (Puškar'), dem Erzbischof von Czernowitz und Bukovina Onufrij (Berezovskij) und dem Archimandriten Fëdor (Mamasuev).

schließlich war ein bedeutender Teil der Neophyten jüdischer oder gemischter ethnischer Herkunft, was bei vielen Priestern für große, wenngleich nicht öffentlich geäußerte Verärgerung sorgte.

Die folgenden Angaben machte der Oberpriester Ioann Klimenko, 1982–1988 Vorsteher der *Sretenskij*-Kirche der Ortschaft *Novaja Derevnja* im Gebiet Moskau, über seine Gemeinde, in der Aleksandr Men' als zweiter Priester tätig war, bereits 1992:

> "Der Priester Aleksandr Men' war den Besuchern aus Moskau und anderen Städten gegenüber sehr aufmerksam. Und bei der Nationalität konzentrierte er sich auf Besucher jüdischer Nationalität oder solche, bei denen ein Elternteil jüdisch war. Sie waren zahlenmäßig einfach mehr. Wenn man seine Besucher proportional zuordnet, dann waren es drei Gruppen: 60 Prozent aus Mischehen, 25 Prozent reine Juden und 15 Prozent Vertreter anderer Nationalitäten."[801]

Der Klerus der ROK war auf die Arbeit mit modernen Individualisten, mit Menschen, die auf der Sinnsuche waren, im Grunde nicht vorbereitet – das Streben nach religiöser Unterweisung oder nach Missionierung war vom Staat komplett zunichte gemacht worden und die Tätigkeiten als solche verboten –, er war aber bereit, diesen ganzen "Unfug" zu dulden, solange er sich auf einige wenige Gemeinden beschränkte. Er ließ aber keine Neuerungen in der Kirche zu, schon gar keine liberalen, die von "Neophyten" und "Kirchenfremden" kamen. Sie wurden gleichsam mit "Reformern" und "Katholiken" assoziiert. Das war der Grund für den Hass innerhalb der ROK und insbesondere im Umfeld des Dreifaltigkeitsklosters, den der Priester Aleksandr Men' auf sich zog, obwohl er selbst aus einer kirchentreuen, den *katakombniki* (orthodoxe Christen, die die Sowjetmacht nicht anerkannten) nahen Familie stammte und die Unterstützung eines Teils der Hierarchie und der alten vorrevolutionären Geistlichkeit genoss. Seine Gemeinde war gleichermaßen neophytisch, liberal und in hohem Maße "jüdisch". Obendrein befand sie sich direkt unter den Augen der Mönche des Dreifaltigkeitsklosters, nämlich in dessen unmittelbarer Nachbarschaft. Das alles sorgte für Skandale auch in der Gemeinde selbst, wo einige "Mütterchen" bereits in den 80er Jahren, von antisemitischen Vorstehern angespornt, versuchten, gegen die "dahergelaufenen" jungen Leute des zweiten Priesters vorzugehen.[802]

Die hypothetische Möglichkeit einer "Katholisierung" und der damit verbundenen "ökumenischen Sünde" war das zweite Problem der Geistlichkeit der

---

801 SERGEJ S. BYČKOV: *Chronika neraskrytogo ubijstva*. – Moskau: Russkoe reklamnoe izdatel'stvo, 1996, S. 85.
802 Ebd. S. 83–85.

ROK. "Ökumenische" Arbeit, d. h. Zusammenarbeit mit anderen Konfessionen, betrieb vor allem eine Gruppe bekannter Theologen und Hierarchen der ROK, angeführt vom Metropoliten von Leningrad und Novgorod Nikodim (Rotov). Metropolit Nikodim, in den 60er und 70er Jahren die zweitwichtigste Person in der ROK, arbeitete an der bereits Anfang der 60er Jahre von der Staatsführung an die Kirche gestellten Aufgabe, die sowjetische Gesellschaftsform in nicht-sozialistischen Ländern zu propagieren sowie unter diesem Deckmantel Gegenpropaganda, Diplomatie- und Spionagetätigkeit zu betreiben. Zu diesem Zweck trat die ROK der größten internationalen überkonfessionellen Organisation, dem *Ökumenischen Rat der Kirchen* (ÖRK), bei und knüpfte Kontakte zu mehreren religiösen Organisationen, darunter auch zur katholischen Kirche.

Diese Kontakte wurden von der konservativen Geistlichkeit der ROK verurteilt. Ihnen missfiel die Einmischung des Staates in die Belange der Kirche und die opportunistische Haltung der Mehrheit der Bischöfe. Außerdem misstrauten sie aufgrund ihrer fremdenfeindlichen Einstellung (entstanden u. a. in den Lagern und im Untergrund) allen Kontakten zu Andersgläubigen. Solche Kontakte ließen sich in ihren Augen selbst angesichts des offensichtlichen Nutzens für die Staatsinteressen nicht legitimieren.

Die ROK betrachtet den Katholizismus als einzige echte religiöse Konkurrenz in Russland. Für die Geistlichkeit der ROK ist ausschlaggebend, dass der Katholizismus eine alte historische Konfession mit apostolischer Tradition ist und gemeinsame Kirchenväter mit der Orthodoxie hat. Die rituelle Seite des katholischen Gottesdienstes ist der Orthodoxen Kirche viel näher als der Protestantismus, ganz zu schweigen von nicht-christlichen Konfessionen. Der Erzbischof von L'vov der Ukrainisch-Orthodoxen Kirche des Patriarchats Moskau Avgustin (Markevič) meint dazu sachkundig im Interview:

> "Es scheint nur, als wäre der katholische Geist dem orthodoxen Menschen völlig fremd. Besucht er eine katholische Kirche ein paar Mal, findet er womöglich schon Gefallen daran."[803]

Daher wird jede Aktivität der Katholiken von den orthodoxen Priestern als Akt mit langfristigen, wenn nicht gar unumkehrbaren Folgen betrachtet. Ganz anders die als "Sektierer" bezeichneten und nicht ganz ernst genommenen Protestanten, die nach Meinung der orthodoxen Geistlichkeit auf dem Territorium Russlands erst seit 100 Jahren existieren und eines Tages wie eine Sinnestäuschung verschwinden würden.

---

803   Interview. – L'vov, Mai 1998.

Das gesamte System der Priesterausbildung basiert auf Geschichten über Konflikte mit der römisch-katholischen Kirche und der Notwendigkeit, sich dieser Gefahr bewusst zu sein. Der zweite Aspekt des Problems war die Tatsache, dass die ROK jeden Russen (Ukrainer, Weißrussen, Moldawier) automatisch als orthodoxen Christen betrachtet. Während der Übertritt eines potenziellen orthodoxen Gläubigen zum Protestantismus als Resultat von Manipulationen gedeutet wird, ist die Konvertierung zum Katholizismus gleichbedeutend mit seinem geistigen Tod und macht ihn zu einem weiteren offenen Feind der Orthodoxie. Die orthodoxen Geistlichen finden sich damit ab, dass Katholiken ethnische Polen, Litauer und Deutsche, also von vornherein Fremde, in ihre Kirche locken, wehren sich jedoch entschieden gegen jeden Angriff auf die russische Identität.

So waren der Metropolit Nikodim und die "Ökumenisten" für die Fundamentalisten der Kirche die Personifizierung des Bösen: des Liberalismus, der ihre friedliche kleine Welt bedrohte, der servilen Haltung gegenüber der Staatsmacht, die zum Verrat an den Interessen der Kirche führte und der Zusammenarbeit mit den ärgsten historischen Feinden der Orthodoxie, den Katholiken. Dazu kam noch das Erscheinen von Juden in der Kirche, die obendrein auch noch Anhänger der Liberalisierung waren.

Der Hass gegenüber den "Ökumenisten" verschärfte sich gegen Ende der 60er, Anfang der 70er Jahre. In jener Zeit war der Einfluss des Metropoliten Nikodim in der Kirche besonders stark. Unter seiner Führung entstand in der Eparchie von Leningrad eine bedeutende kirchliche Verwaltungsschule. Die Ökumene war einer der wichtigsten Aufgabenbereiche der offiziellen Kirche, so dass die Wahrscheinlichkeit groß war, dass Metropolit Nikodim nach dem Tod des Patriarchen Aleksij I. auf dem Landeskonzil 1971 das neue Oberhaupt der Kirche werden würde. Das war für das Mönchtum und den konservativen Teil der Geistlichkeit völlig inakzeptabel. Und so war der orthodoxe und russisch-nationalistische *Samizdat* voller Texte, die Metropolit Nikodim und seine Gefolgsleute als Anhänger des Katholizismus entlarvten und der Kooperation mit "Zionisten" bezichtigten.

Kontakte der "Russischen Partei" zur ROK

Die überwiegende Mehrheit der Angehörigen der Bewegung russischer Nationalisten bezeichnete sich selbst ab Mitte der 60er Jahre als orthodox, d. h. sie hätten theoretisch Gemeindemitglieder der ROK sein müssen. Gläubige waren sie jedoch nur dem Wort nach, nicht in der Tat. Das Bekenntnis zum orthodoxen Christentum äußerte sich nicht in der Einhaltung von Bräuchen, Fastenzeiten, im Lesen von religiöser Literatur, im regelmäßigen Besuch der Kirche und in anderen Dingen (einschließlich der Verfolgung seitens der Behörden), was das Leben eines Gläubigen der ROK von dem eines gewöhnlichen Städters in der UdSSR unterschied. In der geschlossenen Subkultur der orthodoxen Gläubigen war in den 60er Jahren bis Mitte der 80er Jahre größere Nähe zum gottesfeindlichen Staat, geschweige denn eine Karriere in seinen politischen Strukturen, ohnehin verpönt. Als Beispiel kann der Historiker und Schriftsteller P. G. Palamarčuk (1955–1998) gelten, dem sein orthodoxer Glaube wichtiger war als seine nationalistische Haltung. Er verzichtete trotz seines großen intellektuellen Potenzials und seiner Kontakte zur Redaktion der biografischen Reihe ŽZL (*Žizn' Zamečatel'nych Ljudej*) und zur Gruppe um Vadim Kožinov und Pëtr Palievskij auf eine "sowjetische" literarische Karriere. Der "normale" Anhänger der Bewegung russischer Nationalisten sah in der Orthodoxie ein Symbol des nationalen Andersseins und besuchte die bekannten Heiligtümer wie das Dreifaltigkeitskloster von Sergiev Posad eher selten. Die persönliche Sicherheit spielte für die Aktivisten der Bewegung eine wichtige Rolle. Während die Mitglieder der Künstlerverbände, vor allem die vor der Revolution geborenen, wie Sergej Michalkov, Leonid Leonov, Pavel Korin und Vladimir Solouchin, es sich leisten konnten, ihr Bekenntnis zur Orthodoxie nicht sonderlich zu verheimlichen, weil sie eine gewisse Freiheit genossen, waren regelmäßige Kirchenbesuche für einen Staatsbediensteten undenkbar. Vor die Wahl zwischen staatlicher Karriere und ewiger Erlösung gestellt, entschieden sich die Nationalisten als konsequente Etatisten für die Karriere, einen Apostel Matthäus gab es unter ihnen wohl nicht. Kennzeichnend ist der Fall des Journalisten V. Novikov aus dem Umfeld von Il'ja Glazunov, der, im Hauptberuf Mitarbeiter der Zeitung *Isvestija*, während seiner Urlaubszeit "schwarz" in einem *Artel* arbeitete, das ohne Autorisierung Kirchen im Moskauer Umland restaurierte. In dieser Gruppe arbeiteten auch ehemalige Polithäftlinge, russische Nationalisten. 1982 wurde Novikov vom *KGB* verhaftet; vor die Wahl gestellt, entschied er sich für seine offizielle Arbeit und gegen die Tätigkeit in der Kirche.

Dennoch gab es unter den Teilnehmern der Bewegung eine Gruppe aktiver Kirchengemeindemitglieder. In erster Linie waren das die bereits erwähnten in den orthodoxen Traditionen aufgewachsenen Intellektuellen Michalkov, Leonov, Korin u. a., sowie ihnen nahe stehende Persönlichkeiten aus dem Umfeld Il'ja Glazunovs, etwa V. Solouchin und V. Desjatnikov. Im Übrigen kann Glazunov selbst, einer der Ideologen der "Russischen Partei", keinesfalls als kirchentreuer, als *vocerkovlënnyj*[804] Gläubiger bezeichnet werden. Er sieht die Religion als Phänomen der Kultur, sein Verhältnis zur Kirche als Organisation endete mit seinem unglücklichen Porträt des Patriarchen Aleksij I. (Simanskij). Obendrein brachte er, der sich als orthodoxen Christen betrachtete, es fertig, für seine Frau, die Selbstmord begangen hatte, einen Trauergottesdienst abzuhalten.[805] Die echten orthodoxen Christen, in erster Linie Solouchin, Desjatnikov und Korin, pflegten Mitte der 60er Jahre Beziehungen zu Kirchenkreisen. Sie hatten direkten Kontakt zum Moskauer Patriarchat, das zweifellos an Beziehungen mit dem sowjetischen, sei es auch nur dem kulturellen Establishment interessiert war. Treffen mit Aleksij I. selbst waren relativ selten, obwohl aus den Tagebüchern von Desjatnikov hervorgeht, dass es gemeinsame Exkursionen des Heiligen Vaters mit Solouchin und Glazunov ins Moskauer Umland gab. Arbeitskontakte gab es zum Oberpriester Aleksej Ostapov (Sohn von Daniil A. Ostapov, Laienbruder und Freund des Patriarchen), Professor der Moskauer Geistlichen Akademie und Leiter des archäologischen Zentrums der Kirche, ein Mann aus dem nächsten Umfeld des Patriarchen. Vermutlich hatte ihm der Patriarch selbst "seinen Segen", also die Befugnis gegeben, informelle Kontakte zu weltlichen Kreisen zu unterhalten. Den Kontakt zu Daniil A. Ostapov hatte von sich aus auch der Schriftsteller Ivan Ševcov gesucht. Obwohl er den orthodoxen Antikommunisten à la Solouchin nicht nahe stand, traf er sich, wie aus seinen Memoiren hervorgeht, oft mit Pater Aleksej, besuchte das Dreifaltigkeitskloster und warb unter seinen Bekannten dafür:[806]

> "Keiner von ihnen [der Geistlichkeit], auch nicht Ostapov, fragte mich, ob ich gläubig bin. Russland, die orthodoxe Rus' war unser gemeinsamer Glaube. Wie auch heute war die russische Frage, wenn Sie wollen, die viel zitierte "russische Idee", die für mich die Ablehnung des Zionismus als Todesfeind der Menschheit darstellt, in diesen Jah-

---

804 *Vocerkovlënnyj* ("eingekirchlichter") Gläubiger: Mitglied einer russisch-orthodoxen Gemeinde, das regelmäßig in die Kirche geht, systematisch die Rituale befolgt (Fastenzeiten, Beichten, Abendmahle), religiöse Literatur liest und in der Regel einen "geistlichen Mentor" oder "Beichtvater" unter den Geistlichen hat.
805 LEV E. KOLODNYJ, Vgl.: S. 509. Il'ja S. Glazunov selbst hält offiziell an der Version fest, nach der seine Frau allem Anschein nach von Unbekannten gewaltsam aus dem Fenster der leeren Wohnung gestürzt worden sei.
806 Vgl. IVAN M. ŠEVCOV, S. 587-607. Ševcov fuhr das erste Mal Mitte der 60er Jahre auf Drängen von Pavel D. Korin ins Dreifaltigkeitskloster, um über die richtige Verwendung der Worte "Im Namen des Vaters und des Sohnes", die er als Titel für seinen nächsten Romans geplant hatte, Rat einzuholen. Dort lernte er Aleksij Ostapov kennen. "Es stellte sich heraus, dass er meinen viel diskutierten Roman *Tlja* gelesen hatte, meine patriotische Haltung kannte und sie teilte." (ebd. S. 590)

ren hochaktuell. [...] Unsere Treffen [mit Ostapov] fanden regelmäßig und häufig statt. Ich habe mich mit ihm fast wöchentlich getroffen, dann auch gemeinsam mit meinen Bekannten, die das Dreifaltigkeitskloster und das Museum der Geistlichen Akademie besuchen wollten. Mit mir zusammen im Kloster waren die Schriftsteller Ivan Akulov, Igor' Kobsev, Sergej Vikulov, Gennadij Serebrjakov, Valentin Sorokin, die Künstler Aleksej Ivanov, Aleksej Pirogov, Anatolij Poletaev, der Maler Pavel Sudakov, der Bildhauer Boris Edunov, die Fliegermarschälle Ivan Pstygo und Nikolaj Skomorochov, die Generäle Vasilij Petrenko, Aleksandr Kopytin, Vasilij Rjabov, Partei- und Staatsfunktionäre, darunter der Informationsminister Nikolaj Talyzin, der künftige stellvertretende Vorsitzende des Ministerrats der UdSSR und Kandidat des Politbüros."[807]

Nach dem Tod von Aleksij I. im Jahr 1970 versiegten die Kontakte der russischen Nationalisten zur Führung der ROK. Sein Nachfolger Pimen (Izvekov), ein Vertreter des konservativen Mönchtums, zog das Gebet in der Abgeschiedenheit seiner Klosterzelle[808] den verschiedenen Formen der öffentlichen kirchlichen Tätigkeit vor. Außerdem hatte der Patriarch im September 1971, kurz nach seiner Inthronisierung, einen Autounfall, was seine Beweglichkeit für lange Zeit deutlich einschränkte. All diese Umstände führten dazu, dass in den 70er Jahren und der ersten Hälfte der 80er Jahre, als sich die "Russische Partei" im Kultur- und Politikestablishment sicher bewegte und dort eine stabile Position einnahm, ihre Beziehungen zur ROK praktisch eingefroren waren. Dennoch unterhielt die Bewegung russischer Nationalisten Kontakte zu Kirchenkreisen über die Nationalisten in der Bewegung der Andersdenkenden, etwa über die Zeitschrift Veče, Pater Dmitrij Dudko, die Gruppe von Feliks V. Karelin und andere. Durch sie, insbesondere durch die Veröffentlichungen in der Samizdat-Zeitschrift Veče, die in Teilen der "Russischen Partei" im Umlauf war, wurde die Ideologie der innerkirchlichen Fundamentalisten zum gemeinsamen Gedankengut der gesamten Bewegung russischer Nationalisten. So finden sich im Tagebuch von Sergej Semanov nicht wenige Anmerkungen über die Schädlichkeit ökumenischer Kontakte, antikatholische Invektiven und andere Thesen, die von der fundamentalistischen Gruppierung in der ROK verbreitet wurden.

---

807 Ebd. S. 591–592. Die Mehrheit der in diesem Fragment aufgezählten Personen werden in anderen Teilen seiner Memoiren als Anhänger der Ideologie des russischen Nationalismus erwähnt.

808 Interview mit dem ehemaligen Klosterdiener von Patriarch Pimen (Izvekov), Archimandrit Anatolij (Kuznecov).

Die Samizdat-Veröffentlichungen der russischen Nationalisten: Antikatholizismus und National-Kommunismus

Das etatistische Bewusstsein der Geistlichkeit der ROK insgesamt übertrug sich auf teils recht skurrilen Wegen auf die Bewegung der Andersdenkenden. Der bereits erwähnte Häftling des Lagers für politische Gefangene in Mordwinien, Priester B. Kir'janov, beispielsweise war vom Erfolg des Staates bei der Verbreitung seines Einflusses über die ganze Welt begeistert. Politische Häftlinge, die im Gefangenenlager seine Schüler waren, entwickelten in ihren *Samizdat*-Arbeiten die Grundgedanken seiner Konzeption weiter und hielten sie schriftlich fest.

1971 erging eine Bittschrift an das Landeskonzil im Namen der folgenden Personen: G. Petuchov, Priester der *Bogojavlenskaja*-Kirche der Stadt *Kolomna*, Gebiet Moskau, Varsonofij Chajbullin, Mönchsdiakon der *Kasanskaja*-Kirche der Stadt *Gorochovec*, Gebiet *Vladimir*[809], und Student der Moskauer Geistlichen Akademie im dritten Studienjahr, sowie P. Fomin, wissenschaftlicher Oberassistent an einem staatlichen Forschungsinstitut in Moskau.[810] Unmittelbar am Anfang dieses Dokuments wird – für russische Nationalisten unvermeidlich – die jüdische Gefahr konstatiert:

"Die immer größer werdende Gefahr, die vom organisierten Zionismus und Satanismus ausgeht, ist nun für alle offensichtlich. [...] Die Agenten des Zionismus und des Satanismus [...] schüren künstliche Konflikte zwischen Kirche und Staat, um beide zu schwächen. [...] Es ist heute eine allgemein bekannte Wahrheit, dass der weltweite Zionismus von innen und von außen einen hinterhältigen Kampf gegen unseren Staat führt."[811]

Im weiteren Verlauf des Textes wird die Gemeinsamkeit der Interessen von Staat und Kirche bei der Verteidigung traditioneller Werte unterstrichen:

"Eine der wichtigsten Aufgaben unserer Zeit ist die Suche nach Wegen für eine praktische Annäherung an den *Staat auf der Grundlage von gutem Willen, gemeinsamen Interessen und Aufrichtigkeit, von patriotischer Pflichterfüllung und konsequenter Nichteinmischung in das innere Leben der Kirche* [Hervorhebung im Original]. Heute erkennen alle Menschen guten Willens an, dass die Russisch-Orthodoxe Kirche eine große

---

809 Interview mit S. Molčanov: S. Molčanov, der während seiner politischen Haft Umgang mit Varsonofij Chajbullin hatte, behauptete im Interview, dass Letzterer mit einer Notiz von Boris Kir'janov an einen Kirchenvertreter freikam, die ihm Zutritt zum Dreifaltigkeitskloster von *Sergiev Posad* und dann in die Moskauer Geistliche Akademie verschaffte. Vor dem Eintritt ins Kloster lebte er in der Wohnung von Aleksej A. Dobrovol'skij in Moskau und stand in engem Kontakt mit S. Molčanov.
810 Der Brief wurde in der *Samizdat*-Zeitschrift *Veče* Nr. 3 veröffentlicht. S. *SDS*, Band 21a, AS Nr. 1108, S. 62–67.
811 Ebd. S. 63–64.

geistige und moralische Kraft war und ist, die ihre Kinder im Geiste des aufrichtigen Patriotismus und der Treue zum Vaterland erzieht."[812] Leider aber fehle es der Kirche an Ressourcen, an geistlichem Personal, an religiöser Literatur, an Klöstern und Kirchen in den großen Städten. Daher wurde dem Landeskonzil vorgeschlagen, an den Staat den Antrag zu stellen

- Gemeinden und Klöstern den Status einer juristischen Person zuzuerkennen;
- klare gesetzliche Bestimmungen zu Rechten und Pflichten der Verantwortlichen zu schaffen;
- eine eindeutige gesetzliche Grundlage für die Tätigkeit der Klöster zu schaffen und ihnen Autonomie zu verleihen;
- fakultativen Religionsunterricht zu erlauben;
- die früheren Priesterseminare wieder zuzulassen;
- die Druckerei des Moskauer Patriarchats und einiger anderer Parochialverwaltungen wieder zu eröffnen und die Abonnements für kirchliche Publikation zu erweitern;
- die Kirchen in *Gor'kij* (heute *Nižnij Novgorod*) und einigen anderen Orten (ohne Konkretisierung), die in den Jahren 1956–1966 geschlossen wurden, wieder zu öffnen;
- das Kiewer Höhlenkloster, das *Diveevskij*-Kloster und das Frauenkloster in der Gemeinde *Borodino* im Gebiet Moskau wieder zu öffnen.

Weiterhin baten die Verfasser das Konzil, den Vorsteher in das "Kirchengremium der Zwanzig" aufzunehmen. So stellten die Schüler B. Kir'janovs trotz ihrer eindeutigen Sympathien für den Staat konkrete Forderungen zur Verbesserung der Situation der Kirche und zur Rücknahme von Beschlüssen, die im Zuge der großen antireligiösen Kampagne in den Jahren 1958–64 gefasst worden waren.

Ähnliche Forderungen, wenngleich etwas anders motiviert, stellten auch andere Klerikergruppen und Gläubige in *Samizdat*-Veröffentlichungen an Vertreter der Kirche und staatliche Behörden.[813]

---

812 Ebd. S. 64.
813 Ebd. S. 164–165. S. z. B. den Brief des hochrangigen Priesters, Absolventen der Juristischen Fakultät der Leningrader Staatlichen Universität und ehemaligen Sekretärs der Leitung der Eparchie von Irkutsk, Jevgenij Kasatkin, veröffentlicht in der Zeitschrift *Veče* Nr. 3, SDS, Band 21a, AS Nr. 1108. Jevgenij Kasatkin hatte Verbindungen zu dem ehemaligen Schüler Boris Kir'janovs G. Petuchov.

Dass derartige Auffassungen nicht nur von vergleichsweise marginalen *Samizdat*-Autoren vertreten wurden, bezeugt beispielsweise Ivan Ševcov. Er gibt in seinen Memoiren die Auffassungen des Archimandriten Avgustin (Sudoplatov), des Vorstehers des Dreifaltigkeitsklosters von *Sergiev Posad* 1970–72 und ehemaligen Leiters der Russischen Geistlichen Mission in Jerusalem, einer hohen kirchlichen Position, wieder:[814]

> "Wir müssen das orthodoxe Christentum wieder zum Leben erwecken. Ich glaube, Stalin hatte das verstanden und räumte der Kirche einige Freiheiten ein. [...] Die Orthodoxie ist das Rückgrat der Slawen. Der Vatikan hat sich auf ein Geschäft mit den Juden eingelassen und so das Christentum verraten. Die Orthodoxie ist der einzige Hüter der Gebote unseres Herrn Jesus Christus. Ich habe bemerkt, dass ich ähnliche Äußerungen schon von Oberpriester Ostapov und einigen anderen Priestern gehört hatte. Sie stimmten mit meinen Vorstellungen überein und ihnen lag ein deutliches patriotisches Motiv zugrunde."[815]

Interessant ist das Wirken des orthodoxen Laien Feliks Karelin (1925–1992), der "grauen Eminenz" des orthodoxen *Samizdat* der 60er und 70er Jahre. Er war gemischt-ethnischer Herkunft – sein Vater war Jude, Mitarbeiter des *NKVD*, Repressionsopfer im Jahr 1937, seine Mutter war Deutsche –, er verbrachte einige Jahre in Erziehungsheimen für Kinder von "Volksfeinden", war Soldat im Krieg und studierte in der zweiten Hälfte der 40er Jahre an der philosophischen Fakultät der Moskauer Staatlichen Universität. Dort wurde er als geheimer Informant in eine Studentengruppe, die sich mit der Yogalehre auseinandersetzte, eingeschleust und kam zusammen mit dieser in ein Lager für politische Gefangene, das er mit einem zweifelhaften Ruf bei den Mithäftlingen und guten Kontakten zu orthodoxen Aktivisten – einer seiner Mithäftlinge war der Priester Dmitrij Dudko – verließ.[816] Nach der Lagerhaft wollte

---

814 Ausgehend von den biografischen Daten in der Broschüre *O preslavnogo čudese ... Istoričeskij očerk o Pskovo-Pečerskom Svjato-Uspenskom monastyre v XX veke* (eine kurze historische Abhandlung über das *Pskovo-Pečerskij Svjato-Uspenskij*-Kloster im 20. Jahrhundert; Pskov: Izdatel'stvo Pskovo-Pečerskogo monastyrja, 1999, S. 83–84) kann man mit großer Wahrscheinlichkeit annehmen, dass Avgustin Sudoplatov ein fester Mitarbeiter des *KGB* war. Der ehemalige Lehrer und "Berufsoffizier in den Kriegsjahren" wurde zum Vorsteher eines der beiden damals auf dem Territorium der RSFSR existierenden Männerklöster ernannt, und zwar erst ein Jahr nachdem er das Mönchsgelübde abgelegt und die Priesterweihe erhalten hatte. Nach drei Jahren im Amt des Klostervorstehers wurde er als Leiter der Russischen Geistlichen Mission (*RDM*) nach Jerusalem entsandt. Im Gegensatz zu den Biografien der meisten anderen Klostervorsteher hielten es die Autoren der Broschüre nicht für notwendig, seinen Weg zum Glauben zu erläutern.
815 IVAN M. ŠEVCOV, S. 599
816 LEONID I. VASILENKO: Vnov' černjat imja otca Aleksandra Menja, in: *Russkaja Mysl'*, 25.11.1993; Interview mit M. Karelina, der Frau Feliks Karelins.

Feliks Karelin Priester werden. Dazu reiste er nach Taschkent zu Bischof Ermogen (Golubëv), der, wie oben bereits erwähnt, ein führender konservativer Mönch war mit einer starken ablehnenden Haltung zur Sowjetmacht. Mitte der 50er Jahre erreichten die Aktivitäten und der Einfluss Ermogens, der Gleichgesinnte um sich zu scharen vermochte, ihren Höhepunkt. In dieser Situation verbrachte Karelin ein Jahr als Messdiener in der Kathedrale.[817] Doch eine Priesterweihe war aus kanonischen Gründen a priori nicht möglich. Im Lager hatte er sich vom Vorwurf der Kooperation mit der Administration durch die Ermordung eines "Denunzianten" mit der Axt "reingewaschen". Nach diesem Misserfolg kehrte Karelin Anfang der 60er Jahre nach Moskau zurück und schloss sich einigen Gruppen oppositionell gesinnter Moskauer orthodoxer Intellektueller an, die neue religiöse Studenten-Gemeinden gründeten und gegen die auf dem Bischofskonzil 1961 beschlossenen harten Neuregelungen des innerkirchlichen Lebens protestierten.[818] Die führende Figur in diesem Milieu war Aleksandr Men', doch seine liberale Haltung und die Verweigerung gegenüber jeder politisch motivierten Initiative waren sowohl den ehemaligen Lagerhäftlingen, die in der Kirche nach einem Betätigungsfeld für ihre antikommunistischen Ideen suchten, als auch den Neophyten ein Dorn im Auge. Für sie lag die Wahrheit des Lebens im religiösen Fundamentalismus, einer im Grunde sektiererischen Tätigkeit, die ihren Anhängern hohe moralische und materielle Pflichten auferlegte. Diese Fundamentalisten assoziierten Liberalismus mit sowjetischem Modernismus und in gewissem Sinne auch mit der Kooperation mit dem Staat.

Die erste Teilung dieser Bewegung vollzog sich 1965. Der Grund dafür war ein als "Offener Brief" bekannt gewordenes Schreiben der Priester Gleb Jakunin und Nikolaj Ešliman an den Patriarchen Aleksij I. Die Initiatoren des Schreibens, in dem die Beschlüsse des Bischofskonzils von 1961 verurteilt wurden und der Staat aufgefordert wurde, jede Einmischung in die Angelegenheiten der Kirche zu unterlassen, waren Angehörige der inoffiziellen "Vereinigung progressiver Diakone". Diese bestand aus etwa zehn jungen Priestern, die hauptsächlich aus klassischen orthodoxen Familien stammten und

---

817 Interview mit Gennadij M. Šimanov und M. Karelina.
818 Erzbischof (seit 1958) Ermogen (Golubëv) protestierte Mitte der 60er Jahre gegen die Beschlüsse des Bischofskonzils von 1961. Dafür wurde er 1965 beurlaubt und 1968 wurde seine Tätigkeit durch einen Beschluss des Heiligen Synods der ROK verurteilt.

nach aktiverer gesellschaftlicher, sozialer und katechetischer Tätigkeit strebten.[819]

In der zweiten Hälfte der 60er und in den 70er Jahren wurden sie zu den "geistigen Vätern" der gebildeten Jugend, die den Weg in die Kirche suchte. Die größte Autorität unter ihnen besaß Aleksandr Men'. Die ursprüngliche Idee der "Vereinigung" war es, ein kurzes höfliches Schreiben zu verfertigen, das von etwa 30 Priestern unterzeichnet und dem Patriarchen nach der Messe öffentlich verlesen werden sollte. Diese Demonstration hätte in der Situation der ideologischen Unentschiedenheit der ersten Brežnev-Jahre durchaus zu Lockerungen gegenüber der Kirche seitens des ZK der KPdSU führen können. Der Text von Aleksandr Men', den Erzbischof Ermogen (Golubëv) im Grunde abgesegnet hatte, wurde aber abgelehnt. Das neue Schreiben, an dem auch Feliks Karelin und Nikolaj Ėšliman beteiligt waren, wurde länger und um einiges radikaler. Aleksandr Men' und die Mehrheit der Priester weigerten sich zu unterschreiben, doch zwei Angehörige der "Vereinigung" setzten ihre Namen unter das Schreiben.[820]

Der Brief wurde sowohl in Kirchenkreisen als auch im Westen viel diskutiert. Die Wege der Angehörigen der "Vereinigung" trennten sich, das gute persönliche Verhältnis blieb jedoch bestehen. Der überzeugte Ökumeniker Aleksandr Men' konzentrierte sich mit seinen Anhängern auf das Studium des gesamtchristlichen Erbes und dessen Propagierung unter den Neophyten. Nikolaj Ėšliman, geistiger Nachfolger des konservativen Metropoliten Pimen (Izvekov) von *Kruticy* und *Kolomna*, des künftigen Patriarchen und Vorstehers des Dreifaltigkeitsklosters von *Sergiev Posad* 1954–1957, wurde schnell von seinem eigenen "unkirchlichen" Verhalten eingeholt und vom Episkopat formell verurteilt. Gleb Jakunin und der Kirchenhistoriker A. Krasnov-Levitin, Vermittler zwischen den unterschiedlichen orthodoxen Aktivisten, schlossen sich nach diversen Repressalien einer offenen Bürgerrechtsbewegung an und fielen damit aus dem eigentlichen orthodoxen Diskurs heraus. Dmitrij Dudko indes nahm die radikalen Antikommunisten unter seine Fittiche. Zu seinen Schülern zählten alle bekannten Verfasser fremdenfeindlicher Texte: Feliks Karelin, Gennadij Šimanov, Vladimir Osipov und Ivan Ovčinnikov. Gemeinsam mit ihnen legte er eine zunehmend radikale ethnische Fremdenfeindlichkeit an den Tag. Mitte der 70er Jahre begann er jedes seiner Ge-

---

819 Interview mit dem Priester Georgij Ėdel'štejn (1997, 2001) und M. Karelina (1993).
820 SERGEJ S. BYČKOV: *Chronika neraskrytogo ubijstva.* – Moskau: Russkoe reklamnoe izdatel'stvo, 1996, S. 165.

spräche mit Kirchenbesuchern, indem er sie zu ihrer Haltung gegenüber Juden, zu ihrer Rolle im orthodoxen Christentum, zur Emigration usw. befragte.[821]

Karelin zeichnete sich durch besondere Radikalität aus. Er selbst hielt sich für einen gebildeten Theologen, da er seit seiner Zeit in den Straflagern eine Menge einschlägiger Literatur gelesen hatte. Die verfügbaren Dokumente legen allerdings nahe, dass der Verwaltungsangestellte eines Moskauer medizinischen Forschungsinstituts schlicht von der für die fremdenfeindlich gesinnten orthodoxen Gläubigen typischen Erwartung der Apokalypse infiziert war, oder, anders ausgedrückt, er war Anhänger der Eschatologie. Theologische Argumentationen, abgesehen von spärlichen Zitaten der Heiligen Schrift, Verweise auf Arbeiten anderer Theologen, geschweige denn weltlicher Forscher, waren bei ihm nicht zu finden. Er war nicht mehr der Jüngste, hatte den Krieg überlebt und eine schwere Zeit im Straflager hinter sich und erinnerte in vielem an den ebenso charismatischen Untergrundführer Igor' Ogurcov. Zum bewaffneten Kampf rief er nicht auf, dafür war sein "Verdienst" eine Fahrt von Moskauer Intellektuellen ins Kloster Neu-Athos (Abchasien) im Jahr 1967, um dort auf den Weltuntergang zu warten.[822] Selbst für Dmitrij Dudko war er wohl zu radikal und aktiv.

Für den Priester war es offensichtlich nicht einfach, mit einem Menschen umzugehen, der aufrichtig daran glaubte, dass er "im Schein der apokalyptischen Morgenröte, die vor unseren Augen immer heller über der Welt aufgeht ..."[823] lebt.

Einen gemeinsamen Nenner fand er hingegen offenbar mit den Fundamentalisten des Dreifaltigkeitsklosters. Sie teilten seine radikale Position eines russischen Messianismus durchaus.

> "So füllt sich das Maß und – wir glauben! – es naht die Stunde der heiligen und mächtigen Auferstehung: Die Erde erbebt, Steine zersetzen sich, und die Völker der Welt erblicken mit Staunen das aus dem Osten strömende Licht. Die Heilige Rus' wird auferstehen, und, tausendfach bereichert um die tragische Erfahrung der Jahrhunderte, bildet sie das Herz der sich in Christi vereinigenden Völker, die Festung im Kampf gegen den Antichristen, den prophetischen Vorboten des Tausendjährigen Reiches. Die

---

821 DMITRIJ DUDKO: *Na rekach vavilonskich.* – Moskau: Chram svt. Nikolaja, 1997.
822 Interview mit Vladimir I. Kejdan (1999) und Georgij Édel'štejn (2001); Vgl. LEONID I. VASILENKO.
823 K. RADUGIN: Budi sie, budi!, in: *Vestnik RSHD.* – Paris, 1972, Nr. 106, S. 315.

Heilige Rus' wird auferstehen, denn an ihr Herz richten sich die Worte [es folgt ein Zitat aus der Offenbarung des Johannes – Anm. d. Autors]."[824]

In kirchenfundamentalistischen Kreisen wurde der Nationalstolz und das Gefühl der eigenen Rechtschaffenheit dadurch, dass die Bruderschaft des Dreifaltigkeitsklosters aus Angst, aus dem Kloster vertrieben zu werden, schwieg, obwohl sie aufs Äußerste unzufrieden war mit dem ökumenischen Wirken des Metropoliten Nikodim, seinen Kontakten zur Katholischen Kirche und insbesondere mit der Aussicht auf seine Inthronisierung als Patriarch, nur verstärkt.

Gleichzeitig sahen sie eine große Gefahr in den Aktivitäten der Liberalen unter der Führerschaft von Aleksandr Men', der ebenfalls ein überzeugter Anhänger der Ökumene war, obgleich er keinen "staatlichen Auftrag" für diese Position hatte. So wurden der kirchlich-staatliche Funktionär und der Kirchenreformator im Bewusstsein der Fundamentalisten zu einer gemeinsamen Zielscheibe. Die 1970 in der 97. Ausgabe der von Nikita A. Struve[825] herausgegebenen Pariser Zeitschrift *Vestnik RSHD* (später *Vestnik RHD*; Bote der Russischen Sozial-Christlichen Bewegung bzw. Bote der Russischen Christlichen Bewegung) veröffentlichte Artikelsammlung *Metanojja* versetzte Karelin und seiner Gruppe den letzten Schlag. Die Sammlung stammte aus der Feder von Aleksandr Men' und seinen Gesinnungsgenossen Michail Agurskij, Michail Meerson-Aksënov und Evgenij Barabanov, eines "Neophyten", hauptsächlich jüdischer Abstammung.[826] Die Autoren riefen das russische Volk und die ROK zur Reue auf, auf deren Grundlage eine Rückkehr zum wahrhaftigen christlichen Leben möglich sei.

Diese Ansichten entsprachen voll und ganz dem Denken der westeuropäischen, christlichen Intellektuellen, das sich unter dem Eindruck des Zweiten Vatikanischen Konzils der Katholischen Kirche (1962–1965) herausgebildet hatte. In der Reue der Kirchenvertreter für vergangene Sünden, psychische und physische Gewalt, die von der Geistlichkeit im Namen Gottes verübt worden war, sahen sie den Pfad zurück zum Glauben für den abtrünnigen Durchschnittsmenschen. Für Russland war diese Perspektive neu, da das "Kirchenvolk", also die aktiven Gemeindemitglieder und die Kleriker, sich als

---

824 Ebd. S. 319.
825 Artikelsammlung Metanojja, in: *Vestnik RSHD*. – Paris, 1970, Nr. 97. Die Sammlung enthielt die Artikel N. N.: Metanojja; O. ALTAEV: Dvojnoe soznanie intelligenta i psevdokul'tura; M. ČELNOV: Kak byt'? und V. GORSKIJ: Russkij messianism i novoe naučnoe soznanie.
826 Interview mit Vladimir I. Kejdan und Vladimir Zelinskij (1999).

Opfer sah und auf die Reue der "Verirrten" und ihre selbstständige Rückkehr in den Schoß der Kirche hoffte. Etwas in der Art trat ja im Endeffekt auch ein, als während des religiösen Booms der Jahre 1988–1994 Massen von Menschen beichten, sich taufen und trauen lassen wollten und damit die Konservativen in ihrer Position bestätigten und sie innerhalb der Kirche festigten. Aleksandr Men' und seine Gesinnungsgenossen, die viele Kontakte zu westeuropäischen Christen hatten und von ihnen die Idee von der Notwendigkeit der Modernisierung der Kirche und ihrer Annäherung an die alltäglichen Bedürfnisse der Gläubigen übernommen hatten, riefen dazu auf, die Traditionen und Bräuche der Kirche nicht zu "vergöttern", sondern zu versuchen, das Wesen der Kirche zu verstehen. Sie kritisierten das Bestreben der Mehrheit der "Kirchentreuen", sich in ihrer kleinen Welt abzukapseln. Darüber hinaus verurteilten sie den Hang von Teilen der Gläubigen zum Nationalismus.

Insgesamt widersprachen die Artikel der *Metanojja* in all ihren Postulaten dem grundlegenden Ideenkonstrukt der russischen Nationalisten, sowohl hinsichtlich ihrer bürgerlichen Haltung (die Russen zur Reue aufrufen heißt, sie zur öffentlichen Selbstdemütigung zwingen), als auch ihrer religiösen Überzeugungen. In der geistigen Tradition der Fundamentalisten stehend, die erfolglos gegen den katholischen Einfluss und die Modernisierung der Kirche kämpften, war es ihnen unmöglich, nicht auf Versuche der Propagierung oder Oktroyierung der Ideen des Zweiten Vatikanischen Konzils zu reagieren.

Für Feliks Karelin und seine Gruppe war die *Metanojja* ein Grund für eine Kriegserklärung und den endgültigen Bruch mit den ehemaligen Freunden. Sie hatten keinen Zweifel daran, wer sich hinter den Pseudonymen verbarg. Die Ehefrau Karelins erinnerte sich später:

> "Das haben die Schüler von Pater Aleksandr Men' geschrieben, und da sie früher viel zusammen waren [mit der Gruppe Karelins], kannten sie sich natürlich sehr gut und konnten anhand des Schreibstils durchaus feststellen, wer in diesem Sammelband was geschrieben hatte: Evgenij Barabanov, Michail Meerson oder sonst jemand."

Im Interview sagte die Ehefrau Karelins, dass er mit seiner Haltung nicht alleine stand. Ende der 60er Jahre, nachdem Karelin sich durch seine falschen apokalyptischen Prophezeiungen bereits einen Namen in der Kirche gemacht hatte, rief der Metropolit von Tallin und Estland Aleksij (Ridiger), der die hohe Position des Bevollmächtigten des Moskauer Patriarchats inne hatte, ihn zu sich. Diese führende Kirchenpersönlichkeit wollte die Meinung des einfachen Theologen zu den Initiativen "einiger Priester" einholen, die den Gottesdienst in modernes Russisch überführen wollten. Als er von seiner negativen Einstellung dazu hörte, schlug der zukünftige Moskauer Patriarch vor, Karelins Einwände gegen die liberale Initiative in Textform niederzuschreiben.[827] Wenn diese Geschichte wahr ist und nicht der Fantasie Karelins und seiner Familie entspringt, dann kann es dafür nur eine Erklärung geben. Metropolit Aleksij, der jüngere Partner von Metropolit Nikodim in der kirchlichen Verwaltung, jedoch keineswegs sein Schüler, war selbst skeptisch gegenüber liberalen Initiativen und nutzte dies, um den starken, jungen und respektablen Kontrahenten im Kampf um das Patriarchat auszustechen. Nikodim war kein glühender Verfechter der Übersetzung im Gottesdienst, in seinem Umfeld jedoch wurden solche Ideen von vielen unterstützt.

Ob nun auf Anregung von Metropolit Aleksij oder nur gestützt auf die Ansichten der Priester des Dreifaltigkeitsklosters und Dmitrij Dudkos, jedenfalls verfassten Feliks Karelin und seine Gruppe orthodoxer Aktivisten, zu denen der Priester der Dreifaltigkeitskirche von *Troickoe-Kajnarži*, Gebiet Moskau, N. Gajnov sowie die Laien Lev Regel'son, später Verfasser von Arbeiten zur Geschichte der ROK in der Sowjetunion, und Viktor Kapitančuk gehörten, ein "Gesuch an seine Eminenz Pimen, den stellvertretenden Patriarchen, Metropoliten von *Kruticy* und *Kolomna* und Vorsitzenden der Kommission zur Vorbereitung des Landeskonzils 1971."[828]

Feliks Karelin und seine Mitautoren erhoben Vorwürfe gegen den Metropoliten Nikodim (Rotov), den Metropoliten von *Jaroslavl'* und *Rostov* Ioann (Venland), den Erzbischof von *L'vov* und *Ternopol'* Nikolaj (Jurik) sowie die Professoren der Leningrader Geistlichen Akademie (*LDA*), die Vorsteher Liverij Voronov und Vitalij Borovoj:

> "Mit jedem Jahr wird offensichtlicher, dass die Lehre und das Wirken von Metropolit Nikodim und den ihm Gleichgesinnten ein Ausmaß erreicht haben, angesichts dessen ein Höchstmaß an christlicher Wachsamkeit angebracht ist."[829]

In ihrem nächsten Brief wird von beginnenden Repressalien gegen die Autoren[830] berichtet, und die Anschuldigungen werden konkreter:

> "Die Lehre von Metropolit Nikodim und anderen ihm Gleichgesinnten entfaltet sich gänzlich im Rahmen der ökumenischen und friedensstiftenden Tätigkeit der Russi-

---

827 Interview mit M. Karelina.
828 Eine Zusammenfassung des Briefs wurde in *Veče* Nr. 2 abgedruckt. S.: SDS, Band 21, AS Nr. 1020. Der zweite Teil der Bittschrift wurde veröffentlicht in: *Vestnik RSHD*. – Paris 1971, Nr. 99, S. 42–44.
829 SDS, Band 21, AS Nr. 1020, S. 36–37.
830 N. Gajnov wurde am 17.06.1971 suspendiert, sein weiteres Schicksal ist unbekannt.

schen Kirche und erhebt in unbegründeter Weise den Anspruch, theologische Grundlage für das gesamte Wirken der Kirche zu sein."[831]

Bekanntlich wurde auf dem vier Tage später beginnenden Landeskonzil der konservative und staatstreue Metropolit Pimen zum neuen Patriarchen gewählt. Dabei gaben die Metropoliten Aleksij und Nikodim eine gemeinsame Erklärung ab, in der sie zur Unterstützung seiner Kandidatur aufriefen.

Die Fundamentalisten und ihre "Stimmen im *Samizdat*", Feliks Karelin und seine Schüler, brauchten noch geraume Zeit, um sich nach der überstandenen "katholischen Gefahr" zu beruhigen. Der *Samizdat* der russischen Nationalisten in der Zeitschrift *Veče* jener Zeit weist eine Fülle von Beiträgen zu diesem Thema auf.

Die Gruppe um Feliks Karelin gab noch im gleichen Jahr, 1971, eine "Antwort" auf eine andere "liberale Herausforderung", indem sie eine Stellungnahme zur Artikelsammlung *Metanojja* verfasste. Initiiert wurde sie von Feliks Karelin und Gennadij Šimanov.

Die Entwicklung Šimanovs gleicht jener, die viele Angehörige der "Russischen Partei" aus dem antikommunistischen Untergrund durchliefen. Er stammte aus einer "halbintellektuellen" Familie, hatte allerdings seinen Wehrdienst geleistet und mochte die Armee seitdem offensichtlich nicht besonders. In der Schulzeit las er gern Esenin, später in der Armee Dostoevskij, anschließend nahm er eine schlecht bezahlte Arbeit an, die ihm jedoch viel zeitlichen Freiraum ließ, bildete sich im Selbststudium weiter und kam so schließlich zu Nikolaj Berdjaev. Anfang der 60er Jahre machte er Bekanntschaft mit den Dissidentenkreisen um den Schriftsteller Jurij Mamleev und ließ sich in der Gemeinde von Dmitrij Dudko taufen. Für seine religiösen Aktivitäten wurde er mit der Einweisung in eine Irrenanstalt bestraft. Nach seiner Entlassung um 1969/1970 entwickelte er sich zum Nationalisten. Eine systematische Bildung hatte er, von der Schulzeit abgesehen, nie erhalten, doch ähnlich wie Karelin hielt er sich für sehr bewandert in der Theologie und der russischen Religionsphilosophie.[832]

---

831 Brief von N. Gajnov, Feliks Karelin, Viktor Kapitančuk und Lev Regel'son vom 22.09.1971, SDS, Band 21, AS Nr. 1021, S. 6–7.
832 Von seiner Entwicklung unter dem Einfluss von Dmitrij Dudko und Vladimir Osipov erzählte Gennadij Šimanov eingehend im Interview: M. RAZORENOVA: Za dverjami "Russkogo kluba", in: *Naš sovremennik*. – Moskau 1992, Nr. 5, S. 157–161. Im Interview mit dem Autor (1994) sprach er mehr von der Erleuchtung, die er erfahren habe, ausgelöst durch das verwerfliche "antirussische" Verhalten seines Bekannten, des Dichters Anatolij Ajgi und dessen Freunden.

Gennadij Šimanov war unmittelbar für die Zusammenstellung der Beiträge für den Sammelband gegen die *Metanojja* verantwortlich. Die Verfasser der Texte waren Viktor Kapitančuk, der unter dem Pseudonym Viktor Prochorov schrieb, Gennadij Šimanov, V. Priluckij und Feliks Karelin. Sie schmähten ihre Opponenten für deren "Pathos der Erniedrigung Russlands" und "direkte Verleumdungen und Verunglimpfungen gegen Russland und die Orthodoxie, die jeden wahrhaft orthodoxen russischen Menschen empören".[833] Alle von den Fundamentalisten eingesandten Texte wurden im *Vestnik RSHD*[834] akkurat abgedruckt, und Gennadij Šimanov, ermutigt von der Aufmerksamkeit, die ihm und seinen Mitstreitern zuteil wurde, beschloss, seine Tätigkeit nunmehr als Moderator der öffentlichen Diskussion fortzusetzen. Feliks Karelin zog sich zu dieser Zeit allmählich von der aktiven Tätigkeit zurück.

Am 1. Februar 1973 beendete Šimanov die Arbeit an dem Sammelband "*Pis'ma o Rossii*" (Briefe über Russland) und verbreitete ihn im *Samizdat* in einer von ihm überwachten Auflage von zehn Exemplaren mit dem Untertitel "Sammelband von Artikeln und Briefen über die Orthodoxie und Russland". Šimanov hoffte offensichtlich auf den Druck und die weitere Verbreitung seiner Arbeit im Ausland. In dem uns vorliegenden Exemplar findet sich im Anschluss an das "Vorwort des Herausgebers" das Postskriptum: "Ich übersende dieses Exemplar an die Redaktion der Zeitschrift *Vestnik RSHD* in der Hoffnung, dass es den im Ausland lebenden orthodoxen Russen nicht vorenthalten wird."[835] Der Band enthält fünfzehn von Schülern und Bekannten Karelins verfasste Texte. Neben den Beiträgen gegen die *Metanojja* und dem zum Teil im *Vestnik RSHD*[836] veröffentlichten Briefwechsel zwischen Gennadij Šimanov und Nikita Struve enthält er sechs publizistische Texte von Šimanov (einer davon unter dem Pseudonym D. Obljasov), drei Texte unterzeichnet mit "Ein russischer Christ", einen weiteren anonymen Artikel unterzeichnet mit Ž.-Č. sowie Fragmente aus Dmitrij Dudkos Buch *Da voskresnet Bog!*. Der mit 92 Seiten selbst für den *Samizdat* schmale maschinenschriftliche Band enthielt ein selten hohes Maß an Hass, der sich vor allem gegen West-

---

833 VIKTOR PROCHOROV: Offener Brief an die Redaktion der Zeitschrift *Vestnik RSHD*. – Vestnik RSHD. – Paris 1972, Nr. 106, S. 304–308.
834 Der größte Teil der Texte wurde veröffentlicht in: *Vestnik RSHD*. – Paris 1972, Nr. 106; GENNADIJ M. ŠIMANOV: Zweiter Brief an Nikita Struve, in: *Vestnik RSHD*. – Paris 1972, Nr. 104–105.
835 GENNADIJ M. ŠIMANOV (Zusammenstellung): *Pis'ma o Rossii*. – Moskau 1973. Maschinenschrift, Kopie, Archiv des Autors, S. 2.
836 Die Texte dieser Briefe wurden wiederveröffentlicht in: M. RAZORENOVA: Za dverjami "Russkogo kluba". – *Naš sovremennik*. – Moskau 1992, Nr. 5, S. 162–172.

ler und Katholiken richtete, die einzigen erkennbaren Feinde, die im Band beschrieben wurden.

Gennadij Šimanov charakterisiert die Feinde folgendermaßen:

"Vor allem muss daran erinnert erwähnt werden, dass Russland schon immer nicht nur Schmeichler, sondern auch Feinde hatte. Diese waren immer eindeutig in der Mehrheit. Allerdings wollten diese Feinde des russischen Volkes nicht gern als solche bezeichnet werden, sie traten lieber unter der Maske strenger, aber ehrlicher Ankläger und Richter Russlands oder gar als seine Ärzte und Retter auf. Diese maskierten und nicht sofort erkennbaren Feinde, die sich als Freunde und manchmal sogar als Russen ausgeben, sind die gefährlichsten: Sie paralysieren das Nationalgefühl von innen, desorientieren das russische Volk und verwandeln Russland erfolgreich in einen kosmopolitischen Sumpf. Doch niemals zuvor kreiste dieses Rabenpack mit so bösem Krächzen über unserem Volk wie jetzt, da es hingestreckt und vergiftet ist von den ätzenden Nebeln, die aus dem Westen herüberwallen."[837]

Noch konkreter wird er, wenn er über die Autoren der *Metanojja* spricht:

"Sie greifen die 'russifizierte Orthodoxie' und die Orthodoxie als solche, das gesamte russische Volk und die durch die Orthodoxie geprägte russische Seele an. Gleichzeitig preisen sie die aufblühende Katholische Kirche und schlagen vor, die Orden nach katholischem Vorbild zu organisieren usw."[838]

Er betont die jüdische Abstammung der Autoren der *Metanojja*, die ja "bereits auf gepackten Koffern" säßen, und denen es daher gleichgültig sei, was in ihrer ehemaligen Heimat passiere. Dieser Gedankengang wiederholt sich noch mehrere Male in anderen Texten des Autors.

In den Jahren 1971-1972, offensichtlich bereits während der Arbeit an dem Sammelband "*Pis'ma o Rossii*", änderten sich die Positionen Feliks Karelins und Gennadij Šimanovs. Sie übernahmen die Ansichten der Schüler des Priesters B. Kir'janov, des Mönchsdiakons aus dem Dreifaltigkeitskloster Varsonofij (Chajbullin) und des Priesters G. Petuchov, mit denen sie in der Redaktion der Zeitschrift *Veče* zu tun hatten. Auch eine in der *Veče* publizierte Arbeit von M. Antonov mag sie beeinflusst haben. Dort heißt es: "Nur die Verbindung von Orthodoxie und Leninismus kann ein adäquates Weltbild des russischen Volkes hervorbringen, das die Jahrhunderte lange Erfahrung des Volkes in sich vereint."[839]

So formulierte Gennadij Šimanov später seine Ansichten:

---

837 *Pis'ma o Rossii*, S. 18.
838 Ebd. S. 21.
839 M. ANTONOV, S. 39.

"Die Idee der Kommune wird uns in der pervertierten atheistischen Form dargeboten. In Wirklichkeit gründen alle Gesellschaften auf der Idee der Gemeinschaft, der *obščina*. Übersetzt heißt Kommune *obščina*. Nur darf man sie nicht auf einem faulen Fundament aufbauen, wie Marx es getan hat, sondern auf einem gesunden – gestützt auf Religion, Nation und Familie".[840]

Längst nicht alle Schüler von Feliks Karelin folgten ihm. Selbst Lev Regel'son und Viktor Kapitančuk, die gemeinsam mit ihm das "Gesuch" an Metropolit Pimen unterzeichnet hatten, blieben bei ihrer antikommunistischen Haltung und schlossen sich später dem antisowjetischen Aktivisten Gleb Jakunin an, um sich mit ihm gemeinsam in den Jahren 1976–79 im Rahmen einer offen liberalen Bürgerrechtsbewegung für die Rechte von Gläubigen einzusetzen.

Unterstützung aus dem Kreis seiner Schüler bekam Feliks Karelin vor allem von dem Mediziner V. Priluckij, der unter dem Pseudonym L. Ibragimov schrieb, und möglicherweise auch von N. Gajnov. Dagegen distanzierten sich V. Chajbullin und G. Petuchov schon bald wieder von ihren prosowjetischen Positionen.

Den größten Bekanntheitsgrad innerhalb der *Troika* Karelin – Šimanov – Priluckij erlangte Šimanov als besonders produktiver und markanter Autor der "national-kommunistischen" Richtung. Zweifellos wurde sein Ruf von westlichen Sowjetologen aufgebauscht, weil sie einen Autor brauchten, der die vorhandenen, jedoch kaum in schriftlicher Form vorliegenden Ansichten darlegte. Gennadij Šimanov war für sie das Beispiel eines einflussreichen national-kommunistischen Ideologen, obwohl er in Wirklichkeit ein blasser Epigone der Leitfiguren der "Russischen Partei" war, der sich von den Krümeln an ihrem intellektuellen Tisch ernährte. In den "besseren Kreisen", etwa im Hause Il'ja Glazunovs oder in den Versammlungen der *Molodaja gvardija*, war er nicht willkommen, u. a. vermutlich wegen seines ausgeprägt semitischen Äußeren. Er selbst sagt nüchtern über sich: "Bekannt war ich irgendwo im Westen unter Sowjetologen, hier kannten mich vielleicht Leute wie Igor' Šafarevič, aber die kann man an einer Hand abzählen."[841]

Der bescheidene Fahrstuhlführer und autodidaktische Publizist, der umfangreiche und schwer lesbare Texte verfasste, war bereits Ende der 80er Jahre für die breite Öffentlichkeit uninteressant geworden. Heute kennt nur noch der regelmäßige Leser "patriotischer" Periodika seine Artikel zu "sittlich-morali-

---

840 Interview mit Gennadij Šimanov.
841 Ebd.

schen" Themen.⁸⁴² Dennoch waren die Texte von Gennadij Šimanov und seinen Mitstreitern in der zweiten Hälfte der 70er bis Anfang der 80er Jahre das einzige Zeugnis einer traditionalistischen Ideologie in der UdSSR, die kommunistische und orthodoxe Ansichten zu vereinen suchte. In seinem Text *Otryvki iz dnevnika* (Auszüge aus einem Tagebuch), der ebenfalls in dem Band *Pis'ma o Rossii* veröffentlicht wurde, greift Gennadij Šimanov den Rassismus von *Ustav nrava* (Gesetz der Sitte) von Valerij Skurlatov sowie *Slovo Nacii* (Wort an die Nation) von Anatolij Ivanov (Skuratov) auf. Šimanov versteht die Nation als einen lebenden Organismus, der rein gehalten werden muss. Daher sind Mischehen sowie überhaupt jede Form von Kontakt zwischen verschiedenen Ethnien seiner Meinung nach nicht wünschenswert. "Man muss die Verbindung zu seiner Nationalität hoch halten und keine unnötigen Kontakte zu Fremdstämmigen halten",⁸⁴³ sagt dieser junge Christ und unterstützt damit in vollem Maße sowohl Stalins "eisernen Vorhang", als auch die rassistische und in ihrem Kern heidnische Vergötterung der Nation.

So wie bei seinen beiden Vorgängern findet man im Text von Gennadij Šimanov geniale Geistesblitze zum künftigen Schicksal des Landes genauso wie völlig haltlose Träumereien wie beispielsweise diese visionäre Passage zur politischen Zukunft der UdSSR sowie zu den Perspektiven einer religiösen Renaissance:

> "Was ich befürchte, ist eine plötzliche Liberalisierung hin zur "westlichen Demokratie", auf die einige Intellektuelle in unserem Land warten und hoffen. [...] Solange es die Sowjetmacht gibt, kann die religiöse Renaissance in unserem Land nicht aufgehalten werden. Nur eines kann sie stoppen: ein plötzlicher Einbruch, eine plötzliche Liberalisierung nach tschechoslowakischem Vorbild, also die westliche Demokratie mit all ihren Reizen. Wenn das passiert, dann werden zweifellos viele neue Kirchen entstehen, der Zulauf der Menschen wird größer, doch leider wird es dann auch dabei bleiben und alles wird langsam eingehen. Das wird eine FEHLGEBURT, und Russland [...] wird zum provinziellen Hinterhof des indifferenten und satten Westens."⁸⁴⁴

Das spätestens 1972 verfasste "Tagebuch" von Gennadij Šimanov bezeugt anschaulich, wie sich, vermutlich unter dem Einfluss seines Mentors Feliks Karelin, der Sinneswandel des Autors von dem in *Veče*-Kreisen traditionellen orthodoxen Monarchismus hin zum National-Kommunismus, der typisch war für den aktiven Teil der "Russischen Partei", vollzog. Im Interview mit M. Razorenova umreißt er seine neue Position:

---

842 GENNADIJ M. ŠIMANOV: Ne ostanovit' uničtoženie russkich bez nacional'nogo zakona. – *Molodaja gvardija*, Moskau 1999, Nr. 2, S. 12–28.
843 *Pis'ma o Rossii*, S. 31.
844 Ebd. S. 38.

"Die Schwachheit der orthodoxen russischen Menschen, die auf die offenkundig feindselige *Metanojja* gutmütig wie die Schafe reagierten, hat mich auf den Gedanken gebracht, dass es womöglich nicht richtig ist, wenn wir als russische Patrioten gemeinsam mit den sogenannten 'Demokraten' gegen die Sowjetmacht opponieren. Angenommen, die Sowjetmacht würde morgen zusammenbrechen, überlegte ich, wer wäre dann der neue Herr in Russland? Worauf sollten die russischen Patrioten bei der gewaltigen Übermacht der antirussischen Kräfte in Russland selbst, ganz zu schweigen von der gebündelten Macht des Westens, die zur Unterstützung seiner Kreaturen und Verbündeten in unserem Land eingesetzt werden würde, denn hoffen? Höchstens auf ein Wunder. Denn es würden ungleich schlimmere Kräfte als das heutige Regime an die Macht kommen ... Also müssen wir uns konsequent und eindeutig auf die Seite dieses Regimes stellen, wie schlecht es auch sein mag, und es gegen die Westler unterstützen. Dadurch unterstützen wir nicht nur das für uns kleinere Übel, sondern haben auch eine im Vergleich zu den Westlern bessere Ausgangslage und können, solange das Regime bestehen bleibt, unsere Kräfte viel schneller als sie bündeln. Außerdem wird dieses siechende Regime im Endeffekt vor die Wahl gestellt sein, sich entweder auf die russisch-orthodoxen Kräfte zu stützen und sich so immer abhängiger von ihnen zu machen, oder einfach zusammenzubrechen, da der Westen nicht an stabilen Machtstrukturen in Russland interessiert ist."[845]

So formulierte Šimanov für sich eine Erkenntnis, zu der andere junge orthodoxe Antikommunisten längst gelangt waren: Der Kampf gegen den verhassten Westen und seine Agenten im Land, die Juden, ist nur mit Hilfe des Sowjetregimes möglich. Es tendiert eher zu traditionalistischen Werten als die Liberalen, die, wenn auch nicht im politischen, so doch im kulturellen Bereich eindeutig die Oberhand haben. Darüber hinaus ist die Zusammenarbeit mit dem Regime bequem und unter materiellen Gesichtspunkten lohnenswert. Der Ausdruck "Kräfte bündeln" bedeutete sowohl in der Diktion des literarischen Milieus, als auch im Fall von Šimanov und seinen Gleichgesinnten ein Leben ohne Armut, ohne Durchsuchungen und Verhöre und vor allem ohne Straflager[846], dafür mit wachsendem Wohnkomfort und stabilen Einkünften. Šimanov registrierte, wie seine Opponenten vom *KGB* gejagt wurden und erwog, welche Vorteile die Zusammenarbeit der Behörden mit den "russisch-orthodoxen Kräften" in Zukunft mit sich bringen würde.

Ein solcher Konformismus war, wie bereits erwähnt, nichts Neues, und der Wechsel der Ideale und Taktiken Gennadij Šimanovs und seines Kreises war

---

845 M. RAZORENOVA, S. 160.
846 Der Sinneswandel Šimanovs fiel mit den Maßnahmen des *KGB* zur Vernichtung des *Samizdat* zusammen. Einige Dutzend Autoren und Verbreiter des *Samizdat* wurden in Lager geschickt, Hunderte wurden durchsucht. Die Veröffentlichung der für die Dissidentenbewegung grundlegenden *Chronika tekuščich sobytij* (Chronik der laufenden Ereignisse) wurde für anderthalb Jahre eingestellt.

im Grunde deren persönliche Sache. Doch Šimanov war der Erste in dem homogenen Milieu der Antikommunisten, Konformisten und russischen Nationalisten, der seinen Standpunkt schriftlich niederlegte und in den *Otryvki iz dnevnika* und dem Artikel *Pis'mo Natal'je Sergeevne* (Brief an Natal'ja Sergeevna), die beide in dem Band *Pis'ma o Rossii* erschienen, öffentlich machte.[847] Diese Offenbarungen waren für viele ehemalige Gleichgesinnte ein regelrechter Schock.

Seinen Kontrahenten fand Gennadij Šimanov in Vladimir Osipov. Der Monarchist und ehemalige Polithäftling teilte die traditionellen Ansichten der russischen Nationalisten des frühen 20. Jahrhunderts. Obwohl er auf der Höhe seines Ruhmes stand, vertrat der im Inland – wenngleich natürlich nur in engen Kreisen – bekannte und unter Emigranten sehr beliebte Vladimir Osipov als offener Verfechter der "russischen Sache" eine überholte geistige Tradition. Zur Zeit der Perestroika und im postkommunistischen Russland fand er sich, wie die bekannten Nationalisten Igor' Ogurcov und Leonid Borodin auch, im Abseits selbst der national-patriotischen Kräfte wieder. Das lag nicht nur an ihrer Persönlichkeit, sondern auch an ihrer strikten Weigerung, die Mentalität der großen Mehrheit der russischen Nationalisten ins Kalkül zu ziehen. Mit einigen wenigen Ausnahmen waren selbst ehemalige Untergrundaktivisten wie die aus dem Palievskij-Kožinov-Zirkel schon längst zutiefst "sowjetische Menschen", die ihre jahrzehntelange Lebenserfahrung und ihre geliebten Mythen, allen voran Stalin, nicht ästhetischen Erwägungen opfern wollten.

Der Verlauf der Diskussion zwischen Vladimir Osipov und Gennadij Šimanov und vor allem das Finale waren sehr vielsagend, um nicht zu sagen lehrreich. Osipovs Zurechtweisung in Form eines offenen Briefs zog eine in ihren Formulierungen noch schärfere Antwort des rebellischen Šimanov mit dem Titel *Kak otnosit'sja k sovetskoj vlasti* (Der richtige Umgang mit der Sowjetmacht) nach sich. Die Sowjetmacht demonstrierte daraufhin ihr Verhältnis zu den Autoren des Schriftwechsels, indem sie Osipov nach Artikel 70 des Strafgesetzbuchs verhaftete und damit die Diskussion für sieben Jahre aussetzte. Gennadij Šimanov konnte nun in der Tat in Ruhe "seine Kräfte bündeln", denn jetzt diskutierten nur noch die US-amerikanischen Sowjetologen-Professoren jenseits des Atlantiks mit ihm. Dennoch gab es für Šimanov immer noch Möglichkeiten des intellektuellen Dialogs. Viele seiner Bekannten aus dem Leser-

---

847 Grundlage für den Artikel war ein Brief an die Frau des Bürgerrechtlers Boris I. Cukerman, Nadežda A. Cukerman, die zu dem Zeitpunkt bereits mit ihrem Mann nach Israel ausgewandert war.

und Autorenkreis der Zeitschrift *Veče* pflegten aus alter Gewohnheit Kontakte zu ihm. Und über Feliks Karelin bestanden immer noch Kontakte zu Kirchenkreisen.

So wurden z. B. 1974–1975 einige Artikel Šimanovs in der Zeitschrift *Moskovskij Sbornik*, die von Leonid Borodin herausgegeben wurde, veröffentlicht. 1975 stellte Šimanov den Sammelband "*Protiv tečenija*" (Gegen den Strom) zusammen, in dem er eine Bilanz seiner publizistischen Tätigkeit der vergangenen Jahre zog. In den Jahren 1980–1982, in einer Zeit wachsender Aktivität und der verschärften Auseinandersetzung der "Russischen Partei" mit den Liberalen gab Gennadij Šimanov zusammen mit Feliks Karelin und V. Priluckij fünf Ausgaben der *Samizdat*-Zeitschrift *Mnogaja leta* (*altkirchenslawisch:* Viele Jahre) heraus. Jede Ausgabe bestand aus etwa 200 Schreibmaschinenseiten, die Autorenauflage betrug 10–15 Exemplare, darüber hinaus wurden einige Ausgaben als Fotokopien verbreitet, laut Gennadij Šimanov u. a. von der Geistlichkeit des Dreifaltigkeitsklosters.

Da kein Exemplar der Zeitschrift zu beschaffen war, bleibt nur die Wiedergabe dessen, was die Autoren Šimanov und Priluckij im Interview zu Protokoll gaben. Demnach bestand das Hauptanliegen der Zeitschrift darin, die Sowjetmacht zu einer Politik des "gesunden Menschenverstandes" zu bewegen. Unter dieser Politik verstand man die Festigung der Sowjetmacht durch die Bildung von Kommunen nach Abstammung und Religionszugehörigkeit. Die Hauptautoren der Zeitschrift waren Šimanov, Karelin und Priluckij, daneben gab es eine Gruppe von etwa zehn Gleichgesinnten.[848]

Nach Drohungen des *KGB* stellte Gennadij Šimanov, "sich der Gewalt beugend", die Herausgabe der Zeitschrift 1982 ein, sammelte bis 1987 "Material und schrieb umfangreiche Artikel über das jüdische Wesen des Kapitalismus und den freimaurerischen Ursprung des Ersten Weltkriegs".[849] So befindet sich im Archiv des Autors ein dünnes Blatt Durchschlagpapier mit einem blassen Schreibmaschinentext. Der Titel lautet *Kratkoe soderžanie doklada G. Šimanova "Trojanskij kon' sionizma"* (Kurze Zusammenfassung des Vortrags von G. Šimanov "Das Trojanische Pferd des Zionismus"). Im Text geht

---

848 Es liegen keine Belege darüber vor, dass Feliks Karelin nach 1975 als eigenständige und gesellschaftlich bedeutsame Figur in Erscheinung getreten wäre. Laut Aussage von Gennadij Šimanov im Interview verbrachte er die letzten Jahre seines Lebens "abgeschottet in seiner Wohnung und führte das Leben eines Einsiedlers und Denkers".

849 Interview mit Gennadij Šimanov.

es um die Fälschung der "Protokolle der Weisen von Zion" durch die Juden mit dem Ziel, leichtgläubige patriotische Antizionisten zu diskreditieren.[850]

---

[850] Kratkoe soderžanie doklada G. Šimanova "Trojanskij kon' sionizma", maschinenschriftliches Manuskript.

11 Der letzte Angriff gegen die Liberalen[851]

Von Feinden umzingelt

Der Kampf gegen die liberale Bewegung im kulturellen und im gesellschaftspolitischen Bereich insgesamt war ein wichtiges Anliegen der Bewegung russischer Nationalisten. Für die Anhänger der "Russischen Partei", die an die Existenz einer jüdischen bzw. in ihren Augen damit gleichbedeutenden liberalen Verschwörung glaubten, war es nur natürlich, sich zum Widerstand gegen die "Machenschaften der Zionisten" zu organisieren. Das Wirken der russischen Nationalisten basiert bis heute vor allem auf konspirativen, genauer verschwörerischen Ansätzen, was persönliche mündliche Verabredungen und die Missachtung des geschriebenen Rechts einschließt. Zweifellos war die "jüdische Bedrohung" ein Mythos, der für die Legitimation des Handelns der Nationalisten selbst, die wie Verschwörer in einer lebensfeindlichen und existentiell gefährlichen Umgebung agierten, notwendig war. Dabei darf nicht vergessen werden, dass die KPdSU selbst in den 70er Jahren in ihrer Machtausübung auf die gleiche Weise agierte, sie bewahrte in den Grundzügen ihrer praktischen Politik viele Merkmale einer konspirativen Untergrundorganisation.

Bereits in seinem Roman *Tlja* beschrieb Ivan Ševcov den fiktiven "jüdisch-liberalen" Salon des Kritikers Ivanov-Petrenko als Zentrum verschwörerischer Aktivitäten. In diesem Salon wurde beschlossen, welcher Künstler anerkannt und wer diffamiert wird, wer Aufträge bekommt und gegen wen Hetzkampagnen gestartet werden sollen. Natürlich kann der Autor selbst kaum in solchen Salons verkehrt haben, denn dann hätte er das in seinen sehr detaillierten Memoiren erwähnen müssen. Dafür finden wir dort Notizen zu den Versammlungen der russischen Nationalisten in dieser Zeit, bei denen bekannte und weniger bekannte konservative Künstler genau das taten, was den Liberalen zugeschrieben wurde. So ein Salon war u. a. das Atelier des Malers Pavel Sudakov.[852] Nicht allein Ivan Ševcov hinterließ derartige Zeugnisse. Nikolaj P. Smirnov, Schriftsteller und Vertreter der älteren Generation russischer Nationalisten, notierte in seinem Tagebuch im Jahr 1969 Gerüchte, dass Konstantin Simonov eine Spendensammlung für Israel organisiert und selbst eine

---
851 Übersetzung: Maxim Bau.
852 Vgl. IVAN M. ŠEVCOV.

große Summe gespendet habe, die von dem Umfeld der "roten" nationalistischen Schriftsteller Michail Bubënnov und Michail Škerin verbreitet wurden.[853] Auf den Versammlungen der Angehörigen der "Russischen Partei" wurden auch die Grundzüge einer koordinierten Politik erarbeitet. In seiner Analyse beschreibt einer der engagiertesten Angehörigen der "Russischen Partei" in Leningrad, Mark Ljubomudrov, die Arbeit der Bewegung:

> "Der Kampf wurde 'still', mitunter sehr verdeckt und lautlos geführt, in einer komplexen Verknüpfung von geheim und sichtbar, maskiert und offen. Es war eine allmähliche Befreiung des Vaterlandes aus der 'Babylonischen Gefangenschaft'."[854]

Der Mythos von der "jüdischen Verschwörung" brachte die Nationalisten auf den Gedanken einer physischen Gefahr, die ihnen als "Kämpfer für die russische Sache" von den vorgeblichen "Zionisten" drohe. Ivan Ševcov entwarf bereits in den 50er Jahren in seinem Roman *Tlja* die Figur des Jaša Kancel', eines in der nationalsozialistischen Diktion "nützlichen Juden", der offen mit den avantgardistischen Künstlern bricht und am gleichen Tag von einem Auto überfahren wird, das nie gefunden wird. Dieses imaginäre Szenario wurde dreißig Jahre später Realität, als Ševcovs "antizionistischer" Mitstreiter E. Evseev von einem Auto, das danach in unbekannter Richtung verschwand, überfahren wurde und starb. Seine "antizionistischen" Kollegen V. Emel'janov und A. Romanenko verfassten und verbreiteten ein Flugblatt, in dem die "Zionisten" für das Verbrechen verantwortlich gemacht wurden. Die gleichen Anschuldigungen wurden gegen die Juden nach dem Tod von V. Begun infolge eines Herzanfalls erhoben. Neben unmittelbaren Mordbezichtigungen beschuldigten die russischen Nationalisten die Juden in schriftlicher und mündlicher Form der "organisierten Hetzjagd", die zum vorzeitigen Tod "patriotisch gesinnter" Anhänger der "Russischen Partei", wie V. Begun, Jurij Ivanov und anderer, geführt habe. Aufrichtigere (oder zynische) Vertreter der Nationalisten wie Sergej Semanov und Anatolij Ivanov (Skuratov) machten die "Opfer" selbst verantwortlich, die ihrer Meinung nach nicht auf ihre Gesundheit geachtet und zu viel getrunken hätten. Die "seriöseren" Nationalis-

---

[853] NIKOLAJ P. SMIRNOV: *Medal'ony pamjati. Stranicy dnevnika 1968–1969 gg.* (Medaillons der Erinnerung. Seiten des Tagebuchs 1968–1969). – Moskau 1998, Nr. 6, S. 184. Michail Bubënnov machte in der *Komsomol'skaja pravda* mit einem "entlarvenden" Artikel über jüdische Schriftsteller, die sich hinter einem Pseudonym versteckten, auf sich aufmerksam. Konstantin Simonov, der damals zur Führung des Schriftstellerverbands der UdSSR gehörte und an der antikosmopolitischen Kampagne beteiligt war, verteidigte in der *Literaturnaja Gazeta* unerwartet die Pseudonyme. (S. GENNADIJ V. KOSTYRČENKO: *Tajnaja politika Stalina* (Die Geheimpolitik Stalins). – Moskau 2001, S. 528–529.

[854] MARK LJUBOMUDROV: Slovo i delo, in: *Tjumen' literaturnaja*, Nr. 2 vom 22.04.1997.

ten äußerten ihre Anschuldigungen gegenüber den "Zionisten" in der Regel nicht in schriftlicher Form, obgleich diese Mythen mündlich sehr verbreitet waren. Im Jahr 1979 tauchte das Motiv mit dem verschwundenen Auto in Bezug auf einen der Anführer der "Russischen Partei", Stanislav Kunjaev, auf. Vladislav Matusevič, Mitarbeiter der Zeitschrift *Naš sovremennik*, notierte in seinem Tagebuch:

"Kunjaev schickte einen Brief an das ZK [...]. Und am nächsten Tag wurde sein Sohn von einem Auto überfahren, als er draußen Zigaretten holen war. Kunjaev erzählt jetzt überall herum, dass das die Machenschaften der Zionisten seien."[855]

In den Jahren 1982–1983 hatte ein weiterer "Führer" der "Russischen Partei", Valerij Ganičev, mehrere Autounfälle, für die er heute den *KGB* verantwortlich macht und die er mit den damaligen Repressionen gegenüber der Bewegung russischer Nationalisten[856] in Verbindung bringt. Von den Nationalisten wird das wiederum indirekt als "Machenschaften der Zionisten" interpretiert, da Jurij Andropov in ihren Augen ein verkappter Jude und Liberaler war.[857]

Die "Zionisten" wurden ebenfalls beschuldigt, im Jahr 1985 einen Anschlag auf einen der führenden Köpfe der Organisation *Pamjat'* verübt zu haben, obwohl die Täterin später gefunden und der Anschlag als eine gewöhnliche kriminelle Tat[858] eingestuft wurde. Schließlich war der Autor Zeuge eines Telefongesprächs zwischen G. Gusev und Sergei Semanov über den Mord an dem Schriftsteller und Aktivisten der "Russischen Partei" Dmitrij Balašov, der dem Sohn des Schriftstellers zur Last gelegt wurde. Die Gesprächspartner waren sich darin einig, dass "die" "genauso wie im Fall Rochlin" ein Mordszenario benutzten, bei dem die Schuld auf ein Familienmitglied fällt.

Ein anderes Schlachtfeld der "Russischen Partei" gegen die Liberalen war der "Kampf um die Schriftsteller". Einerseits erschufen sich die russischen Nationalisten sowohl in der Politik als auch in der Literatur ihr eigenes Pantheon, andererseits waren sie bestrebt zu beweisen, dass dieser oder jener,

---

855 VLADISLAV MATUSEVIČ: *Zapiski sovetskogo redaktora* (Notizen eines sowjetischen Redakteurs). – Naš Sovremennik 1978–1981, auch in: NLO 1998, Nr. 29, S. 334. http://magazines.russ.ru/nlo/1999/37/matusev.html
856 Interview mit Valerij Ganičev.
857 Ausführlicher darüber s. das oben erwähnte Buch des Freundes und Gesinnungsgenossen von Valerij Ganičev: SERGEJ SEMANOV: *Andropov. 7 tajn genseka s Lubjanki* (Andropov: Sieben Geheimnisse des Generalsekretärs von Lubjanka). – Veče, Moskau 2001.
858 ALEKSANDR M. VERCHOVSKIJ/EKATERINA MICHAJLOVSKAJA/VLADIMIR PRIBILOVSKIJ: *Nacionalizm i ksenofobija v rossijskom obščestve*. – Moskau: gruppa "Panorama", 1998, S. 45.

in der Regel bedeutende Schriftsteller der jüngeren Vergangenheit eben ihre und nicht westlich-liberale Ansichten teilte, wie vage solche Interpretationen auch immer sein mögen. Dies gab ihnen die Möglichkeit, die Autorität dieser Persönlichkeiten bei der Lösung anstehender Aufgaben auszunutzen. Besonders heftig entbrannte in den 60er Jahren der Kampf "um Majakovskij", der von offizieller Seite als "bedeutendster" sowjetischer Dichter anerkannt war und unter den Intellektuellen als Symbol der bevorstehenden "revolutionären" Veränderungen zu erneuter Popularität gelangt war. Die Nationalisten wollten beweisen, dass Lilija Brik und Vasilij Katanjan sich das geistige Erbe des Dichters unrechtmäßig "angeeignet hatten" und es falsch interpretierten und dass man die "Juden" von seiner Popularisierung ausschließen müsse. Der bekannte sowjetische Schauspieler Evgenij Steblov erinnert sich, dass der antisemitische Angriff auf die Familie von Lilja Brik der Grund für einen Skandal war, den die französische Schauspielerin Marina Vladi[859] Sergej Michalkov bereitete. Ein persönliches Interesse in dieser Frage zeigte einer der größten Lobbyisten der "Russischen Partei", V. Voroncov, Mitarbeiter von Michail Suslov, der sich selbst für einen Majakovskij-Spezialisten hielt.[860] Im Zuge eines internen Machtkampfes gelang es ihm, V. Makarov (geb. 1926), den Sergej Semanov als "Vertrauensperson Voroncovs"[861] beschreibt, als Direktor des Majakovskij-Museums zu installieren.

Eine weitere heiß umkämpfte populäre Figur war der Schriftsteller Michail Bulgakov. In ihm sahen die russischen Nationalisten einen aufrichtigen "Weißen", der die Sowjetmacht demütig akzeptiert hatte und talentiert genug war, um von Stalin bemerkt zu werden. Von den Aktivisten der "Russischen Partei" beschäftigte sich Viktor V. Petelin am intensivsten mit der Erforschung und Interpretation des Werks von Michail Bulgakov. In den 80er Jahren widmete er dem Autor einige Arbeiten, u. a. die Monografie *Michail Bulgakov*.[862]

Ende der 70er Jahre erhoben die russischen Nationalisten Anspruch auf Andrej Platonov. Vladislav Matusevič, der, wie bereits erwähnt, für die Zeitschrift *Naš sovremennik* arbeitete, bemerkt bei seiner Beschreibung des 80-jährigen Jubiläums des Schriftstellers im Jahr 1979:

---

859 EVGENIJ STEBLOV: Nikita. Fragment iz knigi "Protiv kogo družite", *Nezavisimaja gazeta*, 27.04.2000.
860 S. z. B. das zu Beginn der Arbeit angeführte Zitat aus dem Interview mit Gennadij Gusev.
861 SERGEJ SEMANOV: *Dnevnik*, 1977, S. 59.
862 VIKTOR V. PETELIN: *Michail Bulgakov*. – Moskau: Moskovskij rabočij, 1989.

"Nur zu gern würden unsere National-Patrioten Platonov in ihren Reihen sehen. Auch unseren Führer [so im Original – Anm. d. Übers.] in der Redaktion, Volodja Vasil'ev [stellvertretender Chefredakteur der Zeitschrift], beschreibt Platonov in seinem Buch als jemanden, der die patriotischen Züge des russischen Volkes und seine nationale Einzigartigkeit zum Ausdruck bringt. Und dieses Buch, dessen Rezensent Viktor Čalmaev war, bekommt die Prämie des ZK des Komsomol."[863]

Sergej Semanov, einer der "Führer" der "Russischen Partei", listet die seiner Meinung nach "russischsten" Schriftsteller auf: "Šolochov, Platonov, Bulgakov – dafür, und von *denen* [Hervorhebung Semanov] wer? Oleša?"[864]

Doch im Großen und Ganzen war der Kampf der russischen Nationalisten um das geistige Erbe populärer toter Schriftsteller nicht besonders erfolgreich. Es gelang ihnen nicht, die "Zugehörigkeit" dieser Autoren zum antiwestlichen und traditionalistischen Flügel der russischen Literatur im Bewusstsein der Massen zu verankern, wie es etwa in Bezug auf Sergej Esenin, Fëdor Dostoevskij und später Pavel Vasil'ev geschehen war.

In den 70er Jahren änderte sich die Kampftaktik der "Russischen Partei" gegen die "jüdische Verschwörung" im Vergleich zum vorangegangenen Zeitabschnitt. Wie oben dargelegt, folgte sie ursprünglich den Traditionen im bürokratischen sowjetischen System, das institutionalisierte gesellschaftliche Aktivitäten ausschloss. Alles beschränkte sich auf Intrigen innerhalb des Apparats, seltene Versammlungen "im Kreise der Eingeweihten", die Verbreitung von Gerüchten, vertrauliche Gespräche mit Sympathisanten, manchmal Briefe an die "Instanzen" und wohl auch Denunziationen beim *KGB*

Zunächst entstand in den 70er Jahren eine "Sprache des Kampfes". Die Verfechter der antisemitischen Mythologie der 50er und 60er Jahre operierten im Prinzip lediglich mit zwei Termini: "Zionist" und "Trotzkist". Im Gegensatz zu den halbgebildeten Parteifunktionären jener Zeit jedoch erkannten die Aktivisten der "Russischen Partei", die zumeist über eine akademische Bildung verfügten, die Unzulänglichkeit der vorhandenen Terminologie für die Beschreibung moderner und historischer Gegebenheiten, die mit dem Judentum verbunden waren. Die theoretische Aufarbeitung der antisemitischen Mythologie im Rahmen ihres eigenen Wertesystems war eine der Hauptaufgaben der "Russischen Klubs". Darüber hinaus fanden über professionelle "Antizionisten" immer mehr Termini Judaicae Eingang in den Wortschatz der Nationalisten.

---

863 VLADISLAV MATUSEVIČ: Zapiski sovetskogo redaktora. Žurnal "Naš sovremennik", 1978 – 1981, in: *Novoe literaturnoe obozrenie*, Nr. 29/1998, S. 342.
864 SERGEJ SEMANOV: *Dnevnik*, 1977, S. 63.

Die "Antizionisten" propagierten insbesondere die Idee von dem angeblich rassistischen Grundtenor des Judentums, die auf die sowjetische Wirklichkeit bezogen wurde und so den Rassismus der "Russischen Partei" legitimieren sollte. Nach Aussagen von Sergej Semanov sprachen die Teilnehmer der Versammlungen des "Russischen Klubs" über die Notwendigkeit einer "Anti-Freimaurerloge".[865] Mark Ljubomudrov, ein Aktivist des "Russischen Klubs", sprach in diesem Zusammenhang von der Befreiung des russischen Volkes aus der "Babylonischen Gefangenschaft". Laut Stanislav Kunjaev schrieb der Schriftsteller V. Šugaev seine "Gedanken zu diesem Thema unter dem Titel "Mit den Augen eines Goi"[866] auf. "Goi" ist ein Terminus, den die sowjetischen Juden den russischen Nationalisten zufolge unter sich verwendeten, um alle Nichtjuden abschätzig zu bezeichnen und der im nationalistischen Milieu fest verwurzelt ist; er wird heute in der "patriotischen" Literatur ohne Erklärungen und Konkretisierungen ständig verwendet.

Die zweite grundlegende Veränderung in der Taktik der russischen Nationalisten in den 70er Jahren bestand in der Übernahme von Vorgehensweisen der Dissidentenbewegung, die jedoch gleichzeitig als pro-jüdisch und pro-westlich verurteilt wurde.

Die Adaption der Methoden der Dissidenten in der "Russischen Partei" war eng mit dem Namen Vladimir Osipovs, des Redakteurs der nationalistischen Zeitschrift *Veče,* die in den Jahren 1971–1974 herausgegeben wurde, verbunden. Er war der erste russische Nationalist, der sich bewusst an der *Samizdat*-Bewegung beteiligte, indem er eine ursprünglich nicht zensierte Zeitschrift gründete und sie verbreitete, u. a. übergab er sie an westliche Radiosender. Die relativ niedrige Effektivität der Betätigung im *Samizdat* sowie der hohe Preis, der dafür gezahlt wurde – Osipov wurde wegen der Herausgabe der Zeitschrift zu sieben Jahren Lagerhaft verurteilt –, bremsten zwar das Engagement der Nationalisten auf diesem Feld. Dennoch führten die geistigen und sozialen Entwicklungen in der Gesellschaft dazu, dass selbst die Angehörigen der "Russischen Partei", die ihre Position im Establishment nicht aufgeben wollten, gezwungen waren, sich des *Samizdat* und der Kampftaktiken der Dissidenten zu bedienen. In den 70er Jahren bis Anfang der 80er Jahre erprobte die "Russische Partei" fast alle Formen des Widerstands der Dissidenten gegen den Staat, ausgenommen Appelle an den verhassten

---

865 Interview mit Sergej Semanov, 16.04.2000
866 STANISLAV KUNJAEV: Poezija. Sud'ba. Rossija, in: *Naš Sovremennik* Nr. 4/1999, S. 176.

Westen und öffentliche Mahnwachen. Da aber die Angehörigen der "Russischen Partei" ihre gesellschaftliche Position nicht gefährden wollten, war die Mehrheit dieser Aktionen zur Erfolglosigkeit verdammt. Außerdem kopierten die Nationalisten blind die effektiven Taktiken ihrer Gegner und waren sich der Hintergründe, die zur Entstehung dieser Taktiken in den Dissidentenkreisen geführt hatten, keineswegs bewusst. Geradezu anekdotisch war die Geschichte der gescheiterten Geldsammlung für den gekündigten Sergej Semanov. Sein Freund Stanislav Kunjaev schreibt dazu in seinen Memoiren:

> "Ich wusste, was die jüdische Öffentlichkeit in solchen Fällen tut, wie sie heimlich und auch öffentlich die Verfolgten unter den Ihren beschützt, Protestbriefe verfasst und Unterschriften sammelt, Geld zur Unterstützung der Familie sammelt usw. Ich habe den Freunden von Semanov vorgeschlagen, diese Erfahrung zu nutzen."[867]

Doch die reichen Schriftsteller wollten mit ihrem Kollegen, der für die "russische Sache" leiden musste, nicht teilen, und er hatte diese Hilfe in dem Moment auch nicht wirklich nötig. So führte das Kopieren der "Methoden des Feindes" in diesem Fall lediglich zu Verwirrung und Streit zwischen den Angehörigen der "Russischen Partei". Denn die Spendensammlungen im Kreis der Dissidenten oder ihrer Sympathisanten entstanden aus akuter Not: Die Bürgerrechtler bekamen, wenn sie denn Arbeit hatten, bescheidene "Ingenieursgehälter", eine Kündigung führte gar zum finanziellen Ruin der Familie. In anderen Fällen hatte die Nachahmung der Methoden der Dissidenten durchaus Erfolg. Als Beleg hier zwei weitere Zitate aus den Memoiren von Stanislav Kunjaev über seine Aktivitäten im Jahr 1979:

> "Unsere Gegner gingen in ihren Aktionen ganz anders vor. [...] Wir aber agierten aufrichtig, offen, russisch. Wir taten es dem Fürsten Svjatoslav gleich, der seine Feinde warnte 'Ich greife euch an!'"[868]

In einem anderen Kapitel schreibt er unter offensichtlicher Nachahmung des Stils von Aleksandr Solženicyn in dessen autobiografischem Werk *Die Eiche und das Kalb*:

> "Mir wurde klar, dass es richtig war, meinen Aufsatz als Brief eines Parteimitglieds an das vertraute Zentralkomitee zu verfassen, mag es wie Sorge um das Schicksal von Kultur, Ideologie und Staat aussehen, um nicht 'vollkommen zu verbrennen', soll es ruhig wie ein offizielles Dokument aussehen und nicht wie ein illegales Flugblatt, besser sie nehmen mich in der Behörde von Zimjanin in die Mangel und nicht in der von

---

867 STANISLAV KUNJAEV: Poezija. Sud'ba. Rossija, in: *Naš Sovremennik* Nr. 4/1999, S. 178; ebenfalls dazu: MICHAIL LOBANOV: Iz pamjatnogo, in: *Naš Sovremennik* Nr. 8/1999, S. 131.
868 Ebd. S. 178.

Andropov. Und während sie mich aushorchen, wandert der Brief durch alle Kanäle des patriotischen *Samizdat*."[869]

An diese Moral hielt sich auch Sergej Semanov, als er sein Drehbuch dem sowjetischen Verband der Filmschaffenden anbot:

"Vinogradov sprach mit Monachov und log ihm offiziell vor, dass ich in dem und dem Film in Leningrad mitgewirkt hätte. Ich hatte ihm geraten, das zu tun und von *ihrer* [Hervorhebung Semanov] Dreistigkeit um der Sache willen zu lernen. Er ist ein sehr aufrichtiger Mensch, davon gibt es jetzt immer mehr."[870]

Chronik des Angriffs

Die zweite Serie antiliberaler und verdeckt antisemitischer Aktionen der "Russischen Partei" in der Regierungszeit Brežnevs (nach der Kampagne von 1967–1970) fiel in den Zeitraum von Dezember 1977 bis 1982. Sie hatte ihren Höhepunkt in den Jahren 1980–1981. In dieser Zeit führten Angehörige der "Russischen Partei" mehrere selbstständige ideologische Aktionen durch, die darauf zielten, die Haltung der Behörden gegenüber dem liberal gesinnten Teil des Establishments zu verschärfen. Zeitlich fallen diese Ereignisse in die Amtszeit des ehemaligen Generalsekretärs des ZK des Komsomol und Sympathisanten der russischen Nationalisten, Evgenij Tjažel'nikov, als Chef der Propagandaabteilung des ZK der KPdSU von Mai 1977 bis Dezember 1982. Zusammen mit anderen Gönnern der "Russischen Partei", dem amtierenden Sekretär für Ideologie des ZK der KPdSU, Michail Zimjanin,[871] und dem Abteilungsleiter des ZK der KPdSU für Kultur, Vasilij Šauro, sorgte er für die politische Rückendeckung der "Russischen Partei".[872] Dabei wurden die besonders radikalen und skandalträchtigen Aktionen der Nationalisten milde verurteilt, während die antiliberalen Initiativen im Ganzen jedoch Zustimmung fanden. Objektiv betrachtet entsprach das dem Ziel des Staates, die Kontrolle über die innenpolitische Situation zu festigen, die Dissidentenbewegung, die sich in den Jahren 1974–1977 konsolidieren konnte, zu zerschlagen und die antiwestliche Stimmung im Zusammenhang mit dem Ende der Entspannungspolitik anzuheizen.

---

869 Ebd. S. 176.
870 SERGEJ SEMANOV: *Dnevnik*, 1977, S. 74.
871 Michail Zimjanin vollzog innerhalb weniger Jahre einen grundlegenden Sinneswandel. Ursprünglich war er gegen die "Russische Partei", dann änderte er etwa um 1978 unter dem Einfluss der Dorfautoren seine Position.
872 SERGEJ SEMANOV: *Dnevnik*, 1977, S. 62–77.

Die Chronik der antiliberalen Aktionen in diesem Zeitraum stellt sich wie folgt dar:

21. Dezember 1977 – Diskussion "Die Klassik und wir" im Moskauer "Haus der Schriftsteller". Russische Nationalisten wie Pëtr Palievskij, Stanislav Kunjaev, Vadim Kožinov und Jurij Seleznëv kritisieren auf einer offiziellen Veranstaltung erstmals nach mehreren Jahren wieder offen liberale und avantgardistische Tendenzen in der sowjetischen Gesellschaft. Stanislav Kunjaev, zu der Zeit amtierender Sekretär der Moskauer Schriftstellerorganisation, erinnerte sich später an diese Diskussion als an eine von seiner Gruppe gezielt geplante Aktion.[873]

Anfang 1978 – Michail Šolochov schreibt einen Brief an das ZK der KPdSU, in dem er zum Schutz der Architekturdenkmäler aufruft, gegen die Verfolgung russischer Nationalisten protestiert und sich gegen prowestliche und avantgardistische Tendenzen in der modernen sowjetischen Kultur äußert.[874]

März 1978 – Der Anführer der "Russischen Partei" Valerij Ganičev wird Chefredakteur der *Komsomol'skaja Pravda*, einer der einflussreichsten Zeitungen des Landes. Er bringt mit Jurij Medvedev, Pëtr Palievskij und V. Svinnikov aus dem Verlag *Molodaja gvardija* eine Mannschaft weiterer Nationalisten mit in die Zeitung, die dort verantwortungsvolle Positionen einnehmen und so die Redaktionspolitik zu verändern suchen.

März 1978 – Das Kulturministerium der UdSSR verbietet Jurij Ljubimovs Inszenierung der Čajkovskij-Oper *Pique Dame* wegen wesentlicher Textänderungen, die "das russische kulturelle Erbe betreffen".[875] Dieser Beschluss ist das Ergebnis einer Aktion der russischen Nationalisten aus der Abteilung Musik in der Moskauer Gruppe der *VOOPIiK*.[876]

13. April 1978 – "Treffen mit Schriftstellern" im Steklov-Institut für Mathematik der Akademie der Wissenschaften der UdSSR (Moskau). Auf Initiative des Institutsdirektors Ivan Vinogradov und der Nationalisten Lev Pontrjagin, Igor' Šafarevič und Anatolij Karacuba aus dem "Philosophenzirkel" am Institut lesen Ivan Ševcov und Feliks Čuev vor den Mitarbeitern aus ihren Werken. Das

---

873 STANISLAV KUNJAEV: Poezija. Sud'ba. Rossija, in: *Naš Sovremennik* Nr. 4/1999, S. 176–188.
874 YITZHAK M. BRUDNY, S. 111.
875 DIRK KRETSCHMAR, S. 94.
876 Interview mit V. Novikov.

Treffen endet mit einer politischen Diskussion zum Thema "geistige Expansion".[877]

1978 – Veröffentlichung der "antizionistischen" Monografie "Zionismus im System des Antikommunismus" von dem Mitarbeiter des Instituts für Philosophie der Akademie der Wissenschaften der UdSSR und Aktivisten der "Russischen Partei" E. Evseev, in der behauptet wird, die sowjetische Kultur sei von den Juden vereinnahmt, und der Chefredakteur der Zeitschrift *Novyj Mir* Sergej Narovčatov beschuldigt wird, ein "Verbündeter der Zionisten" zu sein. Am 11. März 1979 wird im ZK der KPdSU über die Monografie diskutiert, es kommt jedoch nicht zu einer Verurteilung des Autors. E. Evseev[878] kann sein Buch weiter unter dem sowjetischen Establishment und den Angehörigen der "Russischen Partei" verbreiten.

Dezember 1978 – Stanislav Kunjaev verfasst einen Brief an das ZK der KPdSU, in dem er auf "russophobe und zionistische" Motive in den Arbeiten des Almanachs *Metropol'* hinweist. Eine zweite, erweiterte Version des Briefes wird im Februar 1979[879] an dieselbe Adresse gesendet. Etwas später entsteht ein von Sergej Semanov und Anatolij Ivanov (Skuratov) verfasster und von Vasilij Rjazanov unterschriebener anonymer Brief in ähnlichem Stil, aber mit noch schärferen persönlichen Urteilen mit dem Titel "Zum Brief Stanislav Kunjaevs bezüglich des Almanachs *Metropol'*", in dem hochrangige Beamte der Propagandaabteilung des ZK der KPdSU wie A. Beljaev und V. Sevruk beschuldigt werden, den "Zionismus" zu begünstigen. In den 70er Jahren hatten sie sich bei den Nationalisten dadurch unbeliebt gemacht, dass sie liberal gesinnte, dem Staat gegenüber jedoch loyale Schriftsteller geschützt hatten. In diesem konkreten Fall jedoch wurden sie dafür verurteilt, dass sie die Veröffentlichung der Beiträge in dem Sammelband *Metropol'* zugelassen hatten. Gleichzeitig erklärten die Nationalisten die Weigerung der Akademie der Wissenschaften der UdSSR, Sergej Trapeznikov, einen hochrangigen Parteifunktionär mit dem Ruf eines "Stalinisten", zum Akademiemitglied zu machen, zu einem "anschaulichen Beispiel für die kriminellen Machenschaften der zionistischen Mafia" und äußerten ihren Unmut darüber, dass "Missbrauchsvorgänge in der sogenannten 'Solženicyn-Stiftung", die angeblich "im Zuge des Prozesses" gegen den Moskauer Leiter der Stiftung, Anatolij Ginzburg, "fest-

---

877 Ivan M. Ševcov, S. 404–405.
878 Dirk Kretschmar, S. 277.
879 Stanislav Kunjaev: Poezija. Sud'ba. Rossija, in: *Naš Sovremennik* Nr. 4/1999, S. 171–176.

gestellt wurden", "aus irgendwelchen Gründen der sowjetischen Öffentlichkeit nicht bekannt gemacht wurden". Die Verfasser des Briefes zogen den Schluss, dass "jemand sehr Mächtiges anscheinend nicht an der moralischen Bloßstellung Ginzburgs interessiert ist".[880] Im Sommer 1979 organisiert Sergej Semanov den Versand von "Rjazanovs Brief" über Mark Ljubomudrov bzw. T. Merenkova an Schriftsteller unterschiedlicher politischer Richtungen in Leningrad und Kiew.[881]

April bis Juni 1979 – Veröffentlichung des Romans *U Poslednej čerty* (Vor der letzten Linie; ursprünglicher Titel *Nečistaja sila* [Die unreine Macht]) von Valentin Pikul' in der Zeitschrift *Naš sovremennik*, in dem den Juden die Schlüsselrolle in den Intrigen, die mit dem Namen Grigorij Rasputins verbunden sind und die zum Fall der Monarchie führten, zugeschrieben wird. Trotz zahlreicher Artikel von Liberalen und orthodoxen Internationalisten aus den Reihen der Partei gegen eine Fortsetzung des Romans nahmen Evgenij Tjažel'nikov und Vasilij Šauro sowie die Funktionäre des Schriftstellerverbandes Georgij Markov und Jurij Verčenko die Zeitschrift *Naš sovremennik* in Schutz und beschränkten sich lediglich auf eine strengere Zensur des Romans.[882]

Mitte Oktober 1979 – Die massive Kampagne der russischen Nationalisten veranlasste Michail Suslov dazu, Valentin Pikul', Jurij Lošic und Viktor Astaf'ev öffentlich diverser ideologischer Fehler zu beschuldigen: Lošic der falschen Interpretation der Geschichte des 19. Jahrhunderts und der Biografie Ivan Gončarovs, Astaf'ev der falschen Darstellung der sowjetischen Gesellschaft.[883]

1979 – Veröffentlichung einer Rezension von Vladimir Bušin zu dem Roman *Putešestvie diletantov* (Die Reise der Dilettanten) von Bulat Okudžava in der Zeitschrift *Moskva*, in der diesem antirussische Äußerungen vorgeworfen werden.[884]

November 1981 – Veröffentlichung der Novemberausgabe der Zeitschrift *Naš sovremennik* mit Beiträgen von Vladimir Kuprin, Vadim Kožinov, Anatolij

---

880 "Zum Brief Stanislav Kunjaevs bezüglich des Almanachs *Metropol'*". Kopie des Textes, abgedruckt in den 70er Jahren, zur Verfügung gestellt von Sergej Semanov (Archiv des Autors).
881 Ausführlicher zur Geschichte der Entstehung und Verbreitung des Textes s. die halbautobiografische Arbeit von Sergej Semanov "Andropov": SERGEJ SEMANOV: *Andropov. 7 tajn genseka s Lubjanki.* – Veče, Moskau 2001, S. 158–167.
882 YITZHAK M. BRUDNY, S. 112–113.
883 Ebd. S. 115.
884 SERGEJ SEMANOV: *Andropov. 7 tajn genseka s Lubjanki.* – Veče, Moskau 2001, S. 298.

Lanščikov und Sergej Semanov. In seiner Erzählung *Sorokovoj Den'* (Der vierzigste Tag) kritisiert Vladimir Kuprin als erster russischer Nationalist öffentlich die Sendepolitik des Staatsfernsehens.[885] Die geradezu "programmatische" Ausgabe der Zeitschrift und ihr erster stellvertretender Chefredakteur Jurij Seleznëv werden auf der Sondersitzung des Präsidiums des Sekretariats des Schriftstellerverbandes der RSFSR am 25. Dezember 1981 verurteilt.[886]

11. April 1982 – Die Zeitung *Komsomol'skaja Pravda* veröffentlicht einen Brief von Viktor Astaf'ev und anderen Dorfprosa-Autoren mit dem Titel *Ragu iz sinej pticy* (Ragout vom blauen Vogel),[887] in dem die sowjetische Rockmusik, insbesondere die Gruppe *Mašina vremeni* wegen mangelnden Respekts vor den "nationalen russischen Traditionen" kritisiert wird. Man kann davon ausgehen, dass der Grund für diesen Artikel nicht allein die Tatsache war, dass *Mašina vremeni* zu der Zeit die beliebteste Rockgruppe der UdSSR war, sondern auch, dass ihr musikalischer Leiter, Andrej Makarevič, der Sohn eines der jüdischen Architekten war, die ein Jahrzehnt zuvor von den russischen Nationalisten der Zerstörung historischer Denkmäler in Moskau bezichtigt wurden.

April 1982: In einem Artikel des Kritikers Apollon Kuz'min in *Naš sovremennik* wird der Terminus "Russophobie" – in dem Artikel mit "Antisowjetismus" gleichgesetzt – erstmals in Bezug auf einen Zeitgenossen und Landsmann, den Literaturkritiker Valentin Osockij, gebraucht. Dem Artikel folgen Sanktionen des ZK der KPdSU und des Schriftstellerverbandes: Die stellvertretenden Chefredakteure Jurij Seleznëv und V. A. Ustinov werden ihrer Posten enthoben.[888]

Die Ziele und Methoden der russischen Nationalisten in diesem Zeitraum wurden von Stanislav Kunjaev in seinen Memoiren offen beschrieben. Er war das *Enfant terrible* der Führung der "Russischen Partei" und des gesamten nationalistischen Establishments und konnte sich daher erlauben, Dinge zu tun, die die anderen "Anführer" sich nicht trauten: sich offener als andere zu äußern, "offene Briefe" zu verschicken oder die Verhaltensregeln des Schriftstellerverbandes zu ignorieren.

---

885 VLADIMIR KUPRIN: Sorokovoj Den', in: *Naš Sovremennik* Nr. 11/1981.
886 DIRK KRETSCHMAR, S. 137; das Protokoll der Sekretariatssitzung ist veröffentlicht in: *Tak bylo ... K 60-letiju so dnja roždenija Jurija Seleznëva.* – Moskau 1999, Nr. 11, S. 177–186; s. dort auch die Kommentare der Teilnehmer.
887 Musiktitel der Rockgruppe *Mašina vremeni* [Anm. d. Übers.]
888 DIRK KRETSCHMAR, S. 142.

In seinen Memoiren behauptet Kunjaev, dass ihm Ende der 60er Jahre klar geworden sei, dass die typische Freizeitbeschäftigung der Angehörigen der "Russischen Partei", nämlich Alkoholkonsum beim Lesen und Singen der Gedichte von Michail Lermontov und Sergej Esenin,[889] nicht seine Sache sei. In der Tat zeugen seine Äußerungen in den 70er Jahren bis in die erste Hälfte der 80er Jahre gewissermaßen von der Suche eines "russischen Menschen" nach Antworten auf die Herausforderungen seiner Zeit. Kunjaev äußert sich gegen die potentiellen Emigranten, für die Umverteilung der Honorare für Übersetzungen, nimmt aktiv an der Vorbereitung und Durchführung der Diskussion "Die Klassik und wir" teil, organisiert die Anzeige beim ZK der KPdSU gegen die Veröffentlichung des Almanachs *Metropol'* und agitiert gegen den auch bei einem Teil der Nationalisten sehr beliebten Vladimir Vysockij. Er selbst erklärt seine Auftritte so:

> "Natürlich (wozu es verbergen!) war es mir egal, was Bella Achmadulina, Inna Lisnjanskaja, Arkanov, Rosovskij und erst recht Popov und Erofeev in *Metropol'* schreiben. Aber ich hatte beschlossen [...], den ranghöchsten ideologischen Mitarbeitern des ZK, die von ihren Lieblingen unfreiwillig bloßgestellt wurden, einen Schlag zu versetzen. Das war riskant, aber ich hoffte, dass es mir diesmal vielleicht gelingen könnte, die Grenzen unseres 'kulturellen Reservats', in dem das Leben von Zimjanin, Šauro, Beljaev und Sevruk bestimmt wurde, im Namen unserer nationalen russischen Interessen zu erweitern. [...] Ich spekulierte darauf, die unerreichbaren Funktionäre des ZK zu überraschen, unserer russischen Sache im Kampf um den Einfluss auf ihre Köpfe, ihre Entscheidungen und ihre Politik zu helfen."[890]

Ähnlich beschreibt und bewertet auch Gennadij Gusev seine Tätigkeit im Jahr 1979, wenn er erzählt, wie er als Chefredakteur der *Roman-gazeta* die Veröffentlichung des Romans *Tjažëlyj pesok* (Schwerer Sand) von Anatolij Rybakov verhinderte:

> "Damals hatten 'bestimmte Kreise', wie man heute sagt, sich einfallen lassen, diese Ode an das jüdische Volk für den Nobelpreis vorzuschlagen, der Roman wurde von der gesamten Presse, einschließlich der *Pravda*, panegyrisch aufgenommen. [...] Der Roman von Rybakov war ziemlich gut, das waren nicht *Die Kinder vom Arbat*, das war von höherem Rang, obwohl die Fabel geradlinig-schematisch im Geiste der Thora ist. So oder so, es ist eine solide gebaute, professionell geschriebene Sache. [...] Mir gelang das praktisch Unmögliche – das Buch nicht zu veröffentlichen, obwohl ich zweimal von Mitarbeitern des Generalsekretärs telefonisch darum gebeten wurde, dreimal rief der Vorsitzende des *Goskomizdat* [Staatliches Komitee für Verlage, Polygrafie und Buchhandel der UdSSR – Anm. d. Übers.] an, der Vorsitzende des Schriftstellerver-

---

889   STANISLAV KUNJAEV: Poezija. Sud'ba. Rossija, in: *Naš Sovremennik* Nr. 2/1999, S. 129.
890   Ebd. S. 171.

bandes, Georgij Markov, versuchte es mit Überzeugungsarbeit. [...] Sie wollten, dass ich es veröffentliche, denn ein Buch, das mit dreieinhalb Millionen Exemplaren in einer eigenen Auflage erscheint, ist etwas völlig anderes, als wenn es in der Zeitschrift *Oktjabr'* mit einer Auflage von 100 000 abgedruckt wird. Mit anderen Worten' das gesamte sowjetische Volk liest mit angehaltenem Atem *Tjažëlyj pesok'* (Schwerer Sand). Und plötzlich ist da ein Widerstand, und zwar ein typisch russischer, ohne jedes Geschrei, die Sache läuft einfach nicht, als wäre Sand in den Achslagern [Partisanenmethode zur Verhinderung von gegnerischen Eisenbahntransporten im Großen Vaterländischen Krieg – Anm. d. Autors].

Mir gelangen zwei unerwartete Züge. Erstens fand ich Zugang zu einem direkten Mitarbeiter von Andropov. Dieser Bursche [I. Sinicyn] war selbst eine 'schreibende Seele', die Schriftstellerei war sein Hobby. Ich entschloss mich, offen mit ihm darüber zu reden, was mich an dem Roman stört. Mir scheint, sagte ich ihm, dass die russischen Leser ihn nicht verstehen werden. Seit dem Sieg sind 35 Jahre vergangen, und hier wird der freiwillige Tod poetisiert und besungen. Das war eine Hymne an den Holocaust und keine Verurteilung der Deutschen. Den Holocaust, bei dem der Mensch freiwillig, geradezu freudig in den Tod geht. All diese Ideen waren darin verschleiert, aber nicht allzu sehr: Wie eine Leiche, die flüchtig mit Tannenzweigen zugedeckt wurde. Übrigens wurde ich – und das war wohl fast das größte Paradox im Kampf gegen *Tjažëlyj pesok'* – von dem damaligen Redaktionsmitglied der *Roman-gazeta* Daniil Granin, heute ein verdienter Radikaldemokrat, entschlossen unterstützt (und zwar aus den gleichen Überlegungen heraus).

Schließlich bekam ich von Andropovs Mitarbeiter eine Rezension mit einer so umfassenden Kenntnis des Gegenstandes, dass ich unwillkürlich skeptisch wurde, wie russisch wohl der Name des Rezensenten sein würde. Dann erfuhr ich, dass er nicht sehr russisch war ...

Der Roman hatte einige verschlüsselte Stellen, etwa der Art, dass die Hauptfigur am Tag des ersten Zionistischen Weltkongresses geboren wurde, oder dass dieser Hauptheld eine Aufschrift in Jiddisch liest, während die Wörter aus dem bei uns damals verbotenen Ivrit stammten.

Mit dieser Rezension und meinen Entdeckungen ging ich zu Georgij Markov und Stukalin und fragte: 'Was soll ich damit machen? Habe ich ein Recht zu zweifeln?' Und sie antworteten: 'Entscheiden Sie selbst, Gennadij Michailovič.'"[891]

Sergej Vikulov, Valerij Ganičev, Gennadij Gusev, Vadim Kožinov, Stanislav Kunjaev, Pëtr Palievskij, Sergej Semanov, Jurij Seleznëv und Vladimir Čivilichin waren die Hauptakteure der antiliberalen "Kampagne" der Jahre 1977–1982. Ihre Aktionen waren für sie viel mehr, als nur der Kampf für die Interessen ihrer Schriftstellergruppierung. In seinen Tagebucheinträgen sieht Sergej Semanov sich selbst als tätigen Politiker, er gibt detaillierte Beschreibungen der Ämterwechsel innerhalb der politischen Elite, oder "ich sagte zu Valerij

---

[891] Interview mit Gennadij Gusev.

Ganičev, dass wir noch drei–vier Jahre warten müssen, danach haben wir viele Jahre vor uns, in denen wir Kampfposten einnehmen können."[892] Ähnliche Selbsteinschätzungen findet man auch in den Memoiren und Interviews mit anderen Mitgliedern dieser Fraktion der "Russischen Partei". Das letztliche Ziel ihrer Bestrebungen lässt sich ziemlich eindeutig bestimmen: Durch die Kritik der Liberalen und der verkappten Juden sowie die Forderung eines aggressiveren außenpolitischen Kurses und der Beendigung der Entspannungspolitik die angebliche ideelle Leere der Regierungszeit Brežnevs auszufüllen und selbst die Schlüsselpositionen im ideologischen Bereich einzunehmen. Auf mehr hoffte die "Russische Partei" nicht ernsthaft, doch dieses Ziel erschien ihr realistisch. Dabei hielten viele Mitglieder der "Russischen Partei", insbesondere die an Michail Alekseev orientierte Fraktion, derartige politische Aktivitäten für gefährlich, sie billigten die "Dissidentenmethoden" etwa von Stanislav Kunjaev und Sergej Semanov nicht, auch wenn sie mit ihnen in der Sache übereinstimmten. Dazu kam, dass sich viele der ehemaligen Frontkämpfer Ende der 70er Jahre bereits im Rentenalter befanden, feste Positionen inne hatten und weder Kraft noch Lust verspürten, sich an politischen Intrigen zu beteiligen.

Maschinen Stopp! Die Partei übernimmt das Kommando ...

Die antiliberale Kampagne der "Russischen Partei" wurde von den kardinalen Veränderungen in der politischen Führung des Landes unterbrochen. Jurij Andropov, der im April 1982 die ideologische Führung von Michail Suslov übernahm, änderte abrupt seine Haltung gegenüber der "Russischen Partei". In den 60er und 70er Jahren hatte es seitens des *KGB* keine wesentlichen Strafaktionen gegen die "Russische Partei" gegeben, überhaupt wurden Repressalien gegenüber den russischen Nationalisten nur sehr zurückhaltend angewendet. Gegenwärtig pflegt die national-patriotische Opposition den Mythos von der vermeintlichen Härte, mit der der Staat gegen die Bewegung russischer Nationalisten vorgegangen sei.[893] Zu den Opfern der Sowjetmacht zählt sie gewöhnlich die Anführer der militarisierten Untergrundorganisation *VSCHSON*, die 1967 tatsächlich zu höheren Strafen als die gewöhnlichen Dissidenten verurteilt worden waren, allerdings auch nicht zu höheren Strafen

---

892 SERGEJ SEMANOV: *Dnevnik*, 1977, S. 69, 71.
893 S. z. B.: SERGEJ SEMANOV: *Andropov. 7 tajn genseka s Lubjanki*; Vgl. N. KUCENKO: Russkaja partija v SSSR i ee razgrom, in: *Russkij dom*, Nr. 8/2001. Behauptungen dieser Art wurden während der Interviews häufig geäußert.

als die Mitglieder vergleichbarer bewaffneter nationalistischer Gruppen aus der Ukraine oder dem Baltikum. Ebenso zählen sie Vladimir Osipov (verurteilt 1975) und Leonid Borodin (verurteilt 1982) dazu, die nicht nur Untergrundzeitschriften im *Samizdat* herausgegeben, sondern auch, was für die Behörden nicht weniger schwerwiegend war, Geld von der Emigrantenorganisation *NTS* erhalten hatten. Die Dutzenden von einfachen *Samizdat*-Liberalen und Hunderten von religiösen Aktivisten und Nationalisten aus dem europäischen Teil der Sowjetunion, die in den 50er–80er Jahren nicht geringe Strafen in politischen und gewöhnlichen Straflagern abgesessen haben, werden von den russischen Nationalisten gern vergessen.

Aus heutiger Sicht gibt es genügend Hinweise darauf, dass die *KGB*-Führung der "Russischen Partei" gegenüber wohlgesinnt war:

- aktive Unterstützung des Schriftstellers und "Historikers" Nikolaj Jakovlev (geb. 1927, arbeitete ab Anfang der 70er Jahre mit dem Verlag *Molodaja gvardija* zusammen[894]), der bei seinem Anti-Freimaurer-Buch *1 avgusta 1914*[895] und bei seiner propagandistischen Arbeit *CRU protiv SSSR* (CIA gegen die UdSSR) mit den russischen Nationalisten zusammenarbeitete;

- Auftrag an Dmitrij Žukov für den antisemitischen Film *Tajnoe i javnoe. Celi i dejanija sionizma*[896] (Das Geheime und das Offensichtliche. Die Ziele und Machenschaften des Zionismus);

- Freundschaft zwischen dem Leiter der Fünften Hauptverwaltung des *KGB*, Filipp Bobkov, und dem "älteren Pavlov-Anhänger" Jurij Melent'ev[897] sowie zwischen dem Sohn Bobkovs und dem aktivsten Teil der "Russischen Partei", was in seiner Mitarbeit in den Redaktionen der *Molodaja gvardija* und der *Družba narodov* (Völkerfreundschaft) mündete;

- Andropov selbst konnte nicht entgangen sein, dass seine Kinder sehr engen Kontakt zu Mitgliedern der "Russischen Partei" hatten. Der oben

---

894 Zum Schicksal von Nikolaj N. Jakovlev s.: V. ORECHOV: Slovo o N. N. Jakovleve, in: *Naš Sovremennik* Nr. 10/1997, S. 175–176.
895 Iz sledstvennych del N. V. Nekrasova 1921, 1931, i 1939 godov, Vorwort von V. V. Polikarpov, in: *Voprosy Istorii*, Nr. 11/12/1998 (der Autor bezieht sich auf Aussagen von Nikolaj Jakovlev selbst im Vorwort zu seinem Buch, das 1993 neu aufgelegt wurde). Nikolaj Jakovlevs Buch *1 avgusta 1914* wurde 1974 vom Verlag Molodaja Gvardija veröffentlicht.
896 Ebd.
897 F. BOBKOV: Čest' i dostoinstvo chranil tvërdo, in: *Sejatel' i voitel'*, S. 138–139.

erwähnte Nikolaj Jakovlev war der wissenschaftliche Betreuer seines Sohnes Igor', und seine Tochter Irina arbeitete in den 70er Jahren in der Redaktion der Reihe *Žizn' zamečatel'nych ljudej* (Die Lebensgeschichte bemerkenswerter Persönlichkeiten), war also de facto Sergej Semanov unterstellt, während ihr Ehemann allerdings gleichzeitig Schauspieler des liberalen Taganka-Theaters war[898]. Besonders enge Kontakte zur "Russischen Partei" pflegte der oben bereits erwähnte Mitarbeiter Andropovs im Politbüro, I. Sinicyn (geb. 1932), dessen Arbeiten unter dem Pseudonym Egor Ivanov in der *Molodaja gvardija* veröffentlicht wurden. Darüber hinaus lieh er sich in mindestens einem Fall eine große Geldsumme von Sergej Semanov und zahlte sie offensichtlich nicht zurück.[899]

Umso merkwürdiger scheint es, dass die konsequenteste Kampagne gegen die russischen Nationalisten seit 1970 ausgerechnet in die Zeit von April 1982 bis Februar 1983 fiel, eine Zeit nämlich, in der Jurij Andropov die höchsten Partei- und Staatsämter innehatte. Die Nationalisten selbst erklären das mit der von Grund auf "antirussischen" Haltung Andropovs, die durch seine "verdächtige" ethnische Herkunft bedingt sei.[900] Der Grund war aber wohl ein anderer. Für den *KGB* stellte das Phänomen des Nationalismus in der zweiten Hälfte der 60er und in den 70er Jahren insgesamt als eine der größten Bedrohungen für die innere Stabilität der UdSSR dar.

Der Leiter der Siebten Hauptverwaltung des *KGB*, Viktor Alidin, erinnert sich an die "Cluster"-Beratungen der Führungsriegen der Gebietsverwaltungen in Kasachstan und Westsibirien, die er 1970 durchführte. Dort hielt er einen Vortrag, in dem er Ermittler und polizeiliche Einsatzkräfte aufrief, ihre besondere Aufmerksamkeit auf folgende drei Erscheinungen (in der vorgegebenen Reihenfolge) zu richten: 1. "alarmierende Vorkommnisse, die eine Gefährdung

---

898 S. SERGEJ SEMANOV: *Andropov. 7 tajn genseka s Lubjanki*, S. 101, 286–287. Semanov selbst kannte Irina und über Nikolaj Jakovlev auch Igor' Andropov.

899 Sergej Semanov erwähnt in seinem Tagebuch, dass er auf die Bitte Igor' Sinicyns hin ihm 200 Rubel lieh, erwähnt jedoch nicht, ob dieser ihm das Geld nach der vereinbarten Frist zurückgab (S. SERGEJ SEMANOV: Tagebuch, 1977, S. 65). Die direkte Frage, ob Sinicyn ihm damals das Geld zurückgab, wollte Semanov im Interview nicht beantworten.

900 "[Andropov] zog es vor, seine wahre ethnische Herkunft zu verbergen. Und das ist der beste Beweis für seine Blutverwandtschaft mit dem Judentum. Den Beweis (bzw. die Bestätigung) dafür liefern seine unretuschierten Fotografien, auf denen seine semitischen Gesichtszüge bisweilen deutlich durchscheinen." (SERGEJ SEMANOV: Tagebuch, 1977, S. 15–16). Ebenda wird ein ähnliches Urteil von Vadim Kožinov zitiert.

der Gesellschaft und des sowjetischen Staates bergen", 2. "politisch gefährliche Staatsverbrecher, die unter strafrechtliche Maßnahmen des Gesetzes fallen", 3. "militanten Nationalismus und Separatismus, die nach dem Strafgesetzbuch geahndet werden (besonders häufig anzutreffen in den westlichen Gebieten der Ukraine, in den Baltischen Republiken, in Armenien und Grusinien)."[901] Mit anderen Worten, selbst in tausende Kilometer von den potenziellen "Herden des Nationalismus" entfernten Regionen stand der Kampf gegen ihn an dritter Stelle in der Hierarchie aller Aufgaben der *KGB*-Mitarbeiter.

Im darauf folgenden Jahrzehnt änderte sich die Situation nicht, und auf der Allunionsberatung der leitenden Mitarbeiter der Organe und der bewaffneten Einheiten des *KGB* 1981 definierte Jurij Andropov die Gruppen, die gegen die Sowjetmacht arbeiteten, folgendermaßen (offensichtlich in der Reihenfolge ihrer potenziellen Gefährlichkeit): rebellierende Intellektuelle, Nationalisten, fundamentalistische Religionsanhänger.[902]

Der engste Mitarbeiter Andropovs, Vladimir Krjučkov, bestätigt in seinen Memoiren Alidins Beobachtung. Bei der Beschreibung der Situation im Land stellt er fest:

"Der Geheimdienst bemerkte rechtzeitig, wie der Westen mittels seiner Geheimdienste, radikaler Organisationen und Zentren Erscheinungen wie Nationalismus, Unzufriedenheit bestimmter Bevölkerungsschichten, Defizite im sozialen Bereich und den im Vergleich zu den führenden kapitalistischen Ländern niedrigen Lebensstandard ausnutzte. In den Jahren 1978–1980 begann ein verstärktes Anbandeln von außen mit Intellektuellen und einflussreichen Persönlichkeiten in den sozialistischen Ländern, geschickt wurden Auswüchse in der Geschichtswissenschaft sowie die Vernachlässigung von Bräuchen, Traditionen und Besonderheiten der Lebensweise der Völker ausgenutzt."[903]

Ungeachtet der sprachlichen Eigenwilligkeit des professionellen *KGB*-Mitarbeiters wird aus den Memoiren deutlich, dass das Problem der Verbreitung des Nationalismus Andropov Anfang der 80er Jahre größte Sorgen bereitete. Der *KGB*-Führung waren nach der landesweiten "antinationalistischen" Kampagne von 1972, bei der es in der Ukraine, Georgien, Weißrussland und anderen großen Sowjetrepubliken zu umfangreichen Säuberungen kam, zehn Jahre lang die "Hände gebunden". Leonid Brežnev, der eine Aus-

---

901 VIKTOR I. ALIDIN: *Gosudarstvennaja bezopasnost' i vremja (1951–1986)*. – Moskau: Veteran MP, 1997, S. 207–208.
902 Ebd. S. 222.
903 VLADIMIR A. KRJUČKOV: *Ličnoe delo*. – Moskau: Olimp, 1997, Band 1, S. 168.

einandersetzung mit den regionalen Eliten nicht wollte (oder aus gesundheitlichen Gründen dazu nicht in der Lage war), ließ erneute Repressionen nicht zu. Deshalb begann Andropov, als er Generalsekretär geworden war und damit praktisch uneingeschränkte Macht besaß, "Ordnung zu schaffen", unter anderem mit einer groß angelegten antinationalistischen Kampagne. Ihr erstes Opfer war der Leiter der Propagandaabteilung des ZK der KPdSU und Gönner der "Russischen Partei", Evgenij Tjažel'nikov, der nach Andropovs Meinung den neuen Aufgaben nicht gewachsen war. Doch der Kampf gegen den Nationalismus, auch den russischen, bedeutete noch lange nicht, dass die Sympathien der Staatsführung den liberalen Westlern gehört hätten. Es war einfach so, dass es der Staatsmacht in der Zeit von 1978 bis 1982 im Großen und Ganzen gelungen war, das Symbol des "westlichen Einflusses" in der UdSSR, die organisierte Bürgerrechtsbewegung, mittels Repression und erzwungener Emigration des Kerns der Bürgerrechtsgruppen zu eliminieren. Die übrigen Liberalen, sowohl in der Bewegung der Andersdenkenden, als auch im Establishment, waren größtenteils gezwungen, auf öffentliche Aktionen, offene Publikationen im Westen oder Appelle an die Weltöffentlichkeit zu verzichten. So war die "Russische Partei", die eine merkliche Aktivität während der Verfolgung der Liberalen zeigte, nur eines der Ziele bei der "Herstellung der Ordnung", weil sie sowohl als selbstständige gesellschaftliche Bewegung als auch als offensichtlicher Ausdruck des "Nationalismus" in Andropovs "Kasernensozialismus" objektiv ein Störfaktor war.

Die Kampagne gegen die "Russische Partei" wurde nach dem traditionellen Muster der Unterdrückung halblegaler und inoffizieller gesellschaftlicher Organisationen geführt, das vom *KGB* bereits Ende der 60er Jahre im Kampf gegen die aufkeimende Bürgerrechtsbewegung erprobt worden war. Dieses Vorgehen beinhaltete Repressalien gegen die russischen Nationalisten in der Bewegung der Andersdenkenden (Verhaftung und Verurteilung von Leonid Borodin, Ermittlungen und Gerichtsverfahren gegen Anatolij Ivanov [Skuratov], Schließung der *Samizdat*-Zeitschrift *Mnogaja leta*), das Unterbinden ihrer Kontakte zu einflussreichen öffentlichen Personen (mehrere Tage Untersuchungshaft für Sergej Semanov und V. Novikov; vermutlich gehört die Androhung der Durchsuchung bei Il'ja Glazunov auch in diese Zeit), Säuberungskampagnen im Establishment (unter den Angehörigen der "Russischen Partei") von Fall zu Fall mit außergerichtlichen Repressalien. Die Härte der Repressalien gegen die Aktivisten des Dissidentenflügels der Bewegung russischer Nationalisten konnte durch öffentliche Reuebekundungen (Präzedenzfall Dmitrij Dudko 1980), Verzicht auf die aus der Sicht des *KGB* "kriminellen" Aktivitäten (Redakteur der *Mnogaja leta* Gennadij Šimanov) oder durch aktive Zusammenarbeit mit den Ermittlungsbehörden (Anatolij Ivanov [Skuratov]) gemildert werden.

In den Augen des *KGB* bestand ein wesentliches Vergehen der russischen Nationalisten in deren Kontakten zur *NTS*. Alle Angehörigen der Bewegung – außer vielleicht Anatolij Ivanov (Skuratov) –, die in den 70er und 80er Jahren verhaftet und verurteilt wurden, hatten Verbindungen zu dieser Organisation. 1982 hatte der *KGB* eine umfängliche Erfassung der *NTS*-Partner in der sowjetischen Dissidentenbewegung durchgeführt. Leonid Borodin und die Mitglieder der "Burdjug-Gruppe" wurden zum einen Opfer der Kampagne gegen den Nationalismus, zum anderen wurden sie – was für ihr Schicksal offensichtlich entscheidend war – für ihre Kontakte zur *NTS* bestraft, ebenso wie beispielsweise Valerij Senderov und seine Gruppe, die gegen den Antisemitismus in der Dozentenschaft der Moskauer Staatlichen Universität kämpfte.

Die auffälligste Person unter den Kommunikatoren war Sergej Semanov, Chefredakteur der Zeitschrift *Čelovek i Zakon* (Mensch und Gesetz). Er war bereits im April 1981 wegen seiner Kontakte zu Anatolij Ivanov (Skuratov) und der Annahme von *Samizdat*-Material entlassen worden. Ungeachtet dessen veröffentlichte *Naš sovremennik* im November 1981 in seiner "programmatischen" Ausgabe einen Artikel Semanovs. Im März 1982, als Jurij Andropov anstelle M. Suslovs bereits de facto Mitglied des Politbüro war und sich mit ideologischen Fragen beschäftigte (die offizielle Ernennung erfolgte im April), wurde Sergej Semanov für zwei Tage festgehalten und Ivanov gegenübergestellt, der zu der Zeit begonnen hatte, mit den Ermittlungsbehörden zu kooperieren. Aus Angst vor einer möglichen Inhaftierung und Durchsuchung unterbrach Semanov vorübergehend seine Aktivitäten, was die Behörden, die an Repressalien gegen einen angesehenen Vertreter des Establishments, dessen Festnahme von westlichen Radiosendern kommentiert wurde, nicht interessiert waren, offensichtlich eigentlich auch erreichen wollten.

V. Novikov, ein "einfacher Kämpfer" der "Russischen Partei" aus dem näheren Umfeld von Il'ja Glazunov und Aktivist der Moskauer Gruppe der *VOOPIiK*, war als Korrespondent der Zeitung *Izvestija* tätig und hatte gleichzeitig Verbindungen zur Generalstaatsanwaltschaft und anderen Behörden der Judikative, wo er nationalistische *Samizdat*-Literatur verbreitete. "Für sein seelisches Wohlbefinden" nutzte er seinen Urlaub und arbeitete in einer illegalen Arbeitsbrigade, die im Moskauer Umland Kirchen restaurierte. Mitglieder der Brigade waren mehrere ehemalige nationalistisch gesinnte Polithäftlinge, die in der ersten Hälfte der 70er Jahre zum Umfeld des Herausgebers der Samizdat-Zeitschrift Veče, Vladimir Osipov, gehört hatten. Anfang November 1982 wurde Novikov von unbekannten Mitarbeitern der Strafverfolgungsbehörden mehrere Tage in Untersuchungshaft gehalten, wo sie ihn unter Androhung der Entlassung von der Arbeit und der Inhaftierung wegen Verbindungen zu Dissidenten dazu zwingen wollten, mit dem KGB zusammenzuarbeiten. Nachdem sie dies (laut Novikov) nicht erreichen konnten, entließen ihn die KGB-Mitarbeiter unter der Bedingung, dass er aus der Arbeitsbrigade austritt, was er dann auch tat.[904]

Insgesamt muss man die Kampagne (genauer gesagt: Teilkampagne) gegen die russischen Nationalisten als wenig effektiv bewerten. Es gab zwar keine offenen und koordinierten Auftritte der russischen Nationalisten mehr, doch die Infrastruktur der Bewegung blieb komplett erhalten. Nicht einmal die Verbindungen der "Russischen Partei" zu den russischen Nationalisten in der Bewegung der Andersdenkenden wurden unterbrochen, da die zentrale Figur, die die Kommunikation zwischen den beiden Gruppen sicherte, der Maler Il'ja Glazunov, unbeschadet blieb. Mehr noch, nach der Kampagne von 1982 begannen Personen aus Glazunovs Umfeld und der Moskauer Gruppe der VOOPIiK, sich an den Aktivitäten der Gesellschaft Obščestvo knigoljubov (Gesellschaft der Bücherfreunde) des Ministeriums für Luftfahrtindustrie zu beteiligen, aus der 1986 die patriotische Vereinigung Pamjat', hervorging.

Das Obščestvo knigoljubov wurde 1980 von Gurij Frygin, der als Ingenieur in einem der Unternehmen des Ministeriums für Luftfahrtindustrie beschäftigt war, und dem Leiter der Moskauer Vertretung der VOOPIiK, Ėduard D'jakonov, gegründet. Nach einer Untersuchung des Pamjat'-Forschers Vladimir Pribylovskij hatte D'jakonov bereits Ende der 70er Jahre mit dem "patriotischen Samizdat" Bekanntschaft gemacht, u. a. auch mit dem neoheidnischen "Antizionismus" von Valerij Emel'janov. Über sein Verhältnis zu D'jakonov sprach auch Anatolij Ivanov (Skuratov) im Interview. In den Jahren 1978–1980 war Ėduard D'jakonov der eigentliche Anführer der Gruppe Vitjazi (Die Recken), die 1978 bei der Moskauer Gruppe der VOOPIiK gegründet wurde, um des 600-jährigen Jubiläums der Schlacht auf dem Kulikovo Pole zu gedenken. Nachdem die Gruppe ihre Aufgabe erfüllt und an einer großen Jubiläumsfeier teilgenommen hatte, zerfiel sie, und ein Teil stieß in der Folge zur Obščestvo knigoljubov.

---

904 Interview mit V. Novikov.

Von der ideologischen Ausrichtung der Gesellschaft zeugt insbesondere die Thematik der abendlichen Treffen. In den Jahren 1982/1983 trat dort nahezu die Hälfte der Mitglieder der "Russischen Partei" auf: Valerij Ganičev, Dmitrij Žukov, Vladimir Krupin, Vadim Kožinov, Stanislav Kunjaev, Gennadij Serebrjakov, Valentin Sorokin, Feliks Čuev, Fëdor Uglov, Ivan Ševcov, Nikolaj Jakovlev und Jurij Borodaj. Auf einem dieser Treffen hielt Valerij Skurlatov einen Vortrag über das Buch von Veles, auf einem anderen wurde das Schaffen des Malers Konstantin Vasil'ev gezeigt und diskutiert. Ab 1984 beteiligte sich an den Aktivitäten der Gesellschaft, die 1982 zu Ehren des Romans von Vladimir Čivilichin in Obščestvo "Pamjat'" (Gesellschaft "Gedächtnis") umbenannt worden war, der Mitarbeiter Il'ja Glazunovs Dmitrij Vasil'ev (geb. 1945), der ab 1985 die Gesellschaft praktisch leitete.[905]

Die weitere Entwicklung der russischen nationalistischen Parteien und Organisationen in der UdSSR und im modernen Russland ist aufs Engste mit der Geschichte von Pamjat', die in einer ganzen Reihe politik- und geschichtswissenschaftlicher Arbeiten eingehend beschrieben wurde, verbunden. Was die "Russische Partei" selbst betrifft, so konzentrierte sie sich im Zeitraum von 1982 bis 1991 darauf, ihre Stellung in der Literaturszene zu behaupten und zu konsolidieren, obwohl sich ihren Mitgliedern nun, insbesondere im frühen Stadium der "Perestroika", einzigartige Möglichkeiten der Teilhabe an politischen Entscheidungen boten. Ihre Situation war sogar günstiger als in den 70er Jahren. Die Rede war nicht mehr von der Unterstützung durch einzelne Funktionäre des Apparats des ZK der KPdSU, sondern durch hochrangige Leute, wie den zweiten Mann im Politbüro von 1986 bis 1989, Egor Ligačëv, sowie die Mitglieder des höchsten Machtorgans im Land Vitalij Vorotnikov und Michail Zimjanin und möglicherweise auch andere. Im Jahr 1990, gegen Ende der "Perestroika", waren mehrere Angehörige der "Russischen Partei" Mitglieder im Präsidialrat, und der ehemalige Aktivist der "Pavlov-Gruppe" Gennadij Janaev wurde Vizepräsident des Landes. Michail Nenašev wurde zusammen mit Pavel Rešetov und einigen anderen Teilnehmern der Bewegung für die Leitung von Gosteleradio (Staatliches Komitee des Ministerrats der UdSSR für Fernsehen und Rundfunk) vorgeschlagen. Offene Unterstützung fanden die Angehörigen der "Russischen Partei" auch in der Führung der Armee und des Innenministeriums.

---

905 ALEKSANDR M. VERCHOVSKIJ, S. 41–45.

Schlusswort[906]

Der erste Film, den der bekannte tschechische Regisseur Miloš Forman nach seiner Emigration aus der von sowjetischen Streitkräften besetzten Tschechoslowakei in die USA drehte, hieß *Taking Off*. Die Heldin verlässt ihre äußerst liebevollen, aber übermäßig pädagogischen Eltern (obwohl, was kann übermäßig sein an dem Wunsch von Eltern, ihren noch unreifen Nachwuchs zu führen und zu leiten?) und beschließt, auf der Straße zu leben. Es geht nicht nur darum, dass die Eltern die von ihrer Tochter gerade entdeckte Freiheit und das ihr deshalb besonders am Herzen liegende Wertesystem nicht verstehen wollen, sondern auch darum, dass das Kind anzuschreien und ihm alles zu verbieten, was den Lebensvorstellungen der Erwachsenen nicht entspricht, die Freiheit der bereits entwickelten (oder auch sich noch entwickelnden) Persönlichkeit des Mädchens einschränkt. Bemerkenswert an diesem Film ist, dass das Mädchen am Ende nach Hause zurückkehrt und seine Eltern mit ihren Freunden, deren Kind auch von Zuhause weggelaufen ist, halbnackt, betrunken und bekifft vorfindet. Die Erwachsenen wollten ausprobieren, was die Kinder dazu gebracht hatte, ihre Familien zu verlassen, aber anstatt den Versuch zu unternehmen zu verstehen, was die Kinder gefühlt haben mochten, kopierten sie lediglich die äußere Form.

Der in der Sowjetunion kaum bekannte Film über die für den sowjetischen Durchschnittsmenschen unendlich fremde Wirklichkeit der amerikanischen Jugendrevolte Ende der 60er Jahre veranschaulicht bestens die Motive und Vorgehensweisen der russischen Nationalisten in den 60er, 70er und 80er Jahren.

Die Bewegung russischer Nationalisten war ein Zusammenschluss akademischer Geisteswissenschaftler – Historiker, Philologen, Philosophen und Journalisten – und Angehöriger der künstlerischen Intelligencija – Schriftsteller, Maler und Bildhauer. Einige von ihnen waren Teil des Machtapparates von Partei und Staat, ihre Zugehörigkeit zu den regierenden Kreisen hatte auf sie jedoch weniger Einfluss als Freunde und Bildung, die ihr Wertesystem formten und ihre Interessen bestimmten.

---

906 Übersetzung: Tatjana Bedson und Maxim Bau.

Als sie den Einfluss auf die Jugend, vor allem die gebildete Jugend, die Studenten, die die Arbeiten der modernen Wissenschaftler und Schriftsteller wohl am meisten schätzten und sich mit ihnen auseinandersetzten, verloren hatten, versuchten die russischen Nationalisten mit allen Mitteln, die Lage zu verändern. Ihre Hoffnung galt, wie schon zu Stalins Zeiten, in erster Linie den administrativen Strukturen, weil sie – vielleicht sogar aufrichtig – glaubten, der Partei- und Staatsapparat bestehe aus wahren Vertretern jenes viel zitierten "Volkes", dessen Geist sie zu verkörpern glaubten. Dieses "Volk" sollte ihnen in schwierigen Momenten helfen. Zugleich versuchten die russischen Nationalisten, die populärsten Autoren der neuen Generation, die bemüht waren, den Erwartungen der durch den XX. Parteitag ernüchterten und sich mehr und mehr dem Westen zuwendenden Gesellschaft stärker zu entsprechen, in den Augen der Leser und der "kontrollierenden Organe" in Verruf zu bringen.

Das Ergebnis dieses Konflikts war für die konservativen Schriftsteller mehr als niederschmetternd. Kurz vor dem Ende der Pavlov-Gruppe, auf dem Höhepunkt der ideologischen Scharmützel zwischen den liberalen Zeitschriften *Novij Mir* (Neue Welt) und *Junost'* (Jugend) auf der einen und den konservativen Zeitschriften *Oktjabr'* (Oktober), *Molodaja gvardija* (Junge Garde) und *Naš sovremennik* (Unser Zeitgenosse) auf der anderen Seite führte die auflagenstarke und populäre *Literaturnaja gazeta* (Literaturzeitung), die eher eine mittlere Position einnahm[907], eine Leserumfrage durch.[908] Die Leserschaft der *Literaturnaja gazeta* war genau die Bevölkerungsschicht, auf die die schöngeistige Literatur tatsächlich Einfluss hatte. Die Umfrage ergab, dass die Leser der Zeitung sämtliche führenden Schriftsteller und Dichter, die der "Russischen Partei" angehörten, äußerst niedrig bewerteten, darunter Autoren wie Michail Šolochov (nur Platz 4 bis 5 in verschiedenen Popularitätskategorien), Leonid Leonov und Vladimir Solouchin, die für die russischen Nationalisten Kultstatus hatten. Die führenden liberalen Schriftsteller hingegen belegten auf der Beliebtheitsskala die vorderen Plätze.

Als sie feststellten, dass sich ihre Kinder ideologisch und weltanschaulich von ihnen entfremdet hatten, machten sich die russischen Nationalisten ihrer

---

907 Wenngleich die russischen Nationalisten diese Zeitung stets als "jüdisch" bezeichneten.

908 Die Umfrage wurde an der Staatlichen Universität Novosibirsk von der Forschungsgruppe Soziologie der Druckmedien unter der Leitung von Vladimir Shlapentokh durchgeführt. Ende der 60er Jahre war diese Forschungsgruppe eine der stärksten Forschungsgruppen im Bereich Soziologie in der Sowjetunion.

Mentalität entsprechend, die überall Verschwörer witterte, unverzüglich auf die Suche nach dem Rattenfänger, um ihm die Flöte zu entreißen, die ihnen die Kinder weggelockt haben musste. Damit rechtfertigten die russischen Nationalisten vor sich selbst ihr gesamtes sowohl vom sozialistischen als auch vom christlichen Standpunkt schäbiges Handeln. Wenn dem geheimen und allmächtigen Gegner alles erlaubt war, um seinen Einfluss zu stärken, so blieb den wahren "russischen Menschen" aus ihrer Sicht nichts anderes übrig als es ihm gleich zu tun: zu lügen, zu erpressen, Verschwörungen anzuzetteln, Funktionäre zu schmieren und die eigenen Leute nach oben zu bringen.

In gesellschaftlicher Hinsicht ergibt das Wirken der Bewegung der russischen Nationalisten und insbesondere der "Russischen Partei" in der Form, wie sie seit ihrer Entstehung in den 70er Jahren bis zum Beginn der Perestroika existierte, ein ziemlich einfaches Bild. Sie war ein literarisch-politischer Zusammenschluss, der sich klare Aufgaben gestellt hatte: erstens den Einfluss und den Wohlstand der eigenen Leute zu mehren, zweitens die Konkurrenz zu unterdrücken und drittens das gesellschaftliche Klima im Land im Sinne einer Rückbesinnung auf idealisierte traditionelle Werte und einer Diskreditierung der westlichen Kultur und des Liberalismus zu verändern.

Dennoch wird sich kaum ein Anhänger der "Russischen Partei" finden, der sich eingesteht, er habe vordergründig aus niederen Beweggründen und merkantilem Interesse gehandelt. Im Gegenteil, jede konkrete Zielsetzung wurde in moralischen Kategorien formuliert. Viele Anhänger der Bewegung russischer Nationalisten einschließlich Valerij Ganičev leugnen sogar die Existenz einer "Russischen Partei" und sprechen von einer Gemeinschaft Gleichgesinnter, die gemeinsam die "russische Sache" betrieben.

Diejenigen aber, die sich in den 60er Jahren zwar gelöst (ihr Taking Off vollzogen), sich aber Sympathien für einen Teil der "Russischen Partei", für die Dorfschriftsteller, bewahrt hatten, erlitten zu Beginn der Perestroika einen Schock (genau wie das Mädchen aus Formans Film), als sie die wahren Ansichten und die Moral jener erkannten, die sie als Naturschützer und Chronisten des Russischen Nordens verehrt hatten. Belovs *Vsë tečët* (dt. "Alles vergeht"), Astaf'evs öffentliche Unterstützung der Bewegung *Pamjat'* und Rasputins aggressives Moralisieren entzogen den russischen Nationalisten endgültig die Aufmerksamkeit ihres Zielpublikums, der Intelligencija und der lesenden städtischen Bevölkerung. Diese Schicht setzte sich besonders aktiv für den politischen Wandel im Lande ein. Der Antisemitismus, der die Grundlage der Weltanschauung der russischen Nationalisten bildete, wurde mit nachlassender Zensur in den Veröffentlichungen der Anhänger der "Russischen Partei" nun deutlich sichtbar und stieß auf äußerste Ablehnung bei den Städtern und der Intelligencija. Er war nicht nur der Ausdruck ethnischer Xenophobie, sondern auch ein Zeichen der äußersten Rückständigkeit seiner Anhänger und der Zugehörigkeit zu den erstarrten Strukturen des Partei- und Staatsapparats. Diese zu ersetzen und die Innen- und Außenpolitik nach Westen zu orientieren, war die Grundidee der Perestroika.

Kunjaevs Memoiren enthalten einen interessanten Brief eines Sympathisanten, der die soziale Leere beschreibt, die die russischen Nationalisten am Ende der Perestroika umgab:

"Ihre Zeitschrift [Naš sovremennik] hat viel zur Herausbildung des nationalen Bewusstseins der Russen beigetragen, aber nur wenige haben das verstanden, und sie sind so verstreut, dass sie nur sehr schwer zusammen finden. Wie die Wale, die es aufgrund ihrer geringen Zahl schwer haben, sich im Ozean zur Paarung zu finden. Das Institut, in dem ich arbeite, beschäftigt etwa 600 Mitarbeiter. Von ihnen sind nur sechs bis zehn Staatspatrioten."[909]

Was die russischen Nationalisten der Bevölkerung der UdSSR auf dem plötzlich entstandenen Ideenmarkt sonst noch zu bieten hatten, war kaum attraktiv. Die ökologischen Parolen, die Mitte der 80er Jahre populär gewesen waren, z. B. der Kampf gegen die Umleitung sibirischer Flüsse, wurden nicht nur von der "Russischen Partei" vertreten, und so entwickelte sich die Umweltbewegung als ein Netz unabhängiger aber erkennbar prowestlicher Gruppen. Kunjaevs Auftritt gegen das Andenken Vladimir Vysotskijs oder die Auftritte Beljaevs und Rasputins gegen die Rockmusik riefen bei den jungen Leuten lediglich Abscheu und Hass gegenüber jenen hervor, die verlangten, den Zugang zu den Ausdrucksmitteln des sozialen Protests für die Gesellschaft zu verbieten. Als die Anti-Pornografie-Kampagne in den staatlichen Massenmedien 1989 bis 1991 ihren Höhepunkt erreichte, wurde klar, dass die Vorstellung von einem Verfall der Sitten während der Perestroika nur von einem Drittel der Bevölkerung, meistens Rentnern, Militärangehörigen und Mitgliedern der KPdSU (häufig alle drei Kategorien vereint in einer Person) geteilt wurde, das heißt, dass die Forderungen nach einer Verschärfung des Zugangs zur Erotik und zu Diskussionen über Fragen der Sexualität von der Bevölkerung nicht akzeptiert wurden.[910] Ihre monarchistischen Stimmungen versuchten die

---

909 STANISLAV KUNJAEV: Poezija. Sud'ba. Rossija, in: Naš Sovremennik Nr. 4/1999, S. 146.
910 IGOR' S. KON: Seksual'naja kul'tura v Rossii: Klubnička na berëzke. – Moskau: OGI, 1997, S. 215.

russischen Nationalisten bis 1989/1990 zu verbergen, als diese dennoch offensichtlich wurden, zeigte sich, dass sie nur von wenigen unterstützt wurden. Auf der Suche nach ihrem angestammten Glauben, der Orthodoxie, zur deren Verkünder sich die russischen Nationalisten erklärt hatten, wandten sich die Menschen an die unmittelbaren Träger des Glaubens, den Klerus der Russisch-Orthodoxen Kirche. Viele Geistliche, die zwar insgeheim Anhänger der russischen Nationalisten waren, waren von den jahrelangen Repressionen und der administrativen Aufsicht jedoch derart eingeschüchtert, dass sie ihre religiös-politischen Ansichten erst gegen Mitte der 90er Jahre offenbarten.

Trotz ihrer offensichtlichen Niederlage auf dem "Markt der Ideen" hatten die russischen Nationalisten während der gesamten Perestroika, insbesondere aber in der Frühphase, gute Posten im Partei- und Staatsapparat inne. Gleichzeitig jedoch erlitten die Kandidaten der "Russischen Partei" Niederlagen bei den Wahlen zu den Führungsgremien aller Ebenen, deren Legitimität in den Jahren 1988 bis 1991 in den Augen des Volkes exponentiell stieg. In der Folge des Putsch-Versuchs vom 19. bis 21. August 1991 fanden sich die russischen Nationalisten auf der Seite der Verlierer wieder, die sich ohne die Unterstützung des Volkes und angesichts des schwindenden Einflusses des schwächelnden Partei- und Staatsapparates geschlagen geben mussten.

SOVIET AND POST-SOVIET POLITICS AND SOCIETY

Edited by Dr. Andreas Umland

ISSN 1614-3515

1   *Андреас Умланд (ред.)*
    Воплощение Европейской
    конвенции по правам человека в
    России
    Философские, юридические и
    эмпирические исследования
    ISBN 3-89821-387-0

2   *Christian Wipperfürth*
    Russland – ein vertrauenswürdiger
    Partner?
    Grundlagen, Hintergründe und Praxis
    gegenwärtiger russischer Außenpolitik
    Mit einem Vorwort von Heinz Timmermann
    ISBN 3-89821-401-X

3   *Manja Hussner*
    Die Übernahme internationalen Rechts
    in die russische und deutsche
    Rechtsordnung
    Eine vergleichende Analyse zur
    Völkerrechtsfreundlichkeit der Verfassungen
    der Russländischen Föderation und der
    Bundesrepublik Deutschland
    Mit einem Vorwort von Rainer Arnold
    ISBN 3-89821-438-9

4   *Matthew Tejada*
    Bulgaria's Democratic Consolidation
    and the Kozloduy Nuclear Power Plant
    (KNPP)
    The Unattainability of Closure
    With a foreword by Richard J. Crampton
    ISBN 3-89821-439-7

5   *Марк Григорьевич Меерович*
    Квадратные метры, определяющие
    сознание
    Государственная жилищная политика в
    СССР. 1921 – 1941 гг
    ISBN 3-89821-474-5

6   *Andrei P. Tsygankov, Pavel
    A.Tsygankov (Eds.)*
    New Directions in Russian
    International Studies
    ISBN 3-89821-422-2

7   *Марк Григорьевич Меерович*
    Как власть народ к труду приучала
    Жилище в СССР – средство управления
    людьми. 1917 – 1941 гг.
    С предисловием Елены Осокиной
    ISBN 3-89821-495-8

8   *David J. Galbreath*
    Nation-Building and Minority Politics
    in Post-Socialist States
    Interests, Influence and Identities in Estonia
    and Latvia
    With a foreword by David J. Smith
    ISBN 3-89821-467-2

9   *Алексей Юрьевич Безугольный*
    Народы Кавказа в Вооруженных
    силах СССР в годы Великой
    Отечественной войны 1941-1945 гг.
    С предисловием Николая Бугая
    ISBN 3-89821-475-3

10 *Вячеслав Лихачев и Владимир
    Прибыловский (ред.)*
    Русское Национальное Единство,
    1990-2000. В 2-х томах
    ISBN 3-89821-523-7

11 *Николай Бугай (ред.)*
    Народы стран Балтии в условиях
    сталинизма (1940-е – 1950-е годы)
    Документированная история
    ISBN 3-89821-525-3

12 *Ingmar Bredies (Hrsg.)*
    Zur Anatomie der Orange Revolution
    in der Ukraine
    Wechsel des Elitenregimes oder Triumph des
    Parlamentarismus?
    ISBN 3-89821-524-5

13 *Anastasia V. Mitrofanova*
    The Politicization of Russian
    Orthodoxy
    Actors and Ideas
    With a foreword by William C. Gay
    ISBN 3-89821-481-8

14 Nathan D. Larson
    Alexander Solzhenitsyn and the
    Russo-Jewish Question
    ISBN 3-89821-483-4

15 Guido Houben
    Kulturpolitik und Ethnizität
    Staatliche Kunstförderung im Russland der
    neunziger Jahre
    Mit einem Vorwort von Gert Weisskirchen
    ISBN 3-89821-542-3

16 Leonid Luks
    Der russische „Sonderweg"?
    Aufsätze zur neuesten Geschichte Russlands
    im europäischen Kontext
    ISBN 3-89821-496-6

17 Евгений Мороз
    История «Мёртвой воды» – от
    страшной сказки к большой
    политике
    Политическое неоязычество в
    постсоветской России
    ISBN 3-89821-551-2

18 Александр Верховский и Галина
    Кожевникова (ред.)
    Этническая и религиозная
    интолерантность в российских СМИ
    Результаты мониторинга 2001-2004 гг.
    ISBN 3-89821-569-5

19 Christian Ganzer
    Sowjetisches Erbe und ukrainische
    Nation
    Das Museum der Geschichte des Zaporoger
    Kosakentums auf der Insel Chortycja
    Mit einem Vorwort von Frank Golczewski
    ISBN 3-89821-504-0

20 Эльза-Баир Гучинова
    Помнить нельзя забыть
    Антропология депортационной травмы
    калмыков
    С предисловием Кэролайн Хамфри
    ISBN 3-89821-506-7

21 Юлия Лидерман
    Мотивы «проверки» и «испытания»
    в постсоветской культуре
    Советское прошлое в российском
    кинематографе 1990-х годов
    С предисловием Евгения Марголита
    ISBN 3-89821-511-3

22 Tanya Lokshina, Ray Thomas, Mary
    Mayer (Eds.)
    The Imposition of a Fake Political
    Settlement in the Northern Caucasus
    The 2003 Chechen Presidential Election
    ISBN 3-89821-436-2

23 Timothy McCajor Hall, Rosie Read
    (Eds.)
    Changes in the Heart of Europe
    Recent Ethnographies of Czechs, Slovaks,
    Roma, and Sorbs
    With an afterword by Zdeněk Salzmann
    ISBN 3-89821-606-3

24 Christian Autengruber
    Die politischen Parteien in Bulgarien
    und Rumänien
    Eine vergleichende Analyse seit Beginn der
    90er Jahre
    Mit einem Vorwort von Dorothée de Nève
    ISBN 3-89821-476-1

25 Annette Freyberg-Inan with Radu
    Cristescu
    The Ghosts in Our Classrooms, or:
    John Dewey Meets Ceauşescu
    The Promise and the Failures of Civic
    Education in Romania
    ISBN 3-89821-416-8

26 John B. Dunlop
    The 2002 Dubrovka and 2004 Beslan
    Hostage Crises
    A Critique of Russian Counter-Terrorism
    With a foreword by Donald N. Jensen
    ISBN 3-89821-608-X

27 Peter Koller
    Das touristische Potenzial von
    Kam''janec'–Podil's'kyj
    Eine fremdenverkehrsgeographische
    Untersuchung der Zukunftsperspektiven und
    Maßnahmenplanung zur
    Destinationsentwicklung des „ukrainischen
    Rothenburg"
    Mit einem Vorwort von Kristiane Klemm
    ISBN 3-89821-640-3

28 Françoise Daucé, Elisabeth Sieca-
    Kozlowski (Eds.)
    Dedovshchina in the Post-Soviet
    Military
    Hazing of Russian Army Conscripts in a
    Comparative Perspective
    With a foreword by Dale Herspring
    ISBN 3-89821-616-0

29 *Florian Strasser*
Zivilgesellschaftliche Einflüsse auf die Orange Revolution
Die gewaltlose Massenbewegung und die ukrainische Wahlkrise 2004
Mit einem Vorwort von Egbert Jahn
ISBN 3-89821-648-9

30 *Rebecca S. Katz*
The Georgian Regime Crisis of 2003-2004
A Case Study in Post-Soviet Media Representation of Politics, Crime and Corruption
ISBN 3-89821-413-3

31 *Vladimir Kantor*
Willkür oder Freiheit
Beiträge zur russischen Geschichtsphilosophie
Ediert von Dagmar Herrmann sowie mit einem Vorwort versehen von Leonid Luks
ISBN 3-89821-589-X

32 *Laura A. Victoir*
The Russian Land Estate Today
A Case Study of Cultural Politics in Post-Soviet Russia
With a foreword by Priscilla Roosevelt
ISBN 3-89821-426-5

33 *Ivan Katchanovski*
Cleft Countries
Regional Political Divisions and Cultures in Post-Soviet Ukraine and Moldova
With a foreword by Francis Fukuyama
ISBN 3-89821-558-X

34 *Florian Mühlfried*
Postsowjetische Feiern
Das Georgische Bankett im Wandel
Mit einem Vorwort von Kevin Tuite
ISBN 3-89821-601-2

35 *Roger Griffin, Werner Loh, Andreas Umland (Eds.)*
Fascism Past and Present, West and East
An International Debate on Concepts and Cases in the Comparative Study of the Extreme Right
With an afterword by Walter Laqueur
ISBN 3-89821-674-8

36 *Sebastian Schlegel*
Der „Weiße Archipel"
Sowjetische Atomstädte 1945-1991
Mit einem Geleitwort von Thomas Bohn
ISBN 3-89821-679-9

37 *Vyacheslav Likhachev*
Political Anti-Semitism in Post-Soviet Russia
Actors and Ideas in 1991-2003
Edited and translated from Russian by Eugene Veklerov
ISBN 3-89821-529-6

38 *Josette Baer (Ed.)*
Preparing Liberty in Central Europe
Political Texts from the Spring of Nations 1848 to the Spring of Prague 1968
With a foreword by Zdeněk V. David
ISBN 3-89821-546-6

39 *Михаил Лукьянов*
Российский консерватизм и реформа, 1907-1914
С предисловием Марка Д. Стейнберга
ISBN 3-89821-503-2

40 *Nicola Melloni*
Market Without Economy
The 1998 Russian Financial Crisis
With a foreword by Eiji Furukawa
ISBN 3-89821-407-9

41 *Dmitrij Chmelnizki*
Die Architektur Stalins
Bd. 1: Studien zu Ideologie und Stil
Bd. 2: Bilddokumentation
Mit einem Vorwort von Bruno Flierl
ISBN 3-89821-515-6

42 *Katja Yafimava*
Post-Soviet Russian-Belarussian Relationships
The Role of Gas Transit Pipelines
With a foreword by Jonathan P. Stern
ISBN 3-89821-655-1

43 *Boris Chavkin*
Verflechtungen der deutschen und russischen Zeitgeschichte
Aufsätze und Archivfunde zu den Beziehungen Deutschlands und der Sowjetunion von 1917 bis 1991
Ediert von Markus Edlinger sowie mit einem Vorwort versehen von Leonid Luks
ISBN 3-89821-756-6

44 Anastasija Grynenko in
    Zusammenarbeit mit Claudia Dathe
    Die Terminologie des Gerichtswesens
    der Ukraine und Deutschlands im
    Vergleich
    Eine übersetzungswissenschaftliche Analyse
    juristischer Fachbegriffe im Deutschen,
    Ukrainischen und Russischen
    Mit einem Vorwort von Ulrich Hartmann
    ISBN 3-89821-691-8

45 Anton Burkov
    The Impact of the European
    Convention on Human Rights on
    Russian Law
    Legislation and Application in 1996-2006
    With a foreword by Françoise Hampson
    ISBN 978-3-89821-639-5

46 Stina Torjesen, Indra Overland (Eds.)
    International Election Observers in
    Post-Soviet Azerbaijan
    Geopolitical Pawns or Agents of Change?
    ISBN 978-3-89821-743-9

47 Taras Kuzio
    Ukraine – Crimea – Russia
    Triangle of Conflict
    ISBN 978-3-89821-761-3

48 Claudia Šabić
    "Ich erinnere mich nicht, aber L'viv!"
    Zur Funktion kultureller Faktoren für die
    Institutionalisierung und Entwicklung einer
    ukrainischen Region
    Mit einem Vorwort von Melanie Tatur
    ISBN 978-3-89821-752-1

49 Marlies Bilz
    Tatarstan in der Transformation
    Nationaler Diskurs und Politische Praxis
    1988-1994
    Mit einem Vorwort von Frank Golczewski
    ISBN 978-3-89821-722-4

50 Марлен Ларюэль (ред.)
    Современные интерпретации
    русского национализма
    ISBN 978-3-89821-795-8

51 Sonja Schüler
    Die ethnische Dimension der Armut
    Roma im postsozialistischen Rumänien
    Mit einem Vorwort von Anton Sterbling
    ISBN 978-3-89821-776-7

52 Галина Кожевникова
    Радикальный национализм в России
    и противодействие ему
    Сборник докладов Центра «Сова» за 2004-
    2007 гг.
    С предисловием Александра Верховского
    ISBN 978-3-89821-721-7

53 Галина Кожевникова и Владимир
    Прибыловский
    Российская власть в биографиях I
    Высшие должностные лица РФ в 2004 г.
    ISBN 978-3-89821-796-5

54 Галина Кожевникова и Владимир
    Прибыловский
    Российская власть в биографиях II
    Члены Правительства РФ в 2004 г.
    ISBN 978-3-89821-797-2

55 Галина Кожевникова и Владимир
    Прибыловский
    Российская власть в биографиях III
    Руководители федеральных служб и
    агентств РФ в 2004 г.
    ISBN 978-3-89821-798-9

56 Ileana Petroniu
    Privatisierung in
    Transformationsökonomien
    Determinanten der Restrukturierungs-
    Bereitschaft am Beispiel Polens, Rumäniens
    und der Ukraine
    Mit einem Vorwort von Rainer W. Schäfer
    ISBN 978-3-89821-790-3

57 Christian Wipperfürth
    Russland und seine GUS-Nachbarn
    Hintergründe, aktuelle Entwicklungen und
    Konflikte in einer ressourcenreichen Region
    ISBN 978-3-89821-801-6

58 Togzhan Kassenova
    From Antagonism to Partnership
    The Uneasy Path of the U.S.-Russian
    Cooperative Threat Reduction
    With a foreword by Christoph Bluth
    ISBN 978-3-89821-707-1

59 Alexander Höllwerth
    Das sakrale eurasische Imperium des
    Aleksandr Dugin
    Eine Diskursanalyse zum postsowjetischen
    russischen Rechtsextremismus
    Mit einem Vorwort von Dirk Uffelmann
    ISBN 978-3-89821-813-9

60 *Олег Рябов*
    «Россия-Матушка»
    Национализм, гендер и война в России XX века
    С предисловием Елены Гощило
    ISBN 978-3-89821-487-2

61 *Ivan Maistrenko*
    Borot'bism
    A Chapter in the History of the Ukrainian Revolution
    With a new introduction by Chris Ford
    Translated by George S. N. Luckyj with the assistance of Ivan L. Rudnytsky
    ISBN 978-3-89821-697-5

62 *Maryna Romanets*
    Anamorphosic Texts and Reconfigured Visions
    Improvised Traditions in Contemporary Ukrainian and Irish Literature
    ISBN 978-3-89821-576-3

63 *Paul D'Anieri and Taras Kuzio (Eds.)*
    Aspects of the Orange Revolution I
    Democratization and Elections in Post-Communist Ukraine
    ISBN 978-3-89821-698-2

64 *Bohdan Harasymiw in collaboration with Oleh S. Ilnytzkyj (Eds.)*
    Aspects of the Orange Revolution II
    Information and Manipulation Strategies in the 2004 Ukrainian Presidential Elections
    ISBN 978-3-89821-699-9

65 *Ingmar Bredies, Andreas Umland and Valentin Yakushik (Eds.)*
    Aspects of the Orange Revolution III
    The Context and Dynamics of the 2004 Ukrainian Presidential Elections
    ISBN 978-3-89821-803-0

66 *Ingmar Bredies, Andreas Umland and Valentin Yakushik (Eds.)*
    Aspects of the Orange Revolution IV
    Foreign Assistance and Civic Action in the 2004 Ukrainian Presidential Elections
    ISBN 978-3-89821-808-5

67 *Ingmar Bredies, Andreas Umland and Valentin Yakushik (Eds.)*
    Aspects of the Orange Revolution V
    Institutional Observation Reports on the 2004 Ukrainian Presidential Elections
    ISBN 978-3-89821-809-2

68 *Taras Kuzio (Ed.)*
    Aspects of the Orange Revolution VI
    Post-Communist Democratic Revolutions in Comparative Perspective
    ISBN 978-3-89821-820-7

69 *Tim Bohse*
    Autoritarismus statt Selbstverwaltung
    Die Transformation der kommunalen Politik in der Stadt Kaliningrad 1990-2005
    Mit einem Geleitwort von Stefan Troebst
    ISBN 978-3-89821-782-8

70 *David Rupp*
    Die Rußländische Föderation und die russischsprachige Minderheit in Lettland
    Eine Fallstudie zur Anwaltspolitik Moskaus gegenüber den russophonen Minderheiten im „Nahen Ausland" von 1991 bis 2002
    Mit einem Vorwort von Helmut Wagner
    ISBN 978-3-89821-778-1

71 *Taras Kuzio*
    Theoretical and Comparative Perspectives on Nationalism
    New Directions in Cross-Cultural and Post-Communist Studies
    With a foreword by Paul Robert Magocsi
    ISBN 978-3-89821-815-3

72 *Christine Teichmann*
    Die Hochschultransformation im heutigen Osteuropa
    Kontinuität und Wandel bei der Entwicklung des postkommunistischen Universitätswesens
    Mit einem Vorwort von Oskar Anweiler
    ISBN 978-3-89821-842-9

73 *Julia Kusznir*
    Der politische Einfluss von Wirtschaftseliten in russischen Regionen
    Eine Analyse am Beispiel der Erdöl- und Erdgasindustrie, 1992-2005
    Mit einem Vorwort von Wolfgang Eichwede
    ISBN 978-3-89821-821-4

74 *Alena Vysotskaya*
    Russland, Belarus und die EU-Osterweiterung
    Zur Minderheitenfrage und zum Problem der Freizügigkeit des Personenverkehrs
    Mit einem Vorwort von Katlijn Malfliet
    ISBN 978-3-89821-822-1

75 *Heiko Pleines (Hrsg.)*
    Corporate Governance in post-
    sozialistischen Volkswirtschaften
    ISBN 978-3-89821-766-8

76 *Stefan Ihrig*
    Wer sind die Moldawier?
    Rumänismus versus Moldowanismus in
    Historiographie und Schulbüchern der
    Republik Moldova, 1991-2006
    Mit einem Vorwort von Holm Sundhaussen
    ISBN 978-3-89821-466-7

77 *Galina Kozhevnikova in collaboration
    with Alexander Verkhovsky and
    Eugene Veklerov*
    Ultra-Nationalism and Hate Crimes in
    Contemporary Russia
    The 2004-2006 Annual Reports of Moscow's
    SOVA Center
    With a foreword by Stephen D. Shenfield
    ISBN 978-3-89821-868-9

78 *Florian Küchler*
    The Role of the European Union in
    Moldova's Transnistria Conflict
    With a foreword by Christopher Hill
    ISBN 978-3-89821-850-4

79 *Bernd Rechel*
    The Long Way Back to Europe
    Minority Protection in Bulgaria
    With a foreword by Richard Crampton
    ISBN 978-3-89821-863-4

80 *Peter W. Rodgers*
    Nation, Region and History in Post-
    Communist Transitions
    Identity Politics in Ukraine, 1991-2006
    With a foreword by Vera Tolz
    ISBN 978-3-89821-903-7

81 *Stephanie Solywoda*
    The Life and Work of
    Semen L. Frank
    A Study of Russian Religious Philosophy
    With a foreword by Philip Walters
    ISBN 978-3-89821-457-5

82 *Vera Sokolova*
    Cultural Politics of Ethnicity
    Discourses on Roma in Communist
    Czechoslovakia
    ISBN 978-3-89821-864-1

83 *Natalya Shevchik Ketenci*
    Kazakhstani Enterprises in Transition
    The Role of Historical Regional Development
    in Kazakhstan's Post-Soviet Economic
    Transformation
    ISBN 978-3-89821-831-3

84 *Martin Malek, Anna Schor-
    Tschudnowskaja (Hrsg.)*
    Europa im Tschetschenienkrieg
    Zwischen politischer Ohnmacht und
    Gleichgültigkeit
    Mit einem Vorwort von Lipchan Basajewa
    ISBN 978-3-89821-676-0

85 *Stefan Meister*
    Das postsowjetische Universitätswesen
    zwischen nationalem und
    internationalem Wandel
    Die Entwicklung der regionalen Hochschule
    in Russland als Gradmesser der
    Systemtransformation
    Mit einem Vorwort von Joan DeBardeleben
    ISBN 978-3-89821-891-7

86 *Konstantin Sheiko in collaboration
    with Stephen Brown*
    Nationalist Imaginings of the
    Russian Past
    Anatolii Fomenko and the Rise of Alternative
    History in Post-Communist Russia
    With a foreword by Donald Ostrowski
    ISBN 978-3-89821-915-0

87 *Sabine Jenni*
    Wie stark ist das „Einige Russland"?
    Zur Parteibindung der Eliten und zum
    Wahlerfolg der Machtpartei
    im Dezember 2007
    Mit einem Vorwort von Klaus Armingeon
    ISBN 978-3-89821-961-7

88 *Thomas Borén*
    Meeting-Places of Transformation
    Urban Identity, Spatial Representations and
    Local Politics in Post-Soviet St Petersburg
    ISBN 978-3-89821-739-2

89 *Aygul Ashirova*
    Stalinismus und Stalin-Kult in
    Zentralasien
    Turkmenistan 1924-1953
    Mit einem Vorwort von Leonid Luks
    ISBN 978-3-89821-987-7

90 *Leonid Luks*
    Freiheit oder imperiale Größe?
    Essays zu einem russischen Dilemma
    ISBN 978-3-8382-0011-8

91 *Christopher Gilley*
    The 'Change of Signposts' in the
    Ukrainian Emigration
    A Contribution to the History of
    Sovietophilism in the 1920s
    With a foreword by Frank Golczewski
    ISBN 978-3-89821-965-5

92 *Philipp Casula, Jeronim Perovic
    (Eds.)*
    Identities and Politics
    During the Putin Presidency
    The Discursive Foundations of Russia's
    Stability
    With a foreword by Heiko Haumann
    ISBN 978-3-8382-0015-6

93 *Marcel Viëtor*
    Europa und die Frage
    nach seinen Grenzen im Osten
    Zur Konstruktion ‚europäischer Identität' in
    Geschichte und Gegenwart
    Mit einem Vorwort von Albrecht Lehmann
    ISBN 978-3-8382-0045-3

94 *Ben Hellman, Andrei Rogachevskii*
    Filming the Unfilmable
    Casper Wrede's 'One Day in the Life
    of Ivan Denisovich'
    Second, Revised and Expanded Edition
    ISBN 978-3-8382-0044-6

95 *Eva Fuchslocher*
    Vaterland, Sprache, Glaube
    Orthodoxie und Nationenbildung
    am Beispiel Georgiens
    Mit einem Vorwort von Christina von Braun
    ISBN 978-3-89821-884-9

96 *Vladimir Kantor*
    Das Westlertum und der Weg
    Russlands
    Zur Entwicklung der russischen Literatur und
    Philosophie
    Ediert von Dagmar Herrmann
    Mit einem Beitrag von Nikolaus Lobkowicz
    ISBN 978-3-8382-0102-3

97 *Kamran Musayev*
    Die postsowjetische Transformation
    im Baltikum und Südkaukasus
    Eine vergleichende Untersuchung der
    politischen Entwicklung Lettlands und
    Aserbaidschans 1985-2009
    Mit einem Vorwort von Leonid Luks
    Ediert von Sandro Henschel
    ISBN 978-3-8382-0103-0

98 *Tatiana Zhurzhenko*
    Borderlands into Bordered Lands
    Geopolitics of Identity in Post-Soviet Ukraine
    With a foreword by Dieter Segert
    ISBN 978-3-8382-0042-2

99 *Кирилл Галушко, Лидия Смола
    (ред.)*
    Пределы падения – варианты
    украинского будущего
    Аналитико-прогностические исследования
    ISBN 978-3-8382-0148-1

100 *Michael Minkenberg (ed.)*
    Historical Legacies and the Radical
    Right in Post-Cold War Central and
    Eastern Europe
    With an afterword by Sabrina P. Ramet
    ISBN 978-3-8382-0124-5

101 *David-Emil Wickström*
    Rocking St. Petersburg
    Transcultural Flows and Identity Politics in
    the St. Petersburg Popular Music Scene
    With a foreword by Yngvar B. Steinholt
    Second, Revised and Expanded Edition
    ISBN 978-3-8382-0100-9

102 *Eva Zabka*
    Eine neue „Zeit der Wirren"?
    Der spät- und postsowjetische Systemwandel
    1985-2000 im Spiegel russischer
    gesellschaftspolitischer Diskurse
    Mit einem Vorwort von Margareta Mommsen
    ISBN 978-3-8382-0161-0

103 *Ulrike Ziemer*
    Ethnic Belonging, Gender and
    Cultural Practices
    Youth Identitites in Contemporary Russia
    With a foreword by Anoop Nayak
    ISBN 978-3-8382-0152-8

104 Ksenia Chepikova
‚Einiges Russland' - eine zweite
KPdSU?
Aspekte der Identitätskonstruktion einer
postsowjetischen „Partei der Macht"
Mit einem Vorwort von Torsten Oppelland
ISBN 978-3-8382-0311-9

105 Леонид Люкс
Западничество или евразийство?
Демократия или идеократия?
Сборник статей об исторических дилеммах
России
С предисловием Владимира Кантора
ISBN 978-3-8382-0211-2

106 Anna Dost
Das russische Verfassungsrecht auf dem
Weg zum Föderalismus und zurück
Zum Konflikt von Rechtsnormen und
-wirklichkeit in der Russländischen
Föderation von 1991 bis 2009
Mit einem Vorwort von Alexander Blankenagel
ISBN 978-3-8382-0292-1

107 Philipp Herzog
Sozialistische Völkerfreundschaft,
nationaler Widerstand oder harmloser
Zeitvertreib?
Zur politischen Funktion der Volkskunst
im sowjetischen Estland
Mit einem Vorwort von Andreas Kappeler
ISBN 978-3-8382-0216-7

108 Marlène Laruelle (ed.)
Russian Nationalism, Foreign Policy,
and Identity Debates in Putin's Russia
New Ideological Patterns after the Orange
Revolution
ISBN 978-3-8382-0325-6

109 Michail Logvinov
Russlands Kampf gegen den
internationalen Terrorismus
Eine kritische Bestandsaufnahme des
Bekämpfungsansatzes
Mit einem Geleitwort von
Hans-Henning Schröder
und einem Vorwort von Eckhard Jesse
ISBN 978-3-8382-0329-4

110 John B. Dunlop
The Moscow Bombings
of September 1999
Examinations of Russian Terrorist Attacks
at the Onset of Vladimir Putin's Rule
Second, Revised and Expanded Edition
ISBN 978-3-8382-0388-1

111 Андрей А. Ковалёв
Свидетельство из-за кулис
российской политики I
Можно ли делать добро из зла?
(Воспоминания и размышления о
последних советских и первых
послесоветских годах)
With a foreword by Peter Reddaway
ISBN 978-3-8382-0302-7

112 Андрей А. Ковалёв
Свидетельство из-за кулис
российской политики II
Угроза для себя и окружающих
(Наблюдения и предостережения
относительно происходящего после 2000 г.)
ISBN 978-3-8382-0303-4

113 Bernd Kappenberg
Zeichen setzen für Europa
Der Gebrauch europäischer lateinischer
Sonderzeichen in der deutschen Öffentlichkeit
Mit einem Vorwort von Peter Schlobinski
ISBN 978-3-89821-749-1

114 Ivo Mijnssen
The Quest for an Ideal Youth in
Putin's Russia I
Back to Our Future! History, Modernity, and
Patriotism according to Nashi, 2005-2013
With a foreword by Jeronim Perović
Second, Revised and Expanded Edition
ISBN 978-3-8382-0368-3

115 Jussi Lassila
The Quest for an Ideal Youth in
Putin's Russia II
The Search for Distinctive Conformism in the
Political Communication of Nashi, 2005-2009
With a foreword by Kirill Postoutenko
Second, Revised and Expanded Edition
ISBN 978-3-8382-0415-4

116 Valerio Trabandt
Neue Nachbarn, gute Nachbarschaft?
Die EU als internationaler Akteur am Beispiel
ihrer Demokratieförderung in Belarus und der
Ukraine 2004-2009
Mit einem Vorwort von Jutta Joachim
ISBN 978-3-8382-0437-6

117 Fabian Pfeiffer
Estlands Außen- und Sicherheitspolitik I
Der estnische Atlantizismus nach der
wiedererlangten Unabhängigkeit 1991-2004
Mit einem Vorwort von Helmut Hubel
ISBN 978-3-8382-0127-6

118 Jana Podßuweit
Estlands Außen- und Sicherheitspolitik II
Handlungsoptionen eines Kleinstaates im
Rahmen seiner EU-Mitgliedschaft (2004-2008)
Mit einem Vorwort von Helmut Hubel
ISBN 978-3-8382-0440-6

119 Karin Pointner
Estlands Außen- und Sicherheitspolitik III
Eine gedächtnispolitische Analyse estnischer
Entwicklungskooperation 2006-2010
Mit einem Vorwort von Karin Liebhart
ISBN 978-3-8382-0435-2

120 Ruslana Vovk
Die Offenheit der ukrainischen
Verfassung für das Völkerrecht und
die europäische Integration
Mit einem Vorwort von Alexander
Blankenagel
ISBN 978-3-8382-0481-9

121 Mykhaylo Banakh
Die Relevanz der Zivilgesellschaft
bei den postkommunistischen
Transformationsprozessen in mittel-
und osteuropäischen Ländern
Das Beispiel der spät- und postsowjetischen
Ukraine 1986-2009
Mit einem Vorwort von Gerhard Simon
ISBN 978-3-8382-0499-4

122 Michael Moser
Language Policy and the Discourse on
Languages in Ukraine under President
Viktor Yanukovych (25 February
2010–28 October 2012)
ISBN 978-3-8382-0497-0 (Paperback edition)
ISBN 978-3-8382-0507-6 (Hardcover edition)

123 Nicole Krome
Russischer Netzwerkkapitalismus
Restrukturierungsprozesse in der
Russischen Föderation am Beispiel des
Luftfahrtunternehmens "Aviastar"
Mit einem Vorwort von Petra Stykow
ISBN 978-3-8382-0534-2

124 David R. Marples
'Our Glorious Past'
Lukashenka's Belarus and
the Great Patriotic War
ISBN 978-3-8382-0574-8 (Paperback edition)
ISBN 978-3-8382-0675-2 (Hardcover edition)

125 Ulf Walther
Russlands "neuer Adel"
Die Macht des Geheimdienstes von
Gorbatschow bis Putin
Mit einem Vorwort von Hans-Georg Wieck
ISBN 978-3-8382-0584-7

126 Simon Geissbühler (Hrsg.)
Kiew – Revolution 3.0
Der Euromaidan 2013/14 und die
Zukunftsperspektiven der Ukraine
ISBN 978-3-8382-0581-6 (Paperback edition)
ISBN 978-3-8382-0681-3 (Hardcover edition)

127 Andrey Makarychev
Russia and the EU
in a Multipolar World
Discourses, Identities, Norms
With a foreword by Klaus Segbers
ISBN 978-3-8382-0629-5

128 Roland Scharff
Kasachstan als postsowjetischer
Wohlfahrtsstaat
Die Transformation des sozialen
Schutzsystems
Mit einem Vorwort von Joachim Ahrens
ISBN 978-3-8382-0622-6

129 Katja Grupp
Bild Lücke Deutschland
Kaliningrader Studierende sprechen über
Deutschland
Mit einem Vorwort von Martin Schulz
ISBN 978-3-8382-0552-6

130 Konstantin Sheiko, Stephen Brown
History as Therapy
Alternative History and Nationalist
Imaginings in Russia, 1991-2014
ISBN 978-3-8382-0665-3

131 *Elisa Kriza*
    Alexander Solzhenitsyn: Cold War
    Icon, Gulag Author, Russian
    Nationalist?
    A Study of the Western Reception of his
    Literary Writings, Historical Interpretations,
    and Political Ideas
    With a foreword by Andrei Rogatchevski
    ISBN 978-3-8382-0589-2 (Paperback edition)
    ISBN 978-3-8382-0690-5 (Hardcover edition)

132 *Serghei Golunov*
    The Elephant in the Room
    Corruption and Cheating in Russian
    Universities
    ISBN 978-3-8382-0570-0

133 *Manja Hussner, Rainer Arnold (Hgg.)*
    Verfassungsgerichtsbarkeit in
    Zentralasien I
    Sammlung von Verfassungstexten
    ISBN 978-3-8382-0595-3

134 *Nikolay Mitrokhin*
    Die "Russische Partei"
    Die Bewegung der russischen Nationalisten in
    der UdSSR 1953-1985
    Aus dem Russischen übertragen von einem
    Übersetzerteam unter der Leitung von Larisa Schippel
    ISBN 978-3-8382-0024-8

ibidem-Verlag
Melchiorstr. 15
D-70439 Stuttgart
info@ibidem-verlag.de

www.ibidem-verlag.de
www.ibidem.eu
www.edition-noema.de
www.autorenbetreuung.de

Soviet and Post-Soviet Politics and Society (SPPS) Vol. 134
ISSN 1614-3515

General Editor: Andreas Umland,
Kyiv-Mohyla Academy, umland@stanfordalumni.org

Commissioning Editor: Max Jakob Horstmann,
London, mjh@ibidem.eu

EDITORIAL COMMITTEE*

DOMESTIC & COMPARATIVE POLITICS
Prof. **Ellen Bos**, *Andrássy University of Budapest*
Dr. **Ingmar Bredies**, *FH Bund, Brühl*
Dr. **Andrey Kazantsev**, *MGIMO (U) MID RF, Moscow*
Dr. **Heiko Pleines**, *University of Bremen*
Prof. **Richard Sakwa**, *University of Kent at Canterbury*
Dr. **Sarah Whitmore**, *Oxford Brookes University*
Dr. **Harald Wydra**, *University of Cambridge*
SOCIETY, CLASS & ETHNICITY
Col. **David Glantz**, *"Journal of Slavic Military Studies"*
Dr. **Marlène Laruelle**, *George Washington University*
Dr. **Stephen Shulman**, *Southern Illinois University*
Prof. **Stefan Troebst**, *University of Leipzig*
POLITICAL ECONOMY & PUBLIC POLICY
Prof. em. **Marshall Goldman**, *Wellesley College, Mass.*
Dr. **Andreas Goldthau**, *Central European University*
Dr. **Robert Kravchuk**, *University of North Carolina*
Dr. **David Lane**, *University of Cambridge*
Dr. **Carol Leonard**, *University of Oxford*
Dr. **Maria Popova**, *McGill University, Montreal*

FOREIGN POLICY & INTERNATIONAL AFFAIRS
Dr. **Peter Duncan**, *University College London*
Dr. **Taras Kuzio**, *Johns Hopkins University*
Prof. **Gerhard Mangott**, *University of Innsbruck*
Dr. **Diana Schmidt-Pfister**, *University of Konstanz*
Dr. **Lisbeth Tarlow**, *Harvard University, Cambridge*
Dr. **Christian Wipperfürth**, *N-Ost Network, Berlin*
Dr. **William Zimmerman**, *University of Michigan*
HISTORY, CULTURE & THOUGHT
Dr. **Catherine Andreyev**, *University of Oxford*
Prof. **Mark Bassin**, *Södertörn University*
Prof. **Karsten Brüggemann**, *Tallinn University*
Dr. **Alexander Etkind**, *University of Cambridge*
Dr. **Gasan Gusejnov**, *Moscow State University*
Prof. em. **Walter Laqueur**, *Georgetown University*
Prof. **Leonid Luks**, *Catholic University of Eichstaett*
Dr. **Olga Malinova**, *Russian Academy of Sciences*
Prof. **Andrei Rogatchevski**, *University of Tromsø*
Dr. **Mark Tauger**, *West Virginia University*
Dr. **Stefan Wiederkehr**, *BBAW, Berlin*

ADVISORY BOARD*

Prof. **Dominique Arel**, *University of Ottawa*
Prof. **Jörg Baberowski**, *Humboldt University of Berlin*
Prof. **Margarita Balmaceda**, *Seton Hall University*
Dr. **John Barber**, *University of Cambridge*
Prof. **Timm Beichelt**, *European University Viadrina*
Dr. **Katrin Boeckh**, *University of Munich*
Prof. em. **Archie Brown**, *University of Oxford*
Dr. **Vyacheslav Bryukhovetsky**, *Kyiv-Mohyla Academy*
Prof. **Timothy Colton**, *Harvard University, Cambridge*
Prof. **Paul D'Anieri**, *University of Florida*
Dr. **Heike Dörrenbächer**, *DGO, Berlin*
Dr. **John Dunlop**, *Hoover Institution, Stanford, California*
Dr. **Sabine Fischer**, *SWP, Berlin*
Dr. **Geir Flikke**, *NUPI, Oslo*
Prof. **David Galbreath**, *University of Aberdeen*
Prof. **Alexander Galkin**, *Russian Academy of Sciences*
Prof. **Frank Golczewski**, *University of Hamburg*
Dr. **Nikolas Gvosdev**, *Naval War College, Newport, RI*
Prof. **Mark von Hagen**, *Arizona State University*
Dr. **Guido Hausmann**, *University of Freiburg i.Br.*
Prof. **Dale Herspring**, *Kansas State University*
Dr. **Stefani Hoffman**, *Hebrew University of Jerusalem*
Prof. **Mikhail Ilyin**, *MGIMO (U) MID RF, Moscow*
Prof. **Vladimir Kantor**, *Higher School of Economics*
Dr. **Ivan Katchanovski**, *University of Ottawa*
Prof. em. **Andrzej Korbonski**, *University of California*
Dr. **Iris Kempe**, *"Caucasus Analytical Digest"*
Prof. **Herbert Küpper**, *Institut für Ostrecht Regensburg*
Dr. **Rainer Lindner**, *CEEER, Berlin*
Dr. **Vladimir Malakhov**, *Russian Academy of Sciences*

Dr. **Luke March**, *University of Edinburgh*
Prof. **Michael McFaul**, *US Embassy at Moscow*
Prof. **Birgit Menzel**, *University of Mainz-Germersheim*
Prof. **Valery Mikhailenko**, *The Urals State University*
Prof. **Emil Pain**, *Higher School of Economics, Moscow*
Dr. **Oleg Podvintsev**, *Russian Academy of Sciences*
Prof. **Olga Popova**, *St. Petersburg State University*
Dr. **Alex Pravda**, *University of Oxford*
Dr. **Erik van Ree**, *University of Amsterdam*
Dr. **Joachim Rogall**, *Robert Bosch Foundation Stuttgart*
Prof. **Peter Rutland**, *Wesleyan University, Middletown*
Prof. **Marat Salikov**, *The Urals State Law Academy*
Dr. **Gwendolyn Sasse**, *University of Oxford*
Prof. **Jutta Scherrer**, *EHESS, Paris*
Prof. **Robert Service**, *University of Oxford*
Mr. **James Sherr**, *RIIA Chatham House London*
Dr. **Oxana Shevel**, *Tufts University, Medford*
Prof. **Eberhard Schneider**, *University of Siegen*
Prof. **Olexander Shnyrkov**, *Shevchenko University, Kyiv*
Prof. **Hans-Henning Schröder**, *SWP, Berlin*
Prof. **Yuri Shapoval**, *Ukrainian Academy of Sciences*
Prof. **Viktor Shnirelman**, *Russian Academy of Sciences*
Dr. **Lisa Sundstrom**, *University of British Columbia*
Dr. **Philip Walters**, *"Religion, State and Society", Oxford*
Prof. **Zenon Wasyliw**, *Ithaca College, New York State*
Dr. **Lucan Way**, *University of Toronto*
Dr. **Markus Wehner**, *"Frankfurter Allgemeine Zeitung"*
Dr. **Andrew Wilson**, *University College London*
Prof. **Jan Zielonka**, *University of Oxford*
Prof. **Andrei Zorin**, *University of Oxford*

* While the Editorial Committee and Advisory Board support the General Editor in the choice and improvement of manuscripts for publication, responsibility for remaining errors and misinterpretations in the series' volumes lies with the books' authors.

Soviet and Post-Soviet Politics and Society (SPPS)
ISSN 1614-3515

Founded in 2004 and refereed since 2007, SPPS makes available affordable English-, German-, and Russian-language studies on the history of the countries of the former Soviet bloc from the late Tsarist period to today. It publishes between 5 and 20 volumes per year and focuses on issues in transitions to and from democracy such as economic crisis, identity formation, civil society development, and constitutional reform in CEE and the NIS. SPPS also aims to highlight so far understudied themes in East European studies such as right-wing radicalism, religious life, higher education, or human rights protection. The authors and titles of all previously published volumes are listed at the end of this book. For a full description of the series and reviews of its books, see
www.ibidem-verlag.de/red/spps.

Editorial correspondence & manuscripts should be sent to: Dr. Andreas Umland, DAAD, German Embassy, vul. Bohdana Khmelnitskoho 25, UA-01901 Kyiv, Ukraine. e-mail: umland@stanfordalumni.org

Business correspondence & review copy requests should be sent to: *ibidem* Press, Leuschnerstr. 40, 30457 Hannover, Germany; tel.: +49 511 2622200; fax: +49 511 2622201; spps@ibidem.eu.

Authors, reviewers, referees, and editors for (as well as all other persons sympathetic to) SPPS are invited to join its networks at www.facebook.com/group.php?gid=52638198614
www.linkedin.com/groups?about=&gid=103012
www.xing.com/net/spps-ibidem-verlag/

Recent Volumes

125 Ulf Walther
Russlands "neuer Adel"
Die Macht des Geheimdienstes von Gorbatschow bis Putin
Mit einem Vorwort von Hans-Georg Wieck
ISBN 978-3-8382-0584-7

126 Simon Geissbühler (Hrsg.)
Kiew – Revolution 3.0
Der Euromaidan 2013/14 und die Zukunftsperspektiven der Ukraine
ISBN 978-3-8382-0581-6 (Paperback edition)
ISBN 978-3-8382-0681-3 (Hardcover edition)

127 Andrey Makarychev
Russia and the EU in a Multipolar World
Discourses, Identities, Norms
With a foreword by Klaus Segbers
ISBN 978-3-8382-0629-5

128 Roland Scharff
Kasachstan als postsowjetischer Wohlfahrtsstaat
Die Transformation des sozialen Schutzsystems
Mit einem Vorwort von Joachim Ahrens
ISBN 978-3-8382-0622-6

129 Katja Grupp
Bild Lücke Deutschland
Kaliningrader Studierende sprechen über Deutschland
Mit einem Vorwort von Martin Schulz
ISBN 978-3-8382-0552-6

130 Konstantin Sheiko, Stephen Brown
History as Therapy
Alternative History and Nationalist Imaginings in Russia, 1991-2014
ISBN 978-3-8382-0665-3

131 Elisa Kriza
Alexander Solzhenitsyn: Cold War Icon, Gulag Author, Russian Nationalist?
A Study of the Western Reception of his Literary Writings, Historical Interpretations, and Political Ideas
With a foreword by Andrei Rogatchevski
ISBN 978-3-8382-0589-2

132 Serghei Golunov
The Elephant in the Room
Corruption and Cheating in Russian Universities
ISBN 978-3-8382-0570-0

133 Manja Hussner, Rainer Arnold (Hgg.)
Verfassungsgerichtsbarkeit in Zentralasien I
Sammlung von Verfassungstexten
ISBN 978-3-8382-0595-3